FILESA

LAS TRAMAS DEL DINERO NEGRO EN LA POLITICA

Grandes Temas/48

Juan Luis Galiacho y Carlos Berbell

FILESA

LAS TRAMAS DEL DINERO NEGRO EN LA POLITICA

temas 'de hoy.

Colección: Grandes Temas
© Juan Luis López-Galiacho Perona
© Carlos Enrique Berbell Bueno
© EDICIONES TEMAS DE HOY, S. A. (T. H.), 1995
Paseo de la Castellana, 95. 28046 Madrid
Diseño de cubierta: Nacho Soriano
Fotografía de los autores: Javier Candial
Primera edición: octubre de 1995
ISBN: 84-7880-577-X
Depósito legal: M. 32.808-1995
Compuesto en Puntographic, S. L.
Impreso en Printing 10, S. A.
Printed in Spain - Impreso en España

Cuando en el otoño de 1993 la editorial Temas de Hoy nos propuso escribir un libro definitivo sobre Filesa, sabíamos que nos enfrentábamos a uno de los casos más complejos e inéditos de la financiación irregular de los partidos políticos españoles. Un escándalo, a caballo entre la corrupción y el desmedido afán de poder, que había levantado ampollas y que la mayoría de los españoles conocía sólo de referencia, sin entrar en el fondo de la cuestión.

Era un trabajo arduo el que nos esperaba, pero decidimos coger el toro por los cuernos y emprender el difícil camino de la investigación, como ha podido comprobarse durante los cuatro años que ha durado la instrucción del magistrado Marino Barbero, encargado de la causa.

Era un caso que afectaba a la financiación ilícita del partido gobernante, que había ingresado en sus arcas más de 1.000 millones de pesetas por este concepto. Una práctica también desarrollada por los demás partidos del arco parlamentario, como el Partido Popular (casos de la construcción en Burgos, Naseiro, Inverbroker-Brokerbal y Túnel de Soller), el Partido Comunista (concejalías de urbanismo), Convergència i Unió (caso Casinos de Cataluña) o el PNV (caso de las tragaperras). La afirmación que un día hiciera el ex secretario general de Alianza Popular, hoy militante del PSOE,

Jorge Verstrynge, de que «todos los partidos practican Filesa» se ha tornado inapelable.

El caso Filesa supuso el gran escándalo del periodo democrático. Las investigaciones judiciales produjeron auténticos terremotos en las filas socialistas. Por primera vez, un juez registraba su sede federal de Ferraz como si de vulgares chorizos se tratara; se rompía definitivamente la confianza entre Felipe González y Alfonso Guerra; los guerristas eran desplazados del núcleo central del «aparato», y el Presidente del Gobierno tuvo que convocar elecciones generales anticipadas en junio de 1993, después de que los tres peritos judiciales asignados al caso entregaran un informe demoledor que probaba las conexiones entre el *holding* Filesa y el PSOE.

Desde el inicio de la instrucción, Marino Barbero sabía que el PSOE había levantado un entramado de empresas para financiar ilegalmente sus campañas políticas. El sistema se basaba en maquillar con informes fantasmas el cobro de comisiones de empresas a cambio de concesiones, contratas o favores del Estado que altos cargos públicos otorgaban con máxima obediencia. El endeble carácter del magistrado, de reputada carrera docente, le privó de dar el paso vital ante el temor de no encontrar la prueba jurídica definitiva. Su inicial interés se difuminaría en el tiempo.

Pero el caso Filesa era sólo la punta del iceberg. El PSOE no se financiaba únicamente a nivel central, sino que tenía toda una red provincial y regional que actuaba de manera similar a Filesa y cuyos escándalos salían a pequeña escala en los periódicos locales. El sistema era una copia exacta de lo que había sucedido en Francia con la empresa Urba y con las pequeñas redes socialistas locales, como la constituida en la ciudad de Nantes.

Para comprender el caso Filesa había que retrotraerse en el tiempo y comprobar de qué forma el espíritu de Pablo Iglesias se había quebrado por completo. Al hablar con viejos militantes del PSOE comprobamos cómo en los cursos de formación que se impartían en las agrupaciones desde 1977 había dos palabras que siempre salían a relucir para definir la esencia socialista: *ética* y *honradez*. Los afiliados recibían la impresión de entrar en una organización «pura» e «incorruptible», la única capaz de hacer «de la tierra el paraíso, patria de la humanidad», como indica la letra del himno obrero *La Internacional*. Los cuarenta años de franquismo se contemplaban como el paradigma de la corrupción más absoluta, al igual que los partidos de centro y derecha.

El PSOE era la formación elegida para poner a España en su lugar dentro del concierto internacional y para lograr que la sociedad se tornase más justa, solidaria y libre. Las palabras de Felipe González y de su número dos, Alfonso Guerra, eran recibidas como un dogma de fe.

Con el paso de los años la militancia socialista fue creciendo. En 1974, fecha del Congreso de Suresnes donde los jóvenes del «interior» (los no exiliados) se hicieron con el control del partido, era de tan sólo 3.580 afiliados; en diciembre de 1976, cuando se celebró semiclandestinamente en España su primer congreso, la cifra era de 9.141 miembros. En 1982, al subir al poder, la militancia se elevó a 100.000 personas, 20.000 más que en plena Guerra Civil; y en 1992, año de los grandes eventos universales, los socialistas con carné eran ya 300.000.

Sin embargo, el aumento de la militancia no llevó aparejado un incremento patrimonial ni económico. Las cuotas nunca supusieron una seria fuente de financiación. Cubrían, cuando se conseguían recaudar, una mínima parte de las necesidades organizativas. Tampoco la ayuda de la Internacional Socialista, y en especial del Partido Social-Demócrata Alemán, podía considerarse como una solución a los problemas económicos del PSOE.

Los máximos responsables socialistas eran conscientes de que necesitaban dinero si querían tomar parte con garantía de victoria en las elecciones venideras. Cada vez que el PSOE acudía a unos comicios generales le suponía más de 1.200 millones de pesetas a sus arcas; lo mismo ocurría cuando se convocaban las elecciones autonómicas y municipales, mientras que las autonómicas parciales rozaban los 450 millones de pesetas cada una.

Los dirigentes del PSOE pronto solucionaron esta disyuntiva. Y de una manera muy fácil: vendiendo su alma al Diablo. Poco después de las elecciones municipales del 3 de abril de 1979, en las que consiguieron su primera gran victoria, comenzaron a financiarse con comisiones procedentes de contratas de limpieza, de construcciones, de recalificaciones... todo lo que el poder municipal daba de sí.

Posteriormente, el sistema se aplicaría de idéntico modo desde el poder central y desde muchos de los gobiernos autonómicos. Esta práctica se mantendría en secreto hasta diciembre de 1989, cuando estalló el primero de los grandes escándalos financieros del PSOE, el caso Juan Guerra, uno de los llamados «conseguidores» del partido y hermano del entonces vicepresidente del Gobierno.

Aquellas primeras victorias electorales fueron el primer paso hacia la bancarrota en la que hoy se encuentra inmerso el PSOE. Las continuas campañas, tanto para elecciones generales como municipales, autonómicas y europeas, unidas a la deficiente gestión de sus responsables, elevaron la deuda del PSOE de 68 millones de pesetas en 1977 a 7.669 millones diez años más tarde. Los gastos se habían incrementado considerablemente. Los dirigentes socialistas habían pasado del autobús electoral al *jet* privado, y de los bocadillos de jamón y queso a los manjares de los restaurantes de cinco tenedores.

Para paliar la endeble salud económica de las formaciones políticas españolas se aprobó en 1987, por consenso parlamentario, la Ley de Financiación de Partidos Políticos, que dobló los ingresos estatales del PSOE de 3.645 millones de pesetas en 1986 a 6.743 millones en 1987. Por su parte, Alianza Popular (hoy PP) pasó de recibir 2.026 millones de pesetas al año a 4.007 millones.

La razón esgrimida entonces fue la necesidad de hacer frente a la deuda histórica y crear un marco legal para controlar las finanzas de los distintos partidos políticos. Hasta ese momento, el manido sistema del maletín no era castigado penalmente, al no existir regulación legal al respecto. Con la aprobación de la nueva ley, el PSOE renunciaba a su principal sistema de financiación encubierta, pero a cambio recibía una fuerte compensación de las arcas del Estado.

Al mismo tiempo que este ciclo llegaba a su fin, un puñado de dirigentes socialistas ponía en marcha en Barcelona la primera piedra de lo que después sería el *holding* Filesa al comprar la empresa de asesoramiento Time Export S. A. Este grupo de empresas del PSOE, denominado así por la presencia de importantes cargos socialistas en su dirección, lavaba el dinero negro de las comisiones por medio de facturas que se emitían por informes técnicos inexistentes. Una forma más supina y formal de plasmar la financiación ilícita.

La trama Filesa se convirtió en la principal fuente de ingresos irregulares del PSOE, paralela a la vía de los «conseguidores» tradicionales del partido, como Aida Alvarez, Sotero Jiménez, Juan Carlos Mangana Morillo o Eduardo García Basterra, la mano derecha del presidente Ramón Rubial. Las comisiones sobre el montante global de la operación iban de un 1,5 por ciento hasta un 3,5 e incluso un 4,5 en casos excepcionales.

El *holding* Filesa se transformó en el vehículo de captación de unas comisiones cuyo valor ascendió a más de 1.000 millones de pesetas, parte de los cuales fueron destinados a sufragar los gastos de las distintas elecciones celebradas en 1989. Con estos fondos extraordinarios, el PSOE sobrepasaba «a hurtadillas» y con creces el límite de gastos electorales impuesto por la Junta Electoral Central. Competía así con ventaja ante sus adversarios a la hora de llegar ante la ciudadanía con más garantías de éxito.

De acuerdo con un estudio realizado por los autores, que se adjunta al final de este libro, las empresas relacionadas con Filesa y sus filiales recibieron casi medio billón de pesetas en contratas del Estado entre el 1 de enero de 1988 y el 31 de agosto de 1992. Estos contratos públicos eran otorgados por directores generales y otros altos cargos políticos, que, fieles a la doctrina de sus superiores, no dudaban en seguir las tesis de Ferraz (la corrupción administrativa española sería objeto de todo un libro).

13

La ocupación del poder durante más de una década, de forma ininterrumpida, hizo creer a los dirigentes socialistas que su prepotencia duraría para siempre. Estaban desconectados de la realidad y abandonaron la principal seña de identidad que siempre había distinguido al partido: la austeridad. A lo largo del periodo del socialismo gobernante se han producido despilfarros presupuestarios sin precedentes. A la tarjeta Visa del Tesoro Público se han cargado indiscriminadamente facturas de tiendas, restaurantes y agencias de viajes; cantidades millonarias que nunca se podrán recuperar y que rozan la corrupción en su sentido más estricto.

Pero, al igual que ocurrió con el caso Juan Guerra, cuya despechada y abandonada esposa hizo explotar el escándalo, Filesa no alcanzó su mayoría de edad debido a la denuncia pública de su contable, Carlos Alberto van Schouwen. El chileno decidió destapar todo el incipiente montaje socialista ante el miedo a que le pegaran un tiro en la nuca, amenaza que ya había recibido. Y si el caso Juan Guerra acabó con la reputación de Alfonso Guerra como socialista honesto y ético (y con su cargo de vicepresidente de Gobierno), el caso Filesa rompió para siempre la imagen de honradez del PSOE.

Sin embargo, como hiciera el régimen del general Franco, cada vez que estallaba un nuevo escándalo (caso Ollero, Ibercorp, GAL...) se blandía la argumentación de una conspiración anti-socialista. En todos los casos se predicaba que no había lugar a responsabilidades políticas, ni a las consiguientes dimisiones, hasta que no hubiera una sentencia judicial firme. En la mente de los socialistas estaba aún reciente el ejemplo de Demetrio Madrid, ex presidente de la Junta de Castilla y León que dejó el cargo ante una denuncia de corrupción, lo que originó la posterior victoria del PP. Luego, Demetrio Madrid sería absuelto.

La investigación de los autores ha sido ardua y difícil en la recogida de innumerables documentos inéditos y compleja en la lectura de todo el sumario del caso Filesa. Más de un centenar de recursos de toda índole se han practicado desde la defensa con la intención de paralizar la instrucción.

Finalmente, el 4 de mayo de 1995, tras cuatro años de

registros e interrogatorios, el magistrado Barbero finalizaba sus diligencias con la inculpación de treinta y nueve personas, entre las que se encuentran el senador socialista José María Sala, dos ex diputados, Carlos Navarro y Guillermo Galeote, el gerente del PSOE, Ramón Moreda Luna, el presidente del BBV, Emilio Ybarra, los ex presidentes del BBV, José Angel Sánchez Asiaín, y del Banco Central, Alfonso Escámez, así como varios presidentes y máximos responsables de importantes empresas nacionales e internacionales. Sin embargo, las figuras de Felipe González y de Alfonso Guerra han quedado inmunes en la causa.

Afloraba así una de las muchas incongruencias que existen en el Derecho español. Mientras que en una empresa el máximo responsable jurídico es su presidente, en un partido político en campaña electoral la responsabilidad es de su administrador general, en este caso Ramón Moreda Luna. En función de este razonamiento, el suplicatorio que Marino Barbero solicitó contra el vicesecretario general socialista y coordinador de campañas, Alfonso Guerra, fue denegado por la Sala Segunda del Tribunal Supremo. De este modo, Guerra y González quedaban libres de responsabilidades.

Pero Filesa es todavía una soga que pende de ese débil andamio en que se ha convertido la otrora inexpugnable fortaleza socialista de Ferraz. La duda reside ahora en saber si el Alto Tribunal permitirá que se llegue hasta el fondo en el juicio oral que se va a celebrar o pondrá en vía muerta el tren de Filesa, una vez que Barbero, enfermo y cansado, ha dejado de dirigir la complicada locomotora. La maraña de intereses políticos y personales que conforman el Tribunal Supremo impide que haya un resultado determinante a corto plazo. Algo que muchos de los militantes socialistas que han contribuido a la elaboración de este libro desearían ver realizado cuanto antes. A ellos quisiéramos agradecer, en primer lugar, la ayuda prestada para este fin. Desde el anonimato, impuesto por el miedo a las represalias internas, han contribuido a desentrañar la verdad del caso Filesa «por el bien del socialismo y del propio partido».

Deseamos dar también las gracias de una manera especial a Luis Laredo por la minuciosa elaboración de los gráficos y cuadros de este libro, a la letrada Guacolda Salas por su ayuda, a Gregorio Fernández por su trabajo de hemeroteca y a Microsoft Ibérica S. A. por la cesión del programa de base de datos Access, sin el cual el trabajo hubiera sido largo y tedioso. Asimismo, a todas nuestras familias y amigos que durante los dos años de nuestra trepidante investigación han aguantado con quietud todas las tensiones que produce escribir un libro donde la verdad es el único lema a profesar.

CAPITULO UNO

VAN SCHOUWEN, EL GURU TRAIDOR

—Esto ha dejado de ser ya una cuestión de dinero, Guacolda. Es una cuestión de vida o muerte —le dijo el contable chileno Carlos van Schouwen a su abogada y compatriota Guacolda Salas en la noche del 25 de abril de 1991—. Estoy seguro, como tú, de que tarde o temprano aparecerá alguien del partido con dos dedos de frente y obligará a Oliveró a que me paguen el dinero que me deben. Pero ya es demasiado tarde.

A Guacolda Salas le sorprendieron las palabras de Van Schouwen. Esa mañana habían asistido los dos al fallido acto de conciliación laboral con los abogados de Filesa. Salas pensaba, como Van Schouwen, en clave política y creía que el PSOE no se podía permitir que saliera a la luz un escándalo como ése. La estrategia mandaba esperar, pero lo que Van Schouwen comenzaba a proponer era una táctica diametralmente opuesta.

—Tengo miedo, mucho miedo. Oliveró nos dijo que me pagaría los 25 millones que me deben si me marchaba al extranjero. ¿Quién me asegura que cumplirá su palabra? Nadie. ¿Quién me asegura que, una vez fuera de España, no sufriré un accidente amañado o que no me asesinarán de dos tiros en la nuca? ¿Puedo, de verdad, confiar en ellos? No —explicó Van Schouwen.

La contundencia de su razonamiento dejó sin palabras a la abogada.

—Mis temores no son infundados. Hoy me he dado cuenta de lo peligroso que soy para ellos. Sé demasiadas cosas de Filesa y de la financiación ilícita del PSOE... La única forma de impedir que me pase algo es haciendo que se publique todo lo que conozco.

En la mente de Van Schouwen todavía se agolpaban las dramáticas experiencias vividas en su Chile natal durante el régimen dictatorial del general Pinochet, con desapariciones y muertes de familiares y amigos queridos. Ese temor seguía perenne e imborrable en él.

El chileno no sospechaba que de sus palabras y de sus actuaciones se derivarían después acontecimientos que marcarían el devenir político español. Hechos jamás vividos hasta entonces en nuestro país, como el registro de la sede federal del partido gobernante (PSOE) o la entrada de un juez con policías en el banco emisor central. Avatares, todos ellos, descifrados a lo largo del presente libro con documentos inéditos y novedosos.

Pero el 30 de septiembre de 1987 Carlos Alberto van Schouwen quizá no podía imaginar que algo parecido fuera a suceder. Su rostro reflejaba entonces una tranquilidad y un sosiego dignos de envidia. Por fin había conseguido un importante trabajo en España. Desde su llegada a Barcelona procedente de México, apenas medio año antes, su vida había sido un continuo peregrinar en busca de una colocación permanente. Sus estudios de medicina, psicología y administración de empresas no le habían bastado para encontrar trabajo.

Ese día su satisfacción estaba plenamente justificada. Acababa de firmar un compromiso con la empresa Time Export S. A., propiedad del diputado socialista Carlos Navarro Gómez y del senador, también socialista, José María Sala Grisó. Su viejo amigo Luis Oliveró Capellades, coadministrador de dicha empresa junto a Francesc Fajula Doltrá, había logrado su incorporación temporal como contable. El sueldo se fijó en 30.000 pesetas mensuales, sin pagas extraordinarias. No era mucho para empezar, pero lo más importante era que había conseguido un trabajo con proyección en España.

—Mira, Carlos, te voy a contar una cosa muy importante. Quiero que lo sepas. El PSOE está comprometido en la creación de 800.000 puestos de trabajo. Por eso hemos montado estas empresas, para facilitar la creación de dichos puestos. Espero que contribuyas con nosotros a lograr esta meta —le confesó ese día Luis Oliveró.

—Pues claro... estoy deseando empezar a trabajar —contestó sin dilación Van Schouwen.

—De momento vas a cobrar poco, pero tranquilo, pronto se producirá un despegue. Te lo aseguro. El PSOE, como te he dicho, está detrás —sentenció Oliveró.

—¿Pero todo el «aparato» socialista? —se extrañó el chileno.

—Sí, sí. No te asustes. Mi sobrino, Carlos Navarro, que como sabes es un peso fuerte del partido, está encargado de formar un *holding* económico-financiero dependiente de la Ejecutiva del PSOE. El objetivo es crear esos 800.000 puestos de trabajo —afirmó el administrador de Time Export [1].

Carlos Alberto van Schouwen Vasey, persona afable, con gran sentido del humor y un desarrollado don de gentes, nació el 29 de mayo de 1945 en el desierto de Atacama, espacio geográfico situado entre las provincias de Tarapacá y Antofagasta, en el norte de Chile. Su padre, ingeniero de minas, estaba destinado en las dependencias de la salitrera Victoria. Allí, entre arena y sol, pasó los primeros años de una singular infancia al lado de sus dos hermanos. Bautista, el mayor de ellos, se convertiría con el tiempo en uno de los más significativos líderes de la izquierda radical chilena, y en uno de los personajes más buscados por el régimen dictatorial del general Augusto Pinochet.

Desde muy jóvenes, los hermanos Van Schouwen, Carlos y Bautista, militaron en una pequeña organización llamada Vanguardia Revolucionaria [2]. Carlos era conocido dentro del grupo como «Comandante Alex». Pero mientras su hermano

---

[1] Declaraciones de Carlos van Schouwen el 3 de julio de 1991 en el Juzgado de lo Social número 1 de Barcelona.

[2] Era una facción escindida del Partido Socialista Chileno.

Bautista se erigía en uno de los protagonistas del Movimiento de Izquierda Revolucionaria (MIR), la inclinación de Carlos por la filosofía existencialista le hizo dejar la militancia política activa (aunque no abandonaría su ideología marxista) para instalarse, con tan sólo veinte años, en Argentina. En el país de la Plata descubrió la figura de Mario Rodríguez Cobos, líder mundial de la secta Silo, conocida en España como La Comunidad, Partido Humanista o El Movimiento. Meses más tarde, al volver a Chile, Carlos se dedicó por completo a difundir el Movimiento Siloísta, que en su país se llamó Poder Joven[3].

Al mismo tiempo comenzó sus estudios superiores en la universidad sureña de Concepción, y aunque inició la carrera de Medicina, pronto se cambiaría a la disciplina de Psicología. Por aquellas fechas contrajo matrimonio con una joven chilena estudiante de Química, Angélica, nieta de emigrantes vascos. Poco después de su enlace, a principios de los años setenta, la pareja decidió cursar un *master* de Psicología en los Estados Unidos. Entonces ignoraban que ese viaje no tendría, por muchos años, billete de vuelta.

El 11 de septiembre de 1973 el Ejército chileno, capitaneado por el general Augusto Pinochet, asaltaba el Palacio de la Moneda derrocando al presidente constitucional Salvador Allende. Carlos y Angélica pasaban a pertenecer a esa diáspora de derrotados que dejó el golpe de Estado. Y aunque el azar permitió a Van Schouwen sobrevivir al azote de la ira, no le liberaría de asistir, impotente, a la persecución que sufrió su familia, a la trágica desaparición de su hermano Bautista a manos de la policía política chilena (la temible DINA) y al siempre doloroso trance de no tener un lugar al que regresar.

El general Augusto Pinochet decretó la expulsión de Chile de todos los miembros de la familia Van Schouwen,

---

[3] De vuelta en Chile, Carlos van Schouwen participó en el primer acto público de Silo, en mayo de 1969, en Punta de Vaca. Al estallar el escándalo Filesa, Mario Rodríguez Cobos «Silo» llamó a Van Schouwen para ofrecerle ayuda.

privándoles de la nacionalidad e incautándoles todas sus propiedades. En sus pasaportes aparecía marcada, al lado del número de identificación, la temida letra «L», entrecomillada y en mayúscula, signo de la prohibición de regresar a su país natal. Su familia se exilió en Canadá, y Carlos, junto a su mujer Angélica, se refugió en México. Este país latino acogió a una gran masa de perseguidos por la dictadura militar chilena, al igual que lo hiciera con los republicanos españoles después de la Guerra Civil de 1936-1939.

Carlos y Angélica se establecieron temporalmente en la capital azteca. En la conocida y singular «colonia Polanco», uno de los barrios más suntuosos de México D. F. Allí alquilaron una vivienda en un vetusto y grisáceo edificio de tres plantas situado en la calle de Emilio Castelar, junto a la esquina con la calle de Arquímedes, muy cerca del lujoso hotel Intercontinental Presidente, donde se solía hospedar en sus visitas a la capital azteca el ex secretario de Organización del PSOE, José María «Txiki» Benegas.

Rodeado de tiendas de las más prestigiosas firmas de moda y de hoteles de primera, y con la paz que le proporcionaba el vecino y coqueto parque de Lincoln, Carlos van Schouwen comenzó a reorganizar su vida. Fue contratado como director comercial de la empresa lechera Estrella de Xalpa S. A., empleo que consiguió gracias a la mediación de una compatriota suya con cargo en el Ministerio de Educación mexicano. Lo abandonó, poco tiempo después, para incorporarse a la empresa Supervisa S. A., dedicada a los controles de calidad.

Su peregrinaje laboral fue continuo. Empresas como Texmex S. A. (dedicada a la exploración de pozos de agua), Química Omega y Laboratorio de Control Especializado S. A. dieron trabajo a Van Schouwen hasta que, un día de 1985, el chileno decidió crear por su cuenta y riesgo una pequeña y modesta empresa de maquinaria agrícola, Interamericana de Infraestructura Industrial y Agraria S. A., que intentó dar a conocer por todo el extenso Estado mexicano. A pesar de la ilusión depositada en este empeño, la aventura empresarial resultó un fiasco.

Como todo exiliado político, Van Schouwen intentó adaptarse con la máxima rapidez a la singular vida mexicana. Y para ello nada mejor que integrarse en los círculos sociales, lo que consiguió por medio de una de sus más viejas y queridas aficiones, el juego del bridge. Fue en uno de los clubes de cartas de la capital azteca donde conoció a un español que marcaría su más inmediato futuro. Era Luis Oliveró Capellades.

* * *

Oliveró, sexagenario [4], extravertido y jocoso, era un ingeniero industrial, tío político del diputado socialista Carlos Navarro, que había llegado a México a mediados de los años setenta con la intención de «hacer las Américas». A ello parecía contribuir el cada día más pujante modelo económico impuesto por el entonces presidente del PRI (Partido Revolucionario Institucional), José López Portillo [5]. El trabajo de Oliveró consistía en introducir empresas catalanas en el mercado mexicano y formar con ellas *joint ventures* (uniones entre empresas para realizar trabajos concretos). A cambio de sus gestiones, Oliveró se solía quedar con una pequeña participación en la empresa resultante.

Una de las empresas que Luis Oliveró introdujo en este país centroamericano fue la sociedad Camunsa, grupo dedicado a montajes eléctricos e implicado después en la trama Filesa.

Por aquel entonces Luis Oliveró se dedicaba a intermediar, buscando socios a ambos lados del Atlántico y poniéndolos en contacto. En el caso de Camunsa se creó una empresa mitad española y mitad mexicana que fue bautizada con el nombre de Hubart y Camunsa y en la que Oliveró

---

[4] Luis Oliveró nació el 2 de febrero de 1935 en la localidad de Masías de Boltregat (Barcelona). Van Schouwen le llamaba «copito de nieve» por su singular fisonomía.

[5] José López Portillo fue presidente de México de 1976 a 1982, y durante su mandato devaluó el peso y nacionalizó la banca. Con él se inició el acercamiento diplomático a España.

tenía participación de un 4 por ciento. Hubart y Camunsa realizó la instalación eléctrica de la Casa de la Moneda en México, D. F.

Oliveró tenía buenos contactos en el *establishment* mexicano. Entre sus amistades estaba un hijo del gobernador de Guanajuato, José Torres Landa, apodado «el caballo blanco» por su altura y pelo canoso. Durante el periodo que estuvo en México consiguió introducir, en las mismas condiciones, otras once compañías más[6].

La relación con Hubart y Camunsa duró cinco años, hasta 1985, cuando esta última decidió regresar a España debido a la grave crisis económica por la que estaba pasando México.

La amistad entre Oliveró y Van Schouwen, en aquellos días, fue a más. Fue gracias a los buenos oficios de Luis Oliveró por lo que Carlos van Schouwen encontró un nuevo trabajo, esta vez en la empresa Tecnologías Unidas S. A., una empresa de calentadores de agua en cuyo Consejo de Administración ocupaba un puesto el catalán. Ambos tenían un aspecto en común: eran buenos relaciones públicas.

Pero un hecho vendría a estrechar los lazos de amistad entre Luis Oliveró y Carlos van Schouwen. El terremoto ocurrido el 19 de septiembre de 1985 en México, que asoló durante más de dos minutos a la capital azteca y, sobre todo, arrasó la Zona Rosa, uno de los núcleos principales de la nutrida colonia española, causó pánico en la familia Oliveró, preocupada por la posibilidad de que se produjeran nuevas sacudidas. Los Oliveró habitaban uno de los numerosos e inmensos bloques-colmena que conforman la fisonomía de una ciudad como México D. F., con más de veinticinco millones de habitantes.

Tras el desastre, Van Schouwen no dudó ni un solo momento en ofrecer su casa a Luis Oliveró, a su esposa Pilar Serrat Arbat y al resto de la familia[7]. Las tres plantas de altura

---

[6] Entre ellas Esbiropo, propiedad de su amigo y socio Ramón Tico Vilarrasa, y la consultora Construcciones Aralar.

[7] Luis Oliveró tiene tres hijos: Marta, Mercedes y Jorge Oliveró Serrat.

del edificio eran un salvoconducto de tranquilidad. Aquellas eternas noches, pasadas en duermevela por el miedo ante un nuevo temblor, fueron propicias para que Oliveró se sincerase con Van Schouwen y le contara el porqué de su llegada a México y el resultado negativo de sus negocios. Fue en una de estas charlas cuando le confesó su deseo volver a Barcelona:

—Carlos, vuelvo a Barcelona. Hay muy buenas perspectivas y aquí yo ya no hago nada. Esto ya no es lo que pensaba. Creo que mi misión está cumplida —le dijo.

A continuación se dedicó a encandilar al chileno con las descripciones y evocaciones de su región de origen.

A mediados de 1986 Oliveró cumplía su promesa de abandonar México. Acababa de arruinarse definitivamente con el negocio de venta de calentadores de agua con patente europea. La etapa final del Gobierno presidencial de Miguel de la Madrid, sucesor de López Portillo, había sido nefasta para él y para el conjunto de empresas extranjeras[8]. Regresaba definitivamente a España. A su llegada al aeropuerto barcelonés de El Prat le recibió su sobrino político, el diputado socialista Carlos Navarro Gómez, al que siempre ha considerado como un hijo[9]. El sueño de un nuevo horizonte pronto se haría realidad. Sería la persona sobre la que recaería la confianza de Carlos Navarro para montar el *holding* empresarial del PSOE.

No tardaría Carlos van Schouwen en seguir los pasos de su amigo Oliveró. Cansado e inadaptado a la vida mexicana (el poeta Pablo Neruda llegó a decir que Chile está en las antípodas de México), decidió partir hacia Barcelona. El 4 de marzo de 1987 aterrizaba en la Ciudad Condal. De nuevo el azar volvería a marcar el rumbo de su vida.

La casualidad hizo coincidir otra vez al chileno y a Olive-

---

[8] Miguel de la Madrid estuvo de presidente de México de 1982 a 1988. Durante su mandato se produjo la caída de la bolsa. Le sustituyó Carlos Salinas de Gortari.

[9] Según cuenta Andrés Torres en su libro *La financiación irregular del PSOE*, Ediciones La Tempestad, Barcelona, 1993.

ró en el aeropuerto barcelonés de El Prat. El empresario catalán había ido a recoger a una de sus hijas, que llegaba en el mismo vuelo que Van Schouwen. La chica no había podido viajar con su padre a España por una enfermedad y se había quedado hasta entonces en México. Tras el habitual abrazo de salutación entre viejos emigrantes, Oliveró ofreció rápidamente su casa a los Van Schouwen.

—Tú y Angélica os quedáis en mi casa —les dijo.

—Por favor, Luis, no te preocupes por nosotros. Pensábamos irnos a un hotel —contestó el chileno.

—De hoteles nada. Os venís a mi casa. ¡Y basta! No se hable más —zanjó el administrador de Filesa.

Los Van Schouwen se alojaron en casa de los Oliveró, en la calle Travessera de les Corts 152, 5º, 3ª, muy cerca del estadio del Fútbol Club Barcelona, el mítico Camp Nou. La estancia, sin embargo, no duró mucho tiempo. Tan sólo quince días. Oliveró odiaba a los gatos y Van Schouwen había llegado a España con dos siameses, inseparables compañeros del chileno. Los gatos fueron la excusa que esgrimió Oliveró para forzar a su amigo a buscar una casa y evitar que se eternizaran en la suya.

—Lo siento, Carlos. No aguanto más a tus gatos. Si quieres seguir con ellos, hay que buscar una solución inmediata —le espetó un día.

Oliveró comenzó a ayudar a Van Schouwen en su intento de encontrar una casita alquilada. Tras varios intentos fallidos, lograron hacerse con una vivienda muy cercana a la de Oliveró, en la misma Travessera de les Corts, en el número 142, piso 4º, 3ª. Oliveró le avalaría incluso el contrato de alquiler del piso. La renta mensual ascendía a la modesta cantidad de 30.000 pesetas. En estos primeros meses Van Schouwen viviría de sus ahorros y de algunas ayudas de sus padres, quienes seguían residiendo en Canadá.

Pero el deseo primordial de Van Schouwen era afincarse definitivamente en la Ciudad Condal, y para ello comenzó a buscar trabajo, aunque no podía hacerlo legalmente, ya que tenía un visado de turista. El chileno, curiosamente, solicitó el permiso de residencia ante el Consulado General de España en Perpiñán (Francia) el 1 de junio de 1987[10]. En dicha solicitud figuraba el nombre de Luis Oliveró Capellades como persona de referencia en España. Hubo que esperar un tiempo para que el Ministerio de Asuntos Exteriores español remitiera al mencionado consulado una comunicación interna, que fue denegatoria[11]: «No. Repito. No procede visar Carlos Alberto van Schouwen Vasey. Nacionalidad Chile. Fernández Ordóñez. Comuníquese.» Era práctica común que se especificase el nombre del ministro.

La decisión en contrario no amilanó el afán del chileno por afincarse en la Ciudad Condal. De nuevo, como ya hiciera en México D. F., recurrió a su vieja afición al bridge para introducirse en los cerrados círculos burgueses catalanes. Así, consiguió entrar en el club Bridge Impasse, situado en la plaza de San Gregorio Taumaturgo de Barcelona, donde conoció a un compatriota suyo, Waldo Jiménez, dueño de la empresa Waldo Jiménez S. A., ubicada en el número 289 de la calle de Córcega, que se dedica a la fabricación de guantes y bufandas.

—Waldo, necesito trabajar... No tendrás algo para mí —le suplicó Van Schouwen.

Waldo Jiménez, un tipo de aspecto británico, pelo albino, ojos azules y distinguido en sus formas, que había trabajado en la banca en Chile, donde estuvo comprometido ideológicamente con la izquierda, tomó buena nota de esta sugerencia. Sin embargo, antes de actuar telefoneó a otra compatriota, la abogada laboralista Guacolda Salas Santana, letrada chilena que había pertenecido al Partido Comunista

---

[10] El cónsul de España en Perpiñán, José María Rodríguez Cordón, denunció ante el Ministerio de Asuntos Exteriores en agosto de 1994 que su canciller Mariano Alonso Chacón concedía ilegalmente visados en su ausencia. Una de las pruebas entregadas por Van Schouwen al solicitar el visado fue un contrato indefinido laboral con la empresa Vigse S. A., con fecha 1 de junio de 1987 y registrado en el Ministerio de Trabajo y Seguridad Social el 19 junio de ese mismo mes. Era un contrato fantasma.

[11] Comunicación enviada el 5 de diciembre de 1987.

y que, como tantos otros, se había visto obligada a exiliarse del país andino tras el golpe de Pinochet para afincarse definitivamente en Barcelona.

—Hola, Guacolda, soy Waldo.

—¿Qué tal, «hermano»? ¿Qué hay de nuevo? —le contestó la abogada, convencida de que le llamaba por algún asunto jurídico.

—Nada importante. Sólo deseaba saber si por casualidad conoces a un chileno llamado Carlos van Schouwen. Me ha pedido trabajo.

Guacolda tenía referencias de quién era Carlos, aunque personalmente no lo conocía. Un hermano de ella había sido compañero del desaparecido Bautista van Schouwen en la Facultad de Medicina de Concepción. Además, daba la casualidad de que las dos familias procedían de la misma provincia del norte de Chile, Antofagasta, junto al desierto de Atacama.

—Conozco a su familia y creo que este chico te interesa. Es una buena persona y un gran trabajador —le contestó la abogada.

Waldo Jiménez se había quedado sin contable. La gestoría que llevaba su contabilidad, BP Gestión, situada en el número 641 de la Gran Vía de las Cortes Catalanas y propiedad del hispano-argentino Eduardo Becarés, le había notificado que no podría llevarle la contabilidad a diario. Jiménez, ante este contratiempo, se veía en la necesidad de contratar a alguien. Carecía de dinero para pagar el sueldo de un profesional a tiempo completo, de modo que le bastaba con una persona que, de forma esporádica, llevara los libros de contabilidad de su empresa.

—No te puedo ofrecer nada más que esto —le ofertó a Van Schouwen.

La gran oportunidad había llegado para el necesitado Van Schouwen. El chileno trabajó con eficacia y crédito. Hecho éste que no pasó desapercibido para los gestores de BP Gestión, antiguos contables de Waldo Jiménez, quienes ofrecieron a Van Schouwen colaborar en actividades similares.

Carlos comenzó su relación profesional con BP Gestión y pronto se vio en la necesidad de entablar contactos con otros profesionales de las finanzas. Fue entonces cuando recordó que su buen amigo Luis Oliveró administraba por entonces un *holding* de empresas llamado Time Export. El chileno decidió visitarle en su despacho de la calle Consejo de Ciento, número 308, y aprovechó la ocasión para ofrecerle los servicios de contabilidad de la empresa BP Gestión.

—Luis, estoy colaborando con esta solvente empresa. ¿Por qué no te llevamos los libros de contabilidad de tu sociedad? —le sugirió sibilinamente el chileno, hábil e ingenioso negociador.

—Si te soy sincero, necesitamos gente que nos lleve la contabilidad... pero ya veremos. Lo pensaremos. Hazme una oferta por escrito y te contestaré en su momento.

Era mediados de septiembre de 1987 y Luis Oliveró acababa de despedir por desavenencias personales al contable de Time Export, Pascual Caramiñana, un experto que llevaba la contabilidad a tiempo parcial y de forma manual por el módico precio de 35.000 pesetas al mes, más dos pagas extras iguales a las cuotas mensuales[12].

La oferta hecha por Van Schouwen no tardó en ser consultada por Oliveró a su sobrino político, el diputado Carlos Navarro, responsable real de la empresa Time Export, quien dio la autorización definitiva para obtener los servicios de BP Gestión. Durante cuatro meses BP Gestión y Van Schouwen se encargarían de la contabilidad del *holding*. Tal era la seguridad de los hombres del PSOE en que los fines de Time Export se realizarían sin problema alguno que no les importó que su más secreta y confidencial información fuera llevada por una sociedad extraña al entramado del *holding*[13].

---

[12] Estos honorarios no eran declarados oficialmente, según consta en la causa 890/91.

[13] Durante ese periodo la información contable y confidencial de Time Export se llevaba hasta los locales de B.P. Gestión para su actualización por ordenador, pues en los locales propios no se contaba con *software* adecuado.

La nueva relación surgida facilitó el que Oliveró y Van Schouwen estrecharan de nuevo su amistad y sinceridad. El chileno le confesó estar un poco molesto por la escasa remuneración que cobraba por sus servicios a Time Export.

—Tranquilo, Carlos. Hay que crear 800.000 puestos de trabajo. Eres un hombre de izquierdas, y por eso tienes que colaborar en ello.

—Lo sé, Luis... Todo eso es muy lindo, pero no puedo comer con las 30.000 pesetas mensuales que me pagáis. Necesito realizar otros trabajos para poder vivir —contestó el chileno.

—No te preocupes, desde hoy te quedas con nosotros de contable a *full time* y te olvidas de todo lo demás. Hablaré con una persona para que pronto te suban el sueldo —le tranquilizó el administrador de Time Export [14].

Lo prometido por Oliveró se hizo realidad, y el 1 de febrero de 1988 Van Schouwen pasó a pertenecer al *holding*. Creía firmemente en la promesa de los 800.000 puestos de trabajo que le había contado Oliveró. Desconocía que ya en 1982 el PSOE había concurrido a las elecciones ofreciendo crear tal número de empleos, sin lograr jamás su objetivo.

Van Schouwen se ilusionaba por momentos ante el nuevo reto profesional que le había ofrecido su amigo Oliveró. Esta inquietud ante un futuro prometedor deseaba contagiarla a su familia y a su círculo de amigos íntimos. Una noche, aprovechando que estaba reunido con su compatriota la abogada Guacolda Salas, telefoneó a Oliveró para invitarle a tomar un café en su casa de Travessera de les Corts y así presentársela.

Los dos amigos vivían a un centenar escaso de metros de distancia. Oliveró se presentó allí en cuestión de minutos. El encuentro fue definitivo por un hecho muy concreto: desde entonces quedó patente que Guacolda Salas y Luis Oliveró se repelían. Sus personalidades eran diametralmente opuestas. Ella había sido empujada a abandonar su país para salvar la

---

[14] El sueldo de Van Schouwen pasó a ser de 91.800 pesetas mensuales, sin pagas extras.

vida tras el golpe de estado del general Pinochet. Su ideología seguía siendo de izquierdas, y su ética también. Conocía profundamente España y Cataluña y pensaba que aquello que le había contado Van Schouwen sobre el grupo de empresas del PSOE no era más que un montaje para recaudar dinero. Al conocer a Oliveró identificó la actitud típica de superioridad que algunos catalanes tienen en relación con los emigrantes. No le gustó, y para probar la buena voluntad que según Van Schouwen tenía Oliveró, le propuso a aquél que se lo demostrara pidiéndole la obtención del ansiado permiso de trabajo.

La sugerencia de su compatriota no cayó en saco roto. Desde ese instante, Van Schouwen comenzó a presionar a los hombres del PSOE para conseguir de una vez el anhelado permiso. Pero los dirigentes socialistas hicieron caso omiso de las pretensiones de Van Schouwen. Prefirieron que el chileno continuara en España de forma provisional. Así se aseguraban que pudiera ser expulsado inmediatamente de España si algún día Van Schouwen «cantaba» sobre el entramado de Filesa.

Carlos empezó a trabajar en el entramado de Filesa-Time Export-Malesa. Su misión quedó clara desde un principio. Sería el encargado de todas las cuestiones contables y fiscales del grupo. Esta preferente situación le llevaría a conocer a uno de los grandes jefes del *holding*, el diputado socialista Carlos Navarro Gómez, casado con una sobrina de Luis Oliveró, María Luisa Alfonso Oliveró, conocida como «la Luli».

* * *

Carlos Navarro Gómez, sobrino político de Luis Oliveró y diputado del PSC-PSOE, había reflotado la economía del Partido Socialista de Cataluña (PSC) a comienzos de los años ochenta. Su estrecha amistad con Eduardo Martín Toval, por entonces portavoz del Grupo Socialista en el Congreso, unida a su condición de auditor de cuentas y a su buena gestión como contable en el PSC, le habían conducido hasta Madrid en 1986 para ocuparse de las finanzas del Grupo Socialista en el Congreso de los Diputados.

30

Navarro, nacido el 5 de febrero de 1949 en Sentmenat del Vallés (Barcelona), es una persona retraída, de carácter disciplinado, que desde muy joven había despuntado en la asignatura de Matemáticas. Gracias a esa facilidad había comenzado a trabajar como inspector en La Caixa de Sabadell. Su aparición en el mundo político se produjo en el año 1973. En esa fecha comenzó a militar, junto al líder del PSC-PSOE Raimón Obiols, en Convergencia Socialista de Cataluña, una de las tres corrientes que, con el Partit Socialista de Catalunya (Congrés) que lideraba Joan Raventós y la Federación Catalana del PSOE, se fusionaron en 1977 para formar el PSC-PSOE.

Como tantos otros compañeros del PSOE, Navarro vivió en su juventud una etapa de *progresía*. Vivía en una comuna sita en la masía de Can Verdú, en la frondosa región del Vallés Occidental. La casona era compartida, entre otros, por Joan Guardia, actual alcalde de Sentmenat; Joan Ramoneda, concejal de la localidad, y Santiago Riera, diputado del Parlamento de Cataluña por el PSC. Con la llegada de la democracia se erigió en líder de la Agrupación Socialista de su pueblo.

La militancia *progre* de «Carlitos», como era conocido en su círculo de íntimos, se completó al entrar a formar parte como teclista de un grupo musical pop, Los Drums, conjunto en el que su compañero de comuna Santiago Riera participaba como vocalista. «Carlitos» y su grupo interpretaban versiones en catalán de Los Beatles, el mítico conjunto de Liverpool. Fue precisamente a través de la música como conoció a su mujer, María Luisa Alfonso Oliveró. En la década de los sesenta «la Luli» cantaba en la coral del pueblo y estudiaba solfeo con libros del maestro Frederic Alfonso, pariente de su padre, un poeta frustrado. Por entonces, María Luisa vivía en Barcelona y, como tantas chicas de familia acomodada, veraneaba en el pueblo de Sentmenat, aunque faltase el agua en julio y agosto. Las verbenas veraniegas en este pequeño pueblo de la periferia barcelonesa, con cuatro mil habitantes y rodeado de bosques, sirvieron para que «Carlitos» y «la Luli» se conocieran e intimaran. Pronto se casarían. La seductora trastienda política era su nueva meta.

Carlos Navarro había comprado en junio de 1987, junto a su compañero del PSC-PSOE, el senador José María Sala, la empresa Time Export S.A., fundada el 28 de julio de 1978 por otros compañeros del partido: Carlos Ponsa Ballart, el que años más tarde fuera presidente del Puerto Autónomo de Barcelona; Narciso Andreu Musté, en otro tiempo presidente de la compañía Iberia, y Esteban Borrell Marco[15]. Durante muchos años esta sociedad, cuyo objeto social era el asesoramiento en general y la venta de artículos religiosos y preservativos, se había mostrado inoperante y con un balance negativo.

Con la llegada de Navarro y Sala la situación cambió. Carlos Navarro era quien, al margen de las estructuras societarias, mantenía las potestades absolutas de dirección y control de la sociedad. El diputado catalán disfrutaba de un ostentoso despacho en la sede social del *holding*, situada en la calle Consejo de Ciento, número 308, 1º, 1ª, de la Ciudad Condal. Allí, entre cotizados cuadros y decoración realizada por las firmas Gastón y Daniela, Eurostil, Mobisa e Ivarte[16], fue presentado Van Schouwen al diputado catalán. Luis Oliveró haría de maestro de ceremonia.

—Carlos, ésta es la persona de quien te hablé. Va a ocuparse de la contabilidad de la sociedad.

Van Schouwen, al poco tiempo de comenzar su trabajo para Time Export, el 30 de septiembre de 1987, y después con la creación de Filesa y Malesa, el 11 de febrero de 1988, se dio cuenta de que el entramado societario aplicaba, como era costumbre en las empresas españolas, la doble contabilidad. Pero comprendió rápidamente que éste era un caso especial, porque todo era apariencia. Apenas había personal laboral ni trabajo a realizar.

---

[15] El capital social inicial fue de 400.000 pesetas.

[16] El *holding* pagó facturas de Mobisa por un importe de 831.095 pesetas; de Gastón y Daniela por 1.094.656 pesetas; de Eurostil por 583.833 pesetas, y de Ivarte por 164.000 pesetas. También aparece la factura de un cuadro denominado *Viento que asoma*, del pintor Agustín Ubeda Romero, por 1.267.000 pesetas.

Time Export contaba el 3 de julio de 1987, cuando fue adquirida por Sala Grisó y Navarro Gómez, con el siguiente personal: un gerente, Francesc Fajula Doltrá; dos secretarias, las hermanas Natalia y Montserrat Bachs Escrivá, y un administrativo, Manuel Alberich Olivé. Este último no desempeñaba ninguna actividad, pero necesitaba seguir cotizando a la Seguridad Social para su inmediata jubilación. Puntualmente, todos los meses devolvía las cuotas pagadas por la empresa. Alberich Olivé fue después utilizado para «prestar su nombre» en la constitución de Malesa y Filesa, al igual que pasó con el sirio Karkour-Zourab Maghakian Amirzian en Malesa, aunque éste no formaba parte del personal de las empresas[17].

Los ingresos, además, eran atípicos. El chileno empezaba a darse cuenta del fin real para el que habían sido creadas estas empresas: conseguir financiación irregular para el PSOE. Desde ese momento Van Schouwen pondría todo su afán en conseguir dar forma externa a una estructura empresarial desaprovechada e invertebrada. Así, diseñó un proyecto de importación y exportación de contenedores, negocio que ya había rondado por su cabeza en su etapa mexicana y que tímidamente había puesto en marcha desde su puesto de contable en B.P. Gestión, al haber tenido contactos con la firma E.R.C. España S. A., dedicada al comercio de contenedores[18]. El chileno hizo pronto partícipe de esta ingeniosa idea a su valedor y jefe, Luis Oliveró:

—Creo, Luis, que con el negocio de los contenedores podemos conseguir un dinero importante. Tal y como está el

---

[17] En julio de 1987 Luis Oliveró Capellades se integró como gerente, aunque no se dio de alta hasta el 1 de octubre. Desde esa fecha el *holding* sólo contrató, aparte de Van Schouwen, a un jefe de oficina, Juan Corominas Pons (julio de 1989); a un administrativo, Vicente Giménez Marín (noviembre de 1989), y a una secretaria, Lourdes Correas Olivares (julio de 1990).

[18] E.R.C. España S. A. tenía su domicilio social en la calle Marina, 11, de El Prat de Llobregat (Barcelona). Su propietario era Francisco Reyes Quintero y empleaba a unas veinticinco personas.

comercio mundial, que a cada segundo se produce un envío de mercancías y productos, el negocio es seguro y rentable.

—A ver si me entero. O sea, que quieres que... Si te soy sincero no lo veo muy claro. Me parece un negocio poco atractivo —le replicó Oliveró.

A pesar de esta inicial oposición, Van Schouwen terminó por convencerlo, y su jefe autorizó una primera importación de contenedores a nombre de Time Export S. A.

—Pero sólo como prueba y con la condición de que la operación se autofinancie —añadió poco convencido.

Y así se hizo. En la primavera de 1988 se realizó la primera operación, mediante una póliza bancaria, adquiriendo diversos contenedores a la empresa búlgara Balcancarimpex [19]. La experiencia fue beneficiosa, y el resultado animó a Oliveró a solicitar al «gran jefe», Carlos Navarro, el visto bueno para poner en marcha el proyecto a gran escala.

—A mi sobrino le ha parecido bien. Ha dicho que adelante —dijo Oliveró a Van Schouwen.

El chileno comenzó a diseñar un cuidadoso y elaborado estudio de mercado, pero sin dejar de lado la contabilidad del *holding*, que era lo que más preocupaba a los dirigentes del PSOE. En el mes de febrero de 1988 había comenzado también a llevar la contabilidad de Malesa y Filesa, empresas cuya propiedad formal, tras efímeros socios fundadores, estaba ahora en manos de Luis Oliveró Capellades y Alberto Flores Valencia, hermano de la senadora Elena Flores, por entonces secretaria de Relaciones Internacionales del PSOE y mujer muy próxima al sector «guerrista» [20].

«Van Schouwen siempre ha creído que Navarro y Oliveró se interesaron por el negocio de los contenedores sólo para fines de lucro propio. Vieron en él la posibilidad de tener un negocio rentable en el supuesto de que, por los vaivenes políticos, la situación cambiara. Y prueba de ello es que de él nunca hablaron con sus jefes supremos del PSOE en Ma-

---

[19] La empresa búlgara cobró 11.241.126 pesetas.
[20] Ocupó la secretaría de Relaciones Internacionales tras el XXX Congreso del PSOE. Hoy es senadora por Ciudad Real.

drid», afirma hoy la abogada de Van Schouwen, Guacolda Salas.

Esto explica la extraordinaria sorpresa que los miembros de la Comisión Ejecutiva del PSOE se llevaron al conocer la existencia de este atípico negocio cuando saltó a la luz pública el escándalo Filesa.

El negocio de los contenedores, el único real que tuvo el *holding* junto a la exportación de rosarios y la importación de preservativos japoneses, continuó su andadura. Van Schouwen era el único que veía un gran margen de beneficio en un mercado novedoso como era el de los contenedores. Con España integrada en un mundo donde las barreras mercantiles entre países se derrumbaban de forma estrepitosa, la compra e importación de contenedores procedentes de naciones del Este era un negocio seguro. Y más contando con el apoyo de las autoridades del puerto de Barcelona, dispuestas a dar todo tipo de facilidades para la instalación de un macrodepósito de contenedores en sus almacenes.

Los acontecimientos no tardarían en sucederse. Así, el 30 de septiembre de 1988, el hasta entonces coadministrador de Time Export, Francesc Fajula Doltrá, cabeza visible junto a Van Schouwen del negocio de contenedores, que había viajado incluso a Bulgaria para cerrar el primer acuerdo, presentó su renuncia al cargo. El chileno quedaría como único responsable del proyecto.

A finales de ese año Van Schouwen tenía desarrollado todo un programa de actuación conjunta con la empresa E.R.C. España S. A. para establecer una red de contenedores en España y Portugal con proyección europea. Sin embargo, existía una dificultad. El depósito para contenedores que E.R.C. España tenía en la localidad de El Prat de Llobregat carecía de la infraestructura necesaria para un volumen de negocios de tal envergadura.

El estudio de mercado que se hizo no resultó viable. Los resultados no encajaban con los márgenes económicos que se buscaban y el proyecto se abandonó momentáneamente. La primera víctima del *holding* ya había aparecido: la empresa E.R.C. España. Sin embargo, este obstáculo no fue óbice para que Van Schouwen siguiese confiando en sacar adelante su particular «cruzada».

A finales de 1989 el chileno conoció a Eduardo Cortada Segarra, director gerente de la empresa Vapores Suardiaz S. A., que a su vez participaba en la sociedad Barcelona Containers S. A. [21] Van Schouwen valoró seriamente la posibilidad de poner en práctica su proyecto junto a este grupo empresarial.

—¿Qué os parece si montamos una red de contenedores en España con vistas a transportar mercancías a Europa? —les propuso.

—Lo siento mucho, Carlos, pero de momento nuestra empresa no tiene ningún interés en ampliar sus operaciones —le respondió Cortada Segarra, que por entonces desconocía quién estaba detrás del *holding*.

Esta inicial negativa duró poco. Cinco meses después, en mayo de 1990, Van Schouwen fue visitado en los locales de Time Export por Juan Miranda Abad, gerente de otra de las empresas participadas por Vapores Suardiaz, Ship Containers Provisions S. A. [22] Los dirigentes de Vapores Suardiaz habían reconsiderado su actitud. Con su visita proponía entablar de nuevo conversaciones sobre el asunto de los contenedores:

—Debo excusarme. Perdona que en un primer momento no hayamos considerado tu propuesta. Debes entender que por entonces la coyuntura no era la más apropiada. Creemos que ha llegado el momento idóneo para realizar tu proyecto... ¿Os parece bien que nos sentemos a hablar del tema? —le sugirió Abad, deseoso ya de asociarse a una empresa conectada con el poder.

En el mes de junio de 1990 se reanudaron las negociacio-

---

[21] Barcelona Containers S. A. se constituyó el 9 de noviembre de 1988 con un capital social de 20 millones de pesetas y domicilio en la carretera de Circunvalación, tramo 6 s/n, de la Ciudad Condal. Fue creada por la familia Cabané Fite y la firma Vapores Suardiaz, al 50 por ciento cada una.

[22] Ship Containers Prov. S. A. expidió facturas a Time Export por 10.478.400 pesetas en 1990 y por 560.000 en 1991.

nes, esta vez con más posibilidades ciertas de llegar a un acuerdo. Los contactos se intensificaron. Así, una vez finalizadas las vacaciones estivales de agosto se acordó un almuerzo de trabajo en el Restaurante Brasserie Floo, en la zona centro de la Ciudad Condal, al que acudieron como representantes de Vapores Suardiaz los señores Eduardo Cortada Segarra, Alvaro Ferrer Piazuelo y Juan Miranda Abad. Time Export, por su parte, estuvo representada por Luis Oliveró y Carlos van Schouwen. Tras la suculenta comida, ambas partes convinieron en la viabilidad del proyecto. Se acordó el intercambio de documentación financiera, balances, protocolos, etc. Con toda esa información en su poder, Van Schouwen estableció las primeras bases estratégicas y las órdenes de actuación, que tenía previsto desplegar en un periodo de tres años. La operación pasaría a conocerse en clave como «Proyecto Primavera».

* * *

Una vez efectuados los estudios de viabilidad, la operación «Proyecto Primavera» se puso en marcha. Luis Oliveró y Eduardo Cortada se reunieron para la primera gestión. Dado el número de negocios que se preveía, lo primero que había que conseguir era ampliar la superficie de metros cuadrados que Vapores Suardiaz disponía en el Puerto Autónomo de Barcelona para el depósito de los contenedores. A tal efecto, en el otoño de 1990 visitaron el despacho de José Munné Costa, presidente de este organismo público que, curiosamente, había sustituido en el cargo a Carlos Ponsa, uno de los tres socios fundadores de Time Export[23]:

—Correcto. No hay ningún problema para ello. Podéis contar con unos treinta mil metros cuadrados más —les aseguró Munné Costa, que se preciaba de conocer bien al diputado socialista Carlos Navarro.

---

[23] José Munné Costa fue nombrado presidente del Puerto Autónomo de Barcelona el 6 de marzo de 1987, fecha en la que sustituyó a Carlos Ponsa, que ocupó el cargo desde el 19 de junio de 1985.

Van Schouwen, que había sido relegado en esta visita, empezó a sospechar que su viejo amigo Oliveró pretendía dejarlo al margen de un proyecto nacido de su imaginación. El 4 de diciembre de ese mismo año se produjo un suceso definitivo. Ese día, en la Sala de Juntas de Time Export se reunieron Luis Oliveró y Eduardo Cortada con un nuevo personaje de esta trama, Severino Rionda, director general de Vapores Suardiaz S. A. en Madrid. Cuando Van Schouwen intentó entrar en la mencionada sala, sorprendentemente Oliveró le impidió acceder. Las sospechas del chileno se confirmaban. Su «amigo», que no había creído en el negocio hasta que le demostró que funcionaba, pretendía dejarle fuera y llevarse él los beneficios.

Al día siguiente, Van Schouwen, enojado por la incomprensible actitud de quien creía su amigo, exigió contundentes explicaciones.

—No te preocupes, Carlos, nadie pretende olvidar que tú has sido el cerebro del proyecto. Tranquilo, tu brillante idea te será retribuida como pactamos —dijo Oliveró intentando tranquilizar los exaltados ánimos del chileno, que no salía de su sorpresa.

Van Schouwen había apalabrado con Luis Oliveró y Carlos Navarro que le serían pagados unos 25 millones de pesetas de comisión, en función de un fondo de comercio que se señala en este tipo de negocios. Esta cantidad sería pagada cuando el proyecto estuviera finalizado, a los tres años de su inicio, aunque ya empezó a contabilizarse mensualmente. La remuneración económica mensual que se pactó y se contabilizó, según Van Schouwen, fue de 695.000 pesetas. El impago de esta cantidad constituiría uno de los motivos determinantes de que el chileno sacara a la luz pública todo el entramado del caso Filesa.

—De acuerdo. Confío en tu palabra. Espero que esta cantidad se me pague en su momento. Pero quiero que sepas que desde hoy dejo de llevar los libros contables del *holding*. Esto cada vez se complica más y no lo aguanto —le dijo el chileno a Oliveró en un tono más amenazante que conciliador.

—Muy bien, Carlos, se buscará a un contable para reemplazarte[24]. Lo que sí te pido es que afines los últimos retoques del proyecto de los contenedores —añadió Oliveró.

Van Schouwen, a pesar de las promesas de su amigo, desconfiaba de su palabra, por lo que no dudó en acudir al diputado Carlos Navarro para plantearle sus dudas y quejas. Navarro aparecía cada semana por los locales de Time Export, normalmente todos los lunes antes de marchar a Madrid, con el fin de controlar todo el operativo financiero socialista. Así, el 10 de diciembre de 1990 Van Schouwen decide entrar en su despacho. Tras el saludo de cortesía, el chileno ahorra prefacios y va directamente a la cuestión:

—Quiero decirte, Carlos, que tu tío Luis Oliveró me ha hecho una gran putada. No confía en mí y parece que quiere dejarme fuera del negocio, cuando yo he sido el que lo ha levantado. A mí me habéis prometido una comisión de 25 millones y el puesto de director general de la nueva empresa. Quiero que me digas, de verdad, si vais a respetar el pacto de caballeros que tenemos...

—Por supuesto. Tuviste en su día mi palabra y pretendo mantenerla. Lo acordado se cumplirá en todas sus partes y extremos —aseguró Navarro con rotundidad.

—Bien, pero ¿qué pasa con mi permiso de trabajo?... Ya estoy harto de ser un «ilegal» en España —le replicó Van Schouwen.

—No te preocupes, ve al Gobierno Civil de Barcelona, que yo hablaré con el jefe de Gabinete para que te solucionen de inmediato el problema. En pocos días tendrás la autorización de residencia y tu permiso de trabajo. Vas a comprobar muy pronto mi buena voluntad —dijo el diputado socialista intentando zanjar la cuestión.

Navarro aceptó, igualmente, que Van Schouwen dejara de llevar la contabilidad del *holding* al cierre del ejercicio de 1990.

El chileno siguió al pie de la letra las instrucciones dadas

---

[24] Desde enero de 1991 la contabilidad del *holding* fue llevada por el asesor fiscal Federico García Alejandre, con despacho en la calle Ausiàs March, 26, 1º, de Barcelona.

por el «gran jefe» y se presentó en el Gobierno Civil de Barcelona, situado en la avenida del Marqués de Argentera, cuyo inquilino era Ferrán Cardenal de Alemany, quien años más tarde sería nombrado director general de la Guardia Civil. De su entrevista con el jefe de Gabinete del gobernador, Salvador Alvarez, sólo consiguió buenas palabras:

—No se preocupe usted de nada. Haremos todo lo posible, ya que nos ha llamado don Carlos Navarro...

No era ésta la primera vez que el diputado socialista intercedía ante las autoridades gubernativas para que Van Schouwen recibiera un trato de favor. Navarro estaba al corriente de cuál era, día a día, la situación legal en España de su contable. El chileno le remitía a su despacho en Madrid documentos con las últimas novedades [25]. Uno de ellos decía:

«Estimado Carlos:

De acuerdo con nuestra conversación telefónica del día de hoy, te estoy enviando junto a este fax fotocopia del escrito que el Ministerio de Asuntos Exteriores y que bajo la firma del Sr. Carlos Bejarano, director de pasaportes, he recibido el día de ayer.

Este escrito responde a uno anterior que mi abogado interpuso ante este mencionado Ministerio, VÍA CONSULADO DE ESPAÑA EN PERPIGNAN, en el cual se me negaba mi solicitud de VISADO ESPECIAL, necesario para poder tramitar mi residencia en España.

Agradeciéndote de antemano las gestiones que puedas hacer en mi favor, te saludo muy ATENTAMENTE.

P.D.: Como puedes observar en el mencionado escrito mi apellido viene mal escrito. «Ven» en vez de «Van». Te lo menciono como aclaración.»

Carlos Navarro mantenía contactos más o menos permanentes con el Gobierno Civil de Barcelona, y Van Schouwen

---

[25] Fax enviado a Carlos Navarro el 16 de febrero de 1989, a las 16.07 horas.

no desaprovechaba la ocasión para insistir en algo que ya le obsesionaba: su situación legal. Las comunicaciones a la secretaria personal del diputado Navarro en los locales de Filesa en la capital de España, Lourdes Olivares Correas, se sucedían también todos los meses[26]:

«Estimada Lourdes:
Adjunto sírvete encontrar documento que hice llegar al Gobierno Civil de Barcelona, con fecha 10.9.90, respondiendo al anterior que tú ya conoces y del cual también te adjunto otra fotocopia. Creo que es el momento, si no es mucha molestia, en que C. N. vuelva a insistir en el tema y de una vez pueda yo obtener una respuesta definitiva a mi solicitud de EXENCIÓN DE VISADO CONSULAR DE RESIDENCIA. Te ruego le transmitas a él mi inquietud. Saludos cordiales.»

La insistencia de Van Schouwen para regularizar su estancia en España empezaba a inquietar a los dirigentes del PSOE. Tan sólo dos días después de su visita al Gobierno Civil de Barcelona, Oliveró llamó de nuevo a Carlos Alberto van Schouwen. Había recibido instrucciones de su sobrino político con el fin de tranquilizarle.

—He hablado con Carlos Navarro y me ha dicho que no tienes que temer el menor problema —le dijo en tono conciliador—. Se cumplirá todo lo pactado en cuanto al dinero y a tu permiso. Además, hemos decidido que seas el director gerente del proyecto de los contenedores. Cuentas con nuestra confianza y la del grupo Vapores Suardiaz[27].

Van Schouwen pareció quedar convencido tras la nueva promesa de Oliveró. Y así comenzó a dar estructura formal a

---

[26] Fax enviado el 13 de septiembre de 1990, a las 18.14 horas.
[27] El grupo Vapores Suardiaz constituiría años más tarde, en 1994, una sociedad junto con las empresas públicas Renfe y Feve, llamada Soluciones Logísticas Integrales S. A., para controlar todo el transporte de productos siderometalúrgicos desde Asturias al País Vasco. Véase capítulo diez.

la nueva empresa de contenedores, conocida en nombre de clave bajo las siglas CVSU Containers[28]. Parecía que las aguas volvían a discurrir por buen cauce.

Sin embargo, el día 7 de marzo de 1991, un inesperado acontecimiento acabaría con esa aparente tranquilidad y desencadenaría una tormenta irreparable para los dirigentes del PSOE. A una hora temprana de ese día Oliveró requirió la presencia de Van Schouwen:

—Te comunico que hemos decidido que no seas el director gerente del proyecto. Entiéndeme, esta tarde no aparezcas por la decisiva reunión en la que ataremos todos los flecos del proyecto.

En efecto, para esa misma tarde se había fijado una reunión con los dirigentes de Vapores Suardiaz en la que sería presentado el nuevo director general del proyecto: Juan María Alfonso Oliveró, sobrino de Luis Oliveró y cuñado de Carlos Navarro. Van Schouwen no salía de su sorpresa. Una vez más era apartado sin más explicaciones.

El chileno estaba indignado, y decidió pasar a la acción. Se personó en la sede de Time Export y esperó pacientemente a que acabara la reunión. Al salir Oliveró, se dirigió hacia él y directamente le gritó:

—¿Me dices de una puta vez qué coño pasa aquí?

La tensión subía por momentos. Oliveró cortó tajantemente la discusión:

—¡Lárgate!... ¡No te quiero ver más por aquí!

El chileno recogió sin mayor dilación sus pertenencias personales, archivadores, etc., que agolpó en tres grandes bolsas, de las utilizadas para retirar escombros. Pero antes de abandonar la sede de Filesa no perdió la ocasión para desafiar de nuevo a quien desde ese momento había dejado de considerar su amigo:

—¿Quieres ver si me llevo algo que os pueda comprometer?

---

[28] El código CVSU son las letras que el Bureau International des Containers, con sede en París, asignó a Time Export para sus contenedores. Así consta en la revista de este organismo, *Containers Bic-Code*.

—No, no hace falta. Además... si te llevas algo que no es tuyo, ya lo devolverás. Me fío de ti —le contestó Oliveró con una sonrisa sardónica.

Esa misma noche Van Schouwen, irritado por la actitud de despecho de Oliveró, visitó el despacho profesional de su compatriota la abogada Guacolda Salas. Antes ya la había telefoneado para contarle el desagradable episodio vivido.

—Tráeme pruebas de tu conexión con el *holding* —le dijo de entrada la abogada.

—Imposible, son tantas que no voy a poder. Me he cubierto bien las espaldas. Ahí están pasando cosas muy extrañas —contestó él.

Van Schouwen, precavido, había guardado a lo largo de sus más de tres años de trabajo en el *holding* fantasma del PSOE copias de la práctica totalidad de los trabajos allí realizados.

—Tengo de todo, ya que al cerrar el ejercicio del año 1989 me dieron instrucciones para practicar un sinnúmero de ajustes con el fin de evadir importantes sumas a Hacienda. La magnitud del fraude fiscal me obligó a exigirles una copia de todos estos movimientos para mi archivo personal. Además, se contrataron con las empresas y bancos más importantes de este país informes por asesoramientos que realmente nunca llegaron a realizarse. Al retener una copia quería deslindar, por si un día fuese preciso, mis responsabilidades —explicó Van Schouwen.

—Bien hecho, Carlos. Ven a mi despacho y lo analizaremos —concluyó la letrada.

El chileno recogió toda la documentación que poseía y que estaba sin clasificar y se encaminó hacia el despacho de su abogada, en pleno centro de la Ciudad Condal. La sorpresa de ésta fue mayúscula al comprobar el contenido de la documentación aportada por su amigo y ahora cliente. La realidad superaba a la imaginación.

—Es sobrecogedora... ¿Y los informes dónde están? —inquirió la abogada chilena.

—No, no, si los informes nunca llegaron a existir —respondió el contable.

—Pero entonces, Filesa, Malesa y Time Export, ¿qué eran?, ¿empresas fantasmas? —se preguntó sorprendida Guacolda.

—Pues claro, ¿qué te creías?... Pero dime, ¿qué podemos hacer?... Por mi parte estoy dispuesto a tirar de la manta y a contar todo lo que sé —apostilló un indignado Van Schouwen.

—Un momento, Carlos, ¡tranquilízate! Creo que debemos buscar una salida amistosa. Con todo este material incautado no se les ocurrirá dejarte en la calle. Para ellos eres una persona muy peligrosa —le hizo ver la abogada.

De momento, Van Schouwen parecía contar con ventaja. Si *cantaba* lo que conocía del *holding* podía poner en una situación muy comprometida al PSOE, sobre el que ya pesaba el escándalo del rápido enriquecimiento del hermano del vicepresidente del Gobierno, Alfonso Guerra. Detrás del velo de estas tres empresas se escondía la presunta financiación irregular del partido en el poder. Guacolda Salas tenía el íntimo convencimiento de que los dirigentes del PSOE entrarían en razón, pues lo único que les separaba eran 25 millones de pesetas, cantidad irrisoria frente a los miles de millones conseguidos a través de ese entramado financiero. Con ese ánimo intentó llegar a un acuerdo amistoso con los dirigentes socialistas. Así, el 13 de marzo de 1991, seis días después del encuentro con su cliente, la abogada Salas dirigió una carta, con acuse de recibo, a Carlos Navarro, a la sede central del PSOE en la madrileña calle de Ferraz, 70. Van Schouwen le había comentado que Navarro era la persona idónea, dado su carácter dialogante, para entenderse. El contenido de la misiva era el siguiente:

«De mi consideración:
Es en relación con la problemática laboral del señor Carlos Alberto van Schouwen Vasey.
En una primera aproximación debo dejar establecido que si me tomo la libertad de exponerle este tema por conducto extrajudicial se debe a que como mi cliente optó —mil veces— por una solución armoniosa, y ello en razón de los vínculos que el compromiso político exige,

y aunque parezca una pedantería, no por el alea que implica todo juicio que, por mi calidad de abogada, lo tengo más que asumido.

Hecha esta importante salvedad, paso al tema de fondo: he ponderado minuciosamente toda la profusa documentación relativa al tema y al demandar tendré que constituir un litis consorcio pasivo necesario en el que usted tendría —junto a otras partes— la posición procesal de demanda. Y aunque, obviamente, antes de ir a la vía judicial debo agotar la amistosa, mediante el Centro de Mediación, me parece que si es posible evitar, incluso, esa fase, es tanto mejor. Puede que usted valore de otra manera esta cuestión y estime que no tiene importancia alguna; si así fuere, por mi parte quedaría tranquila, pero no quiero de ninguna de las maneras que mi conducta profesional sea mal interpretada.

A efectos informativos también debo puntualizar que los extranjeros, aun careciendo de los permisos administrativos —que en estos momentos no se le otorgan a ninguna persona del tercer mundo—, están legitimados para demandar por retribuciones salariales adeudadas. En efecto, la indocumentación —eufemismo con el que se designa la falta de esos permisos—, si bien causa la nulidad del contrato de trabajo, deja viva las prestaciones producidas; es decir, el trabajo prestado debe ser correlativamente remunerado. No es una afirmación gratuita reconocer que en este extremo los Tribunales han actuado de manera correctora frente a la rigidez de la Ley de Extranjería: cuando menos la posibilidad de enriquecimiento injusto queda bastante mermada.

Con impaciencia esperaré —por un tiempo prudencial— su respuesta. Si no llegara, tendré que entender que tengo vía abierta para continuar y que no genero con mi actuar ninguna lesión al prestigio de un compañero.

Atentamente: Guacolda Salas»

Carlos Navarro no se dignó contestar esta carta. Su orgullo se lo impedía. Pero en su lugar apareció de nuevo en escena Luis Oliveró Capellades, quien pocas semanas después, el 8 de abril, llamaba por teléfono al despacho de la letrada Salas, tras haber intentado sin éxito ponerse en contacto con Van Schouwen:

—Señorita, necesito hablar urgentemente con usted sobre este asunto. Vamos a intentar llegar a un acuerdo... ¿Por qué no se pasa mañana por mi despacho?

La altanería seguía dominando a los dirigentes del PSOE, que minusvaloraban las posibles fuerzas de quien ya era su enemigo.

—¿Por su oficina?... ni hablar. Si quiere, y por deferencia profesional, en otro sitio —le contestó ofendida la abogada laboralista.

—De acuerdo. ¿Le parece bien quedar en una cafetería? —concluyó Oliveró.

La cita se produjo a la mañana siguiente, el 9 de abril de 1991, en la cafetería situada frente al domicilio social de Filesa, en la barcelonesa calle del Consejo de Ciento. El encuentro entre la abogada y el administrador de Filesa fue distante.

—Lo mejor para ambas partes sería llegar a un acuerdo —le dijo Oliveró.

—Por supuesto, la cosa está muy clara. Le pagáis lo que le debéis: 25 millones de pesetas, y punto final —replicó Salas.

—¿25 millones?... Estáis locos si pretendéis cobrarnos eso. Vosotros vivís en otra galaxia —le contestó el empresario, convencido de que era él quien debía llevar la delantera en la negociación.

Las posiciones parecían alejarse por momentos.

—¿Sabes lo que te digo?, que tras esta conversación la única alternativa posible es la judicial. Que cada uno asuma las consecuencias que puedan derivarse de la documentación. Y preparaos, porque la utilizaré como prueba de los derechos que le asisten a mi cliente —concluyó la abogada.

La falta de acuerdo hizo ver a los dirigentes socialistas el peligro real de su enemigo, por lo que horas más tarde Oliveró intentó ponerse en contacto con Van Schouwen para hacerle entrar en razón:

—Carlos, he estado hablando esta mañana con tu abogada... ¿por qué no tomamos un cafetito? —le imploró Oliveró.

Los dos quedaron en verse en la cafetería Estadio, situada en la Travessera de les Corts, a medio camino de ambas casas y frente al estadio del Fútbol Club Barcelona. Una vez allí, el administrador de Filesa abrió el diálogo:

—Tú necesitas dinero y nosotros paz. Por tanto, hemos decidido pagarte todo lo pactado, pero a cambio deberás abandonar España y guardar silencio sobre todo lo que sabes. Y por supuesto, nos tienes que devolver los negativos [29] —le propuso.

La sugerente oferta fue rechazada tajantemente por el chileno. No reconocía en aquel hombre al que en otro tiempo fuera su amigo. Oliveró había olvidado lo que habían compartido en México, las horas interminables de conversación, de ayuda mutua tras el terremoto. Van Schouwen estaba perplejo. Oliveró le trataba como a un pesetero, peor, como a un *sudaca*, de forma arrogante y autoritaria. Desde el punto de vista del empresario, él había «salvado» a Van Schouwen, le había buscado casa y trabajo. Tenía que estarle agradecido y no debía haberse molestado si le quitaba del negocio de los contenedores. Al tío de Carlos Navarro le enojaba, además, la pretensión de Van Schouwen de querer cobrar todos sus honorarios.

Van Schouwen creía que lo que pedía era de justicia y estaba dispuesto a llegar a un acuerdo, pero lo que no admitía es que le pusieran condiciones sobre dónde debía vivir para cobrar lo que era suyo.

—De eso nada... ¿quién te crees que eres para decirme dónde debo vivir? Además, me estás tratando de chantajista —le replicó el chileno.

La exigencia de guardar silencio y abandonar el país traía a la memoria de Van Schouwen episodios familiares tan

---

[29] Oliveró se refería a la documentación que se había llevado Van Schouwen.

tristes como la desaparición de su hermano a manos de la Policía o el largo exilio de su Chile natal.

—Lo que oyes: en España no seguirás viviendo —gritó Oliveró.

La amenaza se concretó. Desde aquel instante, las presiones de los hombres del PSOE se sucedieron. Algunos días después del encuentro con Oliveró, en la noche del 12 de abril, tres agentes de la Policía Judicial se presentaron en el domicilio particular de Van Schouwen para entregarle una orden de la Dirección General de la Policía en la que se le instaba a personarse en la comisaría del barrio barcelonés de Sants a la mañana siguiente. La citación, manuscrita, era confusa e iba dirigida a Carlos Alberto Vasey. Se omitía su primer apellido:

«Sírvase V. comparecer en esta comisaría, sita en la calle Cruz Cubierta, núm. 104, el próximo día 13 de abril, a las 10 horas, en la dependencia del GRUPO OPERATIVO para un asunto oficial de su interés.»

Las intenciones de la Policía eran diáfanas. Se pretendía interrogarle acerca de su situación legal en España. El chileno comenzaba a estar controlado:

—Carlos, todo esto es muy raro —le dijo sorprendida su abogada—. Si alguien te tiene que preguntar por tu situación en España es el grupo de extranjería que funciona en la comisaría de la vía Layetana, y no el de Sants, que no tiene nada que ver en esto. Además, para un asunto de tan escasa importancia, ¿para qué narices tanto despliegue? Tres policías y encima por la noche...

En el día señalado, antes de expirar el plazo marcado, el chileno se presentó en las dependencias policiales. Un agente del Grupo Operativo, vestido de paisano, comenzó de inmediato a interrogarle mientras otro policía observaba atento el desarrollo de las diligencias:

—Dígame, ¿cuál es su situación laboral en España? ¿Tiene usted su permiso de trabajo en regla? —le inquirió, al tiempo que se disponía a tomar nota en un bloc usado.

—Creo que lo mejor es mostrarle la documentación sellada por el juzgado —le respondió Van Schouwen.

Tras comprobar que al menos el visado especial de residencia era legal, el agente lo dejó marchar.

—Conforme. Ya puede usted irse.

Pero las pesquisas y el marcaje policial no habían concluido. Tras volver a casa, salió a pasear junto a su esposa Angélica y fue entonces cuando observó que era seguido de cerca por una serie de personas, entre las que identificó a uno de los agentes que la noche anterior se habían personado en su domicilio. La situación para Van Schouwen se tornaba por momentos agobiante.

Para acabar con esa sensación de fugitivo decidió pedir protección al Consulado de Chile en Barcelona. La pareja se encaminó hacia su sede, en el número 591 de la Gran Vía de las Cortes Catalanas. Allí, la cónsul adjunta, Alejandra Guerra Ferraz de Andrade, les recibió en su destartalado despacho.

—¿Cuál es vuestro problema? —les preguntó al verles con cara desencajada.

—Aunque no se lo crea, la Policía española nos está vigilando y necesitamos su ayuda —le contestaron.

—Tranquilos. Contadme. ¿Qué habéis hecho? —preguntó sorprendida la diplomática.

—Eso es lo mas grave. Nada... —añadieron, y a continuación pasaron a relatarle parte de su rocambolesca historia.

—¡Uf! Esto es complicado. Ya veremos si se os puede ayudar —les respondió.

—Atienda. Cuando ese gorila de dictador —la foto de Augusto Pinochet estaba clavada en la pared— regía los destinos de Chile no les necesitábamos. Pero ahora exigimos que nuestro país nos defienda, y no olvide que a usted le pagan para ello... ¿O no es verdad? —le replicó Van Schouwen.

Después de cavilar, la cónsul telefoneó a la comisaría de Sants para informarse acerca de lo sucedido. El comisario Delgado fue quien la atendió:

—Voy a enterarme y en cinco minutos la llamo.

Delgado cumplió su promesa.

—Pueden estar ustedes tranquilos. No hay ningún problema. Me han dicho que se trata de un control rutinario, producto de un chivatazo.

La cónsul quedó conforme con las explicaciones del comisario. Creía haberse quitado de encima un asunto tan espinoso como la financiación ilegal del partido en el poder.

—Bien. Estad tranquilos. Para la Policía no hay ningún problema. Todo indica que ha habido un malentendido.

Este incidente no paralizó el deseo de Van Schouwen de cobrar lo que se le debía. Su demanda laboral contra Luis Oliveró, Carlos Navarro y Alberto Flores seguía adelante y ya había día y hora para el previo intento de conciliación entre las dos partes. La conciliación se celebró, sin acuerdo, el 25 de abril de 1991. Desde ese momento la vía judicial quedaba abierta.

Van Schouwen, ese mismo día, llegó al íntimo convencimiento de la necesidad de denunciar públicamente los hechos. ¿Quién le aseguraba que le pagarían el dinero prometido en un país extranjero? ¿No podría ocurrir que lo asesinaran para asegurarse su silencio para siempre? Si lo que sabía llegaba a los medios de comunicación, pensó, el socialismo español perdería para siempre su aureola de honradez. Al lado de tal escándalo, el caso Juan Guerra resultaría un juego de niños. Y no se equivocaba.

* * *

Para conseguir que su información se publicara, Van Schouwen diseñó una estrategia. Como había previsto, al principio se topó con el inicial rechazo de determinados periodistas, quienes vieron en este entramado un asunto muy confuso. Durante varios días el chileno recorrió las redacciones barcelonesas portando gran parte de la documentación en dos bolsas de cuadros negros y verdes. Su ofrecimiento obtenía la callada por respuesta. Tras innumerables gestiones, fue Ana Aguirre, del diario *El Mundo* en Barcelona, que en aquellos tiempos ejercía en la delegación de este periódico las tareas de periodista, secretaria y telefonista, quien se interesó por lo que con el tiempo sería conocido como «el caso Filesa». Más tarde también se interesó *El Periódico de Catalunya*, que en un principio había considerado que el asunto no era noticiable.

Los dos diarios comenzaron la labor de cotejo de todo lo aportado por Van Schouwen, que hizo entrega parcial y secreta de los originales que poseía. Sin embargo, el 27 de mayo de 1991, dos días antes de la hipotética publicación, se produjo un hecho que vendría a alterar toda la operación de difusión diseñada por el chileno. Los periodistas llamaron por teléfono a Luis Oliveró a la sede de Filesa para conocer cuál era su opinión sobre la veracidad de los documentos aportados.

Este hecho desquició a los dirigentes de Filesa. El escándalo podía saltar en cualquier momento. Empezaban a ser conscientes del gran error cometido al menospreciar las fuerzas de Carlos van Schouwen. Había que dar una respuesta rápida y contundente, por lo que decidieron ponerse en contacto con la sede central del PSOE en Madrid. Desde allí, Guillermo Galeote, secretario de Finanzas del partido, controlaba todos los movimientos de las empresas en las que los socialistas tenían intereses. Las órdenes no tardarían en llegar [30].

El «aparato» socialista pensó en Isidoro García Sánchez, abogado y profesor asociado de la Universidad Autónoma de Barcelona, como la persona indicada para frenar la publicación de tan comprometedores datos [31]. Debido a su estrecha amistad con Luis Oliveró, García Sánchez había sido nombrado secretario del Consejo de Administración de Filesa, Malesa y Time Export [32].

Guacolda Salas Santana no olvidará mientras viva la fecha del 28 de mayo de 1991, martes. Tras su habitual jornada

---

[30] Guillermo Galeote acudía solo a Barcelona para asistir a los consejos de administración del *holding*. En la última reunión a la que debía asistir canceló de improviso la reserva que Filesa había hecho para él en el lujoso hotel Princesa Sofía, situado en la avenida de la Diagonal, muy cerca del estadio del F.C. Barcelona. Fue el 23 de enero de 1990.

[31] Isidoro García se incorporó en 1983 al Colegio de Abogados de Barcelona con el número 12.804. Su despacho está en la calle Londres, nº 54, 3º, 3ª A. Se dedica a casos laborales, civiles y mercantiles. Es profesor asociado de Derecho Civil en la Facultad de Ciencias Económicas y Empresariales de la Universidad Autónoma de Barcelona.

[32] Isidoro García expidió facturas a Filesa S. A. en 1989 por valor de 377.345 pesetas, y en 1990 por 532.000, por diversos trabajos.

matutina en los juzgados, la abogada se encaminó tranqui-
lamente hacia su despacho. Nada más llegar, dos de sus
compañeros, Javier Torres Blasco y Pedro Caldentey Marí, le
comunicaron que un caballero de unos cuarenta años de
edad, de tez morena, escasa estatura, con bigote y grandes
ojos, había llegado al despacho para entrevistarse urgentemente con ella:

—Te anda buscando un señor que parece tener mucha
prisa en hablar contigo. Ha dicho que no te movieras de
aquí, que volvía enseguida.

Sobre las tres de la tarde de ese mismo día, Isidoro
García Sánchez se personó alarmado en el despacho de la
abogada Guacolda Salas.

—Llevo desde las doce intentando localizarte. Necesito
hablar urgentemente contigo. Es muy importante. Te traigo
un mensaje de Madrid —le dijo desde el telefonillo del portal.

—De acuerdo. Sube y hablamos —contestó Guacolda.

—No, no, por favor, prefiero que la conversación sea en
otro sitio —le rogó.

—Bueno, si quieres vamos a la cafetería Silvan... está en
esta misma calle, a unos quince metros de mi despacho...
¿Has comido ya? —le preguntó la abogada laboralista.

—No, no he tenido aún tiempo —contestó apresurado
García Sánchez.

—Pues perfecto, así de paso comemos un bocadillo...
—le sugirió Guacolda.

En esa cafetería, situada en la esquina de la calle Lauria
con la calle Mallorca, se produjo el encuentro. La abogada
chilena pidió a sus dos compañeros de despacho que la
acompañaran, a distancia, para controlar el desarrollo de la
reunión. Ambos se sentarían en una mesa próxima a los dos
protagonistas.

El letrado García Sánchez estaba presuroso por hacerle
llegar su propuesta, cuyo contenido, según Guacolda Salas,
era el siguiente: «A cambio de no salir publicada la noticia,
Van Schouwen determinaría qué cantidad quería que se le
pagase, designaría un intermediario de su entera confianza
y asimismo elegiría el lugar de pago.»

La abogada trasladó rápidamente el ofrecimiento a su compatriota:

—O sea, que están dispuestos a comprar mi silencio, pero no a pagar el trabajo... Mi respuesta es de nuevo no —contestó un indignado Van Schouwen.

Para atar bien todos los flecos, convinieron, antes de telefonear al dirigente de Filesa para comunicarle su negativa, en cerciorarse de que efectivamente en los diarios *El Mundo* y *El Periódico de Catalunya* se iba a publicar al día siguiente la noticia sobre el caso Filesa.

«Por primera vez sentimos miedo. Nos estábamos enfrentando a un enemigo muy poderoso. Por eso nos aseguramos de que la noticia iba a salir publicada en los dos diarios. Por mi parte, me encaminé a la redacción de *El Periódico* para presionarles sobre la necesidad de que apareciese al día siguiente. Estuve con ellos hasta entrada la noche. Al ver impresa la noticia en primera página marché rápidamente para casa de Carlos. Desde allí telefoneamos a la redacción de *El Mundo*, en Madrid, para saber si también iban a publicarla. Ana Aguirre había mandado el reportaje a primera hora de la tarde. Sobre las doce de la noche nos llamaron de parte de Pedro J. Ramírez y nos ratificaron que la noticia salía en primera. Fue entonces cuando por fin pudimos respirar», concluye Guacolda Salas.

Una vez confirmada la doble publicación, la abogada telefoneó, pasada la medianoche, a Isidoro García Sánchez:

—Hemos decidido que ya no hay posibilidad alguna de acuerdo. Vuestra oferta llegó demasiado tarde. La noticia saldrá mañana publicada en varios periódicos.

—¿Qué me dices? ¿Pero qué habéis hecho? La que se va a organizar... ¿Aparezco yo mencionado? ¿Se menciona nuestra reunión de hoy? —le preguntó angustiado—. No creo que me hayas hecho esa putada.

Al día siguiente, fecha en la que Van Schouwen cumplía cuarenta y seis años, se hizo público el escándalo Filesa. Los diarios *El Mundo* y *El Periódico de Catalunya* desvelaban que las empresas Filesa, Malesa y Time Export recibieron millones de pesetas por estudios de asesoramiento a importantes empresas y bancos que nunca llegaron a realizarse. Supuestamente ese dinero fue destinado a sufragar la campaña electoral socialista de 1989. La noticia paralizó al país. Aquel día no se hablaría de otra cosa en las tertulias radiofónicas y en los cenáculos políticos.

El escándalo tomó proporciones considerables. El fiscal general del Estado, Leopoldo Torres, envió de oficio la información al Tribunal de Cuentas. Sin embargo, en aquellas fechas la Ejecutiva del PSOE manifestaba todavía públicamente su sorpresa y extrañeza por el asunto. Aparecían ya como presuntos implicados el diputado Carlos Navarro, responsable de las finanzas del Grupo Parlamentario del PSOE, el senador José María Sala, secretario de Organización del PSC-PSOE, el administrador de las empresas implicadas, Luis Oliveró, y uno de los propietarios, Alberto Flores, hermano de la senadora y ex secretaria de Relaciones Internacionales de la Ejecutiva Federal del PSOE, Elena Flores.

Para contrarrestar el impacto de la noticia, el «aparato» del PSOE pensó que sería conveniente relevar a Isidoro García Sánchez en su papel de enlace con Van Schouwen. Para ello se eligió a un abogado bien visto por Ferraz: Manuel Jiménez de Parga Cabrera, al que años más tarde Felipe González quisiera nombrar defensor del pueblo. El influyente despacho madrileño de Jiménez de Parga, situado en el número 47 de la calle del General Martínez Campos, se convirtió en el defensor del *holding* socialista en la demanda interpuesta por Van Schouwen [33]. Jiménez de Parga envió a su hijo Pablo a Barcelona con el fin de mantener un nuevo contacto con la abogada Salas [34].

---

[33] En el ejercicio de 1991 Filesa abonó 5 millones de pesetas en provisión de fondos al gabinete Jiménez de Parga. El pago se efectuó el 11 de junio de 1991 a través del cheque nominativo nº 6432626-4 contra su c/c nº 11-242016-00-07 en el Banco Atlántico, sucursal 0011, de Barcelona. Este cheque se ingresó el 14 de junio de 1991 en el Banco Hispano Americano, sucursal de la calle Abascal, 46, de Madrid.

[34] Pablo Jiménez de Parga Maseda se incorporó en 1987 al Colegio de Abogados de Madrid con el número 39.887.

Jiménez de Parga *Jr.* acudió al despacho de la calle Lauria:

—He venido a Barcelona a un asunto privado y he aprovechado que pasaba por aquí para hablar contigo de lo de tu cliente Van Schouwen —le dijo a su colega.

—Perfecto. ¿Qué se te ofrece? —inquirió intrigada la abogada laboralista.

—Quería saber por qué pedís 25 millones en vuestra demanda —preguntó el joven letrado

—Muy fácil, es el dinero que apalabraron con mi cliente por su intervención en el negocio de los contenedores. Si pagáis, retiraremos la demanda —añadió Salas.

Tras unos instantes de silencio, Jiménez de Parga *Jr.* sentenció:

—Te comunico que vamos a interponer una querella contra Van Schouwen por divulgación y revelación de secretos.

La querella se presentaría, pero ni siquiera fue admitida a trámite[35].

La respuesta de Carlos van Schouwen a la interposición de la citada querella no se hizo esperar. Días después el chileno presentó contra Oliveró una denuncia por coacciones y amenazas ante la Fiscalía del Tribunal Superior de Justicia de Cataluña. La denuncia también sería archivada[36].

El ánimo de Van Schouwen no decayó. Para asegurar que el escándalo destapado tuviera mayor repercusión social, intentó ponerse en contacto con la coalición política Iniciativa per Catalunya-Izquierda Unida. Guacolda Salas, gracias a la mediación de un compañero de Comisiones Obreras, Miguel Falguera, se puso en contacto telefónico con Joan Saura, colaborador directo del líder de IC-IU, y portavoz de la coalición, Rafael Ribó.

—Queremos que tengáis toda la documentación, por si podéis hacer algo en el Parlamento —le dijo Guacolda.

—Perfecto. De nosotros te puedes fiar. Aquí no hay corrupción —contestó Saura.

---

[35] Fue desestimada el 12 de julio de 1991 por el Juzgado de Instrucción número 22 de Barcelona.

[36] Escrito de la Fiscalía de 13 de septiembre de 1991.

—Una vez la hayáis recibido, nos llamas; y cuando quieras, Carlos se pasa por allí y te explica todos los pormenores de la trama —le sugirió la chilena.

—Me parece muy bien. Ahora mismo me voy a poner en contacto con Madrid. Voy a hablar con Julio Anguita y le contaré el caso para ver qué podemos hacer —agregó.

El portavoz de Iniciativa per Catalunya envió ese mismo día a una de sus secretarias hasta el despacho de la letrada Salas para recoger fotocopias de la abundante documentación. Días más tarde, Joan Saura mandaba una copia a la sede de IU en Madrid, al tiempo que entregaba personalmente toda la documentación al fiscal jefe del Tribunal Superior de Justicia de Cataluña, Carlos Jiménez Villarejo [37].

La Fiscalía del Tribunal Superior de Justicia de Cataluña dictaminó que Carlos Navarro debía asumir su responsabilidad, como coempresario, junto con Luis Oliveró y Alberto Flores, de las sociedades Time Export, Filesa y Malesa. El dictamen, cuyo ponente fue el fiscal Alvaro Redondo Hermida, se remitió al entonces fiscal general del Estado, Leopoldo Torres [38]. El informe señalaba lo siguiente:

«A pesar de que Carlos Navarro no figure como titular de Time Export, se observa una situación de cotitularidad patronal simultánea, dado que al parecer existía una cierta comunicación de crédito y bienes [...] parece existir en las empresas un régimen de caja común única,

---

[37] Carlos Jiménez Villarejo participó en los años ochenta en las actuaciones del caso Banca Catalana, que salpicó al líder de CiU y presidente de la Generalitat, Jordi Pujol, para quien pidió el procesamiento. También intervino en la detención del empresario Javier de la Rosa por el fraude y desvío de capitales en la empresa Grand Tibidabo. Su nombramiento como fiscal jefe se lo debe al que fuera fiscal general del Estado, Javier Moscoso. Siempre ha luchado por investigar asuntos relacionados con la financiación irregular de la Generalitat, como el caso Planasdemunt.

[38] El dictamen fue elaborado a petición del Juzgado de lo Social número 1 de Barcelona, que tramitaba la demanda laboral presentada por Carlos Van Schouwen, con fecha 29 de junio de 1991.

lo que llevaría a la conclusión de una posible existencia de empresa única y de dirección unitaria [...].
La actuación de don Carlos Navarro en las mismas era de gerencia directa sin superior jerárquico. El Sr. Navarro actuó como empresario, asumiendo los poderes directivos que son inmanentes a esta condición.»

Carlos van Schouwen se convertía en el enemigo público número uno del PSOE, cuyos dirigentes comenzaron a verter descalificaciones contra la figura del chileno. Juan Carlos Rodríguez Ibarra, presidente del gobierno autónomo extremeño, llegó a afirmar en el programa *La Clave*, de Antena 3: «Van Schouwen es como la chacha molesta que, cuando la despedían, revelaba los secretos de los señores.»

Poco a poco, el «aparato» socialista fue minando el crédito y honor de quien fue su contable. Nadie le ofrecía trabajo. Tuvo que vivir de los créditos de los amigos y de la venta de monedas antiguas, actividad que después trasladaría, durante su corta estancia en Madrid, a la Plaza Mayor de la capital de España. Sin embargo, su moral quedó incólume. Junto a su abogada, continuaría ordenando y clasificando la frondosa documentación para entregarla a la Justicia.

El día 25 de junio de 1991 el caso entraba en la jurisdicción del Tribunal Supremo, dado el carácter de aforado de alguno de los implicados. Lo que había comenzado como primera página de dos diarios llevaba ahora marcado el sello: «Causa especial número 880/91», cuyo encabezamiento decía así:

«Por los delitos presuntamente cometidos de malversación de caudales públicos, delito fiscal y contra la Hacienda Pública, falsedad documental, infracción a la Ley de Control de Cambios, tráfico de influencias y apropiación indebida.»

Sin embargo, Van Schouwen no podría personarse en la causa como parte acusadora. El carecer de 200.000 pesetas, cantidad fijada como fianza para ejercer la acción popular, y su condición de extranjero le impidieron tomar parte en este proceso[39]. El chileno se hallaba desmoralizado, y por eso decidió enviar, con fecha 26 de marzo de 1992, una carta al presidente del Gobierno, Felipe González Márquez, dirigida al complejo de La Moncloa con acuse de recibo. En ella se quejaba amargamente de su situación de indefensión. El contenido de la carta era el siguiente:

«Estimado señor:
He quedado anonadado con su razonamiento acerca de la corrupción: «Sólo el número de sentencias condenatorias muestra con objetividad el grado de corrupción.»

Aún no repuesto de su primer razonamiento, y al hilo de aquél, usted agregó: «Castigar a los corruptos, pero también a los difamadores, ése es el equilibrio de la sociedad democrática.»

En general:
¿Debo entender que unos delitos se equilibran con otros delitos? ¿Debo entender que quienes han denunciado o han presentado querellas por corrupción serán castigados? ¿Debo entender su razonamiento como una amenaza?

En mi caso personal:
¿Debo entender que seré castigado?

Por el contrario, si hasta el momento no se me ha castigado en relación con mi denuncia, ampliamente conocida como «el caso Filesa», ¿debo entender que lo denunciado es aceptado como verdadero?

La forma, el fondo y el trasfondo de sus palabras, dichas ante el Congreso de los Diputados y de cara a todos los ciudadanos de este país, desde su poderoso cargo de Presidente del Gobierno español y sin olvidar que es usted el secretario general del poderoso Partido Socialista Obrero Español, me han sobrecogido y me he sentido indefenso por primera vez. Quienes teniendo

---

[39] Auto del Tribunal Supremo de fecha 26 de marzo de 1992.

algo que denunciar no lo han hecho pueden congratularse de esta decisión y respirar tranquilos. No es mi caso. Por todo lo expuesto, le ruego, encarecidamente, responda usted a mis inquietudes a la brevedad posible. En caso de no obtener esa respuesta, entenderé sus palabras de acuerdo al peor sentido que ellas puedan encerrar. Atentamente: Carlos Alberto van Schouwen Vasey N.I.E. X-0925853-B.»

La carta no obtuvo respuesta. Desolado, Van Schouwen decidió regresar a Chile. Su abogada intentó convencerle para que se quedase y puso en conocimiento del instructor del caso en el Tribunal Supremo, el magistrado Marino Barbero Santos, la terrible situación que atravesaba su cliente. El magistrado Barbero, tras conocer este hecho, citó el 27 de abril de 1992 a Van Schouwen. Habían transcurrido once meses desde que saltara a la luz pública el escándalo. Los abogados del PSOE intentaron, infructuosamente, paralizar la comparecencia. En ella, el chileno desveló al magistrado todo el entramado del caso Filesa. A los pocos meses, en el verano de 1992, abandonaría desengañado España. Un empleo de gerente en un negocio de Químicas le esperaba. Volvía de nuevo a su país, vivo y ligero de equipaje. Pero en su periplo español dejaba tocado al todopoderoso Partido Socialista Obrero Español, tras diez años ininterrumpidos en el poder. Y todo por un puñado de dólares. Al cambio, unos 25 millones de pesetas.

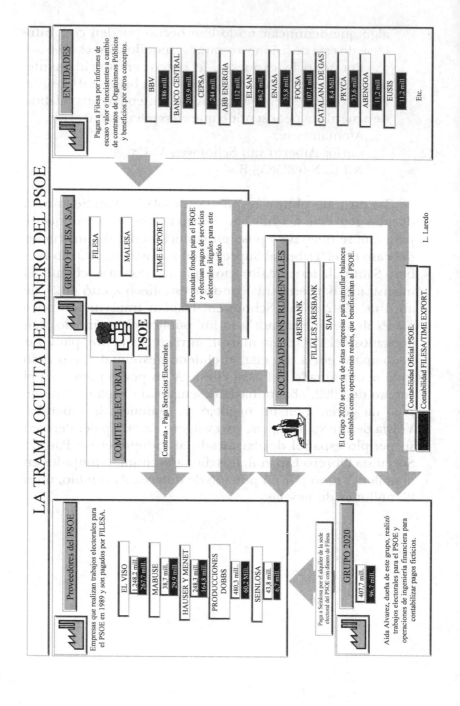

LA TRAMA OCULTA DEL DINERO DEL PSOE

ENTIDADES

Pagan a Filesa por informes de escaso valor o inexistentes a cambio de contratos de Organismos Públicos y beneficios por otros conceptos.

- BBV — 186 mill.
- BANCO CENTRAL — 200,9 mill.
- CEPSA — 244 mill.
- ABB ENERGIA — 112 mill.
- ELSAN — 86,2 mill.
- ENASA — 35,8 mill.
- FOCSA — 107,1 mill.
- CATALANA DE GAS — 8,4 Mill.
- PRYCA — 33,6 mill.
- ABENGOA — 11,2 mill.
- EUSIS — 11,2 mill.
- Etc.

GRUPO FILESA S.A.

- FILESA
- MALESA
- TIME EXPORT

Recaudan fondos para el PSOE y efectúan pagos de servicios electorales ilegales para este partido.

COMITE ELECTORAL

PSOE

Contrata - Paga Servicios Electorales.

SOCIEDADES INSTRUMENTALES

- ARESBANK
- FILIALES ARESBANK
- SIAF

El Grupo 2020 se servía de éstas empresas para camuflar balances contables como operaciones reales, que beneficiaban al PSOE.

Contabilidad Oficial PSOE.

Contabilidad FILESA/TIME EXPORT.

L. Laredo

Proveedores del PSOE

Empresas que realizan trabajos electorales para el PSOE en 1989 y son pagados por FILESA.

- EL VISO — 1.248,2 mill. / 267,7 mill.
- MABUSE — 38,7 mill. / 29,9 mill.
- HAUSER Y MENET — 248,3 mill. / 164,8 mill.
- PRODUCCIONES DOBBS — 480,3 mill.
- SEINLOSA — 60,2 Mill. / 43,8 mill. / 6,7 mill.

Paga a Seinlosa por el alquiler de la sede electoral del PSOE con dinero de Filesa

GRUPO 2020

- 407,7 mill.
- 96,7 mill.

Aída Álvarez, dueña de este grupo, realizó trabajos electorales para el PSOE y operaciones de ingeniería financiera para contabilizar pagos ficticios.

60

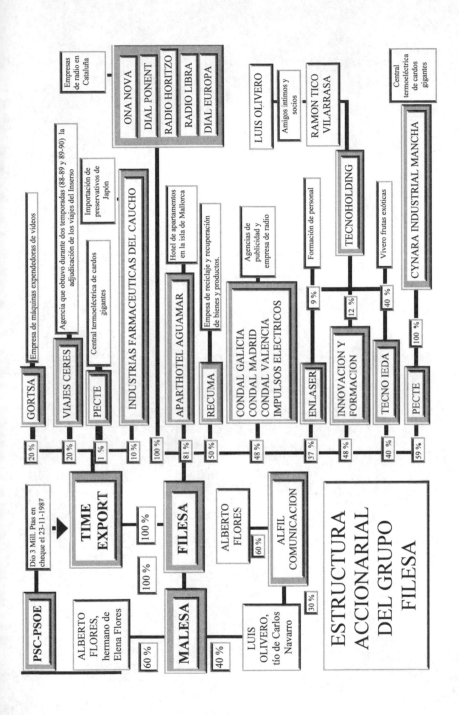

ESTRUCTURA ACCIONARIAL DEL GRUPO FILESA

PSC-PSOE — Dio 3 Mill. Ptas en cheque el 23-11-1987

ALBERTO FLORES, hermano de Elena Flores

TIME EXPORT

FILESA

MALESA

ALBERTO FLORES

ALFIL COMUNICACION

LUIS OLIVERO, tío de Carlos Navarro

100 %
100 %
60 %
40 %
60 %
30 %

GORTSA — 20 % — Empresa de máquinas expendedoras de vídeos

VIAJES CERES — 20 % — Agencia que obtuvo durante dos temporadas (88-89 y 89-90) la adjudicación de los viajes del Inserso

PECTE — 1 % — Central termoeléctrica de cardos gigantes / Importación de preservativos de Japón

INDUSTRIAS FARMACEUTICAS DEL CAUCHO — 10 %

— 100 %

APARTHOTEL AGUAMAR — 81 % — Hotel de apartamentos en la isla de Mallorca

RECUMA — 50 % — Empresa de reciclaje y recuperación de bienes y productos.

CONDAL GALICIA CONDAL MADRID CONDAL VALENCIA IMPULSOS ELECTRICOS — 48 % — Agencias de publicidad y empresa de radio

ENLASER — 37 % — Formación de personal

INNOVACION Y FORMACION — 48 % — 9 %

TECNO IEDA — 40 % — 12 % — TECNOHOLDING

PECTE — 59 % — 40 % — Vivero frutas exóticas

CYNARA INDUSTRIAL MANCHA — 100 % — Central termoeléctrica de cardos gigantes

ONA NOVA
DIAL PONENT
RADIO HORITZO
RADIO LIBRA
DIAL EUROPA
— Empresas de radio en Cataluña

LUIS OLIVERO — Amigos íntimos y socios — RAMON TICO VILARRASA

61

CAPITULO DOS

BARBERO: UN JUEZ PARA LA LEYENDA

7 de noviembre de 1991. Los magistrados de la Sala Segunda del Tribunal Supremo, Enrique Ruiz Vadillo, José Augusto de Vega Ruiz y Luis-Román Puerta Luis debían tomar una importante decisión. El caso Filesa, uno de los escándalos más sonados de financiación política de la reciente democracia española, necesitaba un magistrado instructor. La tarea no era fácil. Hasta ese día, ninguno de los quince magistrados que componían la Sala Segunda se había ofrecido de manera voluntaria a instruir el caso. La resolución, al final, fue salomónica. El nombramiento se haría por el método aleatorio de la insaculación.

Los nombres de todos los magistrados se introdujeron en papeletas dobladas en el interior de una urna. El silencio se hizo patente en la camareta de la Sala Segunda, en el corazón del Palacio de Justicia de Las Salesas. El presidente de la Sala, Enrique Ruiz Vadillo, se acercó pausadamente a la urna y extrajo una de las papeletas:

—Señores, el elegido es Marino Barbero Santos.

Ruiz Vadillo, De Vega y Puerta Luis redactaron a continuación el siguiente auto:

«Es procedente designar instructor al magistrado de esta Sala, Excmo. Sr. D. Marino Barbero Santos, a quien, según el criterio establecido, ha correspondido serlo, quien no formará parte de dicha Sala para enjuiciar, en su caso, la causa a la que se refiere este Auto.»

La duda se había disipado. Aquel día, más de un magistrado de la Sala Segunda durmió tranquilo. Barbero instruía el primer caso de su vida. Hasta entonces se había limitado a autos de casación, a conflictos entre tribunales y a impartir su sabiduría en viajes por todos los países del mundo.

Marino Barbero Santos nació en Plasencia (Cáceres) el 14 de agosto de 1929 en el seno de una modesta familia obrera y republicana. Su padre trabajaba como empleado de una gasolinera para sacar adelante a sus tres hijos. Marino, el primogénito, estudió el bachillerato en el Instituto Gabriel y Galán de la localidad extremeña. Con tan sólo diecisiete años aprobó el ingreso en la Escuela de Magisterio de Cáceres, pero a última hora decidió cambiar la tiza y la pizarra por los estudios de Derecho.

Cursó con brillantez su carrera de leyes en la Universidad de Salamanca, en la que obtuvo el premio extraordinario de licenciatura. Su excelente currículum le posibilitó acceder a una beca para continuar sus estudios de posgraduado en el Real Colegio de los Españoles de Bolonia (Italia) [1]. Allí consiguió el Premio Víctor Manuel II a la mejor tesis doctoral por su innovador trabajo titulado «El sujeto activo del delito». Este laureado le permitió ampliar aún más su experiencia investigadora en Friburgo (Alemania), cuna del Derecho Penal occidental, adonde acudió becado por la Fundación Alexander von Humboldt.

El expediente académico del extremeño fue adquiriendo un perfil de gran brillantez. En 1963 fue nombrado catedrático numerario de Derecho Penal de la Universidad de Murcia y fue allá, en tierras del sureste, donde comenzaron sus primeros problemas con el régimen dictatorial del general Franco. El día de la toma de posesión, ante el Rectorado, Barbero, hombre de talante progresista y liberal, se negó a

---

[1] El alcalde de Plasencia informó desfavorablemente sobre él y en un principio se le negó el permiso «por rojo».

jurar, como era preceptivo, fidelidad a los Principios del Movimiento Nacional. De haberlos aceptado se habría traicionado a sí mismo. Pero su estancia en la ciudad del Segura no fue sólo fuente de problemas. También el destino le hizo conocer, entre sus alumnos, a Aurelia Richard Rodríguez, con la que terminó casándose y con la que tuvo cinco hijos.

El periplo docente de Barbero dio un salto geográfico. Tras cinco años de estancia en Murcia partió a Salamanca, ciudad en la que había cursado la carrera, para allí sustituir a su «maestro» José Antón Oneca en la vacante cátedra de Derecho Penal de dicha universidad. No duró mucho en aquel puesto. De la ciudad monumental pasó, también en calidad de catedrático, a la vecina Valladolid. Fue en la antigua capital de España donde la oposición del extremeño al régimen franquista se hizo más férrea. La opinión de Barbero contraria a la pena de muerte se dejó oír a comienzos de los setenta con motivo del consejo de guerra contra dieciséis miembros de ETA, el célebre «proceso de Burgos». Intervino en tertulias radiofónicas de la época y envió al diario *ABC* una carta, redactada con su fácil estilo literario que ha hecho de él un buen escritor de sentencias, en la que criticaba lo que calificó como un burdo montaje pseudoprocesal. La misiva nunca se publicó.

Tras su paso por la universidad vallisoletana, Barbero ganó en 1975 la cátedra de la Universidad Complutense de Madrid, donde ejerció su magisterio hasta el 13 de mayo de 1986, fecha en la que fue nombrado magistrado de la Sala Segunda del Tribunal Supremo por el pleno del Consejo General del Poder Judicial (CGPJ). El extremeño empezó a dictar justicia sin haber pertenecido nunca a la carrera judicial. Su intachable carrera docente parecía haberle llevado a la más alta cota del Derecho. Sin embargo, detrás de su elección se atisbaba que el empuje final había sido dado desde el poder político.

El ex ministro de Justicia del Gobierno del PSOE, Fernando Ledesma Bartret [2], fue pieza clave en este nombramiento.

---

[2] Fue destituido en julio de 1988.

Por entonces no podía imaginar que aquel por el que apostaba llegaría años más tarde a desestabilizar por completo el «aparato» socialista.

«Cuando en el Consejo General del Poder Judicial, del que formaba parte, se acepta la propuesta de que catedráticos de reconocido prestigio sean nombrados magistrados, se plantea la pregunta "¿A quién nombramos?..."», cuenta Pablo Castellano, otro de los políticos valedores en el nombramiento de Barbero.

La elección del magistrado extremeño se produjo con rapidez. Otro discípulo de José Antón Oneca, Antonio González Cuéllar[3], persona de confianza de Ledesma y profesor de Derecho Penal en la Universidad Autónoma de Madrid, habló con sus amigos Marino Barbero Santos y Enrique Bacigalupo Zapater para ver si estaban dispuestos a aceptar el cargo. Según Castellano, también se invitó a otros destacados juristas como Ramón López Vilas. Barbero y Bacigalupo aceptaron la oferta.

Barbero también fue apoyado por el presidente del CGPJ, Antonio Hernández Gil[4], y por la actual ministra de Asuntos Sociales, Cristina Alberdi, entonces la única mujer en el mencionado CGPJ. Su reconocido prestigio académico internacional fue un criterio determinante en la elección: miembro de la Asociación de Derecho Penal y presidente de su Sección Española, vicepresidente de la Sociedad Internacional de Defensa Social, vicepresidente de la Comisión Científica del Centro de Altos Estudios Criminológicos, Penales y Penitenciarios de la Universidad de Mesina (Italia), ex director del Instituto Jurídico Español en Roma, miembro del Consejo Científico Criminológico de Europa y de la Real Academia de las Ciencias de Buenos Aires, presidente de la Real Academia de Extremadura, doctor *honoris causa* por las

---

[3] Antonio González Cuéllar es fiscal excedente y fue miembro del CGPJ. Es abogado del banquero Mario Conde y miembro del bufete de los hermanos Mariano y Miguel Angel Gómez de Liaño Botella.

[4]Años después, Barbero sustituyó a Hernández Gil al frente de la Real Academia de Extremadura.

universidades sudamericanas de Río de Janeiro y Lima y medalla de académico por la de Buenos Aires. Además, ha sido conferenciante en congresos celebrados en Moscú, Copenhague, Buenos Aires, Friburgo, Santiago de Chile, Colonia y en varias ciudades de Estados Unidos y México.

Atrás quedaba la valoración personal que muchos miembros del CGPJ tenían del extremeño como excesivamente vanidoso y egocéntrico. Desde que entró en el CGPJ su prestigio se ha proyectado como ponente de sentencias, aunque como juez instructor baja la nota. Su inexperiencia en la instrucción penal se manifiesta en una cierta debilidad en los interrogatorios que practica [5], lo que no impide que Barbero sea considerado entre sus compañeros y amigos como una persona meticulosa en su trabajo. Su vida privada apenas ha trascendido a la opinión pública. Su imagen proyecta una persona de aspecto timorato y con una salud muy frágil, debido al delicado estado de su corazón y al añadido problema que representa su diabetes, lo que le obliga a comer manzanas en su despacho aprovechando los periodos muertos en la investigación de sus casos.

Barbero ha demostrado en los últimos años ser un magistrado de recta conciencia, individualista, al que no le importa recurrir a la emisión de un voto particular cuando no está de acuerdo con la decisión mayoritaria de la Sala. Técnica ésta a la que recurrió, por ejemplo, en la sentencia del caso del delito fiscal de la cantante Lola Flores. El magistrado extremeño estimó en un controvertido voto particular que la malograda folclórica no había incurrido en un delito contra la Hacienda Pública y sí, en cambio, en un delito contable [6].

Las convicciones políticas del magistrado han sido también objeto de discusión. Para unos, Barbero es un progresista convencido, mientras que otros opinan que su ideología se sitúa en la militancia conservadora. En el círculo de sus amistades el magistrado se limita a señalar que es «un viejo

---

[5] Tiene un problema de frenillo.
[6] Voto de 8 de enero de 1991.

demócrata». Durante la transición desempeñó un cierto papel político, pues en 1978 Landelino Lavilla, por entonces ministro de Justicia, requirió sus servicios para intervenir como ponente de la reforma de la Ley de Peligrosidad y Rehabilitación Social. La colaboración de Barbero con el Gobierno de UCD tuvo un episodio posterior al ser nombrado director del Instituto de Estudios Jurídicos en Roma, cargo que abandonaría en 1982 al ser destituido con la llegada de los socialistas al poder.

* * *

El pusilánime carácter de Barbero se proyectó desde un primer momento en la instrucción del caso Filesa. La primera decisión al respecto no se tomó hasta pasados cinco meses desde su designación como instructor y prácticamente un año después desde que se abriera la causa en el Tribunal Supremo. Hubo que esperar hasta el mes de abril de 1992 para que el juez placentino decidiera mover las fichas en esa partida imaginaria entre la Justicia y el PSOE.

El motivo de este impulso residía en que su imagen pública, una de las obsesiones de Barbero, empezaba a deteriorarse. Por una parte, la Asociación contra la Injusticia y la Corrupción (Ainco) acusó al magistrado de prevaricación y retraso injustificado en la administración de la Justicia, «por no haber practicado hasta la fecha ninguna actividad dirigida a esclarecer los hechos». Por otra, las críticas a su labor comenzaban a verterse en los medios de comunicación y entre sus propios compañeros de profesión.

La querella y los comentarios hirieron el orgullo de Barbero, que días más tarde, el 27 de abril, citó a Carlos Alberto van Schouwen para tomarle declaración. Van Schouwen era el contable de las empresas Filesa, Malesa y Time Export, *holding* fantasma utilizado por el PSOE para su presunta financiación ilícita. El chileno había desatado el escándalo tras haber denunciado en varios medios de comunicación las irregularidades cometidas por los dirigentes socialistas [7].

La primera decisión de Barbero molestó a la cúpula del

---

[7] Véase capítulo uno.

68

PSOE. La figura de Van Schouwen despertaba recelo y desprecio en la sede socialista de Ferraz. A manos del juez llegó raudo un escrito de los abogados del PSOE en el que expresaban su oposición a la declaración del contable chileno. La presión política sobre la figura de Barbero comenzaba a disparar su artillería pesada. Sin embargo, el juez hizo caso omiso a este primer escrito y decidió mantener la citación de Van Schouwen para el día fijado.

Carlos Alberto van Schouwen se presentó a la hora señalada, diez y media de la mañana, en el vetusto y majestuoso edificio del Tribunal Supremo, que fuera en el siglo XIX convento de las Salesas Reales y durante la Guerra Civil de 1936-1939 checa del Frente Republicano. El contable, embutido en un impecable traje gris marengo, se presento acompañado de su abogada, compatriota e inseparable amiga Guacolda Salas. La presencia de la letrada chilena fue una nueva afrenta para los abogados del PSOE, que desde un primer momento querían dejar claro que eran ellos quienes iban a marcar el ritmo del proceso:

—Que no, que no... que la letrada de Van Schouwen no puede pasar a la Sala. Me niego a ello —hizo saber en voz alta el abogado del diputado Carlos Navarro, Horacio Oliva, catedrático en Derecho Penal, como el juez Barbero.

—¿Por qué? —preguntaron los oficiales de la Sala.

—Muy fácil. No tiene acreditada su habilitación para ejercer en Madrid. Ella está colegiada en Barcelona —respondió creyéndose cargado de razón el abogado Oliva.

La situación se hacía tensa por momentos. Una y otra parte se acusaban mutuamente. Los oficiales del Supremo cortaron por lo sano:

—Ha dicho don Marino que puede pasar la letrada a la Sala con su representado y que, con carácter de urgencia, acredite haber obtenido habilitación para intervenir en Madrid.

Barbero, con esta decisión, dejaba ver a los abogados del PSOE que el ritmo del caso lo marcaría él. Aunque no sabrían, hasta tiempo después, que la instrucción sería conducida a la velocidad de un «seiscientos».

Van Schouwen y Guacolda llegaron acompañados por

un oficial hasta el improvisado despacho de Barbero[8]. Al juez le habían habilitado como oficina el llamado «salón de plenillos», situado en la planta segunda del palacio, con tres grandes ventanas que dan a la plaza de la Villa de París y con dos amplias puertas con salida al pasillo que conduce a la biblioteca. La forma rectangular del «saloncillo», catorce metros de largo por seis de ancho, permitía que las comparecencias se desarrollaran con cierta comodidad.

Al entrar, el contable y su letrada quedaron un tanto impresionados por el ambiente que flotaba en el despacho de Barbero. Las paredes enteladas con dibujos en seda verde y amarilla, dos grandes y vetustas lámparas, el crujir a cada paso en la madera gastada, eran el decorado de una escena en cuyo punto central se hallaba sentado, tras una gran mesa de caoba, el juez Barbero. Frente al magistrado se situaba otra amplia y poco pulida mesa rectangular destinada al emplazamiento de la defensa de los querellados, del Ministerio Fiscal, del abogado del Estado y de los abogados de la acusación particular[9]. Para el compareciente y su letrada se había reservado una pequeña mesa junto a la puerta de entrada. Una escenificación propia de una ópera wagneriana que quedaba coronada por un cuadro enmarcado con opulencia: *La verdad desnuda.*

Una vez acomodado el compareciente y la abogada, Barbero abrió con tono solemne, pero no exento de cierta timidez, la primera declaración sobre el caso Filesa:

—Señor Van Schouwen, tiene usted la palabra.

El contable declaró durante cuatro horas ante el magistrado. Narró con profusión de datos todas las circunstancias profesionales y personales que desde el 30 de septiembre de 1987, fecha en la que se incorporó al *holding* fantasma del PSOE, habían rodeado al caso Filesa:

—Cuando llegué a Time Export en 1987 me di cuenta de que

---

[8] A lo largo de los cuatro años de instrucción Marino Barbero solicitó en varias ocasiones que se le diera un despacho permanente.

[9] En el caso Filesa, a diferencia de lo que sucedió en el caso GAL, no se dio orden inmediata al abogado del Estado para que se personara en la causa. Lo hizo casi un año después, el 27 de abril de 1992. Además, no fue destinado en exclusiva al caso.

se llevaba una doble contabilidad. Me pareció normal, ya que lo hacían casi todas las empresas de este país. Empecé a trabajar, distinguiendo con tres estrellas los movimientos de dinero negro y con una los que se declaraban a Hacienda. Los movimientos de dinero negro eran al principio pequeños, pero importantes para financiar la creación de las empresas Malesa y Filesa. [...]

»Con el transcurrir del año 89 se van desarrollando una serie de actividades que tienen que ver con esa facturación irregular, estudios que nunca se hicieron y que jamás se encargaron a terceros, aunque el texto de la factura pretendía justificar estos pagos. Puntualmente Carlos Navarro informaba de todas estas circunstancias a Guillermo Galeote —secretario general de Finanzas del PSOE—. [...]

»Filesa comienza a tomar importancia, se factura a diferentes bancos, supermercados, empresas estatales, empresas de carácter internacional... siempre facturas por estudios que no se realizan. Se van pagando facturas de otras empresas por estudios o mercancías que no son recibidas, ni solicitadas. Empresas que están relacionadas con la campaña electoral del PSOE; la más significativa es el alquiler que empieza a pagar Filesa por la sede del PSOE, en la calle Gobelas, 60 millones de pesetas. [...]

»Cada seis meses, aproximadamente, yo debía entregar al señor Navarro los balances reales y oficiales, ya que se los llevaba durante el verano y los revisaba. Al igual que hacía a finales de año. [...]»

La declaración parecía haber llegado a su punto final. Los rostros perplejos de los presentes en la Sala mostraban un cansancio no disimulado. Sin embargo, Barbero tenía aún guardada una carta. Quería conocer antes de finalizar cuál era la vinculación exacta entre Filesa, Malesa y Time Export y el Partido Socialista Obrero Español. Ante un cierto estupor de los abogados de los querellados por la imprevista cuestión planteada, Van Schouwen no dudó en contestar:

—Muy fácil, señoría. Estas empresas se forman y comienzan a hacer de puente con los acreedores del PSOE, sin que este dinero entre ni salga de la cuenta del PSOE. El señor Carlos Navarro extraía dinero de estas empresas para pagar facturas del PSOE.

71

La comparecencia había concluido. A la salida, el contable chileno conoció por primera y última vez al empresario Christian Jiménez. Este constructor, junto a la Asociación contra la Injusticia y la Corrupción [10], fue el causante de la instrucción judicial del caso Filesa. Un turbio asunto en el que estaba implicado el partido gobernante y que había llegado a los juzgados por la iniciativa privada.

En aquellas fechas Jiménez estaba obsesionado por acabar con la corrupción en nuestro país, por lo que era un fijo en todos aquellos procesos donde el escándalo político se hacía presente. Sin embargo, su carrera profesional no estaba ni está exenta de ciertos avatares confusos.

Christian Jiménez González, natural de Lausana (Suiza), hijo de emigrantes, con apariencia de *yuppy* treintañero, promotor inmobiliario, perteneció al Partido Popular, al que se incorporó en el año 1984 para abandonarlo en 1991. Durante este periodo su empresa inmobiliaria se vio perjudicada en varias concesiones estatales. Desde entonces, su obsesión respondía a una idea: ser el verdugo del PSOE [11]. «Yo, el dinero me lo gasto en lo que quiero. Por eso voy en un utilitario, en vez de ir en un Porsche. Detrás de mí no hay nada. Y quien busque no va a encontrarlo. Estoy limpio», afirmó a los autores.

El caso Filesa podía ser una caja de resonancia de su quijotesca causa, y por eso había encomendado al letrado Marcos García Montes, uno de los más importantes y reputados penalistas de la capital de España, que presentara una querella criminal contra el diputado socialista Carlos Navarro, el senador catalán del mismo partido José María Sala y el resto de los dirigentes de Filesa.

El 8 de junio de 1991, una semana después de saltar el escándalo, el letrado García Montes cursó el deseo de su

---

[10] Ainco se personó el 7 de junio de 1991 y pagó 25.000 pesetas de fianza.

[11] Christian Jiménez había presentado ya a esa fecha cuatro querellas: la primera contra la Empresa Municipal de la Vivienda, de Madrid; la segunda contra la ministra Matilde Fernández; la tercera contra varios senadores, y la cuarta contra Juan Barranco.

mandante depositando ante la Sala Segunda del Tribunal Supremo un escrito de trece folios que explicaba los motivos de la presentación de la querella:

> «En definitiva, se ha faltado a la verdad en documentos públicos, privados y mercantiles, se han apropiado indebidamente de diferentes cantidades, se han malversado fondos públicos, se han efectuado declaraciones por IVA y sociedades, entre otras, que suponen delitos contra la Hacienda Pública, se han prevalecido del cargo para traficar con influencias y se han evadido capitales. Todos ellos supuestos delitos a investigar y que requieren llegar al fondo para que los ciudadanos, fueren electores o contribuyentes, conozcan debidamente los métodos y cauces de financiación de los partidos políticos, dentro de la absoluta independencia del poder judicial como restaurador de agravios.»

La declaración de Van Schouwen había aportado una suculenta información al meticuloso Barbero. Tras el estudio del contenido de esta primera comparecencia, el juez volvió a requerir al contable. Esta vez para que le aportase toda la documentación que sobre el caso obrase en su poder.

La petición del magistrado pilló de sorpresa a Van Schouwen, quien un tanto nervioso llamó por teléfono a su abogada, que se encontraba en Barcelona.

—Es preciso que Barbero tenga mañana toda la documentación sobre su mesa. Quiere verla. Cógete un puente aéreo y vente para Madrid —le pidió a Guacolda.

A las pocas horas, la letrada Guacolda Salas llegaba al aeropuerto de Barajas portando con dificultad dos inmensas bolsas repletas de papeles. Un impaciente Van Schouwen la esperaba en la misma puerta de la terminal del puente aéreo. Juntos se trasladaron hasta la sede del alto tribunal:

—Señoría, aparte de estos documentos le solicito que tenga usted como complemento nuestro escrito de personación en la causa [12] —solicitaron a Marino Barbero.

---

[12] Escrito de 5 de febrero de 1992 ante la Sala Segunda del Tribunal Supremo.

La voluminosa documentación aportada por Van Schouwen pasaba a engrosar las innumerables carpetas que el magistrado Barbero había abierto sobre la instrucción. El juez tenía ya una primera idea concebida sobre lo recaudado por las empresas fantasmas del PSOE: más de 1.000 millones de pesetas. Todo, a través de una cadena de operaciones comerciales fraudulentas en la que se facturaron cientos de millones de pesetas por conceptos falsos y servicios nunca prestados a instituciones públicas y privadas, tanto nacionales como internacionales. Con estos ingresos percibidos se cancelaban las cuentas y compras del Partido Socialista Obrero Español, productos que nunca fueron recibidos ni encargados directamente por las empresas del *holding*. Era lo que jurídicamente se denomina «sociedades de fachada», empresas carentes de contenido y orientadas a ocultar la verdadera actividad de sus promotores.

Esta manera de operar presentaba, además, ventajas tanto para el PSOE (recaudar dinero) como para las empresas inculpadas (encubrir bajo una apariencia de realidad un pago atípico). Pago que, contabilizado como gasto, es legalmente deducible de los beneficios societarios. Es decir, un recorte a la Hacienda Pública.

Sobre la mesa del magistrado se encontraba un informe conciso y rotundo sobre como se había creado y financiado todo el entramado de empresas fantasmas del PSOE:

Facturas emitidas

Año	Time Export	Filesa	Malesa	Total
1987	8.400.000	No existe	No existe	8.400.000
1988	19.040.000	s/actividad	s/actividad	19.040.000
1989	176.960.000	618.240.000	s/actividad	795.200.000
1990	22.400.000	195.983.741	s/actividad	218.383.741
1991*	6.720.000	5.600.000	s/actividad	12.320.000
TOTAL:	233.520.000	819.823.741	—	1.053.343.741

* Sólo incluye mes de enero de 1991.

Facturas recibidas

Año	Time Export	Filesa	Malesa	Total
1987	ninguna	no existe	no existe	—
1988	ninguna	s/actividad	s/actividad	—
1989	73.660.023	579.469.365	s/actividad	653.129.388
1990	ninguna	22.400.000	s/actividad	22.400.000
1991*	ninguna	6.720.000	s/actividad	6.720.000
TOTAL:	73.660.023	608.589.365	—	682.249.388

* Sólo incluye mes de enero de 1991.

Constitución de sociedades

TIME EXPORT S. A.
C/ Lauria, 118, Barcelona.
Inscrita ante notario el 28 de julio de 1978, en Barcelona.
Constituida por:
Esteban Borrell Marco, casado, ingeniero industrial, C/ Manila, 63, Barcelona.
Carlos Ponsa Ballart, casado, ingeniero industrial, C/ Verdaguer, 12, Hospitalet de Llobregat[13].
Narciso Andreu Musté, casado con María de los Angeles Cuevas Baldock, licenciado en Ciencias Económicas, C/ Dr. Fleming, 30, Madrid[14].

Capital social: 400.000 pesetas. 400 acciones a 1.000 pesetas.
Borrell, 150 acciones.
Ponsa, 125 acciones.
Andreu, 125 acciones.

---

[13] Luego nombrado presidente del Puerto Autónomo de Barcelona, cargo que ocupó del 19 de junio de 1985 al 6 de marzo de 1987.
[14] Presidente del Banco de Crédito Local del 2 de febrero de 1983 al 15 de marzo de 1985. Ese mismo año es nombrado presidente de la compañía Iberia, en la que cesó en 1990, pasando al Banco Exterior de España como asesor del presidente Francisco Luzón.

Administradores indistintos: Borrell y Ponsa.

JUNTAS GENERALES DE ACCIONISTAS:
28 de julio de 1983
Dimite Esteban Borrell Marco de su cargo de administrador.
Ponsa Ballart es reelegido como administrador.

25 de agosto de 1983
Borrell Marco vende las acciones 21 a 150, inclusive, y Andreu Musté de la 276 a la 400, inclusive. Es decir, Borrell Marco sólo mantiene en su poder las acciones 1 a 20 y Andreu Musté vende la totalidad de las suyas. Las acciones referidas quedaron en poder de Ponsa Ballart, además de las que ya poseía desde su constitución.

26 de junio de 1985
Dimite Ponsa Ballart de su cargo.
Nuevo administrador: Francesc Fajula Doltrá, casado, ingeniero industrial, C/ Mandri, 64, Barcelona.
Se traslada el domicilio social a la calle Consejo de Ciento (Consell de Cent), 308, 1º, 1ª, Barcelona.

3 de junio de 1987
Borrel Marco vende las acciones 1 a 20, inclusive, y Ponsa Ballart, el resto, a Carlos Navarro Gómez y José María Sala Grisó, diputado y senador, respectivamente, tomando cada uno el 50%, equivalente a 200 acciones.

19 de junio de 1987
Se decide intervenir como socio fundador en la constitución de INDUSTRIAS FARMACEUTICAS DEL CAUCHO S. A., suscribiendo acciones por un total de 500.000 pesetas de capital. Se faculta a Fajula para que comparezca al otorgamiento de la constitución de dicha sociedad.

30 de septiembre de 1987
Presidida por Carlos Navarro Gómez.
Nuevo administrador (junto con Fajula): Luis Oliveró Capellades, mayor de edad, ingeniero industrial, C/ Travessera de les Corts, 152, 5º, 3ª.

10 de octubre de 1988
Oliveró confiere un poder a Isidoro-Gerardo García Sánchez, abogado, C/ Londres, 54, 3º,3ª, Barcelona, para que lleve la dirección de la empresa en toda su extensión.

17 de octubre de 1988
Luis Oliveró revoca los poderes conferidos a Francesc Fajula.

10 de noviembre de 1988
Fajula dimite como administrador y Oliveró queda como administrador único.

18 de noviembre de 1988
FILESA compra el 100% de TIME EXPORT a una peseta la acción (400 acciones), a un precio de 2.910 pesetas.

11 de marzo de 1989
Luis Oliveró revoca los poderes conferidos a Carlos Ponsa Ballart el 4 de julio de 1985. [Ponsa vendió Time Export en julio de 1987.]

24 de julio de 1989
Luis Oliveró recibe autorización para participar en la constitución de Pecte S. A.

FILESA S. A.
C/ Muntaner, 252, 4ª,1ª
Barcelona.

Constituida el 11 de febrero de 1988.

Fundadores:
Manuel Alberich Olivé, casado, administrativo, C/Rosal, 51, Barcelona.
Luis Oliveró Capellades, casado, ingeniero, C/ Travessera de les Corts, 152, 5º,3ª.
Malesa S. A. (representada por Alberich).

Capital social: 300.000 pesetas. 300 acciones a 1.000 pesetas cada una.

Malesa suscribe 200 acciones.
Alberich, 50 acciones.
Oliveró, 50 acciones.

Administrador: Luis Oliveró Capellades.

JUNTAS GENERALES UNIVERSALES DE ACCIONISTAS:
5 de octubre de 1988
Se cambia el domicilio social a la calle Consejo de Ciento
(Consell de Cent), 308, 1º,1ª, de Barcelona.

18 de octubre de 1988
Se amplía el capital social en 9.700.000 pesetas, pasando
a ser de 10 millones. Se suscriben íntegramente por los
accionistas actuales. Actúa de secretario Isidoro-Gerardo
García Sánchez.

28 de diciembre de 1988
Tanto Alberich Olivé como Oliveró Capellades venden
sus respectivas acciones, de la 201 a la 250 y de la 251 a
la 300, inclusive, a la entidad Malesa S. A. En esa fecha,
por tanto, Malesa S. A. adquiere el 100% de Filesa S. A.

6 de abril de 1989
Se faculta a Alberto Flores Valencia, casado, abogado, C/
Velayos, 12, Madrid, con un poder para que represente
a Filesa S. A. en la fundación de una segunda sociedad
llamada IMPULSOS ELECTRICOS S. A., suscribiendo
acciones por un importe de 240.000 pesetas del capital.

7 de abril de 1989
Se faculta a Alberto Flores como delegado de Filesa S. A.
en la fundación de otra compañía que se denominaría
RECUMA S. A., suscribiendo acciones por un total de
500.000 pesetas de capital.

24 de julio de 1989
Luis Oliveró ratifica la intervención de Fernando Oliveró
Domenech[15], casado, ingeniero industrial, Paseo Manuel

---

[15] Es sobrino de Luis Oliveró Capellades.

Girona, 16, Barcelona, como representante de Filesa S. A. en la fundación de la sociedad PECTE S. A., aprobando la suscripción de acciones por un importe total de 5.900.000 pesetas. La sociedad se había fundado el 21 de julio de 1989.

21 de julio de 1989
Luis Oliveró otorga a Alberto Flores un poder que le da capacidad total para hacer y deshacer en nombre de la empresa.

9 de marzo de 1990
Alberto Flores representa el 100% de las acciones de Malesa. Se acuerda facultar al administrador Luis Oliveró Capellades para comparecer en la fundación de TEC-NO-IEDA S. L.

8 de octubre de 1990
Se faculta a Flores a que participe en la Junta General de IMPULSOS ELECTRICOS S. A. para votar su acuerdo de disolución. Lo mismo con CONDAL MADRID, S. A., CONDAL GALICIA, S. A. y CONDAL VALENCIA S. A.

22 de noviembre de 1990
Se acuerda afianzar las operaciones con ENLASER S. A.

MALESA S. A.
C/ Muntaner, 252, 4ª, 1ª
Barcelona.

Constituida el 11 de febrero de 1988.

Fundadores:
Karkour-Zourab Maghakian Amirzian, sirio, casado, del comercio, C/ Aribau, 166[16].
Manuel Alberich Olivé, casado, administrativo, C/ Rosal, 51, Barcelona.

---

[16] Fue utilizado como testaferro. Puso para la constitución 100.000 pesetas, que se las entregó el propio Oliveró.

Luis Oliveró Capellades, casado, ingeniero industrial, Travessera de les Corts, 152, Barcelona.

Capital social: 500.000 pesetas. 500 acciones a 1.000 pesetas cada una.
Maghakian, 100 acciones.
Alberich, 300 acciones.
Oliveró, 100 acciones.
Se nombró administrador a Manuel Alberich Olivé.

JUNTAS GENERALES UNIVERSALES DE ACCIONISTAS:
11 febrero 1988
Se acuerda participar en la fundación de Filesa S. A., y suscribir 200 de las acciones que se pongan en circulación por un importe de 200.000 pesetas.

4 de octubre de 1988
Se acuerda el cambio de domicilio a la calle Consejo de Ciento (Consell de Cent), 308, 1º, 1ª.

26 de octubre de 1988
Maghakian Amirzian vende las acciones 1 a 100, inclusive, a Oliveró Capellades.

28 de diciembre de 1988
Malesa se constituye como único accionista de Filesa S. A.

30 de diciembre de 1988
Alberich Olivé vende las acciones 101 a 400, ambas inclusive, a Alberto Flores Valencia. Es decir, a esa fecha, la sociedad queda en manos de Flores Valencia y Oliveró Capellades, con un 60% y un 40%, equivalentes a 300 acciones y 200 acciones, respectivamente.

2 de enero de 1989
Alberich dimite como administrador. Oliveró es nombrado para el cargo.

28 de febrero de 1989
Se decide aumentar el capital social en 14.500.000 pesetas más, mediante la emisión de 14.500 acciones al portador, de 1.000 pesetas. Los accionistas actuales la suscri-

ben en las mismas proporciones. El capital social queda establecido en 15 millones.

El informe de Barbero acababa con un extracto a modo de resumen:

«A 30 de diciembre de 1988, queda constituido el Holding, que será plenamente operativo a partir del primer trimestre de 1989, a pocos meses de iniciarse la campaña electoral para las elecciones generales de ese año. Formalmente, ya no materialmente, FLORES VALENCIA y OLIVERO CAPELLADES controlan, respectivamente, el 60% y el 40% de las acciones de MALESA; a su vez MALESA controla el 100% de las acciones de Filesa; y esta última controla, a su vez, el 100% de las acciones de Time Export. NAVARRO GOMEZ es, no obstante, quien desde fuera de las estructuras societarias tiene las potestades absolutas de dirección y de control del entramado.»

La documentación aportada por Van Schouwen era valiosa y comprometida para los encausados. Por eso, Barbero decidió custodiarla, junto al resto del sumario, en la cámara acorazada de que dispone el Tribunal Supremo en su planta baja. Allí, en un reducido habitáculo blindado al que se accede por una pequeña puerta de aluminio, las voluminosas c innumerables carpetas del caso Filesa se encontraban depositadas junto a seis garrotes viles que tras la despenalización de la pena de muerte fueron a parar a este inaccesible lugar. El destino, de nuevo, se mostraba caprichoso. Barbero, impulsor de la desaparición de la pena de muerte en España, veía cómo el caso más importante de su carrera profesional «dormía» junto a lo que él más ha odiado: un instrumento de ejecución.

Sin embargo, ni en la caja fuerte podía dormir tranquila la documentación de Filesa. La posibilidad de un robo se presentía. Los escasos medios puestos a disposición de Barbero a lo largo de todo el procedimiento por la Sala de

Gobierno del alto tribunal alertaron a los servicios de seguridad del viejo Palacio de Justicia. El secretario judicial del caso Filesa, Ricardo Rodríguez Fernández, así se lo manifestaba en un escrito al magistrado Barbero:

«Toda vez que por el jefe de seguridad de este Palacio de Justicia se me manifiesta que el local donde está situado "mi" despacho, el denominado "salón de plenillos", no reúne las condiciones mínimas de seguridad, y dada la trascendencia e importancia de la documentación que en el se encuentra:

Me veo en el DEBER, a tenor de lo dispuesto en el artículo 8, apartado F del Reglamento Orgánico del Cuerpo de Secretarios Judiciales, de informarle que este secretario que suscribe se ve imposibilitado de cumplir debidamente sus funciones, en concreto de conservación y custodia de estos autos.

Interesa, si V.E. lo considera conveniente, que se adopten las medidas oportunas (tales como se me facilite un despacho con su correspondiente puerta y cerradura que, según se me manifiesta por la Gerencia de este Tribunal, se me va a facilitar en breve y una caja de seguridad, con dos llaves, una de las cuales quedaría en poder de V.E., no siendo práctico conservar la documentación y los autos en la caja de seguridad existente en la Sala Segunda, ya que el uso y manejo de la misma es continuo).»

La preocupación de Rodríguez Fernández estaba justificada. Por entonces el aparato policial del Estado había sido presuntamente puesto al servicio de la causa socialista. La actuación del Ministerio de Interior, a cuyo frente estaba José Luis Corcuera, apoyado por el secretario de Estado Rafael Vera, había sido cuestionada ante ciertas denuncias de robos y espionaje. Barbero era consciente de que se encontraba solo ante los más variados peligros.

* * *

El verano de 1992, eclipsado por los fastos nacionales de los Juegos Olímpicos de Barcelona y de la Expo de Sevilla, supuso un parón en la actividad de Barbero. Tras el impasse estival, el magistrado retomaría el caso Filesa con una inusitada fuerza que no se volvería a repetir a lo largo de todo el procedimiento.

El interés de Barbero por acelerar la instrucción se proyectó en la toma de una serie de decisiones. Así, nada más aterrizar de sus vacaciones estivales, el 14 de septiembre dictó una providencia en la que abría nuevas diligencias de prueba. El magistrado requirió a unas setenta empresas nacionales una profusa documentación acerca de sus relaciones con Filesa, Malesa y Time Export. El escrito de Barbero a las empresas era taxativo:

«Remitan originales de las facturas pagadas a Time Export S. A. con indicación detallada del modo, medio y lugar de pago, y de la cuenta y sucursal bancaria, en su caso, en que se recibió el mismo. Se interesa igualmente, se revele el objeto del pago efectuado a Time Export. En el caso de que éste consistiese en un informe, deberá remitirse el original del mismo a la mayor brevedad posible y, en todo caso, no en un plazo superior a cinco días desde la recepción del presente recordatorio. Transcurrido dicho plazo sin haberse recibido contestación, se considerará como obstrucción a la Justicia, pudiendo ser procesados como autores del delito de desobediencia.»

Igualmente, el magistrado solicitó de veinte entidades de crédito un extracto de todos los movimientos de las cuentas corrientes bancarias existentes a nombre de Time Export, Malesa, Filesa y Luis Oliveró. Por último, demandó de la Dirección General de Transacciones Exteriores del Ministerio de Hacienda un informe sobre posibles movimientos de capitales al extranjero.

Tanto las empresas como las entidades bancarias requeridas por el juez no se mostraron colaboradoras con la petición de éste. Unas veces demoraron el envío de la información solicitada y otras hicieron caso omiso. Esta actitud dilatoria molestó en gran medida al magistrado, quien, tras decidir el secreto del sumario[17], ordenó el registro de las sedes de varias de ellas en busca de la documentación negada. Detrás de esa orden se hallaba el firme deseo de Barbero de demostrar que de él no se reía nadie[18]. Pero para ello tenía que contar con el apoyo del aparato policial. Barbero no dudó en solicitar de los mandos de la Seguridad del Estado los medios humanos y materiales que necesitaba. El 13 de octubre de 1992 remitió un oficio al comisario jefe del Servicio Central de la Policía Judicial para que varias dotaciones policiales se pusieran a disposición del inspector jefe, Luis Sánchez Poto, adscrito a la Sala Segunda de Tribunal Supremo, «al objeto de practicar diligencias de entrada y registro».

El nuevo ritmo impuesto por el juez al caso puso en guardia a los dirigentes del PSOE. Ante el cariz que estaban tomando los acontecimientos, Ferraz pensó que no había mejor defensa para sus intereses que cifrar sus ataques en dañar el prestigio de Marino Barbero y en criticar su forma de instruir el asunto Filesa. Así, sospechosamente, empezó a circular por distintos medios de comunicación y mentideros políticos un *dossier* sobre su persona del que no salía bien parado.

El informe sobre Barbero contenía abundantes datos sobre su situación patrimonial y cierta correspondencia muy personal, aunque el intento de desprestigio se centraba principalmente en un crédito impagado por el magistrado a la Caja de Ahorros de Plasencia. El 16 de julio de 1976 esta entidad bancaria le había concedido un crédito de 7.500.000 pesetas para adquirir un chalé adosado en la urbanización

---

[17] Barbero decretó el secreto de sumario el 21 de septiembre de 1992 por espacio de veinte días. El 9 de octubre de 1992 volvía a prorrogarlo otros diez días más, el 16 de octubre un mes más y el 15 de noviembre otros diez días.

[18] El 20 y 21 de octubre de 1991 una comisión judicial registraba la sede de Filesa, Malesa y Time Export, en la calle Consell de Cent, 308, de Barcelona.

Monteclaro, en el término municipal de Pozuelo de Alarcón, a escasos kilómetros al oeste de la capital de España. Barbero, por entonces, había obtenido la cátedra en Derecho Penal en la Universidad Complutense de Madrid y necesitaba un piso para residir.

El magistrado no pudo afrontar la total devolución de lo prestado [19] y la entidad de crédito le demandó junto a sus cofiadores. Entre ellos se encontraba el entonces diputado del PSOE Gregorio Peces-Barba. El piso sufrió un embargo, aunque en 1980 la Caja de Ahorros, ante un acuerdo que cerró con Barbero, retiró la demanda.

Pero este *dossier* no fue el único ataque contra el magistrado. Destacados dirigentes socialistas se explayaron en algunas declaraciones públicas cuestionando la honestidad de Barbero. Juan Carlos Rodríguez Ibarra, presidente de la Junta de Extremadura, fue el más incisivo. Ibarra conocía con detalle toda la relación financiera de Barbero con la Caja de Ahorros de Plasencia, ya que esta entidad crediticia acababa de ser absorbida por la Caja de Ahorros de Extremadura, en manos del PSOE extremeño: «Aquí no se pregunta a los magistrados, como en Estados Unidos, si han pagado todos sus créditos o el impuesto sobre la renta; si aquí se les preguntara si han pagado sus créditos bancarios, algunos no estarían investigando cómo pagan los partidos políticos, y en especial el PSOE, sus cuentas corrientes.» Meses más tarde afirmaría: «Estamos en el juego de los jueces *supervedettes*, en el que alguno se estaba quedando detrás. Hay quien no puede presumir delante de la mujer y está intentando mear más lejos que el de al lado.»

Las presiones sobre la actuación del magistrado no se detenían en la esfera pública y política. Barbero tuvo que soportar también que profesionales del Derecho al servicio del Estado cuestionaran la forma en que estaba instruyendo el caso. El fiscal del caso, Antonio Salinas, rebatió los argumen-

---

[19] Marino Barbero se comprometió a pagar 30.000 pesetas mensuales a la Caja de Ahorros de Palencia.

tos ofrecidos por Barbero de que detrás del caso Filesa había indicios claros de delito. Salinas estaba por entonces a las órdenes directas del fiscal general del Estado, Eligio Hernández. Hernández, conocido como «el pollo del Pinar» por haber practicado la lucha canaria en su isla natal de Hierro, tuvo desde el principio de la causa una opinión muy definida contraria al magistrado, que plasmó en un informe:

> «Ha realizado una instrucción generalizada que se aproxima a la inquisición global, sin trazar previamente los límites y fronteras sobre los que la instrucción debe discurrir, ordenando la obtención indiscriminada de probanzas sin justificación suficiente y cuyos efectos no se agotan en las personas de los querellados, sino que alcanzan a la totalidad de un partido político al que no le está permitido el ejercicio de ningún derecho de defensa, y destruye el necesario equilibrio que debe mantener la instrucción de una causa penal.»

Opinión que no modificó al dejar su cargo, y que incluso expresaría de una manera más contundente: «Marino Barbero es también un incompetente patológico, y lo sabe todo el Tribunal Supremo. Es un hombre incapaz de llevar un sumario.» [20]
El aterrizaje de Eligio Hernández en la Fiscalía General del Estado se produjo el 10 de abril de 1992, días antes de que se reactivara el caso Filesa. Eligio Hernández llegó a la Fiscalía en un momento crítico para la institución. Su antecesor, Leopoldo Torres, había sido destituido por alinearse con las tesis del Consejo Fiscal, que pedía más independencia con respecto al Gobierno. La visión que tenía Eligio Hernández de lo que debía ser la institución era diametralmente opuesta a la de su antecesor.
Para Eligio Hernández, militante del PSOE y católico practicante, el partido era lo más importante. Y así lo demostró durante su etapa como vocal del Consejo General del

---

[20] Reportaje de Juan Manuel Bethencourt, *La Gaceta de Canarias*, 17 de noviembre de 1994.

Poder Judicial. Su papel de «controlador» del resto de los vocales nombrados por el PSOE (incluido el actual ministro de Justicia e Interior, Juan Alberto Belloch) había sido alabado en privado por el propio vicepresidente del Gobierno, Narcís Serra, que conocía que Eligio Hernández anhelaba la cartera de Interior. Como también lo sabía Alfonso Guerra, su amigo, quien le pidió que aceptara ser fiscal general antes que ser ministro, para bien del partido.

El Gobierno de Felipe González necesitaba un hombre de máxima confianza para hacer frente al motín de los fiscales. Había que dejar claro que sobre ellos mandaba el Gobierno, que era quien nombraba al fiscal general. Pocos días después de tomar posesión, Eligio Hernández tuvo una primera reunión con los dirigentes del PSOE para escuchar su versión de lo que era el caso Filesa. Aunque había suspendido su militancia en el PSOE por razón de su cargo de fiscal general, Eligio Hernández seguía practicando la ideología de Pablo Iglesias.

La reunión se celebró en la sede federal del PSOE, en la calle Ferraz, y allí acudieron el secretario de Organización, José María Benegas, el encargado de Asuntos Económicos, Francisco Fernández Marugán, y uno de los inculpados, Guillermo Galeote. «Mira Eligio, lo de Filesa es sólo un montaje de la prensa y de la derecha canallesca. Créenos, ésa es la verdad», le dijeron los dirigentes socialistas a su compañero. Eligio Hernández aceptó el argumento. Pero por si alguna duda quedaba, el propio vicepresidente del Gobierno, Narcís Serra, la disipó: «No te preocupes, te aseguro que el partido no está detrás», le dijo por teléfono en repetidas ocasiones.

Fue esta fe ciega a las tesis del partido lo que le empujó a adoptar una estrategia beligerante en el caso Filesa. Y así la transmitió a sus subordinados. El fiscal nombrado para el caso, Antonio Salinas [21], fue desde el comienzo de la instrucción uno de los más duros con Barbero. En un auto conside-

---

[21] Antonio Salinas sustituyó a Enrique Abad a los pocos meses de estallar el caso Filesa, al ser nombrado este último fiscal antidroga.

raba que: «Aun admitiendo la probabilidad de ser ciertos los hechos denunciados por el testigo Van Schouwen... la posible financiación irregular del Partido Socialista Obrero Español se sitúa fuera del ordenamiento penal por ser una actuación atípica.»[22]

El dique jurídico a la actuación de Barbero tuvo un curioso episodio más en su relación con la Dirección General del Servicio Jurídico del Estado. El abogado del Estado en el caso Filesa, Luis Gayo de Arenzana, había redactado un informe favorable a las tesis y diligencias practicadas por el juez instructor[23]. Escasos días después, Gayo de Arenzana recibió una orden emanada desde el Ministerio de Justicia, que entonces dirigía Tomás de la Quadra Salcedo, para que reconsiderara su informe favorable a Barbero. El abogado del Estado se sometió a la determinación de su superior, el director de Servicios Generales de la Abogacía del Estado, Emilio Jiménez Aparicio[24]. Tras conversar con él cambió su pensamiento. Así lo reflejaba en un escrito que envió a la Sala Segunda del Tribunal Supremo el 14 de diciembre de 1992:

«Cumpliendo órdenes recibidas con esta fecha del ilustrísimo señor director general del Servicio Jurídico del Estado, el abogado del Estado se abstiene de intervenir en el trámite de alegaciones conferido por la Sala en los recursos de queja interpuestos por el Ministerio Fiscal.»

Durante el último cuatrimestre de 1992 el magistrado Marino Barbero se vio acosado desde todos los frentes. Lo

---

[22] Escrito de 21 de septiembre de 1992.

[23] Luis Gayo de Arenzana entró como abogado del Estado en 1956. Estuvo en el Departamento de Contrabando de Hacienda, desde donde pasó al Tribunal Supremo en 1966. Llevó, entre otros, los casos Matesa, GAL-Amedo, Lucrecia y Lola Flores. En diciembre de 1994 se jubiló y fue sustituido por Agustín Puente.

[24] Jiménez Aparicio fue nombrado director general del Servicio Jurídico del Estado el 8 de octubre de 1992, sustituyendo en el cargo a Gonzalo Quintero Olivares. Con anterioridad estaba adscrito a la secretaría de la Presidencia del Gobierno, en La Moncloa.

que más le dolió, como docente de reconocido prestigio, fue que sus tesis jurídicas se criticaran aceradamente. En este sentido debe resaltarse un escrito descalificador del letrado Horacio Oliva (defensor en el caso del diputado del PSOE Carlos Navarro), con el que ha mantenido una tensa pugna a lo largo de todo el proceso. El citado escrito, con fecha 18 de septiembre de 1992, se centró más en desprestigiar la figura de Barbero que en rebatir jurídicamente sus argumentos[25]:

«Creemos que el proceso se está llevando por veredas interminables que semejan un laberinto en el que es posible perder la orientación y el rumbo a seguir. Debemos enfatizar, una y mil veces aun a costa de ser tenidos por reiterativos, que el Excmo. Señor Instructor no está capacitado funcionalmente para investigar una pretendida "trama de financiación irregular del PSOE", sino sólo y exclusivamente cuando de esta trama —urdida por algunos medios de comunicación y querellantes— se evidencien conductas delictivas que sean directamente imputables a los aforados. De otro modo, tal y como sucede en este actual momento procesal, mucho nos tememos que se esté procediendo a una investigación por parte de quien no es el "juez ordinario predeterminado por la Ley".»

La opinión pública no quedó al margen de este pugilato entre el pequeño juez y el aparato del Estado puesto al servicio del partido gobernante. La artillería pesada lanzada contra Barbero produjo el efecto contrario al deseado. El pueblo hizo de la actuación del magistrado una causa suya. La corrupción se había adueñado de los poderes estatales y el ciudadano veía en Barbero una reproducción española del juez italiano Di Pietro[26].

---

[25] Las defensas de los cuatro querellados estaban interconectadas. Los recursos presentados eran idénticos en su redacción. Sólo cambiaba el nombre del acusado, del abogado y del procurador.

[26] Creador en Italia del movimiento «Manos Limpias».

Sobre la mesa de trabajo del magistrado se apilaban cientos de cartas de ánimo y de apoyo a su labor procedentes de ciudadanos anónimos o de asociaciones dedicadas a la lucha contra la corrupción. Una de ellas venía firmada por una de las partes personadas en la instrucción del caso, Ainco (16 de octubre de 1992):

«Vaya por delante nuestro apoyo, principalmente en estos momentos difíciles, incondicionalmente solidario, para el Excmo. Sr. Instructor Don Marino Barbero Santos por cuanto, frente a situaciones que entendemos complicadas, se muestra inquebrantable en la búsqueda de la verdad y dentro de los esquemas inequívocos de nuestro ordenamiento jurídico amparados por la Constitución.»

Otra procedía de la Organización de Usuarios de la Justicia (19 de octubre de 1992):

«Siendo nuestro objetivo fundamental contribuir a la democratización, control e independencia de la Administración de Justicia, columna vertebral del Estado de Derecho y soporte de las garantías constitucionales, felicitamos sin tapujos al magistrado don Marino Barbero Santos por su lección de democracia, responsabilidad e independencia en el caso Filesa.»

El prestigio y el ánimo de Barbero salieron reforzados tras estas manifestaciones de solidaridad. El magistrado, persona pusilánime en sus decisiones, contaba con el respaldo social para emprender operaciones judiciales de más alto coste político. En la mente del juez se barajaba la inmediata posibilidad de ordenar un macrorregistro en el cuartel general del PSOE. Algo insólito en el devenir político español.

* * *

El 28 de octubre de 1992, fecha en la que se conmemoraban los diez años de gobierno del PSOE, será un día que no olvidarán fácilmente Felipe González y Alfonso Guerra. El orgullo socialista, inexpugnable hasta entonces, iba a resultar malherido. Esa misma mañana Marino Barbero había tomado la primera de una serie de decisiones que erosionarían la imagen pública del PSOE. Había perdido el miedo a encararse directamente con el partido gobernante.

El juez venía de dictar un oficio dirigido a la Comisión Ejecutiva Federal del PSOE en el que exigía los libros de contabilidad del partido y una «certificación de los cargos y responsabilidades desempeñadas durante los años 1988 a 1991 por los señores Navarro y Sala». Barbero dejaba ver en su escrito que el cerco contra el PSOE se estrechaba cada vez más:

> «De las diligencias practicadas hasta ahora en el secreto de sumario se deduce que podría haber en los libros de contabilidad y auxiliares del Partido Socialista Obrero Español datos de interés para esta instrucción. Se estima necesario su examen y estudio por los peritos judiciales designados, en vista de las contradicciones contables comprobadas en diversas entidades, objeto de la investigación.»

El oficio se recibía con sorpresa e inquietud en la sede socialista de Ferraz. Ramón Rubial Cavia, presidente del PSOE, decidía cuatro días después contestar personalmente al juez Barbero. En su misiva de tres folios, Rubial dejaba traslucir su indignación ante lo que consideraba una ataque frontal a un partido «histórico y honesto». El dirigente socialista vertía amenazas veladas contra Marino Barbero [27] y aprovechaba la ocasión para atacar al PP por personarse en la causa y así hacerse con información confidencial del PSOE. La carta rezaba así:

---

[27] La Sala Segunda del Tribunal Supremo abrió una investigación por la presunta interferencia de Rubial en la independencia del juez Barbero. El magistrado instructor fue Joaquín Delgado.

«En contestación al citado requerimiento, que con el máximo respeto consideramos no ajustado a derecho, cúmpleme manifestarle lo siguiente:

—PRIMERO. La certificación por V.E. solicitada hace referencia a la situación de un diputado y un senador, que en virtud de lo dispuesto en el artículo 71 de la Constitución Española gozan de la inviolabilidad e inmunidad, en razón de lo cual no pueden ser inculpados ni procesados sin la previa autorización de la Cámara respectiva, circunstancia ésta de la que no tiene constancia este partido.

—SEGUNDO. La documentación requerida en la resolución que se contesta se corresponde en términos generales con la legalmente exigida a una entidad de carácter mercantil, y no a un partido político, que no tiene ninguna obligación legal de elaborarla, en función de lo cual el Partido Socialista Obrero Español no dispone de ella. [...]

En cumplimiento de las normas de carácter orgánico, el Partido Socialista Obrero Español ha remitido al Tribunal de Cuentas todos los documentos de carácter contable, relativos a los ejercicios 1987 a 1991, y también a las campañas electorales celebradas en dicho periodo, a fin de que dicha Institución procediese a su análisis y fiscalización, y posterior remisión a la Comisión Mixta Congreso-Senado a quien corresponde en el último extremo su aprobación.

Asimismo debe tenerse en cuenta que el Partido Socialista Obrero Español no tiene libros de Actas, en su expresión mercantil, sino que levanta acta de todas aquellas reuniones de sus órganos directivos federales, regionales o locales, y que tienen el carácter de reservadas, toda vez que recogen los debates que determinan las resoluciones y acuerdos de orden político, que difícilmente pueden tener interés alguno para un procedimiento judicial.

Precisamente el citado procedimiento judicial se instruye a instancia de querella interpuesta por otro partido político, que al estar personado en dicha causa tendría acceso a todo un conjunto de información de estrategia política o electoral, lo cual resulta absolutamente improcedente, ya que de esta forma se estaría interfiriendo en el delicado equilibrio constitucional entre los distintos partidos políticos.

—TERCERO. Para finalizar hemos de manifestar nuestra profunda indignación ante la aparición en un medio de comunicación de la resolución por V.E. dictada, ya que la misma forma parte de un procedimiento que tiene acordado su secreto sumarial, que se ha visto de esta manera totalmente violentado.

Por tanto y en conclusión, ante la insólita petición contenida en la resolución por V.E. dictada y que se contesta por medio del presente escrito, este Partido Socialista Obrero Español procede a poner la misma en conocimiento de la Presidencia del Congreso de los Diputados, del Senado, del Consejo General del Poder Judicial y de la Sala Segunda del Tribunal Supremo a fin de que dictaminen lo que legalmente proceda.»

La carta de Rubial no fue la única arma utilizada por el PSOE para frenar el ansia investigadora de Barbero. Ese mismo día, 2 de noviembre, el entonces secretario de Organización del PSOE, José María «Txiki» Benegas Haddad, intentó, con una táctica que recuerda el filibusterismo, ralentizar la instrucción. A la petición de Barbero sobre los cargos desempeñados en el partido por los implicados Navarro y Sala contestó con un escrito evasivo:

«JOSE MARIA BENEGAS HADDAD, en calidad de secretario de Organización de la Comisión Ejecutiva Federal PSOE CERTIFICA:

Que don Carlos Navarro Gómez no ha desempeñado cargo de responsabilidad alguna en el Partido Socialista Obrero Español (PSOE), durante los años 1988 a 1991.

Que, asimismo, D. José María Sala Grisó viene ostentando ininterrumpidamente el cargo de secretario ejecutivo de la Comisión Ejecutiva Federal del Partido Socialista Obrero Español, desde su elección en el XXXI Congreso Federal del mismo, celebrado los días 22, 23 y 24 del mes de enero de 1988.»

El informe de Benegas chocaba con la declaración del propio Carlos Navarro ante Barbero, a quien había manifestado que era miembro de la Comisión Ejecutiva Federal del PSOE. Era público y notorio dentro del partido que el peso de las finanzas corría a cargo del diputado Navarro, ocupación que compartía junto al secretario de Finanzas, Guillermo Galeote, aunque este desempeño conjunto era ficticio, pues Galeote, médico de profesión, no pasaba de saber sumar y restar.

En su escrito, Benegas parecía sufrir de amnesia. Desconocía que Carlos Navarro ocupaba en la planta quinta de la sede de Ferraz un despacho desde el que dirigía todas las operaciones contables del partido, y que disponía de coche, chófer y tarjetas de crédito del partido.

Las tácticas dilatorias y obstruccionistas del PSOE no minaron la moral de Marino Barbero. Crecido en su duelo con el partido gobernante, el magistrado decidió continuar su particular batalla. Su rabia contenida ante lo que él consideraba «un abuso desmedido y falta de apoyo a la Justicia» se plasmó en un auto de fecha 10 de noviembre de 1992 en el que indicaba:

«Profunda sorpresa causa que pueda manifestarse que la documentación que se solicita no tienen los partidos políticos obligación alguna de elaborarla y, más aún, que pueda confesarse que el PSOE no dispone de ella. Ha de tratarse de un error de la Comisión Ejecutiva Federal del PSOE, aunque difícilmente concebible por ser muy clara la normativa vigente.»

En este auto, de diez folios, bien articulado jurídicamente, el catedrático Barbero ofrecía a los «alumnos» del PSOE una clase magistral. El texto concluía con la insistencia en la petición de los mismos documentos y apostillaba que:

«En el caso de que la documentación interesada no se hallara en poder de la Comisión Ejecutiva del PSOE por tenerlo otro organismo, deberá precisarse, dentro del plazo citado, quién la tiene en su poder.» [28]

Barbero no daba su brazo a torcer. Ante un nuevo esquinazo del partido gobernante dejaba a las claras que insistiría. El PSOE, con su actitud, demostraba infravalorar la figura de Barbero. El tiempo no tardaría en demostrar a los dirigentes socialistas que se habían equivocado. El carácter timorato del magistrado se había trasmutado, por primera y única vez en el desarrollo del caso, en un espíritu aguerrido y combativo. La guerra de guerrillas de Barbero no tardaría en desencadenarse.

---

[28] Barbero sabía que en el artículo 9 de la Ley Orgánica de 2 de julio de 1987 sobre Financiación de los Partidos Políticos se establece de forma precisa la obligatoriedad de llevar registros contables detallados que permitan conocer, en todo momento, la situación financiera de los partidos. Además, según esta ley, entonces vigente, los partidos políticos tenían que prever un sistema de control interno que garantizase la adecuada intervención y contabilización de todos los actos y documentos de los que se derivasen derechos y obligaciones de contenido económico.

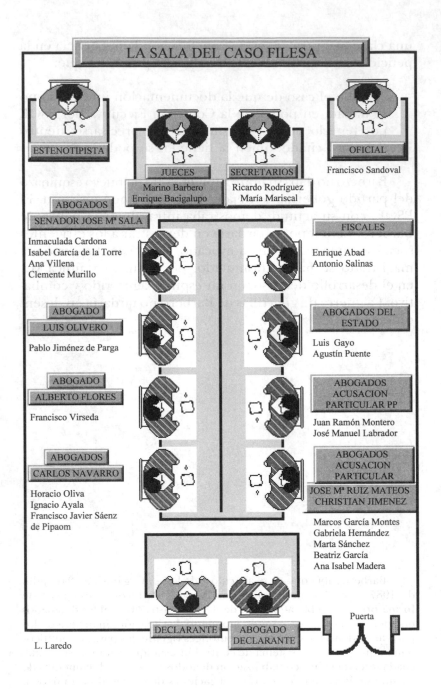

LA SALA DEL CASO FILESA

ESTENOTIPISTA

JUECES
Marino Barbero
Enrique Bacigalupo

SECRETARIOS
Ricardo Rodríguez
María Mariscal

OFICIAL
Francisco Sandoval

ABOGADOS
SENADOR JOSE Mª SALA
Inmaculada Cardona
Isabel García de la Torre
Ana Villena
Clemente Murillo

FISCALES
Enrique Abad
Antonio Salinas

ABOGADO
LUIS OLIVERO
Pablo Jiménez de Parga

ABOGADOS DEL
ESTADO
Luis Gayo
Agustín Puente

ABOGADO
ALBERTO FLORES
Francisco Virseda

ABOGADOS
ACUSACION
PARTICULAR PP
Juan Ramón Montero
José Manuel Labrador

ABOGADOS
CARLOS NAVARRO
Horacio Oliva
Ignacio Ayala
Francisco Javier Sáenz
de Pipaom

ABOGADOS
ACUSACION
PARTICULAR
JOSE Mª RUIZ MATEOS
CHRISTIAN JIMENEZ
Marcos García Montes
Gabriela Hernández
Marta Sánchez
Beatriz García
Ana Isabel Madera

DECLARANTE

ABOGADO
DECLARANTE

Puerta

L. Laredo

96

CAPITULO TRES

EL ATAQUE DE BARBERO:
LOS REGISTROS AL BANCO
DE ESPAÑA Y A FERRAZ

Otoño de 1992. El acontecer del caso Filesa estaba a punto de alcanzar su nudo gordiano. Barbero, envalentonado, rompiendo con su habitual carácter hamletiano, decretaba el 11 de noviembre de 1992 el registro de la sede central del Banco de España, situada en la plaza de Cibeles de Madrid. Quería conseguir, por sorpresa, todo tipo de información contable que pudiera aclarar la posible implicación del PSOE en el caso Filesa [1]. Era la primera vez que un juez requisaba un banco emisor. Todo un reto contra el inexpugnable poder financiero estatal.

Aquella mañana plúmbea de otoño, pasado el mediodía, Barbero hacía su entrada en el Banco de España acompañado por los peritos judiciales José Luis Carrero García, María del Carmen González Cayuela y Pilar Valiente Calvo. En la puerta del banco emisor quedó estacionada una dotación policial a cuyo frente estaba el inspector jefe, José Luis Sánchez Poto. Había que prevenir posibles incidentes.

El magistrado requirió la presencia del gobernador, Luis Angel Rojo [2], pero en su lugar compareció el jefe de los

---

[1] Igualmente, determinaba el registro de la sucursal 1.141 de Cajamadrid.

[2] Rojo fue nombrado gobernador del Banco de España el 17 de julio de 1992 y ratificado el 8 de julio de 1994, tras la aprobación de la Ley de Autonomía del banco emisor.

servicios jurídicos del Banco de España, Joaquín Fanjul de Alcocer. Rojo estaba indignado con Barbero. No comprendía cómo el magistrado no le había enviado con anterioridad una petición sobre la documentación que precisaba, defecto de forma que recurrió después el fiscal general del Estado, Eligio Hernández[3].

Barbero solicitó en ese instante que se le aportasen los cheques librados contra la cuenta del Aresbank abierta en el Banco de España. El responsable jurídico puso a disposición de Barbero un extracto total de dicha cuenta, en la que figuraban las operaciones realizadas por la Sociedad de Intermediación de Activos (SIAF)[4], cuyo presidente era Pedro García Ferrero, amigo del ex gobernador del Banco de España, Mariano Rubio, y del empresario Enrique Sarasola. SIAF negoció con las empresas de Aida Alvarez[5].

Tras dos horas de registro, Barbero abandonó el Banco de la plaza de Cibeles sin disimular su íntima satisfacción. La documentación conseguida pasaba a engrosar el depósito de material acerca del caso Filesa que se hallaba ya en la cámara acorazada del Tribunal Supremo. El magistrado estaba crecido. El primer eslabón ya se había conseguido. Pero aún quedaba el asalto más importante: entrar en la sede del PSOE y requisar la información denegada por sus dirigentes.

Consciente de la trascendencia del paso que pretendía dar y del riesgo que suponía para su crédito personal, Barbero ofreció una nueva oportunidad a los dirigentes de Ferraz. En este sentido, ordenó a su secretario judicial, Ricardo Rodríguez Fernández, que remitiese de nuevo un escrito al presidente del PSOE, Ramón Rubial, para que en un plazo

---

[3] El registro del Banco de España fue recurrido por el Ministerio Fiscal por posible allanamiento. Puede ser uno de los escollos fundamentales en la instrucción del caso Filesa.

[4] En SIAF se encontraba como consejero Pedro Bores. Los hermanos Bores son amigos del presidente del Gobierno Felipe González y socios de su cuñado, Francisco Palomino.

[5] Talones nº 5840800, 5840799 y 6029463, de 10, 20 y 60 millones de pesetas. Véase capítulo siete.

no superior a veinticuatro horas presentase la documentación en su día solicitada. En caso contrario, se advertía a los dirigentes del PSOE que podrían incurrir en un delito de desobediencia por obstrucción a la Justicia.

Recibido el escrito, el PSOE decidió, antes de transcurrir el plazo fijado, poner un nuevo farol sobre el tapete de su partida con Barbero. Ramón Rubial contestaba al magistrado indicándole que la documentación requerida no se encontraba en la sede del PSOE, sino en poder del Tribunal de Cuentas, que por aquellas fechas realizaba también una investigación al partido gobernante. La carta de Rubial decía así:

«En relación al requerimiento formulado por V.E. el 11 de noviembre de 1992 al Partido Socialista Obrero Español (PSOE) a través de mi representación como presidente de la Comisión Ejecutiva Federal, tengo a bien comunicar a V.E., en el plazo establecido en el indicado requerimiento, lo siguiente:

—PRIMERO: parte de la documentación que se solicita (en concreto, el libro de actas de contabilidad y el modelo 347 para declaración anual de ingresos y pagos), no puede aportarse por no disponer de ella, al haber entendido este partido que no estaba obligado a su formulación por el ordenamiento jurídico vigente.

—SEGUNDO: En relación a la restante documentación requerida, toda ella de carácter contable, y que, de conformidad con lo previsto en el artículo 9 de la Ley Orgánica 3/1987, de 2 de julio, sobre financiación de los partidos políticos y de la circular de 23 de mayo de 1990 del Tribunal de Cuentas que se adjunta, todos los partidos están obligados a llevar, comunico a V.E., siguiendo la indicación contenida en el último párrafo del requerimiento de referencia, que toda la documentación contable de este Partido referida a los ejercicios de los años 1988 a 1991, ambos inclusive, se encuentra depositada en el Tribunal de Cuentas en cumplimiento de lo dispuesto en el artículo 11.2 de la expresada Ley Orgánica.»

Un funcionario entregó a Barbero la carta remitida desde Ferraz. El magistrado dejó entrever una mueca de desaprobación. Tenía la impresión de que de su contenido se desprendía una nueva evasiva. Barbero abrió la misiva y se dispuso a leerla. A cada línea que avanzaba, su indignación crecía. El PSOE seguía con su táctica de echar balones fuera. El magistrado instructor estaba plenamente convencido de que la documentación solicitada se encontraba en la sede de Ferraz.

Barbero sacó de su mesa un papel y redactó en pocas líneas un contundente escrito de contestación a lo que él consideraba una nueva afrenta de los dirigentes socialistas:

«Si fuese cierto que se encontrase depositada en el Tribunal de Cuentas la documentación contable referida a 1987, eso significa que la correspondiente a los ejercicios 1988 a 1991, ambos inclusive, que es la reclamada, se encuentra todavía en poder del PSOE.»

Las finanzas del PSOE no sólo estaban en el centro de las investigaciones de Barbero. También el Tribunal de Cuentas había examinado y fiscalizado las cuentas presentadas desde Ferraz, pero sin encontrar irregularidades. El Tribunal de la madrileña calle de Fuencarral aprobó el balance económico del Partido Socialista y dictaminó que no había encontrado irregularidad alguna en la posible vinculación del PSOE con Malesa, Filesa y Time Export[6].

Sin embargo, esta resolución no fue pacífica. El dictamen finalmente se aprobó con el «voto de calidad» de quien era entonces su presidente, Adolfo Carretero, al registrarse en el pleno un resultado de seis votos a favor, seis en contra y una abstención. A favor votaron los consejeros del PSOE y en contra los del PP con el apoyo del fiscal del Tribunal, Miguel Ibáñez. El voto de abstención fue depositado por

---

[6] Informe de 25 de junio de 1992. De las setenta páginas del informe sólo quince hacían referencia a Filesa, Malesa y Time Export. Véase capítulo catorce.

Miguel Angel Bonald, personaje conciliador entre los dos partidos políticos.

El ponente del dictamen fue el consejero socialista Eliseo Fernández Centeno, que estuvo implicado en el escándalo de las adjudicaciones de administraciones de lotería a cargos públicos del PSOE y a sus familiares, que se hizo público en el verano de 1986[7]. Su cónyuge, Lourdes Daza Muñoz, fue agraciada con la administración de lotería número 22 de Alicante[8].

La paciencia de Barbero se agotaba. Su pertinaz requerimiento no daba ningún fruto. La sede de Ferraz se mostraba como un bastión inexpugnable para las investigaciones del juez extremeño. La actitud negadora de los dirigentes socialistas obligó a Marino Barbero a tomar una decisión trascendental. El 18 de noviembre de 1992 dictaba un auto, que pasará a la historia de la democracia española, por el que decretaba la entrada y el registro de la sede central del PSOE, en la madrileña calle de Ferraz, y de la sede electoral, en la calle Gobelas. El contenido del auto mostraba con claridad el enfado del magistrado:

«La falta de colaboración del Partido Socialista Obrero Español, en la función asignada a este instructor en el descubrimiento de la verdad real de los graves hechos investigados en la causa especial 880/91, como muestra lo que hasta ahora se ha expuesto, obliga a este instructor a ordenar la entrada y registro en las dependencias del PSOE, lo que se ha tratado al máximo de evitar, por razones obvias. [...]

El secretario queda autorizado para proceder al precinto de muebles, objetos, aparatos o instrumentos que convenga conservar en el estado en que se hallaren al

---

[7] El currículum de Fernández Centeno presentaba también el cargo de presidente de la Cruz Roja de Alicante y el de profesor con «dedicación exclusiva» en la Facultad de Económicas de esa ciudad.

[8] Ver el libro *Dinero sucio*, de Melchor Miralles, Ediciones Temas de Hoy, Madrid, 1992.

practicar el registro y asimismo acceder a las dependencias, armarios y archivos donde pudiere encontrarse documentación. Se requerirá, si fuera menester, la notificación de las claves informáticas, o de otra clase, que aseguren el acceso a datos que hayan de ser examinados.»

La notificación del auto no sorprendió a los dirigentes socialistas. En la sede de Ferraz se barajaba esta posibilidad desde hacía días. Incluso se ha jugado con la tesis de que la noche anterior al registro un «topo» infiltrado por el PSOE en el Tribunal Supremo puso en conocimiento de Txiki Benegas y Alfonso Guerra que Barbero estaba preparando el «asalto» para la mañana siguiente. Según un ex miembro de seguridad de la sede socialista, Oscar Pérez de Gracia, este chivatazo permitió que diversos documentos fueran trasladados en un vehículo desde Ferraz a otro edificio del PSOE:

«Sobre las diez de la noche del 17 de noviembre, la furgoneta Fiat Ducado matrícula M-9396-OV, propiedad del partido, se dirigió desde la calle Ferraz al número 25 de la calle Monederos, en el madrileño barrio de Usera, donde el partido tiene un almacén en el que se guardan muebles y diverso material de oficina. En apenas una hora la abundante documentación fue descargada.» [9]

* * *

Ese día, 18 de noviembre, había amanecido con tono grisáceo. Desde primera hora de la mañana Marino Barbero se encontraba trabajando en su despacho del Tribunal Supremo. La notificación al PSOE del registro de su sede ya había sido cursada. El magistrado, sereno y confiado en el éxito de su decisión, había preparado una comisión judicial para desplazarse hasta la calle Ferraz, 70, de Madrid. A las 13 horas un coche oficial con el secretario judicial de la causa,

---

[9] *El Mundo*, 4 de abril de 1995.

Ricardo Rodríguez Fernández, los peritos designados, Pilar Valiente Calvo, María del Carmen González Cayuela y José Luis Carrero García, se encaminaba hacia la sede socialista. Detrás, y a escasos metros, le seguía en un vehículo de la Seguridad del Estado el inspector jefe José Luis Sánchez Poto y una dotación del cuerpo de la Policía Nacional. Aunque no se preveía oposición al registro, había que calcular todas las posibilidades.

Una vez llegados a la concurrida calle donde se ubica la sede central socialista, el secretario judicial requirió la presencia del presidente de la Comisión Ejecutiva Federal, Ramón Rubial. El político vasco parecía no encontrarse en ese instante, por lo que en su lugar se personaron el encargado de Asuntos Económicos, Francisco Fernández Marugán, y el entonces secretario de Organización del partido, José María Benegas.

Tras un frío saludo de cortesía, Ricardo Rodríguez, con gesto y palabra solemne, procedió a dar lectura del mandamiento de entrada y registro firmado por Marino Barbero. Benegas y Marugán siguieron la lectura en silencio, aunque en sus rostros empezaba a dibujarse un signo de contrariedad. No por esperada dejaba de abrir una herida en el orgullo socialista:

—Usted perdone, pero estas dependencias son de un partido político y no de una sociedad. Aquí existen despachos de personas aforadas, y no se pueden registrar estos despachos sin haberse concedido previamente el suplicatorio de las Cortes Generales —intentó replicar Benegas.

La afirmación de Benegas no iba desencaminada. Previendo el registro, cierta documentación comprometedora había sido colocada con astucia en el despacho que ocupaba el defenestrado, pero todavía secretario de Finanzas, Guillermo «Willy» Galeote, que al ser diputado electo por Córdoba gozaba de inmunidad parlamentaria y, por tanto, de la condición de aforado. El secretario judicial comprendió rápidamente las razones alegadas por Benegas y decidió ser cauto. Era consciente de que si entraba a requisar la documentación depositada en el despacho de Galeote podía incurrir en un defecto grave de forma que podría echar por tierra toda la larga y costosa instrucción del caso Filesa.

La tensión crecía por momentos. Benegas y Marugán, colocados frente al secretario, querían obstaculizar el registro de la comisión judicial:

—Esto no puede ser. No sabemos los hechos que se le imputan al PSOE para dar lugar a este registro —afirmaron, indicando al secretario judicial que anotara esta queja en el acta de entrada, como así se haría.

Ricardo Rodríguez solicitó de los dirigentes socialistas la documentación requerida por Barbero: los libros de contabilidad, incluyendo el libro de actas, los libros auxiliares y la declaración anual de ingresos y pagos (modelo 347) referente a los ejercicios de 1988 a 1991, ambos inclusive.

La habitual falta de colaboración de los dirigentes socialistas iba a tener un episodio más. No sólo se negaban a mostrar la documentación, sino que retaban a Barbero amenazando con recurrir judicialmente el auto de entrada y registro «al no ajustarse a derecho».

Había transcurrido ya una hora y cincuenta minutos desde la llegada a Ferraz de la comisión judicial y el diálogo era de sordos. Las tácticas dilatorias socialistas estaban dando el juego apetecido. La paciencia mostrada hasta aquel momento por el secretario Rodríguez Fernández se había agotado. Con cierto tono de enfado solicitó que le fueran enseñadas las dependencias donde se hallaban los soportes documentales justificativos de la contabilidad de los años 1988 a 1991. Pero Benegas seguía en su afán de no colaborar:

—Lo siento, pero no se nos ha requerido ningún documento concreto de la contabilidad del partido —afirmó frente a la pretensión del secretario—, por lo que se está vulnerando la ley. Además, no se nos ha notificado ningún extremo de la causa, por lo que se está produciendo una clara indefensión al ordenar el registro sin que se sepa el objeto de la causa ni las imputaciones que se le hacen al PSOE.

El argumento de Benegas era insostenible. El caso Filesa era un turbio asunto que se había destapado un año y medio antes implicando directamente al PSOE y el político vasco afirmaba, sorprendentemente, no saber nada al respecto. Además, el secretario judicial ignoraba que desde la sede electoral de la calle Gobelas los hombres del PSOE tenían una línea conectada con la red informática central desde la que podían manejar toda la información para maquillarla o eliminarla.

Eran más allá de las tres de la tarde y las cosas estaban como al principio. La comisión no había podido pasar de la recepción. El secretario no salía de su asombro. Ante la actitud filibustera de los dirigentes socialistas, requirió de nuevo la presencia del presidente del PSOE, Ramón Rubial:

—Ya le hemos dicho que no se encuentra ahora mismo aquí —replicó Benegas—. Insisto, nosotros somos los máximos responsables presentes en este momento para cumplimentar esta diligencia.

Ante esta nueva evasiva, Rodríguez Fernández se retiró con sus peritos a un lugar apartado para diseñar la estrategia a seguir. Tras unos breves minutos se dirigió de nuevo a Benegas y le pidió que le acompañara hasta las dependencias donde se guardaban los soportes magnéticos de la contabilidad del PSOE.

Benegas ni se inmutó. Era consciente de que guardaba en su manga imaginaria de político un farol que podía desbancar definitivamente la pretensión del registro:

—Señor secretario, eso es imposible. La documentación contable se halla en el despacho de una persona aforada, el diputado Guillermo Galeote.

El secretario judicial estaba convencido de que se trataba de otra treta dilatoria de los socialistas. Tenía que reaccionar con rapidez:

—Señor Benegas, dígame dónde se encuentra exactamente el Departamento de Administración de este partido.

—En la quinta planta del edificio —respondió el entonces secretario de Organización.

—Pues entonces contésteme exactamente en qué dependencia de este departamento se encuentran los soportes de contabilidad que le estoy pidiendo.

—No lo sé —respondió un displicente Benegas.

Ricardo Rodríguez Fernández no esperó ninguna explicación más. Acompañado de los peritos subió hasta la quinta planta del edificio de Ferraz. Allí la comisión pudo comprobar cómo se alineaban los despachos de administración del partido junto al del secretario de Finanzas, Guillermo Galeote, y al de su asesor personal, el diputado Carlos Navarro, ejecutor de las decisiones financieras del partido.

—Señor Benegas, ahora abra usted las distintas puertas de este departamento menos la del señor Galeote —le dijo el secretario judicial.

Una vez flanqueadas dichas puertas, Rodríguez Fernández, acompañado de los tres peritos y de Txiki Benegas, se dispuso a examinar detenidamente cada una de las dependencias administrativas e incautó parte de la documentación contable del Partido Socialista. Pero la acción del secretario judicial no se detuvo aquí. Requirió, igualmente, los acuerdos tomados por la Comisión Ejecutiva Federal del PSOE desde 1988 a 1991, donde se aprueba el balance de situación y la cuenta de pérdidas o ganancias del partido.

—¿Qué? ¿El qué ha dicho? No, mire, no. Lo sentimos, pero de eso no tenemos nada. No es una práctica habitual en el partido —respondieron Benegas y Fernández Marugán ante la incredulidad de los miembros de la comisión judicial—. La Ejecutiva Federal sólo elabora los presupuestos anuales del partido para su posterior discusión y aprobación en el Comité Federal. Y una vez al año el secretario de Finanzas da cuenta de su gestión a dicho órgano.

El secretario judicial se mesaba los cabellos. Estaba cansado e indignado. En su dilatada carrera profesional era la primera vez que se encontraba ante una actitud tan obstruccionista a la acción de la Justicia.

Una vez recorrida la planta quinta, la comisión bajó hasta la planta primera del edificio para inspeccionar las dependencias contables de caja. Allí, los peritos encontraron cierta documentación sobre los ingresos y pagos realizados por el PSOE, información que los dirigentes socialistas elaboran y archivan día a día. Sin embargo, de nuevo, algo les impediría hacerse con lo que buscaban. En efecto, la documentación se hallaba clasificada, pero, sorprendentemente, sólo desde enero de 1992. De nada les valía. Barbero había ordenado que se hicieran con esa documentación, pero justo hasta diciembre de 1991.

—¡Qué casualidad, está la que no nos interesa! —exclamaron los peritos judiciales.

El secretario no dejaba de salir de su asombro. A cada cosa que pedía, una excusa, una evasiva, o la casualidad de no hallarse lo que se requería.

—Dígame, señor Benegas, la documentación de estos años anteriores... ¿dónde está? —preguntó Ricardo Rodríguez—. ¿Acaso ha sido entregada también al Tribunal de Cuentas? Porque si no, deben ustedes ponerla inmediatamente a disposición de esta comisión.

—No sé... déjeme que piense... Lo siento, pero no puedo precisarle qué documentación nos fue pedida por el Tribunal de Cuentas... Además, tenga en cuenta que quizá estos documentos estén en el despacho del secretario de finanzas, Guillermo Galeote, que no ha sido examinado por la comisión judicial —contestó Benegas utilizando la argucia que le ofrecía la condición de aforado de Galeote.

El secretario judicial no quiso detenerse a discutir con Benegas lo que él creía era un parón más hacia su investigación. Por eso pidió que le mostraran el emplazamiento del archivo general del PSOE, donde quizá pudieran hallarse los soportes documentales de los apuntes contables de los ejercicios de 1988 a 1991.

—¿Archivo?... No existe. Toda la documentación contable está en las dependencias administrativas que acaban de examinar —afirmaron los dirigentes socialistas.

—¡En fin!... facilítennos entonces todas las facturas y documentos de pago con las empresas Distribuidora Express, Producciones Dobbs, Hauser y Menet, El Viso Publicidad y Mabuse —solicitó el secretario judicial, que empezaba a dar síntomas de estar harto.

—Lo siento, pero tampoco es posible. Toda la documentación relativa a estas empresas está en poder del Tribunal de Cuentas —volvió a argumentar Benegas.

Este dato de Benegas no era del todo cierto. El PSOE guardaba copia de las relaciones comerciales con estas empresas, a las que se les había encargado la publicidad y la propaganda de las campañas electorales de 1989 (europeas, generales y gallegas) y de 1990 (andaluzas).

Los dirigentes del PSOE se frotaban las manos. La comisión enviada por Barbero había resultado un fracaso. Su actitud no colaboracionista había dado los frutos apetecidos. Estaban crecidos y no dudaron en disparar un último cartucho. La comisión judicial había incautado en el registro documentos que contenían información sobre las aportaciones «voluntarias» de parlamentarios y altos cargos públicos al partido.

—Queremos hacer constar que esa información es de carácter estrictamente personal y que, de llevársela, están vulnerando la privacidad que ampara a dichas personas —replicaron Benegas y Marugán.

Ante esta acusación de los socialistas, el secretario judicial se retiró de nuevo a deliberar con los peritos. Al final optaron por no llevarse ese listado de aportaciones «voluntarias», que los autores han conseguido [10]. El PSOE había ganado sin despeinarse este pulso con que le había retado el magistrado Barbero.

Eran las seis y media de la tarde. La noche empezaba a caer sobre un Madrid que comenzaba a despejarse. La comisión judicial abandonaba con cara de circunstancias la sede de Ferraz. Hacía más de cinco horas que habían llegado y ahora, circunspectos, se retiraban con las manos vacías y el orgullo tocado. En su haber sólo se hallaba una mínima parte de la documentación solicitada insistentemente por Barbero [11].

La comisión llegó hasta el palacio del Tribunal Supremo, donde esperaba un Marino Barbero que se mostró incrédulo ante la escasa documentación aportada y las alegaciones dadas por los hombres de Ferraz. El magistrado, a pesar del escaso

---

[10] Las aportaciones se contabilizaban en la cuenta 7201. Véase capítulo 5.

[11] La comisión judicial incautó 357 hojas de documentación durante el registro a la sede del PSOE.

éxito, no cejó en su empeño y emprendió nuevas actuaciones. Remitió un auto a Carlos Navarro y José María Sala para tomarles declaración los días 14 y 16 de diciembre de 1992. La comparecencia no dio fruto alguno. De nuevo los políticos socialistas mostraron una actitud reticente a colaborar con las investigaciones del magistrado. Tras este nuevo fracaso, Barbero dictaba el 18 de diciembre otro auto en el que decretaba el registro de la sede central del PSOE y de la oficina electoral de la calle Gobelas. Barbero daba muestras de estar harto. El PSOE había ya incumplido hasta cuatro requerimientos para aportar la documentación contable solicitada por el Tribunal Supremo. Ante tal demora, Barbero pensó en la posibilidad de que este tiempo lo estuviera utilizando el PSOE para destruir pruebas comprometedoras del caso Filesa: «La dilación en la entrega de la documentación permite abrigar la sospecha de que se está procediendo a su estudio selectivo para omitir aquella que pueda ser relevante para la causa, con el grave riesgo de que se omita material de interés para la investigación», manifestó Barbero en el auto.

Sólo había transcurrido un mes desde el primer registro y Barbero se embarcaba en otro «asalto». A las 13.15 horas del día 18 la comisión judicial hacía acto de presencia en las dependencias centrales del PSOE, pero, ahora sí, con la lección bien aprendida. Los integrantes de la comisión eran los mismos que hacía un mes. En la puerta de la sede les esperaban Fernández Marugán, Txiki Benegas y el abogado de la Comisión Ejecutiva, Francisco Virseda Barca, que fuera director general de Medios de Comunicación del Estado. La presencia de Virseda había sido calculada. Como abogado de uno de los querellados, Alberto Flores, podía estar presente en los registros de la sede socialista, precisamente cuando el sumario era secreto para las partes y, por tanto, para él mismo en su condición de defensor [12]. Esta vez la cortesía

---

[12] Francisco Virseda comparte bufete con Leopoldo Torres, fiscal general del Estado cuando estalló el caso Filesa.

se dejó de lado. Los socialistas estaban heridos de nuevo en su orgullo. En menos de un mes habían recibido dos visitas judiciales. Benegas, el más inquisidor, no dudó en enviarles la primera salutación, asesorado por el abogado Virseda:

—Entendemos que esta actuación conculca el legítimo derecho que asiste a este partido político a mantener la privacidad de toda una serie de documentos directamente relacionados con su actividad política y que nada tienen que ver con esta causa, toda vez que afectan a cuestiones de seguridad interna y estrategia política.

Tras descargar su artillería explicó el retraso en el envío de la documentación solicitada (cerca de tres meses desde el primer requerimiento) con el argumento de que la información confidencial del PSOE no podía dejarse al examen de su más directo rival político, el PP, que se había personado en la causa. «Había que depurarla convenientemente», llegó a afirmar Benegas.

De nuevo, el secretario judicial exigió subir a la quinta planta del edificio de Ferraz, donde se encuentran las dependencias administrativas. Una vez alcanzada la planta, Ricardo Rodríguez, para evitar mayores dilaciones, pasó a la acción:

—Como esta comisión no puede entrar en el despacho del señor Galeote Jiménez, hagan el favor de traernos la documentación requerida por el magistrado instructor que se halla en el despacho de esta persona.

Ante la contundencia de la exigencia, los dirigentes socialistas no dieron su brazo a torcer:

—Correcto. Ahora bien, con una pequeña matización. Le abrimos la puerta del despacho y ustedes entran y requisan toda la documentación que estimen pertinente. Eso sí, claro, bajo su responsabilidad. No olviden que se trata de una persona aforada que necesita de un suplicatorio para investigarle.

Benegas y Marugán volvían a frenar en seco la labor investigadora. Sin embargo, el secretario judicial no estaba dispuesto a que le torearan una vez más.

—Les repito, por si no les ha quedado claro, que hagan el favor de retirar de dicho despacho la documentación requerida —solicitó enérgicamente Rodríguez Fernández.

—Nos volvemos a reiterar en lo manifestado. Toda la documentación obrante en esta dependencia está su disposición. Pueden ustedes pasar —replicó con ironía Benegas. La comisión judicial no cayó en la trampa tendida por los políticos del PSOE. Era preferible no requisar esa documentación antes que pasar al despacho de Galeote, por lo que Rodríguez Fernández dio un giro de noventa grados a su estrategia.

—Díganos si al menos disponen de copias de las cuentas de los procesos electorales remitidas al Tribunal de Cuentas.

—Lo sentimos, pero no guardamos copia —afirmaron los responsables del PSOE.

—¿Y tienen ustedes, por casualidad, copias en los soportes informáticos de las cuentas de sus actividades ordinarias? —preguntó el secretario judicial.

—Lo ignoramos —respondió Marugán.

—Pues hagan ustedes el favor de avisar al responsable de contabilidad o informática de estas dependencias para que se persone de inmediato aquí —inquirió el secretario.

—¡A estas horas!... imposible. Son las cuatro de la tarde de un viernes y en el edificio no hay ningún responsable de informática. Sólo se encuentran los miembros de los equipos de seguridad y de mantenimiento. Pero si no se lo creen compruébenlo ustedes mismos —afirmaron en un tono un tanto cínico los dirigentes del PSOE.

Rodríguez Fernández acordó entonces inspeccionar la caja fuerte del partido, situada en la planta sótano menos tres, por si pudiera encontrarse alguna documentación de interés escondida en ella. Pero no había forma de entrar. El sistema de apertura era retardado y nadie de los presentes conocía su funcionamiento.

Tras ese intento fallido se examinó el Departamento de Informática y Contabilidad del PSOE, que se encuentra en la planta menos uno del edificio de Ferraz, y se hallaron unas cintas magnéticas que contenían datos de diversa índole, pero sin identificar.

—Sería preciso que acudiera alguien que conociese el contenido de estas cintas —solicitó el secretario judicial.

—Le reitero que a las cuatro y media de la tarde de un viernes aquí no hay nadie perteneciente al Departamento de Informática —afirmaron los hombres del PSOE.

Ante lo cual, el secretario acordó el precinto de las dependencias informáticas y de la cámara acorazada de la sede de Ferraz hasta el día 21 a las doce de la mañana, cuando se volvería a personar la comisión.

—Ese día será necesaria la presencia del encargado de la informática —concluyó Rodríguez Fernández.

Eran las 17.35 horas y de nuevo se retiraban con las manos vacías. Había que esperar otros tres días.

Como había prometido, la comisión judicial se desplazó el día 21 de ese mismo mes a la sede de Ferraz, esta vez acompañada de dos expertos en el área informática. Allí también se encontraba Rafael Francisco Marín González, el jefe-encargado del PSOE en esta materia. La comisión judicial examinó minuciosamente las dependencias precintadas en su anterior comparecencia. La inspección comenzó por la cámara acorazada. Una vez abierta la caja fuerte se comprobó que la documentación buscada no se hallaba allí depositada.

Posteriormente el secretario y los peritos subieron hasta el Departamento de Informática y Contabilidad. De nuevo su investigación resultó infructuosa. Del examen de las cintas magnéticas nada se desprendía. Los peritos se extrañaron ante las argumentaciones ofrecidas por el jefe de informática del PSOE:

—Existen instrucciones dadas a los empleados para que una vez cerrados los respectivos ejercicios se traslade a papel la contabilidad correspondiente. Una vez ya en papel, se procedía a su eliminación del soporte magnético, para de esta manera no almacenar información en exceso en la memoria del disco duro.

A esta chocante explicación se unió la no menos sorprendente del entonces secretario de Organización del PSOE, Txiki Benegas:

—Entenderán ustedes que la actividad contable no es la que define la actuación de este partido político. Por lo que

112

no se ha creído oportuno elaborar las citadas copias de seguridad en soporte magnético [13].

El secretario judicial y los peritos constataron que no existían copias de seguridad de los ficheros de contabilidad de los ejercicios de 1988 a 1991. Sin embargo, comprobaron cómo, casualmente, sí que se encontraba la copia del correspondiente al ejercicio de 1992, año éste a partir del cual finalizaba la investigación de Barbero. También observaron la existencia de otras copias de seguridad muy curiosas, como, por ejemplo, nóminas, copias del sistema operativo, ficheros de afiliados, tratamientos de textos, etc. «¡Qué casualidad! Otra vez... la documentación que no buscamos es la que sí se encuentra», pensaron con rabia los miembros de la comisión judicial.

El PSOE, contrariamente a lo manifestado ante dicha comisión judicial, es uno de los partidos políticos que antes acometieron su informatización interna. En 1982, un año después del nacimiento del los ordenadores personales compatibles (PC), ya estaban funcionando a pleno rendimiento los equipos que la multinacional Unisys había instalado en la sede federal. En aquella misma fecha se implantó en todas las federaciones y agrupaciones del PSOE el plan general contable.

Cinco años más tarde, en 1987, se actualizó por completo todo el sistema informático con equipos de la compañía Data General, a un coste de 49.500.000 pesetas. El ordenador central fue ubicado en el primer sótano de la sede de Ferraz y las cinco plantas superiores del edificio fueron equipadas con un total de sesenta terminales. Sólo en el Departamento de Administración y Finanzas había diez pantallas. Todo estaba informatizado y debidamente guardado bajo la supervisión de Javier Marín, hermano del comisario europeo Manuel Marín, uno de los miembros del gabinete en la sombra del PSOE en 1977. A Javier Marín le había precedido en el cargo Antonio Ahumada, presidente de Calitel.

---

[13] La oposición consideró «inverosímil» esta explicación. Tanto el PP como el CDS e IU conservan copias de seguridad de los ejercicios contables anteriores.

El sistema informático estaba conectado con la sede electoral de la calle Gobelas, situada en el noroeste de Madrid, desde donde se podía entrar sin problema alguno. Fuentes cercanas a los peritos afirmaron varios días después del mencionado registro que éstos sospechaban que alguien había accedido al sistema violando el precinto [14].

Los miembros de la comisión abandonaron la sede de Ferraz cabizbajos y derrotados. De tres registros, tres fracasos. El PSOE volvía a respirar tranquilo. El año de coronación del Gobierno socialista con la celebración de los Juegos Olímpicos y la Expo podía ser despedido con un éxito aparente. Barbero no había conseguido amargarles las Navidades. El turrón estaba listo y el champán a punto de descorcharse en lo que seguía siendo el feudo inexpugnable del PSOE, su sede de Ferraz.

El otrora zepelín de Barbero había tocado tierra. En los próximos años no volvería a remontar el vuelo. Se había desinflado casi por completo. El caso Filesa comenzaría a ralentizarse a pasos agigantados. Aunque todavía daría algún que otro disgusto a los líderes socialistas.

* * *

Marino Barbero comenzó el año 1993 dando la impresión de que entraba en la recta final de la instrucción del caso Filesa. La popularidad del magistrado se había extendido por todo el país. El nombre del extremeño corría de boca en boca. Estaba a punto de alcanzar la categoría de héroe nacional. Ejemplo de ello fue el homenaje tributado el 25 de enero por la Asociación de Antiguos Alumnos de la Facultad de Derecho de la Universidad Complutense de Madrid [15], que le había nombrado «jurista del año».

---

[14] El criptólogo Miguel Angel Gallardo afirmó a los autores que «resulta inverosímil que en una instalación de las características técnicas del las del PSOE no se guarden copias de seguridad de la contabilidad periódicamente».

[15] Gustavo Villapalos, consejero de la Comunidad de Madrid por el PP, era entonces el rector de esta universidad.

Barbero se sentía especialmente halagado por este homenaje, y su rostro, al concluir el acto y entonarse el *Gaudeamus igitur*, era la perfecta expresión de quien se sabe recompensado. Entre los asistentes, adhiriéndose a la figura y causa del magistrado, se encontraban esa mañana el juez de la Audiencia Nacional Baltasar Garzón, quien había recibido la misma distinción en 1991, y el alcalde de Madrid, José María Alvarez del Manzano.

Sin embargo, la alegría de Marino Barbero duró poco. A las once de la noche de ese mismo día, como consecuencia de las emociones vividas, el magistrado tuvo que ser ingresado en la Unidad Coronaria de la Clínica Puerta de Hierro, de Madrid, con serios problemas de corazón. El magistrado ya había sufrido varias crisis cardiacas anteriormente, por lo que desde 1986 tiene instalado un marcapasos a escasos centímetros de su maltrecho corazón.

El incidente sólo quedó en un susto. A las diez y cinco de la mañana del día siguiente Marino Barbero estaba delante de la mesa de trabajo que la Sala Segunda del Tribunal Supremo le había asignado para ello [16]. Daba la impresión de que no había pasado nada. Sus propios companeros, al visitarlo para interesarse por su salud, quedaron sorprendidos por la actitud fuerte del extremeño. Las aceradas críticas a su labor investigadora por los dirigentes socialistas habían espoleado el hasta entonces frágil ánimo de Barbero.

José María Benegas, Francisco Fernández Marugán, Juan Carlos Rodríguez Ibarra, Jordi Solé Tura, Rosa Conde, Matilde Fernández y el propio presidente del Gobierno, Felipe González, habían planteado en voz alta la necesidad de crear algún mecanismo que exigiera «responsabilidades judiciales a los jueces» y, en concreto, habían criticado a Marino Barbero, «un juez que se salta las normas y los procedimientos».

Barbero estaba cansado de tanta crítica. Barajaba incluso la posibilidad de denunciar este acoso e intromisión política

---

[16] Barbero consiguió finalmente una mesa y dos teléfonos: uno con línea directa y otro que pasaba por centralita.

115

ante el Consejo General del Poder Judicial. Eso era lo que le recomendó su antiguo abogado y entonces ministro de Justicia, Tomás de la Quadra Salcedo. Pero al final estimó más conveniente esperar a que de motu proprio el CGPJ saliera en defensa de un magistrado cuyas resoluciones habían sido respaldadas hasta ese momento por el Tribunal Supremo.

La respuesta del CGPJ no llegaba. Pascual Sala, su presidente, veía muchos inconvenientes para dar ese paso que le podía enfrentar a los otros poderes del Estado. Hubo que esperar al 27 de enero para que en un pleno cinco de sus vocales redactaran una nota en la que se solicitaba que el CGPJ respaldara la figura del juez Marino Barbero en la instrucción del caso Filesa. La petición, que fue escrita por Andrés de la Oliva y suscrita por el vicepresidente, José Luis Manzanares, Margarita Mariscal de Gante, Julio Padilla y Wenceslao Díez Argal, no contó con el apoyo de todos los miembros del pleno. Entre los que no la apoyaron figuraban algunos vocales nombrados por el PP, como Francisco Javier Gómez de Liaño, o por los socialistas, como el hoy ministro de Justicia e Interior Juan Alberto Belloch o la actual secretaria de Justicia María Teresa Fernández de la Vega.

Al final, tras tensas negociaciones en el despacho del presidente del CGPJ, los portavoces Tomás Vives (PSOE), Andrés de la Oliva (PP) y Antonio Bruguera (CiU) llegaron a un consenso redactando una nota definitiva. Se suprimían los párrafos conflictivos, como el referido a que las críticas a Barbero provenían de cargos públicos, y se tachaba toda alusión al poder socialista, eliminando incluso el nombre del magistrado extremeño. El resultado final fue un comunicado descafeinado y poco reivindicativo del trabajo y de la figura de Barbero.

A esto había que unir la continua beligerancia del fiscal general del Estado, Eligio Hernández, quien había tomado las riendas del caso, asumiendo todas las responsabilidades por encima de la Junta de Fiscales del Tribunal Supremo y del Constitucional. Hernández quería a toda costa paralizar las actuaciones del caso Filesa.

Esta falta de solidaridad judicial hirió el orgullo del magistrado. Se veía de nuevo solo ante el peligro. Era consciente de que no disponía de los medios económicos y personales necesarios para desentrañar toda la maraña de negocios del *holding* Filesa. Una falta de medios que el propio Barbero dejó patente en el auto de cierre de las diligencias del caso Filesa [17]:

> «A partir de la segunda semana de septiembre de 1992 se produjo una inversión. La causa pasó de 1.165 folios a más de 18.000 a que hoy se eleva. Las declaraciones efectuadas sobrepasan, con mucho, el centenar: 69 declaraciones testificales; 24 diligencias de ratificación; 43 declaraciones de inculpados, o sea, 136. Algunas de largas horas de duración. Las entradas y registros en empresas o instituciones —absolutamente necesarios, al igual que las declaraciones— han sido 47. Los documentos acumulados son varios cientos de miles.
>
> Esta tarea resulta aún más ingente por haber estado acompañada de una manifiesta escasez de medios materiales y personales, que se refleja en que algunas declaraciones sean ilegibles, o difícilmente legibles, el continuo cambio de sala de audiencia, con los consiguientes perjuicios, que el instructor se viera obligado a despachar, durante meses, en los pasillos del alto tribunal, o tras invitar al magistrado, primero, o magistrados, después, con quienes compartía despacho, a que abandonasen éste o a ocupar —por su deferencia— el propio escritorio del Excmo. Sr. Jefe del Gabinete Técnico del Tribunal Supremo. Todavía el 8 de febrero de 1993 este instructor libraba atento oficio al Excmo. Sr. Presidente de la Sala Segunda [Enrique Ruiz Vadillo], interesando un despacho para estudiar y resolver las diferentes incidencias que en la instrucción de esta causa especial surgían, reunirse con los Excmos. Sres. Fiscal y Abogado del Estado, Ilmo. Sr. Secretario y los Señores Peritos, recibir a letrados, etc. [...]

---

[17] Auto de 4 de mayo de 1995.

La instrucción de esta causa ha carecido, asimismo, de toda estructura informática, como es habitual en la investigación de casos similares en otros países.

A las no leves dificultades citadas y a un sinfín de incidencias ha de añadirse la sistemática interposición de recursos, todos rechazados por este instructor y por la Excma. Sala, en particular por la digna representación de uno de los aforados [Horacio Oliva, abogado de Carlos Navarro], con manifiesto abuso de derecho, que manifiesto abuso de derecho es interponer recursos de reforma y de súplica que, como empleo abusivo de una facultad jurídica, ha terminantemente de negarse que tenga cabida en preceptos constitucionales que consagren derechos fundamentales [...]. Recursos que, unidos a los presentados por otras partes, en este momento son: 63 recursos de reforma, 32 recursos de queja, 11 recursos de súplica, 4 recursos de nulidad, 1 incidente de recusación y 1 de apelación: 112 recursos.»

El desolador panorama al que se enfrentaba Barbero en el primer trimestre de 1993 varió tras la presentación, el 20 de marzo de ese año, de un informe de los peritos judiciales Pilar Valiente Calvo, María del Carmen González Cayuela y José Luis Carrero García, expertos en la coordinación de la lucha contra el fraude en Hacienda. Después de analizar más de cien mil folios, los peritos judiciales aportaron una extensa y profunda disección de las relaciones entre las empresas del PSOE y sus «clientes». Las conclusiones, contenidas en 431 folios, eran demoledoras para los argumentos de defensa de los socialistas, quienes habían negado reiteradamente cualquier relación con Filesa. El informe decía así:

«Los hechos y circunstancias recogidas a lo largo del informe, cuyo soporte documental figura incluido en el sumario, ponen de manifiesto evidencias sobre la inexistencia de los informes que motivan la facturación de Filesa y Time Export a sus clientes y, en consecuencia, la inexistencia de las operaciones comerciales en las que se han amparado los pagos efectuados por los clientes. Tales pagos, por importe total de casi 1.000 millones de pesetas, constituyen meras liberalidades. Su declaración, por parte de los clientes pagadores, como gasto de su actividad motiva la existencia de cuotas tributarias impagadas de importe conjunto superior a los 300 millones de pesetas. Este importe es comprensivo de las cuotas correspondientes a las sociedades, clientes por informes de Filesa y Time Export, cuyas cuantías eludidas en el impuesto sobre sociedades resultan ser superiores a 5 millones de pesetas.

Por otra parte, el reflejo contable de las mencionadas operaciones, en caso de considerarse éstas inexistentes, supondría la materialización de anotaciones contables ficticias, afectando la cuestión a la contabilidad de Time Export y Filesa y a sus clientes por el tipo de operaciones descritas.

Los hechos y circunstancias, cuyo soporte documental figura, asimismo, en el sumario, que evidencia la emisión y utilización de facturas que amparan la materialización de cobros y pagos que no responden a los motivos que se hacen figurar en tales facturas, darían lugar, en caso de resultar probados los hechos, a la apreciación de facturas falsas que afectaría a Filesa y Time Export, así como a las sociedades con ella relacionadas a través de tal tipo de documentos.»

Los peritos Valiente, González y Carrero se habían incorporado a la causa meses antes de la elaboración de este informe a petición del propio Marino Barbero. Todo había surgido durante una comida del magistrado con su compañero de la Audiencia Nacional Miguel Moreiras, titular del Juzgado de Instrucción número 3, celebrada tiempo después de hacerse con el caso. En los postres, Barbero se quejaba ante su compañero de que los medios de comunicación le trataban de «vago redomado» y de que estaba completamente solo en la instrucción del caso Filesa.

—¿Pero qué puedo hacer?... —le dijo Barbero a Moreiras—. No tengo despacho y sólo cuento con una secretaria, ¿cómo voy a acelerar esto?

—Pues hay un sistema muy fácil. Pide a Hacienda que te manden algunos inspectores tributarios para que te saquen el trabajo adelante... Yo, normalmente, pido peritos a Hacienda y me los conceden —afirmó Moreiras.

—¿Cuál es el procedimiento? —preguntó solícito Barbero.

—Muy fácil. Haz una solicitud a la Dirección General de Inspección [ahora Agencia Tributaria].

Barbero siguió las instrucciones de su colega y amigo. Realizó la solicitud ante esa dirección general y se puso en contacto con su titular, Miguel Angel Bravo Paiva, quien comunicó la petición de Barbero al jefe de la Unidad Especial de la Lucha Contra el Fraude, Jesús Bermejo.

—Mándale tres inspectores al juez Barbero para investigar el caso Filesa, por si hubiera algún delito —ordenó Bravo Paiva.

Bermejo, ante la gravedad del caso, y para evitar cualquier tipo de complicaciones, solicitó a su jefe que se lo comunicara por escrito. Una vez cumplimentado este requisito, Bermejo eligió a tres de los mejores peritos, pero tuvo cuidado de que fueran de tendencia política diferente. De esta forma paralizaba cualquier intento de crítica de partidismo en la elección. Escogió primero a una amiga personal, Pilar Valiente (simpatizante del PP), después a Carmen Cayuela (cercana ideológicamente al PSOE) y, por último, a José Luis Carrero, un perito que en su juventud había sido simpatizante de la Organización Revolucionaria de Trabajadores (ORT) y que había llevado el caso de la cantante Lola Flores.

Con el tiempo se demostraría el acierto en la elección. Los tres inspectores de Hacienda se convirtieron en la pieza clave de la investigación. Discretos en su proceder, tradujeron al juez Barbero los aspectos fiscales de los documentos incautados en los diferentes registros. Los tres peritos se repartieron el trabajo. Pilar Valiente, licenciada en Derecho, analizó los aspectos relacionados con la Ley de Sociedades Anónimas; Carmen González, licenciada en Económicas y Políticas, se dedicó a la faceta estrictamente contable, y José

Luis Carrero, licenciado en Económicas, se centró en el análisis de los hechos que probaban la irregularidad de las actividades de Filesa.

La investigación del caso había alcanzado su cenit. Las pruebas aportadas por los registros y por el riguroso trabajo de los peritos parecían concluyentes. La difusión pública de las primeras conclusiones agravó la división por entonces ya existente entre las dos facciones en pugna dentro del PSOE, «renovadores» y «guerristas». Esto llevó a la disolución de las cámaras [18] y a unas elecciones anticipadas que se celebrarían el 6 de junio de ese año. Los socialistas españoles tenían cercano el ejemplo de sus compañeros franceses, a quienes las investigaciones judiciales les habían llevado a un desastroso resultado en las elecciones para la Asamblea de la República.

La disolución de las cámaras le vino de perlas al senador y diputado del Parlamento de Cataluña José María Sala, pues así se disipó la posible petición de su suplicatorio. En esas fechas, el 21 de abril de 1993, Carlos Navarro, Luis Oliveró y Alberto Flores presentaron un recurso de amparo ante el Constitucional pidiendo la nulidad de actuaciones del juez Barbero.

El fiscal general, Eligio Hernández, con el apoyo del presidente del CGPJ, Pascual Sala, aprovechó también la coyuntura para plantear que el caso Filesa pasara a la jurisdicción ordinaria, al dejar de ser aforados los inculpados. No consiguió su objetivo. El alto tribunal siguió siendo el órgano competente.

La paralización de la vida parlamentaria hizo que el 24 de abril de 1993 la Sala Segunda del Supremo acordara congelar la tramitación del caso Filesa y de los demás procesos contra parlamentarios para evitar que cualquiera de sus resoluciones pudiera distorsionar el proceso electoral. El acuerdo fue adoptado por mayoría de doce votos a favor y dos en contra, los de Marino Barbero y José Augusto de Vega.

---

[18] La disolución de las Cortes se produjo el 13 de abril de 1993. Véase capítulo trece.

Sin embargo, Barbero ya había convocado para el 3 de junio, tres días antes de los comicios, a los peritos de Hacienda para ratificar su informe sobre Filesa. Esta decisión levantó una gran polvareda judicial y una batería de descalificaciones en el terreno político. El entonces ministro de Justicia, Tomás de la Quadra, llegó a afirmar: «Estoy sorprendido por la convocatoria del juez Barbero.» De la Quadra sugirió que podían existir posibles móviles políticos en la decisión de su viejo cliente y amigo Marino Barbero.

Finalmente, la comparecencia quedó suspendida hasta después de la celebración de las elecciones. La noche del 6 de junio, Felipe González y el PSOE eran de nuevo claros vencedores. Por una parte, habían ganado los comicios contra todo pronóstico. Por otra, su victoria suponía un mazazo para la investigación del caso Filesa. Sin embargo, pasadas las elecciones, Marino Barbero retomó el caso. El 8 de junio, dos días después de la victoria socialista, los peritos pudieron, por fin, comparecer. El magistrado quería dar la impresión de que la normalidad presidía la instrucción. El respiro socialista del 6-J no debía paralizar un proceso que él estaba seguro de que iba a transcurrir por buen camino.

El verano se echaba encima y Barbero no quería marcharse de vacaciones sin dejar atado un aspecto que creía básico en la instrucción. Así, en la primera semana de agosto dirigió un escrito a la Sala Segunda del Tribunal Supremo para notificar el suplicatorio contra el senador socialista José María Sala por un presunto delito fiscal. De nuevo la causa quedó suspendida cuando el Supremo solicitó del Senado el suplicatorio el 14 de septiembre de 1993. La Cámara Alta terminó concediéndolo, y el 29 de diciembre el Tribunal Supremo daba otra vez vía libre para que Barbero continuara sus investigaciones. La primera decisión del magistrado no se hizo esperar: decretó de inmediato el secreto del sumario por un plazo de tres días para practicar nuevas diligencias.

A continuación, el juez recabó de nuevo la colaboración de los tres inspectores de Hacienda para realizar un nuevo informe. Esta vez había que investigar y analizar la situación económico-financiera y patrimonial de los cuatro querellados: José María Sala Grisó, Carlos Navarro Gómez, Alberto Flores Valencia y Luis Oliveró Capellades. Los peritos procedieron a estudiar los ingresos declarados en el Impuesto sobre la Renta de las Personas Físicas y los movimientos generados en sus cuentas bancarias. El resultado de estas pesquisas fue positivo. Se encontraron fuertes divergencias entre lo declarado y lo real[19].

* * *

El año 1994 daría comienzo con la realización de registros en diferentes empresas. Entre ellos destaca el efectuado en la sede de la multinacional Siemens en Madrid, concesionaria de algunos tramos de la construcción del tren de alta velocidad Madrid-Sevilla, que destapó la trama de los comisionistas del PSOE. Así aparecen los nombres de Aida Alvarez, mujer de confianza de Alfonso Guerra, Sotero Jiménez, antiguo hombre de confianza de Guillermo Galeote, cuando era secretario de Imagen del PSOE, Carlos Mangana, su socio, y Florencio Ornia, ex director del Gabinete de Infraestructura y Seguimiento de Situaciones de Crisis en La Moncloa. Se les acusaba de enriquecimiento por medio de las comisiones cobradas a los concesionarios de la construcción y puesta en servicio del AVE.

Tras estos registros que sumieron al PSOE en un escándalo de grandes dimensiones, Barbero citó a declarar a altos ejecutivos de empresas y bancos relacionados con la trama Filesa. El juez quería que le aportasen los supuestos informes por los que habían pagado importantes sumas de dinero a empresas fantasmas creadas por el PSOE. Por primera vez en la historia de la banca española, dos presidentes y un ex presidente de entidades bancarias —Banco Bilbao Vizcaya y Banco Central— se sentaron en el banquillo de los acusados. José Angel Sánchez Asiaín, Emilio Ybarra y Alfonso Escámez parecían padecer de amnesia en sus declaraciones.

Por su parte, en el Parlamento la oposición logró formar

---

[19] Entregado el 20 de diciembre de 1994.

una comisión de investigación acerca de la financiación de los partidos políticos presidida por el diputado de Coalición Canaria Luis Mardones [20], que no aportó ningún dato novedoso. Para su creación, el PSOE había exigido que no sólo se investigara Filesa, sino también otros casos de financiación irregular, como el asunto Naseiro, que pesaba sobre el PP.

A mediados de ese año Barbero tenía ya muy claras las responsabilidades de los implicados en el caso Filesa. Además, tenía la íntima convicción de que esa espesa madeja de empresas había sido diseñada con la muy directa participación de Alfonso Guerra, vicesecretario general del PSOE y coordinador general de la campaña electoral de 1989, que fue financiada en gran parte con los fondos generados por el *holding* Filesa. El PSOE había jugado con esta ventaja electoral sobre sus rivales, incumpliendo la Ley Orgánica de Régimen Electoral General de 1985, que establecía claramente el límite de financiación de los partidos en cada campaña.

Pero para llegar hasta el vicesecretario general del PSOE era necesario que dos de los hombres de confianza de Guerra inculpados en el caso, como eran Guillermo Galeote, ex secretario de Finanzas, y Ramón Moreda Luna, gerente del partido y de la campaña electoral de 1989, le señalaran como el verdadero cerebro e inductor de la trama.

Galeote y Moreda fueron citados a declarar en el mes de octubre de 1994 al palacio de Las Salesas. Ramón Moreda declaró que el responsable económico de la campaña había sido su superior Guillermo Galeote. Y este último, asesorado por el abogado Horacio Oliva, asumió delante del magistrado toda la responsabilidad que se podía derivar de la trama. Galeote negó, por defender a Guerra, que el dirigente sevillano fuera su superior jerárquico, y reconoció que por encima de él sólo se situaba Felipe González Márquez. Su declaración rezaba así: «En la Comisión Ejecutiva del partido todos los dirigentes tienen el mismo nivel. Las funciones de coordinación las tiene el secretario general [Felipe Gonzá-

---

[20] Véase capítulo catorce.

lez] y preside el partido, a efectos externos, don Ramón Rubial. No hay un orden jerárquico establecido», afirmó Galeote ante las preguntas del abogado del Estado, Luis Gayo de Arenzana.

El ex secretario de finanzas, que previamente había preparado de manera pormenorizada el interrogatorio, el cual duraría ocho horas, sólo se desequilibró cuando el abogado del Estado —el más incisivo de los presentes en los interrogatorios— le acusó de participar en un fraude al Tesoro de cerca de 1.000 millones de pesetas mediante falsedades documentales.

Pero Barbero no había conseguido su propósito. Moreda Luna y Galeote abandonaron su despacho incólumes en su apoyo a Alfonso Guerra. El juez había intentado ganar la partida jugando con una posible infidelidad de los inculpados. Sin embargo, abandonaba vencido la mesa de juego. La figura de Guerra seguía siendo intocable.

A pesar de su derrota, Barbero no decayó en su propósito. El magistrado intentó actuar de nuevo contra el vicesecretario general del PSOE. Ya sólo le quedaba jugar una última baza procesal-penal. Le imputaría un posible delito electoral por su papel como coordinador general de la campaña electoral del PSOE en 1989. Durante los últimos días de 1994 y los primeros de 1995 preparó cuidadosamente una acusación que debía tener bien fundamentada. En ese intento remitió a las partes en el proceso una providencia fechada el 17 de enero en la que indicaba:

«Entendiendo este instructor la eventual comisión de un delito electoral, y otros, por el Excmo. Sr. D. Alfonso Guerra González, diputado a Cortes como es conocido, y antes de solicitar al Congreso de los Diputados el correspondiente Suplicatorio para proceder con todas las consecuencias legales contra el mismo, interese del Excmo. Sr. Fiscal emita un dictamen en un plazo de 10 días a los efectos oportunos. Asimismo dése traslado de la presente resolución a las partes personadas a fin de que aleguen lo que a derecho convenga.»

La petición de suplicatorio sólo fue dictaminada favorablemente por el PP y el abogado de la acusación particular, Marcos García Montes. Este contratiempo no sorprendió a Barbero, quien tenía la firme decisión de seguir adelante. Así, el 22 de febrero, tres años y medio después de recaer sobre él la instrucción del caso Filesa, remitió a la Sala Segunda del Alto Tribunal un escrito de treinta y nueve folios solicitando que se pidiese al Congreso de los Diputados el suplicatorio para actuar penalmente contra el ex vicepresidente del Gobierno[21]. En ese escrito Guerra salía muy malparado:

> «El señor Guerra fue "el dominador" de la campaña electoral. Cuarenta y ocho horas después de haber sido elegido coordinador general abrió —el 3 de septiembre [de 1989]— la campaña [pre campaña] mediante su intervención en el undécimo encuentro de la minería astur-leonesa, en acto organizado por el sindicato SOMA-UGT en la localidad de Rodiezno de la Tercia.
>
> Días después presentó "Una etapa de progreso", folleto-proyecto electoral del PSOE, del que se editaron varios millones de ejemplares. Y en el cierre de la campaña, en el estadio Sánchez Pizjuán de Sevilla, intervino junto al Presidente del Gobierno.
>
> Durante la campaña electoral tuvo una participación particularmente activa. Basta mencionar su intervención personal en el telediario del 28 de septiembre de 1989, que tan airada reacción produjo en los partidos de la oposición y en el propio comité de empresa. Y su paternidad del controvertido vídeo denominado *España en progreso*, en el que apareció la imagen de cuarenta y cuatro famosos sin su consentimiento y que, presuntamente, abonó Time Export S. A. o Filesa S. A. [...].»

---

[21] También solicitó la ampliación del suplicatorio contra el senador José María Sala por un delito de asociación ilícita, que fue denegada.

Del contenido de este escrito se deducía que Barbero había estudiado al milímetro cada paso dado por Alfonso Guerra como coordinador del PSOE en la campaña electoral de octubre de 1989. El magistrado no dudó en señalarle como el máximo responsable de la trama, mientras Galeote y Moreda actuaban de meros «testaferros»:

«Autor formal de los comportamientos expuestos es don Ramón Moreda, por su carácter de administrador general de la campaña de las elecciones generales de 1989, pero como con amplitud *supra* se ha expuesto, el señor Moreda era un auténtico testaferro, cuya función era "casi automática", "puramente mecánica", "carecía de autonomía funcional en lo que se refiere a pagos", "no tenía ningún tipo de poder". Carecía de situación laboral estable. Más aún, según el señor Galeote: "Debe someterse a la supervisión de los responsables económicos del partido, es el miembro de la Ejecutiva el que se ocupa de ese tema. Un administrador, un técnico, no puede disponer del dinero del partido a su voluntad sin estar supervisado." "Está debajo del coordinador general."

El administrador carece, pues, de facultades para disponer del dinero del partido en campaña electoral. ¿Quién puede hacerlo? Como se ha dicho, el coordinador general, que está por encima del administrador general y de los dos vicecoordinadores (testimonio señor Moreda) y entre cuyas considerables facultades goza la de interponer su autoridad o poder, y en lo que a cuentas afecta "examinarlas y censurarlas con autoridad suficiente para ello", "inspeccionar, mandar, tener dominio sobre personas y cosas". El señor Guerra era sabedor, sin duda, de la precaria situación económica del partido (según el señor Moreda, en casi todos los bancos estaban en negativo, por eso tenían dinero en la caja fuerte procedente de la venta de sellos a los afiliados para subvenir a los gastos impuestos por viajes o actividades de los militantes); y conocía también los enormes costos de una campaña electoral, gastos limitados, por otra parte, legalmente para evitar decidir —contra las reglas de la igualdad de oportunidades— el acceso y la permanencia en el poder de un partido político, lo que le obligaba a hacer disminuir "formalmente" las "subvenciones" recibidas por éstos.

[Alfonso Guerra] era, además, miembro de la Ejecutiva, uno de los cinco "responsables económicos máximos del partido", pues el 3 de febrero de 1988 la Comisión Ejecutiva Federal del PSOE, con la asistencia de la totalidad de sus miembros, le había otorgado por unanimidad —al igual que a los señores Rubial, González, Benegas y Galeote— facultades amplísimas en el ámbito económico en todo el territorio del Estado, entre ellas "las de efectuar cobros y pagos".

Que el señor Guerra hubiese hecho uso de los extraordinarios poderes inherentes al cargo de coordinador general —y más en estos supuestos concretos— y a su posición en el partido, mediante documentos escritos o su propia firma, es contrario a las reglas de la experiencia, a la naturaleza de las cosas, inimaginable. Absurdo. [...]

El Sr. Guerra, coordinador general de la Campaña de las Elecciones Generales de 1989, por parte del PSOE, de acusada personalidad y dotado de facultades y poderes plenos y correlativos deberes, no sólo en el ámbito económico, tanto en la actividad ordinaria del partido como en la electoral, es autor por el número 2 o 3 del artículo 14 del Código Penal del delito electoral previsto en el artículo 149 de la LOREG.»

La decisión de pedir el procesamiento del otrora intocable Guerra fue una auténtica bomba en medios judiciales y políticos. El dirigente sevillano del PSOE, tras el *affaire* de su hermano Juan, volvía a verse cerca del estrado judicial. Guerra prefirió guardar silencio y no enzarzarse dialécticamente con el magistrado. Ese trabajo sucio podía hacérselo a la perfección su gregario de lujo, el presidente de la Junta de Extremadura, Juan Carlos Rodríguez Ibarra. El político ex-

Ramón Moreda, administrador general de las campañas electorales socialistas de 1989, actuara por inducción de Alfonso Guerra.

El ponente del auto fue el presidente de la Sala, Enrique Ruiz Vadillo, que poco tiempo después sería nombrado magistrado del Tribunal Constitucional a petición del Partido Socialista. De su contenido destacaba el siguiente argumento:

«Esta Sala se ha caracterizado, como no podía ser de otra forma, por el especial respeto a las Cortes Generales, que representan al Pueblo Español y ejercen la potestad legislativa del Estado (artículo 66.1 y 2 de la Constitución), lo que exige un muy cuidadoso examen, caso por caso, para evitar situaciones no justificadas conforme al propio Sistema. Ello supone que, frente a la exposición del magistrado instructor, es obligada la meditación y el análisis por esta Sala, que es a quien incumbe, como ya se dijo, dirigir el suplicatorio y juzgar, en su caso, a Diputados y Senadores. [...]

Del extenso relato de los hechos expuestos no surge, en primer lugar, razón para suponer que el diputado Sr. Guerra haya forzado al administrador Moreda Luna a falsear las cuentas electorales. La circunstancia de que el coordinador general de la campaña electoral [Alfonso Guerra] tenga "una personalidad tan acusada", que haya tenido el "dominio de la campaña electoral", que haya tenido facultades de supervisión de las cuentas o que haya conocido los gastos de la campaña, no significa, sin más, que haya forzado al administrador general a falsear las cuentas electorales. [...]

En suma, sobre la base de lo informado por el Excmo. Sr. Magistrado Instructor, ni desde la perspectiva del artículo 14.2, ni de la del artículo 14.3 del Código Penal, es posible sostener que existen elementos que señalen que el Sr. Guerra hubiera participado en el delito de falseamiento de cuentas que se atribuye al Sr. Moreda Luna.»

La decisión del Tribunal Supremo supuso un respiro. El cerco político al que estaba siendo sometido el PSOE se estrechaba, pero, ahora, los dirigentes socialistas se mostraban eufóricos. A última hora la campana les había salvado. Y además venciendo en su propio campo a Marino Barbero, «su bestia negra». El magistrado no admitió su derrota y calificó de «impresentable» la resolución adoptada por sus colegas del Supremo: «Como juez instructor, acato el auto de la Sala Segunda del Supremo; como magistrado de esta Sala me abstengo de emitir cualquier opinión. Y como catedrático de la universidad española desde hace más de treinta años, me parece absolutamente impresentable y sin fundamento, con todos los respetos a mis compañeros»; declaró contundentemente el magistrado extremeño[24].

El duelo personal de Barbero y la cúpula socialista había concluido. En el campo de batalla surgía inmune el honor de su secretario general, Felipe González, quien afirmó conocer el caso Filesa por los medios de comunicación. Honor e impunidad también para su vicesecretario general, Alfonso Guerra, que volvía a salvar su vida política como ya lo hiciera años antes.

Barbero decidía el 4 de mayo de 1995 —tras cuatro años de investigaciones— cerrar definitivamente el sumario del caso Filesa. En sus conclusiones, treinta y nueve personas, entre ellas los cuatro querellados y prestigiosos banqueros y empresarios, eran imputadas de haber cometido varios delitos. El magistrado dejaba atracada, con escasa brillantez, la nave de Filesa para que otros se encargasen de juzgar lo que fue su travesía.

Para él, dolido y cansado de pilotarla, había llegado la hora de volver a sus conferencias y a sus estudios sobre brujería e ingeniería genética. El 31 de julio de 1995 Barbero hizo pública su intención de abandonar inmediatamente la carrera judicial. A lo largo del prolongado periodo de instrucción del caso Filesa se había sentido solo, pero fue deter-

---

[24] *Cinco Días*, 3 de marzo de 1995.

—Estoy harto, Enrique. Esto no puede continuar así. Preséntame tu dimisión. ¡Ya!

—Si eso es lo que quieres, la tendrás —replicó Ballester.

Enrique Ballester, nacido en Argel el 11 de mayo de 1941, militante del PSOE desde 1975, ex combatiente del Frente de Liberación Nacional de Argelia y ex profesor de Matemáticas, era hijo del que fuera jefe de los servicios secretos españoles para el norte de Africa tras la Guerra Civil Española, José Ballester.

En las últimas semanas los enfrentamientos se habían sucedido entre el empresario y los hombres que el secretario de Administración del PSOE había introducido en el «comité asesor» del *holding*: Miguel Alonso Sarmiento, su hermano pequeño; Juan Piña, abogado de Viajes Ceres y amigo íntimo; José Alfonso Villanueva, empresario, y Carlos Martín Plasencia, quien pocos meses después se convertiría en delegado del Gobierno en Baleares. De su parte, Ballester contaba con su socio, Luis Barredo, y su propio hermano, José. Pero no era suficiente.

El tono de las discusiones en el comité era cada vez más alto y más directo:

—Aquí queremos resultados. ¡Resultados!... No es suficiente con lo que sacas. Si eres tan buen empresario, no nos vengas con milongas —le había espetado Carlos Martín Plasencia en el último encontronazo, unos días antes.

Ballester pretendía que el grupo de sociedades que él había montado por orden directa de Alfonso Guerra en coordinación con Emilio Alonso Sarmiento funcionara tan eficazmente como las mejores empresas del país. Y que los beneficios resultantes revirtieran al partido para hacer frente a los gastos de las diferentes campañas electorales que tuviera que encarar en el futuro. Era un método similar al empleado por los socialistas alemanes, suecos o noruegos, los cuales explotaban hipermercados, agencias de viajes, bancos, compañías aseguradoras, cooperativas, gestorías y todo tipo de negocio lícito que diera beneficios. Los suecos habían llegado, incluso, a la sofisticación de tener su propia lotería nacional.

El principal campo de acción de Management S. A. era el del comercio exterior. Merced a los buenos contactos que tenía en Argelia, Ballester pronto conseguiría un importante contrato en ese país; la dirección de obra, en *joint venture* con la sociedad Samo, de la reconstrucción de la ciudad de Ech Cheliff, situada a doscientos kilómetros al oeste de Argel y que había sufrido las consecuencias de un terremoto. El contrato fue de 2.500 millones de pesetas y los beneficios generados para el partido ascendieron a 150 millones. Pero aquello era poco dinero comparado con el que se podía obtener, a mayor velocidad, por otros cauces. Los gastos del partido (comidas, viajes, «relaciones públicas») comenzaban a incrementarse considerablemente.

Los hombres de Emilio Alonso le habían propuesto últimamente, y de forma reiterada, una vía alternativa de financiación por la que Ballester no estaba dispuesto a pasar: las comisiones encubiertas. Entonces no existía ninguna legislación que prohibiera que los partidos políticos tuvieran empresas y que las explotaran en beneficio propio. Como tampoco existía la ley que impidiera el pago de comisiones «irregulares» por parte de las empresas a los partidos políticos.

«Consideraban que yo no generaba recursos a la velocidad que el partido necesitaba. Pero tampoco había gente que supiera lo que era gestionar empresas. La gente de Emilio Alonso quería controlar todo y obtener un rendimiento inmediato. No tenían interés en construir una base sólida para el futuro. Preferían los atajos», explica Ballester.

Por eso, el empresario socialista no dudó en tomar la drástica decisión que le había sugerido Emilio Alonso y presentó su dimisión irrevocable.

Pocas semanas antes de su dimisión, Enrique Ballester descubrió que Juan Piña, hombre de confianza de Emilio Alonso Sarmiento, había abierto una caja fuerte en la agencia principal del Banco Zaragozano, sita en el paseo de la Castellana número 89 de Madrid, a nombre de ambos, donde presumiblemente guardaban el dinero de las comisiones cobradas. «Ese fue otro factor más, y muy importante, que contribuyó a mi salida de Management. Yo no me quería

presas Constructoras Asociadas, participada por Catalana de Gas y otras empresas constructoras catalanas[2].

Ballester había escuchado por la radio argelina que el primer secretario del PSOE se encontraba en la ciudad. No dudó en ir a verlo y presentarse. Como ocurrió con tantos otros, Ballester quedaría en aquel encuentro cautivado por la fuerza y la capacidad de convicción del joven líder del socialismo español, ayudado por la inteligencia de su número dos. Poco tiempo después se afiliaría al PSOE y en 1978 regresaría a España.

A su vuelta, junto a su mujer y sus dos hijos, comenzaría a trabajar a las órdenes de otro amigo de Felipe González: Enrique «Pichirri» Sarasola. En julio de 1979, tres meses antes de la celebración del Congreso Extraordinario de PSOE[3], Alfonso Guerra le captó para su causa.

—Hay que montar una red de empresas que den beneficios para el partido. Creo que tú eres la persona más indicada para ello —le dijo Alfonso Guerra durante un vuelo que ambos realizaron a Trípoli (Libia).

En aquel tiempo Alfonso Guerra no tenía ningún cargo en la Ejecutiva del PSOE, ya que el poder lo ocupaba una comisión gestora hasta que en el Congreso Extraordinario se eligiera la nueva dirección. Pero Guerra ya tenía todo preparado y estudiado: tenía el candidato para dirigir el grupo de empresas y para ocupar la Secretaría de Administración del PSOE. Para este último cargo había pensado en Emilio Alonso Sarmiento, un mallorquín licenciado en Historia que trabajaba en la fábrica de zapatos Frausa y que ocupaba la Secretaría General del PSOE balear, partido al que se había afiliado en 1974.

---

[2] Estaban construyendo dos fábricas de harina y sémola y silos estratégicos de trigo.

[3] Celebrado los días 28 y 29 de septiembre de 1979 en Madrid, en el que los delegados del PSOE renunciaron expresamente al marxismo a cambio de que González siguiera siendo el secretario general. Francisco Bustelo y el sector marxista del PSOE habían conseguido incluir ese término en las resoluciones programáticas del Congreso de 1976.

Pero en realidad, Alfonso Guerra no conocía demasiado al elegido. Guardaba de él la impresión que tenían todos, la de un tipo alto, con aire de patricio y calva incipiente, amigo de los trajes a rayas y de los chalecos y aficionado a fumar en pipa. En resumen, un administrativo de empresa[4].

El aterrizaje de Emilio Alonso en la Secretaría de Administración del PSOE se produjo el 29 de septiembre de 1979, durante la celebración del Congreso Extraordinario que siguió a la crisis del XXVIII Congreso[5], en el que Felipe González presentó su dimisión. Fue precisamente durante esta explosiva cumbre cuando Emilio Alonso comenzó a sonar como futuro secretario de Finanzas. El cargo, uno de los más difíciles de ocupar en cualquier Ejecutiva del PSOE, llevaba aparejado el ejercicio de un trabajo sucio, sin lucimiento personal. Nadie, aparte de él, quería ocupar este puesto, y más en las circunstancias internas que vivía entonces el partido. Fue un detalle que apreció mucho el número dos socialista, Alfonso Guerra, como narra el periodista Fernando Barciela[6]:

«El ambiente era tenso en aquel momento, se sabía que Felipe iba a dimitir y Guerra se esforzaba por evitarlo. Andaba con un fajo de papeles en la mano, como siempre, y tenía una secretaría vacía para la que no había ningún interesado. Le había preguntado a Félix Pons, un demócrata cristiano del grupo de Peces-Barba, si quería ese puesto, y éste le había contestado: "No, hombre, yo no soy el más indicado para ese cargo. Ahí tienes a Emilio Alonso, que es empresario y está acostumbrado a esas cosas de negocios, contabilidades y dineros."»

---

[4] Emilio Alonso nació el 8 de julio de 1942 en Palma de Mallorca. Está casado con Marita Frau Bernat y tiene tres hijos. Al margen de su actividad política, es consejero de la empresa Rodríguez Gancedo y Rubio, dedicada a la venta al detalle y al por mayor de artículos de piel, con sede en Madrid y un capital social de 75 millones de pesetas.

[5] Celebrado en Madrid entre el 17 y el 20 de mayo de 1979.

[6] *La otra historia del PSOE*, Emiliano Escolar Editor, Madrid, 1981, págs. 221-222.

las más problemáticas y controlar las que pudieran dar beneficios.

Una parte de estas empresas habían nacido poco antes del triunfo socialista en las primeras elecciones municipales de la democracia, celebradas el 3 de abril de 1979, que dieron acceso al PSOE a sus primeras experiencias de poder después de cuarenta años de exilio.

«Lo que descubrí —explica Ballester— fue un auténtico caos. Existían empresas del partido en todas partes: Murcia, Valencia, Zaragoza... todas eran sociedades anónimas. Era un auténtico desbarajuste. Cada uno se había montado su propia historia, pero sin orden ni concierto. Teníamos hasta una tienda de ropa en Santander, de nombre "Pochola", que regentaba la hermana de Jaime Blanco, el secretario general del PSOE de Cantabria. Después de analizar aquello emprendimos una operación de control para que no se nos marchara de las manos y no se convirtiera en un escándalo. Lo prioritario era cambiar la composición accionarial de todas estas empresas, pasando a tener nosotros la mayoría.»

Una de las pocas compañías que el partido creó expresamente fue Management de Ingeniería y Realizaciones S. A. (MIRSA), una sociedad del grupo dedicada a la ingeniería y a la construcción que nació para hacerse cargo de una de las cooperativas Pablo Iglesias, que construía dos mil viviendas en Zaragoza. «Aquello estaba a punto de ir a la quiebra por culpa de un "compañero" que se estaba forrando con el dinero de los cooperativistas. Curiosamente fue Luis Roldán[9], que entonces era concejal socialista en esa ciudad, quien nos llamó para denunciar el caso. MIRSA se hizo cargo de la cooperativa y todo terminó bien, sin escándalos», cuenta Ballester.

Entre las empresas que fueron cerradas por el empresario del PSOE se encontraban Orex S. A., creada por el Partido Socialista Valenciano, y Coopex S. A., una sociedad de

---

[9] Luis Roldán fue nombrado después director general de la Guardia Civil. Hoy se encuentra encarcelado por varios delitos.

exportación montada en Murcia por Juan Luis Lorente Albarracín y Jorge Soto, entonces marido de Helga Soto, jefa de prensa del PSOE, y cuyo inspirador fue Julio Feo[10]. Coopex se vio envuelta en 1984 en el escándalo de Mármoles de Barinas S. A., una empresa participada por ella y apoyada por el entonces presidente de la comunidad autónoma de Murcia, Andrés Hernández Ros. La Ejecutiva del partido socialista murciano (PSRM-PSOE), de la que Hernández Ros era secretario general, desvió 15 millones de pesetas de sus fondos a esta sociedad para evitar que entrara en bancarrota.

El secretario de Mármoles de Barinas, José Perea Valero, militante socialista, envió un minucioso informe sobre la empresa a la sede de Ferraz para que se atajara, en lo posible, el impacto del escándalo. A raíz de ello, el Comité Regional del PSRM-PSOE intervino e hizo pública una declaración exculpatoria[11]:

«Reconocemos que ese modo de funcionar no era correcto, pero los dirigentes del partido se habían comprometido con unas personas a las que se les animó a poner en marcha una empresa, desde la que podían salir unos beneficios para el partido.»

Fue también en aquella época cuando apareció por primera vez en escena un personaje que después desempeñaría un papel relevante en las finanzas del PSOE: Eduardo Gómez Basterra, en la actualidad secretario del presidente del partido, Ramón Rubial. Gómez Basterra, hijo de un militante socialista amigo de Rubial, había vivido exiliado en Colombia hasta comienzos de los años ochenta. A su regreso a España, Rubial intercedió por él ante Ballester, que le colocó en la empresa Management para hacer informes so-

---

[10] Julio Feo se convertiría en 1982 en jefe de Gabinete de Felipe González.
[11] *La Verdad*, de Murcia, 27 de octubre de 1984.

El mencionado escándalo Flick estalló en Alemania a mediados de los años setenta. Pero, a diferencia de la legislación española, la alemana permitía que las empresas hicieran donativos a partidos políticos, siempre que no sobrepasaran el tope legalmente fijado. El consorcio Flick, en su afán por conseguir una exención fiscal de más de 900 millones de pesetas, había «intensificado sus donativos» a los cuatro principales partidos políticos (socialdemócratas, liberales, cristiano-sociales-bávaros y cristiano demócratas), lo que al conocerse derivó en una grave crisis, con la dimisión del ministro Lambsdorff y del presidente del Parlamento Federal, Rainer Barzel. De acuerdo con la Fiscalía de Bonn, que investigaba el caso, se calcula que entre 1969 y 1980 Flick había «donado» a los partidos más de 25 millones de marcos (1.437 millones de pesetas).

En España el asunto dio lugar a la formación de una comisión de investigación [16], presidida por Leopoldo Torres, entonces diputado del PSOE por Guadalajara. Las conclusiones no fueron, ni mucho menos, unánimes. Por un lado, el Grupo Socialista, con doscientos dos diputados, ayudado por el Partido Nacionalista Vasco (PNV), sacó las suyas:

1. Las declaraciones del diputado socialdemócrata alemán Peter Struck en torno al dinero de Flick y su destino en España son falsas.

2. No existe prueba alguna de que Felipe González recibiera dinero de Flick.

3. El PSOE, desde su legalización, no ha recibido ayuda económica de los socialdemócratas alemanes.

La oposición formada por Coalición Popular (CP), Convergència i Unió (CiU), Centro Democrático y Social (CDS) y el Partido Comunista de España (PCE) llegó a otros resultados:

---

[16] Un decreto ley de 18 de marzo de 1977 prohibía taxativamente a los partidos políticos recaudar fondos provenientes de fuera de las fronteras españolas.

1. Flick entregó en 1976 un millón de marcos (57,5 millones de pesetas) al SPD con destino a los socialistas de España y Portugal. La cantidad se amplió después en 1,7 millones de marcos (97,7 millones de pesetas);

2. La Fundación Friedrich Ebert invirtió en España entre 1976 y 1980 unos 2.700.000 marcos (155.250.000 pesetas) a través de fundaciones socialistas, como la Pablo Iglesias o la Largo Caballero.

3. No hay pruebas de que el PSOE recibiera dinero alemán para su campaña de 1982, pero sí de que la Fundación Ebert realizó diversas actividades de cara a las elecciones.

4. No hay pruebas de que Felipe González recibiera el dinero directamente de Flick, ni de que los beneficiarios conocieran la procedencia del dinero.

No fue la primera vez que Felipe González era señalado como «el hombre del maletín» socialista: «En 1976, Felipe y yo viajamos a México —recuerda Luis Yáñez, actual diputado y entonces encargado de la Secretaría Internacional del PSOE—. El presidente [Luis] Echeverría nos trató magníficamente. Nos ofreció una recepción y al término de la misma quiso hacernos un regalo: era un maletín lleno de billetes. No sabíamos qué hacer con aquello y, por otra parte, era un riesgo salir del país con un maletín cargado de dólares, así que decidimos dejárselo a Rafael Fernández [presidente preautonómico de Asturias y senador] para que lo administrara.» [17]

Al igual que mexicanos y alemanes, los socialistas suecos realizaron también una importante contribución en 1976, de cara a las primeras elecciones legislativas españolas que tuvieron lugar el 15 de junio de 1977. Entregaron al PSOE 23 millones de pesetas [18]. Y lo mismo hicieron los israelíes, tanto del Partido Laborista como del sindicato Hisdraut, cuyo líder, Abraham Alot, reconoció públicamente en 1985 que durante años el Hisdraut mantuvo un considerable apoyo

---

[17] OTR Press, 28 de diciembre de 1992.
[18] *La Vanguardia*, 4 de junio de 1976.

falsas de su bufete de abogados por valor de 2 millones de pesetas a nombre del PSOE para justificar una pequeña parte de los gastos que se habían pagado con dinero negro durante las primeras elecciones generales de 1977. «Pedí, eso sí, un justificante en el que se dijera que en realidad no había cobrado», explica el abogado cordobés.

Tanto Cerdán como Obregón siguieron al pie de la letra las directrices marcadas por su jefe superior, José María Triginer. Reunieron a una serie de personas de total confianza para que constituyeran junto a ellos diversas sociedades. Entre estas personas se encontraban Pilar Jara Franco, una sobrina nieta del general Franco, y Carlos Calleja, catedrático de Derecho Fiscal de la Universidad Autónoma de Barcelona. Se acordó que Carlos Obregón retendría el 51 por ciento de las acciones y el resto se repartiría entre los demás.

Las empresas que se crearon fueron Comercial de Automóviles, Remolques y Náuticas S. A. (CARYNSA), dedicada a la compraventa de automóviles, Técnicas de Impresión S. A.; y ADP S. A., la versión catalana de Hauser y Menet S. A., empresa de artes gráficas implicada en el caso Filesa y que realiza la cartelería del PSOE. Al frente de CARYNSA se situó a dos «compañeros»: Santiago Quintana Moreno, que fuera primer teniente de alcalde de Santa María Barberá del Vallés, y Antonio Paredes Lucas. Y en ADP S. A. se colocó a Miguel Angel Ordóñez, un médico que sería después secretario de Comunicación e Imagen de UGT.

La elección de estos «compañeros», como Obregón pudo comprobar pocos meses más tarde, no resultó acertada. Pronto comenzarían a comprobarse varias irregularidades. La primera consistió en la falsificación de letras de cambio en CARYNSA por valor de 20 millones de pesetas, dinero que fue a parar a los bolsillos de Quintana y Paredes. Una financiera dependiente del entonces Banco Hispano Americano reclamó la restitución del dinero bajo la amenaza de presentar una querella criminal contra todos los accionistas de CARYNSA.

Ante esta situación, Obregón acudió rápidamente a la Ejecutiva del partido en Madrid para que solucionara el desaguisado. No había que perder tiempo, y sus presiones dieron el fruto apetecido. A los pocos días se celebró una cena en el restaurante César Augusto, situado a pocos metros de la vivienda de Joan Raventós, secretario general del PSC-PSOE, en la que participaron José María Triginer, secretario general, Leandro Cerdán, responsable de Administración, Eduardo Martín Toval, entonces miembro de la dirección del PSC-PSOE, Rudolf Guerra y el mencionado Raventós.

—No hay más remedio que presentar una querella contra Quintana —afirmó Obregón.

—Eso no es posible. Si el caso salta a la luz pública será un desprestigio para el PSOE y nos afectará en las próximas elecciones —intervino Martín Toval, a quien preocupaban en demasía los primeros comicios electorales al Parlamento catalán, convocados para el 20 de marzo de 1980.

Sobre la mesa había una bomba de relojería. Su estallido sólo beneficiaría a una persona: Jordi Pujol, cabeza de lista de la coalición nacionalista Convergència i Unió.

—Entonces, ¿qué hacemos?... Porque mi reputación está en juego. Yo no voy a ir a la cárcel por algo que he hecho por el partido sin obtener nada a cambio —respondió Obregón.

—No te preocupes, que Rudolf Guerra lo arreglará. El tiene amistades con los jueces —añadió Martín Toval.

Rudolf Guerra era el hombre del PSC-PSOE en los juzgados. Persona de confianza de Raventós, era famoso entre los socialistas catalanes por ser hijo del magistrado que juzgó a los militares rebeldes que se levantaron en Barcelona contra la República el 18 de julio de 1936.

—Pero ¿cómo voy a estar tranquilo? Aquí el que está *pringao* soy yo... Mañana presento una querella contra Quintana —sentenció Obregón ante la atónita mirada de Raventós, candidato a la Generalitat por el PSC-PSOE.

Al día siguiente Obregón acudió a una comisaría de Policía e interpuso la consiguiente querella criminal contra Quintana. El efecto fue mortífero. Raventós, que se veía con posibilidades para ocupar la Generalitat, tomó cartas en el asunto restituyendo de su propio bolsillo el dinero a la financiera. La operación se realizó a través de Rafael Cerro Iz-

A raíz de estas denuncias, el entonces concejal Juan Barranco, «comisario político» de Ferraz en el Ayuntamiento madrileño, llevó a cabo una investigación en torno a Galindo y a una «donación» de 500.000 pesetas que éste había realizado al partido, y que no se le aceptó. Barranco no profundizaría demasiado en su investigación, pero la situación comenzó a ser crítica para el partido. El entonces alcalde, Enrique Tierno Galván, y el secretario general de la FSM, Joaquín Leguina, hicieron todo lo posible por frenar el escándalo, que comenzaba a írseles de las manos.

La Ejecutiva Regional del partido se reunió con urgencia en la Casa del Pueblo de Madrid. En este cónclave salieron a relucir nuevos datos, como que una de las dos empresas favorecidas ofreció un «donativo» al PSOE de entre 5 y 9 millones de pesetas y la otra compañía el 5 por ciento del contrato. También que las 500.000 pesetas devueltas a Galindo eran el importe de una comisión por la adjudicación de bancos públicos en Carabanchel y que Baltasar Aymerich había pedido a Juan Claudio de Ramón que concediera un colector a Construcciones y Contratas, aduciendo «órdenes de arriba». Aymerich aclararía después que «arriba» era él, «porque trabajaba en un tercer piso...» [26]. Este concejal era entonces delegado de Obras y Servicios del Ayuntamiento de Madrid.

El PSOE optó por la solución más fácil: expulsar a Alonso Puerta del partido. Ratificaba así la certeza del político de que se estaban aceptando comisiones a cambio de la concesión de diferentes contratas. Pero el caso no se cerró del todo. Cuatro años más tarde volvió a abrirse, esta vez en Murcia y en Ceuta.

En el enclave africano español la citada empresa Sellberg (ahora Ingeniería Urbana) fue acusada de facilitar cheques por varios millones de pesetas para que fueran entregados, en calidad de «donativo», al secretario de Finanzas del PSOE,

---

[26] Véase Mariano Sánchez Soler, *El libro negro de la corrupción política*, Ediciones Tiempo, 1990, pág. 15.

Emilio Alonso, como contraprestación por la concesión de la contrata de limpiezas en Ceuta. El encargado de entregar el dinero, según el testimonio de quien fuera antiguo directivo de Sellberg, Carlos Franco Arandilla, era Vicente Torres. El entonces presidente de la Junta de Obras del Puerto de Ceuta y destacado miembro del PSOE admitió haber recibido 2 millones de pesetas de Sellberg.

El escándalo llegó hasta la sede federal del PSOE, donde se tomaron urgentes medidas. En un documento interno inédito se indica lo siguiente al secretario de Finanzas:

«Emilio [Alonso Sarmiento]:
Las noticias que teníamos eran de que, efectivamente, el tema de las contratas se había tratado en el sentido que aparece en el diario *ABC*[27].

Angel[28].

Estoy viendo toda la documentación que tenemos de Ceuta.

Antonio Muñoz era uno de los que tenía en su poder varios talones "al portador" que retiré cuando estuvimos en octubre del 83.»

De acuerdo con otros documentos internos del PSOE, las contratas de limpieza no eran la única fuente de financiación del partido. Pedro Lorca Rubio, secretario de Política Municipal del Partido Socialista del País Valenciano, envió en 1979 una circular interna y reservada a los ediles socialistas de la región en la que les daba instrucciones muy claras al respecto de posibles operaciones especulativas:

«Según la vigente Ley de Régimen Local, las corporaciones están facultadas para contratar determinados servicios, utilizando el método de contratación directa.

---

[27] 25 de enero de 1985.
[28] Angel Díaz, coordinador de la Secretaría de Administración del PSOE.

155

El tercer método era el concurso. No se daba el contrato a la mejor proposición económica, sino que se podían tomar en consideración requisitos muy diversos. Un procedimiento totalmente subjetivo y discrecional. Según la ley, lo discrecional no es susceptible de ser revisado o controlado por los tribunales.

El cuarto y último procedimiento era la contratación directa, que permitía a la Administración otorgar el contrato a quien quisiera, aunque sólo en diez supuestos excepcionales regulados por la ley, en atención a la cuantía, a la naturaleza del contrato o a las circunstancias del caso [30].

Los sucesivos gobiernos socialistas desecharon el sistema de contratación de subasta, que era el normal en el 90 por ciento de los casos hasta 1982, y lo sustituyeron por el del concurso, que pasó a convertirse en el usual.

En los informes anuales del Tribunal de Cuentas de 1988, 1989 y 1990 se indica claramente que el Gobierno ha venido abusando especialmente de la contratación directa, o «a dedo». En 1990 supuso «más de la mitad de las adjudicaciones de obras examinadas».

«Se observa que las ofertas recibidas tienen fecha anterior a las de fiscalización y aprobación del gasto correspondiente; anticipación que supone el haberse solicitado ofertas a los interesados antes de elaborarse por la Administración su propia voluntad de celebrar el contrato y de aprobarse las condiciones jurídicas para la contratación», dice el Tribunal de Cuentas en su informe de 1990, en el que se refiere a casos muy concretos: «Llama la atención que un contrato [de Aeropuertos Nacionales] aparezca concluido el 28 de diciembre de 1990, a los catorce días de su adjudicación y a pesar de su elevado importe.»

El sistema fue utilizado por la práctica totalidad de los ministerios que celebraron contratos de obras, en especial los de Obras Públicas, Transportes, Relaciones con las Cor-

---

[30] Se requería la justificación en el propio expediente de las razones por las que se acudía a ese procedimiento excepcional.

tes, Defensa, Justicia, Interior, Economía, Educación y Cultura. La excusa esgrimida fue la de «por motivos de urgencia». Directores generales y altos cargos políticos de la Administración eran fieles a las doctrinas emanadas desde la sede socialista de Ferraz a la hora de otorgar las contratas. La corrupción administrativa en España sería objeto de todo un nuevo libro.

Sin embargo, el cobro directo de las comisiones, principalmente a las empresas constructoras, no comenzó a practicarse hasta años después de entrar los socialistas en el Gobierno. Durante los primeros tres años los «recaudadores» del partido no mediaban con las empresas de una forma directa. Lo que hacían era enterarse con cuarenta y ocho o setenta y dos horas de antelación de la identidad de la sociedad afortunada a través de sus «compañeros» en el ministerio correspondiente; después hablaban con la compañía elegida para conseguir la comisión por una contrata que ya tenía otorgada pero que la empresa desconocía.

Años más tarde, cuando las necesidades financieras del partido aumentaron, el sistema se transformó: comisión por concesión.

* * *

Los primeros reveses empresariales del PSOE se produjeron en los medios de comunicación controlados por el partido. Primero fue *Tribuna Vasca*, un periódico radicado en Bilbao y dirigido por el periodista Eduardo Sotillos [31] que no encontró su lugar entre los rotativos vascos. Fue cerrado en 1984 con unas ventas cercanas a los tres mil ejemplares diarios y unas pérdidas de 500 millones de pesetas. Gran parte de ese dinero perdido se invirtió en la seguridad personal del propio Sotillos, según una auditoría realizada por Enrique Ballester y Emilio Martín, enviados por el PSOE desde Madrid. Emilio Martín es un constructor leonés, militante del PSOE, de apariencia callada y nulo carisma. Se le

---

[31] Sotillos fue el primer portavoz del Gobierno socialista.

presarios Enrique Ballester y Emilio Martín. Lo que estos dos vieron les horrorizó. Las pérdidas se habían disparado hasta alcanzar los 600 millones de pesetas. No había otra posibilidad que tomar decisiones drásticas.

Lo primero fue destituir al director, Montoto, y nombrar en su puesto a Agustín Valladolid, quien años después se convertiría en una de las piezas clave de los equipos del Ministerio del Interior, con José Barrionuevo y José Luis Corcuera, como director del Gabinete de Prensa. La segunda decisión importante fue trasladar la sede de la revista a Madrid con el fin de controlarla más de cerca.

Las esperanzas que existían para reflotar *Actual* se truncaron a los pocos meses, cuando Martín y Ballester comprobaron que no era posible conseguir financiación externa. El PSOE no podía tapar un agujero negro que cada día se hacía más grande, por lo que los dirigentes socialistas decidieron su cierre en el otoño de 1984, al llegar al número 100, dejando unas pérdidas acumuladas de 700 millones de pesetas. Junto a *Actual* y *Tribuna Vasca* quedaron también en el camino *Diario de Granada*, *La Noticia de Huelva* y *El Periódico de Guadalete*, con la ONCE como principal accionista.

El cierre del *Diario de Granada* provocó la denuncia de varios trabajadores ante los tribunales de Justicia[34]. En el sumario abierto se indicaba expresamente lo siguiente:

> «De los documentos que se aportan y de lo que es hecho notorio y de dominio público, resulta que el partido político PSOE, dentro de sus legítimas actividades, consideró conveniente el fomento de publicaciones periódicas en todo el territorio nacional, al objeto de crear corrientes de opinión favorables a sus ideologías políticas, máxime cuando al suprimirse la antigua cadena de publicaciones del "Movimiento" quedaron canceladas varias cabeceras de periódicos de tiradas nacionales, regionales y locales.

---

[34] Juzgado de Instrucción número 4 de Granada.

Para ello, dicho partido político creó la sociedad MANAGEMENT, S. A., con domicilio social en Madrid, en Castellana, 91, 4º, y otras sociedades MUNDICOM, S. A., siendo la primera de ellas la que promueve la Sociedad Andaluza de Información S. A., en Granada, al objeto de lanzar el periódico *Diario de Granada* en esta ciudad, para con una "corriente progresista" crear la necesaria corriente de opinión favorable a su ideología, en una zona dominada por otro periódico de tirada regional y sujeta a una importante cadena como es la Editorial Católica, de corriente ideológica totalmente distinta y contrapuesta.

El partido político citado, con buena estrategia, promueve, a través de sus cuadros representativos en Granada, afiliados al partido, con cierto peso y prestigio, como los señores Vidal Soria, Rafael Estrella, Manuel Montalvo, Gerardo Esteva y otros, la fundación de la sociedad, adhiriendo a la misma a personas físicas que se identifican con el proyecto, que es apoyado por agrupaciones locales del partido y ayuntamientos de la provincia de Granada con dominio ideológico del partido. Y la sociedad instrumental del PSOE, es decir, MANAGEMENT, suscribe el capital previsto para la sociedad, que no se consigue colocar en los sectores individuales.

Así, de un capital de 20.670.000 pesetas, la sociedad MANAGEMENT suscribe el 41,92 por ciento, es decir, 1.733 acciones, por valor de 8.665.000 pesetas, cuando generalmente todos los accionistas suscriben de 5.000 a 15.000 pesetas, con excepciones como ayuntamientos y agrupaciones del PSOE con algunas mayores cantidades.»

A pesar de estos reveses, la idea de los dirigentes socialistas de tener controlados ciertos medios de comunicación no se truncó. Sería Emilio Martín el hombre que, desde Management S. A., continuaría con la política de creación de una red de periódicos del partido. Martín utilizó la desmantelada red de los medios de comunicación propiedad del Movimiento Nacional. Tuvo éxito con rotativos andaluces, como

El Correo de Andalucía, de Sevilla, y los diarios *Córdoba* y *Jaén*, todos bajo control del PSOE a través de las sociedades Prensa Sur, Diasur y Mundicom. Prensa Sur fue creada en 1984. Entre sus máximos responsables figuraban, a partir de febrero de 1991, Guillermo Galeote como presidente, Carlos Navarro como consejero delegado y Carlos Sanjuán, entonces secretario general de los socialistas andaluces, como vicepresidente. Emilio Martín asumió el cargo de vocal.

El Correo de Andalucía, controlado por el PSOE desde 1986, ha recibido incontables inyecciones de dinero para subsistir. En su balance de 1990 figura como acreedor «no comercial» la empresa Diasur, propietaria de la rotativa del periódico a través de Editorial Sevillana. Emilio Martín figura como presidente del Consejo de Administración de Editorial Sevillana y de Diasur y como vocal de Prensa Sur. Diasur dio casi 100 millones de pesetas a Editorial Sevillana. Los préstamos fueron hechos con talones de Prensa Sur firmados por Emilio Martín (*ABC*, 31 de noviembre de 1994).

A veces, con el PSOE colaboraban periodistas afines para suscribir un determinado número de acciones que dieran al partido la mayoría en el Consejo de Administración. Tal fue el caso del rotativo *La Voz de Almería*. Toda la estrategia estaba controlada desde Madrid por el entonces secretario de Imagen del Partido Socialista, Guillermo Galeote, como prueba el siguiente documento reservado:

«NOTA INTERNA Nº 9.

A/a. Delfino Cañavate [coordinador Secretaría de Administración y Finanzas]

Delfino:

Según me informa José Luis Martínez[35] (periodista que colabora con nosotros), el partido invirtió una cantidad en la compra o gestación del periódico *La Voz de*

---

[35] José Luis Martínez García fue delegado de *El Periódico de Catalunya* en Madrid. Trabajó también en *La Vanguardia* y en RTVE.

Almería. Yo recuerdo que esta operación se hizo y la cantidad debió ser de unos 9 millones de pesetas (José Luis me asegura que exactamente 8.800.000 pesetas). También recuerdo que hablé con Emilio [Alonso Sarmiento] para que el titular de las acciones fuese una persona de confianza, que actuara en nombre del partido, en caso de decidir que no figurara directamente como accionista el PSOE. Ahora me informa José Luis (con cierto susto) de que la empresa que figura como accionista se llama GEINCO y que está ligada a nuestro compañero Manolo Rivas. Sería bueno enterarse de todo esto, y de ser así, buscar una solución mejor para esta clase de inversiones.

Saludos
Guillermo Galeote» [36]

En otros puntos de España fueron las fuerzas locales socialistas las que optaron por hacerse con los medios de comunicación del extinguido Movimiento Nacional. Así sucedió, por ejemplo, con el diario *Alerta*, de Santander. Fue comprado en mayo de 1984 por 389 millones de pesetas por la sociedad Canpre S. A. En esta empresa figuraban los entonces senadores del PSOE Juan González Bedoya y Félix Alberto López Varona, así como el secretario general de los socialistas cántabros, Jaime Blanco. Medio año después de hacerse con el periódico, esta empresa editora donó al PSOE 12 millones de pesetas «a fondo perdido y con cargo a gastos generales». En 1986 el Partido Socialista recibió de *Alerta* más del doble de los beneficios que le correspondían [37].

Los socialistas también utilizaron el dinero público para controlar medios de comunicación regionales. Ese fue el caso del diario *Lanza*, de Ciudad Real, adquirido por la Diputación Provincial, entonces en manos del PSOE de José

---

[36] Madrid, 16 de marzo de 1988.
[37] El PSOE obtuvo 15.395.081 pesetas cuando le correspondían 6.525.000 pesetas (*El Mundo*).

Bono. El diario *Lanza,* que abrió sedes en Albacete y Toledo, es el único periódico de España que todavía tiene titularidad institucional.

También las cajas de ahorros han servido de pieza fundamental en el control de los medios de comunicación por parte del PSOE. Estas instituciones crediticias no sólo han concedido millonarios créditos al Partido Socialista, luego impagados, sino que han avalado a personajes próximos al partido para hacerse con periódicos y radios. Así ocurrió con el Grupo Moll, que se hizo con rotativos de solera como *La Nueva España* (Oviedo), *Información* (Alicante), *Levante* (Valencia), *El Faro de Vigo* y *La Opinión* (Murcia). El propietario del grupo, Francisco Javier Moll de Miguel, un catalán ex directivo de la Banca Garriga Nogués, era ya propietario de los periódicos *Diario de Las Palmas* y *La Provincia,* ambos editados en Las Palmas de Gran Canaria.

El caso más significativo de éstos fue la adquisición del diario *Levante.* El Partido Socialista del País Valenciano decidió en 1984 apoyar con todas sus fuerzas al Grupo Moll en la compra de este diario. La operación se realizó a través de un crédito concedido por la Caja de Ahorros Provincial de Valencia (CAP), en manos del PSOE. En aquel tiempo, la CAP estaba presidida por Francisco Blasco, hermano de Rafael Blasco, consejero de Economía del gobierno valenciano del socialista Joan Lerma y vicepresidente de la Diputación Provincial, institución mayoritaria en el Consejo de Administración del periódico y presidida por Antoni Asunción, que luego sería ministro del Interior.

La CAP arriesgó en esta operación 523 millones de pesetas, lo que suponía el 99 por ciento de sus recursos propios, que eran de 530 millones de pesetas[38]. Tan desmesurado interés por parte de los socialistas valencianos sólo podía obedecer a la posible existencia de ciertas contrapartidas «informativas».

El Grupo Moll también obtuvo en 1989 varias concesio-

---

[38] *El Mundo,* 16 de septiembre de 1994.

nes de emisoras de FM en distintos puntos de la geografía española. Así, Editorial Prensa Valenciana S. A., editora del diario *Levante*, obtuvo una emisora de radio en Algemesí (Valencia); Editorial Prensa Alicantina S. A., editora del diario *Información*, obtuvo una emisora en Petrel (Alicante), y Editorial Prensa Canaria, editora del diario *La Provincia*, obtuvo dos concesiones en Arucas y Maspalomas (Gran Canaria).

Las relaciones del Grupo Moll con las cajas de ahorros, controladas por los socialistas, siempre han sido óptimas, como ha ocurrido con Cajasturias, que amparó una operación similar a la de Valencia. En Cajasturias el Grupo Moll consiguió no sólo que le renovaran un crédito de 4.000 millones de pesetas, sino que se lo aumentaran a 5.000 millones, con el apoyo del alcalde socialista, Vicente Alvarez Areces, y contra el dictamen de una auditoría interna de la citada entidad que recomendaba que se le denegara la mencionada renovación. El Grupo Moll llevó también a cabo una serie de promociones de viviendas y establecimientos comerciales en Gijón, como el hipermercado Pryca, éste en sociedad con Construcción y Gestión de Servicios (CGS), empresa inmobiliaria propiedad de la ONCE.

* * *

Las cajas de ahorros se convirtieron poco después de ocupar el PSOE el Gobierno, en 1982, en uno de sus instrumentos financieros preferidos y en una de sus principales fuentes de financiación.

Felipe González tenía muy presente el fracaso del socialismo francés en la nacionalización de la banca y había descartado tomar una medida similar en España, aunque no renunciaría a controlar ese sector, como después se vería. A cambio, concentró su interés en las cajas de ahorros, que representaban el 40 por ciento del mercado financiero español. Su control directo no resultaba difícil, ya que sus rectores habían sido siempre nombrados desde los distintos poderes públicos. Y esos poderes, en aquel entonces, acababan de ser ocupados por el PSOE, que contaba con la mayoría absoluta de doscientos dos diputados en el Parlamento, el gobierno de once comunidades autónomas y el control de unos setecientos ayuntamientos, entre ellos Madrid, Barcelona, Valencia y Sevilla.

La coyuntura no podía ser más apropiada. A principios de los ochenta las cajas de ahorro habían pasado por una pequeña crisis financiera de adaptación debido a sus singulares características de constitución[39], ligadas a la aristocracia y a la Iglesia Católica, sectores dispuestos a desprenderse sin mucho sufrimiento de sus participaciones a cambio de contrapartidas económicas.

Nada más llegar al poder, el secretario general del PSOE, Felipe González, y su número dos, Alfonso Guerra, pusieron a trabajar sin descanso a los mejores economistas del «aparato» socialista. Tenían que asesorar a los dirigentes regionales sobre la manera más fácil de controlar dichas entidades. Para tal fin, en la madrileña calle Santa Engracia, entonces sede federal del PSOE, se constituyeron varios gabinetes. Uno de ellos estaba presidido por el ministro de Sanidad, Ernest Lluch, bajo la supervisión general del titular de Economía, Miguel Boyer, y de Luis Angel Rojo, hoy gobernador del Banco de España. Otro, dedicado exclusivamente a estudiar el mejor medio para poner las cajas de ahorros al servicio del socialismo, lo presidía el ministro de Trabajo (hoy presidente de la Junta de Andalucía), Manuel Chaves. De este gabinete también formaban parte Julio Rodríguez, presidente del Banco Hipotecario y hombre clave en el posterior devenir de las cajas; Julián García Vargas, entonces presidente del Instituto de Crédito Oficial (ICO) y luego ministro de Defensa, y Francisco Fernández Marugán, el actual secretario de Finanzas del PSOE.

Toda la compleja operación, que posteriormente contó con la ayuda del ex ministro de Justicia, Enrique Múgica, y del actual ministro de Obras Públicas y Transporte, José

---

[39] Fundaciones de tipo benéfico y asistencial generalmente creadas a través de testamentos.

Borrell, desembocó el 2 de agosto de 1985 en la promulgación de una nueva ley que regulaba los órganos de representación en las cajas de ahorros, la conocida y controvertida LORCA.

Con el pretexto de democratizar los consejos de administración y las asambleas de las cajas, Felipe González puso a estas entidades financieras en manos de las corporaciones locales y provinciales y de los gobiernos autonómicos. A partir de ese momento los consejos de administración serían elegidos en las asambleas generales de las cajas, el máximo órgano de gobierno. El 40 por ciento de la representación correspondía a los ayuntamientos, el 45 a los impositores, el 10 a las diputaciones y el 5 a los empleados. En ese escenario, conseguir el control de las cajas de ahorros no resultaba nada difícil para el PSOE, que pasó a detentar el poder en la mayoría de ellas, excepto en Cataluña y el País Vasco, donde los partidos nacionalistas desempeñaron el mismo papel en su provecho.

El PSOE colocó en los lujosos despachos presidenciales de estas entidades a sus mejores lugartenientes políticos regionales, y al mismo tiempo comenzó a idear un proceso de fusión de las cajas para aumentar sus recursos.

El desembarco se inició en Andalucía, donde el control socialista de las cajas fue casi absoluto. El laboratorio de pruebas elegido para las fusiones fue la Caja de Ahorros de Ronda, la entidad más importante de Andalucía oriental [40]. Y la persona elegida para tal misión fue Braulio Medel Cámara, un sevillano de cuarenta y ocho años, catedrático de Hacienda Pública en la Universidad de Málaga, entonces viceconsejero de Economía de la Junta de Andalucía y «guerrista» de pro [41]. Con el apoyo del entonces alcalde de Málaga, Pedro

---

[40] Fue fundada el 1 de mayo de 1906 con carácter benéfico gracias al legado de la marquesa de Moctezuma, en cuyo testamento se indicó como único y exlusivo fin el beneficio del pueblo de Ronda y su comarca.

[41] En abril de 1988 fue nombrado vicepresidente de la Confederación Española de Cajas de Ahorro (CECA); el 30 de enero de 1991 accedió a la presidencia. Con su presencia en la cúspide del máximo órgano de las cajas de ahorros españolas culminaba el plan de ocupación.

Aparicio, Medel se hizo, a comienzos de 1987, con el poder en la Caja de Ahorros de Ronda, semanas antes de que comenzara a ver la luz en Barcelona el germen del entramado Filesa.

Meses más tarde, Braulio Medel se convertiría en presidente de la Federación de Cajas de Ahorros de Andalucía, y desde este cargo inició el proceso de fusión de la Caja de Ahorros de Ronda con las cajas de Málaga, de Cádiz, de Almería y de Antequera que culminó el 18 de marzo de 1991 con la creación de Unicaja. Se constituía así la principal entidad financiera de Andalucía en manos del PSOE, que pasó a ocupar el quinto puesto del *ranking* de cajas de ahorros.

Unicaja no fue, sin embargo, un modelo de gestión. Pocos meses después de la fusión se vio implicada en un primer escándalo originado por la suspensión de pagos del llamado Banco Europeo de Finanzas (BEF), que fue intervenido en septiembre de 1991 por el Banco de España, y el encarcelamiento posterior de su presidente, el militante socialista Francisco Peiró Navarro. Unicaja había prestado al BEF 12.500 millones de pesetas en el mercado interbancario, una cantidad anormalmente alta [42], que supuso la pérdida de los beneficios de más de un año para la entidad crediticia.

El segundo escándalo saltó en 1991, tras la contabilización como fallidos (prácticamente no recuperables) de tres créditos por valor de 311 millones de pesetas concedidos al PSOE, en una clara táctica de perdonarlos. En un informe que el fiscal jefe de la Audiencia Provincial de Sevilla, Alfredo Flores, remitió al Tribunal de Cuentas sobre la mencionada condonación de la deuda, se indicaba que «su devolución nunca fue reclamada por la entidad crediticia».

La inspección que el Banco de España realiza periódicamente en Unicaja detectó ya años antes de que saltara el escándalo serias irregularidades contables en sus balances. Un informe del banco emisor sobre los créditos otorgados por Unicaja al PSOE señalaba lo siguiente:

---

[42] La calificación o rejilla que el BEF tenía para recibir créditos en el mercado interbancario no superaba los 650 millones de pesetas.

«PARTIDO SOCIALISTA OBRERO ESPAÑOL.
Observaciones Inspección B. España (agosto de 1989)
Calificación: DUDOSO.
—Hipotecarios:
    Se reclasifican los saldos vivos. No se practica dotación adicional alguna.
—Personales:
    En el mes de octubre pasan a fallidos los préstamos número 6.923 y 36.604. El número 106327 se encuentra completamente en mora y dotado de forma automática al 100 por cien.»

Un tercer escándalo, en la primavera de 1995, vendría a enturbiar aún más la gestión de Medel al frente de Unicaja. Días antes de las elecciones municipales y autonómicas del 28 de mayo, ante la renovación del Consejo de Administración de Unicaja, Braulio Medel intentó cobrarse los servicios prestados firmándose un contrato blindado [43].

Un último escándalo terminaría de borrar el escaso crédito que, como gestor, le quedaba a Braulio Medel cuando se hizo público que Unicaja había prestado a la compañía textil Intelhorce 800 millones de pesetas bajo la garantía de unos terrenos embargados [44].

Pero la estrategia del PSOE dentro del sistema crediticio andaluz no se limitó a la creación de Unicaja; también se constituyó una corporación financiera denominada Unicorp, presidida por Gumersindo Ruiz Bravo de Mansilla, que fuera presidente de la Caja de Ahorros y Préstamos de Antequera.

Poco a poco, el Partido Socialista Obrero Español fue haciéndose de manera clara y notoria con el poder en la mayoría de las cajas de ahorros de Andalucía. En la caja sevillana de San Fernando, conocida como «la caja guerrista», ya que fue controlada durante años por Miguel Angel

---

[43] *El Mundo*, 16 de mayo de 1995.
[44] *El Mundo*, 11 de junio de 1995.

Pino[45], uno de los mayores valedores de Alfonso Guerra en Andalucía, llegó a figurar como consejero Francisco Palomino, cuñado del Presidente del Gobierno, Felipe González[46]. Esta caja se fusionó después con la Caja de Jerez, controlada a medias con los andalucistas de Pedro Pacheco, dando lugar a la Caja San Fernando Sevilla Jerez.

La Caja de Ahorros de Jerez, precisamente, condonó los créditos que treinta y dos dirigentes socialistas tenían con ella desde mediados de los años ochenta. Entre ellos se encontraba Manuel Chaves. También a través de esta entidad se desviaron en 1986 al PSOE 1.101.281 de pesetas en intereses generados por las cuentas que la Empresa Pública del Suelo de Andalucía tenía en ella domiciliadas[47].

Otras cajas andaluzas, como la de Huelva y la de Sevilla, siguieron la senda de la fusión y constituyeron la Caja de Ahorros de Huelva y Sevilla. Al frente de esta nueva entidad se situó al socialista Isidoro Beneroso Dávila, ex concejal de Urbanismo del Ayuntamiento de Sevilla, y como vocal a su jefe superior, Manuel del Valle Arévalo, entonces alcalde de la ciudad hispalense.

En Andalucía sólo quedó fuera del control del PSOE el Monte de Piedad y Caja de Ahorros de Córdoba (Caja Sur), en poder de la Iglesia, con el sacerdote Miguel Castillejo Gorráiz, conocido como el «Marcinkus español» al frente de ella.

Las restantes cajas andaluzas (La General, de Granada, la Caja Provincial de Ahorros de Córdoba y la Caja de Ahorros de Jaén) se convirtieron también en baluartes socialistas.

La influencia del PSOE en las cajas de ahorros se trasladó a otras regiones españolas, como Murcia, Canarias, Extremadura, Levante y Castilla-La Mancha, principalmente. Tanto

---

[45] Primer marido de la que fue entre 1977 y 1987 secretaria particular de Felipe González, Ana Navarro. Pino fue vicepresidente de la Diputación Provincial de Sevilla.

[46] La Caja de San Fernando avaló varios proyectos de la empresa Talleres Palomino.

[47] *El Mundo*, 26 de abril de 1995.

el presidente extremeño, Juan Carlos Rodríguez Ibarra, como el manchego, José Bono, han llevado personalmente todas las operaciones de fusiones de ese tipo de entidades crediticias en sus respectivas regiones y han sentado en los consejos de administración a sus hombres más próximos, como Félix Dillana, en la Caja de Ahorros y Monte de Piedad de Extremadura [48], o Fernando Novo Muñoz, en la presidencia de la Caja de Ahorros de Albacete, hoy fusionada, junto a las demás cajas de la Comunidad, en la Caja de Castilla-La Mancha [49].

Lo mismo hizo Joan Lerma en la Caja Provincial de Alicante, donde colocó como presidente y vicepresidente a dos destacados militantes socialistas, Francisco Rodríguez Valderrama y Rafael Martínez Jiménez.

Las influencias que los dirigentes socialistas tenían en las cajas de ahorros atrajeron la «curiosidad» de los hermanos del entonces vicepresidente del Gobierno, Alfonso Guerra, que hicieron de intermediarios para solucionar problemas a cambio de compensaciones económicas. Ese fue el caso de Antonio Guerra, conocido como «el Patillas», que facilitó el contacto entre el director general de la Caja Rural del Mediterráneo, Agustín Pérez Espinosa, y el entonces subgobernador del Banco de España, Luis Angel Rojo. La historia se remonta a enero de 1989, cuando uno de los socios de la empresa murciana Grupo 3, Diego García Martínez, comentó al hermano del vicepresidente del Gobierno que uno de sus clientes quería hablar con Luis Angel Rojo.

A la hora taurina por antonomasia de las cinco de la tarde, Luis Angel Rojo citó a Antonio Guerra en su despacho del Banco de España, en la madrileña plaza de Cibeles. Antonio se presentó con su socio, Fernando Medina, con el

---

[48] Esta entidad absorbió a la Caja de Ahorros de Plasencia, que otorgó un crédito hipotecario al magistrado del caso Filesa, Marino Barbero. Véase capítulo dos.

[49] Caja Toledo, hoy integrada en la Caja de Castilla-La Mancha, perdonó al PSOE, desde 1986 a 1991, los intereses de un crédito para financiar su sede regional por valor de 1.600.000 pesetas.

banquero Pérez Espinosa y con el abogado de éste. La petición que se le hacía al subgobernador del banco emisor era alcanzar una prórroga de quince días antes de que los interventores de dicho banco actuasen sobre la Caja Rural del Mediterráneo, que en aquellas fechas negociaba su venta de activos a la Caja Provincial de Alicante. Luis Angel Rojo no sólo accedió, sino que dio un plazo superior, de veinticinco días: «¿Le parece a usted bien, señor Guerra?», le llegó a comentar[50].

La satisfacción entre los representantes de la Caja Rural del Mediterráneo fue tal que en una cafetería situada a la espalda del Banco de España y frente a la parte trasera del Congreso de los Diputados Pérez Espinosa entregó a Antonio Guerra dos talones de un millón de pesetas cada uno, uno de los cuales fue a parar a manos del Grupo 3. El talón se cobró en el edificio de la Confederación de las Cajas de Ahorros, situado en la calle de Alcalá de Madrid, a escasos metros del Banco de España.

Muy cerca de allí, otro simpatizante socialista dominaba, desde el 21 de enero de 1988, la primera institución crediticia de España: La Caja de Ahorros y Monte de Piedad de Madrid (Caja Madrid). Jaime Terceiro Lomba había sido sugerido para el cargo por el entonces secretario de Estado de Hacienda, hoy ministro de Obras Públicas y Transporte, José Borrell Fontelles, que fue compañero suyo de carrera en la Escuela de Ingenieros Aeronáuticos. Terceiro se convirtió en uno de los hombres más influyentes del país en la inversión en la pequeña y mediana empresa.

Otros importantes miembros vinculados al PSOE también han figurado dentro del organigrama de Caja Madrid. Tal es el caso del que fuera subsecretario de Economía con Carlos Solchaga en 1987, José María García Alonso. O el del ex director general del Organismo Nacional de Loterías y Apuestas del Estado (ONLAE), luego también responsable de Patrimonio del Estado, Francisco Zambrana.

---

[50] *Epoca*, 9 de abril de 1990.

Tampoco Cataluña ha quedado al margen de los tentáculos financieros del PSOE, a pesar del control de Convergència i Unió sobre las cajas de ahorros. La Caixa de Pensiones, resultado de la fusión de La Caixa y la Caja de Ahorros y Monte de Piedad de Barcelona, «olvidó» reclamar al PSC-PSOE 1.339 millones de pesetas en créditos concedidos[51].

La politización de las cajas de ahorros ha permitido al PSOE durante los diez años de vigencia de la Ley Orgánica de Representación de Cajas de Ahorros dominar un instrumento fundamental en su financiación. Aunque nada ha sido suficiente para tapar sus continuos dispendios económicos, resultado de una pésima gestión administrativa y de abundantes gastos superfluos, que le han llevado a tener una deuda «oficial» de más de 11.000 millones de pesetas. Un partido en quiebra para el que Filesa era una pequeña salvación.

---

[51] *El País*, 1 de diciembre de 1994. Véase capítulo catorce.

CAPITULO CINCO

LOS BAJOS FONDOS DEL PSOE

Carlos Navarro nunca había disfrutado tanto siendo militante socialista como la noche del jueves 29 de octubre de 1987. Ese día conoció, por fin, lo que era «Madrid *la nuit*». El diputado catalán, de carácter tímido e introvertido, no realizaba otra vida en la capital de España que la de permanecer todo el día en su despacho de la Secretaría de Finanzas del Grupo Parlamentario Socialista, en la carrera de San Jerónimo. Y de ahí a su apartamento. Sólo los viernes, al acabar la semana laboral, regresaba a Barcelona para estar con su mujer, María Luisa Alfonso Oliveró, y sus dos hijos.

Navarro vivía y vive en la Ciudad Condal, en un ático del edificio de la calle Nápoles número 173-175, que había comprado en 1971 por 300.000 pesetas [1]. La vivienda, construida por la «Cooperativa de Viviendas Protegidas 25 Años de Paz», consta de un recibidor, un pasillo, un comedor, una sala de estar, una cocina, un cuarto de baño, un cuarto de aseo, cuatro dormitorios y un lavadero. El diputado catalán posee también un dúplex en la localidad de Es Castell (Menorca), que utiliza como residencia veraniega [2].

---

[1] Fue comprado a Antonio Puyuelo Torrás el 16 de junio de 1971.

[2] Al comienzo de la legislatura de 1986 Navarro declaró estos dos pisos, un automóvil y tres millones de pesetas. En 1991, declaró un incremento patrimonial de tan sólo un millón de pesetas.

Esa noche mágica de otoño, Navarro había acudido hasta la sede de Ferraz para despachar con Emilio Alonso Sarmiento, secretario de Finanzas del partido. El catalán, como responsable máximo de la economía del PSC-PSOE, recibía trimestralmente el «impuesto revolucionario», como se llama al dinero de su sueldo oficial que se detrae a los diputados socialistas con destino al partido y a sus distintas federaciones.

Navarro despertaba compasión entre sus «compañeros». No tenía amigos en Madrid ni manifestaba tener interés por nada. Por eso, para descubrir si era capaz de reflejar la chispa de la vida, le invitaron a una «noche loca» por los más cotizados *pubs* de Madrid. Toda la operación corrió a cargo de los hombres que llevaban el día a día en la Secretaría de Finanzas del PSOE: Delfino Cañavate, Manolo García y Javier Serrano. Ninguno podía imaginar que aquel sujeto gris, bajito, de cabeza grande y gafas de miope, al que habían apodado malignamente «el Trol» [3], ocuparía pocos meses después desde la sombra el poder financiero del PSOE.

La juerga comenzó a primera hora de la noche. Tras una copiosa cena, la delegación se desplazó hasta el norte del paseo de la Castellana, cerca del Hotel Meliá Castilla, en una zona conocida por sus exuberantes chicas y travestis.

—¿Te gusta ésta, Carlos? —le preguntó Delfino Cañavate al diputado, señalando a una imponente rubia que lucía un escote generoso y dos pechos de silicona, mientras paseaban por la calle de Sor Angela de la Cruz.

—No está mal —contestó Navarro.

—Oye, chica, a nuestro amigo le haces tilín, pero ¿no serás un travesti?... porque él es muy macho y los desengaños le afectan mucho —abordó Cañavate al travestido.

—¿Qué te crees? Aquí todo lo que ves, y lo que no ves, es de verdad. Pura «pata negra» —contestó la aparente rubia.

---

[3] «Trol: ser sobrenatural, según la mitología; monstruo maligno que habita en bosques o grutas» (*Diccionario* de la Real Academia de la Lengua Española). Sus compañeros le bautizaron así por una serie de dibujos animados en la que aparecían unos seres extraños con cabeza gorda y orejas grandes.

En el rostro de Navarro se reflejaba una mueca de satisfacción. Su mirada estaba fija en el cuerpo del travestido. Tras unos minutos de tensión, el diputado se relajó e inició una animada conversación con el «profesional», que continuó en un *pub* próximo al lugar.

—Ahora te vamos a llevar a uno de los sitios más de moda de Madrid: D'Angelo. Allí las tías son de bandera —intervino Manuel García.

Navarro no mostró signos de cansancio ni se resistió a continuar. Muy al contrario. Además, hasta ese momento todo le había salido gratis.

—Puedes coger la que te guste. Están para eso, pero hay que pagar —le explicaron.

Su deseo amainó. Sin embargo, durante la hora y media que pasaron en el local Navarro mostró un talante distendido, abierto, diferente al habitual, que extrañó sobremanera a sus compañeros.

—Quién lo ha visto y quién lo ve... Mañana se lo contamos a Guerra —murmuraron.

Todavía, en aquel tiempo, Carlos Navarro no controlaba las finanzas del partido, aunque cuatro meses antes había ya comenzado a construir y dirigir el *holding* Filesa. La situación dentro de la Secretaría de Finanzas no tenía pulso. Emilio Alonso Sarmiento apenas aparecía por su despacho. El cansancio y la monotonía habían hecho mella en él, que llevaba ocho años al frente de la Secretaría. También había influido la ausencia de respuesta por parte de sus valedores —principalmente Alfonso Guerra— a su aspiración de convertirse en delegado del Gobierno en Baleares. Un sueño que acarició desde mucho antes de formar parte de la Ejecutiva del PSOE.

De hecho, la Secretaría de Finanzas del PSOE funcionaba por sí sola. En ella se encontraban Delfino Cañavate Hita, como coordinador; Eduardo Gómez Basterra, jefe de Compras; Javier Serrano, encargado del Departamento de Administración y Contabilidad; Faustino Recuero, jefe de Contabilidad; Manuel García Parra, oficial administrativo; Toñi Sánchez, cajera; María del Mar Calleja, encargada de los códigos y de grabar la contabilidad en el ordenador; y María Jesús de Andrés, secretaria del Departamento de Compras.

Emilio Alonso había desempeñado ya un papel menor en las elecciones municipales del 10 de junio de 1987, donde apareció con gran fuerza Aida Alvarez, impuesta por Alfonso Guerra. Ella era la encargada de pagar las diversas compras de material que se realizaban desde Ferraz, así como de abonar el alquiler de la sede electoral que el partido utilizó para esa campaña: el hotel Colón, de Madrid. Precisamente hasta allí se trasladó la caja fuerte que la Secretaría de Finanzas poseía en la sede de Ferraz [4]. Se instaló en el despacho del gerente del hotel para el solo uso de Aida Alvarez y su familia.

«En aquel tiempo, dentro de la caja fuerte se guardaba un maletín que siempre estaba lleno de dinero. Desconocíamos de dónde procedía. Sólo tenían acceso a él Aida Alvarez y su familia. Solían venir su hermana, su prima, su hermano... sacaban el dinero en fajos y cuando se acababa lo reponían», afirma «Joaquín Sánchez», uno de los contables del PSOE, cuyo nombre real prefiere mantener en el anonimato por posibles represalias. «Una vez, Eduardo Gómez Basterra [5] apareció con un talón al portador de 9 millones de pesetas. Se lo dio a Guillermo Galeote y éste a su vez a Aida Alvarez. ¿Dónde fue a parar este dinero?... Yo no lo sé. Nunca se contabilizó en las cuentas del partido.»

Terminada la campaña electoral, que arrojó un coste negativo para las arcas del partido de 1.746 millones de pesetas, la caja fuerte fue llevada de nuevo a Ferraz por dos de los hombres de la Secretaría de Finanzas, Javier Serrano y Manuel García. Pero la caja volvía vacía.

Desde entonces, Aida Alvarez comenzó a trabajar en equipo con Carlos Navarro y en coordinación con Guillermo Galeote, entonces secretario de Imagen del PSOE. Galeote, nacido en San Sebastián en 1941, aunque criado y educado

---

[4] Situada en el sótano −2, se accede a ella a través de una puerta de hierro cuya llave se pide en el Departamento de Servicios Generales.

[5] Secretario de Ramón Rubial, presidente del PSOE.

en Sevilla, era miembro de la vieja guardia del PSOE, en el que militaba desde 1954. La concepción que del partido mantenía este médico internista del Insalud [6] se asemejaba a la de un sacerdote con su iglesia. Para él, por encima de sí mismo, estaba el PSOE. Y si era necesario autoinmolarse, no lo dudaría. Su lealtad estaba a prueba de bombas. Por esa razón fue elegido para sustituir a Emilio Alonso Sarmiento en la Secretaría de Finanzas durante el XXXI Congreso Federal del PSOE, celebrado en Madrid entre el 22 y el 24 de enero de 1988. Su identificación con el partido era lo que le hacía afín a Alfonso Guerra, aunque ideológicamente sintonizaba más con Felipe González. Su estado civil, separado y con dos hijos; su carácter, introvertido, tímido y un punto arrogante, en parte debido a la cojera que le produjo un accidente de coche, le hacía poco dado a las relaciones sociales. Amante de la soledad del despacho, era la persona idónea para ocupar el cargo de responsable de Finanzas. Galeote tenía entonces una estrecha vinculación sentimental con la secretaria de Relaciones Internacionales del PSOE, la senadora y eurodiputada Elena Flores Valencia [7], con la que se veía en un piso del madrileño barrio de Argüelles.

La influencia de Elena Flores, soltera, profesora en excedencia de la Facultad de Ciencias Políticas de la Universidad Complutense de Madrid, sobre Guillermo Galeote pronto se dejó notar. Su hermano, Alberto Flores, fue nombrado por el partido como el principal accionista del *holding* Filesa y delegado del mismo en Madrid. Alberto Flores, asesor fiscal de profesión, fue el hombre de confianza que el aparato de Ferraz puso en la estructura de Filesa para equilibrar el peso ejercido por los catalanes de Navarro.

La compañera de Galeote tenía un gran peso específico

---

[6] Tras estallar el caso Filesa, Galeote pidió su reingreso en el Insalud y comenzó a trabajar en la Escuela de Salud Pública de Madrid, en tareas de administración.

[7] Milita en el PSOE desde mayo de 1977, tras la absorción de Convergencia Socialista. En 1984 fue elegida secretaria de Relaciones Internacionales en la Ejecutiva Federal del PSOE, cargo que abandonó en 1994.

en temas de política internacional dentro del partido y, en especial, sobre el secretario general Felipe González. Como asistente suya contrató a la mujer de su hermano, Isabel González Campoamor. Su salario era pagado con fondos provenientes del Parlamento Europeo. Esta práctica era habitual en el pago al personal que trabajaba en la Secretaría de Relaciones Internacionales del PSOE. Este departamento se había convertido en reducto de familiares de altos cargos socialistas. Por ejemplo, allí trabajaba Antonia Carmona, mujer de Javier Marín, responsable de informática de Ferraz y hermano del comisario europeo Manuel Marín, a quien la eurodiputada admiraba en demasía, lo que provocaba los celos de Galeote.

Pero todos los miembros de la Ejecutiva sabían que la tarea de Guillermo Galeote al frente de las finanzas era secundaria. Su especialidad estaba en el análisis electoral y en la preparación de las campañas, junto a Alfonso Guerra. Para cumplir el cometido de administración y contabilidad estaba Carlos Navarro, quien ejerció como verdadero secretario de Finanzas en la sombra[8]. El catalán aterrizó precedido de una fama de hombre duro en las negociaciones con los bancos, a cuyos dirigentes trataba de forma déspota. «Si no me perdonáis los intereses, ateneos a las consecuencias...», era una de sus frases más habituales.

Guillermo Galeote contaba también con el asesoramiento de Germán Jurado, coordinador en la Secretaría de Asuntos Económicos, Sociales y Sindicales de Francisco Fernández Marugán. Jurado procedía de la Federación del Metal de UGT, donde estuvo a las órdenes de José Luis Corcuera y de donde salió con éste al perder la batalla interna. Era un auténtico «poder» en la sombra que mandaba, incluso, sobre Ramón Moreda Luna, gerente del PSOE —inculpado en el caso Filesa— y mano derecha de Galeote[9]. «En Ferraz se

---

[8] Como economista «experta» llegó inicialmente Angeles Yáñez, hermana del diputado Luis Yáñez. Pero sólo duró dos meses.
[9] El último trabajo de Moreda antes de ser fichado por el PSOE fue el de grabador de datos contables en la empresa Cervezas San Miguel.

pagaban cosas y no se sabía de dónde. Allí sabíamos que Navarro, Moreda y Jurado llevaban la caja B del partido», cuenta «Joaquín Sánchez».

El poder de Navarro era tan sólido que, a pesar de no ser miembro de la Ejecutiva del PSOE, tenía chófer y coche oficial asignado por el partido (un SAAB). También, una secretaria, Lourdes Correas[10], y tres despachos, uno en el Parlamento, otro en la sede electoral de Gobelas y el tercero en Ferraz. Este último estaba situado en la planta quinta, próximo al de Guillermo Galeote y adyacente a la sala de reuniones de la Secretaría de Finanzas. Tenía unos doce metros cuadrados, en forma rectangular, y su decoración era muy austera. Disponía sólo de una mesa y un mueble archivador.

Galeote, en cambio, había modificado por completo el antiguo despacho de Emilio Alonso Sarmiento ampliándolo con el espacio de lo que antes había sido una pequeña sala de reuniones. El nuevo secretario de Finanzas cambió todos los muebles oscuros, típicos del edificio de Ferraz, por otros más modernos. Un amigo suyo, Iñigo Larrazábal, máximo responsable de la agencia de publicidad El Viso, inculpado también en el caso Filesa, se encargó de decorar el despacho y pagar el mobiliario. Como complemento se instaló una televisión de pantalla extragrande para hacer más llevaderas las interminables jornadas laborales, de hasta dieciocho horas, que pasaba en el despacho. Galeote almorzaba y cenaba allí muy a menudo, con comida que le subían, previo encargo, del pub Stag's, situado frente a la sede de Ferraz.

Navarro, por su parte, prefería comer fuera. En su cartera llevaba un sinfín de tarjetas de crédito, casi todas a cargo de las cuentas del partido, con las que solía pagar sus facturas[11]. Este derroche gratuito no se ajustaba a la caótica situación financiera que atravesaba el partido. Precisamente, el

---

[10] Lourdes Correas fue secretaria de Carlos Navarro y de Guillermo Galeote en Ferraz. Luego trabajó en la delegación de Filesa en Madrid.
[11] Solía pasar gastos de más de 100.000 pesetas. Solicitó un préstamo de un millón de pesetas al PSOE cuando colaboraba con Galeote en la Secretaría de Finanzas. No lo pagó.

desembarco del equipo Galeote-Navarro se produjo por este motivo. A 31 de diciembre de 1987 el balance contable presentado ante la Ejecutiva del PSOE era amenazador:

PASIVO

Financiación básica   −1.162.906.187

Resultados pendientes
aplicación   4.806.385.856

Resultado negativo
del ejercicio   4.806.385.856

Prést. recib. y otros
débit. empr. fuera gr.   −5.969.262.443(1)

Préstamos a largo
plazo   −2.380.668.829

Préstamos a plazo
medio   −3.588.593.614

Fianzas y depósitos recibidos   −29.600

Acreedores y deudores por oper. tráfico   −165.883.169

Proveedores   −608.204

Otros acreedores   −43.774.370

Efectos comerciales pasivos   −34.901.529

Personal   −24.826.062

Remuneraciones
pendientes de pago   −24.826.062

Entidades públicas

Hac. Púb. acree-
dora por conceptos
fiscales   −21.908.673

Organismos de
la Seguridad Social
Acreedor.   –33.680.970

Ajustes por periodificación   –6.182.361

Pagos diferidos   –6.171.561

Cobros anticipados   –10.800

Cuentas financieras   –2.622.451.170

Prést. rec. y otros débitos
Empr. fuera gr.   –1.187.100.000(2)

Préstamos a
largo plazo   –1.187.100.000

Acreedores no comerciales   –987.383.388(3)

Por intereses   –977.581.813

Por subvencio-
nes concedidas   –801.575

Otras cuentas no bancarias   30.737.600

Ajustes por periodificación   –487.705.382(4)

Intereses a pagar
no vencidos   –80.770.518

Intereses periodi-
ficados   –402.934.864

Total pasivo(*)   ***3.951.240.526***

(* 1+2+3+4 = Deuda real con intereses de demora incluidos.
Total: 8.281.750.878 pesetas).

ACTIVO

Inmovilizado   2.407.908.700

Inmovilizado material   2.338.824.435

Edificios y otras
construcciones   1.951.813.771

Maquinaria, ins-
talaciones y utillaje   57.804.565

Elementos de
transporte   82.842.280

Mobiliario y en-
seres   185.516.091

Equipos para pro-
ceso de información   60.847.728

Inmovilizado inmaterial   14.041.439

Propiedad indus-
trial   14.041.439

Inversiones financieras empresas
grupo   574.699.032

Préstamos a pla-
zo medio   574.699.032

Otras inversiones financieras tem-
porales   31.718.988

Acciones sin co-
tización oficial   31.718.988

Fianzas y depósitos constituidos   1.159.898

Fianzas a largo
plazo   1.131.398

261 fianzas a plazo
medio   28.500

Amortización del inmovilizado   –552.535.092

Existencias   18.966.284

**Acreedores y deudores por operaciones
de tráfico**   1.560.147.802

Personal   982.402

Entidades públicas   1.547.956.223

Ajustes por periodificación   11.209.177

Cuentas financieras   -35.782.260
*Inversiones financieras tem-
porales*   34.248.768

*Fianzas y depósitos consti-
tuidos*   3.010.700

Otras cuentas no bancarias   101.759.909

Tesorería   –174.801.637

Caja, pesetas   703.186

Bancos e inst. cré-
dito c/c vista, ptas.   175.504.823

Total activo   *3.951.240.526*

Un informe interno inédito del PSOE, elaborado por la Secretaría de Finanzas de Emilio Alonso Sarmiento para el XXXI Congreso, en el que dejó su puesto, reflejaba esta dramática situación contable que atravesaba el partido liderado por Felipe González. El informe indicaba:

«Como se puede observar por el resumen del balance que se adjunta, la deuda actual con bancos es de 8.281.750.878 pesetas, producida por un déficit de campañas, ya que hubo que destinar recursos del Presupuesto Ordinario del Partido para pago de las deudas

185

originadas en las elecciones municipales, autonómicas y europeas, de las que también se adjuntan balances de cierre.

El destinar fondos del presupuesto ordinario a la campaña supuso no poder hacer frente a los intereses que iban devengando las pólizas que mantenemos en la actualidad, sin embargo, los balances sí que nos los adeudaron en n/ctas. ctes., quedando éstas en descubierto por un importe de 1.135.388.435 pesetas, se adjudica relación de dichos bancos[12], esta cantidad ya está incluida en la deuda total que se indica al principio de este informe.»

A pesar de estos informes, paradójicamente, el XXXI Congreso del PSOE también acabó con déficit. La austeridad que propugnaba el secretario de Finanzas no se reflejó en la organización del partido, controlada por Alfonso Guerra. Los gastos del XXXI Congreso ascendieron a 107.156.574 pesetas[13], mientras que los ingresos sólo sumaron 31.559.462 pesetas. Casi la totalidad de estos ingresos, 30 millones de pesetas, se consiguieron a través de «donaciones» o «aportaciones», en talones al portador del Banco de Crédito Balear. Este era el principal banco con el que trabajaba la agencia Viajes Ceres.[14]

* * *

A este caos financiero en las arcas del PSOE se había llegado a raíz del referéndum de la OTAN y de las campañas electorales al Parlamento Europeo y al español en 1986. Los resultados económicos negativos de estas campañas fueron concluyentes: A) referéndum OTAN: 1.293.252.745 pesetas; B) elecciones generales: 1.120.289.642 pesetas; C) elecciones

---

[12] Véase capítulo ocho.
[13] En comidas, 14.657.315 pesetas; en hoteles, 8.120.596 pesetas, y en actos públicos 27.323.296 pesetas, entre otros.
[14] Véase capítulo doce.

autonómicas Euskadi: 208.115.322 pesetas; D) elecciones autonómicas andaluzas: 48.556.470 pesetas[15].

Los gastos del PSOE durante este año crítico de 1986 sembraron el temor entre los expertos. No así a sus dirigentes políticos ajenos a la quiebra e introducidos en otras batallas gubernamentales, como el secretario general del partido, Felipe González, que apenas aparecía por la sede de Ferraz. Pero si González no conocía con exactitud los datos económicos, su segundo, Alfonso Guerra, estaba al corriente de los más mínimos detalles. Sobre su mesa de Ferraz se encontraba un detallado informe de la salud financiera del partido:

GASTOS

Compras de mercaderías	51.883.776
Remuneraciones fijas	398.206.022
Colaboradores	7.925.920
Gastos de viaje	27.100.713
Dietas	27.007.589
Transporte propio	862.640
S.S. a cargo empresa	110.547.382
Otros gastos sociales	14.829.707
Intereses de préstamos	669.944.823
Otros gastos financieros [consecuencia de descubiertos]	23.112.483
Tributos	3.273.995
Arrendamientos locales	3.994.098
Arrendamientos vehículos	1.479.084
Alquiler equipos informática	8.725.219
Gasolina	3.257.058
Teléfonos	16.566.810
Correos-envíos	22.988.488
Telégrafos télex	22.301.529

---

[15] Los datos proceden de los libros de contabilidad del PSOE, a los que han tenido acceso los autores.

Relaciones públicas [comidas y gastos de representación]	25.526.160
Cuotas org. internacionales	8.018.546
Reuniones	20.451.073
Jornadas y cursos	50.594.964
Subvenciones (dinero para las federaciones del PSOE)	875.547.548
Campañas (referéndum OTAN y precampaña electoral)	774.618.797
El Socialista (órgano de prensa del PSOE)	67.036.470

El total de lo que se gastó oficialmente el PSOE en 1986 fueron 3.453.348.371 pesetas. Los gastos de personal al acabar 1987 eran de 478.219.988 pesetas, un 20 por ciento más que el año anterior. La plantilla, que entonces estaba en torno a las ciento noventa personas (Grupo Parlamentario, Escuela Jaime Vera y Ferraz incluidos), siguió creciendo sin embargo hasta 1989, llegando a las doscientas treinta personas. En cada elección general o municipal al menos el 10 por ciento de los contratados para la campaña se quedaban, lo que suponía un peso adicional para las maltrechas finanzas del PSOE.

INGRESOS

Cuotas parlamentarios	11.204.273
Cuotas cargos públicos	21.021.249
Cuotas afiliados	96.660.559 [16]
Cursos Jaime Vera (escuela de verano del PSOE)	10.769.711
Ingresos varios (bajo este epígrafe se incluyen las aportaciones y donaciones)	519.268.004
Subvención del Estado	2.028.179.392

---

[16] Las cuotas de afiliados subieron en 1987 a 111.717.118 pesetas; las cuotas de parlamentarios se elevaron a 73.911.726 pesetas, y las de cargos públicos a 35.889.292 pesetas.

Los ingresos totales durante 1986 fueron de 2.690.814.760 pesetas. La diferencia entre los gastos y los ingresos ese año fue de 762.533.611 pesetas.

Y eso que el año de 1986 había comenzado con éxito para los dirigentes socialistas: España había entrado en la Comunidad Económica Europea. Pero Felipe González estaba atrapado por su pasado anti-OTAN, que le requería, como él había prometido cientos de veces, que cumpliera su promesa de convocar un referéndum para que la ciudadanía española decidiera si quería permanecer o no en la Alianza Atlántica. De nada servía que González hubiera cambiado de postura, apostando ahora a favor. Estaba moralmente obligado a convocarlo y a ganarlo si quería mantener su credibilidad personal. En juego estaba la Presidencia del Gobierno español.

El 12 de marzo de 1986 quedó inscrito en la reciente historia de la democracia española. Ese día Felipe González conseguía una importante victoria electoral. Un 52,50 por ciento de los españoles estaba dispuesto a formar parte de la OTAN. Sin embargo, el sacrificio económico fue impensable: 1.293.252.745 pesetas, según consta en los libros oficiales de contabilidad del PSOE. Sin embargo, Guillermo Galeote reconoció el 28 de noviembre de 1994 ante la Comisión sobre la Financiación de los Partidos Políticos que el coste del referéndum OTAN había sido de unos 2.000 millones de pesetas.

Y a diferencia de las elecciones, el referéndum no contaba con ninguna compensación económica estatal. El triunfo se había pagado muy caro. Las arcas del PSOE quedaban exhaustas para hacer frente, sólo tres meses más tarde, el 22 de junio, a unas elecciones generales y autonómicas en Andalucía y, el 30 de noviembre, a las del País Vasco.

La deuda del PSOE seguía creciendo de forma meteórica, a pesar del control de las cajas de ahorros, de la instrumentalización de las contratas del Estado y de las subvenciones estatales. Si en 1977 era de 68 millones de pesetas [17], en

---

[17] *Pueblo*, 16 de enero de 1978.

1983 se había elevado a 2.000 millones[18], en 1985 era ya de 4.700 millones[19] y en 1986 se llegaba hasta los 7.669 millones de pesetas[20]. Un auténtico *crack* económico. Aunque su máximo adversario político, Alianza Popular (refundada luego en el Partido Popular), tampoco se quedaba atrás: 3.281 millones de pesetas en números rojos.

De nada había servido la «renovación» financiera que habían intentado Enrique Sarasola Lerchundi, «Pichirri», y su socio, «el gordo» Antonio Blázquez[21], dos empresarios próximos a Felipe González, que habían desembarcado en el partido como «salvadores» en 1984. Al igual que hizo Enrique Ballester con Management S. A., Sarasola y Blázquez crearon empresas similares basadas en el comercio exterior, como Intermun e Hispaport, sociedades que se vieron después involucradas en la suspensión de pagos de Viajes Ceres, o Foreign Service International.

Pero Sarasola y Blázquez no se involucraron del todo en las finanzas del Partido Socialista. Compaginaban éstas con sus propios negocios y con las del sindicato socialista UGT, donde gozaban de gran predicamento. Su relación con el clan mallorquín de Emilio Alonso Sarmiento vivió sobre el filo de la navaja. Por eso, Emilio Alonso no encontraba la fórmula mágica para reflotar la economía del PSOE, a pesar de que los altos cargos aportaban anualmente una cantidad de sus sueldos oficiales para el partido, importe que en 1987 ascendió a 35.889.292 pesetas. Por otra parte, los ingresos por cuotas retenidas a los parlamentarios socialistas fueron

---

[18] Según la contabilidad del PSOE, el déficit arrastrado de las elecciones generales de 1982 era de 528.050.459 pesetas. Y en las municipales y autonómicas de 1983, de 867.926.039 pesetas.

[19] El déficit arrastrado de las autonómicas de 1984 en Euskadi era de 275.334.271 pesetas.

[20] Banco de España (Central de Información de Riesgos).

[21] Antonio Blázquez, gaditano, está casado con María Teresa Abascal, prima de la ex modelo y duquesa de Feria, Nati Abascal. Conoce a Felipe González desde 1972, cuando éste comenzó a veranear en la provincia de Cádiz. Tanto Blázquez como Sarasola ayudaron a González en su época de clandestinidad.

de 292 millones de pesetas. A éstos les pagaba la nómina Ferraz.

Entre los altos cargos de la Administración del Estado figuraban, por orden alfabético y en cifras anuales de aportación, los siguientes militantes [22]:

Vicente Albero Silla (presidente FORPPA)	183.000	ptas.
Joaquín Almunia Amann (ministro)	560.000	»
Narciso Andreu Musté (pte. Iberia) [23]	186.000	»
José Barrionuevo Peña (ministro)	602.000	»
José Borrell Fontelles (secr. Estado M.E.H.)	394.000	»
Miguel Boyer Salvador (pte. Banco Exterior)	198.096	»
Carlos Bustelo García (D.G. Inst. Mujer)	141.000	»
Abel Caballero Alvarez (ministro)	504.000	»
José Federico Carvajal Pérez (pte. Senado)	498.000	»
Manuel Chaves (ministro)	602.000	»
Luis Carlos Croissier Batista (ministro)	0	»
Rafael Delgado Rojas (secr. Vicepresidencia)	303.000	»
Roberto Dorado Zamorano (d. Gab. Pres.)	138.000	»
Julen Elgorriaga Goyeneche (D.G. País Vasco)	270.000	»
Alvaro Espina Montero (S.G. Empleo)	292.000	»
Julio Feo Zarandieta (s.g. Presidencia)	84.000	»
Paz Fernández Felgueroso (s.g. Comunicación)	438.000	»
Manuel Fernández García (d. Babcok Wilcox)	240.000	»
Francisco Fernández Ordóñez (ministro)	588.000	»
M. A. Fernández Ordóñez (s. Estado M.E.C.)	370.000	»
Ignacio Fuejo Lago (s.E. Turismo)	363.000	»
Julián García Valverde (pte. Renfe)	0	»
Julián García Vargas (ministro)	284.000	»
Felipe González Márquez	627.000	»
Alfonso Guerra González	627.000	»

---

[22] Según libro de contabilidad del PSOE.
[23] Narciso Andreu fue uno de los tres fundadores de Time Export, empresa origen del *holding* Filesa.

191

Ramón Jáuregui Anondo (vicepr. G. Vasco)   352.000 ptas.
Fernando Ledesma Bartret (ministro)   630.000 »
José María Maravall (ministro)   617.434 »
Manuel Marín González(vicepr. Comis. CEE)   617.434 »
Luis Marín Rodríguez (pte. Cruz Roja)   72.000 »
Carlos Martín Plasencia (d.g. Baleares)   298.000 »
Antonio Martínez Ovejero (d.g. Segovia)   115.000 »
Emilio Menéndez del Valle (emb. Jordania)   174.000 »
Carmen Mestre Vergara (s.g. Telecomun.)   100.000 »
Pilar Miró (d.g. RTVE)   176.000 »
Enrique Múgica Herzog (ministro)   43.000 »
Miguel Muñiz Cuevas (pte. ICO)   0 »
Florencio Ornia Alvarez (dir. Infraestr.)   50.000 »
Manuel Panadero López
  (d.g. Transporte Terr.)   334.300 »
Fernando Peña Díez (s.E. Admón. Pública)   224.000 »
Alfredo Pérez Rubalcaba (s.g. Educación)   294.000 »
Félix Pons Irazazábal (pte. Congreso)   408.000 »
Joaquín Prieto Fuente (pte. Mercasa)   127.000 »
Luis Reverter Gelabert (d.g. Rel. Inf. M.D.) 102.000 »
Sebastián Reyna Fernández (d.g. Soc. Lab.)   160.500 »
José María Rodríguez Colorado (s.g. Policía) 156.000 »
Julio Rodríguez López (pte. B. Hipotecario) 319.882 »
Luis Roldán Ibáñez (s.g. Guardia Civil)   159.600 »
Carlos Romero Herrera (ministro)   497.934 »
José Rosas Díaz (d.g. Aeropuertos Nac.)   290.000 »
José Luis Sáenz de Cosculluela (ministro)   450.000 »
Pedro Sancho Llerandi (d. División INI)   50.000 »
Narcís Serra Serra (ministro)   532.000 »
Javier Solana Madariaga (ministro)   522.888 »
Luis Solana Madariaga (pte. Telefónica)   238.000 »
Carlos Solchaga Catalán (ministro)   560.000 »
Eduardo Sotillos Palet (dir. RNE)   0 »
Gustavo Suárez Pertierra (subsecr. Defensa) 300.000 »
Leopoldo Torres Borsault
  (vicepr. 1º Congr.)   264.000 »
Ignacio Varela Díez (d. Dep. Anal. G. Pres.) 142.000 »
Rafael Vera Fernández (secr. E. Seguridad)   279.000 »

Francisco Virseda Barca[24] (dir. g. M.C.)	140.000 ptas.	
Juan Antonio Yáñez Barnuevo (d. int. Pres.)	312.000	»
Luis Yáñez Barnuevo (secr. Est. M.A.E.)	490.000	»
Virgilio Zapatero Gómez (ministro)	590.800	»

La proporción de estas aportaciones se repitió, al menos, en los dos años posteriores, 1988 y 1989. Esta lista inédita fue buscada por el magistrado Marino Barbero durante los registros a la sede federal del PSOE, sin que finalmente se archivara en el sumario.

Pero las aportaciones de los diputados y altos cargos de la Administración no significaban apenas nada dentro del maremágnum económico que azotaba a su partido. «En cada Ejecutiva yo planteaba insistentemente los problemas financieros. Les decía que la carga de la deuda empezaba a ser insostenible; pero como quien oye llover. Todos me tomaban el pelo con la cantinela del déficit. A los dirigentes les importa poco el esfuerzo que supone encontrar dinero; quieren espacios publicitarios, avionetas, coches y mucho presupuesto para ganar las elecciones. En esos momentos nadie repara en gastos y las deudas aumentan de una manera brutal», explicó años después Alonso Sarmiento[25].

Por eso, Emilio Alonso decidió acudir a otra vía más directa. Organizó una operación de captación de recursos y donativos de ciertas empresas con el fin de evitar la bancarrota. «Cuando se hizo el referéndum de la OTAN, muchos empresarios dieron dinero porque querían permanecer en la Alianza; era la puerta de ingreso en la CE», admitiría ocho años más tarde[26].

El éxito de la operación hizo que esta práctica se extendiera a las campañas posteriores. El sistema utilizado no era muy diferente del empleado por el Partido Revolucionario Institucional mexicano. Tampoco la forma de lavar el dinero

---

[24] Abogado de Alberto Flores y Ramón Moreda Luna, inculpados en el caso Filesa.
[25] *Tiempo*, 21 de marzo de 1994.
[26] *Tiempo*, 21 de marzo de 1994.

negro generado: unos 531 millones de pesetas, repartidos en talones al portador y en dinero líquido. Las cantidades conseguidas se ingresaban en las cuentas corrientes abiertas en una sucursal de Caja Madrid y otra del Banco Bilbao, en la capital de España.

Varias de las empresas que «donaron» dinero al PSOE aparecerían después involucradas directamente en la trama Filesa. Entre ellas, HASA, empresa constructora proveniente de la privatización de Rumasa; Fomento de Obras y Construcciones S. A. (FOCSA), que después se fusionó con Construcciones y Contratas dando lugar a Fomento de Construcciones y Contratas (FCC); y Macosa, una sociedad propiedad del Banco Central, que entonces presidía Alfonso Escámez, especializada en la construcción de material ferroviario. Macosa formó parte de las empresas adjudicatarias de las contratas para la construcción del tren de alta velocidad (AVE), en las que desempeñó un papel central el presidente de dicha entidad, Eduardo Santos, íntimo amigo del entonces ministro de Economía, Carlos Solchaga, y del de Industria, Claudio Aranzadi[27].

La lista de las «donaciones» empresariales y los nombres de los cobradores del PSOE, sustraída del corazón financiero de la sede de Ferraz, era devastadora[28]:

E.G.		105.075.000
Julio/86	HASA	20.000.000
Agosto/86	Huarte	33.000.000
Agosto/86	HASA	7.000.000
Septiembre/86	HASA	2.000.000
Octubre/86	Macosa	5.000.000
Octubre/86	Agroman	10.000.000
Noviembre/86	HASA	2.075.000
Noviembre/86	Fomento	5.000.000
Diciembre/86	HASA	13.000.000
Diciembre/86	Fomento	5.000.000
Diciembre/86......	Macosa	3.000.000

---

[27] Véase capítulo diez.
[28] *El Mundo*, 24 de mayo de 1993.

A.G.		388.948.405
Mayo/86	98.000.000	
Julio/86	50.000.000	
Septiembre/86	100.000.000	
Octubre/86	100.000.000	
Diciembre/86	40.985.000	
D.K.		22.948.405
Enero/86	4.652.932	
Mayo/86	7.500.000	
Noviembre/86	10.795.473	

Las iniciales eran fácilmente identificables para los dirigentes socialistas:

—E.G. correspondían a las de Eduardo Gómez Basterra, apodado «Zapatones», actual coordinador del presidente del PSOE, Ramón Rubial, y entonces jefe de Compras de la Secretaría de Finanzas, puesto al que accedió tras el cierre de la revista *Actual,* donde trabajaba.

—A.G. era Alfonso Guerra, entonces vicepresidente del Gobierno y vicesecretario general del Partido Socialista, que era ayudado en esta labor por su secretario personal, Rafael Delgado, «Fali».

—D.K. era Dieter Koniecki, representante de la Fundación Friedrich Ebert en España (dependiente del Partido Socialdemócrata Alemán), persona de confianza del desaparecido presidente de la Internacional Socialista, Willy Brandt, y amigo personal de Felipe González.

Los lugares en los que los «conseguidores» del PSOE operaban para la captación de recursos eran los restaurantes madrileños «El Currito» y «Ondarreta», aunque en muchas ocasiones eran los propios ejecutivos de las empresas —principalmente constructoras y de automóviles— los que acudían a Ferraz para tratar personalmente el asunto. De paso saludaban al presidente del partido, Ramón Rubial, conocido como «el Abuelo» por muchos de los «compañeros», apodo que también aplican al fundador del partido, Pablo Iglesias.

Seis personas dentro de la Secretaría de Finanzas del PSOE centralizaban la recepción de las «donaciones», que, en su mayor parte, se hacían en efectivo. Eran el propio Emilio Alonso Sarmiento, el coordinador de su Secretaría, Delfino Cañavate, tres administrativos, Manuel García, Javier Serrano y «Joaquín Sánchez», y la cajera Toñi Sánchez.

«El dinero llegaba al departamento [en la planta quinta de Ferraz] en bolsas y era entregado a Emilio Alonso o a Delfino Cañavate. Uno de los dos, normalmente Delfino, nos entregaba el dinero y nos decía la cantidad que se suponía contenía la bolsa», relata el contable, «Joaquín Sánchez». «A continuación nos metíamos en un cuarto sin ventanas, lleno de estanterías, de unos quince metros cuadrados, donde estaba la caja fuerte, una fotocopiadora y una encimera que cubría el aire acondicionado. Cogíamos la bolsa y la vaciábamos. Nos pasábamos las horas muertas contando el dinero, aburridos y pendientes de no perder la atención en las cantidades, porque si no había que comenzar de nuevo.»

A veces el recuento duraba casi un día entero. Esto ocurría cuando aparecía en escena Rafael Delgado Rojas, «Fali» [29], el secretario particular de Alfonso Guerra. Delgado, nacido en Tánger, licenciado en Ciencias Exactas y especializado en Estadística, siempre entraba al edificio de la calle Ferraz por el garaje. Aparcaba su coche en el segundo sótano y subía directamente a la quinta planta para entregar el dinero en persona al secretario de Finanzas o a su coordinador. «Allí, en administración, Delfino Cañavate, Emilio Alonso y Eduardo Gómez Basterra solían comentar que el dinero procedía de los fondos reservados de Interior o de lo que aportaba Juan Guerra», afirma «Joaquín Sánchez».

Las cantidades que transportaba «Fali» hasta Ferraz variaban según el día, pero siempre eran en metálico. «Traía 40 millones, 80 millones, y hasta una vez trajo 200 millones de pesetas en una bolsa de deportes. Lo más curioso es que casi

---

[29] Casado en segundas nupcias con Francisca Vidal, «Chesca», secretaria de Prensa del Congreso de los Diputados y colaboradora del presidente José Félix Pons.

nunca coincidía lo que él decía que había con lo que salía del recuento de los billetes. Normalmente faltaban unos 5 millones de pesetas.»

Este hecho provocaba discusiones entre los responsables del Departamento de Finanzas del PSOE. «"Oye, que aquí no hay 90, que sólo salen 85"... Y vuelta a contar el dinero. Si tras el segundo recuento salían de nuevo 85 millones, le decíamos: "Aquí no hay más. A nosotros, cachearnos si queréis... No vayáis a pensar que nos lo llevamos crudo"», cuenta «Joaquín Sánchez». La respuesta de los dirigentes socialistas era concluyente: «No os preocupéis, por hoy vale.»

A Rafael Delgado le gustaba hacer de emisario de su jefe, Alfonso Guerra. Quería dejar claro ante los compañeros que era una persona «con poder». Su proximidad al número dos se lo confería. De hecho, era una de las contadas personas con acceso directo no sólo a las principales dependencias de las secretarías de la Ejecutiva Federal del PSOE, sino también a la cámara acorazada y al departamento de Informática, «las zonas sensibles de Ferraz», situadas en los sótanos del edificio. Estas dependencias fueron precintadas en su día por el secretario del Tribunal Supremo asignado al caso Filesa, Ricardo Rodríguez, durante el segundo registro, que realizó el 18 de diciembre de 1992, a la sede del PSOE[30].

Pero no todas las veces el dinero llegaba directamente a Ferraz. En ocasiones eran los propios hombres del Departamento de Finanzas del PSOE los que acudían a las empresas a recoger el dinero destinado al partido. Ese fue el caso de la empresa Macosa, cuya sede, sita en la plaza de la Independencia, 2, de Madrid, era visitada con regularidad por los emisarios de Eduardo Gómez Basterra. Estos eran, normalmente, Manuel García y Javier Serrano. La consigna era clara y concisa: «Venimos de parte de Eduardo Gómez.» A continuación, sin mediar palabra, se les entregaba un sobre que contenía dinero en efectivo o cheques al portador. Las cantidades oscilaban entre los 8 y 10 millones de pesetas.

---

[30] Véase capítulo tres.

El historial de Macosa (Material y Construcciones, S. A.) en el pago de comisiones venía ya de atrás. Entre 1985 y 1986 esta empresa había realizado una operación de exportación de locomotoras Mikado, fabricadas en su planta de Barcelona, a los ferrocarriles brasileños, con cargo a los créditos FAD, de ayuda al desarrollo. Aquella operación salvó temporalmente a Macosa de la desaparición. Pero para ello desde Ferraz se exigió el pago de un «peaje» al consejero delegado de la firma, Juan Ignacio Muñiz. Este se entrevistó personalmente con el secretario de finanzas, Emilio Alonso Sarmiento, para establecer las bases de «la relación» con el PSOE[31]. El encuentro tenía el visto bueno del entonces presidente de Macosa, Juan Villalonga, y se designó como hombre de contacto entre ambas partes a Emilio Daroca, adjunto al consejero delegado.

El dinero que se recibía en Ferraz procedente de Macosa y del resto de las empresas (casi todas ellas constructoras) se ingresaba en la cuenta corriente número 18278-I de la sucursal del Banco Bilbao (ahora Bilbao-Vizcaya), situada en la calle del Marqués de Urquijo de Madrid, muy próxima a la sede federal socialista. La cuenta estaba a nombre de Ramón Rubial y de Eduardo Gómez Basterra. De esta cuenta se hicieron trasvases a la cuenta nº 60126779 de Cajamadrid, en la sucursal de la calle Barceló, 7, de la capital de España. Los apoderados de la mencionada cuenta eran los dirigentes socialistas José María Benegas, Emilio Alonso Sarmiento, Francisco Fernández Marugán y Guillermo Galeote. En ella se realizaron ingresos en efectivo durante 1986 por más de 2.000 millones de pesetas; en el año 1987 se ingresaron 3.000 millones; en 1988, unos 900 millones, y en 1989, cuando Filesa y Time Export estaban en plena actividad, la cantidad descendió a unos 400 millones de pesetas.

«Esta era una de las cuentas operativas, prácticamente la única, que funcionaba en la administración del partido antes de 1988, y en la que se ingresaba todo lo recaudado: las

---

[31] *El Mundo*, 24 de mayo de 1993.

subvenciones oficiales, las cuotas, las cuotas especiales de parlamentarios o de cargos públicos, etc.», explicó Guillermo Galeote el 28 de noviembre de 1994 en su comparecencia ante la Comisión sobre la Financiación de los Partidos Políticos.

Esta sucursal de Cajamadrid había sido utilizada años atrás para canalizar las «donaciones» al Partido Socialista, provenientes de la empresa Management S. A. Al frente de esa entidad bancaria estaba el militante socialista Carlos Martín Plasencia, y después, al ser nombrado delegado del Gobierno en Baleares, Plasencia situó como director a una persona de su total confianza, Carlos Benavente, encargado de recoger el dinero que le entregaban personalmente los «mensajeros» del PSOE. El dinero era llevado discretamente en bolsas de plástico y en taxi, sin ningún tipo de protección. Carlos Benavente no supervisaba el contenido de las bolsas ni comprobaba el importe que le indicaban los emisarios. Rellenaba y firmaba con su propia letra los resguardos de ingreso, con la única salvedad de una apostilla: «Salvo recuento.»

Otra de las cuentas usadas para canalizar estas «donaciones» fue la que el PSOE mantiene abierta en la sucursal del Banco Popular en la calle del Marqués de Cubas, de Madrid, no muy lejos del Congreso de los Diputados. En ella se realizaron dos importantes ingresos, uno de 36.785.000 pesetas y otro de 10.795.473 pesetas, ambos en efectivo.

Los contables del PSOE camuflaban en los balances estos ingresos contabilizándolos bajo dos epígrafes: «Aportaciones a programas específicos actividades secretarías» o «Ingresos varios», que sumaron en 1986 un total de 512.286.004 pesetas. En 1987 fueron de 280.346.810 pesetas y en 1988, con Filesa funcionando a toda máquina, desaparecieron [32].

Años más tarde, el diario *El Mundo* publicaría documentos confidenciales sobre este nuevo escándalo de financiación irregular socialista, que fue bautizado como el «caso Ferraz». A pesar de las pruebas contundentes aportadas por

---

[32] Según los libros de contabilidad del PSOE.

el rotativo madrileño, y a diferencia de lo que sucedió en el caso Filesa, este asunto no llegaría a los tribunales de justicia. La Sala Segunda del Tribunal Supremo, donde se investigaba el caso Filesa, rechazó ampliar la querella presentada por la acusación particular de José María Ruiz Mateos y Christian Jiménez contra Rafael Delgado, José María Benegas, Francisco Fernández Marugán y Emilio Alonso Sarmiento por un presunto delito de falsedad en documentos privados, mercantil y público, malversación de caudales y delito contra la Hacienda Pública.

* * *

Al inicio del año 1987 la situación en las finanzas del PSOE no había variado. Las subvenciones oficiales, las aportaciones de los altos cargos, las cuotas retenidas a los diputados y las «donaciones» de las empresas habían sido utilizadas para tapar el agujero negro. Pero no habían servido para casi nada. La profundidad era tan grande que apenas se había notado la inyección.

Las deudas del resto de los partidos tampoco eran minúsculas. El Partido Popular había acumulado al final de 1986 3.281 millones de pesetas, 1.284 millones más que en 1985; El PNV pasó de 744 millones de pesetas en 1985 a 1.034 millones en 1986; CiU de 221 millones de pesetas en 1985 a 273 millones en 1986.

La deuda de Izquierda Unida, coalición nacida ese año, era de 231 millones de pesetas.

La situación era propicia para que la totalidad de las fuerzas políticas del arco parlamentario se pusieran de acuerdo para acometer la crisis de la forma más simple: aumentando en un 150 por ciento la financiación pública (subvenciones), con lo que se pasó de los 3.012 millones presupuestados en 1986 a los 7.500 millones asignados para el año siguiente[33].

---

[33] El PSOE pasó de una subvención del Estado de 2.028 millones de pesetas en 1986 a 4.029 millones en 1987.

200

Para hacer más digerible ante la sociedad este salto se acordó que en la legislatura que comenzaba se elaborara, con naturaleza de prioridad uno, el proyecto de Ley Orgánica de Financiación de Partidos Políticos. El 3 de diciembre de 1986, recién estrenada la legislatura, ya estaba presentada la proposición de ley y formada la comisión de estudio: Carlos Navarro Gómez (PSOE), Juan de Dios Izquierdo Collado (PSOE), José Luis Rodríguez Zapatero (PSOE), Juan Ramón Calero Rodríguez (PP), Iñigo Cavero (PP), José Ramón Caso García (CDS), Josep María Trías de Bes (CiU) e Ignacio María Echeberría Monteberría (PNV).

Este fue el bautismo de fuego de Carlos Navarro, el hombre que Eduardo Martín Toval había traído de Cataluña para acometer la reforma de las finanzas del PSOE. El diputado catalán tenía en aquel entonces muy claras las razones que habían movido a la elaboración de la ley: «La solución razonable a las deudas de los partidos tiene diferentes fórmulas de solución. Evidentemente, la que se ha adoptado, la fórmula de la subvención anual, hace que no sea obvio recordar que haber duplicado los recursos que se destinan a financiación de los partidos en los Presupuestos Generales del Estado tiene una misión y una obligación concreta [...], dar solución al tema de las deudas acumuladas»[34].

Y en una pirueta parlamentaria, Navarro consagró con sus palabras la base de un sistema que se erige sobre la doble moral y la doble contabilidad: «Para dar respuesta a la inquietud que está en la calle habría que reforzar el Tribunal de Cuentas para que los partidos políticos cumplan con la obligación de transparencia que la sociedad nos exige. [...] Si se han producido aportaciones anónimas de personas físicas o jurídicas, de empresas públicas o privadas, deben darse a conocer con detalle las cuantías y fechas de ingreso.»

La ley contenía a su vez salvaguardas contra cualquier intento de los bancos de querer cobrar las deudas. No se

---

[34] *Diario de Sesiones del Congreso de los Diputados*, «Comisiones», 28 de abril de 1987, pág. 4.645.

podían embargar las propiedades de los partidos políticos. A partir de la aprobación sólo podía ser incautado como máximo el 25 por ciento del dinero proveniente de la financiación pública para cada partido.

Navarro, como portavoz socialista en la comisión, también defendió la igualdad en las fuentes de financiación —principalmente subvenciones estatales—, limitando las aportaciones privadas de una misma persona física o jurídica a 10 millones de pesetas al año. Las aportaciones anónimas no podían exceder del 5 por ciento de la cantidad asignada a cada partido en los Presupuestos Generales del Estado. Era una ley para salir del paso y tapar los agujeros sin provocar ningún escándalo. Sin embargo, hacía ilegales los maletines con dinero y su posterior ingreso en las cuentas bancarias. Se rompía así con la tónica generalizada que imperaba hasta ese momento. Y se daba inicio a otra nueva era de financiaciones irregulares.

El PSOE no tardaría en apuntarse el primer tanto. El mismo día que la ley se publicaba en el *BOE*, el 3 de julio de 1987, el diputado Carlos Navarro y el senador José María Sala compraban la empresa Time Export, S. A. Era el mecanismo alternativo para la financiación paralela del partido. La empresa se compró a un militante del partido, Carlos Ponsa Ballart, entonces presidente del Puerto Autónomo de Barcelona y decano del Colegio de Ingenieros Industriales, de cuya junta formaba parte el senador Sala, amigo de él desde 1975.

Ponsa Ballart tenía una larga carrera profesional y política. Había sido ingeniero municipal en el Ayuntamiento de Hospitalet de Llobregat durante trece años, actividad que compaginó con negocios familiares de promoción inmobiliaria. Tras su salida del consistorio catalán, marchó becado a la Universidad de Harvard, en Estados Unidos, de donde regresó con la idea de montar una empresa dedicada al comercio exterior. En 1978, Carlos Ponsa se unió a un viejo compañero de carrera técnica, Esteban Borrell Marco, con el que mantenía una estrecha relación, y a Narciso Andreu Musté, amigo del anterior, para fundar Time Export, dedicada al asesoramiento de empresas y a la importación-exportación. La sociedad se constituyó, con un capital social de 400.000 pesetas, en la calle Lauria, 118, de Barcelona. En este mismo edificio tenía su sede la sociedad E & R, un *consulting* de abogados y economistas que dirigían dos importantes militantes socialistas, Eduardo Martín Toval y Ramón Salabert[35], con el fin de asesorar a empresas en crisis.

Los locales del edificio eran propiedad de Leandro Jover Andreu, presidente del antiguo Grupo Time, que estaba compuesto por empresas del sector de la electrónica y de la construcción de carreteras, entre las que se encontraban las quebradas Faema y Gaggia, y la Banca Jover[36]. En una de las sociedades de este grupo trabajaba como ejecutivo Esteban Borrell. Sus relaciones con la familia Jover eran tan intensas que el propio Leandro Jover avaló los créditos de la nueva empresa, y un hermano suyo, Fernando, actuó como delegado de Time Export durante 1983.

Ese mismo año dejó de ser accionista de Time Export Narciso Andreu Musté. Andreu, nacido en 1935 en Reus (Tarragona), licenciado en Ciencias Económicas por la Wharton School of Economics de Pennsylvania (Estados Unidos), fue militante del Partido Socialista Popular (PSP) de Enrique Tierno Galván, al que se unió en 1974[37]. Era un hombre con una posición acomodada, procedente de una familia de larga tradición catalanista. Su padre, José Andreu Abelló, fue un destacado militante de Esquerra Republicana de Catalunya y presidente del Tribunal de Casación durante la II República.

Desde 1975 su carrera profesional fue ascendente. Entre ese año y 1978 fue presidente del grupo de empresas Simago. De 1978 a 1988 fue asesor del PSOE en temas de financiación internacional y consejero de Ibérica de Supermercados y Estacionamientos Urbanos. Fue nombrado presidente del

---

[35] Ramón Salabert fue después director general del Instituto Nacional de Empleo y, a partir de 1989, director general de Cooperativas.
[36] Adquirida posteriormente por la entidad francesa Crédit Lyonnais.
[37] Andreu pasó a ser militante del PSOE tras la absorción del PSP.

Banco de Crédito Local en 1983, cargo en el que cesó en marzo de 1985 para ocupar la dirección general de las compañías aéreas Iberia y Aviaco. En 1990 pasó al Banco Exterior de España como asesor de Francisco Luzón, quien lo nombró presidente ejecutivo del Banco Español de Bélgica. En la actualidad es consejero de la Comisión Nacional del Mercado de Valores, cuya presidencia ocupa un viejo valedor suyo, Luis Carlos Croissier, ex ministro de Industria. Además, es propietario de una planta embotelladora de La Casera en Tarragona.

El papel de Andreu, aunque nimio, sirvió para armar la nueva empresa, que ya había trasladado su domicilio social a la céntrica calle barcelonesa de Consejo de Ciento, 308. En ella trabajaban dos secretarias, Natalia y Montserrat Bachs Escribá; un gerente, Francesc Fajula Doltra[38]; un comercial, Javier Ploux, y un contable, Pascual Caramiñana. La actividad inicial que realizaban era la promoción de productos de empresas catalanas en distintas zonas del mundo, como Estados Unidos, Grecia, Suecia, Sudáfrica y el norte de Africa. Time Export llegó, incluso, a un acuerdo con el Centro de Estudios y Asesoramiento Metalúrgico (CEAM) para promocionar su maquinaria internacionalmente.

La estrategia comercial la llevaba personalmente Carlos Ponsa Ballart, quien hablaba «siete idiomas»[39]. Este se pasaba quince días al mes viajando por todo el mundo. Llegaba el sábado a los lugares para investigar in situ el sector al que quería vender el producto. El domingo preparaba un minucioso plan y el lunes por la mañana contactaba con las empresas y establecía citas para entrevistas ese mismo día o al siguiente. Visitaba un mínimo de cuarenta a cincuenta empresas en cada viaje[40].

---

[38] También ingeniero industrial.

[39] Castellano, catalán, valenciano, francés, inglés, árabe y sueco.

[40] La existencia de Time Export fue posible gracias a los programas de apoyo de la Generalitat al empresariado catalán, que pagaba el 75 por ciento del coste de los viajes al extranjero a través del Consorcio de Promoción Comercial de Cataluña (COPCA), el equivalente al IFEX estatal.

Time Export iba a comisión sobre las ventas que realizaba, pero a pesar de todo el negocio no marchaba bien. En la mente de Ponsa Ballart anidaba la intención de vender la empresa. Máxime cuando en 1985 fue nombrado presidente del Puerto Autónomo de Barcelona y sufrió una grave enfermedad que estuvo a punto de ocasionarle la amputación de una pierna. Ponsa sabía que tenía una empresa en números rojos, pero con un activo muy importante: un local de 110 metros cuadrados situado en pleno centro de Barcelona, al lado del paseo de Gracia, con un alquiler ridículo de 30.000 pesetas, tres veces por debajo del valor del mercado.

Según declaración de Ponsa al juez Barbero, sus primeros contactos para la venta se realizaron con el secretario de Organización del PSC-PSOE, José María Sala Grisó, a finales de 1986. Sala buscaba locales para «actividades relacionadas con el partido», como la instalación del archivo histórico del socialismo en Cataluña. El senador, dedicado en exclusiva al partido, soltero empedernido, nacido en Barcelona en diciembre de 1945, ingeniero industrial y técnico de sistemas informáticos en la empresa IBM hasta 1984 [41], puso a trabajar en la adquisición de la empresa a su mano derecha en las finanzas del PSC, Carlos Navarro. «Entiéndete con Navarro para la venta del local. Ya encontraremos algo para poner aquí», le dijo Sala a Ponsa. En la mente del secretario de Finanzas del PSC no sólo se encontraba la idea de adquirir un simple local, sino la de «aprovechar una empresa que, a través de una compra de una peseta por acción, disponía de una infraestructura que podía permitir otras actividades al partido».

El día 3 de julio de 1987, el PSC-PSOE compraba Time Export por 400 pesetas (1 peseta por acción). La operación se realizaba en el despacho del agente de cambio y bolsa Salvador Midas. Sin embargo, ya veintidós días antes de esta

---

[41] Fue secretario de Organización del PSC desde 1982 y diputado autonómico desde 1984, y en enero de 1988 se incorporó a la Ejecutiva Federal del PSOE como secretario ejecutivo.

fecha Time Export cobraba el primer informe millonario de su historia, 8.400.000 pesetas [42], a Catalana de Gas y Electricidad, empresa entonces presidida por Pedro Grau Hoyos. El supuesto informe trataba sobre la «Operatividad de las exportaciones de tecnología básica a los países del área mediterránea». Este dinero cubrió prácticamente el déficit de 8.963.287 pesetas que en el momento de la venta arrastraba la empresa. Ni el accionista saliente, Carlos Ponsa, ni los nuevos propietarios, Carlos Navarro y José María Sala, se responsabilizaron de él ante el juez Barbero.

A pesar de la venta, Carlos Ponsa siguió manteniendo su presencia en la empresa. Tenía firma autorizada en la cuenta que Time Export mantenía en el Banco Exterior (c/c: 30-25058J) y poseía poderes notariales para hacer y deshacer, que perduraron hasta el 11 de marzo de 1989.

Con la compra de Time Export por los dirigentes socialistas catalanes se ponía en funcionamiento la versión española de la «Filesa francesa» (empresas Urba, Gracco y Urbatechnic), un sistema que conocía muy bien el propio presidente del PSC-PSOE, Joan Raventós, quien fuera embajador español en París entre el 13 de abril de 1983 y el 2 de mayo de 1986. La interconexión entre el «aparato» de Ferraz y los socialistas catalanes era entonces perfecta, gracias a Eduardo Martín Toval, entonces presidente del Grupo Parlamentario y militante del PSC.

Fuera de la formación socialista, la paternidad de la idea de Filesa ha sido atribuida —sin citarse expresamente— al ex presidente del Banco Central, Alfonso Escámez. La periodista Pilar Cernuda así lo insinúa: «Fue precisamente uno de los banqueros a los que acudió el PSOE a pedir un crédito, uno más, el que les aconsejó que actuaran como otros partidos europeos, creando su propio entramado empresarial para conseguir los fondos necesarios. [...] El banquero, venerable y muy respetado, fue posteriormente llamado a declarar por

---

[42] Significaba un tercio de la facturación anual de Time Export, que hasta esa fecha era de unos 25 millones de pesetas.

el juez Barbero, que instruía el caso Filesa, porque había un cheque de su empresa, por valor de más de 200 millones de pesetas, endosado a Filesa a cambio de un informe sobre el sector petroquímico.»[43]

El periodista Fernando Jáuregui también lo insinúa: «El asesor directo fue un determinado y también veterano banquero, ennoblecido y condecorado hasta la saciedad por unos poderes oficiales que jamás le negaron su complacencia, ni en la época del PSOE, ni en la UCD, ni con Franco.»[44]

Por su parte, Jesús Cacho apuesta por Pedro Toledo, el fallecido copresidente del BBV. En las páginas de su último libro describe una conversación entre Mario Conde y el presidente del Gobierno, Felipe González[45]:

«—Estamos ante una sociedad en la que nadie quiere asumir sus responsabilidades, y por eso están sucediendo las cosas que pasan —dijo Felipe González en relación a Filesa.

—De acuerdo, pero a mí no me puedes cargar con ese muerto —respondió Mario Conde.

—Es que creo que la única posibilidad real de que se deje de hablar de este asunto es que tú hagas unas declaraciones quitando hierro al tema de Filesa, y diciendo que los banqueros conocéis a la perfección cómo se han financiado los partidos en la democracia.

—¿Pero cómo se puede decir eso?

—¡Pues diciéndolo! Tú sabes lo que ocurrió con Filesa, un asunto que se origina por culpa de los gastos de la campaña de la OTAN, donde el PSOE tuvo que echar el resto enfrentándose a la irresponsabilidad de la derecha española, de Fraga, que incluso remó en contra. Allí quedaron entrampadas para siempre las finanzas del

---

[43] *El Presidente*, Ediciones Temas de Hoy, Madrid, 1994. pág. 333.
[44] *La metamorfosis*, Ediciones Temas de Hoy, Madrid, 1993.
[45] *M.C. Un intruso en el laberinto de los elegidos*, Ediciones Temas de Hoy, Madrid, 1994.

PSOE, y para frenar la sangría tuvimos que acudir a Pedro Toledo, que era el banquero amigo que teníamos a través de Carlos [Solchaga], y Toledo nos ayudó, como siempre, pero sugirió que se diera a estas ayudas un mínimo soporte jurídico en forma de pago por los servicios prestados.»

El sistema en cuestión ya había sido utilizado. Estaba en la calle. Sólo se tenía que aplicar a la realidad. Ponerlo a caminar de la mano de una persona experta en números y fiel al partido. El elegido fue el diputado y auditor Carlos Navarro, un personaje que se había hecho conocido en el Partido Socialista Francés como «el hermano de la secretaria de Felipe González», Pilar («Piluca») Navarro. Una treta utilizada habitualmente por el catalán, que contaba con toda la confianza de Eduardo Martín Toval, su principal valedor.

La primera medida de Navarro dentro del *holding* fue introducir a su tío político, Luis Oliveró Capellades, como administrador de Time Export. Oliveró inició una profunda reorganización y pocas semanas después contrataba como contable al chileno Carlos Alberto van Schouwen, un viejo amigo suyo de sus tiempos en México[46].

En los primeros meses de puesta en funcionamiento de la red de financiación irregular del PSOE el senador José María Sala y el diputado Carlos Navarro desempeñaron un papel fundamental, a pesar de su declaración contraria ante el juez Barbero. El 23 de noviembre de 1987 firmaban, como apoderados del PSC-PSOE, un cheque para trasvasar tres millones de pesetas de una cuenta del partido, en La Caixa de Barcelona, a la empresa Time Export. El cheque era la prueba definitiva de la conexión entre el PSOE y Time Export. El *holding* Filesa no era el invento de un tío político de Carlos Navarro, sino una sofisticada máquina que se había montado para recaudar fondos para el Partido Socialista.

El entramado financiero montado por los socialistas ca-

---

46 Véase capítulo uno.

talanes encontró pronto el visto bueno del aparato de Ferraz, aunque no la confirmación definitiva hasta después de la celebración del XXXI Congreso Federal del PSOE, en enero de 1988. Allí se fraguó la salida de Emilio Alonso Sarmiento y la entrada de Guillermo Galeote y Carlos Navarro en la secretaría de Finanzas [47]. Se trataba de reorganizar la economía del partido y acabar con la anarquía en las fuentes de financiación.

Tres semanas después del Congreso ya se constituían en Barcelona las empresas Filesa y Malesa, que se unían así a Time Export. Luis Oliveró aparecía como accionista principal. Junto a él, dos testaferros buscados expresamente: Manuel Alberich Olivé, un viejo militante del partido al que conocía el senador José María Sala, y el armenio Karkour-Zourab Maghakian Amirzian, un amigo de Carlos Ponsa Ballart, que había trabajado con anterioridad para Time Export en temas de exportación a Siria y Arabia Saudí de postes de iluminación y productos de ferretería [48].

La maquinaria empezaba a rodar con velocidad. La empresa constructora FOCSA, propiedad de «los Albertos y las Koplowitz», era la primera en abrir la nueva etapa del *holding*. El 19 de julio de 1988 abonaba a Time Export 19 millones de pesetas por un supuesto estudio de mercado sobre «Las nuevas tecnologías aplicadas al saneamiento urbano en la CEE». FOCSA estaba presidida entonces por Jesús Roa, que años más tarde se viera implicado en el «caso Ollero» (pago de comisiones ilegales por adjudicaciones de obras de la Junta de Andalucía a la constructora Ocisa, empresa que después presidió). La cartera de contratos de FOCSA provenía, principalmente, del sector público. Era y sigue siendo, ahora fusionada en FCC, la principal contratista de recogida de basura de las grandes ciudades.

---

[47] Nada más entrar en la secretaría de Finanzas, Carlos Navarro condonó una deuda al PSC por 382.621.209 pesetas.

[48] Maghakian era también accionista de Industrias Farmacéuticas del Caucho, empresa que fundó Time Export el 19 de junio de 1987 con el fin de importar preservativos de Japón.

El *holding* empezaba a aportar dinero a las arcas del partido. Pero el «aparato guerrista» de Ferraz no quería que la maquinaria sólo estuviera controlada por los catalanes. Recelaban de Luis Oliveró, una persona a quien no conocían y más cercano ideológicamente a Convergència i Unió. Por eso, a través de Guillermo Galeote, impusieron un hombre de su total confianza como principal accionista en el *holding*. Se trataba de Alberto Flores Valencia, asesor fiscal y hermano de la compañera sentimental del secretario de Finanzas, la senadora Elena Flores.

Con la entrada del hombre de Ferraz desaparecieron del *holding* los dos testaferros colocados en un principio por los socialistas catalanes.

El abanico de acción de Filesa se extendió así a Madrid, donde Alberto Flores fue puesto como encargado de la delegación abierta en un lujoso piso de la calle Barquillo número 9, 1º D. El local fue comprado al bailarín Víctor Ullate por 50 millones de pesetas, 20 al contado y 30 con un crédito hipotecario que solicitó Luis Oliveró al BBV a través del militante socialista José Aureliano Recio Arias, director general de la entidad bancaria. Recio era amigo del entonces ministro de Economía, Carlos Solchaga, y del jefe del gabinete de Felipe González, Julio Feo. Con anterioridad había sido consejero de Economía y Fomento en la Junta de Andalucía bajo el mandato de José Rodríguez de la Borbolla.

Para contraponer el peso que el «aparato» de Ferraz empezaba a imponer sobre Filesa, los socialistas catalanes lograron introducir en el *holding*, como secretario del consejo de administración de las tres empresas, a un hombre próximo al PSC-PSOE: el abogado mercantilista Isidoro Gerardo García Sánchez, colaborador de Salvador Clotas, entonces secretario de Cultura y Educación del PSOE.

García Sánchez formaba parte del organigrama de la Unión de Consumidores de Cataluña (UCC), cuya secretaría general ocupó en noviembre de 1991. La UCC es una de las federaciones más importantes de la Unión de Consumidores de España (UCE), organización creada en 1984 por el PSOE para así controlar a los usuarios.

Desde su nacimiento todos los secretarios generales de la UCE han sido militantes del Partido Socialista, promocionados posteriormente a altos cargos dentro de la Administración pública. De las ocho asociaciones de consumidores existentes en España, la UCE es la que más dinero ha recibido de subvenciones concedidas por el Instituto Nacional de Consumo (INC): 1.169 millones de pesetas desde 1984[49].

Un documento inédito del PSOE, elaborado el 4 de abril de 1984 por el entonces secretario federal del Area de Acción Social, Ciriaco de Vicente Martín, establecía la estrategia a seguir por el Partido Socialista en las nuevas asociaciones de consumidores:

«Ahora más que nunca es preciso llevar a la práctica la militancia socialista en asociaciones de consumidores para que no sigamos ausentes de un movimiento, que se está reestructurando y ampliando, que está dominado por ideologías conservadoras y en el que está empezando a introducirse el Partido Comunista.

Por ello, el pasado 21 de marzo [1984] el Grupo Federal de Defensa del Consumidor, celebró una reunión con compañeros que pertenecen a Asociaciones de Consumidores, para reflexionar al respecto y plantear un proyecto común de trabajo.

Analizada la situación, se llegó a la conclusión de que sería aconsejable crear una federación nacional de inspiración socialista que agrupase a Federaciones Regionales de Consumidores.»

La presencia de Isidoro Gerardo García Sánchez se amplió a casi todas las empresas donde Filesa o Time Export tenían participación accionarial[50]. Dos de las sociedades donde el abogado aparecía como administrador único eran Prec Industrial S. A. y Vitesse S. A., adquiridas después de ver que se vendían en el boletín del Colegio de Ingenieros Industriales, de Barcelona.

---

[49] Un 57,6 por ciento del total de las subvenciones concedidas por el INC.
[50] Véase esquema adjunto al final del capítulo.

Prec y Vitesse habían sido fundadas en 1985 por Alberto Núñez Pérez[51], Juan Sellés Mestre y su esposa, Montserrat Monjo Sabatés, para importar de Inglaterra maquinaria para engrasar camiones y exportar recambios de automóviles. Las ventas que habían realizado en los últimos cinco años no sobrepasaban los 6 millones de pesetas. Esta coyuntura y la nueva legislación de sociedades anónimas obligó a sus dueños a deshacerse de ellas. Fue cuando apareció en acción Isidoro García Sánchez, quien se puso en contacto con Juan Sellés. «El abogado tenía una cara cándida, de buen chico. Me dijo que no era para él, que era para una sociedad extranjera que estaba interesada en adquirir un inmueble en Madrid», afirma Sellés.

En noviembre de 1990, García Sánchez aparecía ya como administrador único de las dos sociedades, tras desembolsar 400.000 pesetas por ellas. Su primera medida fue cambiar el objeto social de Vitesse para convertirla en una empresa «dedicada a la prestación de servicios de asesoramiento para la inversión de capitales nacionales, extranjeros o mixtos en negocios mobiliarios e inmobiliarios, de industria o comercio». La sociedad ubicó su domicilio social en Barcelona, calle Mallorca, 264, y se situó como secretario a Juan Corominas Pons. Corominas era un amigo de la infancia de Carlos Navarro, que trabajaba en Filesa como administrativo, aunque ejercía en realidad de chófer del diputado. «Prec y Vitesse eran un asunto personal mío y de un cliente. No tenían nada que ver con Filesa. Los datos de estas empresas estaban en el ordenador de Filesa y de ahí sacó Van Schouwen la vinculación», dijo García Sánchez a los autores.

Sin embargo, Vitesse fue la sociedad a la que se derivaron las transferencias de dinero desde bancos suizos a través de la empresa Anstalt Salimas, con sede en el paraíso fiscal de Liechtenstein, y en la que Isidoro García Sánchez también actuaba como apoderado único.

---

[51] En representación de Fisiogestión S. A., matriz de un grupo de empresas del sector sanitario.

La operación de entrada de capitales, que provenían de sociedades fiduciarias en paraísos fiscales, se realizaba de la siguiente manera: Anstalt Salimas enviaba, a través de su banco en Zurich, importantes cantidades de dinero a España. El BBV actuaba como ordenante de la transferencia y hacía llegar este importe hasta la empresa Vitesse, que tenía abierta una cuenta en el Banco Atlántico, de Barcelona. Isidoro García Sánchez, como apoderado, movía estos depósitos en pequeñas cantidades que llegaban hasta Filesa. Según fuentes de la investigación judicial, estos importes correspondían a presuntos pagos de comisiones al *holding* realizados por empresas en el extranjero. Luis Oliveró manifestó en diversas ocasiones que Filesa tenía cuentas abiertas en Liechtenstein.

Los responsables de recoger estos ingresos eran Alberto Flores Valencia y su mujer, Isabel González Campoamor, quien trabajaba en la Secretaría de Relaciones Internacionales del PSOE. El informe pericial sobre sus cuentas bancarias indica[52]:

«7.972.000 Ptas. corresponden al líquido de tres transferencias de fondos en pesetas convertibles por importe de 2.000.000, 2.000.000 y 4.000.000 ptas. respectivamente, resultando un importe total de 8.000.000 nominales ordenadas a través del Banco Atlántico por la entidad ANSTALT SALIMAS a favor de doña Isabel González Campoamor.»

El domicilio de Anstalt Salimas en España estaba en la calle Londres, número 54, 3-3A, de Barcelona. Esta dirección corresponde al piso alquilado donde el abogado García Sánchez tiene su domicilio y su despacho profesional. Allí también se revisó la contrapropuesta de Casinos del Atlántico (proyecto de un casino en Sevilla[53]) y se redactó el contrato

---

[52] Presentado ante el magistrado Marino Barbero el 20 de diciembre de 1994.
[53] Véase capítulo doce.

de consultoría y asesoramiento con Pryca. En el mismo local tiene también fijada su dirección otra empresa vinculada con el caso Filesa: Arnold Rupp S. L.

La llegada del abogado catalán completó el engranaje de la maquinaria del *holding*, que, en el primer trimestre de 1989, comenzó a emitir facturas millonarias por supuestos informes a grandes empresas, como el BBV, el Banco Central, CEPSA... en un año vital para el PSOE, ya que el 29 de octubre iban a tener lugar las elecciones generales. Un nuevo reto para una economía en números rojos.

Con la ayuda económica de Filesa, el Partido Socialista volvía a derrotar por tercera vez consecutiva y por mayoría absoluta a sus adversarios. Pero para alcanzar la victoria el PSOE había sobrepasado el límite electoral permitido para gastos de campaña y, por lo tanto, había cometido un presunto delito. El coste oficial de la campaña fue de unos 2.000 millones de pesetas, y el *holding* Filesa había aportado a la campaña más de 600 millones. En la sede de Ferraz todos estaban radiantes y eufóricos. Habían encontrado, por fin, el método apropiado para financiar sus campañas: FILESA.

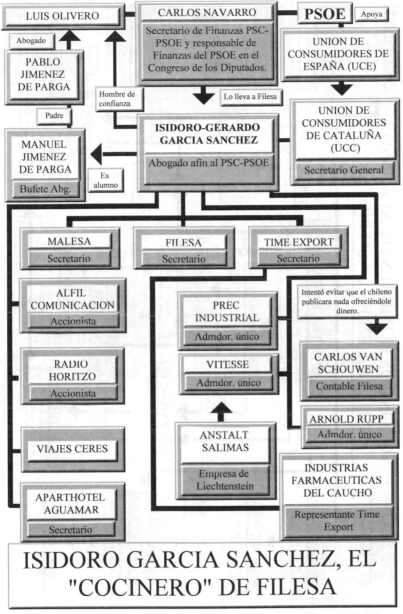

LUIS OLIVERO	CARLOS NAVARRO	PSOE	Apoya

Abogado

Secretario de Finanzas PSC-PSOE y responsable de Finanzas del PSOE en el Congreso de los Diputados.

PABLO JIMENEZ DE PARGA

UNION DE CONSUMIDORES DE ESPAÑA (UCE)

Hombre de confianza

Lo lleva a Filesa

Padre

ISIDORO-GERARDO GARCIA SANCHEZ

Abogado afín al PSC-PSOE

UNION DE CONSUMIDORES DE CATALUÑA (UCC)

MANUEL JIMENEZ DE PARGA

Bufete Abg.

Ex alumno

Secretario General

MALESA
Secretario

FILESA
Secretario

TIME EXPORT
Secretario

ALFIL COMUNICACION
Accionista

PREC INDUSTRIAL
Admdor. único

Intentó evitar que el chileno publicara nada ofreciéndole dinero.

RADIO HORITZO
Accionista

VITESSE
Admdor. único

CARLOS VAN SCHOUWEN
Contable Filesa

VIAJES CERES

ANSTALT SALIMAS

Empresa de Liechtenstein

ARNOLD RUPP
Admdor. único

INDUSTRIAS FARMACEUTICAS DEL CAUCHO

APARTHOTEL AGUAMAR
Secretario

Representante Time Export

ISIDORO GARCIA SANCHEZ, EL "COCINERO" DE FILESA

L. Laredo

215

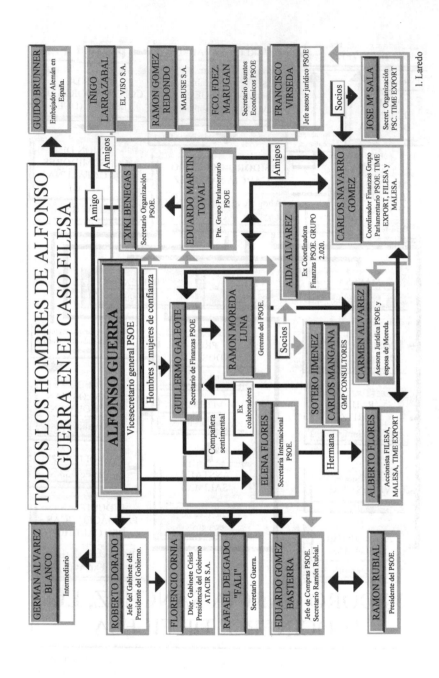

TODOS LOS HOMBRES DE ALFONSO GUERRA EN EL CASO FILESA

ALFONSO GUERRA
Vicesecretario general PSOE

Hombres y mujeres de confianza

GERMAN ALVAREZ BLANCO
Intermediario

GUIDO BRUNNER
Embajador Alemán en España.

IÑIGO LARRAZABAL
EL VISO S.A.

RAMON GOMEZ REDONDO
MABUSE S.A.

FCO. FDEZ. MARUGAN
Secretario Asuntos Económicos PSOE

FRANCISCO VIRSEDA
Jefe asesor jurídico PSOE

Amigo

Amigos

TXIKI BENEGAS
Secretario Organización PSOE.

EDUARDO MARTIN TOVAL
Pte. Grupo Parlamentario PSOE

Amigos

JOSE Mª SALA
Secret. Organización PSC. TIME EXPORT

Socios

CARLOS NAVARRO GOMEZ
Coordinador Finanzas Grupo Parlamentario PSOE. TIME EXPORT, FILESA y MALESA.

AIDA ALVAREZ
Ex Coordinadora Finanzas PSOE. GRUPO 2.020.

GUILLERMO GALEOTE
Secretario de Finanzas PSOE

RAMON MOREDA LUNA
Gerente del PSOE.

Socios

CARMEN ALVAREZ
Asesora Jurídica PSOE y esposa de Moreda.

Compañera sentimental

Ex colaboradores

SOTERO JIMENEZ
CARLOS MANGANA
GMP CONSULTORES

ELENA FLORES
Secretaria Internacional PSOE.

Hermana

ALBERTO FLORES
Accionista FILESA, MALESA, TIME EXPORT

ROBERTO DORADO
Jefe del Gabinete del Presidente del Gobierno.

FLORENCIO ORNIA
Dtor. Gabinete Crisis Presidencia del Gobierno ATACIR S.A.

RAFAEL DELGADO "FALI"
Secretario Guerra.

EDUARDO GOMEZ BASTERRA
Jefe de Compras PSOE. Secretario Ramón Rubial.

RAMON RUBIAL
Presidente del PSOE.

l. Laredo

CAPITULO SEIS

LOS IMPUESTOS REVOLUCIONARIOS (EXTORSIONADORES Y EXTORSIONADOS)

La tarde del 18 de mayo de 1995, el plató número tres de la cadena privada Tele 5, en el distrito madrileño de Fuencarral, era un auténtico hervidero. Se estaba grabando el programa debate *Por hablar que no quede* sobre el tema «¿Quicre el Gobierno apartar al juez Garzón de los escándalos políticos? —Independencia judicial».

El director del programa, el periodista Julián Lago, había reunido cn torno a una mesa a variados invitados.

Pedro J. Ramírez, director del diario *El Mundo*, fue el encargado de lanzar el primer ataque:

—Si hablamos del asunto Filesa creo que es inevitable aludir a la perplejidad que en muy amplios scctores de la ciudadanía ha tenido el desenlace de la instrucción de este caso, según la cual a los extorsionados, es decir, las grandes empresas y los bancos, se les va a perseguir hasta el máximo nivel. Y, sin embargo, las responsabilidades penales de los extorsionadores, es decir, del Partido Socialista, se van a perseguir al nivel de los oficinistas.

Las palabras de Ramírez, mirando al diputado socialista José María Mohedano, cayeron como un auténtico mazazo. La cara de Helga Soto, la jefa de Prensa del Grupo Socialista en el Parlamento, que acompañaba al diputado, era el reflejo de una mezcla de horror y sorpresa. Lo que más temía, un ataque a la línea de flotación del partido, acababa de suceder.

—Usted dirá lo que quiera, pero en la opinión pública se ha generado una gran perplejidad por el hecho de que el presidente del BBV, del Banco Central, de Pryca, etc., sean procesados por haber pagado a los recaudadores del Partido Socialista; y en el caso del Partido Socialista estén procesados los oficinistas y no los máximos responsables, los señores Benegas, Guerra y González. Y si le molesta mi opinión, lo siento —volvió a la carga Pedro J. Ramírez.

—Lo que me molesta es el lenguaje que utiliza, llamándonos a los socialistas extorsionadores —contestó Mohedano.

—Pero es que no hay otra manera de describir las prácticas de Filesa. Los protagonistas del caso Filesa desarrollan una operación que es una extorsión. Hubo extorsionados y extorsionadores. Y los extorsionadores eran del Partido Socialista, de su partido— replicó el director de *El Mundo*.

—Si yo recuerdo bien, Alfonso Guerra no ha sido inculpado en el caso. La Sala Segunda del Tribunal Supremo ha dicho que no había base —contestó con ironía Mohedano.

La argumentación que había dado la Sala Segunda del Tribunal Supremo para rechazar la petición de suplicatorio contra Alfonso Guerra era que los delitos electorales sólo los podían cometer los administradores generales de las campañas. Guerra no ocupaba ese cargo en el organigrama del PSOE, aunque tenía todo el poder para decidir. El director de *El Mundo* conocía perfectamente ese extremo:

—Pero es que eso no quiere decir nada. La no inculpación de Alfonso Guerra tiene una explicación técnica. La ley por la que se rigen los partidos políticos es, de hecho, diferente de aquella por la que se rigen las sociedades anónimas. Es decir, que así como el presidente de un banco es responsable de todo lo que hace el banco, el presidente o el secretario general de un partido no es responsable de todo lo que hace el partido. El dictamen sobre Alfonso Guerra puede haber sido una decisión plenamente ajustada a derecho. Pero es injusto que los partidos políticos sean medidos por un rasero diferente al de las sociedades anónimas. Es injusto que se sienten en el banquillo Ybarra y Escámez y que el máximo responsable del PSOE que se siente sea Ramón Moreda Luna, un administrativo —explicó Pedro J. Ramírez.

Los razonamientos del periodista no podían ser más contundentes y claros. Incluso habían sido refrendados personalmente por el secretario de Finanzas del PSC-PSOE, Joaquim Llach, en una carta que había enviado un mes antes al presidente de la Comisión Parlamentaria sobre la Financiación de los Partidos Políticos, el canario Luis Mardones:

> «El descontrol económico de los partidos políticos se debe en buena parte a la dilución de responsabilidades. ¿Quién o quiénes son los responsables económicos de los partidos políticos? ¿Cómo se pueden pedir responsabilidades tan sólo a los secretarios de finanzas o administradores de campaña, cuando a menudo la decisión sobre las actividades a realizar las suelen aprobar órganos formados por dirigentes políticos, sin responsabilidad económica, cuyo interés primordial es gastar más para así desarrollar un mejor trabajo político?»

Llach, en su carta, cruzaba los límites actuales proponiendo una solución al doble rasero para medir a los partidos políticos y a las sociedades anónimas, que Pedro J. Ramírez había denunciado esa noche en Tele 5:

> «Mi criterio sería que, en el seno de las comisiones Ejecutivas, existiera una comisión económica o comité de gerencia que actuara a semejanza del consejo de administración de una empresa. El secretario de Finanzas actuaría como consejero delegado y sería, por tanto, el responsable máximo de la administración del partido, con facultades incluso de veto sobre acuerdos que consideraría perjudiciales para la salud económica del partido.»

Los socialistas no inventaron nada nuevo tras su llegada al poder en 1982; sus compañeros italianos y franceses ya lo habían hecho antes. Ya a mediados de los años ochenta dos grandes empresarios de la construcción acudieron a La Moncloa para hacer llegar a Felipe González sus quejas por las continuas exigencias de comisiones en la contratación de obras públicas. La respuesta de González fue contundente: «Dadme nombres y pruebas y actuaré de inmediato.» [1]

Ese era justamente el temor que tenían los constructores. El convertirse en delatores de quienes tenían que seguir concediéndoles las obras públicas.por eso, hasta que estalló el caso Juan Guerra, en diciembre de 1989, los empresarios estuvieron callados.

Fue a partir de ese momento cuando la denuncia de las «mordidas» se convirtió en práctica habitual. El propio ministro de Transporte y Obras Públicas, José Borrell, certificó este clima de corrupción existente y reunió en abril de 1991 a los empresarios más importantes del sector.

—La única manera de que se termine con todo esto —les indicó— es que no paguéis comisiones a los partidos políticos por adjudicaciones de obras públicas. Ya sea el PSOE o cualquier otro partido.

Pero eso era pedirles lo imposible. El 20 de noviembre de 1975, cuando murió el general Franco, la ocupación del Estado en la vida económica era del 25 por ciento. Dieciséis años después, con el PSOE, el Estado controlaba el 51 por ciento del Producto Interior Bruto. El presidente del Círculo de Empresarios, Carlos Espinosa de los Monteros, respondió contundentemente a la sugerencia de José Borrell:

—O renuncias al 50 por ciento de la economía o no tienes más remedio que entrar en el juego de la corrupción [2].

Esa era la clave del asunto. Empresarios como el presidente de la Confederación Española de Organizaciones Empresariales, José María Cuevas, el presidente de la patronal catalana, Alfredo Molinas, el presidente de la Confederación Empresarial Independiente de Madrid, Fernando

---

[1] Fernando González Urbaneja, *Tribuna*, 16 de mayo de 1994.
[2] Joaquín Madina Loidi, *El Mundo*, 4 de mayo de 1994.

Fernández Tapias, y prácticamente la totalidad de los líderes empresariales, realizaron declaraciones para acabar con la corrupción reinante y aplicar nuevas reglas de juego, que podían incluir la legalización de las comisiones a los partidos políticos. Algo anhelado por todos, incluida la gran banca.

* * *

En enero de 1979, el secretario general del PSOE, Felipe González, acudía discretamente a almorzar a la sede del Banco Central en la madrileña calle de Alcalá. Allí le esperaban los presidentes de los siete grandes bancos: Alfonso Escámez (Banco Central), José María Aguirre Gonzalo (Banco Español de Crédito), Luis Valls (Banco Popular), Alejandro Albert (Banco Hispano Americano), José Angel Sánchez Asiaín (Banco Bilbao), Angel Galíndez (Banco Vizcaya) y Emilio Botín (Banco Santander).

González pretendía que «el club de los siete» otorgara un único crédito al Partido Socialista para sufragar las elecciones generales de ese año. La tensión se mascó por momentos. Ninguno de los siete banqueros quería tomar la iniciativa en las primeras elecciones generales tras la promulgación de la Constitución. Finalmente, se alcanzó un acuerdo. La gran banca concedería préstamos sindicados al PSOE en las mismas condiciones de mercado. El líder del PSOE regresó satisfecho a sus cuarteles generales de la calle Santa Engracia.

No habían pasado unos minutos cuando comenzó a recibir llamadas telefónicas de varios banqueros. Una de ellas de Luis Valls, presidente del Banco Popular, y otra de Alfonso Escámez, del Central, al que le unía una simpatía mutua.

—Felipe, sólo te llamo para decirte que si necesitas más ayuda financiera nos tienes a tu disposición. El acuerdo alcanzado no es óbice para que mantengamos nuestras relaciones particulares —le vinieron a decir tanto Valls como Escámez.

La buena sintonía del secretario general del PSOE con la gran banca también se mantuvo en las elecciones generales de 1982, cuando alcanzó La Moncloa. En esa fecha el Partido

Socialista recibió 813.500.000 pesetas[3]. Los préstamos fueron una especie de «subvenciones» a fondo perdido que cada banco concedió a su libre albedrío. La mayoría de los créditos no figuraba en los balances para evitar que se supiera que se había beneficiado con todo descaro a un partido político sobre otro.

En 1986 no quisieron repetir la experiencia de ir cada uno por libre. El club de los siete abrazó la estrategia del *pool*, una idea que apoyó con fuerza el presidente del Banco Bilbao, José Angel Sánchez Asiaín, en el curso de una comida que tuvo lugar el 7 de mayo de 1986 con sus seis colegas. Al cónclave acudiría también Rafael Termes, presidente de la patronal bancaria AEB:

—Creo que nadie quiere verse perjudicado en estas elecciones. Lo mejor es que sindiquemos los préstamos a los partidos políticos. Que formemos un *pool*. Así nos libraremos de las posibles acusaciones de favorecer a unos o a otros y aumentaremos, al canalizarlo a través de un representante nuestro, las posibilidades de recuperar los créditos. O de reducir nuestras posibles pérdidas, según como lo miremos —dijo Sánchez Asiaín[4].

Días antes, Alfonso Escámez había reconocido públicamente que los préstamos concedidos a los partidos políticos en 1982 habían pasado a mejor historia:

—Con los créditos del pasado ya se sabe lo que ocurrió...

Por eso no costó mucho convencer a los presentes de que la propuesta del *pool* era la más adecuada. Los siete grandes invitaron a cinco bancos medianos (el Banco Zaragozano, la Banca March, el Banco Pastor, el Banco Herrero y el Banco de Sabadell) a unirse al «sindicato». El resultado fue que doce bancos constituyeron un *pool* para conceder préstamos sindicados en las mismas condiciones a todos los partidos o coaliciones políticas.

---

[3] En 1982 la gran banca prestó, en total, a los partidos políticos 2.978,34 millones de pesetas, aunque esa cifra quizá sea más ajustada si se le suman entre 1.500 y 2.000 millones más bajo cuerda.

[4] Jesús Rivasés, *Los banqueros del PSOE*, Ediciones B, Barcelona, 1988.

El banco elegido para negociar con los partidos políticos fue el Popular, que tenía fama de haber hecho negocio con ellos hasta esa fecha. El Banco Popular, a través de una oficina próxima al Congreso de los Diputados, gestionaba las cuentas de los grupos parlamentarios. Pero el *pool* no impidió que algunos bancos, de por libre y por su cuenta, dieran algunos créditos a las formaciones políticas.

En estas elecciones de 1986, el PSOE recibió 1.600 millones de pesetas. Los descubiertos del Partido Socialista en sus cuentas bancarias iban aumentando peligrosamente. Las elecciones municipales, autonómicas y europeas del año siguiente agravaron aún más la situación. Un informe confidencial elaborado por la Secretaría de Finanzas del PSOE cifraba, al cierre del ejercicio de 1987, el descubierto con las entidades bancarias en 1.135.388.435 pesetas.

La alarma surgió inmediatamente en la Ejecutiva del partido y los hombres de Emilio Alonso Sarmiento elaboraron una relación exhaustiva de las cuentas bancarias en números rojos. La relación tenía que ser entregada al «aparato» de Ferraz. Era la siguiente:

RELACION DE DESCUBIERTOS EN CTAS./CTES.

BANESTO	177.852.777 ptas.
BANCO CENTRAL	161.676.633 »
BANCO BILBAO	118.433.845 »
BANCO HISPANO AMERICANO	104.868.332 »
BANCO VIZCAYA	93.765.952 »
INDUBAN	79.332.209 »
BANCO DE ANDALUCIA	32.573.195 »
BANCO DE SANTANDER	32.048.757 »
BANCO URQUIJO	16.641.718 »
BANCO PASTOR	1.604.774 »
CAJA DE AHORROS DE ASTURIAS	24.941.784 »
CAJA DE AHORROS DE GRANADA	23.937.689 »
CAJA DE AHORROS DE RONDA	23.788.195 »
CAJA DE AHORROS DE GALICIA	17.859.858 »
CAJA DE AHORROS DE SORIA	12.289.919 »

CAJA DE AHORROS DE ALBACETE	7.586.761	ptas.
CAJA DE AHORROS MUNICIPAL DE BILBAO	7.241.605	»
CAJA DE AHORROS DE NAVARRA	7.012.656	»
CAJA DE AHORROS MUNICIPAL DE SAN SEBASTIAN	6.907.262	»
CAJA DE AHORROS PROVINCIAL DE GUIPUZCOA	4.754.733	»
CAJA DE AHORROS PROVINCIAL DE ALAVA	2.896.556	»
CAJA DE AHORROS DE CANARIAS	2.302.500	»
CAJA DE AHORROS DE VITORIA	1.474.199	»
CAJA DE AHORROS DE MURCIA	1.458.330	»
CAJA DE AHORROS PROVINCIAL DE ALICANTE	1.095.171	»
CAJA DE AHORROS DE PLASENCIA	1.055.644	
CAJA DE AHORROS DE ALICANTE Y MURCIA	599.052	»
CAJA DE AHORROS DE ZARAGOZA	257.414	»
CAJA DE AHORROS DE SAN FERNANDO	15.925	»
CAJA DE MADRID	2.530[5]	»

A pesar de estas cifras negativas, los bancos no hacían nada por recuperar los créditos impagados y los descubiertos en cuenta del Partido Socialista. Desde su llegada al poder, el PSOE había promulgado una serie de normativas que facilitaban el control sobre el funcionamiento de las instituciones financieras. Los inspectores del Banco de España, bajo la supervisión del gobernador, Mariano Rubio, podían convertir el devenir de los bancos en una pesadilla interminable. Todo dependía de su comportamiento con el partido gobernante.

---

[5] El PSOE tenía, además, abiertas cuentas corrientes, sin números rojos, en el Banco Atlántico, la Banca Garriga Nogués, la Banca March, la Caja de Ahorros de Santa Cruz de Tenerife, el Banco Rural, el Banco de Sabadell, el Banco Herrero, el Banco Industrial del Sur, el Citybank España, el Banco Exterior de España, la Caja de Ahorros de Segovia y Banco Natwest.

En este contexto, los bancos y el PSOE mantenían un doble juego. Las entidades crediticias no emprendían ninguna acción inmediata por la vía jurídica que les permitiera conseguir el pago de lo adeudado, como era práctica habitual con cualquier cliente moroso. Y mantenían, sin problemas, el saldo deudor, provisionándolo en su cuenta de resultados como si de una pérdida inevitable se tratara. Bancos como el Santander y el Español de Crédito condonaron deudas millonarias al PSOE en detrimento de los beneficios de sus accionistas [6].

La preocupación de un posible escándalo por el trato de favor a los partidos políticos estaba extendida entre la gran banca. Por ello, la solución de los informes fantasmas de Filesa fue recibida con cierto alivio tanto en el sector financiero como en el de la construcción, principales financiadores de los partidos políticos. Las facturas emitidas por Filesa encajaban perfectamente en sus balances y, además, eran desgravables ante el fisco.

El nuevo procedimiento de financiación irregular fue apoyado principalmente por las entidades crediticias que más relación tuvieron en esos años con el intento de penetración del PSOE en la gran banca: el Banco Bilbao-Vizcaya, que se fusionó en enero de 1988, y el Banco Central, que en ese mismo periodo soportó la operación hostil de Cartera Central. A ambas entidades no les quedaba otra solución que adaptarse al nuevo sistema «revolucionario» impuesto por el PSOE. Pero a cambio recibirían alguna que otra contrapartida.

* * *

Pedro Toledo Ugarte, un economista y abogado [7] nacido en Bilbao en 1935, tenía muy claro, desde que se erigió en consejero delegado del Banco de Vizcaya en 1978, que para

---

[6] El Banco de Santander perdonó en 1990 al PSOE un crédito de 268 millones de pesetas y un descubierto en cuenta de 300 millones. El Banesto, por su parte, perdonó al Partido Socialista 1.238 millones en tres créditos concedidos antes de la llegada de Mario Conde a la presidencia, en diciembre de 1987.

[7] Estudió Económicas en la Comercial de Deusto, como su colega Sánchez Asiaín, y Derecho en la Universidad de Valladolid.

llegar a ser grande era necesario tener buenas relaciones con el poder. En ese sentido, él partía de una posición de ventaja. El ministro socialista de Economía, Carlos Solchaga, era un «hombre de la casa».

Carlos Solchaga Catalán era considerado por los hombres del Banco Vizcaya como uno de los suyos. En 1978 fue nombrado jefe del Gabinete de Estudios del banco. Un año antes, su militancia en el PSOE le hizo conocer a un joven abogado laboralista de Jaén, José Aureliano Recio Arias, quien había marchado al País Vasco para asesorar a Ramón Rubial, presidente del partido, en el Consejo General Vasco. A raíz de un problema laboral en el Banco Vizcaya, Solchaga pondría en contacto a Pedro Toledo y a Pepe Recio. Desde entonces se inició una sólida amistad entre los dos hombres que llevaría al Vizcaya hasta las más altas cotas.

Poco tiempo después, Recio fue fichado por Solchaga para trabajar en el Gabinete de Estudios. José Aureliano Recio pasaba a formar parte de la guardia pretoriana de Toledo junto a Alfredo Sáenz, Angel Corcóstegui, José Antonio Sáenz de Azcúnaga, Víctor Menéndez, Claudio Aranzadi y Francisco Luzón[8].

Pero la estancia de Recio en el País Vasco no duró mucho. En 1979 se marchaba a Sevilla, la tierra donde se educó, como asesor de otro amigo del partido, Rafael Escuredo, el primer presidente de la Junta de Andalucía. Recio pasaba a ocupar el cargo de viceconsejero de Gobernación y posteriormente el de consejero de Presidencia.

La carrera política de Recio en Andalucía fue también corta. Problemas internos en el PSOE sevillano le obligaron a marcharse y en noviembre de 1981 creó, junto a otros tres compañeros del partido, Julio Feo, Roberto de la Guardia y Pilar Miró, la empresa Comunicación 2.000, un *consulting* de asesoramiento a empresas[9]. Pocos meses después de consti-

---

[8] Claudio Aranzadi, luego nombrado ministro de Industria, y Francisco Luzón, presidente de Argentaria.

[9] Entre ellas se encontraba el Banco Bilbao. Su presidente, José Angel Sánchez Asiaín, era uno de los personajes que más visitaba el despacho. Sánchez Asiaín y Julio Feo mantenían una amistad que procedía de los primeros tiempos de la transición y que actualmente se mantiene.

tuirla, comenzó a trabajar de nuevo para Pedro Toledo, esta vez como asesor externo a través de Comunicación 2.000. Su amigo Pedro era ya considerado el futuro presidente de la entidad vasca.

Tras su etapa como asesor del Banco de Vizcaya, Pepe Recio vuelve de nuevo a la política en 1986. Esta vez de la mano del nuevo presidente andaluz, el socialista José Rodríguez de la Borbolla, quien le nombra consejero de Economía y Fomento de la Junta de Andalucía. Un cargo en el que duró hasta comienzos de 1988, en que de nuevo fue repescado por Toledo para cubrir todo el frente político en el proceso de fusión con el Banco de Bilbao, que ya estaba en marcha. Recio aterrizaba en el Banco Vizcaya con la categoría de director general. Era la persona adecuada para intermediar ante el Gobierno y la Administración central. Toledo solía llamar a Recio «mi abrelatas del PSOE».

El 22 de enero de 1988, Pedro Toledo y José Angel Sánchez Asiaín, uno de los principales impulsores de las fusiones bancarias en España [10], habían firmado un documento interno por el que las dos grandes entidades vascas, el Banco Bilbao y el Banco Vizcaya, tradicionales rivales, acordaban unificarse en una nueva entidad. Ese mismo día, curiosamente, comenzaba en Madrid el XXXI Congreso Federal del PSOE, donde se daría el visto bueno a Filesa.

Sin embargo, para que el acuerdo de fusión se pudiera desarrollar con toda normalidad hacía falta el visto bueno del Gobierno, que debería autorizar una exención de impuestos, ya que sin ella no sería posible debido a los altos costes que la fusión implicaba [11]. La intermediación de Pepe

---

[10] En círculos políticos se considera a Sánchez Asiaín como la persona que convenció a Felipe González de la necesidad de las fusiones bancarias para ser competitivos en Europa.

[11] La exención impositiva fue de 50.030 millones de pesetas. El último intento de fusión entre los bancos españoles databa de 1965 y tuvo como protagonistas al Banco Hispano Americano y al Banco Central. La fusión fracasó debido a la negativa del Gobierno de Franco a conceder la exención impositiva.

Recio ante Carlos Solchaga, su viejo amigo, fue vital para que el ministro de Economía diera la autorización definitiva a la fusión del Banco Vizcaya y del Banco Bilbao[12].

Solchaga tenía previsto un plan de fusiones bancarias, pero totalmente diferente. En su esquema no se encontraba una posible fusión entre el Bilbao y el Vizcaya, dos bancos rentables y bien gestionados. Pero la mediación de Recio dio resultado y el Bilbao y el Vizcaya se fusionaban en el Banco Bilbao-Vizcaya. El BBV, se convertía así en el primer banco español, con unos activos totales de casi 6 billones de pesetas, unos recursos propios de 230.000 millones y unos depósitos de clientes de más de 4 billones.

Tras la fusión, los hombres del Vizcaya, más profesionales, comenzaron a dominar la gestión diaria del recién nacido BBV. Su principal reto era consolidarse como el número uno de los bancos españoles. Por eso, tenían muy claro que debían acudir a cualquier desafío que apareciera en el horizonte financiero.

Y así ocurrió. A finales de 1987 el ministro de Justicia, Tomás de la Quadra, tomó una decisión importante: centralizar en una sola entidad bancaria la administración de todas las Cuentas de Consideración y Depósitos Judiciales que manejaban los más de cuatrocientos juzgados españoles existentes y que, juntas, concentraban más 400.000 millones de pesetas.

Hasta esa fecha eran los secretarios de los diversos órganos de la justicia española los que, de acuerdo con el juez, decidían discrecionalmente la entidad de depósito en la que ingresar el dinero. Normalmente, la entidad crediticia elegida eran las cajas de ahorros, en especial cuando los juzgados se encontraban en pueblos. Con esta desorganización, el Erario Público dejaba de ganar anualmente alrededor de 6.300 millones de pesetas en intereses, según estimaciones del sector financiero. Las operaciones que se realizaban solían ser pagos por los juicios ejecutivos, fianzas para respon-

---

[12] La escritura de fusión se firmó el 1 de octubre de 1988. Hasta ese momento los dos bancos siguieron funcionando separadamente.

der por daños así como para pagar costas por juicios ya fallados, consignaciones de recursos de suplicación por indemnización de despidos, fianzas para obtener la libertad provisional, etc. Determinados pagos, como los depósitos por los contenciosos administrativos, se solían consignar obligatoriamente en la Caja General de Depósitos del Banco de España.

En esta línea, el *BOE* publicó el 21 de enero de 1988 el Real Decreto 34/1988 que facultaba al Ministerio de Justicia para designar a una única entidad financiera en la que abrir este tipo de cuentas. Este decreto se completó con una orden ministerial de 30 de mayo que contenía el pliego de bases del concurso. A la convocatoria se presentaron trece entidades financieras. Sin embargo, sólo dos ofertas fueron seleccionadas: la del BBV y la representada por el tándem Banesto-Central.

A comienzos de 1989, el Ministerio de Justicia, con Enrique Múgica ya al frente, se pone a trabajar para ver cuál de las dos ofertas es la más adecuada. Los contactos entre el BBV y los hombres de Filesa comienzan poco tiempo después. Dos conocidos compañeros de partido, Pepe Recio, convertido desde el 15 de enero de 1989 en consejero director general del BBV, y el diputado y *alma mater* del *holding* de empresas del PSOE, Carlos Navarro, son los interlocutores.

Una simple llamada telefónica de Navarro a Recio en marzo de 1989 es suficiente para concertar una reunión, al día siguiente. Al encuentro, que tiene lugar en el despacho de Recio, en la sede central del BBV en el Paseo de la Castellana, de Madrid, acude Luis Oliveró en representación de su sobrino, el diputado socialista[13]. En esa reunión se acuerda un marco de colaboración entre el BBV y Filesa. El BBV pagaría 84 millones de pesetas al *holding* del PSOE por dos supuestos informes sobre la implantación de un sistema de *leasing* para contenedores.

---

[13] José Aureliano Recio manifestó ante Barbero que los contactos con Luis Oliveró habían tenido como eje central la concesión de un crédito personal para comprar un piso en Madrid.

Oliveró bautizó con este nombre a los supuestos informes aprovechando que en esas fechas el contable chileno de Filesa, Carlos Alberto van Schouwen, había ultimado para el grupo un proyecto estratégico y táctico para crear una red peninsular de depósitos de contenedores que pudieran enlazar con el resto de Europa. Se trataba del ansiado proyecto de los contenedores que había ideado un año antes Van Schouwen [14].

A pesar de haberse llegado al acuerdo de emitir al cobro las facturas con fechas 31 de marzo y 28 de abril de 1989, los responsables del BBV no cumplieron con lo pactado y no hicieron frente al pago. Querían ver publicada en el *BOE* la contraprestación pactada. Esto llevó la intranquilidad a los dirigentes de Filesa, que bombardearon telefónicamente a su compañero de partido José Aureliano Recio. «Oliveró le dijo a su secretaria [Natalia Bachs Escrivá] que se comunicara con el BBV para cobrar las facturas en Madrid. Las llamadas se las hacía al señor José Aureliano Recio. Estas se produjeron con tanta insistencia que los del BBV se enojaron y dejaron de contestar a las llamadas de la secretaria. Navarro y Oliveró me explicaron que los acuerdos que se habían tomado [informes] no se pagarían mientras no se publicara lo acordado en el *BOE*, declaró Carlos van Schouwen ante Barbero.

El 7 de junio el ministro Enrique Múgica, un histórico «guerrista» con aspiraciones de poder, firmaba el convenio por el cual se entregaba la gestión de los depósitos judiciales al BBV. Un día después, José Antonio Sáenz de Azcúnaga, consejero director general del BBV, la persona que se encargaba de recibir las solicitudes de préstamos que los partidos políticos hacían en tiempos de elecciones y hombre de Pedro Toledo, daba la orden de pago a Filesa. El BBV ingresaba en la cuenta del *holding* del PSOE, en el Banco Atlántico, 42 millones de pesetas. Los dirigentes del banco pagaban así el primer supuesto informe.

Pero aún quedaba por hacer efectivo el segundo, como

---

[14] «El estudio de los contenedores no lo hice para el BBV», afirmó Van Schouwen ante Marino Barbero, 27 de abril de 1992. Véase también capítulo tres.

también la publicación efectiva de la orden ministerial en el *BOE*. Esto último se realizó el 30 de julio. Veintidós días después, Sáenz de Azcúnaga daba orden de abonar en la misma cuenta de Filesa otros 42 millones de pesetas que correspondían al pago del segundo informe. Se daba así por concluida esta compleja operación que, según aseguró Sáenz de Azcúnaga, había sido aprobada por Pedro Toledo.

La argumentación ofrecida por el Ministerio de Justicia para otorgar los depósitos judiciales al BBV fue que la interrupción de la fusión del Banesto-Central les obligó a ello. El entonces vicepresidente primero de Banesto, Ricardo Gómez Acebo, llegó a afirmar que el PSOE también intentó tocar al Banco Español de Crédito en este proceso: «Hubo un intento de soborno. Juan Belloso nos dijo que había que pagar 120 millones de pesetas al PSOE para quedarnos con la cuentas judiciales, pero que él, aunque fuera su partido, no estaba dispuesto.»[15]

Juan Belloso Garrido, hombre del Partido Socialista, había sido fichado como consejero delegado de Banesto por Mario Conde con el fin de cumplir la misma función que José Recio en el Banco Vizcaya: ser el intermediario con el aparato de Ferraz.

Pero no sería ésta la única colaboración entre el BBV y el *holding* de Filesa. Este banco avaló, por mediación de José Recio, toda la operación de compra de la sede de Filesa en la calle del Barquillo, 9, de la capital de España. El 4 de julio de 1989, el BBV concedió un crédito hipotecario por 30 millones de pesetas a Luis Oliveró para la compra del piso al bailarín Víctor Ullate Andrés. A pesar de que el crédito fue concedido a Oliveró, el titular de la finca era Filesa[16].

La adquisición del inmueble se fijó en 50 millones de pesetas. El piso, de 189 metros cuadrados, tenía nueve habi-

---

[15] Casimiro García-Abadillo, *El Mundo*, 22 de septiembre de 1994.

[16] Al acto ante el notario José Luis Sánchez Torres acudieron en representación del BBV Francisco Javier Ibarrola Mendiguren y Santiago Francisco Otero Fernández. El crédito se concedió a Oliveró por diez años a un tipo de interés del 14,5 por ciento.

taciones principales, vestíbulo, pasillo, cocina y tres departamentos para el servicio. Desde aquel día se instaló allí la sucursal de Filesa en Madrid y la sede central de otra empresa del *holding*: Alfil Comunicación S. A.

La colaboración del BBV con Filesa continuó incluso después de haber muerto su copresidente, Pedro Toledo. El banco se hizo cargo de varias letras que debía pagar Filesa. Así, el mismo día de su funeral, el 21 de diciembre de 1989, el BBV pagó tres letras de la imprenta del PSOE, Hauser y Menet, por valor de 109.700.000 pesetas, por supuestos servicios prestados a Filesa. A pesar de que en aquel momento Filesa tenía dinero en su cuenta corriente del BBV, los directivos de la entidad cargaron el pago de las letras a una cuenta de orden interno del banco.

«El dinero satisfecho a Hauser y Menet, S. A., por los servicios prestados a Filesa, S. A. (impresión de folletos, fotocomposición de revistas, etc.), lo paga el Departamento de Administración Central del BBV a través de sus cuentas internas [...]. Sin embargo, este departamento se encarga de satisfacer los pagos habituales de la propia administración del banco, es decir, sus gastos de actividad: pago de proveedores del banco, gastos de publicidad, servicios externos de asesoramiento...», indica el informe pericial del caso Filesa.

La connivencia entre ambos hizo que el BBV no iniciara acción ejecutiva contra Filesa en el periodo hábil. El pretexto utilizado fue que se habían extraviado las letras. Cuando fueron encontradas, habían pasado ya cuatro días de la prescripción de la acción cambiaria. Finalmente, el banco contabilizó el cargo en la cuenta «Otros deudores a la vista» el 4 de julio de 1991[17].

La desaparición de Pedro Toledo no varió la estrategia en las relaciones del BBV con Filesa. Los hombres de Toledo

---

[17] Con el escándalo Filesa en alza, el presidente del BBV, Emilio Ybarra, dio orden el 1 de diciembre de 1991 para que se exigiera a Filesa el importe adeudado en relación a las letras de Hauser y Menet, que entonces era de 104.700.000 pesetas. Filesa había reducido la cantidad en 5 millones.

seguían llevando toda la gestión política del banco, al margen de su nuevo presidente, Emilio Ybarra. En 1990 y 1991, el pago de informes a Filesa continuó su curso. El BBV abonó, en total, 112 millones de pesetas por informes referidos al «sector industrial en la CEE».

La investigación judicial del caso Filesa desveló el secretismo con que los hombres de Pedro Toledo habían llevado su relación con Filesa. El presidente de la entidad, Emilio Ybarra, se mostró desbordado por todo lo publicado sobre el caso en los medios de comunicación.

El Consejo de Administración del banco celebrado el 20 de junio de 1991 en Valladolid desató las hostilidades entre los hombres del Bilbao y los del Vizcaya. Ybarra ordenó inmediatamente al consejero y responsable de los pagos, Sáenz de Azcúnaga, que presentara un exhaustivo informe confidencial sobre las relaciones del BBV con Filesa.

El documento inédito redactado finalmente por Sáenz de Azcúnaga decía así:

GRUPO FILESA

I. ANTECEDENTES

a) Filesa es una sociedad relacionada con un grupo turístico de Palma de Mallorca denominado Aparthotel Aguamar S. A. [18] cuyos accionistas eran:

* Mallorca Service, S. A.
* Proturin, S. A.,
* Kartel de Inversiones, S. A. (Viajes Ceres, S. A.)
* Filesa

b) A mediados de 1988 este Grupo compró un complejo turístico a otra sociedad denominada Vertur, S. A., que lo había construido con dos créditos hipotecarios de nuestro banco por importe total de 1.000 millones de pesetas.

---

[18] Véase capítulo doce.

c) Nuestro banco, en las relaciones que tuvieron a finales de 1988 con el grupo comprador del complejo, no consintió la subrogación hipotecaria que solicitaron.

d) A principios de 1989 el presidente Pedro Toledo me dio instrucciones para cargar unas facturas por importe de 75 millones de pesetas [sin IVA] que nos llegarían de Filesa por unos trabajos que había encargado sobre un sistema de *leasing* y que habían sido o le serían enviados directamente a él. [...]

g) Posteriormente, en noviembre de 1989 (estando en Sevilla con ocasión del consejo del banco celebrado en dicha ciudad), recibí nuevas instrucciones de Pedro Toledo para el pago de otras dos facturas, que tardarían un cierto tiempo, por importe de 100 millones aproximadamente [112, en concreto], que correspondían a trabajos realizados, según me dijo, relacionados con el sector industrial de la CEE.

Al mismo tiempo, me indicó que iban a vencer en diciembre tres letras a cargo de Filesa, domiciliadas en la cuenta de dicha sociedad en el BBV, Alcalá, 45, por importe de 40, 35 y 34,7 millones de pesetas [109.700.000 pesetas] y que si no había saldo en la cuenta que no se devolvieran pues la aceptante (Filesa) haría frente a las mismas posteriormente.

h) De estos hechos no se te informó ni a ti ni a la comisión permanente en razón de entender que era una ejecución de lo ordenado por Pedro Toledo.

II. SITUACION ACTUAL

a) Los informes o documentación sobre los trabajos realizados por Filesa así como los contratos a que hacen referencia las dos últimas facturas, que no fueron nunca mencionados (los contratos) por Pedro Toledo cuando me ordenó los pagos, no los he encontrado en ningún archivo.

b) A mediados de 1991 [tras estallar el caso Filesa] el banco inició reclamación judicial contra la participada de Filesa en Palma de Mallorca, culminando con éxito (mediante adjudicación del complejo turístico) en octubre del mismo año. [...]
También a mediados de 1991 nuestros servicios jurídicos reclamaron el pago de las letras a cargo de Filesa, obteniendo el pago de 5 millones a cuenta de la deuda.

La impresión que ante el juez Barbero dieron Emilio Ybarra y José Angel Sánchez Asiaín, el copresidente del BBV con Pedro Toledo, fue la de dos hombres poderosos que no controlaban a sus propias huestes. Entre las filas del BBV, los culpables del escándalo eran los sargentos que Pedro Toledo había convertido en generales, los consejeros Sáenz de Azcúnaga y Recio.

José Angel Sánchez Asiaín reconoció ante el magistrado que no había tenido nunca sintonía con Pedro Toledo y que durante su copresidencia había habido «otras bombas tan gordas como las de Filesa». Ybarra, por su parte, se vio obligado a reconocer que a él no le constaba que hubiera ningún testigo presente en las supuestas conversaciones de Pedro Toledo con Sáenz de Azcúnaga, donde se impartieron las órdenes sobre Filesa. Ni tampoco encontraba explicación alguna para que Azcúnaga no le hubiera informado de todo el asunto tras la muerte del copresidente.

El consejo en pleno del BBV acudió a arropar a su presidente en su segunda y última comparecencia ante el magistrado el 13 de octubre de 1994. Parecía rememorarse la obra *Fuenteovejuna* de Lope de Vega. Todo fue inútil. Marino Barbero fue escueto, y nada más comenzar la vista le dijo:

—Le comunico, señor Ybarra, que está usted aquí en calidad de inculpado.

Los delitos que se le imputaban eran falsedad en documento mercantil, apropiación indebida y delito fiscal, los mismos que a su predecesor Sánchez Asiaín [19].

---

[19] La falsedad en documento mercantil está castigada con penas de seis años y un día a doce años y multa; la sanción para la apropiación

Ybarra guardó la compostura como pudo, pero era consciente de que pasaría a la historia como el primer presidente del BBV que fue procesado y juzgado como un vulgar delincuente. Tras finalizar su declaración, regresó aquella mañana al banco sin transmitir emoción alguna a sus consejeros. Para él era un capítulo cerrado. La culpabilidad de Pedro Toledo era la baza a jugar en el proceso. Toledo se convertía así en el primer muerto del caso Filesa.

* * *

El presidente del Banco Central, Alfonso Escámez, a diferencia de los dirigentes del BBV y de Banesto, no necesitaba ningún intermediario, como Recio o Belloso, para hablar con el PSOE. Su propia extracción, de origen humilde, y su trayectoria de hombre que se había forjado a sí mismo hicieron que desde el principio hubiera entre él y «esos chicos socialistas» una relación cordial.

Escámez había comenzado de botones en el Banco Internacional de la Industria y el Comercio, que más tarde fuera absorbido por el Central. Con una trayectoria ascendente, había conseguido hacerse con la presidencia del banco a base de esfuerzo y una gran dosis de diplomacia política en un ambiente en el que no había nacido. Por eso, era inevitable que contemplara la ascensión de los «descamisados» del PSOE como si de algo suyo tratase.

Sus relaciones con los socialistas traspasaron incluso los límites estrictamente oficiales. Fueron muchas las tardes que se pasó en mangas de camisa jugando al dominó con un grupo de influyentes socialistas, entre los que se encontraba el ex ministro de Transportes Enrique Barón. El lugar de la partida era el despacho que el empresario Enrique Ballester y su socio Luis Barredo tenían en los años ochenta en el paseo del General Martínez Campos, de Madrid.

Escámez prestaba al PSOE el apoyo económico que fuera

---

indebida puede oscilar entre un mes y un día y doce años de cárcel; las condenas para el delito fiscal van desde seis meses y un día a seis años y multa.

236

necesario. Una de las sociedades bajo el control del Banco Central y que presidía el propio Escámez, Macosa, donó más de 10 millones de pesetas al PSOE en el difícil año de 1986 [20].

Pero la sintonía de Escámez con el PSOE se rompió a raíz de que Felipe González diera su visto bueno a la política de fusiones bancarias que propugnaba su ministro Carlos Solchaga. La banca estaba considerada en aquellas fechas como un sector estratégico para el Gobierno socialista. El Banco Bilbao y el Banco Vizcaya se habían fusionado y el Central había perdido su liderazgo en la banca española. Escámez estaba furioso. Además, sabía que el siguiente en la lista de fusiones era su banco. El veterano banquero ya había rechazado en el verano de 1987 una oferta de fusión por parte del presidente del Banco Vizcaya, Pedro Toledo.

Escámez no estaba en una situación proclive para plantar cara al Gobierno socialista. Un año antes, el Central se había visto envuelto en una difícil tesitura debido al exceso de autocartera que tenía. El gobernador del banco emisor, Mariano Rubio, había dado un ultimátum a Escámez: «Si no la rebajas, te enviaré a los inspectores del Banco de España», fue el mensaje recibido de Rubio.

La salvación para el banquero de Aguilas (Murcia) apareció en la persona del empresario catalán Javier de la Rosa Martí, el hombre de la Kuwait Investment Office (KIO) en España. KIO, muy introducida en el sector petroquímico, estaba interesada en comprar la compañía petrolera CEPSA, controlada tradicionalmente por el Central y presidida por Escámez.

La coyuntura internacional no era entonces muy favorable para los países productores de petróleo. La volatilidad del precio del crudo estaba poniendo en alto riesgo sus economías. El Gobierno de Kuwait había dado orden a KIO para que se aseguraran los mercados comprando refinerías y entrando en la distribución que, hasta ese momento, controlaban las compañías locales. Para los kuwaitíes CEPSA era el

---

[20] Véanse capítulos cinco y diez.

objetivo. Y el Banco Central se convirtió en el medio para llegar a ella.

Tras varias conversaciones, en octubre de 1986 Escámez y De la Rosa llegaron a un acuerdo. KIO compraba un paquete del 4,95 por ciento del Banco Central, por 14.000 millones de pesetas, a través de la sociedad suiza de cartera GSM Securities Management. Y a cambio se cerraba la venta del 15 por ciento de las acciones de la Compañía Española de Petróleos S. A. (CEPSA) a la Kuwait Petroleum Company, sociedad estatal kuwaití, por un precio sobre el valor nominal de sus acciones del 450 por ciento.

Sin embargo, Escámez, viejo zorro, movió los mercados financieros para que el precio de las acciones de CEPSA subiera como la espuma y los kuwaitíes no pudieran hacer frente al elevado pago de las acciones de CEPSA. Escámez se salió con la suya y la segunda parte del acuerdo con KIO se desmoronó: CEPSA seguía en su poder. A la larga, sería una decisión que estuvo a punto de costarle muy cara.

Una vez ya cerrada la entrada de KIO en el Central, los kuwaitíes intentaron la entrada en otra entidad bancaria española: el Banco Vizcaya. A través de la sociedad Beta Capital S. A., una sociedad de cartera dirigida por Javier de la Rosa, KIO compró un porcentaje idéntico al del Central: el 4,95 por ciento. Este movimiento disgustó sobremanera al ministro de Economía, Carlos Solchaga, al considerarlo como una maniobra hostil contra su viejo amigo, Pedro Toledo, quien ya ostentaba la presidencia del Vizcaya.

Solchaga llamó a capítulo a Javier de la Rosa y le advirtió de que antes de realizar cualquier movimiento importante en la banca española sería recomendable que le informara previamente.

Javier de la Rosa, conociendo la relación de Solchaga con Pedro Toledo, aconsejó a KIO que vendiera las acciones del Vizcaya. La operación se realizó con unas plusvalías para los kuwaitíes de 5.000 millones de pesetas. El propio Banco de Vizcaya compró las acciones.

Tras su salida del BBV, el único objetivo de KIO y De la Rosa era el control del Banco Central. Alfonso Escámez se había convertido en el enemigo a batir, máxime después de que les impidiera entrar en el capital de CEPSA. Para ello, Javier de la Rosa se unió con el empresario Enrique Sarasola, intermediario de la Secretaría de Finanzas del PSOE y amigo personal de Felipe González. Para llegar hasta él utilizó a un amigo común, el empresario Alvaro Alvarez Alonso, socio de Sarasola en Ibermer S. A.

El proyecto de control del Banco Central tenía que tener todo el apoyo del Gobierno, como le había sugerido Solchaga. Sarasola y De la Rosa idearon juntos la fórmula de penetración. Buscaron a unos amigos que secundaran la operación, los primos Alberto Alcocer y Alberto Cortina, «los Albertos». Estos constructores habían levantado junto a sus respectivas mujeres, las hermanas Alicia y Esther Koplowitz, un emporio en la capital de España a través de la sociedad matriz Construcciones y Contratas S. A. (Conycon). «Los Albertos» eran el prototipo exacto del empresario creado bajo la égida del Partido Socialista.

De la Rosa y Sarasola convencieron a «los Albertos» para que canjearan unos solares que tenía Conycon en la plaza de Castilla, de Madrid, las ahora famosas Torres KIO, por el 51 por ciento de las acciones que KIO tenía en su poder del Banco Central.

En noviembre de 1987, en pleno fragor de la OPA del Bilbao sobre Banesto, «los Albertos» firman en Londres un contrato con KIO para constituir la sociedad que administrase las acciones del Banco Central. La sociedad se llamaría Cartera Central y hasta el 7 de enero de 1988 no se constituiría formalmente. Cartera Central nacía con el objeto social de la tenencia y administración de acciones del Banco Central que representaran, como mínimo, el 12,25 por ciento del capital social de dicha entidad[21].

Todo un órdago al que no fue ajeno Alfonso Escámez. El

---

[21] Cuando se constituyó Cartera Central el porcentaje de acciones del Banco Central era el siguiente: 5,25 por ciento «los Albertos» (a través de Conycon), un 5 por ciento KIO y un 2 por ciento el grupo Torras, una de las empresas de KIO en España.

veterano banquero mueve sus peones y contrata al ex vicepresidente del Gobierno con UCD Fernando Abril Martorell y al empresario aragonés Antonio Beteré Cabeza. El ingeniero agrónomo Abril Martorell mantenía unas excelentes relaciones con el entonces vicepresidente del Gobierno, Alfonso Guerra.

Escámez se aseguraba así el apoyo del sector guerrista en el largo asedio que se avecinaba contra su persona. «Los Albertos», por su parte, tenían el placet del ala liberal del Partido Socialista, representada por el ministro de Economía, Carlos Solchaga, y del propio presidente del Gobierno, a través de su amigo Enrique Sarasola.

La *beautiful people*, los llamados tecnócratas del PSOE, empezaban a introducirse e imponerse en la vida económica y social española. Incluso ya habían encontrado sucesor de Escámez al frente del Central, Miguel Boyer Salvador, ex ministro de Economía y presidente del Banco Exterior, «uno de los suyos».

En su lucha a Escámez le falló una carta vital: Ramón Areces, presidente de El Corte Inglés y padrino de «los Albertos». Escámez y Areces mantenían una larga amistad que se había plasmado en una intensa colaboración entre el Banco Central y El Corte Inglés. Por eso, el día en que «los Albertos» constituían Cartera Central, Escámez reunía a sus más íntimos consejeros y les decía: «Yo soy el confesor de Alcocer y Cortina. Si ellos quisieran entrar en el banco me lo habrían advertido.» [22]

Pero con lo que no contaba Escámez era con que Alberto Cortina y Alberto Alcocer no harían caso a Ramón Areces cuando les amenazó con salir del consejo de administración de Conycon si no deponían su actitud beligerante contra Escámez. La negativa de los primos provocó que Areces y todo el equipo de El Corte Inglés abandonaran la empresa el 17 de enero de 1988 después de veinticinco años de colaboración. La brecha se abría todavía más.

[22] José Antonio Navas y Fernando Nadal, *El secreto de Torre Picasso*, Editorial Planeta, Barcelona, 1990.

Las hostilidades durante los tres primeros meses del año 1988 adquirieron tintes dramáticos. Las conversaciones entre Alfonso Escámez y «los Albertos» no llegaron a nada. La guerra de comunicados fue interminable. En este contexto, Alfonso Escámez, arrinconado, optó por la vía de en medio y se alió con un joven abogado del Estado llamado Mario Conde. El joven banquero se había hecho con el poder en el Banco Español de Crédito el 16 de diciembre de 1987 tras acaudillar la resistencia a una OPA hostil del BBV, que había apoyado Carlos Solchaga. Mario Conde era ya contemplado por los dirigentes socialistas como algo ajeno al sistema: un incipiente peligro.

El 13 de abril de 1988 Banesto anunciaba en una nota oficial haber iniciado negociaciones para una eventual fusión con el Banco Central. Un mes más tarde, Mario Conde y Alfonso Escámez firmaban un documento de intenciones, del que informaron al gobernador del Banco de España, Mariano Rubio.

La guerra se presentaba muy dura. Sólo días después Cartera Central, con el visto bueno de Carlos Solchaga, adquiría en bolsa un 2 por ciento del capital de Banesto con el fin de posicionarse como principal grupo accionista en la fusión. El 14 de octubre de 1988 las juntas de accionistas de los dos bancos aprobaron la fusión. Ya sólo era cuestión de semanas para que el nuevo Español Central de Crédito comenzara a andar. La vorágine de los acontecimientos entró entonces en un callejón sin salida del que no era posible salir sin vencedores ni vencidos. Algo que el PSOE no estaba dispuesto a permitir.

Una discreta comida entre el entonces vicepresidente del Gobierno, Alfonso Guerra, y el presidente del Central, Alfonso Escámez, sirvió para limar asperezas y encontrar una solución al problema. El Central rompería su acuerdo con el Banesto de Mario Conde y, a cambio, Cartera Central cesaría las hostilidades contra Escámez.

En aquel otoño de 1988 Filesa comenzaba a tomar forma y el Banco Central se iba a convertir en el primer gran cliente del *holding* socialista. Se llegaba al acuerdo de que el Banco Central pagaba a Filesa 204 millones de pesetas y la petrolera CEPSA otros 244 millones de pesetas. En total, 448 millones de pesetas. La primera factura pagada por el Banco Central, por valor de 120.960.000 pesetas, se emitía el 12 de enero de 1989 en concepto de un supuesto estudio «sobre el sistema financiero español ante su integración en la CEE» [23]. La segunda factura, por valor de 90.896.000 pesetas, se giró diecinueve días después, el 31 de enero. Esta era pagada por CEPSA en concepto de un supuesto estudio «sobre la industria del refino».

Al día siguiente de emitirse esta última factura, la revista *Diez Minutos* publicaba unas comprometedoras fotos de Alberto Cortina y Marta Chávarri, la marquesa de Cubas, saliendo de un hotel de Viena. Aquellas instantáneas comenzaron a romper la armonía en el matrimonio de Alberto Cortina con Alicia Koplowitz.

Tras la publicación de estas primeras fotografías, Escámez siguió cotizando al *holding* del PSOE. El 12 de febrero de 1989, un día antes de que la revista *Interviú* publicara las fotos de Marta Chávarri en una discoteca sin ropa interior, Filesa facturaba a CEPSA 153.104.000 pesetas por un supuesto estudio sobre «la evolución petroquímica en la CEE». Y un día después de la explosiva publicación que agotó la revista *Interviú*, el Banco Central pagaba 83.040.000 por un supuesto estudio sobre «los procesos de fusión bancaria».

Días más tarde, el 23 de febrero, se hacía pública la ruptura de la fusión Central-Banesto. Y cinco días después Alberto Cortina presentaba formalmente por escrito su dimisión como consejero delegado de Construcciones y Contratas. Con ello se desmoronaba toda una estrategia para alcanzar el poder en el Banco Central. El matrimonio Cortina-Koplowitz se rompía por completo.

A partir de ese día terminaba la colaboración del Banco Central y CEPSA con el *holding* del Partido Socialista. No se

---

[23] Emitida por Time Export. Las facturas fueron pagadas por Juan Bule Hombre, secretario general del Banco Central.

volvería a girar ninguna otra factura. Todo parecía haberse desarrollado conforme a los planes fijados con anterioridad. En esas fechas, la compañía CEPSA también obtenía importantes beneficios arancelarios con carácter retroactivo, otorgados por la Dirección General de Comercio Exterior[24].

El propio Alfonso Escámez reconoció la sucesión de acontecimientos reseñada: «Coincide esta época con la de "los Albertos" y la fusión de Banesto. Lo de "los Albertos" no fue una cosa espontánea. Fueron sencillamente los instrumentos por los que se pretendía que yo me fuera, que era el auténtico fin [...] yo no les gustaba, quizás porque era independiente o porque cumplía con mi deber y trataba de hacerlo lo más recto posible, así que me colocaron el sambenito de que era viejo y no servía para estas situaciones.»[25]

El presidente del Banco Central, sin embargo, negó en todo momento haber ordenado los pagos de las facturas emitidas por el *holding* de empresas del PSOE: «Yo no tenía ninguna deuda de gratitud con éstos [los socialistas] como para regalarles ni un duro, y no lo he hecho nunca. Lo sorprendente es que el juez me llame a mí, al que paga, no al que cobra.»

Escámez, famoso por dirigir el Central sin que se le escapara un solo detalle, culpó del pago a Filesa a las doce personas que formaban la comisión jurídica del banco, las cuales habían asumido la gestión y la estrategia del Central en la guerra contra «los Albertos». Entre éstos se encontraban el consejero delegado, Epifanio Ridruejo Brieva; el consejero jefe de la Secretaría General Técnica, Luis Blázquez Torres; el director de los servicios de Mora y Contencioso, Juan Manuel Echevarría Hernández, y los catedráticos Manuel Broseta Pons, jefe de la asesoría jurídica y coordinador de la comisión[26], José Girón Tena, Alberto Bercovitz Rodrí-

---

[24] Se trataba de la importación de material para la modernización de sus factorías sin pagar aranceles.

[25] Agencia Servimedia, 5 de julio de 1994.

[26] Broseta fue asesinado después por ETA. Era otro de los muertos del caso Filesa.

guez-Cano, José Luis del Valle y Pérez, Juan Ignacio Muñiz y Gonzalo Rodríguez Mourullo.

Era esta comisión «quien contrataba y quien convenía. Tenía amplios poderes para actuar. Fue el consejero delegado quien me pasó el mandato [de pago] para que lo visara; lo hice, pero yo no intervine en el pago. Sólo autoricé las facturas, pero no las ordené», afirmó Escámez ante Barbero, con la asistencia del letrado Rodríguez Mourullo, miembro de la comisión de expertos citada.

El presidente del Central intentaba así justificarse ante las explosivas declaraciones que días antes había hecho ante el magistrado su consejero delegado y amigo Epifanio Ridruejo: «El presidente, el señor Escámez, me ordenó que pagara los informes realizados contra la entrega de unas facturas. No me dijo el nombre de la empresa. Me enteré de él cuando tuve las facturas en la mano.»

Por su parte, la operación de pago de las facturas de CEPSA tuvo un transcurrir totalmente diferente. En la operación se utilizó como intermediario a la sociedad Guaden S. A,, con sede en la calle Castelló, 39, de Madrid. Guaden ya había trabajado con anterioridad para CEPSA, por lo que su mediación no era nueva para los dirigentes de la petrolera del Central.

Salvador Pérez, presidente de Guaden, fue quien cerró los acuerdos con los dirigentes de CEPSA Eugenio Marín García Mansilla, consejero delegado, y José María Marín Quemada, director del Departamento de Estudios Financieros. Guaden aparecía ante la opinión pública como el introductor de Filesa. A cambio percibiría la cantidad de 17 millones de pesetas[27].

«Filesa vino recomendada por Guaden S. A. y fue a través de ella de la que recibimos los informes. Nunca tuvimos contacto con Filesa. La recomendación de Guaden nos bastó, conocíamos a esta compañía y sus trabajos eran de calidad», afirmó el directivo de CEPSA Marín Quemada ante Barbero.

---

[27] 6.000.000 de pesetas en 1989 y 11.000.000 en 1990.

La compañía Guaden, fundada en 1986 y controlada al 100 por cien por Hispania Service S. A. [28], era conocida en los sectores eléctrico y petrolero por sus trabajos de asesoramiento. Su relación con los estamentos estatales era excelente. La persona encargada de estos menesteres era el consejero de Hispania Service, Eduardo Becerril Lenores, amigo del responsable de Finanzas del PSOE, Francisco Fernández Marugán. Becerril era también vocal de Saltos del Nansa S. A., sociedad controlada por el Banco Central.

Guaden controla a su vez un paquete del 50 por ciento de Interdoxa [29], otra empresa de asesoramiento que trabajaba con la Administración. Interdoxa facturó servicios a la empresa textil Intelhorce coincidiendo con el fraude que supuso su privatización y venta al empresario italiano Giovanni Orefici. Otro de los pelotazos especulativos del Gobierno de Felipe González.

Pero la petrolera del Banco Central no sólo facturó a Filesa por supuestos informes; también hizo lo propio con otra sociedad del *holding* Filesa, Territorio y Medio Ambiente S. A. (Tema). Esta empresa, controlada por el socio de Luis Oliveró, Ramón Ticó Vilarrasa, cobró de CEPSA 16 millones de pesetas entre 1989 y 1990.

Tras la fusión del Banco Central con el Hispano el pago de tributos tocó a su fin. Alfonso Escámez se convertía en un veterano de guerra. Abandonaba el banco de toda su vida y se parapetaba detrás de una jubilación plagada de títulos honoríficos y un marquesado. «Creo que me consideran una especie de mutilado de guerra, al que llaman para ver si dice alguna barbaridad», eran sus únicas palabras.

---

[28] Se constituyó en 1977. Aparecen como socios fundadores Fernando de Ybarra López Doriga, luego presidente de Sevillana de Electricidad y consejero del BBV, José María Alvarez Romero y Enrique Zulueta Puccin. Su presidente es Alfonso Bernar Castellanos, representante de la compañía en Guaden S. A.

[29] Interdoxa es propiedad de Guaden S. A. y de Antonio Gutiérrez Castaño, quien comparte despacho profesional con Fernando Yélamos y Jesús Bores, abogado y amigo de Felipe González (Julián González y Pedro Tena, *El Mundo*, 19 de junio de 1995).

Sus recuerdos y experiencias quedaban suspendidos en el silencio. Pero con un temor constante a las consecuencias de los tres delitos (falsedad en documento mercantil, apropiación indebida y delito fiscal) que el juez Barbero le había imputado. Sólo le compensaba una cosa: sus rivales en la lucha por el Central, Alberto Cortina y Alberto Alcocer, tampoco escaparon a la trampa de Filesa.

* * *

El 25 de marzo de 1975 la constructora catalana Fomento de Obras y Construcciones S. A. (FOCSA) constituía en Madrid la empresa Proyectos y Servicios S. A. (PROSER) para que cubriera un campo vital de su actividad: la realización de estudios, proyectos y servicios, tanto de obras de ingeniería civil como de obras públicas, así como el montaje de equipos de plantas depuradoras. FOCSA creaba así su empresa asesora para que nunca pudiera faltarle el estudio adecuado ante cualquier concurso.

Tres años antes, los primos Alberto Cortina Alcocer y Alberto Alcocer Torra habían sido nombrados, a propuesta del propietario de El Corte Inglés, Ramón Areces, consejeros delegados de Construcciones y Contratas S. A. (Conycon), la compañía del grupo que disponía tradicionalmente del control mayoritario sobre FOCSA[30]. «Los Albertos», miembros de la alta burguesía madrileña, habían contraído matrimonio con las hermanas Alicia y Esther Koplowitz Romero, verdaderas propietarias del *holding*. El 10 de abril de 1969 Esther y Alicia Koplowitz Romero se habían incorporado al consejo de administración de Construcciones y Contratas. Tomaban por primera vez contacto con la entidad que les había dejado su padre, Ernesto Koplowitz.

Desde ese momento y con el apoyo inicial de Ramón Areces, que les dio la exclusiva de la edificación de los centros de El Corte Inglés, los primos fueron construyendo todo un emporio empresarial que, con la llegada del PSOE al

---

[30] Fueron nombrados el 16 de marzo de 1970.

poder, alcanzó su cenit. Alcocer y Cortina se convirtieron en el prototipo del nuevo empresario forjado bajo el paraguas socialista. Provocadores, agresivos y desafiantes, actuaban en la frontera de la ley.

Para abrir mercado, la constructora de «los Albertos» encargaba siempre un informe de situación a su filial, PROSER. Así, desde su nacimiento, PROSER hizo el 90 por ciento de los informes y estudios que FOCSA necesitó, y que eran minuciosamente catalogados y archivados en la sede de la constructora.

Sin embargo, en 1988 y 1989 FOCSA empezó a pagar importantes cantidades a Filesa y a Time Export, empresas vinculadas a la financiación irregular del Partido Socialista, por varios informes que elaboraba un solo hombre, el ingeniero Luis Oliveró, tío del diputado socialista Carlos Navarro. Informes que, a diferencia de los de PROSER, nunca fueron encontrados.

Oliveró y el presidente de FOCSA, Francisco Mas Sardá Cañelles[31], eran viejos amigos. Mantenían viva una amistad de sus tiempos universitarios en Barcelona. Mas Sardá cursaba la carrera de Derecho y Oliveró la de Ingeniería Industrial, pero un primo hermano del presidente de FOCSA era compañero de clase de Oliveró. Además mantenían muchos amigos comunes. Esta vieja relación sirvió de vínculo para la nueva etapa recaudatoria que comenzaba el *holding* socialista.

La conexión se inició el 19 de julio de 1988. En esa fecha FOCSA pagaba a Time Export la cantidad de 58.240.000 pesetas por un supuesto estudio de mercado, entregado en cuatro partes, sobre «nuevas tecnologías aplicadas al saneamiento urbano en la CEE». La segunda entrega se produjo el 21 de abril de 1989; la tercera el 24 de noviembre de 1989; y la cuarta el 2 de diciembre de 1989.

---

[31] Francisco Mas Sardá, presidente de Focsa desde 1977 hasta 1991, está inculpado en el caso Filesa por delito de falsedad en documento mercantil, delito contra la Hacienda Pública y apropiación indebida. Lo mismo que José Luis de la Torre Sánchez, director general de la División de Saneamiento Urbano de Focsa, quien cerró el acuerdo con Oliveró.

La constructora realizó los pagos a Filesa a través del Banco Zaragozano. Esta entidad crediticia, en manos de los primos Alberto Alcocer y Alberto Cortina, admitió también al descuento unas letras de la imprenta del PSOE, Hauser y Menet S. A,, contra varias agrupaciones socialistas madrileñas en octubre de 1989 [32].

Curiosamente, a principios de 1988, coincidiendo con estos pagos, el Ministerio de Obras Públicas y Urbanismo y el Ministerio de Transportes, Turismo y Comunicaciones, dirigidos por los «guerristas» Javier Sáenz de Cosculluela y Abel Caballero Alvarez, otorgaron a FOCSA tres contratos de la línea férrea del tren de alta velocidad (AVE), que juntos sumaban 11.003.660.494 pesetas. Los contratos eran los siguientes:

«Ciudad Real-Brazatortas;
nuevo acceso ferroviario a
Andalucía. (*BOE*, 23/1/1988)   4.614.663.992 ptas.

Obras estación Santa Justa.
Red arterial ferroviaria.
Sevilla (*BOE*, 23/1/1988)   5.520.925.857 ptas.

Supresión pasos a nivel
tramo Ciudad Real-Brazatortas.
AVE (*BOE*, 20/10/1988)   968.080.645 ptas.»

Pero FOCSA no sólo recibió contratos del AVE por parte del Ministerio de Obras Públicas. Un mes después de su primer pago a Time Export, la constructora de «los Albertos» recibía cuatro concesiones de obras públicas por un importe total de 10.518.627.500 pesetas. Esto ocurría en el mismo día, 23 de agosto de 1988:

---

[32] Las investigaciones de los autores no han podido constatar si estas letras ya han sido pagadas por el PSOE o se encuentran en situación de fallidas, como ocurrió con otros préstamos otorgados al PSOE por otros bancos y cajas de ahorros.

«Autovía del Noreste, CN-VI
Madrid-La Coruña. 5.228.365.287 ptas.

Autovía Igualada-Martorell
Duplicación calzada CN-II
Barcelona. 1.370.330.447 ptas.

Duplicación calzada Autovía
Levante, carretera CN-301
Madrid-Cartagena. 2.504.911.334 ptas.

Variante Autovía Igualada-
Martorell CN-II Barcelona. 1.415.020.432 ptas.»

Durante el año 1988, FOCSA y Construcciones y Contratas suscribieron contratas con la Administración pública por valor de 52.834.590.638 pesetas. Todo un récord.

Los contactos también continuaron en 1989, a pesar de que en el mes de marzo Alberto Cortina abandonara su cargo de consejero delegado en la cabecera del grupo, Construcciones y Contratas. Cortina fue sustituido por Romualdo García Ambrosio, un hombre de confianza de las hermanas Koplowitz.

En este año el nexo de pago con el *holding* del PSOE se realizó a través de Filesa, a la que se encargaron dos supuestos estudios para establecer una empresa constructora en Francia y otra en Gran Bretaña. Filesa recibió por ello 48.160.000 pesetas[33].

Curiosamente, en el curso del año 1989, FOCSA suscribió varios contratos multimillonarios con el Ministerio de Obras Públicas y Urbanismo, que seguía dirigiendo Javier Sáenz de Cosculluela, y con el Ministerio de Transportes, Turismo y Comunicaciones, cuyo titular era ya José Barrionuevo Peña. Los tres contratos más significativos que recibió sumaban la cantidad de 16.159.354.408 pesetas. Y fueron:

---

[33] El primero, contabilizado el 30 de noviembre de 1989; el segundo, el 31 de diciembre.

«Aeropuerto de Barcelona.
Terminal Internacional, fases
A y B. (*BOE*, 7/7/1989)   7.534.411.650 ptas.

Autovía Valencia-Utiel.
Carretera Nacional III Valencia.
(*BOE*, 19/8/1989)   7.089.047.688 ptas.

Variante de Arriondas.
CN-634 Asturias.
(*BOE*, 16/11/1989)   1.535.895.170 ptas.»

Esta relación de contratos millonarios de la administración se intensificó en el último mes de 1989. A raíz de que Filesa girara la última factura a FOCSA el 11 de diciembre, la sociedad recibía otros nueve contratos del Estado por valor de 11.936.221.657 pesetas. Los más significativos fueron:

«Planta desaladora agua de mar
Fuerteventura III.
(*BOE* 13/12/1989)   999.432.000 ptas.

Remodelación Embarque
Aeropuerto Barcelona.
(*BOE*, 19/12/1989)   4.548.074.450 ptas.

Canal Calanda-Alcañiz.
(*BOE*, 19/12/1989)   830.241.486 ptas.

Acceso Puente Internacional
Río Miño-Pontevedra.
(*BOE*, 20/12/1989)   3.213.513.300 ptas.

Acondicionamiento refuerzo
firme CN-433 Sevilla-
Lisboa-Huelva.
(*BOE*, 20/12/1989)   1.413.536.729 ptas.»

La cuota de mercado que las dos constructoras de «los Albertos» mantenían en 1988 con la Administración del Estado aumentaría en 1989 a 58.978.781.024 pesetas. Lo que significaba 6.000 millones de pesetas más. Construcciones y Contratas y FOCSA se convertían en las dos constructoras más favorecidas por el Gobierno socialista[34].

En enero de 1990 FOCSA volvía a ser recompensada por el Ministerio de Transporte, Turismo y Comunicaciones con la contrata de un nuevo tramo del AVE en el enlace de Brazatortas (Ciudad Real). El importe de la concesión fue de 1.741.756.163 pesetas. Su imparable carrera continuaba así.

Finalmente, en marzo de 1992, FOCSA era absorbida por Construcciones y Contratas, dando lugar a Fomento de Construcciones y Contratas (FCC), entidad que pasó a presidir Guillermo Visedo Navarro, anterior vicepresidente ejecutivo de FOCSA y mano derecha de las hermanas Koplowitz.

Alicia y Esther, junto a «los Albertos», habían aprendido rápido como acceder a los contratos más jugosos a través de los atajos más evidentes. Todos los medios valían para justificar el fin, en un sector en el que las comisiones eran la moneda de cambio. Y donde los rivales utilizaban los mismos senderos.

* * *

Cuando José María Ruiz Mateos acudió a su oficina de la plaza de Colón de Madrid, el 23 de febrero de 1983, no podía sospechar que aquel día el Consejo de Ministros, reunido en el palacio de La Moncloa, confirmaría la decisión del ministro de Economía, Hacienda y Comercio, Miguel Boyer Salvador, para iniciar medidas urgentes contra el *holding* Rumasa.

El Gobierno decidía la expropiación del famoso grupo de la abeja. En aquella época la constructora de Ruiz Mateos, Hispano Alemana de Construcciones S. A. (HASA), ocupaba

---

[34] En el ranking le siguen Dragados y Construcciones con 45.000 millones de pesetas en 1988 y 42.200 millones en 1989; Cubiertas y MZOV, con 49.700 millones en 1988 y 33.000 millones en 1989; Ferrovial, con 26.000 millones en 1988 y 54.800 millones en 1989; Agroman, con 24.000 millones en 1988 y 18.000 millones en 1989; Ocisa, con 23.000 millones en 1988 y 13.500 millones en 1989; y Entrecanales, con 16.300 millones en 1988 y 15.000 millones en 1989.

el quinto puesto en el ranking de empresas constructoras del país. Era, junto al Banco Atlántico, la joya más preciada de la corona de Ruiz Mateos.

La primera decisión del Gobierno tras la expropiación de Rumasa fue situar al frente de la gestión de HASA a uno de sus hombres: Jacinto Pellón Díaz, amigo personal del presidente Felipe González. Pellón, nacido en Santander en 1935 y criado en Sevilla, era ingeniero de Caminos, Canales y Puertos y hasta esa fecha había desarrollado toda su actividad profesional en Dragados y Construcciones S. A. Luego fue nombrado presidente y consejero delegado de la Sociedad Estatal Expo-92.

Al poco de entrar en HASA, Pellón se mostró dispuesto a privatizar la constructora. El patrimonio estimado de Hispano Alemana era de 17.000 millones de pesetas. En una operación especulativa el Gobierno decidió venderla el 10 de julio de 1985 a una empresa estadounidense llamada Transworld Construction Inc., cuyo capital era de tan sólo 250.000 pesetas y había sido fundada veinte días antes. La identidad de sus auténticos propietarios se desconocía, ya que estaba registrada en el estado americano de Delaware, el único que permite la existencia de este tipo de empresas fantasmas.

La venta se realizó en condiciones muy ventajosas para la empresa estadounidense. El Estado no sólo se hizo cargo de las deudas (unos 7.100 millones de pesetas), sino que además entregó 11.000 millones de pesetas en concepto de ayuda a fondo perdido. A cambio, los compradores se comprometían a pagar 1.000 millones de pesetas en un plazo de siete años a un 0 por ciento de interés.

Con la parte de los fondos concedidos por el Estado, los americanos compraron otra constructora española: Huarte y Cía. S. A., una empresa navarra que se encontraba en una difícil situación económica.

Una vez realizadas ambas adquisiciones, la descapitalización de Transworld Construction Inc. sirvió de excusa al Gobierno español para introducir en el negocio a la constructora del grupo italiano Fiat, Cogefar-Impresit. Su consejero delegado en España, Enzo Papi, fue detenido en Italia en la operación «Manos Limpias» acusado de pagar 1.800 millones de liras (126 millones de pesetas) al PSI para que el grupo Fiat saliera beneficiado en un concurso público. Los italianos habían sido recomendados a sus colegas españoles por el cerebro de las finanzas del Partido Socialista Italiano, Nerio Nessi, íntimo amigo de Alfonso Guerra y padrino de su hija Alma. En la nueva operación también aparecía el Banco Arabe Español (Aresbank).

Precisamente la otra perla de Rumasa, el Banco Atlántico [35], fue vendida al Aresbank y al Arab Banking Corporation, las dos entidades financieras en España del presidente libio, Muammar el Gadafi. La operación de entrega del Banco Atlántico se realizó en 1984 mediante un concurso restringido controlado por el Banco de España. Como socio de los libios aparecía el Banco Exterior, que participó con un 21 por ciento en el accionariado. Las acciones del Atlántico se vendieron a los libios por la mitad de su precio de cotización oficial en bolsa. Era un nuevo regalo del Gobierno español [36]. El capital libio pasaba a controlar así las dos empresas más saneadas de Rumasa.

La relación de Felipe González y Alfonso Guerra con Muammar el Gadafi se retrotraía a los primeros años de la transición y de Gobierno socialista. El Gadafi prestaba, en aquel tiempo, apoyo logístico y de armamento a la banda terrorista ETA. Las conversaciones de los líderes españoles con el libio hicieron que cesara dicho apoyo. Una de ellas tuvo lugar en Palma de Mallorca.

A cambio, desde entonces tanto el Aresbank como el Banco Atlántico se convirtieron en los bancos del PSOE. Abrieron sus cuentas «operativas», apoyaron todas las operaciones especulativas y sirvieron de banqueros no sólo a las

---

[35] El Banco Atlántico nació en Barcelona en 1901 con el nombre de Banca Nonell y capital procedente de Cuba y Sudamérica. En 1946 tomó el nombre de Banco Atlántico. Y en 1977 entró en él José María Ruiz Mateos.
[36] En la cuneta quedaban dos ofertas españolas, la del Banco Bilbao y la del Banco Vizcaya.

empresas de Aida Alvarez y del grupo Filesa sino también a personajes como Luis Roldán, durante su etapa al frente de la Dirección General de la Guardia Civil.

La infraestructura de estos dos bancos era la más apropiada para los intereses socialistas. Tenían oficinas en toda España y en los paraísos fiscales más importantes del mundo[37]. La sede central del Aresbank está situada en el antiguo solar de la Cámara de Comercio de Madrid, en el paseo de la Castellana, número 257, en el antiguo edificio del Ifema colindante de la Ciudad Deportiva del Real Madrid.

Adrián Piera Jiménez, presidente de la Cámara de Comercio de Madrid, fue quien otorgó este solar a la constructora HASA para que levantara la sede del Aresbank. Piera renunció a las ofertas de empresas como Entrecanales y Tavora, Construcciones y Contratas o el grupo multinacional sueco Reinhold, para aceptar la del grupo constructor vinculado al Aresbank y al grupo Fiat.

En aquel entonces, Adrián Piera era amigo personal de Alfonso Guerra, a quien conocía desde los primeros tiempos de la transición porque su empresa, Maderas Piera S. A., compartía el edificio de la Ejecutiva Federal del PSOE, en la calle Santa Engracia, de Madrid.

El 12 de julio de 1989 HASA pagó 4.600 millones de pesetas a la Cámara de Comercio de Madrid por el solar de 8.258 metros cuadrados sobre el que se levantaría la sede del Aresbank. El grupo HASA contaba para esta operación con el apoyo del propio Aresbank y de la Corporación Financiera Alba, en manos de la familia March.

---

[37] El Banco Atlántico tiene 257 oficinas. Está presente en los paraísos fiscales de Grand Cayman, Gibraltar, Bahamas, Panamá, Islas Vírgenes, Suiza, Nueva York y Miami. Tiene como empresas filiales a Gesatlántico (gestión de fondos), Iberban (inmobiliaria en Panamá), Inversora Atlanta (inmobiliaria en Miami), Aparcamientos Madrid, S. A. (explotación de *parkings* en la capital de España) y Compañía Auxiliar de Transportes y Aparcamientos, S. A. (Barcelona).

Por su parte, el Aresbank sólo tiene cuatro oficinas abiertas en España, todas ellas en Madrid, pero su poder esta repartido por casi todos los continentes.

Adrián Piera admitió en un trato de favor que el grupo constructor sólo pagara 2.080 millones de pesetas en metálico, antes del 30 de julio de 1990, en cheques avalados por el Aresbank. El resto, 2.520 millones, se haría efectivo mediante la cesión de un solar, que se compró luego ex profeso y se sobrevaloró hasta completar el importe fijado.

Tan sólo cinco meses después, el grupo HASA vendía este edificio a la sociedad Premier Castellana por 7.300 millones de pesetas, por lo que obtenía una plusvalía contable de 2.700 millones. Se daba la casualidad de que Premier Castellana S. A. todavía no estaba constituida como sociedad anónima cuando se realizó la compra. Era una sociedad fantasma [38].

El presidente de HASA era entonces Mario Caprile, un empresario que fue relacionado con actividades de contrabando y que tuvo que dimitir en el verano de 1995 por haber sido procesado en el caso Luis Roldán por el pago de comisiones ilegales [39]. El vicepresidente primero de la Cámara de Comercio de Madrid, Jaime San Román y de la Fuente, era consejero en varias de las empresas de la familia Caprile, como la constructora Promiber S. A., la financiera Leasing General S. A. y la firma de electrodomésticos Zanussi Industrial S. A.

Nadie olvidaba que HASA y Huarte habían aportado fondos al PSOE para financiar las elecciones generales, las europeas y el referéndum OTAN de 1986. Años más tarde, la

---

[38] Hoy Premier Castellana es filial de la sociedad Premier España S. A., domiciliada en Barcelona y que según el Directorio de Consejeros y Directivos sólo tiene un empleado. En esta sociedad participa el capital francés a través de las empresas Les Noveaux Constructeurs de Inversiones y La Financière de Promotion de L'Arche, con cuenta bancaria en el Banque Indosuez, vinculado a presuntos escándalos fiscales. El consejero delegado de Premier España S. A. y administrador único de Premier Castellana S. A. es el francés Jean Patrick Ebrard.

[39] HASA fue una de las constructoras favorecidas por el ex director general de la Guardia Civil. La nueva Ley de Contratos del Estado impide conceder ninguna contrata a empresas cuyos directivos estén procesados por la Justicia, lo que obligó a Caprile, «por el bien de HASA», a presentar su dimisión.

Administración del Estado otorgaba contratas millonarias a ambas constructoras. Huarte recibió 11.800 millones de pesetas en contratos de obras públicas en 1988 y 20.900 millones en 1989; y HASA, 7.400 millones en 1988 y 8.900 millones en 1989. Los favores parecían no olvidarse.

Por otra parte, el pago de las constructoras a Filesa seguía su curso.

* * *

El 22 de agosto de 1990 Asfaltos y Construcciones Elsan S. A., una constructora de tamaño medio, obtenía oficialmente, en una unión temporal de empresas con las sociedades Sacyr y Sato, uno de los contratos más suculentos de ese año: la construcción del tramo Milagros-Aranda de Duero perteneciente a la Autovía del Norte Madrid-Irún. La proporción era: Elsan, 50 por ciento; Sacyr, 40 por ciento, y Sato, 10 por ciento.

La adjudicación del Ministerio de Obras Públicas y Urbanismo, que dirigía Sáenz de Cosculluela, tenía un valor de 7.387.753.895 pesetas que, con ajustes inesperados, se elevó finalmente a 7.983.133.349. El suculento trozo de tarta que le correspondió a Elsan fue de 3.969.066.674 pesetas.

Esta constructora madrileña, de índole familiar, dirigida por los hermanos Luis y José Sánchez-Marcos Sánchez, a través de la compañía Composan S. A., tenía una tradición de más de cincuenta años en el sector [40]. Entre sus consejeros cuenta con Luis Martí Mingarro, decano del Colegio de Abogados de Madrid y personaje influyente en determinados círculos de la capital de España.

La presencia de Mingarro, sin embargo, no era suficiente para poder introducirse en el reparto de las contratas del Estado. La facturación de Elsan por trabajos con la Administración Pública representaba el 80 por ciento de su facturación, de manera que era vital para la empresa encontrar la fórmula adecuada para llegar hasta el poder y conseguir el máximo número de obras.

---

[40] Asfaltos y Construcciones Elsan tiene un capital social de 600 millones de pesetas.

En 1988 la facturación de Elsan con la Administración sumaba 5.681 millones de pesetas. Al año siguiente se inició el despegue: 11.950 millones de pesetas. Y en 1990 se produjo «el gran salto hacia delante», con una facturación de 31.245 millones de pesetas. La empresa, por fin, había encontrado el secreto del éxito. En esas fechas había llegado a un acuerdo de colaboración con el *holding* del PSOE.

La persona encargada de negociar con Filesa fue el economista Francisco Javier Iglesias Díaz, vicepresidente ejecutivo y máximo responsable de la compañía [41]. Iglesias se entrevistó varias veces con el polifacético Luis Oliveró para cerrar el acuerdo. Una de las veces en la sede de Elsan.

La constructora encargó cuatro supuestos informes a Filesa en los cinco primeros meses de 1991 por un valor total de 86.240.000 pesetas [42], cantidad que suponía un 2 por ciento de lo que le correspondía a Elsan sobre el valor de la obra de la Autovía del Norte.

Los mencionados informes se referían al tramo de la Autovía del Norte Madrid-Irún que unía Milagros con Aranda de Duero, y al tramo de la Autovía del Levante, Arganda del Rey-Perales de Tajuña, en la Comunidad de Madrid, al que licitaba Elsan pero que finalmente no le fue adjudicado.

Los supuestos informes de la Autovía del Norte, sobre obra ya existente, se basaban en un estudio de trazado, en un proyecto de corrección del impacto medioambiental y en un estudio de drenaje de una explanada afectada por el nivel freático entre el río Duero y la carretera de Palenzuela.

Las dudas respecto a la efectiva realización de estos estudios por parte de Filesa se confirmaron días después a la vista del fax remitido por el jefe de obra de Aranda de Duero, Isidoro Cobo Sáiz, al ingeniero jefe del Departamento de Estudios y Proyectos de Elsan, Ramón Pico Lapuente. En él se podía leer que ya existía un idéntico informe al de Filesa

---

[41] Javier Iglesias fue inculpado por Barbero por los delitos de falsedad en documento mercantil, apropiación indebida y delito fiscal.

[42] El primero, el 13 de febrero de 1991; el segundo, el 12 de marzo; el tercero, el 12 de abril, y el cuarto, el 13 de mayo.

pero realizado por los técnicos de Elsan, lo que ponía de manifiesto que a Filesa se la había contratado para otros fines. El fax decía:

«Una vez iniciados los trabajos se observó que el nivel freático de la zona se encontraba muy alto, lo que dio lugar a que iniciáramos, por parte de los servicios técnicos de la empresa, un estudio de drenaje de dicha zona; dicho estudio fue presentado a la dirección de obra.» [43]

Elsan, como el resto de las empresas, nunca encontró los informes de Filesa. Sin embargo, en la sede de la constructora, en la calle Sevilla, de Madrid, existe una habitación repleta de informes similares a los que, en teoría, había desarrollado Filesa.

La constructora madrileña fue la última empresa que pagó a Filesa. El 13 de mayo de 1991, justo quince días antes de que estallara el escándalo, la empresa socialista giraba una factura a Elsan. La aparición del caso Filesa en los medios de comunicación rompería definitivamente esta relación, que quizá hubiera perdurado en el tiempo. Prueba de ello es que Elsan hizo efectivos los pagos de los informes a Filesa con el caso ya admitido en el Tribunal Supremo.

El 27 de diciembre de 1991 abonaba 15.680.000 pesetas en un cheque de Caja Canarias y el 8 de febrero de 1992 abonaba otras 19.040.000 pesetas mediante una letra de cambio al descuento.

Sus responsables pagaban a pesar de que el caso Filesa era ya una «patata caliente». No querían problemas en futuros contratos públicos otorgados por el Gobierno socialista. En 1991 Elsan facturaba a la Administración 29.307 millones de pesetas.

* * *

El sector de los hipermercados también se convirtió en un «hipernegocio» para las arcas del PSOE. En medio de las

---

[43] Enviado el 3 de abril de 1991.

implantaciones de estos centros comerciales, aparecieron intermediarios procesados por estafas y personajes vinculados al partido. Las trabas urbanísticas no frenaron esta nueva veta financiera, en la que los ayuntamientos socialistas se encargaron de dar las mayores facilidades. Aunque ello significara esquivar la ley.

La regla de las «mordidas» para la ubicación de hipermercados en las grandes ciudades era ya un modelo conocido en países de la Comunidad Europea, como Francia o Italia. Los socialistas españoles no inventaban nada nuevo, simplemente copiaban un modelo ya establecido incluso en Cataluña, pionera en el establecimiento de grandes superficies.

A comienzos de los años ochenta, el diputado por Izquierda Unida-Iniciativa per Catalunya (IU-IC), Sebastián Guirado, sufría un primer intento de soborno para la instalación de un hipermercado cerca de la Ciudad Condal. «Me citaron por la noche, en un bar discreto del barrio de Santa Coloma. Mi interlocutor no era un cualquiera. Se personó el mismísimo director general de la cadena. La conversación no se anduvo por las ramas. Me puso un talón en blanco y me dijo que yo pusiera la cantidad. Aunque rechazamos la oferta de la comisión, el hipermercado se construyó finalmente con el apoyo de otros grupos en una localidad limítrofe a Barcelona.»

La historia continuaría. Otra empresa del sector, Hipermercados Pryca S. A., propiedad del grupo francés Carrefour y de la Banca March[44], cerraba el 31 de julio de 1989 un acuerdo con el *holding* Filesa en concepto de «asesoramiento de inversiones». En esas fechas el grupo francés Pryca intentaba abrir nuevos centros comerciales en ciudades como Zaragoza, Albacete, Alzira, La Línea de la Concepción y Cartagena. Todas en poder del PSOE. Pryca preten-

---

[44] El Grupo March consiguió que sus socios franceses aceptaran a Mariano Rubio como presidente de Hipermercados Pryca, S. A., en febrero de 1994, sustituyendo a Juan Antonio García Díez. Finalmente, el caso Ibercorp echó por tierra el nombramiento.

día establecer en España más de cuarenta centros comerciales[45].

Los pagos a Filesa, 33.600.000 pesetas por seis facturas, se realizaron a través del Banco Atlántico. Era una especie de cuota fija trimestral. Cada una de esas facturas se hacía por un importe fijo de 5 millones de pesetas, más 600.000 pesetas en concepto de IVA. El acuerdo con Filesa contemplaba ocho pagos trimestrales durante dos años, pero el estallido del escándalo cortó de raíz el abono de los dos últimos. El contrato, firmado en la sede social de Filesa en Barcelona, decía así:

> «La vigencia de este contrato se establece de común acuerdo por el periodo comprendido entre el 1 de noviembre de 1989 y el 31 de octubre de 1991, siendo prorrogable tácitamente por periodos de dos años, salvo denuncia en contrario de cualquiera de las partes comunicada fehacientemente a la otra con tres meses de antelación.
>
> Son obligaciones específicas del consultor [Filesa]:
> 1. En cuanto al asesoramiento financiero: información trimestral de los movimientos financieros en Madrid, Barcelona y Valencia, con especial análisis de los mismos. Dicha información, cuando las circunstancias lo hagan aconsejable, podrá ser verbal.
> 2. En cuanto al asesoramiento de inversiones: el consultor evacuará un informe trimestral, que en ocasiones podrá ser igualmente verbal, sobre el negocio inmobiliario del que tenga conocimiento producido en las provincias de Valencia, Alicante, Castellón, Murcia y Albacete, muy fundamentalmente referido a la adquisición de suelo con fines de construcción de centros comerciales,

---

[45] Para ello, Hipermercados Pryca, S. A., absorbió las compañías Ibérica de Hipermercados, S. A., Hiper Málaga, S. A., Almar, S. A., Hiper Majadahonda, S. A., Hiper Puerto, S. A., Pryca Levante, S. A., Hiper Córdoba, S. A., Hiper Murcia, S. A., Hiper Tarrasa, S. A., Comer Center, S. A. y Grandes Superficies, S. A.

hipermercados, supermercados, y en general cualquier tipo de instalación comercial. Informará igualmente sobre las particularidades de los Planes Generales de Ordenación Urbana (PGOU) de las localidades situadas en las provincias reseñadas, que permita la edificación y construcción de los referidos centros.»

El francés Jean François René Pontal, consejero delegado de Hipermercados Pryca S. A., dio el visto bueno a toda la operativa que llevó a cabo uno de sus hombres, Jean Claude Torchard, director general para la zona del sudeste español[46]. La organización del grupo francés en España veía normal la contratación de servicios como los que prestaba Filesa. José Luis Sureda Carrión, presidente de Pryca en España, reveló a Barbero que su empresa había pagado 3.100 millones de pesetas en 1990 por «trabajos, suministros y servicios exteriores».

Los informes de «asesoramiento» tenían como objetivo la intermediación y las posibles compras de terrenos en diferentes puntos de la geografía española donde el PSOE tuviera mayoría en sus consistorios. Servían también para informar sobre sus competidores y las gestiones que éstos realizaban para introducirse en el mercado español.

Filesa, a través de Luis Oliveró, avisaba puntualmente a los dirigentes de Pryca de cualquier novedad que se producía en el sector. Así, en una carta fechada el 12 de septiembre de 1990, les decía:

«Según hemos podido saber recientemente, existe un movimiento de compras en la ciudad de Gandía (Valencia) en la que una sociedad denominada J3V Asociados S. A., que actúa para Continente, está adquiriendo terrenos entre el río Serpis y la carretera VP-1601, a

---

[46] Torchard no acudió a la citación de Barbero al estar entonces destinado en Turquía. Igual ocurrió con Jean Luc Chereau, director financiero del grupo, hoy destinado en Taiwan. Los dos desaparecieron de España tras saltar el escándalo Filesa.

Daimuz. Este suelo tiene clasificación de Urbanizable no Programado.»

Otra misiva indicaba:

«Adjunto les remitimos información sobre Alzira (Valencia), donde es posible la compra de una finca con calificación urbanística para implantación de un centro comercial con hipermercado que puede ser de su interés. La finca se encuentra muy bien ubicada, a la salida de la población por la carretera de Albalat y contigua al centro urbano. Es la única parcela en Alzira donde es posible la construcción de un centro comercial.»

Junto a la carta se adjuntaba un informe, con datos sobre el número de habitantes de Alzira, de su zona de influencia, la superficie de la parcela, la edificabilidad, las cesiones y la situación urbanística que había alcanzado la parcela con la aprobación del Plan Especial de Reforma Interior (PERI), que modificaba su calificación.

La operación en la localidad valenciana llegó a buen puerto. Pryca instaló allí un hipermercado. Más de 200 millones de pesetas de beneficios se obtuvieron con la operación de venta de los terrenos, que pertenecían a la viuda de Eusebio Larrosa y a la familia Suñer, que los utilizaba como criadero de gallinas de la firma Avidesa, de la cual era propietaria.

La venta de los terrenos a Pryca fue realizada por el intermediario José Andrés Asunción, un constructor de la zona que en diciembre de 1989 los había comprado por 300 millones de pesetas. Asunción invirtió después 290 millones en derribos y explanaciones. En marzo de 1990 el constructor vendía a Pryca a través de su sociedad Alfiol la parcela reunificada de 90.000 metros cuadrados por 837 millones de pesetas, obteniendo más de 200 millones de beneficios.

Pero el centro más importante de Pryca abierto durante el periodo de «asesoramiento» de Filesa fue el Centro Comercial Los Llanos, en Albacete. La estrategia operativa fue similar. En este caso, un empresario almeriense, Manuel Escudero

Rodríguez, quien ya había trabajado en negocios similares para el grupo francés en España[47], fue el intermediario ante el consistorio manchego, que entonces presidía el diputado socialista José Jerez Colino.

Escudero se encargó de promover el plan parcial del PGOU de la ciudad de Albacete sobre el que se iba a asentar el hipermercado. Tres meses antes de que se inaugurara el centro, la Comisión de Gobierno del Ayuntamiento de Albacete daba cuenta del traspaso de la licencia de Escudero al grupo Pryca. Por la operación, Escudero obtenía unas plusvalías de 623 millones de pesetas[48].

El empresario almeriense había comprado meses antes diez hectáreas de terreno de suelo «residencial multifamiliar» en la capital albaceteña por un bajo precio, utilizando como testaferros a dos paisanos suyos, Manuel Jiménez López y Joaquín Manzano Cervina. Cinco de esas hectáreas, que tenían un volumen de edificabilidad de 30.000 metros cuadrados, fueron vendidas después a Pryca por 700 millones de pesetas. Escudero consiguió que el ayuntamiento socialista cambiara su calificación a pesar de los dictámenes contrarios de los técnicos.

Un informe judicial en poder del Tribunal Supremo indica que el grupo Pryca entró en contacto con Filesa a través de la empresa francesa Société Auxiliaire d'Entreprises (SAE), una constructora vinculada, junto con Gracco y Urba, a la financiación irregular del Partido Socialista Francés (PSF).

---

[47] Escudero actuó de forma similar en el Pryca de Almería y en el de La Línea de la Concepción (Cádiz). Otras empresas, como Yamasa Distribución S. A. y Procobsa, aparecen también como intermediarias de Pryca en procesos parecidos. Así, Yamasa trabajó en ciudades como Palma de Mallorca, Murcia y Alicante, mientras que Procobsa lo hacía en Lérida y Logroño. En todos estos casos Pryca fue el comprador final de los terrenos.

[48] Según consta en la denuncia por estafa que se interpuso contra el promotor almeriense. El 19 de julio de 1995, Escudero ingresaba en la prisión almeriense de El Acebuche acusado de un delito contra la Hacienda Pública por valor de 133 millones de pesetas. Días más tarde obtenía la libertad bajo fianza de 400 millones.

En junio de 1990 el juez de la localidad de Le Mans, Thierry Jean-Pierre, comenzó a investigar la Filesa francesa y dio con Urba, una sociedad del PSF, con sede en Marsella, que conseguía contratas públicas de los ayuntamientos socialistas a cambio de comisiones del 1 al 5 por ciento del total de las obras. Un 40 por ciento de la suma cobrada era para su propio funcionamiento y el resto se destinaba al pago de los gastos del PSF. Las comisiones eran disfrazadas a través de facturas falsas de estudios[49].

El juez Jean-Pierre fue retirado del caso por orden del Ministerio de Justicia después de realizar un registro, el 7 de abril de 1991, en la sede de Urba en París. Su sucesor, el magistrado Renaud van Ruymbeke, fue más allá: registró la sede central del PSF en París el 13 de enero de 1992, cuando sus dirigentes celebraban el traspaso de poderes entre Pierre Mauroy y Laurent Fabius, nombrado nuevo primer secretario de los socialistas franceses.

Van Ruymbeke buscaba lo mismo que Barbero en Ferraz: los documentos que demostraran la conexión entre Urba y el PSF. Como consecuencia, el que fuera homólogo francés de Galeote entre julio de 1988 y enero de 1992, Henri Emmanuelli, quien ocupó también el cargo de presidente de la Asamblea Nacional (Congreso) y más tarde sucedió a Fabius, fue condenado en mayo de 1995 a un año de prisión condicional y 30.000 francos de multa (750.000 pesetas) por complicidad y encubrimiento de un delito de tráfico de influencias. Con él fue condenado también el homólogo de Oliveró en Urba, Gérard Monate, presidente de esa sociedad.

Sin embargo, el paraíso de las Filesas era Italia. La clase política había hecho de las comisiones una costumbre, con el Partido Socialista Italiano (PSI) de Bettino Craxi a la cabeza. El proceso «Manos Limpias», comenzado el 7 de febrero de 1992 por el ex policía y juez de instrucción Anto-

---

[49] Desde 1984, los socialistas de la región de Nantes, descontentos con Urba, idearon un sistema paralelo de sociedades fantasmas (la principal de ellas se llamaba Deep) con el fin de financiar las actividades del partido.

nio di Pietro, borró de la faz de la tierra al PSI. Su ex secretario general, Craxi, exiliado en Túnez, fue condenado en uno de los muchos procesos abiertos contra él a cinco años y seis meses de prisión por su implicación en el caso de las comisiones pagadas en relación con el seguro de los empleados del consorcio público ENI.

Craxi no fue el único en ser procesado por la justicia. Hombres suyos de toda confianza dieron con sus huesos en la cárcel, como Ferdinando Mach di Palmstein, recaudador del ex primer ministro, o Mauro Giallombardo, un financiero considerado como el intermediario en el pago de comisiones ilegales a varios partidos socialistas europeos. Por no olvidar a Sergio Cusani, fundador del banco Merchant Europe. Por este banco pasaba todo el dinero de los socialistas europeos, según el diputado belga Jean-Pierre van Rossem.

Bettino Craxi reconoció en el libro que publicó en julio de 1995, titulado *El caso C. Segunda Parte*, que las comisiones ilegales eran algo generalizado en Italia y que el PSI contaba con un sistema de cuentas en el extranjero para financiarse, de cuya existencia él estaba al corriente. Craxi afirma en el libro que el PSI tenía dichas cuentas en el extranjero porque había sociedades que preferían hacer su contribución al partido fuera de Italia: «Algunos pagos que el partido debía efectuar para contribuciones especiales, compensaciones, financiaciones, pagos a acreedores, sólo podían ser realizados por medio de operaciones en el extranjero.»

La mecánica del sistema era prácticamente la misma en la mayor parte de los escándalos económicos en los que los socialistas europeos se han visto inmersos en los últimos años. Incluso en el caso «Augusta», por el que el Partido Socialista flamenco de Bélgica cobró en 1988 una millonaria comisión por la compra de 46 helicópteros a la firma italiana Augusta.

Los contactos entre los responsables de finanzas de la Internacional Socialista se multiplicaron en esos años. No fue, por eso, raro que en la sede de Filesa en Barcelona se requisaran documentos que ponían de relieve que el director comercial de la SAE, Gérard Peybernés[50] y su esposa visitaron en varias ocasiones la Ciudad Condal para entrevistarse con Oliveró. Filesa y SAE trabajaron conjuntamente en la localización de solares recalificables en Barcelona, en Gerona (Costa Brava) y en Murcia (Costa Blanca). SAE se asoció con otra empresa del caso Filesa, Catalana de Gas, para crear la sociedad OH-SAE, que mantuvo su actividad hasta principios de 1991.

Pero no sólo el grupo de alimentación Pryca estuvo unido al poder gobernante. Otra cadena de hipermercados, Erosmer (Eroski), mantiene una conocida vinculación con el PSOE y con la Organización Nacional de Ciegos (ONCE). Erosmer fue el típico negocio organizado desde el aparato de Ferraz con el fin de erigirse en uno de los líderes de las grandes y medianas áreas de distribución alimentaria en España, un sector entonces virgen que estaba en manos del capital extranjero.

Jesús Prieto, el presidente de la empresa estatal Mercasa, un ugetista con amistad reconocida con el vicesecretario general del PSOE, Alfonso Guerra, y con el ex ministro de Agricultura, Carlos Romero, fue uno de los diseñadores del nuevo proyecto. Erosmer nacía el 16 de abril de 1991 a través del acuerdo de la sociedad cooperativa vasca Eroski, con sede en Elorrio (Vizcaya), la empresa estatal Mercasa, la ONCE (entonces controlada por Miguel Durán) y el Banco de Crédito Agrícola. La denominación de la nueva entidad surgió de la fusión de los términos Eroski y Mercasa.

La proliferación de los hipermercados Eroski en España fue impresionante. Pasó de ser una cadena de cooperativas

---

[50] El *Periódico de Catalunya*, al intentar contactar con Gérard Peybernés, llamó a la SAE. La telefonista les dio el número de la sede central del Partido Socialista Francés, en la calle Solferino, n° 10, de París. Al advertir el acento español y que preguntaba por Peybernés, requirió si era de parte de Carlos Navarro. Peybernés es hoy director de la Asociación de Financiación del PSF, creada al amparo de la nueva Ley de Financiación de los partidos políticos franceses, promulgada con el fin de controlar las donaciones.

de Mondragón a convertirse en uno de los protagonistas más relevantes del sector. En la mayoría de los casos, la implantación de los centros comerciales Eroski ha estado arropada por ayuntamientos de mayoría socialista en los momentos de las adjudicaciones, como pueden ser los ejemplos de Ciudad Real, Cornellá (Barcelona), Alcobendas (Madrid), Valencia (merced a la infraestructura de la cadena Jobac), Albacete y Guadalajara. Algunas de estas concesiones han estado acompañadas de denuncias, como en Albacete y Guadalajara. En esta última ciudad, la firma contrincante Proigal amenazó con una querella por prevaricación de la corporación, entonces presidida por el socialista Javier de Irízar.

Es el nuevo «hiperchollo» del poder. Un entramado creado bajo la sombra de la financiación irregular del Partido Socialista y que mueve muchos millones de pesetas en dinero negro. Algo ya habitual en la política española.

* * *

De todos los informes pagados por las empresas relacionadas con Filesa el que entraña más misterio es el de Catalana de Gas S.A., convertida hoy en Gas Natural S. A.[51] No ha existido una contrapartida obvia, ni nadie en Time Export se responsabilizó de él.

Pero Catalana de Gas no era una empresa cualquiera. Su presidente honorario y hombre fuerte, Pedro Durán Farrell, era amigo de Felipe González desde los primeros tiempos de la transición. Sus relaciones con la cúpula del PSC-PSOE, con su presidente, Joan Raventós, y con los hombres que han dirigido el socialismo catalán en los últimos diez años, Raimón Obiols y José María Sala, han sido siempre inmejorables.

Durán Farrell fue uno de los primeros empresarios catalanes que hicieron el esfuerzo por conocer al joven líder de la oposición en 1978. En aquel año, Durán preparó un encuentro en Barcelona con González, en el que también estu-

---

[51] Catalana de Gas y Enagas, las dos únicas empresas del sector en España, se fusionaron en 1988 dando lugar a Gas Natural, que tiene el monopolio de la importación de gas en España.

vieron presentes Raimón Obiols y el ex ministro de Sanidad Ernest Lluch. «Vivimos tiempos de incertidumbre, pero esto es pasajero. El futuro tiene un mejor perfil», le dijo a Felipe González.

De aquella comida nació una amistad que ha perdurado con el paso de los años. Desde entonces han sido innumerables las veces que Felipe González y Durán Farrell se han visto en privado. El hoy presidente de Gas Natural nunca ha fallado a los socialistas al serle requerida su ayuda. La mayor parte de las veces sin ninguna contrapartida a cambio.

Durán Farrell es la persona que más conocimiento tiene en el sector del gas en el norte de Africa. El directivo catalán mantiene excelentes relaciones con las autoridades argelinas. Por eso no deja de tener cierta ironía el hecho de que el informe facturado por Time Export a Catalana de Gas el 20 de mayo de 1987 llevara por título «Estudio sobre la operacionalidad de las exportaciones de tecnología gasista en los países del área mediterránea» [52].

Catalana de Gas se convertía así en la primera empresa que encargaba un informe al *holding* socialista. En ese periodo ya se habían establecido los contactos entre el secretario general del PSC-PSOE, José María Sala, y el dueño de Time Export, Carlos Ponsa, para la venta de la empresa al primero. Sala encargó a su secretario de Finanzas, Carlos Navarro, que se pusiera en contacto con el administrador de Time Export, Francesc Fajula, para hacer una valoración de la empresa y decidir su compra.

Ante Barbero, tanto Carlos Ponsa como Francesc Fajula, propietario y gerente de Time Export antes de la venta, negaron haber encargado el informe a Catalana de Gas. Ponsa responsabilizó a Fajula y éste, por el contrario, señaló al principal accionista como la persona que ordenó girar la factura a Catalana de Gas. También Sala y Navarro afirmaron ante Barbero no saber nada del mismo.

Los responsables de Catalana de Gas lo tenían más claro.

---

[52] Time Export cobró 8.400.000 pesetas.

No había duda de que el responsable del supuesto informe, y del pago, había sido José María Batalla Cata, vicepresidente de la compañía, fallecido en marzo de 1988. Batalla se convertía en el segundo muerto del caso Filesa, después de Pedro Toledo, copresidente del BBV. Sin embargo, Barbero inculpó a los principales directivos de Catalana de Gas, su presidente ejecutivo, Pedro Grau Hoyos, y al segundo vicepresidente, Juan Romagosa Petit, de falsedad en documento mercantil y delito contable. En Romagosa se añadió el delito de apropiación indebida.

Catalana de Gas, con el pago del informe, permitió a Time Export enjugar casi la totalidad de sus deudas, que ascendían entonces a 8.973.287 pesetas. Con ello, el diputado Carlos Navarro y el senador José María Sala comenzaban sin números rojos la nueva singladura de Time Export.

* * *

Juan Antonio Molina Vivas, presidente de la Empresa Nacional de Autocamiones S. A. (ENASA), sociedad fabricante de camiones perteneciente al Instituto Nacional de Industria (INI), sabía que el concurso de Filesa era vital para salir del callejón sin salida en el que parecía inmerso la compañía estatal.

En 1988 ENASA había tenido unas pérdidas de 6.000 millones de pesetas y los planes de la Administración socialista eran privatizar la empresa. Pero primero había que sanearla. Para tal fin, los dirigentes socialistas inyectaron en ENASA 90.000 millones de pesetas. Esto, sin embargo, no fue entendido por la Comunidad Económica Europea, cuya Dirección General de la Competencia abrió un expediente sancionador por presunta vulneración del principio de la libre competencia, de consecuencias imprevisibles. «Si la resolución no hubiese sido favorable, ENASA hubiera cerrado porque se habría visto obligada a devolver al INI toda la ayuda recibida. Hubiéramos estado en quiebra técnica», explicó Molina Vivas al juez Barbero durante su primera comparecencia.

El presidente de ENASA temía que la llegada del nuevo comisario europeo, el británico Leon Brittan, que sustituía en enero de 1989 al irlandés Peter Sutherland, paralizara las conversaciones que el INI y ENASA mantenían con la Dirección General de la CEE para conseguir el visto bueno a la ayuda prestada.

Molina Vivas se puso entonces en contacto con Filesa. El presidente de ENASA pensó que la empresa del *holding* socialista era la adecuada para desbloquear la negociación con Bruselas. Molina era militante del PSC-PSOE y amigo del secretario de Organización, José María Sala. Durante varios años había sido director del Puerto Autónomo de Barcelona cuando el fundador de Time Export, el socialista Carlos Ponsa Ballart, ocupaba la presidencia. Por eso conocía la capacidad operativa de Filesa.

Tras mantener dos entrevistas con Luis Oliveró, Molina llegó al acuerdo de pagar un supuesto informe relativo al sector industrial en la CEE, nombre luego repetido para facturar al BBV. El 9 de enero de 1989 Oliveró y Molina firmaban en Madrid el contrato de asesoramiento, en el que se indicaba:

> «1. ENASA está interesada en conocer la situación actual y las perspectivas en el sector industrial en la CEE ante la construcción del futuro mercado interior de 1993, así como la situación actual que plantea la financiación de las empresas públicas industriales, en particular la cuestión de las ayudas del Estado analizando con especial atención su repercusión en el sector de la automoción. 2. La consultora Filesa, S. A. reúne las condiciones adecuadas para la elaboración del estudio expresado en el expositivo anterior, pudiendo a tal efecto subcontratar los servicios y asesoramiento que tenga por conveniente para la confección del mismo, tanto en España como en países miembros de la CEE.»

El 27 de septiembre de 1989 ENASA abonaba a Filesa 35.840.000 pesetas. El máximo responsable de la empresa fabricante de camiones no informó a nadie de su decisión, ni siquiera al presidente del INI, Jordi Mercader. Se trataba del único informe en la historia de ENASA que era encargado por canales atípicos[53].

Finalmente, el contencioso con la Comunidad Europea se desbloqueó, con un resultado positivo para ENASA: una simple multa de 4 millones de pesetas. La empresa fue vendida a finales del otoño de 1989 a un consorcio europeo formado por las firmas Daimler Benz y Man AG, la empresa fabricante de camiones del grupo Volkswagen. En esta operación intervino como mediador el ex embajador alemán en España, Guido Brunner, quien luego sería nombrado consejero de Mercedes Benz.

Sin embargo, el Tribunal de la Competencia europeo no dio el visto bueno a la operación y la compra se deshizo. ENASA fue vendida finalmente en 1990 a la casa Fiat-Iveco, fabricante de camiones del grupo italiano Fiat. El grupo Fiat había sido también beneficiado por el Gobierno de Felipe González con la entrada en la sociedad Hispano Alemana de Construcciones (HASA), tras la expropiación del *holding* Rumasa.

Molina Vivas cesaba en su puesto de presidente de ENASA (después Iveco-Pegaso) el 3 de enero de 1991. Y a principios de 1992, y tras pasar un año en Inglaterra, fue contratado por el Ayuntamiento de Barcelona, gobernado por el socialista Pasqual Maragall. Sus amigos no olvidaban su ideología.

Pero una gran incógnita queda en el aire: ¿quiénes son los corruptores y quiénes los corruptos? ¿Son los políticos los que han corrompido a los empresarios o es al revés? Nadie ha podido responder todavía a este interrogante que se ha cobrado una única víctima: la sociedad española.

---

[53] Molina Vivas fue inculpado por Barbero por falsedad en documento mercantil, apropiación indebida y delito fiscal.

LOS INFORMES DEL "CASO FILESA"

Fecha	Cliente	Importe	Motivo	Empresa
20/05/87	Catalana de Gas	8.400.000	Estudio sobre la operacionalidad de las exportaciones de tecnología gasista en los países del área mediterranea.	Time Export
TOTAL 1987		8.400.000		
02/05/88	Camunsa	2.240.000	Prospección y estudio de mercado para proyectos e instalaciones eléctricas en los mercados de los países del norte de Africa.	Time Export
19/07/88	FOCSA	19.040.000	Estudio de mercado sobre nuevas tecnologías aplicadas al saneamiento urbano en la CEE.	Time Export
TOTAL 1988		21.280.000		
12/01/89	Banco Central	120.960.000	Estudio sobre el sistema financiero español ante la integración en la CEE.	Time Export
31/01/89	CEPSA	22.576.000	Estudio sobre la industria del refino.	FILESA
31/01/89	CEPSA	67.424.000	Estudio sobre la evolución petroquímica de la CEE.	FILESA
31/01/89	CEPSA	68.320.000	Segunda entrega, y final, del estudio sobre la industria del refino.	FILESA
12/02/89	CEPSA	85.680.000	Resolución final del estudio sobre la evolución petroquímica en la CEE.	FILESA
14/02/89	Banco Central	83.040.000	Estudio sobre los procesos de fusión bancaria.	FILESA
31/03/89	BBV	42.000.000	Primera entrega del estudio de asesoramiento para la implantación de un sistema de leasing para contenedores.	FILESA
21/04/89	FOCSA	3.360.000	Complemento al estudio de mercado sobre nuevas tecnologías aplicadas al saneamiento en la CEE.	Time Export
28/04/89	BBV	42.000.000	Segunda y última entrega del estudio de asesoramiento para la implantación de un sistema de leasing para contenedores.	FILESA
27/09/89	ENASA	35.840.000	Estudio relativo al sector industrial en la CEE.	FILESA
30/10/89	Eusis	11.200.000	Prestación de servicio por asesoramiento financiero.	Time Export
24/11/89	FOCSA	15.680.000	Segunda fase del estudio de mercado sobre nuevas tecnologías aplicadas al saneamiento urbano de la CEE.	Time Export
27/11/89	FOCSA	19.040.000	Informe de asesoramiento para establecer una empresa constructora en Gran Bretaña.	FILESA
02/12/89	FOCSA	20.160.000	Segunda fase estudio sobre nuevas tecnologías aplicadas al saneamiento urbano en la CEE.	Time Export
11/12/89	FOCSA	29.120.000	Informe de asesoramiento para establecer una empresa constructora en Francia.	FILESA
15/12/89	ABB Energía	40.012.672	Informes sobre planes de viabilidad industrial de las instalaciones existentes en el País Vasco procedentes de CENEMESA y CONELEC.	FILESA
31/12/89	ABB Energía	16.718.800	Estudio de normativas y marcos jurídicos vigentes para la obtención de subvenciones y otros incentivos económicos a la inversión.	FILESA
31/12/89	ABB Energía	21.525.840	Análisis comparativo convenios laborales de las empresas CONELEC y CENEMESA.	FILESA
31/12/89	ABB Energía	33.742.688	Estudios de perspectivas del sector de disyuntores de alta y media tensión en relación con la posible adquisición del grupo CENEMESA.	FILESA
TOTAL 1989		778.400.000	**Durante este año se celebraron las elecciones europeas, generales y autonómicas gallegas; el PSOE ganó las dos primeras.**	
31/01/90	Pryca	5.600.000	Asesoramiento de inversiones.	FILESA
30/04/90	Pryca	5.600.000	Asesoramiento de inversiones.	FILESA
20/03/90	BBV	44.800.000	Trabajos relativos al sector industrial en la CEE.	FILESA
31/07/90	Pryca	5.600.000	Asesoramiento de inversiones.	FILESA
28/09/90	Abengoa	11.200.000	Estudio y asesoramiento sobre el sector eléctrico.	FILESA
31/10/90	ABB Energía	36.019.727	Proyecto de cambio de lay out en la fábrica de Galindo para instalación de equipos procedentes de la fábrica de Erandio de CENEMESA.	FILESA
31/10/90	Pryca	5.600.000	Asesoramiento de inversiones.	FILESA
TOTAL 1990		114.419.727		
31/01/91	Pryca	5.600.000	Asesoramiento de inversiones.	FILESA
11/02/91	BBV	67.200.000	Ampliación de trabajos realizados relativos al sector industrial en la Comunidad Económica Europea.	FILESA
13/02/91	Elsan	39.200.000	Estudio de seguimiento para la redacción del proyecto del tramo de la autovía Milagros-Aranda del Duero.	FILESA
12/03/91	Elsan	12.320.000	Estudio y asesoría para el proyecto de corrección de impacto ambiental del tramo de la autovía del norte Milagros-Aranda del Duero.	FILESA
12/04/91	Elsan	15.680.000	Estudio del tratamiento de laderas y zonas yesíferas para el proyecto del tramo de la autovía: Aranda del Rey-Perales de Tajuña.	FILESA
30/04/91	Pryca	5.600.000	Asesoramiento de inversiones.	FILESA
13/05/91	Elsan	19.040.000	Estudio de drenaje para tratamiento autovía del Norte tramo Milagros-Aranda del Duero.	FILESA
TOTAL 1991		164.640.000		
			TOTAL 1987-1991: **1.087.139.727 Ptas.**	

272

CAPITULO SIETE

AIDA ALVAREZ, LA DAMA DEL PSOE

María del Mar Martínez, la secretaria de Txiki Benegas, responsable de Organización del PSOE, no sabía si enfadarse o reírse aquella tarde del 17 de abril de 1986.

Miguel Molledo, un joven piloto de treinta y tres años reconvertido en comercial de la empresa de aviones privados Transportes Aéreos Hispanos S. A. (Tahis), se había atrincherado en la antesala del despacho de Benegas dispuesto a resistir lo que fuera para que su firma obtuviera el contrato de transporte de paquetería, cartelería y desplazamiento de los dirigentes socialistas durante la campaña de las elecciones generales a celebrar el 22 de junio.

Aida Alvarez, uno de los comisarios políticos de Alfonso Guerra en Ferraz, tenía un pequeño despacho junto al de Benegas. Su cometido era organizar, junto a Alfonso y Txiki, toda la estrategia de las campañas electorales.

La tarde avanzaba ya cuando Aida Alvarez apareció en el despacho con un aspecto descuidado y desaseado, en el que llamaba la atención una mancha de grasa en la parte derecha de su pantalón vaquero. María del Mar, su íntima amiga de correrías nocturnas, la llamó discretamente para comunicarle la presencia del fornido Molledo. Las dos amigas se introdujeron en el despacho de Txiki Benegas y comenzaron a cotillear:

—¿Has visto a ése de ahí fuera? —le preguntó María del Mar.

273

—Sí, ¿quién es? —respondió una sorprendida Aida.

—Un tío que está buenísimo, pero que es un pesado. Quiere vendernos los servicios de su compañía aérea y no para de venir a hablar con Txiki.

—¿Y qué haces ahí parada? Si está macizo, hazlo pasar.

Minutos más tarde, Molledo penetraba en el despacho de Benegas. Aida Alvarez, apoltronada en el sillón, lo observó de arriba abajo, desnudándolo con su mirada. María del Mar contemplaba divertida la escena.

—Soy el director comercial de la empresa Tahis, de transportes aéreos, y traigo una oferta que estoy seguro no podréis rechazar —comenzó su explicación Molledo.

—¿Estás casado? —le contestó Aida cambiando el tercio.

—No, no.

—¿Y qué vas a hacer esta noche? —le preguntó con tono de voz áspero, como de mando.

—No lo sé. No suelo salir.

Las salidas nocturnas no eran el principal divertimento de Miguel Molledo Martín, un tipo de excelente condición física, afín a la derecha, católico y muy dado a la vida familiar. Molledo había nacido el 21 de julio de 1953 en Torquemada, Palencia, en el seno de una modesta familia. Su padre era empleado de la empresa de ascensores Giesa y su madre, ama de casa. Tenía dos hermanos, Javier y Begoña. Su afición a los aviones le venía de haber realizado el servicio militar como voluntario en la base de utilización conjunta hispano-norteamericana de Zaragoza.

A finales de los años setenta, tras un pequeño periplo en el aeroclub de Zaragoza, Molledo se desplazó a Canarias para realizar prácticas de vuelo. Se enroló en la empresa aérea Naisa, de la que era propietario Javier Martínez Lora. Utilizó la treta de una supuesta vinculación familiar con éste para conseguir el contrato. Concluido su periodo de aprendizaje en las islas, Molledo volvió a Madrid y comenzó a trabajar en el aeródromo de Cuatro Vientos, donde prestaba servicios a la empresa de aeronaves Suma, y en Aeromadrid, en la que ejercía de instructor e impartía clases de simulación de vuelo.

En 1984 Martínez Lora lo llamó para fundar una nueva

compañía aérea en Las Palmas de Gran Canaria: Transportes Aéreos Hispanos (Tahis). Molledo suscribió el 25 por ciento del capital social de la sociedad, que era de 10 millones de pesetas. Sin embargo, dada su insolvencia de entonces, sólo pudo reunir 1.400.000 pesetas.

Molledo fue nombrado director comercial de la compañía. Desde ese día, las visitas del piloto a los distintos organismos públicos y privados en busca de contratos fueron incesantes. En un primer momento logró conectar con el entonces secretario general del Partido Comunista, Santiago Carrillo, para el que la empresa realizó algunos vuelos. También entró en contacto con la entonces Coalición Popular de Manuel Fraga.

En su lista de objetivos faltaba el Partido Socialista. Y lo que menos esperaba era encontrar una negociadora como Aida Alvarez al otro lado de la mesa.

—Creo que esta noche no va a poder ser porque tengo que ir a hablar con el presidente de la compañía. Pero puede ser otro día.

—Por ejemplo, ¿mañana? ... Ya sabes que los negocios son siempre mucho más agradables alrededor de una mesa —le respondió Aida Alvarez.

Molledo salió atónito de Ferraz. Presentía que tenía entre sus manos el tan ansiado contrato, pero le repelía el método para conseguirlo. Y así se lo dijo horas después a su jefe, Javier Martínez Lora:

—Quiero que sepas que no me voy a prostituir por la empresa. A mí me gustan las tías femeninas y ésta fuma, tiene bigote y está gorda... ¡Tenías que haber visto cómo me miraba!

Sin embargo, sus palabras no se adecuaron a los hechos. Molledo intensificó sus visitas a Ferraz, que combinó con cenas privadas con Aida Alvarez en los más famosos restaurantes de Madrid, como Mayte y Lucio. El joven piloto había sucumbido a la tentación del poder y del dinero. Finalmente, consiguió el contrato para Tahis, que comenzó a trabajar para el PSOE.

La única condición que Aida Alvarez impuso al presidente de la compañía aérea era que Molledo formara parte de la tripulación en todos los viajes electorales que ella realizara. Molledo tenía el título de piloto comercial de segunda, por lo que no podía pilotar aviones sin un comandante al mando.

—Búscate al comandante que quieras, pero Miguel debe ir siempre que vaya yo —le dijo Aida Alvarez a Martínez Lora.

La «conseguidora» del PSOE invitó a su amiga María del Mar a viajar con ellos para completar el cuarteto. La secretaria de Txiki Benegas rápidamente entabló amistad con el otro tripulante. Muchos fueron los viajes «electorales» que realizaron las dos parejas.

El piloto descubrió pronto que la ideología de Aida Alvarez no estaba tan alejada de la suya y que a los dos les interesaba una única cosa: el dinero. La relación comercial derivó hacia la sentimental. Se convirtieron en pareja estable. Meses después, Molledo se convertiría en pieza central de la trama de empresas creadas por Aida Alvarez al servicio de los intereses del PSOE.

A Molledo una de las cosas que más le seducían de Aida Alvarez era su fuerza interior, de la que él adolecía, y su llaneza en el lenguaje:

—Los socialistas somos como los macarrones, rojos por fuera, blancos por dentro y rodeados de chorizos —le dijo Aida un día.

* * *

Aida Alvarez Alvarez, apodada «la Gordi», había nacido en Madrid el 10 de diciembre de 1956 en una humilde familia de viejos socialistas. Su padre, Dionisio Alvarez Barba, regentaba una vaquería. Ella era la mayor de seis hermanos. Con sólo dos años fue enviada a vivir a París con sus abuelos maternos, exiliados a consecuencia de la Guerra Civil. En el número 17 de la *rue* Charlot, en un pequeño hotel donde vivían varias familias con los servicios compartidos, pasó Aida los primeros años de su infancia.

Siendo ya una adolescente conoció en la villa del Sena a Paulino Barrabés, secretario de Finanzas del sindicato UGT, y a Carmen García Bloise, una militante socialista que, tras el

Congreso de Suresnes de 1974, fue nombrada miembro de la Ejecutiva del PSOE. Esta amistad marcaría su futuro.

En 1976, cuando el PSOE abrió su primera sede en la calle Jacometrezo de la capital de España, García Bloise le dio su primer empleo. La nombró ayudante suyo en las labores de contabilidad. García Bloise acababa de ser nombrada secretaria de Administración del PSOE y Aida había regresado a España sin apenas equipaje. Ella, junto a Barrabés y García Bloise, eran conocidos por sus compañeros como el «clan de la *cassoulet*», por su procedencia del exilio. Contaban los números en francés y no sabían leer un balance, lo que provocaba la risa de los miembros de la Ejecutiva socialista.

Pero su ascendente dentro de la organización pronto se dejó notar. No tardó en colocar en el partido a su madre, Carmen, como recepcionista y encargada de la limpieza, y a su padre, Dionisio, como conserje. Luego llegarían sus hermanos.

Aida Alvarez se ganó la confianza del «aparato» del partido, controlado por Alfonso Guerra. Fueron años en los que Aida compatibilizó su trabajo en el departamento de Finanzas del PSOE con el de asistente del número dos. La joven cuidaba de que su ropa estuviera lavada y planchada, de que se pagaran sus facturas mensuales, de tener informada a su mujer, Carmen Reina, que seguía viviendo en Sevilla, y de todos los pequeños detalles que podían hacer más fácil la vida del futuro vicepresidente del Gobierno, como su seguridad personal.

En aquel tiempo, una comunicación secreta del entonces ministro del Interior de la UCD, Juan José Rosón, indicaba que se podría estar preparando un atentado contra la figura de Alfonso Guerra, o de su familia, por parte de bandas de la extrema derecha. Aida Alvarez se puso a trabajar en el caso y realizó, junto al jefe de Seguridad de la Comisión Ejecutiva Federal del PSOE, José Luis López Esteban, un minucioso estudio de las condiciones de seguridad de los domicilios de Guerra en Sevilla y en Madrid.

El informe inédito rezaba así:

«INFORME SOBRE LA SEGURIDAD DEL VICESECRETARIO GENERAL DEL PSOE

DOMICILIO EN MADRID.

Se considera que el apartamento en que reside el vicesecretario general, y que ocupa desde hace cuatro años, carece de las mínimas condiciones de seguridad por las siguientes razones:

1. Debido al largo periodo de tiempo que se viene ocupando, su ubicación no está a los niveles de discreción imprescindibles, sino que, al contrario, son numerosas las personas que lo conocen; lo cual posibilita que haya podido haber filtraciones a personas vinculadas a movimientos ultraderechistas.

2. El domicilio está ubicado en un complejo de apartamentos, lo que dificulta sobremanera el necesario control de las personas que acceden al citado edificio.

3. La estructura y ubicación del apartamento impide que el servicio de escolta pueda proteger dicho domicilio, sobre todo en funciones de extravigilancia.

4. El acceso es único y desde el nivel de la calle, por lo que debe hacerse a pie el tramo que hay desde la calzada al edificio, no pudiéndose enmascarar los horarios de entrada y salida.

Estas razones han aconsejado buscar una nueva ubicación del domicilio de Madrid, que reúna las condiciones aceptables de seguridad. Tras diversas gestiones, se ha encontrado una vivienda que se propone como nuevo domicilio del vicesecretario general.

DOMICILIO EN SEVILLA

El domicilio familiar en Sevilla está situado en una zona periférica, que por informes recogidos es domicilio habitual de personas de ideología ultraderechista.

El piso en que habita el vicesecretario general está en la última planta de un edificio de cuatro alturas. El portal está situado casi en la esquina de la calle, es estrecho y se accede a las viviendas por una escalera angosta, no disponiendo de ascensores.

La estructura de la casa es muy débil. La vivienda es fácilmente accesible por el exterior, por estar situada en la última planta.

La vigilancia y protección de la vivienda desde el interior del inmueble, bien de portal y escaleras, no es posible por lo angosto de su trazado.

Las calles de acceso son muy estrechas, permitiendo el paso de una sola fila de vehículos y en una dirección obligatoria.

A estas dificultades insuperables hay que añadir que la ubicación del domicilio es del conocimiento general de muchas personas, debido al tiempo que habita en él el vicesecretario general y su familia.

Por todo ello, se considera que no es posible conseguir unas condiciones mínimas de seguridad en el domicilio actual, y que no merece la pena establecer una protección física en los accesos a la vivienda, tanto en las puertas como en las ventanas.

Se considera muy urgente un nuevo domicilio familiar para el vicesecretario general ya que el actual es insostenible bajo una perspectiva de protección ante una previsible agresión. [...]

Tras diversas gestiones, se han encontrado algunos locales que reúnen las condiciones expuestas y que se consideran imprescindibles para establecer una protección eficaz. Estos locales son susceptibles de alquiler por un precio que oscila entre las 100.000 y las 150.000 pesetas mensuales.»

Con este informe en la mano, Aida Alvarez elaboró, a su vez, un nuevo dictamen, que presentó ante la Ejecutiva del PSOE para que el partido pagara los nuevos domicilios de Alfonso Guerra. Este decía así:

«INFORME VIVIENDA VICESECRETARIO GENERAL

De acuerdo con el informe que nos presenta el jefe de seguridad de la Comisión Ejecutiva Federal, nos hemos puesto en contacto con el vicesecretario general para saber la disponibilidad económica del mismo, referente al cambio de domicilio exigido por el departamento de seguridad:

1. En estos momentos el presupuesto del V.S.G. referente a sus dos viviendas es de 50.000 pesetas mensuales.

Madrid: apartamento y gastos de comunidad: 48.000 pesetas.
Sevilla: piso en propiedad, gastos de comunidad: 2.000 pesetas.

2. Después de informarle de la situación, nos indica que podía duplicar esa cifra, pero que le es totalmente imposible cubrir la totalidad del piso de alquiler de Sevilla 150.000 ptas.-mes, y del piso de alquiler de Madrid, 150.000 ptas.-mes, total 300.000 ptas.-mes.

Primera propuesta: Puesto que el partido, a través de su departamento de seguridad, ve la necesidad de que el V.S.G. cambie sus dos domicilios, debe asumir la diferencia que supone el traslado.

Por ello proponemos que se aporte, en concepto de gastos de seguridad, la cantidad de 200.000 ptas.-mes, el resto correría a cargo del vicesecretario general del PSOE.

Esta propuesta fue aceptada por el responsable de Administración, entendiendo que este suplemento era debido a las necesidades de seguridad.

Siendo aceptado ya el presupuesto, se ha visto que era mucho más ventajoso adquirir esas viviendas, de esa forma evitaríamos el gasto mensual de 300.000 ptas. (200.000 - PSOE y 100.000 - VSG), y pasaríamos a invertir parte de esas cantidades.

Sevilla. El partido adquiría la vivienda (9.000.000) escriturando la misma a su nombre (PSOE), y alquilaría esta misma al vicesecretario general por la cantidad de 100.000 ptas. mensuales. Se estudiaría la posibilidad de incluir una cláusula dando opción a compra.

El partido asumiría los gastos extraordinarios de seguridad domiciliaria, con una cantidad máxima de 50.000 pesetas mensuales.

Madrid. El vicesecretario solicitará un préstamo personal (a negociar) por la cantidad total de la vivienda, asumiendo directamente la totalidad del pago del mismo. Al término de la operación, esta vivienda sería propiedad del VSG.

El partido asumiría los gastos extraordinarios de seguridad domiciliaria, con una cantidad máxima de 60.000 pesetas mensuales.

Por esta propuesta de compra, el partido desembolsaría la cantidad de nueve millones de pesetas, aumentando su patrimonio en dicha cantidad, y, por supuesto, recuperando dicha cantidad, amén de los pagos mensuales en concepto de alquiler que efectuaría el VSG en su supuesto cese.»

Poco tiempo después de este informe, los domicilios de Alfonso Guerra pasarían a ser dos chalés; uno en Sevilla, en la calle Diego de Arana, 4, Ciudad Jardín (Santa Clara); y otro en Madrid, Urbanización La Chopera, chalé 9, Las Rozas. Aida Alvarez se encargó de los pagos, en representación del PSOE.

Este estrecho trato con Alfonso Guerra la condujo a una relación sentimental con su chófer, José Fernández González, «Josete», que se convertiría en su primer marido y con el que tuvo su primer hijo, Pablo[1].

La salida de Carmen García Bloise de la Secretaría de

---

[1] El Juzgado de Primera Instancia 25 de Madrid concedió el divorcio a «Josete» y Aida Alvarez el 3 de noviembre de 1988. La escritura de capitulaciones se realizó el 5 de octubre de 1987 ante el notario José María Cabrera Hernández.

Finanzas, en 1979, no influyó en la fulgurante carrera política de Aida Alvarez. Fue el propio vicesecretario general quien le comunicó al nuevo responsable de Finanzas, Emilio Alonso Sarmiento, que quería que Aida siguiera como coordinadora federal de Administración y Finanzas del PSOE. Un puesto desde el que, junto a Guerra, participó en la organización de «la campaña del cambio», de 1982, y en las municipales de 1983.

En 1984, Aida Alvarez abandonó la Secretaría de Finanzas para pasar a la de Organización. Al frente de este departamento Felipe González había logrado situar a un nuevo secretario, Txiki Benegas, un hombre entonces de su total confianza. Guerra estaba receloso. Necesitaba controlarlo, por lo que situó junto a él a su peón de confianza con el fin de estar informado de todos sus movimientos.

Desde sus cargos políticos, Aida Alvarez fue poco a poco amasando un pequeño patrimonio, entonces todavía muy modesto. En febrero de 1985 adquirió un chalé adosado de 89 metros cuadrados en la Urbanización que la Cooperativa de Viviendas Pablo Iglesias, del PSOE, había construido en la localidad madrileña de Rivas-Vaciamadrid. El chalé, por el que pagó 3.851.000 pesetas, constaba de vestíbulo, aseo, cocina y comedor en planta baja y cuatro dormitorios, cuarto de baño y trastero en planta alta. Para realizar la compra, Aida y su entonces marido, José Fernández, solicitaron un crédito al Banco Hipotecario por 2.811.000 pesetas, al 11 por ciento y a pagar en cinco anualidades.

En la misma urbanización vivía ya María Soledad Morales Jiménez, «Marisol», una empleada de hostelería que, con el tiempo, se convertiría en su mano derecha dentro del Grupo de Empresas 2.020 [2]. Y también su hermano, Eugenio Javier Morales Jiménez, vigilante jurado, que asumió la presidencia, como testaferro, del consejo de administración de Tecnología Informática 2.020 (luego Somoji). Se daba la coinci-

---

[2] La vivienda había sido adquirida el 3 de julio de 1984 gracias a un crédito del Banco Hipotecario. «Marisol» estaba casada con Antonio García Alonso, un empleado del metal.

dencia de que Eugenio Javier era cuñado de Aida Alvarez al estar casado con su hermana Carmen, que trabajaba en el departamento de Servicios Generales del PSOE.

El clan de Aida Alvarez iba, poco a poco, tomando cuerpo. La «conseguidora» comenzaba a ser conocida por los altos cargos del partido dentro de la Administración del Estado, a los que visitaba para pedirles dinero para el PSOE. Pero su gran apogeo no llegaría hasta después de las elecciones generales de 1986.

* * *

Ese año de 1986 Aida Alvarez abandonaba las dependencias de Ferraz para ir a trabajar junto al empresario socialista y ex dirigente del partido en Córdoba, Antonio Calleja Relaño, vinculado a los negocios del PSOE desde 1982[3].

Calleja acababa de romper sus relaciones comerciales con el también empresario socialista Enrique Ballester y había constituido la empresa de comercio exterior Transcoming 86 S. A., situándola en el número 70 de la calle Orense de Madrid. Entre sus actividades comerciales también se encontraba ejercer de intermediario ante el «aparato» del partido para las relaciones con importantes hombres de negocios, como Javier de la Rosa. En esta operación tuvo un papel destacado Aida Alvarez, que mantuvo contactos con el asesor de De la Rosa, Alfredo Fraile.

Aida figuraba entonces como apoderada de Transcoming S. A.[4]. Y fue con esta empresa con la que realizó su primera gran operación financiera: las comisiones millonarias que generó la compra a la empresa estadounidense McDonnell-Douglas Aircraft Corporation de varios aviones y

---

[3] Antonio Calleja fue presidente de la Cooperativa de Viviendas Pablo Iglesias, en Córdoba. También aparece en la empresa de exportación Coopex y en Internacional de Representación y Gestión, S. A.

[4] Existe una solicitud de matriculación de un vehículo Lancia Prisma I.C., de importación, hecha ante la Dirección General de Tráfico el 2 de septiembre de 1987 por Aida Alvarez, como apoderada de Transcoming. Su matrícula fue M-8555-IB.

material para la compañía aérea Iberia, que entonces presidía Narciso Andreu Musté, socio fundador de Time Export. Desde el hotel Grand Bay de Miami (Estados Unidos), donde tuvo lugar la firma del contrato, Antonio Calleja realizó varias llamadas al teléfono de Aida Alvarez, en Madrid, quien controlaba toda la operación. En este trabajo también participó Carlos César Pipino Martínez, un ex miembro de la organización ultraderechista Triple A. Este abogado argentino, con despacho en la calle Almagro, de Madrid, ejercía de asesor en algunas operaciones de Antonio Calleja. Fue éste quien se lo presentó a Aida Alvarez, y entre ellos nació una amistad que se reflejó meses más tarde al ser nombrado Pipino consejero y accionista de varias sociedades del Grupo de Empresas 2.020 (Distribuidora Express y Somoji).

Para entonces, Aida Alvarez ya estaba situada en el mundo de los negocios. En un despacho que le había cedido Antonio Calleja, en la calle Ríos Rosas, 46, 1º C, de Madrid, había creado su buque insignia, Distribuidora Express 2.020, cabecera del grupo. Esta empresa se había constituido en marzo de 1987, con un millón de pesetas, para encargarse de la impresión, distribución, almacenaje y publicidad del PSOE y captar al mismo tiempo fondos para el partido[5].

La ambición de Aida era tan grande que no respetó ni a sus viejos amigos, como Rafael Robledo, marido de Carmen García Bloise, que dirigía la imprenta Torre Blanca, propiedad de UGT[6], y que hasta entonces realizaba esos servicios para el Partido Socialista. Aida Alvarez consiguió desplazar por completo a Torre Blanca y a Robledo.

Como apoderado de su empresa nombró al militante socialista Ramón Gómez Redondo, realizador de Televisión

---

[5] En la constitución de Distribuidora Express 2.020 intervinieron como testaferros: Dionisio y Angel Alvarez Alvarez, hermanos de Aida; Miguel Molledo Martín, su compañero sentimental; Francisco Javier Molledo Martín, hermano del anterior; y Víctor Arias Olías, jefe del departamento de Envíos y Almacén del PSOE y uno de los hombres de Aida en Ferraz.
[6] Situada en Coslada (Madrid).

Española y uno de los pesos pesados en la etapa de José María Calviño al frente del Ente Público[7]. Gómez Redondo también participó, con Aida Alvarez, en la constitución de la sociedad Rubla S. A., cuyo objeto social era «la compra-venta de terrenos rústicos o urbanos y la adquisición de acciones de otras sociedades»[8].

Un mes después de su constitución, Distribuidora Express firmaba ya un contrato de prestación de servicios con el PSOE, su único cliente. A la firma asistían de una parte, en representación del Comité Electoral del PSOE, Aida Alvarez, y de la otra, en representación de Distribuidora Express 2.020, su compañero sentimental, Miguel Molledo. Todo quedaba en casa. El acuerdo indicaba:

> «Es objeto del presente contrato la realización de una serie de trabajos relacionados con la campaña que, para las próximas elecciones [autonómicas, municipales y europeas] tiene pensado realizar el PSOE y que consiste en:
> Coordinar y ejecutar todos los trabajos relacionados con impresión, manipulación, distribución, carga/descarga, controles de rutas, etc., correspondientes a los encargos que, en el transcurso de la campaña, vaya encargando el PSOE según sus necesidades.»[9]

Distribuidora Express 2.020 pasó, al finalizar la campaña electoral, una factura al PSOE por valor de 114.023.840 pesetas. Sin embargo, algunas de las empresas subcontratadas por Aida Alvarez no recibieron el importe que les correspondía. Esto provocó que hasta el propio Alfonso Guerra llegaran varias cartas de queja. Una de ellas procedía de la empresa Euromailing S. A. y decía así:

---

[7] Véase capítulo ocho.

[8] Sin embargo, Ramón Gómez Redondo aseguró que Rubla fue constituida para la edición y distribución de la revista *El Bulevar*, dedicada al arte, los libros y el pensamiento.

[9] Según fuentes oficiales del PSOE, Aida Alvarez no disponía de poderes del partido para rubricar ningún tipo de contrato.

«Apreciado compañero:

Como miembro de la Agrupación Socialista de Vicálvaro y empleado de Euromailing, S. A., empresa que se encargó de la campaña de publicidad directa de nuestro compañero, señor Bono, candidato a la presidencia de la Comunidad Autónoma de Castilla-La Mancha, quiero hacerte llegar mi preocupación.

Como tú ya conoces la campaña en conjunto fue la mejor, pues se obtuvieron tres parlamentarios más que en la anterior legislatura, siendo a la vez la que ocasionó más dificultades por la premura del *timing.*

Pues bien, sucede que Distribuidora 2.020, con quien firmamos el contrato, aun habiendo cobrado de Castilla-La Mancha, se niega a abonarnos la cantidad de 3.995.000 pesetas que nos adeuda, con el pretexto de entrega fuera de fecha de Toledo. Todo esto conlleva a que los empleados de manipulado y los subcontratados estén a la espera de cobrar sus emolumentos y debo decirte que los trabajos de Toledo mencionados se hicieron en los talleres especializados de la cárcel de Carabanchel, supervisados por nuestro diputado, señor Torner [10]. Obviamente se les abonará, pero con el consiguiente quebranto para esta empresa si no se cobra lo adeudado.

Quisiera explicarte para tu información lo siguiente:

Se firma contrato con Distribuidora 2.020 y firman Sr. D. Dionisio Alvarez y Srta. Aida (solicitado previamente desde Ferraz por el compañero Víctor Arias [11]). Este contrato se revisa y modifica en el hotel Colón, sede provisional para la campaña, cambiando la parte contratante de PSOE a Distribuidora 2.020. [...]

---

[10] José Luis Torner fue diputado autonómico de Madrid por el PSOE. Cumplió condena en Carabanchel por un delito de tráfico de drogas por el que fue condenado a ocho años de cárcel en junio de 1987. En abril de 1991 obtuvo la libertad provisional y un año después fue de nuevo detenido por el mismo delito en Valencia.

[11] Jefe del departamento de Envíos y Almacén de Ferraz.

Como la situación no es clara sería prudente que no se llegaran a airear determinadas anomalías.»

La carta llegó a la sede de Ferraz firmada por Francisco Escobar Sánchez. Quince días después, Alfonso Guerra contestaba de su puño y letra al compañero, comunicándole que había dado las órdenes oportunas a Aida Alvarez para que se pagara la cifra adeudada.

Las elecciones de 1987, en las que Aida Alvarez desempeñó un papel determinante, elevaron el déficit del PSOE en 1.600 millones de pesetas. Sobre la mesa del vicesecretario general había un detallado estudio sobre los gastos e ingresos que las campañas autonómicas, municipales y europeas habían ocasionado al partido. Aida Alvarez informaba puntualmente a Alfonso Guerra de todos los avatares. El informe rezaba así:

RELACION DE GASTOS E INGRESOS ELECCIONES 1987

GASTOS		INGRESOS	
Gastos de personal	4.306.881	Venta-propaganda	2.006.640
Gastos financieros	299.602.244	Ing. donativos	1.099.343
Trabajos suministros y servicios externos	16.141.943	Subv. Estado	1.573.693.574 [12]
		Extorno PSC	94.023.563
Gastos diversos	3.022.221.723 [13]	Otras subv.	75.558.477
TOTAL GASTOS	**3.342.272.791**	**TOTAL ING.**	**1.746.381.597**
DEFICIT:	**1.595.891.194**		

[12] Las subvenciones del Estado al PSOE fueron: europeas, 309.778.442 pesetas; municipales, 408.763.086 pesetas; autonómicas, 390.743.798 pesetas.
[13] En Publicidad y Propaganda fueron 1.678 millones de pesetas; en subvenciones a federaciones y agrupaciones, 1.235 millones de pesetas.

A la vista de este caos financiero que asolaba al PSOE y ante el hecho de que la nueva Ley de Financiación de Partidos Políticos, aprobada ese mismo año, convertía en ilegales los maletines, el aparato de Ferraz decidió canalizar el dinero de esas fuentes a través de estructuras societarias, controladas por personas de toda confianza.

En este contexto Aida Alvarez recibió el apoyo del «aparato» de Ferraz para crear en la capital de España toda una red de empresas al servicio del partido, tomando a Distribuidora Express 2.020 como cabecera del *holding*. Esta sociedad dejó de dedicarse sólo a los trabajos de distribución de material electoral para extender sus tentáculos al sector inmobiliario (a través de Servicios Inmobiliarios 1.001 S. A.) y a la intermediación para obtener comisiones por contratos públicos (Tecnología Informática 2.020 S.A., después Somoji). El nuevo grupo se instaló en un dúplex, plantas 10 y 11, del emblemático edificio Torres Blancas, en el número 37 de la avenida de América, de Madrid.

Fue Tecnología Informática 2.020 la que adquirió este dúplex, con una extensión aproximada de 400 metros cuadrados, el 9 de mayo de 1988. El local pertenecía a la empresa en quiebra Distribuidora Comercial para la Marina (Dicomar) y su compra se remató en una subasta judicial por el módico precio de 41.700.000 pesetas[14].

Esta nueva rama de financiación del PSOE nació paralelamente a la creada por los dirigentes socialistas catalanes en Barcelona con Filesa. Se completó así un perfecto engranaje para canalizar y lavar el dinero negro procedente de las comisiones. Con este dinero se hizo frente a los pagos del PSOE en los diferentes comicios electorales. Y al no constar en la contabilidad oficial, se podía vulnerar el límite de gastos de campaña que imponía la Ley Electoral de 1985 y así jugar con ventaja con respecto al resto de sus adversarios

---

[14] Un año más tarde, el 29 de diciembre de 1989, Aida Alvarez y Molledo vendían en régimen de *lease back* el dúplex a una filial del Aresbank, Arabe Española de Leasing, por 60 millones de pesetas, aunque las empresas de Aida siguieron domiciliadas allí.

políticos. Como ocurrió en 1989, cuando el PSOE, a pesar de arrastrar un importante déficit, realizó una ostentosa campaña que le dio por tercera vez consecutiva la mayoría absoluta.

En esas elecciones Aida Alvarez fue la persona que buscó y alquiló, a través de Distribuidora Express 2.020, el cuartel general de la calle Gobelas, 33, en la elitista urbanización La Florida, al noroeste de Madrid. Este edificio, propiedad de la empresa Seinlosa, se convirtió en la sede electoral del PSOE para las elecciones europeas y generales de ese año[15]. Los locales alquilados comprendían dos plantas (baja y sótano primero), diez plazas de aparcamiento subterráneo y dieci- siete de superficie. La duración del contrato era de dos años y el alquiler costaba 3.360.000 pesetas al mes, IVA aparte.

El contrato fue suscrito el 10 de marzo de 1989 por Gregorio Bravo Sáez, en representación de la Sociedad Espa- ñola de Inmuebles y Locales S. A. (Seinlosa), y por Miguel Molledo Martín, compañero de Aida Alvarez y ex consejero delegado de Distribuidora Express 2.020. La firma se realizó en el despacho de Ramón Moreda Luna, gerente del PSOE, en la sede de Ferraz.

La empresa de Aida Alvarez tuvo la titularidad del alqui- ler del edificio entre los meses de marzo y octubre, en plena precampaña electoral, por lo que pagó a Seinlosa 62.965.675 pesetas[16]. Sin embargo, fue el Comité Electoral del PSOE, que entonces coordinaba Alfonso Guerra, el que ocupó los locales en exclusiva. Una vez terminados los comicios electo- rales, Guillermo Galeote, secretario de Finanzas del PSOE, firmó un nuevo contrato con Seinlosa. La relación comercial

---

[15] Las europeas, el 15 de junio, y las generales, el 23 de octubre.

[16] En esta cifra está comprendido todo: el alquiler (24 millones de pesetas), los gastos de comunidad (3.090.934 pesetas), el IVA (3.250.929 pesetas), la fianza (6 millones de pesetas), los gastos de teléfono (26.313.289 pesetas) y la electricidad (310.523 pesetas). Los dos últimos meses de la precampa- ña, septiembre y octubre, los pagó Distribuidora Express 2.020 con che- ques girados por Filesa a nombre de Seinlosa y por un importe de 6.720.000 pesetas.

de esta empresa con Distribuidora Express se rescindía y el PSOE pasaba a ser el «nuevo» inquilino formalmente. De acuerdo con Luis Gayo, abogado del Estado en el caso, «el contrato con Aida Alvarez no era más que una simple tapadera jurídica para encubrir una proyectada financiación del edificio de Gobelas en favor del PSOE».

Con el fin de dar apariencia de legalidad contable a la operación, Distribuidora Express giró cuatro facturas al PSOE por un importe total de 70 millones de pesetas. Un dinero que, según el informe pericial elaborado, nunca fue abonado por el Partido Socialista a la empresa de Aida Alvarez: «Ha sido probado que este dinero no se ingresó en Distribuidora Express 2.020 S. A., aunque esta entidad utilizó un sofisticado montaje financiero para aparentar lo contrario; en la documentación de "Caja" procedente de la sede del PSOE, en C/ Ferraz nº 70, no figura dicho pago.»

Para dar forma de realidad a este pago se ideó un minucioso montaje financiero, utilizándose entidades como Aresbank, Aresinter, Banco de España y Sociedad de Intermediación de Activos Financieros (SIAF), empresa presidida por Pedro García Ferrero, amigo del ex gobernador del banco emisor, Mariano Rubio, y del empresario Enrique Sarasola. El montaje se inició el 29 de agosto de 1989 y consistía en la compra y venta, prácticamente simultánea, de activos financieros opacos.

La operación fue la siguiente: Distribuidora Express entrega al Banco Arabe Español 79.700.000 pesetas. Este, a su vez, ordena a SIAF invertir el dinero en pagarés del Tesoro con el mandato de que se amorticen al día siguiente. SIAF devuelve el dinero a Aresinter y éste lo ingresa en las cuentas de Aida Alvarez en dos cheques al portador, uno de ellos por valor de 70 millones. Se aparentaba así que ese dinero ingresado procedía del PSOE en pago del alquiler del edificio de Gobelas.

Sin embargo, según manifestó Aida Alvarez ante Marino Barbero, el pago sí se realizó. En su declaración expuso una rocambolesca historia, más propia de un guión cinematográfico de Hollywood: «El pago de los 70 millones me lo hizo

Ramón Moreda Luna [administrador electoral y gerente de la Comisión Ejecutiva del PSOE] en billetes de 10.000 pesetas del Banco de España, en la sede de Ferraz. El dinero lo introduje en una bolsa de El Corte Inglés. Después cogí el coche y me fui al banco y allí se lo di a Miguel Molledo, quien lo ingresó en una cuenta del Aresbank.»

Ramón Moreda ratificó la versión de Aida Alvarez y justificó la existencia de dinero en metálico en la sede de Ferraz como una práctica habitual: «Las federaciones venían al partido a comprar los sellos y abonaban el dinero. Ese dinero lo teníamos en la caja central como reserva de previsiones porque andábamos mal de tesorería.»

Moreda Luna, conocido entre sus compañeros como «Monchito», había entrado en el PSOE en 1988 por intercesión de su mujer, Consuelo Alvarez (miembro del equipo jurídico del partido, que dirige Francisco Virseda), ante Guillermo Galeote. Consuelo llevaba ya años trabajando para el PSOE. A comienzos de los años ochenta entró en el departamento jurídico por mediación de José Bono, con el que le unía una buena relación. Sin embargo, la abogada cayó en desgracia ante Alfonso Guerra tras equivocarse, una vez concluidas las elecciones generales de 1989, en la tramitación de un recurso legal ante la Junta Electoral de Salamanca que le costó al PSOE un escaño[17].

Pocas semanas después del fallo, Consuelo Alvarez y Alfonso Guerra se encontraron frente a frente en un acto oficial en la sede de Ferraz. El vicesecretario general del PSOE le dijo, textualmente, a Guillermo Galeote, que iba a su lado:

—¿Qué hace ésta aquí? Te dije que no quería verla más.

Galeote, a pesar de las órdenes de su jefe, no prescindió de ella, aunque sí se cuidó mucho de ocultarla a los ojos de Guerra, mandándola a la controvertida sede de Gobelas.

---

[17] Ramón Moreda también cometió otro «fallo», dos años más tarde, que posibilitó que entraran en plantilla un total de cincuenta personas, con la carga económica consiguiente para el partido.

Según reveló el contable chileno Carlos van Schouwen, fue Filesa en realidad la que pagó el alquiler de Gobelas y todos los gastos que en ella se generaron, y no Distribuidora Express 2.020: «Las facturas de Gobelas llegaban a Filesa con Tipp-ex tapando el nombre original a quien iban dirigidas, que era Distribuidora Express 2.020.»

Para realizar esta operación se utilizó como sociedad interpuesta entre ambas a otra empresa del grupo de Aida Alvarez, Tecnología Informática 2.020, que giró durante 1989 a Filesa cinco facturas por un valor de 96.720.000 pesetas, en virtud de diversos conceptos [18]. Se cerraba así todo un complejo entramado de ingeniería financiera para abonar los gastos electorales del PSOE, sin que las mermadas arcas del partido tuvieran que contribuir a la causa.

* * *

La situación al finalizar ese año de 1989 parecía estar controlada al cien por cien. Sin embargo, el estallido del caso Juan Guerra rompió la calma. Los primeros síntomas de preocupación entre los dirigentes socialistas se hicieron ya notar.

La primavera de 1990 fue «calentita». La mañana del 4 de abril, cuando el contable de Filesa, Carlos van Schouwen, llegó a las oficinas de la empresa en Barcelona, se encontró sobre la mesa de su despacho una nota urgente de su secretaria, Natalia Bachs:

«Carlos,
Llamó C.N.
Las facturas han de quedar registradas como las que él mandó por fax:

---

[18] Las tres primeras facturas eran por supuestos informes (10, 10 y 70 millones). Las dos restantes correspondían a un presunto alquiler durante los meses de julio a octubre de las oficinas de Aida Alvarez en Madrid (6.720.000 pesetas). Esta última cantidad pagada por Filesa se utilizó sin embargo para pagar dos mensualidades de la sede electoral del PSOE, en Gobelas, 33.

3.000.000
+ 360.000 IVA
———————————
3.360.000
Y el resto a pagar, no debe aparecer. No puede ser rectificado. Ya he intentado explicarle que en el libro diario quedó de n/manera, creo.
Vendrá lunes con originales.
Podríamos inventarnos, si aún te aparece un resto en "acreedores diversos", que son "anticipos o/a clientes a justificar". O algo similar, y anular lo de este año.»

El significado de esta nota manuscrita era muy claro. Se trataba, según el informe pericial, de maquillar el pago hecho por Filesa sobre la sede de Gobelas:

«Alguien con iniciales C.N., que en el entorno de Filesa, S. A., Malesa, S. A., y Time Export, S. A., sólo puede corresponder a D. Carlos Navarro Gómez, da instrucciones para que el contable de Filesa haga cuadrar en la contabilidad oficial de la empresa el total de un acreedor-proveedor [ficticio] por 97.709.098 pesetas.»

Ese acreedor era Tecnología Informática 2.020 S. A. La empresa de Aida Alvarez era utilizada como «testaferro» en la operación del pago de la sede de Gobelas. El caso Juan Guerra estaba en su apogeo, y la precaución había movido a Carlos Navarro a dar esas órdenes con toda urgencia. Había que eliminar el más mínimo rastro.

Se dio la circunstancia de que el dinero percibido por Tecnología Informática 2.020 de Filesa no sólo sirvió para abonar parte del alquiler de la sede de Gobelas, sino también para pagar a empresas relacionadas con la campaña electoral del PSOE en 1989. Así, se pagó a El Viso Publicidad S. A. 50 millones de pesetas, y a Dorna-Promoción del Deporte S. A. otros 40 millones, dinero que fue ingresado en las cuentas bancarias de estas empresas por el accionista mayoritario de Filesa, Alberto Flores Valencia.

Dorna-Promoción del Deporte participaba en un 50 por

ciento en Producciones Dobbs S. L., responsable del montaje de los mítines electorales del PSOE [19]. En estas empresas figuraba como propietario Carlos García Pardo, socio de Enrique Sarasola y viejo conocido de los dirigentes socialistas. García Pardo había realizado años antes la operación de venta del edificio de Ferraz, 70, en el lugar exacto donde vivió Pablo Iglesias, fundador del PSOE.

* * *

Para todas las operaciones de ingeniería financiera el grupo de Aida Alvarez contó con la colaboración del Banco Arabe Español (Aresbank), la entidad crediticia en España, desde 1975, del líder libio Muammar el Gadafi y del organismo público kuwaití Kuwait Foreign Trading, asociado al grupo empresarial KIO.

Así, el Banco Arabe Español y sus siete filiales, Arabe Española de Comercio S. A. (Arestrade), Arabe Española de Servicios (Areservice), Arabe Española de Crédito Hipotecario (Areshipotecaria), Arabe Española de Leasing (Aresleasing), Arabe Española de Intermediación S. A. (Aresinter), Arensinver S. A. y Areshipping S. A., constituyeron la base principal de la financiación irregular del PSOE desde 1987 [20], a la que después se unió el Banco Atlántico, absorbido tras la reprivatización de Rumasa por los libios y kuwaitíes con el apoyo del Banco Exterior de España.

Al frente del Aresbank estaba y está situado Luis Vaño Martínez, persona próxima al PSOE y a quien el Gobierno de Felipe González dio su visto bueno como sustituto del empresario catalán Javier de la Rosa en el grupo KIO tras su salida.

La amistad de los dirigentes del PSOE con los responsa-

---

[19] Véase capítulo ocho.

[20] El ex director general de la Guardia Civil, Luis Roldán, y el ex agente de Interior, Francisco Paesa, utilizaron también el Aresbank para sus operaciones opacas. A su vez, el ex director general de RTVE José María Calviño mantuvo contactos con el Aresbank para un proyecto inmobiliario en Chiclana, Cádiz.

bles del Aresbank se formalizó a comienzos de 1987, al conocer Aida Alvarez a su actual compañero sentimental, Miguel Molledo, en aquellos tiempos director comercial de la compañía Transportes Aéreos Hispanos S. A. (Tahis). Molledo mantenía una especial relación con los principales dirigentes del Aresbank, y en particular con el director general Luis Vaño, con su mano derecha, Javier Abad[21], y con el entonces subdirector general y presidente de la compañía Aresleasing, Jesús Sonlleva de la Calle, de los cuales había sido instructor de vuelo en el aeródromo madrileño de Cuatro Vientos. Esta amistad había hecho que los dirigentes del Aresbank otorgaran a Molledo un crédito personal en el año 1984 para que pudiese cubrir la adquisición de un paquete de acciones de la compañía aérea Tahis. Amistad que también sirvió para conseguir un año más tarde un crédito de 120 millones de pesetas con el que adquirir varias aeronaves para su compañía aérea.

Tras la presentación inicial, el triunvirato Molledo-Aida Alvarez-Aresbank, que contaba con el apoyo adicional del ministro Virgilio Zapatero, amigo personal de Jesús Sonlleva, fue poco a poco fortaleciendo la base de la financiación irregular del PSOE.

Las filiales del Aresbank fueron adquiriendo paquetes accionariales en las sociedades que Aida Alvarez creaba, una para cada negocio en concreto; algunos de estos proyectos recibían también el apoyo de importantes empresas constructoras, como Huarte e Hispano Alemana de Construcciones, sociedades que ya aportaron fondos al PSOE para su financiación en las elecciones generales y autonómicas de 1986.

A la inyección de apoyo de las principales constructoras —entre las que también destaca la entonces constructora de «los Albertos», Fomento de Obras y Construcciones (FOCSA)— se unió la ayuda del capital italiano a través del grupo Fiat y de la sociedad de responsabilidad limitada Copafi, vinculada

---

[21] Javier Abad fue luego contratado por Mario Conde para ocupar una de las direcciones generales de Banesto.

al político socialista Nerio Nessi, padrino de la hija de Alfonso Guerra y uno de los implicados en la financiación irregular del Partido Socialista Italiano[22].

Con el apoyo del capital libio, italiano y kuwaití (en aquellas fechas el Gobierno de Felipe González permitía una importante expansión del grupo KIO en España), Aida Alvarez creó un importante tejido empresarial. Así, el 20 de noviembre de 1989 la antigua sociedad de venta de equipos informáticos denominada Info World S. A., creada en Pamplona con un capital de 100.000 pesetas, cambiaba su denominación social y se convertía en una de las principales sociedades tapaderas del PSOE.

La empresa, con el visto bueno de su representante Pedro Gil Flores, pasaba a llamarse Madrid Sur 93, situando su nuevo domicilio social en el madrileño Paseo de la Castellana, número 50, sede de una de las filiales del Aresbank, Arabe Española de Servicios (Areservice).

Madrid Sur 93 incrementaba su capital social hasta la cifra de 100 millones de pesetas, pasando a estar éste repartido entre la compañía Promiber S. A., con 4.995.000 pesetas; la constructora Huarte, con 4.995.000 pesetas; el Banco Arabe Español (Aresbank), con 2.498.000 pesetas; su filial Arabe Española de Crédito Hipotecario (Areshipotecaria), con 2.497.000 pesetas; la compañía Servicios Inmobiliarios 1.001, propiedad de Aida Alvarez, del Aresbank y del empresario vinculado al PSOE Javier González Estefani, con 24.975.000 pesetas; la compañía Bleker, propiedad de los comisionistas socialistas Juan Carlos Mangana Morillo y Sotero Jiménez Hernández[23], con 14.985.000 pesetas; y la sociedad italiana de responsabilidad limitada Compagnia Participazioni Finanze e Investimenti (Copafi), vinculada al dirigente socialista Nerio Nessi, con 44.954.000 pesetas.

---

[22] El hombre de Fiat en España, Enzo Papi, consejero de las constructoras Hasa y Huarte, fue detenido en Italia en el transcurso de la operación «Manos Limpias» por el pago de comisiones ilegales.

[23] Jiménez y Mangana participaron en las comisiones del AVE. Véase capítulo nueve.

En su primer consejo de administración figuraban[24]: Paolo Sabatini, como presidente; Miguel Molledo, como vicepresidente; y como vocales Juan Carlos Mangana Morillo; Iñigo Larrazábal Uribasterra[25], accionista de El Viso Publicidad S. A. y director general de Cid Sociedad Anónima de Publicidad, propiedad de José Miguel Garrigues Walker; José Rodríguez de Diego, abogado y consejero de varias empresas del *holding* Filesa; Félix Amorena Villanueva, consejero de las empresas Montbenidorm S. A., Urbanizaciones y Proyectos S. A. y Balcón del Puerto S. A., pertenecientes al grupo Hispano Alemana de Construcciones; Santiago Roldán Sancho, contable de las empresas de Aida Alvarez; Pierluigi Nocella y Louis da Costa, en representación del capital italiano.

El objetivo empresarial de esta nueva sociedad era muy claro: «La realización de todos aquellos actos y gestiones que sean necesarios para que la sociedad pueda optar a la adjudicación a su favor del concurso convocado por el Excmo. Ayuntamiento de Getafe para designar beneficiario de la actuación urbanística a llevar a cabo en el polígono "El Gurullero", sito en dicho término municipal.»

Esta actuación urbanística, de 95.000 metros cuadrados de construcción, significaba uno de los polos más importantes de inversión y especulación inmobiliaria de Madrid al estar situada entre dos de las principales arterias de la capital de España, la M-40 y la futura M-50. La localidad de Getafe estaba dominada en aquel entonces por el emblemático alcalde del PSOE Pedro Castro Vázquez, estando de consejero de política territorial de la comunidad, el socialista Eduardo Mangada.

Para la adjudicación de los terrenos de «El Gurullero», Aida Alvarez contó con el apoyo de la sociedad Bleker, uno

---

[24] Posteriormente entraron los subdirectores generales del Aresbank, Jesús Sonlleva de la Calle y Francisco Puentes López, y la secretaria particular de Aida Alvarez, Soledad Morales Jiménez.
[25] Iñigo Larrazábal era el presidente de El Viso Publicidad. Está inculpado en el caso Filesa. Tras el escándalo El Viso cerró y la mayor parte de sus directivos y creativos se fueron a Cid Publicidad.

de los accionistas en el proyecto. Sus dos propietarios, Mangana y Jiménez, militantes de las agrupaciones socialistas madrileñas de Hortaleza y Moncloa[26], mediaron ante su compañero Castro para conseguir que la adjudicación de los terrenos fuera para Madrid Sur 93. Por esta gestión, y según se acredita en el contrato firmado, Bleker cobraría 390 millones de pesetas «a los cinco días de la concesión de la licencia de edificación por el Ayuntamiento de Getafe».

Juan Carlos Mangana Morillo, licenciado en Ciencias Económicas, había trabajado en el equipo de Guillermo Galeote cuando éste era secretario de Imagen del PSOE, hasta finales de 1987. Está casado con Mercedes Medel Ortega, hermana del ex concejal de Circulación y Transportes del Ayuntamiento de Madrid, Valentín Medel[27], y secretaria particular del entonces ministro de Interior, José Luis Corcuera.

Sotero Jiménez, por su parte, fue también uno de los colaboradores directos de Galeote hasta 1987, año en el que se presentó como concejal al Ayuntamiento de Madrid, saliendo electo, aunque posteriormente renunció, ocupando su puesto el compañero Leandro Crespo.

Independientemente de este contrato, el 1 de mayo de 1990 Aida Alvarez llegaba también a un acuerdo con la filial del Aresbank, Arabe Española de Servicios (Areservice), para cobrar 4 millones de pesetas mensuales a través de su empresa Servicios Inmobiliarios 1.001, «en concepto de asesoramiento urbanístico ante los responsables del Ayuntamiento de Madrid y la Comunidad Autónoma». Esta cantidad se otorgaba como anticipo del 2 por ciento de todas las ventas que se produjeran en el polígono «El Gurullero», de Getafe, cuyas plusvalías estaban fijadas por los dirigentes socialistas en unos 10.000 millones de pesetas.

La citada compañía Servicios Inmobiliarios 1.001 era la

---

[26] Esta agrupación era conocida como la de los «fontaneros» de la Presidencia de Gobierno. Estaba liderada por Luis Pérez, director de análisis electoral del PSOE, apodado «el mago de las encuestas».

[27] Valentín Medel fue luego representante de Rubla S. A., empresa vinculada al cobro de comisiones y a la financiación irregular del PSOE.

nueva denominación de la sociedad Parques Acuáticos S. A., adquirida en agosto de 1987 por Aida Alvarez con la finalidad de construir en el término municipal de Getafe un gran parque de atracciones. La operación contaba con el apoyo de Manuel Prado y Colón de Carvajal y su sociedad Trébol Internacional.

La intermediación de Bleker y de Aida Alvarez dio finalmente su fruto. El Ayuntamiento de Getafe adjudicó en enero de 1991 los terrenos a Madrid Sur 93, ahora Satafi S. A., a cambio de 1.000 millones de pesetas, tras una dura disputa con otras empresas de la competencia. El estallido del caso Filesa, en pleno despegue del proyecto, obligó a Aida Alvarez a pasar a la retaguardia y dejar a sus socios del Aresbank y de la constructora HASA (en poder del grupo Fiat) al frente de la operación. Para ello vendieron sus acciones en Madrid Sur 93 a un precio veintiséis veces superior a su valor nominal, obteniendo unas plusvalías superiores a los 200 millones de pesetas. Todo un pelotazo especulativo.

* * *

Pero los tentáculos de Aida Alvarez no se limitaron sólo al sector inmobiliario. Sus pretensiones de grandeza y de servicio a los intereses del partido tenían otros vuelos de más alta altura. En febrero de 1989, tres meses antes de las elecciones europeas, Miguel Molledo convenció a su socio Javier Martínez Lora para vender la compañía aérea Tahis a su compañera sentimental, Aida Alvarez. Esta compañía había realizado desde 1986 los viajes de los dirigentes socialistas durante las campañas electorales.

—Javier, tenemos una oportunidad de oro —le dijo Molledo a su socio—. Aida y su gente nos quieren comprar la sociedad. Necesitan una compañía aérea en propiedad para el partido.

—¿En propiedad? —respondió sorprendido Martínez Lora.

—Sí, sí, ya sabes, hay muchos viajes electorales, pero sobre todo quieren tener la máxima discreción a su servicio.

—¿Y qué nos pagarán?

—Lo que tú digas, siempre que no te pases...

—Bueno, lo estudiaré. La idea me apetece, ya estoy un poco cansado de este negocio.

Días después la operación se cerraba. Se utilizaba para la compra a la empresa matriz del *holding*, Distribuidora Express, representada en ese acto por la secretaria personal de Aida, Soledad Morales Jiménez. Tanto Molledo como Martínez Lora percibirían por la venta 265 millones de pesetas, cantidad respaldada por diecisiete letras de cambio que jamás llegaron a formalizarse. En el contrato sólo se expuso la fecha de vencimiento y el montante de las letras, de diferente cuantía, pero que se acercaba cada una a los 30 millones de pesetas. Los números de las letras se especificarían, en teoría, posteriormente a la compra de los efectos.

En el contrato se estableció una cláusula por la que Distribuidora Express podía devolver, antes de finalizar 1989, la compañía aérea a sus antiguos propietarios si no estaba contenta con la compra. Aida no hizo uso de esta cláusula, pero tampoco pagó lo pactado. De esta manera logró hacerse con una importante infraestructura para el PSOE y para su patrimonio [28].

La empresa Tahis, creada en 1984 en Las Palmas de Gran Canaria, contaba con varias aeronaves: un Falcon-DA-20 y cuatro Rockwell Turbo Commander-690, aunque dos de éstos se encontraban para desguace. La primera medida tomada por Aida Alvarez tras su desembarco fue inscribir en el fuselaje del Falcon 20, a la altura del morro, su nombre con grandes caracteres: *AIDA*. Después nombró como director de operaciones al ex comandante de Iberia Francisco Torres Arias.

Ya con la empresa en su poder, se puso rápidamente en contacto con el entonces secretario general de Comunicaciones, José Luis Martín Palacín, uno de los hombres de confianza del ministro de Transportes y Comunicaciones, José Barrionuevo. Aida quería estar en primera línea de parrilla

---

[28] Martínez Lora llevó a Aida Alvarez a los tribunales. Estos decretaron en 1993 el embargo de los bienes de Tahis, pero éstos figuraban a nombre de Aresleasing, filial del Aresbank.

ante cualquier proyecto empresarial que los altos cargos públicos del PSOE pudieran adjudicar.

Aida y Molledo fueron informados al detalle de todos los planes que Martín Palacín tenía para modernizar el correo aéreo español. Se trataba de crear las Líneas Aéreas del Correo Español (LACE), que se ocuparían en régimen de monopolio de llevar el correo a doce puntos del país[29]. Un negocio muy rentable, que reportaría al año entre 4.000 y 10.000 millones de pesetas.

La pareja estaba convencida de que la adjudicación recaería en su empresa, «una UTE formada por Tahis y Distribuidora Express 2.020». Pero para hacer frente al negocio necesitaban ampliar la flota de Tahis. Por eso, sin pensárselo dos veces, acudieron a un viejo amigo: Manuel Prado y Colón de Carvajal, propietario de la empresa Trébol Internacional, quien conocía bien el sector y las influencias por haber sido presidente de la compañía Iberia.

—Necesitamos varios aviones Boeing 727 adaptados para el transporte de carga —le dijeron.

—Estudiaré el caso. Llamadme en unos días —contestó Prado.

Los contactos de Manuel Prado y Colón de Carvajal les llevaron al empresario estadounidense Donald Trump, que en aquel momento quería desprenderse, precisamente, de un paquete de Boeing 727.

Miguel Molledo viajó hasta Miami para entrevistarse con el multimillonario Trump. Este, como era su costumbre, llegó a la cita a bordo de un helicóptero. Sus primeras palabras fueron amenazantes:

—Por menos de dos aviones no hablo. Mi tiempo es oro.

El compañero de Aida, impresionado, comenzó a darle todo tipo de explicaciones.

—No se preocupe. Tenemos la seguridad de que el contrato con el correo español será nuestro. Y necesitaremos unos diez aviones, por lo menos.

---

[29] Al frente de la Dirección General de Correos estaba Juan José Melero, luego nombrado gobernador civil de Teruel.

Molledo regresó a España contando a todo el mundo que era amigo de Donald Trump y que próximamente serían socios. Sin embargo, el sueño de Aida Alvarez no pudo materializarse. El Gobierno no quería comprometerse abiertamente con una empresa a la que ya se empezaba a vincular con el PSOE a raíz del escándalo Juan Guerra. Finalmente, el concurso del proyecto LACE se paralizó.

No obstante, Aida Alvarez consiguió una compensación. Su empresa se hizo con el transporte de correo nocturno entre Bruselas y Madrid. Para ello firmó un contrato con la compañía belga EMS, asociada a la Dirección General de Correos, que le reportó unos ingresos anuales de unos 300 millones de pesetas.

Al ser tiempo de elecciones y tener ocupados sus aviones, Aida Alvarez recurrió a subcontratar tres aviones belgas turbohélices AC-67 que operaban en el cielo español con la misma matrícula que el Falcon-20 de Tahis en el que viajaba el Presidente del Gobierno, Felipe González, con el peligro que ello conllevaba para su seguridad. Pero Aida se sentía con patente de corso y por encima de la ley[30].

Este avión que utilizó Felipe González también fue enviado a recoger a Londres a Alfonso Guerra a efectos de que pudiera asistir a una reunión trascendental del PSOE en un momento en el que su persona comenzaba a cuestionarse por el caso de su hermano. Aida no olvidaba viejos favores y su fidelidad al número dos seguía a prueba de bombas. Uno de sus pilotos, José Manuel Plaza, hizo el trabajo «a hurtadillas»[31].

---

[30] Este hecho fue denunciado por el inspector Javier Aguado del Moral, que comprobó cómo los días 6,7 y 8 de mayo de 1991 volaban al mismo tiempo en el espacio aéreo español con la matrícula EC-EFR uno de los aviones belgas y el Falcon-20 en el que viajaba González. La denuncia fue desoída.

[31] La familia de Plaza, fallecido en accidente aéreo en Mallorca en marzo de 1993, denunció a Aida Alvarez ante los tribunales por impago de cantidades cercanas a los 15 millones de pesetas. Para evitar el embargo, Aida cambió la propiedad de las aeronaves poniéndolas a nombre de una filial del Aresbank.

Aida sólo tenía ya una tarea pendiente de realizar en su compañía aérea: apartar de la presidencia a Javier Martínez Lora, una persona que no era fiel a la causa socialista. Aprovechando un puente del mes de agosto de 1990, convocó una Junta General de Accionistas en la que decidió destituir a éste. En su lugar colocó al compañero de partido Juan Carlos Mangana Morillo. La compañía cambiaba también su nombre por el de Tur Air S. A. Desde entonces, ésta se vio involucrada en distintas irregularidades, casi todas desestimadas por las autoridades aeronáuticas [32].

Su amigo, el ex delegado del Gobierno en Baleares, Carlos Martín Plasencia, ocupaba entonces la Dirección General de Aviación Civil. Martín Plasencia y Aida Alvarez se conocían desde finales de los años setenta a través de sus cargos en la Secretaría de Finanzas del partido. Martín Plasencia era uno de los hombres que el secretario de Finanzas, Emilio Alonso Sarmiento, había situado en la empresa Management, y Aida se encargaba de la coordinación. La presencia de éste era toda una garantía para la expansión de este grupo de empresas al servicio del PSOE.

* * *

Pero Aida Alvarez era consciente de que las operaciones que realmente le hacían ganar sumas millonarias eran las comisiones generadas por contratas con la Administración Pública. Para ello, Aida se asoció con los propietarios de GTP y GMP Consultores, viejos amigos suyos, quienes a través de una de sus empresas, Bleker S. A., le habían ayudado a recalificar las propiedades del polígono «El Gurullero», en Getafe.

Juan Carlos Mangana y Sotero Jiménez, ayudados por otros compañeros del partido como José Ramón de la Torre Escandón, Pedro Sancho Lerandi, Joaquín Mundo Aragó y Francisco Javier Martín Plaza, habían ideado todo un com-

---

[32] El inspector de vuelo, Javier Aguado del Moral, levantó varias actas por sobrecarga, que ponía en peligro la seguridad de las aeronaves. No se sancionó a la compañía, pero desde ese día al inspector se le prohibió el acceso a las instalaciones.

plejo entramado de sociedades para conseguir comisiones a cambio de contratos con los organismos públicos[33]. Su sede central estaba situada en pleno centro de la capital de España, en la calle Sagasta, número 31.

Allí se diseñó todo el operativo para cobrar las comisiones por los contratos del Tren de Alta Velocidad (AVE). Uno de sus principales clientes en esta operación fue la empresa alemana Siemens, con la que se suscribió un contrato de «consultoría y asesoramiento». Siemens sería una de las beneficiarias del faraónico proyecto del AVE. Y a cambio, la empresa GPM Consultores cobraría las comisiones por el trabajo, unos 800 millones de pesetas. Sólo faltaba un detalle importante: incluir en el reparto del pastel a Aida Alvarez, la dama del PSOE.

Para ello se firmó un supuesto contrato con una de las empresas de Aida, Tecnología Informática 2.020 S. A. En el acuerdo, firmado en 1989, se estipuló que esta sociedad proporcionaría a GMP cuantos servicios requiriera hasta diciembre de 1996, por lo que cobraría 300 millones de pesetas[34]. Se concebía así un artilugio formal para enmascarar el pago a Aida Alvarez de parte de las comisiones percibidas de Siemens por la adjudicación del AVE.

Pero Mangana y Jiménez no fueron sus únicos socios en los negocios con el Ministerio de Obras Públicas y los ayuntamientos socialistas. En la agenda de Aida se encontraban los nombres de personajes como Juan Guerra, hermano del vicesecretario general del PSOE; Pedro Llach, comisionista amigo del anterior; Manuel Domínguez, empresario socialista de la órbita de José Rodríguez de la Borbolla, y Gustavo Durán, un intermediario relacionado con la compra de diputados en la Asamblea de Madrid.

---

[33] Entre ellas, GMP Consultores, GTP Consultores, Bleker, Cafarne, Alcalá 201, Parcomán, Getisa, Construcciones Madrid-Sevilla, etc.

[34] Según este acuerdo debía cobrar: 33.500.000 pesetas en 1990; 140.500.000 pesetas en 1991; 7.250.000 pesetas en 1992; la misma cantidad en 1993; 91.000.000 pesetas en 1994; 10.500.000 pesetas en 1995; y la misma cantidad en 1996. Véase capítulo nueve.

En las investigaciones que llevó a cabo la Policía Judicial de Sevilla sobre el famoso caso Ollero[35], el nombre de Aida aparece en reiteradas ocasiones. En el domicilio de Pedro Llach la Policía intervino un cuadrante elaborado por él mismo en el que se relacionan catorce obras públicas. Era un documento muy similar al que incautó en Italia el magistrado Antonio di Pietro, en el que figuraban los nombres de las constructoras, las contratas, las cuantías, las comisiones y el orden en que tenían que ser adjudicadas por las autoridades; todo perfectamente pactado entre el poder político y las constructoras.

En el cuadrante de Llach, elaborado en 1988, cada obra se sitúa junto al presupuesto de licitación y tres empresas a las que se dirige la negociación para el cobro de comisiones. En él se establece la participación de Aida Alvarez, que es identificada por un nombre en clave, «Opera».

En el documento, que obra en poder del Juzgado número 17 de Sevilla, del que es titular Pilar Llorente, se puede leer:

«—Fomento: las tres obras, 2,5 %. Dos pequeñas, 2,5 %. Dos cualquiera, 2 %. Una, 1 %. A la Opera igual.
—Ferrovial: negocia todas al 3 %. A la Opera 2 %.
—Entrecanales: negocia sólo acceso sur Mercamadrid de 4.575 M. Se pacta un 3 %. A la Opera un 2 %.»

A continuación, Llach escribió las obras que los intermediarios socialistas controlaban:

«—Autovía de Andalucía Bailén-Sevilla, variante de Carmona. Presupuesto: 2.803.850.355 pesetas.

---

[35] La Policía detuvo a Jorge Ollero, hermano del director general de Carreteras de la Junta de Andalucía, Manuel Ollero, con un maletín que contenía 28 millones de pesetas en billetes. Este dinero había sido entregado por la empresa constructora Ocisa como comisión por la adjudicación de una contrata pública. Ocisa fue la empresa que construyó el chalé de Felipe González en Pozuelo de Alarcón (Madrid).

—Autovía de Aragón, Madrid-Zaragoza, en la intersección con la C-204. Presupuesto: 2.715.412.345 pesetas.
—Autovía de Madrid-Toledo N-401, vertiente Cabañas de la Sagra. Presupuesto: 2.198.243.697 pesetas.
—Autovía del Mediterráneo Murcia-Alicante. Presupuesto: 5.494.948.419 pesetas.
—Autovía duplicación N.3 Madrid-Valencia actual puente sobre Río Jarama. Presupuesto: 1.382.135.020 pesetas.
—Autovía Cantábrico. Desdoblamiento Bilbao-Santander. Presupuesto: 1.329.458.899 pesetas.
—Bailén a Motril. Beznar-Vélez Benaudalla. Presupuesto: 2.091.442.792 pesetas.
—Autovía del Norte Madrid-Burgos Boceguillas. Presupuesto: 3.847.299.118 pesetas.
—Acceso Sur a Mercamadrid. Presupuesto: 4.575 millones de pesetas.
—Circunvalación Granada, 2ª Fase: 2.868 millones de pesetas.
—N-620. Circunvalación Noroeste Salamanca: 2.079 millones de pesetas.
—Simancas-Tordesillas. Presupuesto: 2.720 millones de pesetas.»

Aida Alvarez, presuntamente, participó en la adjudicación de esta última obra, por lo que se embolsó una comisión de, al menos, 15 millones de pesetas.

Pedro Llach ingresaría varios cheques de un millón de pesetas procedentes de estas comisiones en una cuenta del Banco Arabe Español cuyo titular era Aresinter. Esta cuenta era la misma en la que Aida Alvarez y su compañero, Miguel Molledo, ingresaron los 150 millones de pesetas que les pagó Seat, a través del entonces embajador de Alemania en España, Guido Brunner[36], «para lavar la imagen».

---

[36] Guido Brunner fue embajador de Alemania en España entre 1982 y 1992. Llegó a España como mano derecha de Walter Schell y Dietrich Genscher, ambos ex ministros de Exteriores. Es amigo personal de Felipe González.

Para ello, Juan Antonio Díaz Alvarez, ex presidente de Seat, entregó el 9 de junio de 1988 a Brunner, sin embargo, 175 millones de pesetas (25 millones en metálico y 150 millones en un cheque), según declaró éste a la titular del Juzgado de Instrucción número 39 de Madrid, María Teresa Chacón. La jueza comenzó a investigar el caso después de que Barbero desgajara esta parte de la investigación de Filesa el 25 de marzo de 1994. Barbero envió ese día a la jurisdicción ordinaria diversas piezas del caso Filesa para ser investigadas por los jueces; así ocurrió también con las comisiones del AVE pagadas por Siemens, en las que también está presuntamente involucrado Guido Brunner.

De acuerdo con las declaraciones de Díaz Alvarez, fue Brunner quien se le ofreció para hacer una serie de gestiones ante la Administración. El pago se relacionó en su día con determinados trámites burocráticos ante el Ayuntamiento de Madrid, controlado entonces por el PSOE, para que se pudiera llevar a cabo la venta de la antigua sede de Seat, ubicada en el Paseo de la Castellana. Esta operación se llevó a cabo en 1989 y supuso unos ingresos para Seat de 8.000 millones de pesetas, dinero que abonó la multinacional sueca Reinhold [37].

En aquellos momentos, Seat estaba también a punto de desarrollar un ambicioso plan de inversiones en España por 700.000 millones de pesetas en un periodo de seis años. Dentro de este plan se contemplaba la construcción de una nueva factoría en Martorell (Barcelona) y la modernización de la fábrica de Landaben (Navarra) con el fin de producir en ella el nuevo modelo Polo. Díaz Alvarez necesitaba ayuda, ya que los recursos de Seat no eran suficientes.

El ex presidente de la filial alemana, que ya formaba parte del grupo Volkswagen, explicó ante la jueza Chacón las condiciones que le impuso el embajador en una reunión anterior a la entrega del dinero: «Brunner me dijo que tenía que defender los intereses de las empresas alemanas en España y que Seat había pasado de ser una empresa pública

---

[37] Melchor Miralles, *El Mundo*, 11 de febrero de 1993; Casimiro García-Abadillo, 14 de marzo de 1995.

a privada. Por lo que, teniendo que desarrollar una serie de actividades, nos pidió una cantidad determinada de dinero a fin de poder llevar a cabo dichos desarrollos. La cantidad fue de 175 millones de pesetas.»

La decisión de pagar a Brunner se adoptó en una reunión celebrada en Madrid por los directivos de Seat a la que asistieron Díaz Alvarez, Werner P. Schmidt, consejero de Volkswagen, y Eberhart Müller, responsable de finanzas de Seat.

Una vez concedida la autorización, Díaz Alvarez se dispuso a preparar el pago. Habló con Francisco Seco, entonces director financiero de Seat, para que dicho desembolso se reflejara contablemente en la partida «Abono a proveedores», pero sin especificar el porqué ni quién recibía dicha cantidad.

Los dos directivos de Seat se presentaron la mañana del 9 de junio de 1988 en la embajada alemana con una cartera que contenía 25 millones de pesetas en efectivo y un cheque al portador del BBV (sucursal de la calle de Alcalá número 45 de Madrid) por 150 millones de pesetas.

Una vez en presencia del embajador Brunner, Seco extrajo el talón de la cartera y lo firmó en presencia suya; lo mismo hizo Díaz Alvarez. «A continuación, el señor Seco le pidió al embajador Brunner un recibo, pero éste nos contestó que confiáramos en él. Que no se firmaría ningún papel», le explicó Díaz Alvarez a la jueza Chacón.

Guido Brunner admitió después haber recibido el dinero, pero «como simple depositario». «Facilité el depósito porque esta operación le parecía necesaria al Gobierno alemán.» [38]

De los 25 millones en efectivo nunca más se supo. Los 150 millones de pesetas restantes fueron a parar a Aida Alvarez y a Miguel Molledo, por su gestión ante el partido. Estos ingresaron el dinero en el Aresbank, al que dieron orden de invertir 100 millones de pesetas en pagarés del Tesoro a través de SIAF. Esta entidad gestora fue utilizada en varias ocasiones por Aida Alvarez. Las inversiones de Aida en pagarés del Tesoro a través de SIAF significaban una impor-

---

[38] Programa *Protagonistas*, Onda Cero, de 28 de marzo de 1995.

tante bolsa de dinero negro en la que se ocultaban a Hacienda ingresos millonarios del *holding*. Una operación calculada al milímetro.

SIAF, tras varios años de éxito haciendo negocios con empresas vinculadas al poder y con la Mutualidad de Empleados del Banco de España, se disolvió en 1994, estimándose sus pérdidas en 340 millones de pesetas. Una de las más polémicas operaciones que hizo SIAF con el dinero de la citada Mutualidad fue la inversión de 2.400 millones de pesetas en adquirir el 49 por ciento de Fortuny SDB, sociedad presidida por Pedro Bores Sáiz y en la que figuraba Luis Alcaide de la Rosa, ex jefe de Prensa del Banco de España y ex director general del Patrimonio del Estado.

La familia Bores, compuesta por los hermanos Jesús, José Luis y Pedro, mantiene una antigua y estrecha amistad con Felipe González, que arranca desde los tiempos en que compartieron vecindad en el barrio sevillano de Heliópolis. Jesús y el Presidente del Gobierno cursaron juntos la carrera de Derecho en la Universidad de Sevilla. Además, Francisco Palomino, cuñado del Presidente, fue socio de Jesús y de Jacinto Pellón, máximo responsable de la Expo 92, en la sociedad Club Atlántico S. A., empresa implicada en el escándalo inmobiliario del proyecto Costa de Doñana.

También, el segundo de los Bores, José Luis, intermedió como propietario de la Sociedad BL & R Trading en la venta de Talleres Palomino a CAE en 1989, por la que se pagó al cuñado de Felipe González más de 350 millones de pesetas. A través de la citada empresa, la familia Bores se hizo con la sociedad Chocolates Asturianos, fabricante de los conocidos productos La Cibeles. Actualmente, la familia Bores es propietaria del Grupo Maura, con intereses en la industria agroalimentaria y en el sector inmobiliario[39]. Tanto Cho-

---

[39] El Grupo Maura controla a través de la sociedad Iberfood la empresa de acuicultura Pisbarca, la bodega Hacienda El Monasterio y la Compañía Navarra de Alimentación. En el sector inmobiliario, realizaron obras en la Expo de Sevilla.

colates Asturianos como el Grupo Maura están en proceso de quiebra.

* * *

Al tiempo que crecía el emporio empresarial de Aida Alvarez, su patrimonio y ritmo de vida se incrementaban considerablemente. En 1989 pasaba a convertirse en propietaria de un lujoso chalé de 350 metros cuadrados en la Colonia de los Músicos, en la zona norte de Madrid. Abandonaba su chalé adosado de la Cooperativa de Viviendas Pablo Iglesias, en Rivas-Vaciamadrid, y su pisito alquilado en el barrio de Chueca para residir junto a ilustres vecinos como el barón de Voli o el productor cinematográfico Elías Querejeta.

Aida adquiría el chalé del número 22 de la calle Maestro Lasalle por 20 millones de pesetas al empresario Fernando de la Vega, quien tres años antes había adquirido la propiedad por 13 millones de pesetas, según escritura [40]. Para realizar la compra contó con la ayuda de la entidad crediticia francesa, Crédit Lyonnais, que ya había colaborado con ella en otros negocios. A través de este banco consiguió un crédito hipotecario de 25 millones de pesetas de principal, a un tipo preferencial del 15 por 100, y a pagar hasta el año 2001. La operación era redonda, se hacía con un préstamo hipotecario superior en 5 millones al precio de escritura de la heredad.

Con la propiedad en su mano, Aida comenzó a remodelar el chalé y los jardines adyacentes. Su prepotencia era la única norma que la eximía de tener en su poder la licencia municipal pertinente para acometer las obras. Sin el permiso del consistorio madrileño, encargó la demolición y la construcción de una nueva mansión de lujo a la empresa Constructora de Obras Municipales S. A. (COMSA) [41], que trabaja para organismos oficiales y que participó en la remodelación del edifico del Congreso de los Diputados.

Durante la materialización de la obra, construida con

---

[40] La finca está valorada en el mercado en 120 millones de pesetas.
[41] En COMSA aparecen como presidente y consejero delegado los hermanos Segundo y Daniel Ruiz Castañares, respectivamente.

310

todo tipo de detalles y con los mejores materiales del mercado, surgieron varios expedientes administrativos [42] que Aida trataba de solucionar con una concisa contraseña: «Aquí no pasa nada, detrás de todo esto está Alfonso [Guerra].»

La mansión de la ex coordinadora de Finanzas del PSOE goza de cuatro plantas, en las que destaca la existencia de un *jacuzzi*, una bodega, un gimnasio, una sauna y un frigorífico especial para pieles, situado en el cuarto de lencería.

Hasta la fecha Aida Alvarez ha conseguido paralizar el derribo de su chalé por parte del ayuntamiento madrileño, el cual considera que su situación es ilegal. El caso se encuentra en el Tribunal Superior de Justicia de Madrid, y para la suspensión cautelar de la demolición Aida ha tenido que depositar a modo de fianza un talón de 6 millones de pesetas.

Pero las propiedades de Aida Alvarez no sólo se circunscriben a la capital de España y a su provincia. Su progresivo enriquecimiento la llevó a construirse una segunda finca de recreo en la elitista urbanización «Ciudad Ducal», situada en Las Navas del Marqués (Avila), localidad en la que veranean altos cargos políticos y donde Aida organiza sonadas fiestas. Para el cuidado de la propiedad, de unos 5.000 metros cuadrados, la pareja abrió en agosto de 1989 una cuenta corriente en la sucursal de la Caja de Ahorros de Avila, con la que hace frente a sus cuantiosos gastos: mantenimiento de la piscina, del jardín, etc.

Este avance patrimonial de Aida Alvarez y Miguel Molledo se había iniciado ya a finales de 1987, cuando compraron cuatro parcelas, cada una de 2.560 metros cuadrados, en la urbanización «Pinar Jardín Parraces II» de Marugán (Segovia) [43], localidad veraniega donde reside el ex yerno del general Franco, Jimmy Giménez Arnau. La compra se efectuó el 12 de noviembre de 1987 a la sociedad Lagos S. A. por un valor total registrado de 1.382.400 pesetas, muy inferior al de mercado, que sumaba 10 millones de pesetas.

---

[42] El Ayuntamiento de Madrid sancionó a Aida Alvarez con 17 millones de pesetas por construcción ilegal.
[43] Parcelas nº 158, 157, 127 y 126 del Plan General Urbano.

Detrás de esta adquisición se escondía una operación inmobiliaria especulativa a la que se asoció la empresa Lagos, ya que el pago de la compra por parte de Aida y Molledo se aplazaba a fechas posteriores y no devengaba ningún tipo de interés. Se trataba de construir una elitista urbanización.

Esta ostentación de riqueza de la pareja, de la que ya se hacían eco todos los medios de comunicación del país, hizo que los dirigentes del PSOE pidieran explicaciones a su «compañera». El caso Filesa llenaba todas las páginas de los periódicos y el deterioro de la imagen socialista iba *in crescendo* día tras día.

El 13 de enero de 1993, el secretario general del partido, Felipe González, encargó al entonces secretario de Organización, Txiki Benegas, una investigación exhaustiva sobre las actividades de la ex coordinadora de Finanzas del PSOE. Benegas ya había realizado otro informe parecido cuando saltó a la luz el caso Filesa. Entonces eran Carlos Navarro y Guillermo Galeote los implicados.

El número tres del PSOE, que era amigo de Aida Alvarez, se puso a trabajar de inmediato. Y su primera medida fue telefonear al domicilio particular de Aida, en la Colonia de los Músicos, para expresarle el malestar y la preocupación reinante en la dirección del partido a raíz de todas las informaciones aparecidas sobre su persona.

—Lo siento, Aida, pero necesito que me des una explicación convincente y que me redactes un detallado informe de tus negocios para hacérselo llegar a Felipe —le dijo.

—No te preocupes, te lo haré, pero el 70 por ciento de lo que ha publicado la prensa sobre mí es falso, le contestó en un tono de gran frialdad.

Tras su conversación con Benegas, Aida Alvarez, dolida y enfadada, remitió un duro comunicado al partido. Estaba molesta por el trato recibido después de lo mucho que había hecho por las finanzas socialistas. Pero era consciente de que el PSOE había diseñado un importante entramado de negocios y que tenía que renovar a su cuadro de comisionistas conforme fueran «quemados» por la prensa.

Aida se dispuso a escribir:

«Madrid, 27 de enero de 1993

Querido Txiki:

Después de nuestra conversación y tras las noticias aparecidas en los medios de comunicación creo conveniente informarte por escrito, al margen de estar a tu disposición para cuantas aclaraciones necesites, de lo siguiente:

1. Las cantidades astronómicas aparecidas en titulares en los medios de comunicación presumiendo que han sido cobradas por mí, son totalmente falsas.

2. La casa en la que vivo tiene un coste muy inferior al valor dado por la prensa. No creo necesario desmentir planos, neveras ni muchas otras cosas por el estilo. Si quiero dejar bien claro que lo que poseo lo he ganado trabajando honradamente.

Me duele y también me molesta tener que hacerte llegar este mensaje. Pero pienso que al margen del daño, irreparable, que me están haciendo a mí y a mi familia, todo lo que están diciendo está repercutiendo en la imagen del partido, por el hecho de que yo en su momento tuve alguna que otra responsabilidad en el seno del mismo, y en el fondo esto último es lo que se pretende.

Nunca he pretendido ser una persona pública, y me mantengo en esta postura, otra cosa es que los medios de comunicación se empeñen en lo contrario. Considero que mis obligaciones sociales las he cumplido y las seguiré cumpliendo colaborando con la Justicia.

Por último, decirte que aunque me siento parte del partido, en 1989 se produjo mi baja del mismo, por lo que actualmente no soy afiliada, a pesar de lo cual, por respeto a la organización me considero moralmente obligada a trasladarte estas consideraciones.

Con la esperanza de poder algún día volver a figurar en el censo del partido al que respeto, te saluda

AIDA ALVAREZ.»

Aida ahorraba así a sus antiguos compañeros de avatares un lento proceso de investigación que hubiera terminado con su expulsión sistemática del PSOE. Su confesión llegaba, sin embargo, demasiado tarde. El daño para la imagen del Partido Socialista era ya irreparable.

La carta de Aida fue recibida en la sede de Ferraz junto a otros dos escritos de los comisionistas implicados en la trama, Juan Carlos Mangana y Florencio Ornia, quienes solicitaban ser dados de baja como militantes para no perjudicar aún más al partido[44]. Los dirigentes del PSOE tenían en sus manos la última carta que jugar para lavar su honorabilidad. Y no la desaprovecharon. Al día siguiente emitieron un comunicado oficial en el que anunciaban que «los tres implicados en el cobro de comisiones han causado baja en el partido, Aida Alvarez lo hizo desde 1989».

Era lo ansiado por Felipe González. El secretario general del PSOE había comunicado a los miembros del «aparato» que una de las condiciones para acudir como número uno de la formación a los futuros comicios electorales era depurar de inmediato las responsabilidades de aquellos afiliados que aparecían en los medios de comunicación como implicados en casos de corrupción.

Los problemas financieros del PSOE y la necesidad de obtener recursos por vías paralelas habían levantado de la nada a militantes como Aida Alvarez. Una chica humilde, criada en el exilio francés, que se había convertido en la nueva dama de la España del pelotazo.

---

[44] Véase capítulo nueve.

314

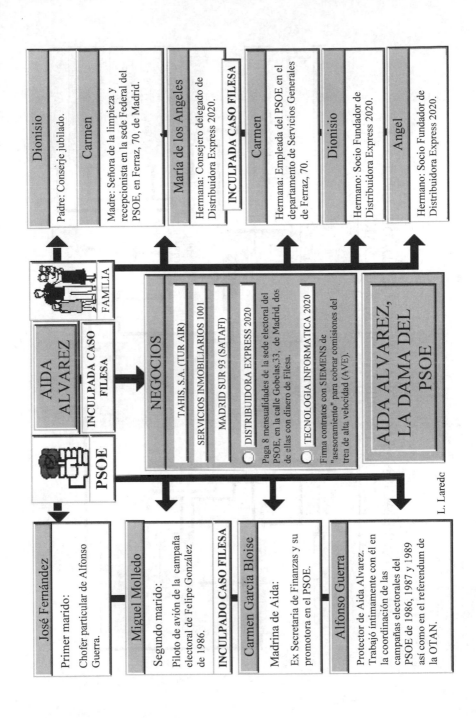

AIDA ALVAREZ

INCULPADA CASO FILESA

PSOE

FAMILIA

Familia:

- Dionisio — Padre: Conserje jubilado.
- Carmen — Madre: Señora de la limpieza y recepcionista en la sede Federal del PSOE, en Ferraz, 70, de Madrid.
- María de los Angeles — Hermana: Consejero delegado de Distribuidora Express 2020. INCULPADA CASO FILESA
- Carmen — Hermana: Empleada del PSOE en el departamento de Servicios Generales de Ferraz, 70.
- Dionisio — Hermano: Socio Fundador de Distribuidora Express 2020.
- Angel — Hermano: Socio Fundador de Distribuidora Express 2020.

NEGOCIOS

- TAHIS, S.A. (TUR AIR)
- SERVICIOS INMOBILIARIOS 1001
- MADRID SUR 93 (SATAFI)
- DISTRIBUIDORA EXPRESS 2020 — Paga 8 mensualidades de la sede electoral del PSOE, en la calle Gobelas, 33, de Madrid, dos de ellas con dinero de Filesa.
- TECNOLOGIA INFORMATICA 2020 — Firma contratos con SIEMENS de "asesoramiento" para cobrar comisiones del tren de alta velocidad (AVE).

AIDA ALVAREZ, LA DAMA DEL PSOE

PSOE:

- José Fernández — Primer marido: Chofer particular de Alfonso Guerra.
- Miguel Molledo — Segundo marido: Piloto de avión de la campaña electoral de Felipe González de 1986. INCULPADO CASO FILESA
- Carmen García Bloise — Madrina de Aida: Ex Secretaria de Finanzas y su promotora en el PSOE.
- Alfonso Guerra — Protector de Aida Alvarez. Trabajó íntimamente con él en la coordinación de las campañas electorales del PSOE de 1986, 1987 y 1989 así como en el referendum de la OTAN.

L. Laredo

RELACIONES ACCIONARIALES SOCIEDADES GRUPO 2.020, PROPIEDAD DE AIDA ALVAREZ

G.M.P COSTA RICA

G.T.P., S.A.
Contrato AVE

Carlos Mangana Morillo — 99 %

Sotero Jiménez Hernández

G.M.P. INGENIERIA JURIDICA CORPORATIVA, S.A.

G.M.P. DE INGENIERIA Y OBRAS, S.A.

GESTION DE MEDIO AMBIENTE Y PLANIFICACION, S.A.

G.M.P. BAHAMAS

CAFERNE, S.A.

SIEMENS

G.M.P. CONSULTORES, S.A.
Ahora GTRADE S.A.

BLEKER, S.A.

MADRID SUR 93,
Ahora SATAFI

31,2 %
Contrato AVE
31,2 %
100 %
66 %
45 %
80 %
16,5 %
33,3 %

SERVICIOS INMOBILIARIOS 1001, S.A.
Antes Parques Acuáticos.

TECNOLOGIA INFORMATICA 2.020, S.A.
Ahora SOMOJI, S.A.

TUR AIR, S.A.

DISTRIBUIDORA EXPRESS 2.020, S.A.

40 %
16,5 %
67 %

ARESERVICE

Miguel Molledo Martín

Pareja

Aida Alvarez Alvarez
Conectada con el caso OLLERO.

Eugenio Javier Morales Jiménez

40 %
20 %
40 %
40 %
20 %

CAPITULO OCHO

LOS MEDIOS AL SERVICIO DEL PSOE

El 28 de julio de 1989 el publicista catalán Angel Cambronero Trías se sentía radiante y dichoso, como si le hubiera tocado «el gordo» de la lotería de Navidad, a pesar de saber con un mes de antelación que su número era el premiado. Ese día el Consejo de Ministros, a propuesta del titular del departamento de Transportes, Turismo y Comunicaciones, José Barrionuevo Peña, había aprobado la concesión de ciento cincuenta y tres emisoras de radio en frecuencia modulada (FM).

Megaherzios S.A., la sociedad en la que Cambronero poseía el 95 por ciento de las acciones y de la que era administrador único, había obtenido dos concesiones, una en Burgos y otra en Fuenlabrada, una ciudad-dormitorio situada al sudoeste de Madrid. La Generalidad valenciana, presidida por el socialista Joan Lerma, le otorgaría el mismo día una tercera en Benidorm. Y sólo cuatro días más tarde, el 1 de agosto, José Rodríguez de la Borbolla, el presidente de la Comunidad Autónoma de Andalucía por el PSOE, colmaba el límite de sus aspiraciones materiales con una cuarta concesión, esta vez en Marbella.

Cambronero formaba parte del grupo de personas «de confianza» seleccionadas por los dirigentes socialistas para controlar las nuevas concesiones radiofónicas otorgadas. Su gran amistad con el entonces consejero de RTVE y ex director general de la emisora pública Radio Cadena Española, el periodista y abogado Jordi García Candau, avaló su pedigrí pro-PSOE.

García Candau y Cambronero se habían conocido en diciembre de 1982, sólo veinticuatro horas después de que el primero fuera nombrado jefe de los Servicios Informativos de Radio Cadena Española (RCE), la antigua «cadena del Movimiento». Cambronero y García Candau pronto intimaron. La faceta de tuno de García Candau, entonces «en activo» con la tuna de la Facultad de Derecho de la Universidad Complutense de Madrid, le hizo gracia. Aquella Navidad la pasaría el hoy director general de RTVE actuando con sus amigos en el Mainalove Night Club de Santo Domingo, en la República Dominicana. Mientras García Candau actuaba con la tuna en el Caribe, veintitrés periodistas de RCE que iban a ser despedidos se encerraron durante una semana en los locales de la emisora en Madrid. Fue la primera huelga que el PSOE tuvo que sufrir durante su mandato.

El publicista formaba parte de la llamada «operación Arco Iris», diseñada en el despacho de José María Calviño[1], ex director general de RTVE y hombre de confianza de Alfonso Guerra, el cual había dado su apoyo tácito al proyecto de hacer una radio del PSOE. Toda la estrategia había sido diseñada por su secretario personal, Rafael Delgado, «Fali»; por los «fontaneros» de Moncloa, Francisco Virseda, director general de Medios de Comunicación Social[2], y Roberto Dorado, secretario general de Presidencia; y por Javier Nadal, director general de Telecomunicaciones del Ministerio de Transportes, Turismo y Comunicaciones. El ministro de Relaciones con las Cortes, Virgilio Zapatero, amigo de Aida Alvarez, ejercía de supervisor general.

Los participantes en aquella reunión, celebrada en la

---

[1] José Díaz Herrera y Ramón Tijeras, *El dinero del poder*, Cambio 16, Madrid, 1991.

[2] Virseda es actualmente jefe de la asesoría jurídica del PSOE y abogado de Alberto Flores Valencia y Ramón Moreda Luna en el caso Filesa.

primavera de 1989, estaban de acuerdo en que era el momento idóneo para crear una gran cadena de radio socialista. Sólo había que buscar las personas idóneas para la causa y que constituyeran una sociedad anónima: «Tenemos que tener muy claro que a los de la derecha no hay que darles ni una emisora. Al enemigo ni agua», sería el lema lanzado en aquella reunión.

Se daba la circunstancia de que a las ciento cincuenta y tres emisoras de FM que tenía que conceder el Gobierno central se unían otras ciento noventa y ocho que correspondían a siete comunidades autónomas que tenían transferidas estas competencias: sesenta y cinco a Andalucía, veinticinco a Canarias, veintiséis a Galicia, siete a Navarra, veintiocho a la Comunidad Valenciana, diecinueve al País Vasco y veintiocho a Cataluña. El PSOE tenía controladas las cinco primeras.

En ese mes de abril de 1989 existían en España un total de trescientas noventa y nueve emisoras de FM. Con la concesión de las doscientas cincuenta y una nuevas estaciones de radio el número se elevaría a seiscientas cincuenta. Era una oportunidad que no había que dejar pasar. Y así lo entendió el propio Alfonso Guerra, quien puso a trabajar al secretario de Finanzas del PSOE, y antes de Imagen, Guillermo Galeote, inculpado en el caso Filesa. Galeote y Calviño elaboraron las listas finales de las personas afines al partido que debían recibir una o varias concesiones de emisoras de FM. En ellas figuraban familiares de Jordi García Candau, el empresario asturiano Blas Herrero o el publicista Ángel Cambronero.

Este último estaba llamado a convertirse en uno de los baluartes de la operación «Arco Iris». Su participación no se reducía sólo a ser propietario de cuatro emisoras de radio de primera categoría, sino que se incorporaba a la trama Filesa como co-accionista en cuatro empresas del *holding* socialista. Tres de ellas desempeñarían un papel crucial en el emporio de comunicación que Alfonso Guerra quería levantar: Condal Madrid S. A., Condal Galicia S. A. y Condal Valencia S. A.

Las tres «condales» eran agencias de publicidad destinadas a intermediar en la contratación de publicidad para la futura cadena de radio socialista y para las televisiones y radios públicas bajo control del PSOE. Era un suculento negocio, con pingües beneficios para el partido y sus socios. El nombre de Condal no era gratuito. Cambronero había fundado el 8 de septiembre de 1981 en Barcelona una agencia, llamada Publicidad Condal S. A., que era ampliamente conocida en el mundillo profesional, por lo que entre los entendidos se había percibido que las «condales» eran propiedad suya y no de Filesa.

La cuarta sociedad, Impulsos Eléctricos S. A.[3], tenía como objeto social la gestión de una emisora de radio y había sido fundada en Madrid el 6 de abril de 1989[4], tres meses antes de que el Gobierno hiciera públicas las concesiones, en las que Impulsos Eléctricos no resultó agraciada.

El *holding* Filesa comenzó a trabajar en la operación «Arco Iris». Su primera medida fue conseguir los medios necesarios para optar a cubrir la red de emisoras en Cataluña. El 23 de mayo se constituyeron, utilizando testaferros, cinco sociedades, con sede en las respectivas capitales catalanas, con el fin de optar al concurso de veintiocho concesiones de FM que la Generalidad debía convocar.

Las empresas no mostraban relación alguna en sus nombres que pudiera vincularlas a una red regional: Ona Nova (Gerona), Dial Europa (Barcelona), Radio Libra (Tarrasa), Dial Ponent (Lérida) y Radio Horitzó (Tarragona). Ningún accionista repetía en ninguna de ellas. Eran un compendio de familiares, amigos y colaboradores de Luis Oliveró, propietario del 40 por ciento del *holding* Filesa y tío del diputado Carlos Navarro.

En Ona Nova figuraba, junto al propio Oliveró, Diego Ramos, gerente de Camunsa, una compañía que pagó a Filesa 2.240.000 pesetas por un estudio de mercado «para proyectos e instalaciones eléctricas en los mercados de los

---

[3] Las cuatro tenían la misma participación accionarial: Angel Cambronero, un 48 por ciento; su madre, Concepción Trías Escribá, un 4 por ciento, y Filesa, el 48 restante. El domicilio social de las cuatro empresas era el mismo: Gran Vía, 67; las «condales» en el despacho 313 y la otra en el 612. Las «condales» nunca ocuparon físicamente su sede social.

[4] Las «condales» vieron la luz un mes antes en la misma notaría.

países del norte de Africa». Ramos, inculpado por el juez Barbero por los delitos de falsedad en documento mercantil, apropiación indebida y delito fiscal, era un viejo conocido de Oliveró de sus tiempos en la capital azteca.

En Dial Ponent hicieron el papel de testaferros Fernando Oliveró Domenech, sobrino de Luis Oliveró, y la secretaria de éste, Natalia Bachs Escrivá. En Dial Europa fue Juan Calatayud Montell, abogado y consejero delegado de Viajes Ceres, la empresa que tenía la exclusiva del Inserso para los viajes de la tercera edad y en la que Time Export mantenía, en aquel tiempo, el 20 por ciento del accionariado. En Radio Libra figuraba otro sobrino de Oliveró: Fernando Figueras Serrat. Y en Radio Horitzó, Manuel Alberich Olivé, el viejo militante socialista que aparecía como primer accionista de Filesa, al que se sumaba el abogado y después secretario general de la Unión de Consumidores de Cataluña (UCC), Isidoro-Gerardo García Sánchez, también secretario del Consejo de Administración del *holding* Filesa.

Pero los tentáculos del *holding* socialista no se limitaron a Cataluña. Meses más tarde, el 17 de octubre de 1989, Alberto Flores y Luis Oliveró fundaron en Madrid una nueva empresa: Alfil Comunicación S. A. [5], que compartía la misma sede que Filesa tenía abierta en la calle Barquillo, de Madrid. Alfil Comunicación estaba llamada a ser la sociedad matriz que acogiera a todas las empresas concesionarias. Era la segunda fase de la operación «Arco Iris». La venta de las participaciones o la cesión de la gestión a Alfil Comunicación por parte de los testaferros del PSOE.

Entre julio y diciembre de 1989 se concedieron doscientas veintitrés emisoras de radio de FM. Las comunidades de Andalucía y Valencia lo hicieron el mismo día que el Gobierno central. Otras lo aplazaron cuatro días, como la del País Vasco. La Comunidad Autónoma Canaria hizo públicas las concesiones el 21 de noviembre. Y otras, como la Gallega, se demoraron hasta el 16 de diciembre.

---

[5] 60 por ciento Flores y 40 por ciento Oliveró.

El presidente de la Generalidad, Jordi Pujol, frustró las aspiraciones de los hombres de Filesa en Cataluña. A diferencia del resto de las comunidades autónomas, la Generalidad pospuso *sine die* la concesión de las emisoras de FM para su territorio. El 29 de mayo de 1991, fecha en que estalló el caso Filesa en la prensa, todavía no habían sido otorgadas.

Si todo hubiera salido como Guerra y Galeote proyectaron, el PSOE podría haber contado con setenta y siete emisoras en su cadena de radio y tres agencias de publicidad.

El candidato para dirigir todo este emporio de medios de comunicación era Jordi García Candau, director general de Radio Cadena Española entre 1983 y 1987. García Candau, de hecho, asesoró al empresario Blas Herrero Fernández, calificado como «el Sarasola asturiano», un hombre muy próximo al PSOE que resultó el más beneficiado por el Gobierno en las concesiones de radios de FM.

Herrero poseía un grupo de sociedades en sectores muy diversos, como el lácteo, el inmobiliario, los transportes, el comercio exterior y la venta de automóviles. En 1988 creó, junto a la empresa pública Lactaria Española (LESA), una sociedad mixta llamada Lácteas Reunidas Asturianas para el tratamiento y envasado de leche, comercializada con la marca RAM. También es propietario de los concesionarios de la firma automovilística Opel en Gijón y Avilés y de una sociedad de comercio exterior, Tradingbank, con actividades en Madrid y Asturias.

Blas Herrero se presentó al concurso con cinco sociedades diferentes: Radio Blanca S. A., Emisión 7 S. A., Radio Alfa S. A., Abalazzuas S. A. y Onda Ondaranda [6]. Entre todas, obtuvo veintisiete concesiones de estaciones de radio de FM, algunas de ellas de gran capacidad de alcance, como la de Valencia, con 40.000 vatios de potencia, sólo superada por la radio autonómica, Canal Nou, con 50.000 vatios.

En Galicia recibió una concesión en Vigo, de 7.000 vatios, la tercera más potente de las veintiséis que estaban en

---

[6] Marco Schwartz, *Cambio 16*, 18 de febrero de 1991.

juego y la más preciada en esa comunidad autónoma. Fue la última decisión que tomó el gobierno gallego, presidido por el socialista Fernando González Laxe, veinticuatro horas antes de que tuvieran lugar las elecciones autonómicas en las que ganaría Manuel Fraga y el Partido Popular, el 17 de diciembre de 1989.

El nombre de Jordi García Candau aparece relacionado tanto con Blas Herrero como con la propia Filesa en la agenda particular de Luis Oliveró. Esta agenda fue entregada al magistrado Marino Barbero por el contable del *holding* socialista, el chileno Carlos van Schouwen. En la agenda se puede leer:

> «Jordi García Cambau [el segundo apellido estaba escrito equivocado]
> Red Emissores, C/ Jorge Juan, 36, 3º D,
> Telf.: 91/276.01.57, 276.02.63»

La dirección de Jorge Juan correspondía a la oficina que Radio Blanca, propiedad de Blas Herrero, tenía abierta en Madrid.

Del total de las concesiones, setenta y dos fueron a personas y sociedades en sintonía con el PSOE, como el hostelero Francisco Castellanos, que obtuvo siete concesiones de FM en el entorno de Castilla-La Mancha, a través de Castellana de Imagen y Comunicación S. A. y Castellana de Prensa, Radio y TV S. A.

Diez meses más tarde, Castellanos compraría otras dos compañías, Altés S. A. y Albitel S. A., que se habían visto favorecidas con dos concesiones en las provincias de Murcia (Cieza y Jumilla) y Albacete (Almansa y Hellín). Castellanos, un hombre próximo al socialista José Bono, presidente de la Junta de Castilla-La Mancha, elevaba a once el número de emisoras bajo su control.

También resultaron favorecidas empresas propiedad de militantes socialistas como Canpresa, la sociedad editora del diario *Alerta* de Santander, o Antena Norte S. A., que recibieron cuatro emisoras en Reinosa, Santoña y Laredo (Cantabria) y en Aguilar de Campoo y Guardo (Palencia). O familiares de Jordi García Candau, como ocurrió en la concesión de cinco emisoras de FM en Castilla y León, otorgadas a las sociedades Radio Tormes S. A. y Radio Alamedilla S. A. En ellas hacía las veces de testaferro un humilde agricultor a las órdenes del presidente del Banco Exterior en Salamanca, Luis González Dalama, cuñado de Jordi García Candau. También los dos hermanos del actual director general de RTVE, el periodista Julián García Candau, director del diario deportivo *As*, y Dolores, obtuvieron una emisora en el municipio de Vila-Real (Castellón), de donde son naturales.

Otro caso importante fue el del empresario Francisco Javier Moll de Miguel, propietario del Grupo Moll, el cual posee rotativos en Oviedo, Alicante, Valencia, Vigo, Murcia y Las Palmas de Gran Canaria. Moll consiguió cuatro emisoras, dos en la región valenciana y dos en Canarias, a través de tres empresas suyas. La primera en Petrel (Alicante), con Editorial Prensa Alicantina S. A., que edita el diario *Información*; la segunda en Algemesí, con Editorial Prensa Valenciana S. A., que edita el periódico *Levante*, y las dos últimas en Arucas y Mogán, Gran Canaria, con Editorial Prensa Canaria S. A., que edita el *Diario de Las Palmas* y *La Provincia*.

Como era de esperar, la decisión tomada en torno a las emisoras de FM por el Gobierno central y los gobiernos autonómicos se encontró con un torrente de recursos impugnatorios, unos trescientos. Profesionales del periodismo de cualificada valía, como Luis del Olmo, se quedaron fuera, mientras otros, con iguales méritos, como Manuel Campo Vidal, recibían tres concesiones en la provincia de Huesca. Por otra parte, empresas de probada solvencia, como Unión Radio, que presidía Eugenio Fontán, y la Asociación de Radios Independientes (ARI) se sintieron estafadas por la Administración socialista después de haber llegado a un acuerdo previo. Según Fernando Gutiérrez Laso, abogado de Luis del Olmo, que presentó treinta y cinco recursos, los dictámenes presentados por los directores generales del Ministerio, Virseda y Nadal, carecían de la menor profundidad técnica. Las concesiones se otorgaron con argumentos como «es la mejor» o «reúne las condiciones», que fueron la base sobre la que el Consejo de Ministros otorgó las polémicas emisoras de FM.

La primera fase de la operación «Arco Iris» se cumplió perfectamente al finalizar 1989. La segunda se frustró por dos factores: el nombramiento de Jordi García Candau, en febrero de 1990, como director general de Radio Televisión Española (RTVE), que dejó descabezado el proyecto, y la ambición de muchos de los favorecidos. Estos, sin el conocimiento y la experiencia requerida, optaron por vender o ceder sus emisoras a otros grupos de comunicación ya establecidos, consiguiendo unas importantes plusvalías, pero dejando a un lado la causa socialista. De hecho, en marzo de 1991, casi dos años después de la publicación de las concesiones por el Gobierno central, de las ciento cincuenta y tres emisoras otorgadas sólo noventa habían comenzado a funcionar.

En este río revuelto, los principales beneficiarios fueron las grandes cadenas de comunicación o grupos que, como la Organización Nacional de Ciegos (ONCE), habían decidido crear su propia cadena de radio fundando la sociedad Divercisa. La ONCE llegó a un acuerdo de explotación con muchos de los favorecidos por el PSOE, como el propio Blas Herrero, o las empresas Canpresa y Antena Norte. En 1990, la ONCE, entonces dirigida por Miguel Durán, daba un paso vital en esta carrera al comprar la cadena Rato y así dominar ciento cuatro estaciones. Se configuraba como una de las grandes emisoras de radio de España.

Entre las otras empresas ya establecidas, la Cadena de Ondas Populares (COPE), que consiguió once nuevas emisoras, cerró acuerdos de asociación elevando su potencia de emisión a ciento noventa y dos estaciones en onda media y frecuencia modulada. La Sociedad Española de Radiodifusión (SER), con veintidós concesiones directas, incluyó en su red cincuenta y cuatro estaciones asociadas, quedándose con doscientas cuarenta y una emisoras en OM y FM.

Sin embargo, la frustración creada en las filas socialistas por el fracaso de la operación «Arco Iris» quedó en gran parte aminorada por la promulgación en 1991 de la Ley de

Organización y Control de las Emisoras Municipales de Radiodifusión. Esta ley permitía a cada ayuntamiento fundar y gestionar una emisora de radio, financiándola con dinero público y con publicidad. Rápidamente se doblaría el número de emisoras públicas en todo el territorio español, que pasó de 1.105 a 2.205, frente a las 1.004 de las cadenas privadas. El PSOE, que en las elecciones municipales del 26 de junio de 1991 obtuvo la mitad de los ayuntamientos, consiguió a través del poder local lo que los hombres de Filesa no fueron capaces de lograr con la operación «Arco Iris». Una compleja trama en cuyo camino se quedaron algunos personajes, como Angel Cambronero Trías, un publicista al servicio del PSOE.

* * *

Angel Cambronero Trías, sexagenario, alto, moreno, espigado, soltero, era ya alguien establecido en el mundo de la publicidad cuando en diciembre de 1982 conoció a Jordi García Candau en Radio Cadena Española (RCE). Felipe González, recién llegado a La Moncloa, había dado órdenes tajantes a sus subordinados para que renovaran e impulsaran la antigua «cadena del Movimiento». El máximo responsable de RTVE, el guerrista José María Calviño, no tardaría en situar al frente de esta emisora pública a uno de sus más fieles peones, García Candau, un joven periodista militante del partido, nacido en Vila-Real (Castellón) el 2 de enero de 1951.

El potencial de RCE era muy importante para los intereses del Partido Socialista. Tenía sesenta y ocho emisoras, cincuenta y una de onda media y diecisiete de frecuencia modulada, que se financiaban a través de la publicidad y con subvenciones estatales. RCE formaba parte de RTVE desde 1981 [7]. Por eso, había que tenerla muy bien controlada.

García Candau pronto simpatizó ideológicamente con Angel Cambronero, un veterano de la radiodifusión española. Desde sus comienzos, a las órdenes de Ramón Villot,

---

[7] Fue absorbida en 1988 por Radio Nacional de España (RNE) y convertida en Radio 5.

Cambronero tuvo éxitos fulgurantes, como la radionovela *Simplemente María*, emitida a través de las tres cadenas públicas que en 1972 se fusionarían para constituir Radio Cadena Española: REM (Red de Emisoras del Movimiento, creada en 1954), CAR (Cadena Azul de Radiodifusión, creada en 1940) y CES (Cadena de Emisoras Sindicales, creada en 1950).

El don de gentes de Cambronero y su facilidad para la comunicación personal le posibilitaron hacerse, a lo largo del tiempo, con clientes de gran peso en el mundo empresarial: Danone, Leche Pascual, Vaqueros Lois o, incluso, la Generalidad catalana. En 1983, cuando el PSOE desembarcó en los medios de comunicación del Estado, Cambronero era el responsable de la publicidad de un programa que Luis del Olmo emitía de cinco a seis de la tarde llamado *Hora punta*. Este espacio era la compensación que el predecesor de Calviño en RTVE, Carlos Robles Piquer, le había otorgado a Luis del Olmo como fórmula para abonarle un plus de 200.000 pesetas mensuales. Robles Piquer intentaba así evitar que Del Olmo, que hacía entonces el programa *Protagonistas* con gran éxito en RNE, se fuera a la radio privada.

Radio Cadena Española, dirigida por Luis del Val, era la única cadena de radio del Ente Público RTVE que emitía publicidad. El programa, a pesar de la hora de emisión, tenía una aceptable audiencia y, por tanto, unos suculentos ingresos publicitarios, que llegaban de la mano de Cambronero. Pero las excelentes perspectivas no fueron suficientes para que José María Calviño planteara a Luis del Olmo el dilema de seguir con *Hora Punta* sin cobrar un céntimo o dejarlo. El periodista abandonaría meses después Radio Nacional de España para fichar por la cadena COPE.

Pero a Angel Cambronero esta salida no le influyó. La relación entre el nuevo director general de RCE, Jordi García Candau, y el publicista se puso en sintonía casi de inmediato. García Candau tenía una amplia experiencia radiofónica. Hasta ese momento —desde diciembre de 1982 hasta octubre de 1983— había ocupado la dirección de los Servicios Informativos de la cadena pública y antes había sido subdirector de los informativos de RNE *España a las ocho* y *Diario hablado de las dos de la tarde.* Sin embargo, tenía una importante laguna que cubrir: no era un experto en gestión empresarial. Una característica que se requería.

García Candau se encontraba metido en un agujero del que no sabía cómo salir. Su antecesor, Ramón Criado, promovido a director de Televisión Española (TVE), había dejado la cadena bajo mínimos. Los ingresos publicitarios habían disminuido considerablemente después de pasar escasos meses bajo su tutela. El nuevo director de RCE buscaba desesperadamente una solución para solventar este grave problema. Y Cambronero fue su hombre.

En 1984, García Candau y Cambronero llegaban a un acuerdo por el que la compañía del segundo, Publicidad Condal S. A., obtenía la exclusividad del 80 por ciento de las campañas publicitarias de RCE y la coproducción de programas, lo que suponía dejar en manos de Cambronero las finanzas de la cadena. La coproducción consistía en que Cambronero compraba determinadas horas de la programación, contrataba a la gente que le parecía, hacía el programa que quería, utilizaba personal de la emisora para llevar la parte técnica y a cambio RCE y Publicidad Condal se repartían los beneficios generados por la publicidad de esos programas. Unos ingresos que siempre fueron superiores para Cambronero[8].

Había, incluso, una cláusula en el contrato por la que la dirección de RCE no podía entrar en los contenidos de los programas coproducidos por Publicidad Condal. Entre éstos se encontraban *La hora deportiva*, conducido por Quintín Rodríguez, *El que sabe, sabe*, de Miguel Vila, *Hoy en España*, de José Luis Fradejas, *El Rincón de la Gloria*, de Hilario López Millán, y *La noche es de Pilar*, de Pilar Matos. Todos ellos se emitían de lunes a viernes, salvo *La hora deportiva*, que también se emitía los domingos, y *Objetivo motor*, los sábados, con

---

[8] El sistema, con las variantes propias del entorno, fue el mismo que luego introdujo García Candau en RTVE cuando asumió la Dirección General en febrero de 1990.

Jorge Prádanos. El publicista catalán también tuvo otros programas en circuitos regionales, como *Valencia 13'14* o *Madrid 6-5-7*. Cambronero controlaba todos los programas coproducidos en la primera mitad del día en RCE.

Sobre todos los programas, su estrella era el matutino presentado por Ricardo Fernández Deu, quien más tarde se hiciera famoso por su papel de abogado defensor en el programa *Tribunal popular* de TVE y como conductor de espacios de variedades en los que cantaba. Fernández Deu se convertiría en 1994 en eurodiputado por el Partido Popular.

Pero la influencia de Cambronero no terminaba aquí. En 1984 «dirigió» la reestructuración inmobiliaria y de equipos que RCE acometió en Radio Centro, la emisora que la cadena pública mantenía en el edificio del desaparecido diario *Pueblo*, en la calle de las Huertas de Madrid. Aquélla fue «la época dorada» para Cambronero. Su empresa, Publicidad Condal, aumentó su capital social de 500.000 pesetas a 30 millones [9]. Las 29.500.000 pesetas de las nuevas suscripciones accionariales fueron asumidas íntegramente por el propio Cambronero.

El 23 de octubre de 1986 terminaba el mandato de Jordi García Candau al frente de Radio Cadena Española. La nueva directora general de RTVE, Pilar Miró, le destituyó fulminantemente y fue sustituido por la periodista Clara Isabel Francia. Esta se encontró con que debía acabar con el contrato de Cambronero para hacer que la cadena pública fuera viable económicamente. La audiencia se había hundido considerablemente a poco menos de un millón de oyentes, cuando en 1983, al llegar Candau, era de 1.774.000 personas.

Un informe de Auditoría de la Gestión de Publicidad en RCE, realizado por la Subdirección de Control Financiero de RTVE y presentado en abril de 1987, certificó el panorama desolador en que se encontraba la emisora cuando llegó Clara Isabel Francia:

---

[9] Mediante tres ampliaciones sucesivas; la primera, el 4 de noviembre de 1985, la segunda, el 1 de diciembre de 1986, y la tercera, el 3 octubre de 1987.

«Los procedimientos administrativos utilizados en la Gestión de la Publicidad en Radio Cadena Española, S. A., no garantizan una gestión razonablemente adecuada y carecen de las suficientes técnicas de control interno que aseguren una fiabilidad del registro de las transacciones, toda vez que:

—Las coproducciones efectuadas no se han ajustado plenamente a los objetivos inicialmente marcados, sino que más bien han supuesto la hipoteca de parte de la publicidad a una agencia de publicidad [Publicidad Condal S. A.].

—La incentivación efectuada a los gestores por publicidad no gestionada por ellos supone un coste inadecuado.

—El control de la emisión de publicidad es poco formal y se efectúa con escaso rigor.»

El informe supuso el primer varapalo a la gestión de Jordi García Candau. Su imagen de gestor eficaz se vino abajo por completo, aunque años más tarde se le premiara con la Dirección General de RTVE, ente público al que ha dejado todavía en peor estado, con un billón de pesetas de subvenciones para paliar su deuda.

Candau había permitido que Cambronero actuara con toda libertad sin atenerse a las normas de mercado. Así, el publicista aplicaba un tipo de tarifas que le posibilitaba contratar la publicidad más barata que la propia RCE.

«En los precios de tarifa inicial de las modalidades publicitarias contratadas por la Coproductora [Publicidad Condal] en régimen de coproducción comercial de carácter nacional, se deducirá gradualmente en factura mensual —según consta en contratos— los siguientes importes: descuento de horario (30 por ciento de nocturnidad entre las 0.30 hs. y 8.00 hs.), contratación anticipada (12 por ciento), frecuencia (25 por ciento), comisión (25 por ciento), *rapell* o prima anual (12 por ciento) y coproducción (40 por ciento).

El coste medio resultante de la aplicación de las anteriores deducciones ha supuesto para RCE, S. A. porcentajes de hasta un 73,86 por ciento en el caso de Coproducciones nacionales y de hasta un 62,38 por ciento para las regionales. Con lo cual los ingresos líquidos obtenidos representan el 26,14 por ciento y el 37,17 por ciento respectivamente sobre los ingresos brutos registrados.»

Esta diferencia monetaria pasaba al capítulo de beneficios del amigo de Jordi García Candau. Además, se llevaba comisión por la publicidad oficial que llegaba a la cadena durante periodos de consultas electorales, como el referéndum de la OTAN, los comicios generales o las elecciones sindicales [10]. En cualquier empresa de comunicación los ingresos por este tipo de publicidad se quedan íntegros en ella misma.

Clara Isabel Francia no pudo rescindir de inmediato la relación con Cambronero por la imposibilidad de cancelar los programas asumidos. «Pero renegociamos las condiciones del contrato firmado con Candau. Y Cambronero pasó a controlar sólo el 30 por ciento de la publicidad. A partir de ese momento, nosotros gestionamos directamente la publicidad y, aunque sufrimos una disminución en la contratación, la verdad es que aumentaron los ingresos», cuenta Clara Isabel Francia.

La directora de RCE tuvo también que arreglar la situación de algunos periodistas contratados por el catalán, como Miguel Vila y José Luis Fradejas, a los que no tenía afiliados en la Seguridad Social.

La historia de Radio Cadena Española terminó en 1988. Ese año se integró dentro del organigrama de Radio Nacional. Acababa una época de la radiodifusión española. Cambronero, después de aquello, continuó su amistad con Jordi García Candau. Una amistad de la que siempre podrá recordar cuatro años dorados y de la que le quedan en propiedad cuatro emisoras de radio repartidas por toda la geografía

---

[10] Los ingresos por publicidad oficial percibidos por Cambronero fueron en el referéndum OTAN de un 42,1 por ciento, en las generales de un 27 por ciento y en las sindicales de un 35 por ciento.

española. Sólo una frustración: no haber podido completar la red de comunicación del partido ideada desde Filesa que acogía a TVE.

* * *

En otoño de 1982 Felipe González acudía por primera vez a un plató de Televisión Española. Tenía que grabar cuatro espacios institucionales para las elecciones generales, que ese año le darían finalmente el poder. Julio Feo, el entonces asesor de González, había diseñado toda la estrategia operativa.

Cuatro realizadores con carné del partido intentarían sacar el mejor provecho a la figura de Felipe González. Estos eran Pilar Miró, Juan Mediavilla, Luis Enciso y Ramón Gómez Redondo, todos veteranos en estas labores. Pilar Miró ya había realizado el *spot* institucional del PSOE en 1977 y Gómez Redondo había coordinado el documental del XXVII Congreso socialista, de 1976[11], junto a Luis Enciso y Josefina Molina, ambos realizadores de TVE procedentes de la Escuela de Cine.

Gómez Redondo, nacido en Albacete en 1941, guerrista y militante de la agrupación madrileña de Chamberí, pertenecía a TVE desde 1969 y era el representante del PSOE en el Consejo de Radiotelevisión Española. En éste también figuraba Roberto Dorado, luego nombrado por Alfonso Guerra director del Gabinete de Presidencia de Gobierno, con rango de subsecretario.

El nombramiento de José María Calviño Iglesias como nuevo director general de Radiotelevisión Española catapultó a Gómez Redondo a la dirección de programas de Televisión Española.

Su entrada produjo una remodelación profunda de la parrilla de programación de TVE. Uno de los espacios candidato a desaparecer era *Gente joven*, un programa musical dirigido a promocionar jóvenes cantantes, que fue creado por Fernando Juan Santos. Cuando éste, acuciado por los

---

[11] Celebrado en Madrid en la semilegalidad.

rumores, se dirigió a Gómez Redondo para preguntarle por el futuro del programa, el realizador le espetó: «¿Pero cómo vamos a acabar con *Gente joven* si es el único programa socialista de TVE?»

Gómez Redondo había tenido una juventud vinculada a la Falange Española de las JONS y al Sindicato de Estudiantes Universitarios (SEU), pero posteriormente sufriría un cambio ideológico hacia la izquierda. Hombre afable y amigable, padeció una grave enfermedad cardiaca durante la coproducción de la serie *El Quijote* que lo tuvo postrado durante cerca de seis meses en un hospital en Rusia, donde se rodaba la serie.

Gómez Redondo tenía un cierto prestigio como realizador de TVE, donde había elaborado series de éxito como *Galería*, la revista de arte y letras, o *Imágenes*, otro programa cultural de la cadena pública. Esta vinculación con lo artístico le convirtió en el líder de la llamada «Escuela de Argüelles», un movimiento de la vanguardia cinematográfica de la capital de España. Su relación con los programas culturales de TVE favoreció el comienzo de una estrecha relación sentimental con la que fuera presentadora del programa televisivo *La Edad de Oro*, Paloma Chamorro. Gómez Redondo permaneció en su cargo de TVE hasta 1986, año en el que José María Calviño fue cesado y sustituido por otra militante del PSOE, Pilar Miró[12].

José María Calviño había sido el hombre encargado por el «aparato guerrista» para poner orden dentro de RTVE tras la llegada al poder de los socialistas. Nacido en 1943 en Lalín (Pontevedra), había sido durante la última etapa franquista secretario personal de Adolfo Suárez cuando éste ocupó la dirección de TVE. La muerte del general Franco despertó en él las inquietudes políticas, hasta tal punto que se dedicó a promover un partido radical, la Acción Republicana Democrática Española (ARDE), de la que se convirtió en un militante muy activo.

---

[12] 10 de octubre de 1986.

Sin embargo, Calviño no conoció la verdad suprema hasta que conoció a Alfonso Guerra. Abandonó ARDE y se afilió al PSOE. Poco tiempo después formaba parte del bloque de consejeros socialistas en TVE, junto a Gómez Redondo y Roberto Dorado.

Durante su etapa como director general de RTVE se apoyó en una guardia pretoriana formada por los periodistas Ramón Criado, Jordi García Candau y Enrique Vázquez Domínguez. Junto a este último, a su salida de RTVE, formaría uno de los despachos políticamente más influyentes del país en el sector audiovisual e inmobiliario, situado en el centro de la capital de España, en la calle del Marqués de Urquijo, número 26.

Gracias al dinero de dos amigos suyos, el inversor judío Jacques Hachuel Moreno y el empresario andorrano Antonio Ubach Montes, Calviño puso en funcionamiento a comienzos de 1988 Canal 10, el primer proyecto de televisión privada por satélite, que acabó siendo un estrepitoso fracaso.

La productora de Gómez Redondo, Mabuse S. A., creada meses antes, el 22 de julio de 1987[13], participó activamente en el proyecto. Significó su primera gran facturación, 71 millones de pesetas, y su despegue definitivo. Ese mismo año ya facturaba 37 millones de pesetas a la agencia de publicidad Vitrubio por unos documentales sobre los enterramientos de los residuos nucleares de la empresa pública Enresa.

La productora Mabuse tenía entonces como accionistas a José Antonio Bartolomé Zuloaga, productor de TVE en excedencia[14], Araceli del Grado Val, mujer de Ramón Gómez Redondo, María Martínez de Salas Cayuela, Adelaida Ripolls Cueto y Leonor Benedit Calonge, todos ellos del mundo cinematográfico y publicitario. En aquel momento Gómez Redondo no figuraba aún en los registros, ya que

---

[13] Mabuse fue creada con un capital social de 1.000.000 de pesetas.
[14] Figuró en TVE como productor desde 1971 hasta 1986, cuando solicitó su excedencia. Antes de crear Mabuse fue director de producción de la empresa Atanor, S. A, otra de las productoras beneficiadas por TVE.

seguía perteneciendo a la plantilla de RTVE, sin cometido especial. Sólo hacía pasillos.

Sería en abril de 1989 cuando, ya conseguida la excedencia que le libraba de las incompatibilidades, tomaría las riendas de la empresa y sería nombrado secretario del Consejo de Administración.

Su pase al sector privado no fue obstáculo para que siguiera formando parte de la división audiovisual del Comité Electoral del PSOE, en el que colaboraba desde las primeras elecciones generales. De hecho, nunca dejó de trabajar para el PSOE en elecciones, ni cuando era director de Programas de TVE. Formaba parte del círculo íntimo de Alfonso Guerra y gozaba de la amistad de Guillermo Galeote.

Esa estrecha colaboración se transformó en 1989 en un contrato de servicios con el PSOE por el que su productora, Mabuse, se responsabilizaba de la realización del vídeo electoral (*España en progreso*) y de todas las cabeceras que precedían a las intervenciones de Felipe González en televisión, ya fuera en las elecciones europeas o en las generales.

La productora Mabuse cobró del Partido Socialista un total de 38.705.777 pesetas por estos dos trabajos [15]. La primera factura que emitió fue, con fecha 15 de junio, de 12.956.023 pesetas y correspondía «al diseño, producción y realización de los distintos elementos audiovisuales de la campaña de referencia [europeas], incluidos los espacios gratuitos, tanto de radio como de televisión, en sus distintos niveles territoriales»; la segunda, con fecha 1 de diciembre, por 25.749.752 pesetas, en concepto de «Elaboración de los diferentes espacios electorales correspondientes a las elecciones generales de 1989».

Ese mismo año, Time Export y Filesa «contrataron» también los servicios de Mabuse. Fue Alberto Flores, a quien Gómez Redondo conocía del partido, el que fraguó la operación. Se trataba de una nueva operación de ingeniería

---

[15] Cobrados en varios cheques nominativos de la Caja Postal, sucursal Marqués de Urquijo, número 21, de Madrid, de cuya cuenta es titular el PSOE.

financiera para cubrir los gastos del PSOE, eludiendo así el límite impuesto por la Ley Electoral sobre los gastos de los partidos políticos en campaña electoral.

La justificación contable que utilizó Time Export fue la realización de un supuesto vídeo turístico titulado *Momentos*, que versaba sobre «Aspectos actuales de la realidad española» y por el que se pagó la cantidad de 13.404.023 pesetas [16]. Por su parte, Filesa contrató a Mabuse para la realización de dos trabajos, uno de marketing, imprenta y reproducción, y otro de elaboración de un vídeo doméstico [17]. El total abonado fue de 43.368.511 pesetas.

Según los peritos judiciales del caso Filesa:

> «No queda acreditada la existencia real del contenido facturado a Filesa, S. A., y respecto del facturado a Time Export, S. A., relativo al vídeo *Momentos*, no hay documentación suficiente en el sumario que aclare quién fue su destinatario final.»

Las investigaciones nunca lograron encontrar una simple copia del vídeo. El propio Ramón Colom, director de TVE, escribió una carta al magistrado Marino Barbero comunicándole que no conocía la existencia del citado vídeo. Colom, de nuevo, hacía otro favor a su partido, el PSOE [18]:

> «Por lo que se refiere al vídeo *Momentos*, interesado por la Sala, a la que tengo el honor de dirigirme, a TVE, S. A. —y con ese único dato de su título—, me resulta imposible identificar al cliente que lo entregó para su exhibición e incluso si se entregó o no dicho vídeo, dado que tales grabaciones no llevan ningún título.»

La confusión era evidente. El vídeo utilizado por el PSOE en la campaña electoral de 1989, titulado *España en progreso*,

---

[16] A través de un cheque nominativo del Banco Atlántico de Barcelona.
[17] Se pagaron 29.964.488 pesetas a través del Banco Atlántico.
[18] Carta enviada a Marino Barbero con fecha 3 de noviembre de 1992.

era el mismo que *Momentos*. El vídeo de Time Export nunca existió; su nombre era una mera apariencia contable para justificar el pago del otro. *España en progreso* o *Momentos* levantó una gran controversia al utilizar, sin permiso, imágenes de cuarenta y cuatro personajes de la vida pública española, como Plácido Domingo, Charo López, Juan Echanove, María Barranco, Imanol Arias, Martirio, Pedro Delgado, Arantxa Sánchez Vicario, Rafael Alberti y Pedro Almodóvar, entre otros. No era, sin embargo, una idea original de Gómez Redondo, sino una copia del vídeo que Chequelat, el publicitario del entonces presidente galo François Mitterrand, realizó para la campaña electoral de ese país en 1987. «Lo que pretendía era recuperar la emoción del 82. Queríamos hacer llegar a la gente que España era un país que merecía la pena y en el que se debía invertir», explicó después Gómez Redondo.

El vicesecretario general del PSOE, Alfonso Guerra, se erigió en el máximo responsable del vídeo. En el curso de un mitin celebrado en Sevilla el 16 de octubre de 1989, en plena campaña electoral, aleccionó a las masas:

—¡Pero si es *presioso!*, ¡e *etraordinario!* —gritó a la concurrencia.

—¡*Arfonso, Arfonso!*... —contestaron al unísono sus simpatizantes.

El número dos del PSOE continuó con su discurso:

—Fijaos si los *famoso* están éticamente tratados, que cuando aparecemos *nosotro*, los dirigentes del partido, lo hacemos en color sepia para distinguir al partido de *to lo demá*. ¡Que sí!, que el vídeo está bien planteado. Y *ademá*, como éstos de la derecha se equivocan tanto, el vídeo lo va a ver ahora *to* el mundo.

A pesar de las palabras del vicesecretario general, el PSOE sabía que no tenía la razón. Por ello, Txiki Benegas, el secretario de Organización, se apresuró a enviar una copia del vídeo a todos los famosos que aparecían en él junto a una carta en la que decía:

«Ante la inesperada polémica que se ha suscitado con motivo de la cabecera que el PSOE ha elaborado

337

para iniciar su programa en TVE durante la campaña electoral, tengo el gusto de enviarte una copia de dicha cabecera.

Hemos pretendido con ella presentar una panorámica de la España de los años ochenta, rememorando acontecimientos históricos de este periodo en los cambios de la política, la cultura y el deporte. La evocación de estos acontecimientos, que han marcado la década, nos remite, naturalmente, a sus protagonistas, personajes representativos de la España actual, entre los que usted figura.

Las imágenes, por tanto, tratan de subrayar la importancia intrínseca de hechos y personas que se han convertido en elementos de identificación colectiva, dejando al margen cualquier idea asociada a la vinculación política de cada uno.

Finalmente, espero que después de ver estas imágenes quede despejada cualquier incertidumbre respecto al espíritu positivo que las inspira.

Recibe un cordial saludo.»

La disculpa no evitó que siete de estos famosos presentaran un escrito ante la Junta Electoral Central protestando por su inclusión en el vídeo electoral del PSOE. Su reclamación no obtuvo ningún resultado.

Mucho mejor le fue a la productora Mabuse en su singladura política. Su relación comercial con el PSOE, Time Export y Filesa representó un 66 por ciento de su facturación durante el ejercicio de 1989, que ascendió a 124 millones de pesetas. Ese año, Mabuse también trabajó para Euskal Telebista y para la Presidencia de Gobierno, donde mandaba un viejo amigo de Gómez Redondo, Roberto Dorado.

Desde ese año, Mabuse ya no se desvincularía de los intereses del PSOE. Comenzó a trabajar para diferentes organismos públicos, como Protección Civil, MOPU y TVE, donde figuraba como administrador único Ramón Colom, otro viejo amigo suyo.

Colom, un hombre del PSOE, había colaborado íntimamente con José María Calviño durante la etapa de éste al frente del Ente Público. A su salida le había ayudado a crear la productora Tesauro S. A., fundada con el dinero de Jacques Hachuel. Esta productora fue después una de las más beneficiadas por Colom como director de TVE [19]. Favoritismo que también se dio con la productora de Gómez Redondo. Así, Mabuse firmó, el 24 de noviembre de 1989, un contrato millonario con TVE para la producción de la serie de terror titulada inicialmente *Enigmas* y cuyo nombre definitivo fue el de *Crónicas del mal*. Las estipulaciones del contrato, firmado por Colom indicaban lo siguiente [20]:

> «El presente contrato tiene por objeto la realización de la obra audiovisual titulada *Crónicas del mal*, cuyas características se determinan a continuación:
> —Número de capítulos: 13.
> —Duración convencional: 30 minutos cada uno.
> —Soporte: 35 mm color.
> —Plan de producción: 22 semanas de rodaje.
> —Precio global: 585.000.000 Ptas. (IVA aparte), incluido beneficio industrial (con un ajuste del +/- 3 por ciento).»

También por esas fechas se firmaría otro contrato, éste para la coproducción de un proyecto que explicara el desarrollo del español en el mundo y cuyo título provisional era *Historia de la lengua española*. En él participarían la televisión pública estadounidense, una productora mexicana y otra colombiana. Mabuse percibiría 68.825.637 pesetas.

El 26 de abril de 1990 la productora de Gómez Redondo

---

[19] Ha producido para TVE, entre otros, el espacio *Vídeos de primera*, percibiendo 394.714.724 pesetas; la serie de ficción *Escalofríos* (120 millones) y los largometrajes *El beso del sueño* (70 millones), *Patricia Highsmith* (90 millones), *Más allá de la Muralla del Sueño* (70 millones) y *Pasodoble* (35 millones). TVE no ha querido facilitar al Tribunal de Cuentas información de los contratos con Tesauro.

[20] El plazo de entrega de esta serie, pensada en un principio para ser producida por el director Pedro Costa Muste, era el 31 de marzo de 1992.

firmaría un tercer contrato con Ramón Colom. Esta vez se trataba de la grabación del videoclip de la canción *Bandido*, que representó a España en el Festival de Eurovisión de 1990, interpretada por el dúo Azúcar Moreno, las conocidas hermanas de Los Chunguitos. El vídeo, de tres minutos de duración, le reportó a Mabuse la cantidad de 8.614.995 pesetas.

Tan sólo cuatro días más tarde se fraguó un cuarto contrato. La entrada, en febrero de 1990, del militante Jordi García Candau como director general de RTVE había potenciado los contratos con Mabuse. La productora de Gómez Redondo recibía el encargo para la grabación audiovisual titulada *Pájaro en una tormenta* por 121.980.730 pesetas. Esta cantidad incluía la cabecera y los derechos sobre el título de la obra escrita por Isaac Montero, un literato próximo al PSOE.

Pájaro en una tormenta se convirtió en una serie de ocho capítulos de una hora de duración cada uno, dirigidos por Antonio Giménez-Rico, ex presidente de la Academia de las Artes y las Ciencias Audiovisuales de España; sus intérpretes fueron Santiago Ramos, Lydia Bosch y Jesús Puente.

El estallido del caso Filesa y la vinculación de Mabuse con él truncaría la carrera ascendente de la productora, que se vio obligada a cambiar su nombre por el de Zinzinema S. A. En la nueva empresa Gómez Redondo ostentaba el cargo de administrador único y como primera medida adoptó la ampliación del capital social a 22 millones de pesetas.

El realizador presagiaba el inicio de una nueva etapa de favoritismo con su nueva denominación. En esas fechas el Ente Público RTVE, con Jordi García Candau y Ramón Colom, había multiplicado los contratos con productoras externas, afines a la causa socialista, desasistiendo la producción propia [21]. Así, Zinzinema, al no estar vinculada al caso Filesa, podría ser contratada sin problemas. Y así ocurrió. No hubo

---

[21] En 1986 las inversiones en producciones externas fueron de 1.762 millones de pesetas, y en 1990, con la llegada de García Candau, ascendieron a 14.212 millones. Según la última auditoría del Tribunal de Cuentas, entre 1992 y 1993 RTVE incrementó la contratación de productoras externas en 3.162 millones de pesetas.

ni que esperar a su cambio oficial de denominación en 1993 [22], ya que mucho antes, en 1991, Zinzinema facturaba a TVE 489.586.214 pesetas por producir una serie.

Dentro de este contexto de amiguismo, el sindicato de la Unión de Técnicos y Cuadros (UTC) de RTVE hacía público los salarios de los principales dirigentes del Ente Público:

«Jordi García Candau,
dtor. gral. RTVE .... 17.515.442 ptas./año [23]
Ramón Colom, dtor. TVE..... 15.053.083 «
María Antonia Iglesias,
dtora. de los informa-
tivos de TVE .... 11.838.592 «
Ricardo Visedo,
sec. gral. RTVE .... 15.053.083 «
Diego Carcedo, dtor. RNE.... 15.053.083 «
Antonio San José, dtor. de
los informativos de RNE .... 11.838.592 «
Soledad Sanz Salas, dtora.
de personal de TVE............... 11.838.592 «
Carlos Conde Merlo, dtor.
de personal de RNE ....8.126.183 «
Carlos Pérez Gaztelu, dtor.
gral. de recursos humanos ... 11.838.592 «
Consejo de Administración
de RTVE (12 miembros),
cada uno ....8.349.496 «
(No se incluyen dietas, coches oficiales, gastos de representación y otras partidas salariales en especie, así como el disfrute del puente aéreo o el alquiler de vivienda para las estancias en Madrid).»

Pero Mabuse no fue la única empresa cinematográfica beneficiada y relacionada con Filesa. Tornasol Films S. A., la

---

[22] Junta de accionistas de 15 de enero de 1993.
[23] 5 millones más que el propio presidente del Gobierno, Felipe González.

productora del director y actual vicepresidente de la Academia de las Artes y las Ciencias Audiovisuales de España, Gerardo Pedro Herrero Pérez-Gamir, se vio también agraciada con varios contratos de TVE, que le reportaron unos ingresos de 288.738.624 pesetas entre los años 1988 y 1990.

Entre ellos figuraban cinco largometrajes: *La boca del lobo* (1988), *No, o la vanagloria de mandar* (1988), *Caídos del cielo* (1989), *El hombre que perdió su sombra* (1990) y *Puerto Verde* (1990). Además, en 1991 percibiría 15 millones de pesetas por los guiones de la serie de ficción *Intrigas y deseos*.

Tornasol Films formaba parte de otra trama de empresas que el PSOE había diseñado y que tenía su epicentro en Viajes Ceres S. A. [24], la concesionaria de los viajes del Inserso entre 1988 y 1990. Tornasol, creada el 30 de abril de 1987 en Madrid [25], tenía su domicilio en Jorge Juan, 9, 2º, en el mismo piso que Viajes Ceres, de la que era accionista a través de Central Managers S. A. [26]

En el accionariado de Tornasol Films figuraban, además de Gerardo Herrero: Rafael Novoa Mombiedro, director financiero de Viajes Ceres, y Javier López Blanco, ex delegado de Trabajo en Baleares y hombre de confianza del secretario de Finanzas de UGT, Paulino Barrabés.

López Blanco figuraba como representante del *holding* Filesa en otra empresa radicada en Cataluña: Desarrollos Deportivos y Comerciales Internacionales S. A. (DDCI). Esta empresa, propiedad de Filesa, se dedicaba a la mediación y prestación de servicios relacionados con todo tipo de actividades deportivas, recreativas, culturales y turísticas, así como de hostelería [27]. Sus accionistas eran la empresa Filesa (50 por ciento), el abogado Rafael Gómez de Membrillera Dol-

---

[24] Véase capítulo doce.

[25] El capital social era de 5 millones de pesetas. El 9 de junio de 1990 se amplió a 25 millones.

[26] Central Managers poseía el 90 por ciento de las acciones de Viajes Ceres.

[27] Se fundó el 11 de noviembre de 1988 con un capital social de 4 millones de pesetas.

set, y los británicos Graham Nash, Brian Annandale y Clive Callaham. En diciembre de 1990, Filesa vendería su participación a Graham Nash.

El productor Gerardo Herrero y su socio Rafael Novoa también controlaban la sociedad C.V.I, una productora de vídeo que se transformaría, con la ayuda del Grupo Cenec, en otra de las empresas de la trama Filesa: Enlaser.

Con todo este favoritismo, García Candau volvía a repetir los mismos esquemas que ensayara durante su dirección en Radio Cadena Española, y que hundieron a ésta en un pozo sin fondo. Se trataba de contratar a empresas y a personal externo, afines al Partido Socialista.

Según el Tribunal de Cuentas, RTVE gastó durante el periodo de 1991 a 1993 «1.320 millones de pesetas en asesoramientos externos aprobados por designación directa del director general de RTVE. La principal empresa contratada fue la sociedad Summa Consulting [vinculada a Ricardo Visedo, secretario general del Ente[28]], que desarrolló catorce proyectos de asesoramiento de 527 millones de pesetas».

Entre el personal externo contratado por García Candau se encontraban María Antonia Iglesias, jefa de los Servicios Informativos; Pedro Altares y Montse Ballfegó, para la tercera edición del *Telediario*; Ana Blanco para la primera edición del *Telediario*; Enrique Sopena como director de los informativos del centro de San Cugat (Barcelona); Georgina Cisquella como presentadora del informe del día en La 2; Amalia Sánchez Sampedro, corresponsal diplomática, y Victoria Rodríguez Lafora como directora del Centro Territorial de Madrid.

Se daba la circunstancia de que la periodista Victoria Rodríguez Lafora era la mujer del creativo de El Viso Publicidad S. A., Gabriel Jiménez Inchaurrandieta, el cerebro que diseñó la famosa campaña electoral de 1982 que dio la victoria al PSOE. El Viso Publicidad era otra de las empresas

---

[28] Visedo se marchó a Antena 3 Televisión en 1993.

vinculadas a la trama Filesa. Sus servicios habían sido ampliamente recompensados.

* * *

El Viso Publicidad S. A. había nacido el 7 de noviembre
de 1983, con un capital social de 5 millones de pesetas.
Gabriel Jiménez había conseguido la popularidad necesaria,
después de inventar el eslogan del PSOE *Por el cambio*, para
abrir una nueva empresa en la capital de España.

Junto a Iñigo Larrazábal Uribasterra, responsable del
departamento de Publicidad y Actos Públicos de los comités
electorales del PSOE, había creado El Viso Publicidad. Una
agencia que trabajaría, casi en exclusiva, para la Ejecutiva del
PSOE en el área de publicidad, creación y contratación de
espacios publicitarios. Jiménez poseía el 57,6 por ciento de la
sociedad y Larrazábal el 12,6. Como director de la agencia
figuraba José Andrés Hernández Santa María, otro de los
cerebros. Los demás accionistas eran José Carlos Muñiz da
Concha, Felipe Medrano Díaz, Javier Gardoqui Lletget y
Rosa María Rodríguez de Frutos.

Pero al poco de iniciar sus operaciones comerciales, Jiménez, Larrazábal y Hernández se dieron cuenta del peligro
que entrañaba que El Viso hubiera sido identificada como la
«agencia del PSOE» en un sector tan cerrado como el publicitario. «Los ministros saben que somos del PSOE y no nos dan
ninguna de las campañas institucionales gordas. Tienen miedo
a que salte cualquier escándalo. Mira, Solchaga, por ejemplo... en el Ministerio de Economía no nos quieren ni ver»,
comentaban a sus más allegados.

Efectivamente, la vinculación de El Viso con el PSOE
hacía que los altos cargos socialistas se mostraran remisos a
otorgar las campañas institucionales a sus compañeros.

Jiménez, Larrazábal y Hernández Santamaría idearon un
nuevo plan: asociarse a su competidor, pero amigo, José
Miguel Garrigues Walker, propietario de la agencia Cid Publicidad S. A. Este pertenece a la influyente familia liberal del
mismo apellido, entre cuyos miembros se cuentan Antonio
Garrigues, director de uno de los bufetes de abogados más

influyentes de España y el desaparecido Joaquín, que fuera ministro de UCD. Así, Garrigues y los del El Viso constituyeron el 22 de diciembre de 1988 una nueva empresa: Multicompra, en la que El Viso poseía el 45 por ciento. Se trataba de crear un gran grupo de comunicación dedicado a la intermediación publicitaria y no vinculado por nadie al PSOE. De este modo, se podía aspirar a conseguir todas las campañas publicitarias de la Administración[29].

Pocos días después de la constitución de Multicompra, la cartera de clientes oficiales se incrementaba. Aparecían ya organismos públicos como Renfe, Aviaco, la Dirección General de Correos, el Ministerio de Sanidad, Telefónica, Telemadrid y el Organismo Nacional de Loterías y Apuestas del Estado. Entre los privados destacaba el Banco Atlántico, la entidad crediticia al servicio del Partido Socialista.

Una vez dado el primer paso, el segundo objetivo era conseguir las campañas electorales de 1989: europeas, generales y autonómicas, tanto en su faceta institucional como en la socialista. Y así fue.

El Ministerio del Interior, que entonces dirigía José Barrionuevo, adjudicó la campaña institucional a la recién constituida Multicompra. El contrato en juego superaba los 700 millones de pesetas. En el camino quedó la empresa francesa Media Europa, con la que ya se había apalabrado la campaña. Pero, finalmente, el responsable de la contratación, el desaparecido subsecretario de Interior Santiago Varela, cambió su decisión.

En el otro frente, el del PSOE, Iñigo Larrazábal volvió a ocupar su puesto de máximo responsable de publicidad en el Comité Electoral del Partido Socialista, en el que se encontraban también Guillermo Galeote y Ramón Moreda Luna. El Viso Publicidad realizó las tres campañas de ese año para el PSOE, lo que le supuso unos ingresos de 1.018 millones de pesetas.

---

[29] En el proyecto también participó una empresa francesa llamada CFA.

El *holding* Filesa asumió parte de la facturación de los servicios prestados por El Viso Publicidad al PSOE. A su vez, Filesa utilizó al El Viso Publicidad para reducir los beneficios del *holding* durante el ejercicio de 1989 mediante una rueda de facturas falsas. Según la contabilidad oficial del *holding*, Filesa S.A. obtuvo unos beneficios declarados de 26.607.884 pesetas, pero un informe confidencial incautado por la Policía indica que los auténticos beneficios fueron de 197.771.785 pesetas. De esa forma evitaban pagar parte de los impuestos que les correspondían.

Para contabilizar estas operaciones ficticias se justificaron tres supuestos trabajos de El Viso Publicidad, trabajos que nada tenían que ver con la actividad de asesoramiento desarrollada por Filesa. Estos eran la «planificación de medios publicitarios para estudio de mercado» y la «realización de estrategia y tácticas de comunicación». En total, 267.731.779 pesetas[30]. De esta cantidad, El Viso recibió 100 millones en una letra de cambio, 50 millones en un talón nominativo y otros 50 millones en metálico, cuyo destino final se desconoce a ciencia cierta. Estos 50 millones de pesetas, según el informe pericial, pudieron ir a parar a Multicompra S. A., la otra empresa del grupo. El resto, 67.731.779 pesetas, no fue satisfecho realmente a El Viso Publicidad. Parte del dinero fue utilizado para justificar relaciones comerciales con el grupo de Ticó Vilarrasa, socio de Luis Oliveró y de Filesa[31]. Este grupo invirtió el dinero en activos financieros opacos a través de una cuenta del Banco de la Pequeña y Mediana Empresa. Un año después el dinero regresaba a poder de Filesa, excepto un 8 por ciento que quedaba en poder de Ticó Vilarrasa en concepto de comisión por el trabajo realizado.

---

[30] Dividido entre tres facturas: 100 millones (15 de julio de 1989), 100 millones (12 septiembre de 1989) y 67.731.779 pesetas (31 de diciembre de 1989).

[31] Las empresas del grupo Tico Vilarrasa que participaron en esta operación contable fueron Noxman S. A., Territorio y Medio Ambiente S. A. (Tema), Tecnoholding S. A. e Internacional de Montajes Metálicos S. A.

La relación de El Viso con el PSOE continuaría en 1990. A lo largo de este periodo, en el que realizó la campaña al parlamento andaluz, cobró del Partido Socialista 307.000.000 de pesetas. Ese mismo año, Iñigo Larrazábal y su grupo entraban como socios de Aida Alvarez, «la conseguidora del PSOE», en el proyecto inmobiliario Madrid Sur 93, en la localidad de Getafe [32]. Un amigo de Larrazábal en el área de Política Operativa del Comité Electoral del PSOE, Carlos Mangana, le había puesto en contacto con Aida Alvarez. Mangana era otro de los socios en este proyecto inmobiliario, con el que los dirigentes del partido esperaban conseguir unas plusvalías superiores a los 10.000 millones de pesetas.

La práctica totalidad del dinero que recibían los directivos de El Viso ingresaba en una cuenta de Cajamadrid, en la sucursal de la calle Barceló de la capital de España. En esta misma sucursal el PSOE tenía abierta una de sus cuentas «operativas» donde se ingresaba el «dinero B». Pero el estallido del caso Filesa, un año después, paralizó todas las actividades comerciales de El Viso. Los publicitarios del PSOE intentaron, por todos los medios, hablar con sus valedores en la Ejecutiva Federal, pero ni Alfonso Guerra, ni Txiki Benegas, ni Francisco Fernández Marugán quisieron recibirles. «Es increíble, María Luisa, ¡lo que hemos hecho nosotros por el partido y que ahora nos traten como apestados!», le dijo Larrazábal a la secretaria de Benegas.

En septiembre de 1989 El Viso Publicidad cesó en sus actividades. Su primera medida fue trasladar la sede social de la madrileña calle Serrano, 190, al domicilio particular de Iñigo Larrazábal, situado en el número 216 de la misma calle. Hasta allí se trasladó todo el material confidencial que El Viso había manejado desde 1983, luego requisado por el juez Barbero [33].

El 15 de junio de 1992 Iñigo Larrazábal, Gabriel Jiménez y José Andrés Hernández decidían liquidar la compañía y

---

[32] Véase capítulo siete.
[33] Marino Barbero ordenó la entrada y el registro en el domicilio de Iñigo Larrazábal el 11 de noviembre de 1992.

repartirse sus haberes. A partir de ese momento los tres pasaban a dedicarse por completo a Cid Publicidad y a Multicompra, el *holding* que habían creado en 1988 como canal alternativo, bajo la dirección de José Miguel Garrigues Walker. Las espaldas las tenían bien cubiertas.

* * *

El 14 de septiembre de 1989, el administrador general de campaña del PSOE, Ramón Moreda Luna, se reunía en privado en la sede de Ferraz con José Ramón Lorenzo Elvira, director general de la empresa Hauser y Menet. Moreda iba a firmar con esta imprenta el primer contrato, de tres, para los trabajos de papelería y cartelería de las campañas electorales de ese año.

Hauser y Menet, dedicada a la impresión y fotocomposición, con un volumen de ventas de unos 4.500 millones de pesetas, era el principal suministrador del PSOE de todo tipo de cartas, libros, folios, calcos, tarjetas (de Felipe González), etc. Su relación venía ya de antiguo. La empresa, propiedad de Alberto Wike, tenía sus instalaciones en la calle del Plomo, número 19, de Madrid. Entre su cartera de clientes se encontraban el sindicato UGT, la revista *¡Hola!* y la editorial Prensa Española (editora del diario *ABC*), para la que imprimía el semanario *Blanco y Negro*.

Ese día casi otoñal el PSOE contrataba los servicios de Hauser y Menet para la elaboración de un *mailing* de 23 millones de bolsas, compuestas por «una carta, una papeleta y un sobre para el Congreso (según la provincia que corresponda), una papeleta y un sobre para el Senado (ídem) y una bolsa con etiquetas personificadas con dirección». Hauser y Menet iba a cobrar 412.160.000 pesetas. El pago, según convinieron Moreda y Lorenzo, se haría a través de tres talones nominativos, dos de 103 millones de pesetas y uno de 90 millones, y el resto con efectos aceptados.

Once días después era Guillermo Galeote, secretario de Finanzas del partido, el que se reunía con José Ramón Lorenzo para firmar un segundo contrato. Esta vez se acordaba la impresión de diez millones de folletos para la campaña general de octubre. Los folletos, de veinticuatro páginas a cuatro colores, suponían para el PSOE un coste de 164 millones de pesetas, pagados en tres letras de cambio y 23 millones en metálico.

Ese mismo día, Hauser y Menet firmaba un tercer contrato con el PSOE para la impresión y confección de seis millones de pegatinas de 60 × 80 mm, dos millones de carteles de 480 × 680 y cinco millones de trípticos. Por todos estos conceptos la imprenta percibiría 46.780.000 pesetas. El 25 por ciento en metálico y el 75 restante en tres letras de cambio.

Pero el PSOE, como ocurrió con otros proveedores, no cumpliría los plazos establecidos ni las condiciones de pago. Y sería, de nuevo, Filesa quien pagaría a Hauser y Menet el débito dejado por el partido: 164.800.000 pesetas[34]. Para ello, Hauser y Menet facturó a Filesa cuatro supuestos trabajos, ajenos por completo a la actividad de asesoramiento de la empresa.

Una nota interna de la dirección comercial de Hauser y Menet a la dirección financiera de la propia compañía revelaba la interconexión directa entre el PSOE y Filesa:

«Adjunto te devuelvo factura n° 67.712 del Partido Socialista Obrero Español junto con tres efectos.

Esta documentación queda anulada por haber realizado factura posterior a nombre de Filesa.»[35]

El diputado catalán Carlos Navarro, inculpado en el caso Filesa, también contrató a Hauser y Menet para trabajos relacionados con las elecciones europeas de ese mismo año.

---

[34] Cobrados en dos cheques y tres letras de cambio del BBV, entidad que las desembolsó a su vencimiento sin haber retirado los fondos de la c/c de Filesa. El BBV cargó dicho pago (109.700.000 pesetas) a un departamento interno del banco que satisface los pagos habituales de administración de la entidad.

[35] Fechada el 5 de diciembre de 1989. Hacía referencia a una factura de elaboración de impresos y folletos.

Hauser y Menet elaboró el *mailing* de las europeas, con un coste de 191.000.000 de pesetas. Parte de ese dinero fue pagado por Navarro de los fondos depositados en una cuenta del partido en el Banco Exterior de España, cuya sede está situada a escasos metros del Congreso de los Diputados, en la Carrera de San Jerónimo. Dicha cuenta bancaria no figuraba en la contabilidad que el PSOE aportó en su día al Tribunal de Cuentas. Era otra cuenta «operativa».

La vinculación de Hauser y Menet con el caso Filesa rompió todos los planes de esta empresa. A raíz de su aparición en los medios de comunicación fue investigada por el asunto de las facturas falsas para eludir el pago del IVA[36], y en 1993 presentaba suspensión de pagos. Era otra de las víctimas del caso Filesa, pero daba igual.

* * *

Los dirigentes socialistas habían diseñado todo un dispositivo para acaparar, bajo la prepotencia que da una mayoría absoluta en el Parlamento, la mayor parte de los negocios de este país. No importaba que quedara algún cadáver en el camino. Los «conseguidores» del PSOE tenían abiertas muchas sendas.

Enrique Sarasola, «Pichirri», amigo del presidente Felipe González, era uno de ellos. Era el encargado de atraer a los inversores del momento hacia las redes del Partido Socialista. Y así lo hizo durante casi toda la década de los años ochenta.

A uno de los que captó para la causa fue a su amigo Carlos Manuel García Pardo, un ingeniero coruñés, nacido en 1944, propietario de las empresas inmobiliarias Dorna, Blasco de Garay 64 y Ferraz 70, con las que en 1977 había levantado un pequeño emporio en la capital de España tras su salida de la empresa Cubiertas y MZOV[37].

---

[36] Caso que investiga el Juzgado de Instrucción número 15 de Madrid.

[37] En estas tres empresas también figuraban como accionistas su hermano, Manuel García Pardo, y José Antonio Aguirre. El domicilio social estaba en la calle Montesa, 12, de Madrid.

Sarasola y García Pardo se conocían de los tiempos de la clandestinidad. En 1970 habían creado una empresa constructora denominada Construcciones Sarga S. A., con la que realizaron algún negocio inmobiliario hasta que en 1982 cerrara sus puertas tras una suspensión de pagos. Desde aquel momento sus vidas transcurrieron en paralelo, incluso en lo que respecta a sus *hobbies*: los caballos[38], el cine y el Real Madrid.

La primera petición de Sarasola a García Pardo fue que construyese la nueva sede del PSOE sobre unos locales de su empresa en la calle Ferraz, números 68 y 70, en el lugar exacto donde había vivido el fundador del partido, Pablo Iglesias. García Pardo admitió la sugerencia, y en diciembre de 1987 el PSOE trasladó allí su sede federal desde la calle Santa Engracia, 90.

Tras este primer proyecto, Sarasola y García Pardo unieron sus lazos en operaciones especulativas de mayor calado, como la creación del grupo Dorna, un *holding* de dieciséis empresas dedicadas principalmente al ámbito de la intermediación, la publicidad y los medios de comunicación. Entre ellas figuran Promoción del Deporte, Producciones Dorna, Exclusivas Ralco, Dorna Asesores, Comercial Dorna, Dorna Editorial, Dorna Management, Ad-Time Internacional, Iberoamericana de Medios, Oil Dor, Producciones Dobbs, etc.

A comienzos del año 1989 el grupo Dorna dominaba la práctica totalidad de la publicidad en el deporte español, un negocio hasta entonces virgen y con beneficios multimillonarios. A su vez, las empresas del grupo Dorna eran utilizadas por el PSOE para la organización de sus congresos y sus campañas de imagen. Una de las empresas del *holding*, Producciones Dobbs, era la encargada de tales menesteres y tenía como exclusivo cliente al PSOE.

Producciones Dobbs se había constituido en Madrid el 23 de mayo de 1988 con un millón de pesetas de capital

---

[38] García Pardo es propietario de la cuadra de caballos Alborada. Sarasola posee la yeguada «El Espinar».

social, suscrito al 50 por ciento por Producciones Dorna y por Turn Key Producciones S. L. El domicilio se instaló en la planta nueve del edifico Windsor, en la calle Raimundo Fernández Villaverde, junto a El Corte Inglés. Carlos García Pardo figuraba como co-administrador único junto a María del Rosario García Lucero, ésta en representación de Turn Key, empresa de espectáculos de la que era propietaria junto con el sueco Johanson Sell [39].

Rosario García Lucero, «Charo», era una persona conocida en el sector del montaje de escenarios e infraestructura de actos y congresos. Había sido propietaria de otra empresa del mismo sector, Sonora, y había trabajado junto a la televisión gallega en el dispositivo de la llegada del papa Juan Pablo II a Santiago de Compostela. Desde 1982 era la encargada de la iluminación y sonido de todos los mítines electorales del secretario general del PSOE, Felipe González, con el que mantenía una buena amistad, así como con Guillermo Galeote, con quien despachaba todos los pormenores.

En la creación de Producciones Dobbs, la nueva empresa vinculada a los servicios electorales del PSOE, se unía el dinero de García Pardo con la experiencia de Rosario García. El intermediario entre ambos fue Jesús Manzano Iglesias, representante artístico de cantantes como Francisco, Angela Carrasco, Camilo Sesto o Pablo Abraira. Manzano ocupaba entonces el puesto de director en Producciones Dorna, la principal empresa de García Pardo, que mantenía también contactos con el PSOE. Dorna vendía a sus artistas para los mítines electorales que el PSOE celebraba en los diferentes puntos de la geografía española. Entre los cantantes y grupos seleccionados estaban la Orquesta Mondragón, la Orquesta Alcatraz, La Deliciosa Royala, Alberto Pérez, Luz Casal, El Lebrijano y Dragon's Parade.

Producciones Dobbs se encargaba de los montajes técni-

---

[39] El 6 de junio de 1991 Turn Key Producciones era nombrado administrador único de Producciones Dobbs. Su domicilio se cambiaba a la calle Pretil de Santisteban, 4, de Madrid.

cos de todos los mítines presidenciales organizados desde Ferraz, donde instaló un estudio de radio [40]. En 1989, a pesar de su bajo capital escriturado, facturó al PSOE 480.000.000 de pesetas [41]. Y a su vez cobró otros 60.256.000 pesetas de Time Export, en concepto de «la realización de un estudio de mercado publicitario para el establecimiento de las posibilidades de penetración de un nuevo producto en el sector de la incorporación de componentes electrónicos» [42].

Se trataba de uno de los informes más caros del caso Filesa, más incluso que los pagados por los grandes bancos. Era un nuevo montaje financiero para cubrir los gastos electorales socialistas, ya que el objeto social de Producciones Dobbs no reflejaba la emisión de informes ni existían los técnicos adecuados para ello. En su formación escolar, Rosario García no había pasado del bachillerato elemental. Esta vinculación de Producciones Dobbs con el PSOE no era un caso aislado; las relaciones del grupo Dorna con los diferentes organismos estatales, y en particular con RTVE, eran privilegiadas.

En el verano de 1989 la filial de Dorna conocida como Promoción del Deporte había ganado el concurso por el que la Liga Nacional de Fútbol Profesional le concedía por cuatro años todos los derechos de retransmisión de los encuentros por 19.100 millones de pesetas. Era sólo el inicio de una larga trayectoria en el campo deportivo, donde pronto adquiriría el monopolio publicitario y el de las retransmisiones deportivas.

El 19 de diciembre de 1991 Dorna suscribía un multimillonario contrato con RTVE por el que cedía al Ente Público

---

[40] El montaje del estudio de radio en la sede de Ferraz costó 779.862 pesetas.

[41] Facturó por las elecciones generales 285 millones de pesetas, por las europeas 125.280.000 y por la actividad ordinaria del partido 18.578.598. En 1990, por las elecciones al Parlamento Gallego, 37.020.000 pesetas.

[42] Factura de 30 de junio de 1989. Se ingresó en el Banco Comercial Español.

varios derechos audiovisuales ya en su poder. El precio fijado fue de 10.729 millones de pesetas más un mínimo de 3.300 millones por publicidad[43]. A la firma acudían Carlos García Pardo, como presidente de Dorna, y Ricardo Visedo Quiroga, secretario general de RTVE, organismo que abandonaría meses después para fichar por Antena 3 TV, la cadena privada competidora. En el contrato se estipulaban los derechos a ceder:

«1. Los derivados de los partidos celebrados por el Real Madrid Club de Fútbol, en sus secciones fútbol y baloncesto, siempre que actúen como equipo local, en las competiciones de "Copa de Europa", "Recopa", "Copa de la UEFA", todos ellos de fútbol; y en el "Campeonato de Europa de Clubes Masculinos de Baloncesto", "Copa de Europa" y "Copa Korac", y los correspondientes al "Torneo de Navidad", todos ellos de baloncesto». [El plazo de cesión abarcaba las temporadas, desde 1992-1993 hasta 1997-1998, con una prórroga establecida hasta la temporada 2000-2001.] [44]

«2. Los derechos de los partidos de baloncesto en los que actúen como equipos locales el Club Estudiantes de Madrid y el Juventud de Badalona. El plazo de cesión abarca las temporadas 1991-1992, 1992-1993 y 1993-1994.

3. Los derechos de las carreras pertenecientes al denominado "Campeonato del Mundo de Motociclismo" (1993 a 1996, ambas inclusive); la carrera de campeones "Race of the champions and rally master" (1993 y 1994); y las carreras del "Campeonato de España de Vehículos de Turismo" y "Copas Monomarcas" (1992 a 1994, ambas inclusive).»

---

[43] Los ingresos de Dorna-Promoción del Deporte, que tenía su domicilio en el mismo edifico que Producciones Dobbs, eran ingresados en una cuenta interna del Banco Comercial Español para ser invertidos en activos financieros mixtos (AFMIX), que gozaban de una cierta opacidad fiscal.
[44] Nota de los autores.

El precio que RTVE se comprometía a pagar a Dorna se recogía en el contrato distinguiendo tres tipos. Así, el precio por los derechos relativos al Real Madrid C.F. ascendía a una cuota fija de 1.020 millones de pesetas, más 453 millones de pesetas por cada año de vigencia. A ello se uniría el 50 por ciento de los ingresos netos que generase la publicidad en RTVE relacionada con los partidos de fútbol y baloncesto del equipo blanco. En todo caso, RTVE pagaría al finalizar el contrato, como mínimo, 2.802 millones de pesetas por publicidad.

El precio por los derechos relativos a los clubes de baloncesto Estudiantes y Juventud de Badalona ascendía a 129 millones de pesetas. Además, por cada año de vigencia, 172 millones. También les correspondía el 50 por ciento de la publicidad generada, con un mínimo de 350 millones de pesetas establecido al finalizar el contrato.

Y, por último, en los derechos relativos al automovilismo y al motociclismo, el precio ascendía a 51 millones de pesetas. Además, por cada año de vigencia 51,5 millones y un 50 por ciento de la publicidad generada, con un mínimo de 143 millones de pesetas al terminar el periodo de vigencia.

Ese mismo día, 19 de diciembre de 1991, simultáneamente a la adquisición de los derechos de los eventos deportivos, se suscribió otro contrato por el que RTVE cedía a Dorna la licencia del sistema «Ad Time» y vendía los módulos, vehículos y equipamiento destinado la explotación del mismo. El precio total era de 1.200 millones de pesetas[45].

Dorna se hacía así con el sistema «Ad Time», un revolucionario mecanismo publicitario que permite la rotación de los paneles en los estadios, utilizado en las retransmisiones deportivas, y que sustituía a los medios tradicionales de vallas o carteles estáticos. Un negocio redondo, con el que los anunciantes se sentían satisfechos al ser recogidos nece-

---

[45] Cantidad que se compensó con el pago que RTVE tenía que hacer a Dorna en 1992 por la adquisición de los derechos deportivos, que sumaba también 1.200 millones.

sariamente sus productos por las cámaras de televisión que seguían las jugadas.

Ese día, sin embargo, RTVE firmaba uno de los acuerdos más perjudiciales de su dilatada historia, que daría lugar a un grave endeudamiento para los presupuestos del Ente Público en los siete años siguientes. La auditoría del Tribunal de Cuentas reflejaba este hecho de una manera clara y elocuente: «Se pone de manifiesto la ineficiente gestión de TVE S. A. al contratar con Dorna en las condiciones descritas anteriormente.» [46]

TVE había dejado escapar el contrato de los derechos de imagen del Real Madrid C. F., que tenía en sus manos, al no renegociar una cláusula de compromiso para prorrogar el contrato que en julio de 1989 habían firmado Ramón Mendoza, como presidente del club blanco, y Luis Solana, entonces director general de RTVE. El Ente Público tenía, incluso, una opción preferente para contratar, a la finalización del acuerdo, estos derechos por una cantidad igual a cualquier otra oferta que se presentara. Pero tanto Ramón Colom, director de TVE, como Jordi García Candau, director general del Ente, no la hicieron valer. Y días más tarde Dorna se hacía con estos derechos, vendiéndolos posteriormente a TVE. Se beneficiaba así a la sociedad de García Pardo, un empresario forjado a la sombra del PSOE.

A comienzos de la década de los noventa García Pardo se unió al grupo Banesto, entonces controlado por Mario Conde, con el fin de hacer causa común en los negocios. Todo ocurrió a raíz de la grave crisis financiera ocasionada por la guerra del Golfo. En esa fechas Dorna adquirió un porcentaje de acciones de Banesto (un 1,5 por ciento) mediante un canje de acciones de su sociedad. Una filial del grupo Banesto, Infosa Servicios, asumía todas las actividades de Dorna-Promoción del Deporte. Mario Conde pasaba a controlar el

---

[46] Auditoría del Tribunal de Cuentas sobre fiscalización de los ejercicios de 1992 y 1993: «Los resultados imputables al contrato con Dorna supusieron una perdida para TVE de 147 millones de pesetas en 1991, 576 millones en 1992 y 1.058 millones en 1993.»

mundo de la publicidad y de las promociones deportivas. En total, la inversión de Banesto en Dorna fue de 47.000 millones de pesetas, parte en acciones y parte en créditos. Sin embargo, su salida forzosa de la presidencia de Banesto en diciembre de 1993 arruinó toda una operación empresarial ya diseñada, que pasaba por especular con la Ciudad Deportiva del Real Madrid C. F., situada en el paseo de la Castellana, e incluso alcanzar la presidencia del club merengue.

Posteriormente, tras la intervención de Banesto por el Banco de España, un expediente confidencial emitido por los técnicos del banco emisor acusaba a Mario Conde de utilizar a personas y sociedades interpuestas para acometer actos fraudulentos que llegaron a producir quebrantos incalculables a la entidad financiera. Entre estos nombres aparecía el de Carlos García Pardo y su sociedad Dorna Promoción del Deporte. Un personaje sin ideología. Otro más de los creados por el mero interés del Gobierno socialista.

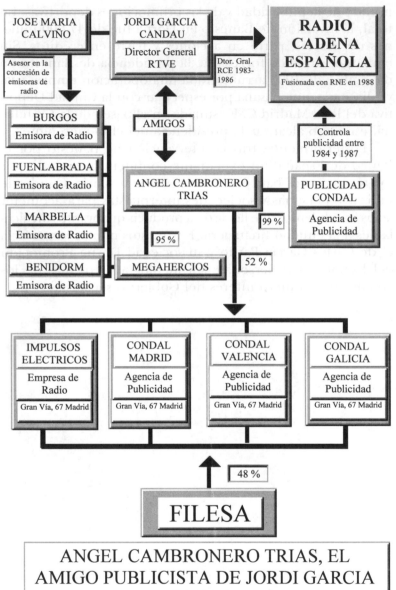

JOSE MARIA CALVIÑO
Asesor en la concesión de emisoras de radio

JORDI GARCIA CANDAU
Director General RTVE
Dtor. Gral. RCE 1983-1986

RADIO CADENA ESPAÑOLA
Fusionada con RNE en 1988

BURGOS
Emisora de Radio

FUENLABRADA
Emisora de Radio

MARBELLA
Emisora de Radio

BENIDORM
Emisora de Radio

AMIGOS

ANGEL CAMBRONERO TRIAS

MEGAHERCIOS

95 %

52 %

99 %

Controla publicidad entre 1984 y 1987

PUBLICIDAD CONDAL
Agencia de Publicidad

IMPULSOS ELECTRICOS
Empresa de Radio
Gran Vía, 67 Madrid

CONDAL MADRID
Agencia de Publicidad
Gran Vía, 67 Madrid

CONDAL VALENCIA
Agencia de Publicidad
Gran Vía, 67 Madrid

CONDAL GALICIA
Agencia de Publicidad
Gran Vía, 67 Madrid

48 %

FILESA

ANGEL CAMBRONERO TRIAS, EL AMIGO PUBLICISTA DE JORDI GARCIA CANDAU

ENDEUDAMIENTO Y EQUILIBRIO PATRIMONIAL DEL ENTE PUBLICO RTVE

CONCEPTO	1990	1991	1992	1993	1994
1. Deuda a largo plazo	796*	1.322	55.313	150.950	200.708
2. Deuda a corto plazo	53.802	93.734	125.734	121.103	118.480
3. Deuda total	54.598	95.056	181.047	272.053	319.188
4. Activo total neto	147.402	149.828	158.531	158.725	157.855
5. Exceso deuda	(92.804)	(54.772)	22.516	113.328	161.333
6. Ratio de endeuda-miento	37,0 %	63,4 %	114,2 %	171,4 %	202,2 %

Fuente: Presupuestos Generales del Estado.

* En millones de pesetas.

CAPITULO NUEVE

EL AVE, EL TREN DEL DESPROPOSITO

El empresario inmobiliario Antonio van de Walle estaba intranquilo. Era mucho lo que estaba en juego aquella tarde de mediados de marzo de 1988. El ex asesor económico de la Unión de Centro Democrático (UCD) se encontraba inmerso en lo que se había bautizado como «el negocio del siglo»: la construcción del tren de alta velocidad Madrid-Sevilla (AVE).

Apenas un mes antes, el 14 de febrero, la empresa pública Renfe había convocado un concurso para la adjudicación de trenes de alta velocidad y locomotoras de gran potencia. El montante global de la operación se aproximaba a los 262.000 millones de pesetas[1]. Un negocio suculento.

Van de Walle se las prometía muy felices. Era amigo, socio y vecino del periodista e intermediario Germán Alvarez Blanco[2]. Los dos compartían vivienda y despacho en el edificio del número 1 de la calle de María de Molina, de Madrid. Van de Walle contaba con que Alvarez Blanco era íntimo amigo del secretario de Organización del PSOE, José María «Txiki» Benegas, quien, a su vez, mantenía amistad con el

---

[1] Primer presupuesto del AVE aprobado por el Gobierno.
[2] Periodista de France Press, *Sábado Gráfico* y *Guadiana*, es propietario del boletín confidencial *Sens*, que compró junto a Antonio van de Walle, y de la empresa de intermediación Grupo Económico S. A.

embajador alemán en España, Guido Brunner. Este último conocía también a Alvarez Blanco a través de un amigo común, el fallecido Joaquín Garrigues Walker.

Esa tarde era la cita esperada. Su despacho iba a convertirse en lugar de encuentro de los responsables de la multinacional alemana Siemens con Txiki Benegas, Guido Brunner y Alvarez Blanco. El ex asesor de Adolfo Suárez venía desempeñando el papel de introductor de ambas partes, lo que le reportaría la consiguiente recompensa económica.

La multinacional alemana quería este contrato y Van de Walle sabía que tenía medios para conseguirlo. De Siemens solía decirse que si era necesario compraba hasta el mercado para llevarse el negocio. Además, la legislación alemana no sólo ampara el pago de comisiones en países extranjeros sino que permitía a sus empresas desgravar por las mismas.

La reunión no sirvió para cerrar ningún tipo de acuerdo, pero se cumplió un objetivo fundamental: iniciar las conversaciones. Por delante quedaban tres meses de trabajo. Renfe había fijado el 14 de junio como el día previsto para la apertura de las plicas. Había tiempo suficiente para armar una oferta y mover los hilos adecuados.

Guido Brunner, conocido como el «alemán de Chamberí» por haber vivido en este distrito de Madrid, era la persona adecuada. Su poder de influencia en los ambientes políticos, económicos y sociales de la vida española era manifiesto desde que en 1982 ocupara la embajada alemana [3]. Casado de primeras nupcias con Christa Speidel Sthal, mantenía ya entonces un idilio con la que sería su segunda mujer, la periodista Elena Abreu Apellániz, quien trabajaba en el servicio de documentación del Instituto Nacional de Consumo,

---

[3] Guido Brunner dejó la embajada alemana en España, tras diez años ininterrumpidos, en agosto de 1992. A su salida fue recompensado con tres puestos de consejero en empresas alemanas: Mercedes Benz, Siemens y Deutsche Bank. Fue nombrado consejero de Siemens el 1 de octubre de 1992. Pero los escándalos de tráfico de influencia y sobornos que pesan sobre él le han obligado a dejar casi todos sus cargos de representación.

del que llegó a ser jefa de Prensa. Junto a Elena Abreu constituyó dos sociedades de asesoramiento, Germmaconsulting y Datoconsulting[4], utilizadas para estos menesteres, y con las que adquirió varias propiedades inmobiliarias en Madrid y en la Costa del Sol[5]. Brunner conocía perfectamente la mecánica de la financiación paralela de los partidos de la Internacional Socialista y mantenía muy buenas relaciones con el «aparato» Ferraz.

La construcción del tren de alta velocidad había supuesto una victoria del vicepresidente del Gobierno, Alfonso Guerra, sobre las tesis neoliberales del ministro de Economía, Carlos Solchaga, y su secretario de Estado de Hacienda, José Borrell, luego convertido en ministro de Obras Públicas y Transportes. Guerra consideraba vital la construcción del AVE Madrid-Sevilla, como un importante complemento a la Exposición Universal que se iba a celebrar en la capital andaluza en 1992. Era un premio a la fidelidad electoral de sus paisanos.

Para alcanzar la meta, Guerra había jugado todas sus cartas. No lo tenía nada fácil. El 30 de abril de 1987 el Gobierno socialista había aprobado el Plan de Transportes Ferroviario (PTF), que no incluía un nuevo acceso de red de alta velocidad a Sevilla, ni el cambio de ancho de vía español a europeo. El ancho de los ferrocarriles españoles ha sido tradicionalmente más estrecho que el de los países del resto de Europa debido, en parte, a una consideración estratégica en prevención de una hipotética invasión militar.

Durante todo ese año de 1987, el PSOE había mantenido una postura contraria al tren de alta velocidad y a la implan-

---

[4] Gregorio Fernández, *Época*, 29 de mayo de 1995.

[5] Ático en Eduardo Dato, 13; casa en Príncipe de Vergara, 33; piso en Castelló, 92; apartamento en Pedro Villar, 14; piso en la calle Dulcinea; piso y local comercial en Infanta Mercedes, 79; vivienda en Fernández de la Hoz; cinco locales comerciales en la glorieta de Cuatro Caminos, 8; chalé en el pueblo de El Escorial; dúplex y local en la urbanización «Las Petunias» (Marbella); dúplex en el complejo residencial «Alhambra del Mar» (Marbella).

tación del ancho europeo. Propuestas que, en cambio, sí defendía la oposición. Por eso, las discusiones parlamentarias en la Cámara Baja habían sido tensas y duras. La justificación siempre esgrimida por los dirigentes socialistas era la económica. Así quedó plasmado en un informe que realizó el propio José Borrell titulado «El coste de oportunidad de destino de recursos». Solchaga y Borrell llegaron incluso a asegurar que «aunque de los presupuestos sobrara dinero nunca se haría ese corredor a Sevilla».

Los técnicos de Renfe habían ideado un proyecto que trataba de unir Madrid con Córdoba por el enlace de Brazatortas, en Ciudad Real, para eliminar el puerto de Despeñaperros y así alcanzar los 200 km/hora. Poco tiempo después se pretendió que alcanzara la velocidad punta de 250 km/hora y que se ampliara el tramo desde Córdoba a Sevilla.

Las maniobras de Alfonso Guerra dieron su fruto apetecido. También porque a Felipe González le interesaba. Al fin y al cabo eran los dos sevillanos. El Gobierno daría un giro de ciento ochenta grados en tres tiempos: primero, a comienzos de 1988, aprobó la construcción del tren de alta velocidad [6]; segundo, el 9 de diciembre de ese año el Consejo de Ministros daba el visto bueno para que el ancho de vía del AVE fuera europeo; y tercero, en su última reunión del año, víspera de la Nochebuena, aprobaba la adjudicación de veinticuatro trenes de alta velocidad y setenta y cinco locomotoras de gran potencia, que recayó en los consorcios de empresas liderados por los franceses de GEC-Alsthom y los alemanes de Siemens.

Mucho antes ya se había desatado la guerra de influencias. Habían aparecido en escena militantes del PSOE reconvertidos en comisionistas, que camuflaban sus «trabajos» bajo el nombre de consultorías o asesorías técnicas. Lo único que ofrecían eran sus contactos de influencia con el poder polí-

---

[6] El 8 de marzo de 1988 el ministro de Transporte, Abel Caballero, afirmó en la Comisión de Industria del Congreso que el nuevo acceso Madrid-Sevilla costaría unos 80.000 millones de pesetas. En marzo de 1991 esta estimación ya se había elevado a 476.000 millones.

tico gobernante. Algunos de ellos, sin pudor alguno, reflejaban como objeto social de sus empresas el de «gestionar ante la Administración la consecución de contratas de obra».

Ya en la primavera de 1988, uno de ellos, Juan Carlos Mangana Morillo, se ofreció al consejero delegado de Siemens en España, Francisco Francés Orfila, para intermediar ante la Administración socialista con el fin de obtener contratos del AVE para la multinacional alemana.

Carlos Mangana tenía muy buenos contactos en Ferraz. Desde 1979 había trabajado en el área de Imagen del Partido Socialista, dentro del departamento de Análisis, a las órdenes de Guillermo Galeote. Licenciado en Ciencias Económicas, había sido militante de la agrupación socialista madrileña de Hortaleza, donde hizo amistad con el asesor personal de Felipe González, Julio Feo Zarandieta. Mangana, además, estaba casado con Mercedes Medel Ortega, secretaria particular del ex ministro de Interior José Luis Corcuera y hermana del entonces concejal de Circulación y Transportes del Ayuntamiento de Madrid, Valentín Medel [7].

Los dirigentes de Siemens conocían las influencias de Mangana y llegaron a un rápido acuerdo. Pero el contrato, para evitar suspicacias y así llevarse el porcentaje, se haría con dos empresas controladas por él: Gestión de Tecnología y Proyectos S. A. (GTP), una pequeña entidad fundada en 1987 por Juan Carlos Mangana, Joaquín Mundo Aragó y Sotero Jiménez Hernández, y cuyos primeros trabajos se habían dedicado a proyectos inmobiliarios y medioambientales; y GMP Consultores S. A., una sociedad creada el 26 de mayo de 1986 con un capital social de 90.000 pesetas y dominada exclusivamente por Jiménez y Mangana [8].

Las siglas de ambas empresas habían sido escogidas du-

---

[7] Tras su salida del Ayuntamiento de Madrid se convirtió en representante de la empresa Rolme S. L., dedicada al asesoramiento e intermediación. En 1991 percibió de su cuñado, Juan Carlos Mangana, 93.134.000 pesetas por este tipo de trabajos.

[8] También intervino en el acto de constitución Fernando Montero López. Un año más tarde abandonaría GMP Consultores.

rante una noche de diversión. Significaban: «Ganaremos Mucha Pasta» (GMP) y «Ganaremos Toda la Pasta» (GTP). Su denominación era la prueba más concluyente de las intenciones que animaban a estos militantes socialistas.

Tras el acuerdo inicial, el director de Siemens en España, Mario Huete Mateo, envió una nota interna a su representante jurídico, Juan José Chinchilla Landa, para que se firmara inmediatamente el contrato. En ella le decía:

«Los de GTP nos urgen para la firma del contrato por enclavamientos electrónicos. Según ellos una "instancia superior" les urge a la firma del contrato. Adjunto te remito su propuesta de borrador. Francés [consejero delegado de Siemens] y yo les prometimos que el documento estaría firmado para la próxima semana. SEL [otra empresa del consorcio alemán del AVE] está enterada.»

El 1 de julio de 1988 se firmaba el ansiado contrato con GTP y GMP Consultores para que éstos gestionaran «en nombre de Siemens los contratos de obras, instalaciones o suministros de Renfe». Un anexo al contrato indicaba:

«De conformidad con lo pactado, procedemos a encomendarles que gestionen, en favor de esta entidad, con la empresa Red Nacional de Ferrocarriles Españoles (Renfe) la oferta u ofertas que realicemos para la adjudicación del contrato de Señalización, Seguridad y Comunicaciones de la línea de alta velocidad (Madrid-Brazatortas-Sevilla).

El precio del mandato vendrá establecido en el 3,5 por ciento sobre el precio base de la adjudicación más el 12 por ciento de Impuesto sobre el Valor Añadido (I.V.A.).»

El socio de Mangana en esta operación era el también militante socialista Sotero Jiménez [9], colaborador directo del

---

[9] Economista y casado con la ATS Carmen Rodríguez Espina.

secretario de Imagen del PSOE, Guillermo Galeote, hasta 1987, año en el que se presentó como concejal al Ayuntamiento de Madrid saliendo electo, aunque finalmente renunciaría, ocupando su puesto el compañero Leandro Crespo. Sotero Jiménez mantenía una estrecha amistad con Alberto Flores Valencia, uno de los principales accionistas del *holding* Filesa y hermano de la senadora Elena Flores, compañera sentimental de Galeote, por lo que el círculo se cerraba.

Alberto Flores vendería, incluso, su piso del paseo de Leñeros, 35, de Madrid, a Sotero Jiménez el 8 de octubre de 1987. Este pagaría al dirigente de Filesa 4 millones de pesetas. Según escritura, el piso, de 71 metros cuadrados, constaba de vestíbulo, cocina, cuarto de baño, lavadero, comedor, tres dormitorios y dos terrazas. Gracias al piso consiguió un crédito hipotecario de Cajamadrid por valor de 9.570.000 pesetas. Jiménez tenía, además, el «plus» añadido de que conocía de cerca a una persona muy bien posicionada: Julián García Valverde, presidente de Renfe, la empresa estatal que tenía que otorgar la mayor parte de las contratas del AVE.

Otro de los integrantes del clan era Joaquín Mundo, marido de María del Carmen Dolores Torres, secretaria de Felipe González durante su primera legislatura como presidente del Gobierno.

Sin embargo, no duraría mucho la entente cordial entre los tres. Las desavenencias personales entre Sotero Jiménez y Joaquín Mundo, que incluso llegaron a las manos, por el reparto de las comisiones, llevarían a Carlos Mangana a escribir una carta a Mario Huete anunciándole su posible salida de GTP, S. A.

La carta, dirigida a Mario Huete a la sede de Siemens en la capital de España, en la calle Orense, 2, y con fecha 23 de julio de 1988, indicaba:

«Estimado amigo:
Te escribo esta carta para adelantarte una decisión que probablemente llevaré a la práctica una vez transcurrido el verano.
Como muy bien conoces, mi trabajo en estos mo-

mentos lo realizo a través de la empresa GTP, S. A., de la que también soy, de forma indirecta, propietario de una importante participación. Ahora bien, se han producido una serie de movimientos en el capital social, que han afectado al funcionamiento diario de la sociedad y que, sinceramente, no me satisface plenamente.

Por estos motivos, que brevemente te explico, y que espero podértelos explicar personalmente, estoy barajando la posibilidad de abandonar GTP, S. A.

Por el momento, dentro de unos días salgo para Estados Unidos a realizar un curso sobre el Sistema Financiero Americano en N.Y.U. [New York University] y cuando acabe me tomaré un periodo de vacaciones, que es cuando mejor se piensa.

Espero que a mi vuelta y después de este periodo de reflexión podamos charlar y te comente cuáles serán mis futuros planes, si bien casi te puedo afirmar que no estarán en el marco de GTP, S. A.»

A la vuelta del verano, las advertencias de Mangana se cumplieron. El 10 de octubre de 1988, Joaquín Mundo, como máximo responsable de GTP destituyó a Sotero Jiménez y a Carlos Mangana como consejeros de la sociedad y se unió al intermediario José Ramón de la Torre Escandón, militante de la agrupación socialista de Leganés. Se constituían así dos grandes grupos de comisionistas vinculados al PSOE que rivalizarían entre sí por intermediar ante la Administración a cambio de suculentas comisiones.

Pero Siemens no estaba dispuesta a pagar dobles comisiones a las dos empresas, por lo que optó por cancelar su contrato con GTP y mantenerlo en vigor con GMP Consultores. Los dirigentes de la multinacional alemana veían mejor relacionados con el «aparato» del PSOE a Mangana y a Jiménez. Mundo amenazó a Huete con acudir al juzgado de guardia para denunciar el contrato firmado con GTP. También amenazó a sus dos compañeros de partido y socios con denunciar sus negocios y sus vinculaciones con Ferraz. De nada sirvieron sus avisos.

El 14 de noviembre de 1988 se firmaban tres nuevos contratos con Sotero Jiménez y Carlos Mangana por los que la multinacional alemana se comprometía a abonar a éstos o a una tercera persona designada por ellos los siguientes importes:

1. «El 3,5 por ciento sobre el precio base de la adjudicación, más el 12 por ciento de IVA en el contrato de aplicación e instalación de enclavamientos electrónicos en la oferta u ofertas que se realicen solos o conjuntamente con SEL Señalización, S. A., de acuerdo con el compromiso de Renfe de fecha 15 de julio de 1988.»

2. «El 3,5 por ciento sobre el precio base de la adjudicación más el 12 por ciento de IVA, en el contrato de señalización, seguridad y comunicaciones de la línea de alta velocidad Madrid-Brazatortas-Sevilla, supuesto que resulte adjudicataria la oferta de Siemens.»

3. «El 2 por ciento sobre el precio base de la adjudicación, más el 12 por ciento de IVA, en el contrato para suministro e instalación de catenarias para toma de corriente de vehículos sobre vía, tanto en alta velocidad como en 200 kilómetros/hora, supuesto que resulte adjudicataria la oferta de Siemens.» [10]

La duración del contrato era hasta el 1 de julio de 1993 y la forma de pago era idéntica en los tres casos: «Se hará efectivo, en un 70 por ciento, al mismo momento en que Siemens reciba el pago de las certificaciones de la obra contratada y ejecutada.»

De esta forma, la multinacional alemana no desembolsaba dinero alguno de sus arcas por los trabajos de «asesoramiento», que eran pagados con el dinero público. GMP Consultores recibió de Siemens 803.388.027 pesetas como pago desde julio de 1989 a octubre de 1992. El valor de los contratos de electrificación, señalización y comunicación del AVE fue de 96.305 millones de pesetas. El 3,5 por ciento de

---

[10] Este último firmado el 21 de noviembre de 1988.

esta cantidad significaba 3.370 millones de pesetas. El estallido del caso Filesa paralizó el cobro.

Pero GMP también facturó a la multinacional alemana otros trabajos al margen del AVE, como la concesión de los enclavamientos electrónicos de las estaciones de El Escorial (Madrid), Barcelona, Valladolid, Oropesa (Castellón) y León, por lo que percibió 65.075.278 pesetas.

Siemens no sólo contrató los servicios de GMP Consultores; también lo harían Feve y Renfe. La empresa pública Ferrocarriles Españoles de Vía Estrecha (Feve) encargaría a GMP Consultores la realización de su inventario en 1991, por lo que ésta cobró 104 millones de pesetas. Renfe, por su parte, formalizó con Mangana y Jiménez tres contratos de repercusión medioambiental por un importe global de 14.352.000 pesetas. Estos contratos fueron: plan de medidas correctoras y vigilancia ambiental del proyecto de duplicación de vía Fuente La Higuera-Játiva; análisis de la repercusión ambiental de la duplicación de vía en el tramo Oropesa-Alcanar, y estudio del impacto medioambiental en el tramo Zaragoza-Lérida. Una filial de Renfe, Ineco, encargó otros dos estudios para la línea Madrid-Valencia y el corredor Ebro/sub-Ebro, por unos 10 millones de pesetas.

A partir del cobro de estos contratos, Mangana y Jiménez iniciaron un despegue fulgurante que les llevó a montar un entramado de sociedades de intermediación. Entre ellas figuraban GMP de Ingeniería de Obras S. A., Gestión de Medio Ambiente y Planificación S. A. (constituidas el 18 de noviembre de 1988 con un capital idéntico: 500.000 pesetas) y GMP Ingeniería Jurídica Corporativa S. A. (creada el 20 de diciembre de 1988 con un capital social de 100.000 pesetas).

Pronto los dos socios constituirían también sociedades mercantiles en América, con el apoyo de entidades bancarias españolas, como el Banco de Santander. Se trataba de mantener un flujo financiero con los paraísos fiscales americanos. Así crearon GMP Costa Rica S. A. (creada el 5 de febrero de 1992) y GMP Bahamas S. A., e instalaron su cuartel general en Miami. Según las investigaciones policiales allí se invirtió parte del dinero alcanzado con las comisiones del AVE.

Paralelamente, Carlos Mangana y Sotero Jiménez se unían a Aida Alvarez para la ejecución de proyectos inmobiliarios, como un complejo urbanístico en la localidad de Getafe (Madrid) [11]. Esta relación mutua se plasmó en un doble contrato de colaboración, firmado el 1 de diciembre de 1989, por el que se repartían las comisiones de los grandes contratos. GMP Consultores llegaba a un acuerdo con las empresas de Aida Alvarez, Distribuidora Express 2.020 y Tecnología Informática 2020 para que éstas realizaran cuantos servicios les fueran requeridos por GMP hasta diciembre de 1996, recibiendo a cambio 157 millones de pesetas.

En aquellas fechas Aida Alvarez ya había sido también contratada por la multinacional alemana Siemens para utilizar sus influencias en el Ministerio de Obras Públicas y Transportes, así como con su amigo Julián García Valverde, presidente de Renfe. El contrato entre Siemens y Aida Alvarez fue firmado el 2 de abril de 1989, e indicaba:

«1. La prestación de servicios de la entidad Tecnología Informática 2.020, S. A. consistirá en el asesoramiento a la empresa Siemens, S. A. de todo lo relacionado con la venta de bienes de equipo en España.
2. En contraprestación a dicho servicio, la entidad percibirá una cantidad mensual, incluido IVA, de 560.000 pesetas.
3. Las contraprestaciones mutuas se entienden iniciadas desde el 1 de enero de 1988.»

Las facturas incautadas en la contabilidad de Tecnología Informática ascienden a 21.840.000 pesetas, que corresponden al pago de treinta y nueve mensualidades. Siemens empezó a pagar a Aida Alvarez el 30 de septiembre de 1989, nueve meses después de que obtuviera el contrato de las locomotoras y dos meses después de que se le adjudicara el de señalización y electrificación del AVE.

---

[11] Véase capítulo siete.

Toda la conexión había sido desenmascarada tras el registro, el 4 de noviembre de 1992, de la sede central de Siemens en la capital de España. Hasta el número 2 de la calle Orense se desplazó una comisión judicial mandada por el secretario del caso Filesa, Ricardo Rodríguez Fernández. La primera pregunta de Rodríguez al director de Siemens en España, Mario Huete, fue contundente:

—¿Dígame qué servicios han prestado a Siemens las sociedades GMP Consultores y Tecnología Informática 2.020? ¿Y quién solicitó esos asesoramientos?

Huete quedó sorprendido por el secretario de Marino Barbero y respondió de un modo precipitado pero sincero:

—En cuanto a GMP, le puedo decir que los proyectos realizados han sido referentes a instalaciones eléctricas fijas (catenarias), señalización y comunicaciones del proyecto de los nuevos accesos ferroviarios a Andalucía (NAFA) y, en general, proyectos de enclavamientos electrónicos...

—¿Y con respecto a Tecnología Informática? —volvió a inquirir el secretario judicial.

—Pues, si le digo la verdad, no sé cuáles fueron.

—Pero, al menos, ¿sí sabrá qué departamento fue el que contrató los servicios de estos señores? —preguntó Rodríguez.

—Sí, fue el Departamento de Transportes, que depende de la División de Energía, Industria y Telecomunicación, que yo dirijo.

La comisión incautó una serie de documentos de gran valor tras dos horas y diez minutos de registro. En su poder se encontraba también un papel escrito por Mario Huete en donde se indicaba cómo se debían pagar las «mordidas».

Una semana más tarde le tocaba el turno a GMP Consultores. La comisión se personaba en su sede del edificio de la calle Sagasta, 31, de Madrid. A su encuentro apareció Carlos Mangana.

—Desconozco a qué se debe este registro y como no está mi abogado declino contestar cualquier pregunta —afirmó Mangana.

La comisión había llegado a las 10.30 horas al local y, con la ayuda del comisario de Policía adscrito a la Sala, José Luis

Sánchez Poto, cortó la comunicación telefónica con el exterior y prohibió la salida a la calle de las personas que se encontraban en la oficina. Se trataba de evitar fugas de documentación.

Durante dos horas y media se incautaron diversos documentos de gran importancia, como los contratos de GMP con las empresas de Aida Alvarez y de Valentín Medel, cuñado de Mangana. Este último estaba atrapado e intentó una solución desesperada:

—Sólo le digo una cosa, la documentación que han intervenido no corresponde a GMP Consultores —añadió.

No le sirvió de nada. El estallido del caso Filesa había convulsionado los círculos políticos. La situación dentro del Partido Socialista era explosiva. La dirigente histórica Carmen García Bloise, valedora en su día de Aida Alvarez, llegó a afirmar:

> «El partido no tiene ni idea de lo que hace esta gente, pero cualquier persona concreta puede decir "vengo de parte de"... No veo más salida que una transparencia absoluta a todos los niveles. De lo contrario estamos haciendo una maraña para que vivan unos sinvergüenzas y los demás estemos soportando el drama que puede suponer para algunos de nosotros que no hayamos sido capaces de haber impedido esto.» [12]

La situación obligó a Felipe González a tomar cartas en el asunto e imponer al entonces secretario de Organización del PSOE, José María Benegas, el inicio de una investigación interna sobre las actividades de estos personajes que llevara aparejada su expulsión inmediata del partido.

Benegas y Mangana, viejos conocidos de la sede de Ferraz, se entrevistaron en secreto a comienzos de 1993 para idear la táctica a seguir. Era mejor presentar su renuncia voluntaria a la militancia antes de que el partido iniciara una

---

[12] Europa Press, 8 de agosto de 1992.

investigación que podía estropear futuros negocios. Así, el 28 de enero, Carlos Mangana escribía una carta a Txiki Benegas en la que decía:

«Estimado compañero:

Me veo en la obligación de escribirte esta carta después de las noticias aparecidas en los últimos días en los medios de comunicación.

Sin querer quebrar el principio básico de presunción de inocencia, necesario en una sociedad libre y democrática, quiero solicitarte mi baja como militante del Partido Socialista Obrero Español, ya que las noticias aparecidas, además de hacer un daño irreparable a mi persona y a la empresa que dirijo, están dañando la imagen y credibilidad, tanto del partido como del Gobierno que sustenta.

No quiero con esta petición eximirme de ninguna responsabilidad a la hora de rendir cuentas tanto como militante como ciudadano, sino simplemente que no se ataque a través mío a un partido que no es, ni puede ser, responsable de mi vida profesional.

No puedo ni quiero negar mi relación durante muchos años con el partido. Ya que de esa relación me he sentido y me siento orgulloso. Como militante y como funcionario que fui, ayudé en lo que pude a instaurar la libertad en mi país.

En base a esta libertad quiero aclararte que, en mi vida profesional, nunca utilicé el nombre del partido para la realización de negocio o acto mercantil alguno.»

Cuatro meses más tarde, el 18 de mayo de 1993, Carlos Mangana y Sotero Jiménez cambiaban la denominación social de su buque insignia, GMP Consultores, que pasaba a denominarse GTRADE S. A. El ciclo se reiniciaba con un nombre diferente. Los contratos de la Administración podían llegar de nuevo. Nadie podía ya sospechar.

* * *

Otro de los comisionistas del AVE fue Florencio Ornia Alvarez, asturiano, miembro de los sindicatos verticales, ex funcionario del Ministerio de Industria, que se incorporó a La Moncloa el 6 de febrero de 1987 como director de Infraestructura y Seguimiento para Situaciones de Crisis. Cargo del que salió el 2 de febrero de 1989 [13] para crear la empresa de intermediación Atacir S. A.

Esta sociedad, constituida el 17 de febrero con un capital de 10 millones de pesetas suscritos por Ornia, Eugenio García López Brea y Eusebio Díaz González, tenía como objeto social «el asesoramiento técnico y la representación e intermediación ante los organismos». Ornia asumía el cargo de consejero delegado.

El socio de Ornia en esta operación, Eugenio García López Brea, era consejero delegado de la empresa Central Ibérica de Drogas S. A. (CID), propiedad de la familia de Roberto Dorado Zamorano, hombre de confianza de Alfonso Guerra y director del Gabinete de Presidencia de Gobierno [14]. CID, una empresa dedicada a la venta al por mayor de productos químicos industriales, farmacéuticos y de perfumería, tenía el mismo domicilio social que Atacir, en la calle Alberto Aguilera, 33, de Madrid. Allí trabajó Roberto Dorado como químico hasta pasar a la política, en 1977.

Fue precisamente Roberto Dorado, apodado «golden», quien llevó a Ornia a trabajar a La Moncloa. La mediación la había realizado un amigo común: Julián García Valverde, en aquel momento presidente de Renfe [15]. Ornia y García Valverde se conocían de años atrás y habían intensificado su amistad a raíz de su relación en el Ministerio de Industria en 1978. García Valverde era economista en el Servicio de Estu-

---

[13] Fue sustituido por Alvaro Frutos Rosado.

[14] Roberto Dorado fue coordinador adjunto al Comité Federal del PSOE, a las órdenes de Alfonso Guerra, y delegado federal de Propaganda.

[15] Roberto Dorado es padrino de un hijo de Julián García Valverde, quien llegó a la presidencia de Renfe en 1985; bajo el mandato de éste se firmaron todas las adjudicaciones de obras del tren de alta velocidad (AVE).

dios del ministerio y en 1975 fue nombrado subdirector. Durante esa época se convirtió en el «topo» del PSOE bajo el mandato de la UCD. La amistad entre Ornia y García Valverde se mantuvo con los años, hasta el punto de que veraneaban juntos en un hotel de Llanes, en Asturias.

Ornia sería nombrado en 1982 director general de Innovación y Tecnología en el Ministerio de Industria con Carlos Solchaga. Cuando éste abandonó el ministerio en 1985 para ser nombrado ministro de Economía y Hacienda, Ornia continuó ayudando al nuevo titular de Industria, Joan Majó. En 1986 los dos dejaron este ministerio; Majó para convertirse en presidente de Ceselsa y abrir, después, un despacho de influencia, y Ornia para pasar a Presidencia de Gobierno. Allí mantendría su primer contacto con la multinacional alemana Siemens con motivo del Programa 126 A de inversiones para redes de comunicaciones especiales: las mallas B, C y O, que dependían directamente de su departamento. Estos equipos permitirían a Felipe González comunicar con los centros neurálgicos de poder con completa garantía de que sus conversaciones no serían escuchadas.

La malla B ponía al Presidente del Gobierno en contacto con el rey Juan Carlos I, con los presidentes del Congreso y del Senado, con los ministros, con el Estado Mayor de la Defensa y con los delegados del Gobierno en las diferentes comunidades autónomas. La malla C comunicaba al Presidente con los altos cargos de RTVE y otras dependencias administrativas, como la Oficina de Información Diplomática. Además, Ornia dotó a La Moncloa de un sistema de comunicaciones que permitía a Felipe González hablar con cualquier teléfono de España mientras se desplazaba en avión por cualquier parte de los cinco continentes.

Para estas instalaciones dispuso de una inversión próxima a los 250 millones de pesetas. Florencio Ornia era la persona que debía decidir qué empresa era la más adecuada para llevarse la contrata, que por el carácter secreto de la obra no salió a concurso público. A la oferta se presentaron Siemens, Alcatel, Philips, Northem-Telecom, Ericson y Telefónica, que finalmente se llevaría la instalación.

No obstante, durante este periodo Ornia tuvo ocasión de familiarizarse con los equipos y los responsables de la casa Siemens. Por eso, dos meses y veinticuatro días después de su salida de La Moncloa, Ornia firmaba ya una carta-contrato con Siemens que le supuso varios cientos de millones de pesetas de beneficio. En el documento se establecía un primer trabajo:

> «Siemens abonará a la sociedad Atacir, S.A., el dos por ciento (2 %) sobre el precio base de adjudicación, supuesto de resultar adjudicatario el consorcio hispano-alemán liderado por Siemens A.G., en el concurso convocado por Renfe para la contratación de subestaciones eléctricas de alimentación para la nueva línea ferroviaria de alta velocidad Madrid-Sevilla.
>
> El abono de la indicada comisión se hará efectivo mediante la presentación de la pertinente factura, al mismo momento en que el consorcio reciba, a su vez, el pago de las certificaciones por obra contratada y ejecutada.» [16]

Ornia consiguió su objetivo. Un mes después de la firma del acuerdo, Siemens resultaba adjudicataria con el contrato del AVE. En esa fecha Florencio Ornia ocupaba, curiosamente, el cargo de consejero de una de las filiales de Renfe, Tecnología e Innovación Ferroviaria (Tifsa). Un puesto para el que fue nombrado por su amigo Julián García Valverde, con el visto bueno del «aparato» de Ferraz. En las fechas en las que Ornia era consejero de Tifsa ya prestaba una colaboración profesional retribuida con Siemens. Renfe adjudicó a Tifsa ocho contratos del AVE por valor de 1.411 millones de pesetas. Uno de ellos, otorgado el 9 de julio de 1990, corresponde a la asistencia técnica en la electrificación, señalización y telecomunicación del AVE, que fue adjudicado a Siemens. Tifsa cobró por ello 958 millones de pesetas.

---

[16] Firmado en Madrid el 26 de abril de 1989 por Mario Huete Mateo, director de Siemens en España.

La contrata otorgada a Siemens fue finalmente de casi 97.000 millones de pesetas, con una desviación al alza, sin justificar, de 37.000 millones de pesetas. Esto significaba que Ornia percibiría 1.940 millones de pesetas. Al igual que les ocurrió a sus compañeros, la aparición del caso Filesa en los medios de comunicación rompió sus perspectivas futuras de cobro y forzó su salida del PSOE. El 28 de enero de 1993 escribía una carta a Txiki Benegas en la que presentaba su baja:

«Querido Txiki:
Habiéndome visto, por circunstancias que no llego a comprender, involucrado en la última campaña de permanentes insidias hacia el Gobierno y el partido y que afectan a la propia democracia, he reflexionado profundamente sobre el tema y, en coherencia con las resoluciones del último Comité Federal y de las declaraciones de nuestro secretario general, considero obligado pedir mi baja en el partido al objeto de no contribuir ni un ápice a la gran confusión que se está interesadamente produciendo.
Creo que no hace falta decirte la importancia que para mí tiene tomar esta decisión después de cerca de diecisiete años de militancia y de la máxima colaboración, tanto en el partido como en los cargos públicos que he tenido la suerte de desempeñar hace ya bastantes años, aunque mi militancia en los últimos tiempos fue muy escasa.
Quiero, no obstante, trasladarte la reflexión que me hago y es que, paradójicamente, habiendo desempeñado mis responsabilidades públicas sin la menor sombra de duda sobre mi gestión y con mi total entrega, es posteriormente cuando parece que el haber ejercido dichos cargos y, principalmente, los dos años de mi responsabilidad en La Moncloa, constituye en este país y ahora una limitación absoluta para ejercer lícitamente una actividad libre de toda incompatibilidad una vez cesado en el cargo.»

Sin embargo, Ornia estaba satisfecho. Sus gestiones en La Moncloa habían sido fructíferas y Siemens había conseguido su objetivo: el AVE. El faraónico proyecto del tren de alta velocidad que iba a unir Madrid con Sevilla se construiría costando a los españoles medio billón de pesetas y dejando en su camino comisiones y contratos que recayeron en los más próximos al poder. El AVE no era la solución técnica al problema ferroviario español. Era una operación gubernamental de la que se beneficiaron unos pocos.

* * *

El 14 de febrero de 1988, cuando se cerró el plazo de presentación de ofertas para la adjudicación de setenta y cinco locomotoras de gran potencia y veinticinco trenes de alta velocidad, sobre la mesa de Leopoldo Iglesias Lachica, director de compras de Renfe [17], encargado de representar a la compañía en los contratos de adjudicación del proyecto AVE, había seis propuestas:

1. Alsthom, Ateinsa y MTM.
2. Eurotrén Monoviga.
3. Fiat, Ansaldo y Breda.
4. Mitsubishi, Kawasaki e Hitachi.
5. Siemens, ABB, Kraus Maffaei, Thyssen-Henschel y Macosa.
6. Skoda Export.

De estas ofertas sólo tres cumplían los requisitos necesarios para los trenes de alta velocidad:

1. Alsthom, Ateinsa y MTM.
2. Mitsubishi, Kawasaki e Hitachi.
3. Siemens, ABB, Kraus Maffaei, Thyssen-Henschel y Macosa.

---

[17] Abandonó Renfe tras la marcha del director general, Julián García Valverde, al Ministerio de Sanidad. Pasó a dirigir la compañía aérea Binter, filial de Iberia.

Y en cuanto a locomotoras de gran potencia, eran cuatro las escogidas:

1. Alsthom.
2. Ansaldo.
3. Mitsubishi.
4. Siemens.

Leopoldo Iglesias analizó estas ofertas con sumo detalle. No existía duda alguna. La mejor y más conveniente de todas era la presentada por el consorcio japonés, con el Shin Kansen (tren bala). El informe que Iglesias tenía sobre la facturación final del proyecto así lo reflejaba:

	TAV	Locomotoras	Total
Alsthom	51.408 mill.	34.142 mill.	85.533 mill.
Siemens	55.200 »	33.975 »	89.175 »
Mitsubishi	39.216 »	30.975 »	70.191 »
Ansaldo	—	34.125 »	—

Sin embargo, no sirvió de nada. El Gobierno tenía otra idea. En el proceso se utilizaron todos los recursos que permite un concurso para otorgar los trenes al consorcio de Alsthom y las locomotoras a Siemens. Los criterios de puntuaciones se amoldaron de forma que beneficiaran a franceses y alemanes. Los estudios se realizaron siguiendo esquemas de valoración multicriterio, desarrollados conjuntamente por Renfe y el Stanford Research Institute. Se ponderaron con un 55 por ciento los criterios técnicos, con un 40 por ciento los económicos y con un 5 por ciento el perfil del contratista. En la decisión del Gobierno español estuvo muy presente la colaboración de Francia en la lucha antiterrorista y la entrega de etarras que hasta ese momento habían tenido su santuario en el País Vasco francés. El propio Iglesias, por razones obvias, cambió de opinión radicalmente para defender las ofertas de los europeos. Fue un largo proceso de conversaciones.

Seis meses duró. GEC-Alsthom contrató como asesora a la empresa Consultores de Comunicación y Dirección, de Julio Feo, quien fuera jefe de Gabinete de Felipe González. Precisamente uno de los parámetros de valoración del concurso eran «las relaciones de la empresa concursante». Pierre Guidony, ex embajador francés en España, uno de los hombres que más colaboraron con el Gobierno español en la lucha antiterrorista contra ETA, fue otro de los intermediarios.

Al final, en una negociación en la que intervino de modo personal François Mitterrand como mediador ante Felipe González, los expertos de Renfe cambiaron de opinión, volviéndose hacia el tren francés. GEC-Alsthom, una sociedad formada por la británica General Electric Corporation y la empresa pública francesa Alsthom, estaba al borde de la quiebra y Mitterrand tenía mucho interés en reflotarla.

El 16 de marzo de 1989 se suscribía el contrato de fabricación de veinticuatro trenes de alta velocidad [18]. El contrato fue firmado por el presidente de Alsthom, Jean-Pierre Desgeorges, y el de Renfe, García Valverde. El coste total ascendía a 51.408 millones de pesetas. El Ministerio de Industria, que entonces presidía Claudio Aranzadi, pactó con Alsthom una condición: que de los veinticuatro trenes se fabricaran en España como mínimo dieciséis. Estos trenes se fabricarían contando con el concurso de las empresas españolas Macosa, MTM, Ateinsa, CAF, Coneleç y Cenemesa. De los veinticuatro trenes fabricados, sólo se han utilizado dieciséis. El ministro de Transporte, José Borrell, pactó una demora en la entrega de los ocho restantes. Dichos trenes tendrán un uso distinto a la línea de alta velocidad Madrid-Sevilla para la que fueron adquiridos. El grupo Alsthom también logró en 1991 pedidos de Renfe por un importe de más de 40.000 millones de pesetas: 28.125 por la construcción de trenes de dos pisos y 12.000 por su participación en un consorcio con CAF y Mitsubishi para suministrar setenta trenes de cercanías.

Ese mismo día se firmó también la adjudicación de seten-

---

[18] El AVE tendría ocho vagones en vez de los diez del TGV-Atlántico, que hace el servicio entre Calais y París.

ta y cinco locomotoras al consorcio hispano-alemán-suizo encabezado por la multinacional Siemens y en el que participaban las empresas Krauss Maffei, Thyssen-Henschel, Macosa y ABB. El contrato con Siemens se elevaba a 33.975.309.750 pesetas. El acuerdo fue firmado por el consejero delegado para España de Siemens, Francisco Francés Orfila, y el presidente de Renfe, Julián García Valverde. Del total de las setenta y cinco locomotoras, estaba previsto que en Alemania se construyesen quince y en España sesenta.

De las setenta y cinco locomotoras sólo se utilizan dieciséis en el AVE. El ministro de Transporte y Obras Públicas, José Borrell, indicó que se habían comprado setenta y cinco locomotoras S-252 a Siemens pensando no sólo en la línea de alta velocidad, sino en toda la red convencional de Renfe. Lo que se le olvidó explicar al ministro fue que las setenta y cinco locomotoras se compraron con el ancho de vía europeo y no eran susceptibles de ser utilizadas en España sin una adaptación previa y un coste adicional. Siemens anunció que subcontrataría con empresas españolas parte de la construcción de las locomotoras, básicamente con Construcciones y Auxiliar de Ferrocarriles S. A. (CAF) [19], MTM y Ateinsa. El montaje final de las locomotoras de alta velocidad se haría tanto en la planta valenciana de Macosa (después convertida en Meinfesa) como en la de CAF [20].

Renfe se comprometió a pagar a la entrega de la primera locomotora (el 1,33 por ciento del pedido) un 28,9 por ciento del importe total del contrato, esto es, 9.830 millones de pesetas. Siemens contaba así con una importante inyección de dinero público para pagar comisiones. Además, se libró de prestar la garantía de calidad, ya que a los dos años del contrato de adquisición no se habían recorrido los kilómetros suficientes para comprobar su bondad.

---

[19] CAF fabrica el Talgo, que como contrapartida se introdujo en Alemania.

[20] Cuarenta y cinco locomotoras en la factoría de Macosa y quince en la de CAF.

Pero aún quedaban otros dos grandes contratos del AVE, tan atractivos como los anteriores, que habían sido convocados a concurso el 5 de abril de 1989. El primero, referido a la electrificación de la línea del AVE, de cerca de 500 kilómetros, fue adjudicado al consorcio hispano-alemán liderado por Siemens y en el que participaban AEG Aktiengesellschaft, AEG Ibérica de Electricidad, ABB, Radiotrónica, Guinovart y Técnicas de Montaje. El segundo, sobre la señalización y telecomunicaciones, fue otorgado también al consorcio hispano-alemán liderado, igualmente, por Siemens y en el que participan Standard Elektrik Lorenz AG, SEL Señalización S. A., AEG Aktiengesellschaft y AEG Ibérica. La multinacional alemana volvía a salir claramente triunfadora.

El Consejo de Ministros del 7 julio de 1989 aprobó un presupuesto de 60.000 millones para los dos contratos mencionados. Sin embargo, ya en ese mismo mes se otorgó a Siemens la contrata por 74.783 millones. Al final el presupuesto se disparó a 96.305 millones de pesetas, lo que supuso una desviación de 36.305 millones, o lo que es lo mismo, un 29 por ciento más. Para justificar esta desviación se incluían veintinueve edificios más susceptibles de contratarse en mejores condiciones con empresas españolas de construcción. Por ejemplo, se construyó la nave de Villaseca de la Sagra, Toledo, por 1.700 millones de pesetas, sin licencia municipal y sin el abono de los impuestos correspondientes, 35 millones de pesetas. A su vez, el coste de los talleres de mantenimiento fue de 10.400 millones de pesetas.

El contrato entre Siemens, Renfe y el Ministerio de Transportes, suscrito el 12 de diciembre de 1987, no fue, sin embargo, un contrato modelo. En su punto 5 se decía: «Siemens se responsabiliza de la gestión de todas las expropiaciones precisas. Estas expropiaciones serán pagadas por Renfe.» La empresa pública Renfe delegaba en la multinacional la capacidad de expropiación, avasallando todo el ordenamiento jurídico en esta materia y dejando en manos de la multinacional alemana los intereses del contribuyente español. En total, se pagaron 5.648 millones de pesetas en expropiaciones. En algunos casos se llegaron a pagar 26 millones de pesetas por hectárea, como ocurrió en la finca 1.558 dedicada a la subestación eléctrica de Lora del Río.

La multinacional alemana también suscribió otro jugoso contrato para el mantenimiento de la señalización de la línea de alta velocidad por un periodo de quince años y un montante global de 13.396 millones de pesetas [21]. Asimismo, se adjudicaron a Siemens, sin ningún tipo de concurso, una serie de partidas con un montante global de 9.830 millones de pesetas. Dos de estas partidas se referían a la «señalización, telecomunicación y electrificación del ramal de la Expo-92», por valor de 529 millones de pesetas, otorgada el 3 de febrero de 1992, y a los equipos para control de agujas por 330 millones, adjudicada el 26 de noviembre de 1991.

Pero, aparte de los contratos del tren de alta velocidad y del contrato de cercanías de Renfe por valor de unos 100.000 millones de pesetas, Siemens también resultó beneficiada con la adjudicación de un sistema de telecomunicaciones de transmisión de datos para el aeropuerto de Barcelona [22] y de los escáneres comprados para los acontecimientos de 1992 por el Ministerio del Interior y el Ente Público Aeropuertos Nacionales y Navegación Aérea (AENA), que preside Manuel Abejón Adámez.

Asimismo, Siemens, asociada a SEL Señalización, obtuvo otro contrato destinado a la electrificación, señalización y seguridad de las estaciones de Barcelona, Oropesa, León y El Escorial (Madrid), que ascendía a unos 1.000 millones de pesetas, y en el que intermedió la firma GMP Consultores, del militante socialista Carlos Mangana. También hubo otros militantes del PSOE que se favorecieron con contratos del AVE; uno de ellos fue el ex director general de RTVE y ex presidente de Telefónica, Luis Solana Madariaga. El Gobierno adjudicó a su empresa, Redes de Telecomunicación S. A. (Retesa), un contrato por valor de 233 millones de pesetas para la insta-

---

[21] En el informe que el Stanford Research Institute elaboró para Renfe en mayo de 1990 se dice que este coste es desorbitado.

[22] Dos contratos, uno por 60.678.793 pesetas y el otro de 17.342.615 pesetas.

lación de telefonía en las oficinas centrales del AVE, en la avenida de Barcelona, 4, Madrid; y otro de 650 millones para diversas instalaciones telefónicas en Madrid, Valencia y Málaga. Siemens consiguió de la Administración del Estado más de 200.000 millones de pesetas en contratos de obra con motivo de la Expo del 92 y de los Juegos Olímpicos de Barcelona. Pero a cambio tuvo que pagar un peaje cercano a los 8.500 millones de pesetas[23].

* * *

Algunas de estas comisiones del AVE tuvieron un destino exterior: Suiza. Este paraíso fiscal fue utilizado, según el contable de Filesa, Carlos van Schouwen, para derivar los pagos de las multinacionales Siemens y GEC-Alsthom. La firma Alsthom se vio implicada entre 1989 y 1990 en un escándalo de comisiones encubiertas al Partido Socialista Francés (PSF), lo que obligó a su presidente Jean-Pierre Desgeorges (el que firmó con Julián García Valverde el contrato del AVE) a presentar su dimisión.

En los medios financieros helvéticos era sabido que los partidos socialistas utilizaban los bancos del país para canalizar el dinero de la Internacional Socialista y de las «mordidas». La vía suiza era uno de los vehículos financieros más utilizados por las grandes empresas que buscaban la opacidad fiscal, aprovechando los «fondos de no residentes en depósito».

Así se lo contó Van Schouwen al magistrado instructor del caso Filesa:

«Había unas divisas en Suiza de las que no se me informaba. Cuando pregunté por el dinero de Suiza me dijeron que eran comisiones que se recibían por los contratos del AVE. La cantidad a la que ascendía era de 3.000 millones de pesetas [...].

Un tal Simon informaba puntualmente desde Suiza

_____

[23] *Tiempo*, 25 de septiembre de 1995.

385

del estado de las cuentas que allí había y su extracto. Se hablaba normalmente de francos franceses.»

Para ratificar sus palabras, Van Schouwen entregó como prueba a Barbero un fax que demostraba la existencia de dos cuentas bancarias de Filesa en Suiza por un importe de 548 millones de pesetas. El fax, dirigido a Luis Oliveró, fue expedido el 7 de enero de 1991 desde el teléfono 061 285 13 13. El número correspondía a la tercera firma fiduciaria[24] más importante de Suiza, después de ATAG y Schweizer: Experta Treuhand, domiciliada en la calle Steinengraven, 22, de Basilea, cuya dirección y teléfono figuraba en la agenda particular de Oliveró. Esta sociedad estaba presidida por Frank Schmidt, consejero del Banco Exterior de Suiza, entidad participada en un 90 por ciento por el Banco Exterior de España, y de la filial suiza de la Banca di Lavoro.

Las cuentas colocadas por Luis Oliveró en Suiza a través de Robert Simon[25], subdirector de la empresa Experta Treuhand y conocido intermediario en los mercados financieros helvéticos, eran cuentas de no residentes, conocidas técnicamente como depósitos en europesetas, cuyos intereses no sufrían ningún tipo de retención ni gravamen. Precisamente en la época en que se registraban estas cuentas el diputado socialista Carlos Navarro viajó una vez al país helvético. Según declaró ante Barbero en diciembre de 1992, viajó por invitación de su tío Luis Oliveró para conocer Estrasburgo vía Basilea. «Fue un viaje de turismo, ya que tenía interés en conocer Estrasburgo», señaló el diputado.

Navarro y Oliveró estuvieron en Basilea los días 17 y 18 de octubre de 1988 alojados en las habitaciones 206 y 108 del hotel Grey Könige am Rhein. Oliveró ya había realizado con anterioridad varios viajes a Basilea, uno de ellos acompañado de su esposa, Pilar Serrat Arbat.

---

[24] Representación mercantil por cuenta de terceros.

[25] Robert Simon figura como destinatario de unos documentos enviados por Time Export el 26 de octubre de 1989 a través de la empresa de mensajería DHL.

Oliveró mantenía un contacto asiduo con los responsables de Experta Treuhand, una de las firmas especializadas en la creación de sociedades instrumentales. En ella figuraban como directivos Martial Frênd, Walter Sommer y Pierre Nicolas Rosier, propietarios a su vez de la sociedad Arfina, situada en el paraíso fiscal de Liechtenstein. Arfina participaba en un 44 por ciento en la sociedad francesa Vibrachoc, fundada en 1953 por Robert Mitterrand, hermano del ex presidente francés, y por Roger Patrice Pelat, íntimo amigo de la familia Mitterrand.

Experta Treuhand fue acusada a finales de 1988 de un delito de información privilegiada al adquirir 20.000 acciones de la empresa American National Can [26], pocos días antes de que el Gobierno francés autorizase a la empresa Péchiney una OPA sobre ella. Esto le reportó un beneficio de 90 millones de pesetas en tan sólo cuatro días.

Junto a Experta Treuhand una serie de hombres de negocios próximos al PSF adquirieron paquetes de acciones de American National Can a 9 dólares la acción, sabiendo que Péchiney iba a pagar por ellas una semana después 56 dólares. Entre estos hombres de negocios figuraba Max Theret, amigo personal de Mitterrand, que se hizo con acciones a través de la sociedad luxemburguesa Petrusse. El caso Péchiney supuso el primer gran escándalo del socialismo francés. El negocio nunca habría sido posible sin una filtración del Ministerio de Economía y Finanzas. Experta Treuhand había recibido la información a través de Roger Patrice Pelat, viejo conocido de los socios de Experta Treuhand y Arfina. A pesar de que Pelat dejara Vibrachoc tras la llegada de François Mitterrand al palacio del Eliseo, en 1981, las relaciones con los hombres de la Experta Treuhand se habían mantenido. Pelat había vendido su paquete de acciones a la General Electric Company (GEC), luego integrada en Alsthom, y a dos bancos estatales, el BNP y el Crédit Lyonnais.

---

[26] Filial de la empresa americana Triangle Industries Inc., primer productor mundial de embalajes metálicos.

La doble vertiente de la sociedad fiduciaria, con sede en Suiza y relacionada con los socialistas franceses, influyó de forma determinante para que Luis Oliveró y Carlos Navarro la eligieran como gestora de las cuentas de Filesa en el país helvético. Así se refleja en un fax enviado hasta la sede del *holding* socialista en Barcelona por los dirigentes de Experta Treuhand:

«SAL.

Cpte. FS 2.272.69

Placement du 13.11.90 au 14.1.91 à 8,3125 % FS 165.000

Cpte. PTAS 821

Placement du 28.12.90 au 28.2.91 à 14,250%
PTAS 382.265.000

TRAL.

Cpte. FS 779,30

Cpte. DM 47.572.35

Placement à 2 jours à 8.125 % DM 2.220.000

MEILLEURES SALUTATIONS
ROBERT SIMON»

Las instrucciones eran de apertura de cuentas de depósito en entidades bancarias suizas con los códigos «SAL-FS» y «TRANS-FS», por un total de 548 millones de pesetas. Estas cuentas correspondían, según el Partido Popular, a las empresas Anstalt Salimas y Tralgarde Trust, a través de las cuales se realizaban los ingresos provenientes de las comisiones del AVE [27].

---

[27] Jean Spielmann, diputado comunista por Ginebra, interpeló al Gobierno suizo el 17 de junio de 1991 preguntando qué medidas se iban a tomar ante la denuncia de inversión de capitales clandestinos del PSOE.

Anstalt Salimas, con sede en el paraíso fiscal de Liechtenstein[28], tenía como apoderado único al abogado Isidoro García Sánchez, secretario de los consejos de administración de Filesa, Malesa y Time Export. A través de Anstalt Salimas se derivaban transferencias de dinero desde bancos suizos a la sociedad Vitesse S. A., con sede en Barcelona, donde también actuaba como apoderado Isidoro García.

Vitesse había sido fundada en 1985 por Alberto Núñez Pérez[29], Juan Sellés Mestre y su mujer, Montserrat Monjo Sabatés, con el fin de importar de Inglaterra maquinaria para engrasar camiones y exportar recambios de automóviles.

En noviembre de 1990 García Sánchez aparecía ya como administrador único de Vitesse. Su primera medida fue cambiar su objeto social para convertir la empresa en una sociedad «dedicada a la prestación de servicios de asesoramiento para la inversión de capitales nacionales, extranjeros o mixtos en negocios mobiliarios e inmobiliarios, de industria o comercio». La sociedad ubicó su domicilio en la calle Mallorca, 264, de Barcelona, y aparecía como secretario Juan Corominas Pons, un amigo de la infancia de Carlos Navarro, que trabajaba en Filesa como administrativo.

La operación de entrada de capitales provenientes de las sociedades fiduciarias en paraísos fiscales se realizaba de la siguiente manera: Anstalt Salimas enviaba, a través del Bank Paribas en Zurich, importantes cantidades de dinero a España. El BBV actuaba como ordenante de la transferencia y hacía llegar este importe hasta la empresa Vitesse, que tenía abierta una cuenta en el Banco Atlántico, en la sucursal de la avenida de la Diagonal, en Barcelona. Isidoro García Sánchez, como apoderado, movía estos depósitos en pequeñas cantidades que llegaban hasta Filesa y sus empresas afines.

Así, el 10 de mayo de 1991 Isidoro García dio orden al Banco Atlántico de hacer una transferencia, en nombre

---

[28] Anstalt Salimas tenía su domicilio social en Vaduz, calle Altenbach, nº 8.
[29] En representación de Fisiogestión S. A., matriz de un grupo de empresas del sector sanitario.

de Vitesse, a Barcelona Containers S. A. por importe de 108.993.604 pesetas. Esta sociedad era propiedad de Vapores Suardiaz Barcelona S.A., con la que Filesa iba a llevar a cabo el negocio de los contenedores ideado en su día por el contable Carlos van Schouwen [30].

Un informe confidencial de Filesa, en poder de Luis Oliveró, indicaba la situación del negocio de los contenedores:

«Iniciamos operaciones formales el 15 de agosto de 1989 con la importación de cien unidades nuevas desde Bulgaria. Con posterioridad se abrió también la línea de contenedores usados.

Se han vendido contenedores por más de 46 millones de pesetas, y contamos con pedidos formalizados y pendientes de entrega por otros 40 millones. Es importante destacar aquí que por estar trabajando con una economía del Este podemos tener retrasos en las entregas, como, de hecho, ha ocurrido. El presente año estimamos ventas cercanas a los 100 millones de pesetas.

Se ha venido trabajando sin capital pero con el financiamiento y soporte administrativo de Time Export, S. A. Es importante destacar este punto, pues el negocio ha sido capaz de pagar todos sus gastos, incluidos los de financiamiento. A los seis meses de operación se recogieron los primeros beneficios y este año, igualmente sin aportaciones de capital, esperamos beneficios cercanos a los cinco millones.

En resumen, el negocio está en experimentación hasta fines del presente año y si los resultados son interesantes podríamos ir a su lanzamiento definitivo.» [31]

---

[30] Véase capítulo uno. La empresa consignataria Vapores Suardiaz mantiene oficinas en Barcelona, Gijón, Madrid, Bilbao, Vigo, Sevilla, Cádiz, Málaga, Valencia, Castellón, Tarragona, Las Palmas de Gran Canaria, Santa Cruz de Tenerife, Algeciras y Santander. Está presidida por Alvaro Ferrer Piazuelo y tiene como representante a Eduardo Cortada Segarra, el hombre fuerte ante la Administración.

[31] Las empresas del sector de contenedores con las que trabajaba Filesa, al margen de Vapores Suardiaz y sus filiales, eran Recomar S. A.

El negocio de los contenedores, tomaba así visos de realidad. El secretario de administración de Filesa invertía en él los fondos procedentes del extranjero. Los resultados, sin embargo, fueron nulos debido a la denuncia del chileno.

Años más tarde, Vapores Suardiaz participaría también en otro gran negocio estatal, con apoyo del Partido Socialista. Esta vez se trataba de realizar el transporte de mercancías de la Confederación Siderúrgica Integral (CSI) [32] en el norte de España, cifrado en más de 1.000 millones de pesetas al año. Para ello, en junio de 1994, Vapores Suardiaz constituía junto a Renfe y Feve la sociedad Soluciones Logísticas Integrales S. A. Esta empresa se creaba con un capital desembolsado de 5 millones de pesetas, de los cuales Vapores Suardiaz asumía el 50 por ciento, Renfe el 35 y Feve el 15.

Los negocios quedaban en casa. Las empresas del caso Filesa resurgían de nuevo. Otra etapa comenzaba a vislumbrarse. Quizá la última del siglo bajo el poder socialista. Había que darse prisa.

(Madrid), Schenker S. A. E. (Barcelona), Noguera Maquinaria S. A. (Asturias), Otero S. L. (Sevilla) y Pérez y Cía. S. A. (Tarragona).

[32] La CSI es una empresa estatal formada por la fusión de los Altos Hornos de Vizcaya y de Ensidesa.

LOS COMISIONISTAS DEL AVE

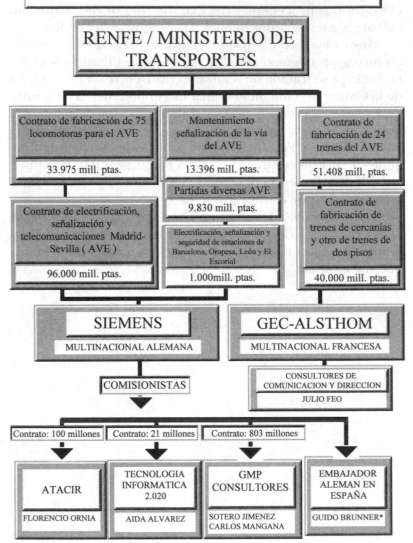

RENFE / MINISTERIO DE TRANSPORTES

Contrato de fabricación de 75 locomotoras para el AVE	Mantenimiento señalización de la vía del AVE	Contrato de fabricación de 24 trenes del AVE
33.975 mill. ptas.	13.396 mill. ptas.	51.408 mill. ptas.

| | Partidas diversas AVE | |
| | 9.830 mill. ptas. | |

Contrato de electrificación, señalización y telecomunicaciones Madrid-Sevilla (AVE)	Electrificación, señalización y seguridad de estaciones de Barcelona, Oropesa, León y El Escorial	Contrato de fabricación de trenes de cercanías y otro de trenes de dos pisos
96.000 mill. ptas.	1.000 mill. ptas.	40.000 mill. ptas.

SIEMENS
MULTINACIONAL ALEMANA

GEC-ALSTHOM
MULTINACIONAL FRANCESA

COMISIONISTAS

CONSULTORES DE COMUNICACION Y DIRECCION
JULIO FEO

Contrato: 100 millones   Contrato: 21 millones   Contrato: 803 millones

ATACIR	TECNOLOGIA INFORMATICA 2.020	GMP CONSULTORES	EMBAJADOR ALEMAN EN ESPAÑA
FLORENCIO ORNIA	AIDA ALVAREZ	SOTERO JIMENEZ CARLOS MANGANA	GUIDO BRUNNER*

* Guido Brunner fue nombrado asesor de Siemens tras dejar la representación de la delegación diplomática alemana. Fue despedido de la misma en abril de 1995 por su presunta impliación en el caso SEAT. El ex presidente de esta empresa, Juan Antonio Díaz Alvarez, declaró ante el Juzgado de Instrucción número 39 de Madrid que en junio de 1988 había entregado 175 millones de pesetas al embajador para que realizara diversas gestiones en favor de su compañía.

L. Laredo

CAPITULO DIEZ

LAS CONSTRUCTORAS DEL PODER

Palacio de La Moncloa. Felipe González da instrucciones concretas a sus ministros. El Gobierno español no duda en aprovechar el «contrato del siglo», como fue bautizado el AVE, para poner ciertas condiciones a las multinacionales que querían optar a él. El Plan de Transporte Ferroviario (PTF), aprobado en 1987, trataba de acometer el saneamiento y la privatización del sector, mayoritariamente en manos del Estado. Un sector cuya tecnología se había quedado obsoleta y que estaba claramente en pérdidas[1].

GEC-Alsthom, Siemens y la multinacional sueco-suiza Asea Brown Bovery, las principales adjudicatarias, tuvieron que aceptar una serie de contrapartidas a cambio de los jugosos contratos. De acuerdo con los pactos suscritos por las multinacionales con el Gobierno español, la francesa Alsthom absorbió las empresas públicas Maquinista Terrestre y Marítima (MTM) y Aplicaciones Técnicas Industriales S. A. (Ateinsa), así como la mayor parte de los activos ferroviarios e inmuebles de la empresa Materiales y Construcción S. A. (Macosa), controlada por el Banco Central y con fábricas en Alcázar de San Juan (Ciudad Real), Valencia y Barcelona.

La empresa Macosa había aparecido como contribuyente

---

[1] El presupuesto de inversiones se cifró en 2,16 billones de pesetas hasta el año 2000.

del PSOE en el referéndum de la OTAN de 1986. Entonces donó 8 millones de pesetas en efectivo al Partido Socialista mediante dos entregas de 5 y 3 millones [2]. Era una especie de agradecimiento al Gobierno, ya que durante ese año Macosa realizó varias exportaciones a Brasil de locomotoras Mikado, que se fabrican en sus instalaciones. La operación, financiada por el Banco Exterior de España, supuso para Macosa un alivio que le permitiría salir de la crisis que arrastraba.

Desde mayo de 1987 esta empresa estaba presidida por el economista Eduardo Santos Andrés, apodado «el ovejo», ex comunista y antiguo subsecretario de Industria. Santos, amigo de los ministros José Luis Corcuera, Claudio Aranzadi y Carlos Solchaga, mantenía muy buenos contactos con los responsables de la Administración socialista, lo que le permitía conseguir con facilidad ayudas y exenciones fiscales. Pero de los tres, de quien era realmente muy amigo era de Solchaga, con el que hizo la carrera. A eso se añadía la posterior amistad entre sus respectivas mujeres, Gloria Barba y Mercedes Pueyes. En buena parte por esta relación, Santos fue nombrado subsecretario de Industria por el mismo Solchaga.

Santos había llegado al cargo recomendado. Alfonso Escámez, presidente del Banco Central, había recibido las llamadas de dos amigos comunes: Fernando Abril Martorell, ex vicepresidente económico del Gobierno con la UCD y presidente de la Unión Naval de Levante, empresa vinculada al Banco Central a la que se habían concedido millonarios créditos que tuvieron que convertirse, posteriormente, en capital social; y Guillermo Visedo Navarro, entonces consejero delegado de la constructora FOCSA.

El currículum de Eduardo Santos era especial. Aparte de su relación personal con los hombres del poder, tenía experiencia en el campo industrial como salvador de empresas en quiebra. Años atrás, Emilio Botín, presidente del Banco de Santander, le había encargado la tarea de sanear la empresa Nueva Montaña Quijano, que fabricaba alambre de acero.

---

[2] Véase capítulo cinco.

Santos consiguió limpiar de deudas en pocos meses esta empresa y vender sus activos a la Compañía Española de Laminación S. A. (CELSA), propiedad de los hermanos Francisco y José María Rubiralta Vilaseca.

Escámez quería que Santos hiciera lo mismo con Macosa, una entidad que tenía comprometidos créditos con el Banco Central por valor de 10.000 millones de pesetas. Pero antes había que lavarle la cara. Por eso, desde septiembre de 1987 a noviembre de 1988 Eduardo Santos se dedicó a aumentar los fondos de la compañía en una cantidad que permitiera devolver los créditos al Banco Central.

Macosa fue presentada ante la opinión pública como una sociedad con grandes perspectivas en el sector, principalmente por la posibilidad de optar al contrato del tren de alta velocidad. Al mismo tiempo, se revalorizaban las cuarenta y cinco hectáreas de terreno que la empresa tenía junto al futuro puerto olímpico de Barcelona, en el término municipal de Pueblo Nuevo, lo que permitió inflar el balance de la empresa en 8.623 millones de pesetas y cerrar el ejercicio con beneficios[3].

Con este mensaje, Eduardo Santos realizó una ampliación de capital de 1.450 millones de pesetas y lanzó al mercado una emisión de bonos convertibles por más de 1.000 millones pesetas.

En marzo de 1988 Santos conseguía el primer favor de sus amigos Carlos Solchaga y Claudio Aranzadi. La Comisión Delegada del Gobierno para Asuntos Económicos, con el visto bueno del Ministerio de Industria, concedía a Macosa una subvención de 812 millones de pesetas para cubrir los costes laborales derivados del cierre de determinadas instalaciones que dejaría en la calle a 406 trabajadores; el ajuste final fue, sin embargo, de 657 trabajadores, quedando la plantilla en 1.960 trabajadores al cierre del ejercicio de 1988.

La ayuda estatal correspondía al cierre de una nave de laminación que existía en la factoría de Pueblo Nuevo. A

---

[3] La revalorización permitió a Macosa presentar un beneficio, al cierre del ejercicio de 1988, de 1.337.449.747 pesetas.

pesar de que la nave estaba cerrada desde hacía meses, Santos consiguió que se incorporara al programa de reconversión del acero común. Con esta operación se cumplía un doble objetivo: primero, se producía un ajuste de personal en Macosa; y segundo, se dejaban vacíos los terrenos de Barcelona de cara a una posible recalificación urbanística.

Pero no fue ésa la única ayuda oficial que Macosa recibió. Poco tiempo después los buenos oficios de Santos le depararon otros 200 millones de pesetas de la CEE como compensación por «dejar de producir» 220.000 toneladas de laminados. Además, el Ministerio de Trabajo, presidido por Manuel Chaves, concedió a Macosa un aplazamiento del pago de las deudas de la Seguridad Social. Todo eran facilidades para él.

Escámez comenzaba a atisbar una solución al saneamiento de la empresa. Las medidas tomadas por la Administración socialista, con cuyos representantes ya había mantenido varias reuniones preliminares, dejaban a Macosa en condiciones propicias para vender sus activos en el futuro. Por eso, el presidente del Banco Central había comunicado a Eduardo Santos que, si todo resultaba conforme a lo establecido, condonaría los intereses de los préstamos, que ascendían a 1.467.484.293 pesetas.

El presidente del Central también se lo comunicó así por carta, fechada el 30 de junio de 1988, a los responsables del Ministerio de Industria. Su hombre de confianza en esta operación, el consejero director general del banco, Luis Blázquez Torres [4], redactó la misiva, que decía así [5]:

> «Hemos tenido conocimiento del acuerdo de la Comisión Delegada del Gobierno para Asuntos Económicos de fecha 10 de marzo de 1988 en el cual se conceden diversas ayudas a MATERIAL Y CONSTRUCCIONES, S. A.

---

[4] Fue nombrado consejero de Economía y Hacienda en julio de 1995 por el presidente popular de la Comunidad de Madrid, Alberto Ruiz Gallardón.

[5] La carta fue recibida por el gerente de la Dirección General de Industrias Siderometalúrgicas y Navales, Juan Ignacio Bartolomé.

Una vez MATERIAL Y CONSTRUCCIONES, S. A., haya dispuesto efectivamente de esas ayudas, el Banco Central va a contribuir también por su parte al saneamiento de MATERIAL Y CONSTRUCCIONES, S. A., dejando de exigir los intereses devengados por la deuda financiera de MATERIAL Y CONSTRUCCIONES, S. A., durante 1987 y 1988, todo ello de acuerdo con las conversaciones que hemos mantenido con ustedes.»

Paralelamente, Santos comenzó a negociar con las dos empresas licitadoras a los contratos de fabricación del AVE: Siemens y GEC-Alsthom. Su habilidad en la negociación le permitió llegar a un acuerdo de colaboración con las dos empresas, que fue apoyado por el ministro de Industria, Claudio Aranzadi.

Así, con Siemens firmó la participación en la fabricación de cuarenta y cinco locomotoras de las que le iba a otorgar el Gobierno. Y con GEC-Alsthom cerró el acuerdo para que Macosa fuera absorbida por el grupo anglo-francés. En el pacto se indicaba que Macosa intercambiaría con GEC-Alsthom el 70 por ciento de su filial Meinfesa por el 30 por ciento de MTM y Ateinsa, ya en poder de los franceses.

Eduardo Santos pasó a convertirse en el presidente de GEC-Alsthom Ibérica S. A., la empresa creada por la multinacional para agrupar a las antiguas MTM, Ateinsa y Meinfesa [6].

Estos acuerdos permitieron a Eduardo Santos escribir una carta a sus accionistas con un mensaje esperanzador. De nuevo, se trataba de ofrecer un aliciente para otra emisión de bonos convertibles, por valor de unos 5.000 millones de pesetas, que le permitiera definitivamente sanear la empresa y devolver los préstamos al Banco Central. La carta decía:

---

[6] La gestión de Eduardo Santos en esta nueva empresa también fue criticada. La Asociación de Defensa del Accionista (ADA) denunció ante la Justicia la existencia de un lote de facturas presuntamente falsas por unos 300 millones de pesetas pagadas por Meinfesa y giradas por GEC-Alsthom Ibérica, durante el periodo de mayo de 1990 a marzo de 1991.

«La adjudicación del concurso del tren y locomotoras de alta velocidad sitúa a Macosa como empresa pivote entre las dos tecnologías que fabricaron la Alta Velocidad en España.

Se han podido desarrollar y prácticamente finalizar a la fecha de hoy las negociaciones con la empresa Alsthom para constituir juntos el que será primer grupo industrial español de material rodante ferroviario. Macosa tendrá un papel fundamental en el sector y el marco estable propiciado por el Plan de Transporte Ferroviario y la posterior decisión de cambio del ancho de vía facilitarán aún más su desarrollo para la próxima década. El futuro está abierto.» [7]

Santos consiguió su objetivo. Pequeños accionistas suscribieron la emisión. Pero todo era un espejismo. En el último trimestre de 1988 Macosa ya había comenzado la venta parcial de su patrimonio, que culminaría en marzo de 1989 cuando, gracias a su amigo el ministro de Economía y Hacienda, Carlos Solchaga, Santos consiguió las exenciones fiscales necesarias para escindir de Macosa todos sus activos ferroviarios mediante la aportación de éstos a Meinfesa e Industrias del Ferrocarril Valencianas (Infevasa). Según la Orden Ministerial de 21 de junio de 1989, firmada por el entonces secretario de Estado de Hacienda, José Borrell, en contestación a la solicitud de los beneficios tributarios de fusión, mediante escisión, se reconocía una bonificación del 99 por ciento de la cuota del Impuesto sobre Transmisiones Patrimoniales por aportación de bienes a Meinfesa por un valor neto contable de 152.746.741, y por aportación de bienes a Infevasa por 810.290.509 pesetas. Asimismo se reconocía una bonificación del 99 por ciento de la cuota sobre el impuesto de sociedades, consecuencia de la escisión de determinados elementos patrimoniales por valor de 2.550.881.373 pesetas. Y por último, se reconocía una bonificación del 99

---

[7] Memoria de Macosa de 1988.

por ciento de la cuota del impuesto municipal sobre el incremento de los valores de los terrenos devengados.

Pero a Macosa aún le quedaba el dominio de varias propiedades inmobiliarias, entre ellas los terrenos de Pueblo Nuevo, próximos al puerto olímpico de Barcelona. Eduardo Santos conocía las plusvalías que estos terrenos podían darle. Por eso ideó todo un complejo entramado de ingeniería financiera a través de sociedades interpuestas que le permitiera hacerse con los beneficios de la venta de los terrenos; entre esas sociedades figuraban Diagonal Mar S. A., Jícara Promociones S. A., Aravallas S. A., e Ingesa. Santos llegó finalmente a un acuerdo con la norteamericana Kepro[8] para venderle los terrenos a un precio de 12.000 millones de pesetas. La firma del acuerdo se realizó antes de que los terrenos estuvieran recalificados, pero ya contaba con el visto bueno del alcalde de Barcelona, el socialista Pasqual Maragall, según declaró Juan Manuel Rosillo, ex presidente de Kepro, ante el titular del Juzgado número 26 de Barcelona.

La empresa quedaba definitivamente saneada. Escámez estaba feliz porque recuperaba 10.000 millones de pesetas que ya había dado por perdidos. Su satisfacción con la gestión de Eduardo Santos era tan grande que le envió una carta alabando su oficio y abriéndole la posibilidad de hacerse con los 1.467 millones de pesetas de los intereses condonados a Macosa, como pago a su trabajo. La carta, de nuevo firmada por Luis Blázquez y fechada en el 19 de junio de 1989, decía así:

«Muy Sr. nuestro:

Como presidente ejecutivo y cabeza del grupo de profesionales que desarrolla la actual línea de gestión del Consejo de MATERIAL Y CONSTRUCCIONES, S. A., entendemos que le corresponde vigilar el eficaz funcio-

---

[8] Kepro, filial de la multinacional Kemper, fue adquirida por el grupo suizo Zurich Insurance Group por más de 250.000 millones de pesetas en la primavera de 1995.

namiento de la Compañía, en orden a conseguir los objetivos de saneamiento y habilidad empresarial y consolidación de puestos de trabajo, que motiva los esfuerzos hechos en apoyo financiero por parte de este Banco Central. [...]

Por esta razón, el Banco le subroga a Vd. como Presidente Ejecutivo del Consejo de MACOSA, a la persona o sociedad que por Vd. sea designada, de acuerdo con el Consejo de MACOSA, para ejercer todos los derechos que circunstancialmente pudiera tener respecto a los intereses correspondientes a los ejercicios de 1987 y 1988, devengados y no cobrados a MATERIAL Y CONSTRUCCIONES, S. A., lo que se documentará en la forma que sea más conveniente, todo ello siempre que el Banco haya recuperado la totalidad de las cantidades que MACOSA le adeude.»

Eduardo Santos haría valer esta opción el 23 de marzo de 1990 al cesar como presidente de Macosa, tras la entrada en el accionariado de la Corporación Financiera Reunida S. A. (Cofir), una sociedad de cartera controlada por el empresario italiano Carlo de Benedetti y los primos Alberto Alcocer y Alberto Cortina[9].

Santos nombraría a tres testaferros suyos como personas designatarias: el ex consejero delegado de Macosa, Federico Albiñana Cuadras; el ex consejero secretario, Nicolás Garrido Berastegui, y el ex consejero director financiero, Ignacio García Nieto Portabella. El 22 de junio estas tres personas reclamaban por conducto notarial a Macosa el pago de los 1.467 millones de pesetas. Eduardo Santos consideraba que ese dinero era suyo, como pago del Banco Central por sus buenos oficios al sanear Macosa en una operación que recuerda las estrategias de los más sofisticados «barones» financieros de Wall Street: reflota una compañía con pérdidas

---

[9] El presidente de Cofir era José Ramón Alvarez Rendueles, presidente, a su vez, del Banco Zaragozano.

mediante una hábil campaña de comunicación que atrae a inversores bajo el señuelo de pingües beneficios, trocea la compañía y vende sus activos más valiosos secretamente, privando de sus beneficios a los accionistas. Sin embargo, Santos no consiguió salirse del todo con la suya.

El escándalo Cofir sacó a la luz toda la trama del caso Macosa, urdida por Eduardo Santos. La operación se abortaría. El 11 de diciembre de 1992, la Asociación para la Defensa del Accionista presentaba en Barcelona una querella criminal contra Eduardo Santos por estafa, manipulación de la información contable de la empresa y falsedad en documento mercantil. Santos era considerado responsable de haberse apropiado presuntamente de más de 1.000 millones de pesetas, pero eso no le ha impedido retirarse a vivir a una de las más exclusivas urbanizaciones de Miami, donde sigue haciendo negocios con el dinero obtenido en esa época.

* * *

Macosa no sería la única empresa a negociar por Felipe González con las multinacionales en el llamado «contrato del siglo».

A mediados de los ochenta las empresas del sector de bienes de equipo eléctrico Cenemesa (antigua Westinghouse S. A.), Cademesa (antigua Brown Boveri España S. A.) y Conelec (antigua General Electric Española S. A.) atravesaban graves dificultades económicas. Su situación se agravó tras la decisión de sus respectivas matrices de traspasar sus acciones a la sociedad anglo-italiana Arbobyl Ltd., especializada en el tratamiento de empresas en crisis, pero que carecía de la capacidad suficiente para encabezar una reestructuración del nuevo grupo que pasaron a formar las tres empresas, denominado Grupo Cenemesa (Grupo CCC). El grupo representaba la mayor parte del sector español de bienes de equipo eléctrico y tenía ocho fábricas en Cataluña, País Vasco, Cantabria, Andalucía, Castilla y León y Madrid.

Arbobyl operaba desde el paraíso fiscal de las Islas Seychelles, aunque sus directivos residían en el principado de Mónaco. Esta sociedad intentó llegar a un acuerdo con el

Ministerio de Industria, primero presidido por Carlos Solchaga y después por Luis Carlos Croissier, para que apoyara un plan de reconversión industrial. El resultado fue negativo.

Las autoridades españolas recelaban de Arbobyl y comenzaron a buscar un accionista capaz de aportar la capacidad tecnológica suficiente para la reestructuración del grupo. El Gobierno quería garantizar a toda costa el grueso del sector español de bienes de equipo eléctrico. Por eso, los contratos del AVE fueron utilizados como señuelo para atraer a posibles inversores que quisieran quedarse con el grupo Cenemesa, que tenía unas deudas de 35.910 millones de pesetas y una plantilla sobredimensionada de 5.114 trabajadores.

Después de varios contactos preliminares, en los que inicialmente figuró la empresa francesa Alsthom, fue la multinacional sueco-suiza Asea Brown Boveri Ltd. (ABB), muy implantada en este sector, la que se erigió como el socio más adecuado. ABB formaba parte del consorcio encabezado por Siemens que había sido beneficiado con el contrato de fabricación de setenta y cinco locomotoras de gran potencia.

En el mes de agosto de 1989, ABB llegó a un acuerdo en Suiza con la sociedad Arbobyl para que ésta desapareciera de la escena y después presentó oficialmente una oferta de adquisición del Grupo Cenemesa, que fue admitida por el Ministerio de Industria. Sólo faltaba ultimar con la Administración el plan futuro de reconversión y de pago de las deudas con el fisco y el Banco de Crédito Industrial. Algo fundamental para la supervivencia del grupo. Fue entonces cuando apareció en escena Filesa.

La primera relación documental de Filesa con ABB tuvo lugar el 5 de julio de 1989, dos días antes de que el Consejo de Ministros otorgase el contrato de electrificación del AVE al consorcio liderado por Siemens y en el que participaba ABB. La multinacional sueco-suiza encargó ese día el primero de los informes que solicitó a Filesa. El estudio versaba sobre las perspectivas a largo plazo del sector de disyuntores de alta y media tensión en relación con la posible adquisición del Grupo Cenemesa. ABB se convertía en el único cliente extranjero del *holding* socialista.

Durante el verano y el otoño de 1989 se produjo un largo proceso de negociación con el Gobierno español. Los máximos responsables de ABB (el presidente de la multinacional, Perci Barnevik, el vicepresidente para España, Bert Olof Svalhom, el director financiero, Beat Binner, y el presidente de ABB Energía S. A., Julio Calleja y González Camino) se reunieron varias veces con el ministro de Industria, Claudio Aranzadi, hasta alcanzar una resolución definitiva que vio la luz en diciembre de 1989, con la firma de un acuerdo-marco laboral para la aplicación del plan industrial diseñado por ABB para el Grupo Cenemesa y en el que se estipularon una serie de condiciones de carácter socio-laboral: fondo de pensiones, prejubilaciones, plantillas-objetivo, etc. Un triunfo que llevó aparejado el pago a Filesa de 112 millones de pesetas. Filesa cobró a través de dos trasferencias procedentes de Banesto de fechas 24 de enero de 1990 y 23 de julio de 1990 por importes de 12 y 100 millones de pesetas respectivamente. El director financiero de ABB Energía, S. A., Beat Binner, dio la orden de pago. Los supuestos estudios versaban sobre los planes de viabilidad industrial en el País Vasco del Grupo Cenemesa, un estudio de normativas y marcos jurídicos vigentes para la obtención de subvenciones y un análisis comparativo de las empresas Conelec y Cenemesa.

La relación de ABB con Filesa y los dirigentes socialistas continuó en 1990. Una vez resueltos los problemas accionariales y laborales, quedaban por resolver los problemas patrimoniales del grupo. Para ello fue sometido al Consejo de Estado un proyecto de Real Decreto por el que se autorizaba un convenio extrajudicial entre las partes implicadas. En su dictamen el Consejo de Estado entendió que el convenio permitía: «La continuidad de la actividad industrial evitando el mayor coste social y económico posible, especialmente en relación con los trabajadores afectados (y jubilados) y las entidades públicas acreedoras.» En el documento publicado en el *BOE* del 15 de junio como anejo al real decreto se acordaba:

«La liquidación de las deudas mantenidas con los acreedores públicos, por importe de 35.910 millones de pesetas, mediante la adjudicación y venta de todos sus bienes [10]; la asunción por ABB, conforme al acuerdo marco laboral de 2.915 trabajadores del Grupo Cenemesa (el 57 por ciento de la plantilla); las condiciones de liquidación de los bienes y la determinación de los bienes y activos operativos que eran adquiridos por 7.000 millones de pesetas por ABB [11]; y la ejecución por ABB de un plan de inversiones por importe total de 5.600 millones de pesetas a lo largo de cuatro años.»

Tres meses y medio después de este nuevo y beneficioso acuerdo, Filesa contabilizaba dos nuevos informes más de ABB por un montante de 49.851.962 pesetas. Las facturas, emitidas en 1990, no se cobraron, al quedar anuladas en 1991, tras el estallido del caso Filesa.

Un diario económico sueco relacionó precisamente el dinero abonado por ABB a Filesa con los «importantes favores» concedidos por el Gobierno español a esta sociedad para la adquisición del Grupo CCC.

El 9 de mayo de 1991 el Consejo de Administración de Renfe había adjudicado también a un consorcio formado por ABB, GEC-Alsthom, CAF y Mitsubishi un pedido de setenta unidades de cercanías por un importe de 33.958 millones de pesetas. Este pedido formaba parte del llamado Plan Felipe, para mejorar el acceso a las grandes capitales, que preveía una inversión general de 497.535 millones de pesetas hasta 1994.

Estas ayudas recibidas por ABB del Estado español fueron denunciadas por uno de los competidores de la multinacional sueco-suiza ante la Comisión Europea, que presidía el socialista francés Jacques Delors. El responsable de la investigación, que comenzó en julio de 1990, fue Leon Brittan, ex

---

[10] El Estado garantizaba que los acreedores públicos renunciarían a sus hipotecas sobre activos del Grupo CCC.
[11] Compromiso que fue cumplido en julio de 1990.

ministro británico del Interior, comisario europeo y responsable de la Dirección General de la Competencia, el órgano de la CEE responsable de velar por que las leyes de la competencia se respeten y los estados no financien ilegalmente a empresas. La Comisión Europea dictaminó tres años más tarde, el 22 de julio de 1993, que el Gobierno había beneficiado irregularmente a ABB:

> «La Comisión considera que el acuerdo celebrado entre ABB y el Estado español no forma parte de un procedimiento normal de liquidación y que ABB resultó beneficiada al adquirir los activos del Grupo CCC como empresa en funcionamiento sin tener que asumir las deudas que normalmente implica la adquisición de una empresa en tales condiciones.»

Sin embargo, la Comisión Europea aprobó la venta del Grupo CCC a ABB basándose en las inversiones futuras que la multinacional iba a realizar en España y en su compromiso de asegurar el empleo en regiones que presentaban problemas de subdesarrollo y recesión industrial. Paradójicamente, en las mismas fechas que la CE dictaminaba, la multinacional iniciaba un nuevo plan industrial 1993-1995, que conllevaba la reestructuración de sus instalaciones en España y un ajuste de su plantilla laboral. La plantilla de ABB a 31 de mayo de 1993 era de 4.742 trabajadores. Antes de la incorporación del Grupo CCC, ABB contaba con 1.413 empleados.

Al estallar el escándalo Filesa, el grupo ABB inició una línea de defensa basada en que los pagos se habían hecho debido a compromisos adquiridos anteriormente por Arbobyl. El doctor Bear Hess, responsable de los servicios jurídicos y fiscales de la multinacional, envió una carta el 23 de julio de 1991 desde la central en Suiza para que así constará en los archivos oficiales de su filial española, ABB Energía:

> «En función del acuerdo de 29 de marzo de 1989 entre ABB Asea Brown Boveri Ltd., Zurich, y Arbobyl Ltd. hemos dado órdenes a ABB Energía, S. A., para desem-

peñar, o para asistirnos en el desempeño de ciertas obligaciones que habíamos asumido en las cláusulas del acuerdo. ABB Energía S. A. ha atendido adecuadamente a nuestra solicitud y ha cumplido sus deberes con un grado máximo de diligencia. Con esta carta reconfirmamos la necesidad de continuar haciéndolo por el bien de cumplir completamente con el acuerdo.

Sin embargo, algunos de los acuerdos han suscitado dudas en cuanto a si se pueden considerar deducibles o no a efectos fiscales. Dado que la política de ABB es la de tener relaciones fidedignas y transparentes con la autoridad fiscal en todos los países donde estamos presentes, creemos de la mayor importancia que efectúen ustedes inmediatamente las correcciones fiscales necesarias en relación a los pagos que pudieran resultar dudosos en el ámbito fiscal, especialmente cuando debido a la personalidad de las terceras partes en cuestión las dudas han trascendido públicamente y podrían dañar la imagen de la compañía.»

Las declaraciones de los máximos responsables españoles de ABB ante Marino Barbero no se apartaron de las consignas impuestas desde Suiza. Ni el entonces presidente de ABB Energía, Julio Calleja y González Camino[12], ni su vicepresidente, Xavier de Irala Estévez, rompieron con el ritmo marcado. Al contrario, como ya habían hecho los máximos responsables del BBV y Catalana de Gas, centraron la responsabilidad de los pagos a Filesa en una persona fallecida, en este caso el consejero delegado, José Montes Heredia[13]. Un nuevo muerto para el caso Filesa, que continuaba su eterno y celestial camino.

* * *

---

[12] Julio Calleja abandonó la presidencia de ABB Energía el 1 de julio de 1991, en pleno escándalo Filesa. Fue inculpado por Barbero por falsedad en documento mercantil, apropiación indebida y delito fiscal.
[13] Xavier de Irala sucedió a Montes Heredia el 1 de julio de 1991.

EL ex presidente del Banco Hispano y consejero de la constructora Ferrovial S. A. [14], Claudio Boada Villalonga, amigo personal de los ex ministros Carlos Solchaga y Miguel Boyer y del ex gobernador del Banco de España Mariano Rubio, nunca olvidará lo que hizo por él el empresario sevillano Javier Benjumea Puigcerver. Sin su intervención nunca habría conseguido la presidencia del banco a principios de 1985.

Benjumea Puigcerver, propietario de la constructora Abengoa S. A. y consejero de la entidad financiera, puso todo su esfuerzo en que Boada sustituyera en el cargo a Alejandro Albert. Benjumea era un hombre muy bien relacionado en los círculos de la *beautiful people* del PSOE. Gracias a sus contactos había conseguido poner a Abengoa en la lista de constructoras a tener en cuenta por la Administración.

El empresario, además, había diversificado la participación de su familia en sociedades de éxito empresarial como Euroventures España S. A., dedicada a actividades de capital de riesgo; Sevilla Televisión Cable S. A., una empresa de estudios y proyectos de televisión por cable; Sainco S. A., dedicada a la promoción, construcción y venta de viviendas; Sainco Tráfico S. A., especializada en instalaciones de tráfico viario y en su mantenimiento; y Elders Tecsa S. A., dedicada a la fabricación, comercialización y distribución de piensos y abonos compuestos [15].

Ya en 1988, Benjumea consiguió que Abengoa y sus filiales Sainco y Sainco Tráfico suscribieran con la Administración socialista contratos por valor de 2.687 millones de pesetas. Un año después la cifra bajó a 1.668 millones de pesetas. Se daba la circunstancia de que en ese ejercicio había perdido dos importantes contratos del AVE: el de electrificación, al cual había acudido en consorcio con Alsthom, Elecnor y Vimar, y el de señalización y telecomunicaciones, para el que optó junto a Alcatel, Compagnie de Signaux, CAE-Rail y Standard Eléctrica.

---

[14] Presida por Rafael del Pino.
[15] *Directorio de accionistas*, Unión Editorial, Madrid, 1989.

La constructora Abengoa había sido una de las grandes derrotadas. Sin embargo, los buenos contactos de Benjumea permitieron rápidamente que su empresa fuera subcontratada por el consorcio ganador formado por Siemens, Sel Señalización y ABB [16]. A esto contribuyeron sus buenas relaciones con los responsables de Siemens en España a los que conocía de antaño.

Benjumea pronto se resarciría de estos reveses, y en 1990, con motivo de las obras de acceso a la ciudad de Sevilla, que estaba siendo preparada para la Exposición Universal, consiguió sacar el partido apetecido. Abengoa y sus filiales pasaron a facturar a la Administración estatal 17.578.990.442 pesetas en 1990, diez veces más que el año anterior.

Entre las obras a realizar figuraban:

«Seguridad vial en Sevilla.
Giralda 92 (*BOE* 19/2/1990) .... 9.999.992.351 ptas.
Seguridad vial accesos, CN-I,
II, III, IV, 401 y 607.
(*BOE* 19/1990) .... 4.998.000.000 ptas.
Calles de rodaje y balizamiento
aeropuerto Palma de Mallorca.
(*BOE* 26/6/1990) .... 1.830.541.000 ptas.»

Precisamente en 1990, año de logros y triunfos para Abengoa, apareció en escena Filesa. El 28 de septiembre la constructora firmó un acuerdo con el *holding* socialista para que elaborara un supuesto estudio sobre el sector eléctrico por el que pagó 11.200.000 pesetas a través del Banco Hispano Americano de Sevilla el 22 de enero de 1991. Del vital encargo se hizo responsable el director de Relaciones Industriales de la empresa, Miguel Olalla Mercadé [17], quien consi-

---

[16] Entre 1993 y 1994 Abengoa facturó a Siemens 1.085 millones de pesetas. La constructora también facturó a otra filial de la casa alemana, Siemens Automotion Group, más de 3.000 millones de pesetas en el mismo periodo.

[17] Inculpado por Barbero en un delito de falsedad en documento mercantil, apropiación indebida y delito fiscal.

deró que ninguno de sus setecientos técnicos estaba capacitado para ello. El informe de Filesa era el segundo más caro jamás pagado por Abengoa [18].

El estallido del escándalo Filesa y su delicada salud obligaron a Javier Benjumea a abandonar la presidencia de Abengoa, lo mismo que hiciera el presidente de ABB Energía, Julio Calleja, el 1 de julio de 1991 en plena vorágine del caso. Benjumea dejaba al frente de los negocios familiares a su hijo Felipe Benjumea Llorente, un licenciado en Derecho de sólo treinta y tres años de edad.

Tras asumir su nuevo cargo, Benjumea Llorente fue llamado a declarar por Marino Barbero. En su comparecencia, el presidente de Abengoa sufrió «una amnesia total» que irritó sobremanera al magistrado. Benjumea había preparado la comparecencia, según sus propias palabras, a partir de un recorte del diario *ABC* en el que se especulaba sobre lo que Barbero iba a solicitarle. El magistrado le dijo:

—Yo en mi trabajo no sigo las sugerencias que me haga la prensa ni ningún medio de comunicación. Deseo profundizar en el análisis de la causa y le podré hacer cuantas preguntas desee sin que lo digan los medios de comunicación. No se puede venir como ha venido usted a esta sala, sin saber absolutamente nada. Tenía obligación de enterarse de qué es lo que ha pasado ante un eventual regalo de Abengoa por 11.200.000 pesetas. Si no dice todo lo que sabe respecto a lo que se le pregunta se le aplicará el Código Penal con todas sus consecuencias.

Hacía mucho tiempo que el presidente de Abengoa no recibía una crítica tan acerada. Su actitud cambió radicalmente y se volvió más cooperativo y diligente:

—Perdóneme, señoría, pero es que es la primera vez que declaro ante un tribunal y sólo me había leído el informe de nuestras relaciones comerciales con Siemens —contestó con tono humilde el abogado Benjumea.

---

[18] Abengoa encargó informes a catedráticos de renombre a los que pagó en comparación 1.340.000 pesetas.

Barbero le replicó:

—Siemens es sólo una parte de lo que se está investigando. Aquí se investiga el eventual financiamiento irregular de un partido político por la vía de unas determinadas sociedades que tienen un nombre concreto. Lo que usted tenía que haber preguntado a sus empleados no eran las relaciones con Siemens sino con Filesa.

—Pues lo siento, señoría, no se me había ocurrido preguntar por eso —contestó ingenuamente Benjumea.

Al final del interrogatorio Barbero reaccionó como un profesor ante un alumno perezoso y poco brillante: con desdén y mandándole a la calle. Sabía que le había mentido. Sólo el convencimiento del magistrado de que la prisión preventiva no era el método adecuado para extraer confesión salvó a Benjumea de ir a los calabozos. Había sido uno de los interrogatorios más duros del caso Filesa.

Felipe Benjumea se iba dolido por su fracaso como presidente de Abengoa y como letrado. No había podido salvar a su padre de la quema. El magistrado Barbero le imputó un delito de falsedad en documento mercantil, apropiación indebida y delito fiscal. Pero Abengoa y FOCSA no fueron las únicas constructoras vinculadas al caso Filesa y al tren de alta velocidad. Hubo más y muy importantes.

* * *

La empresa Agromán, presidida por Luis Ducasse Gutiérrez y en poder de Banesto y de la familia Aguirre Gonzalo, no dudó en contratar a comienzos de 1988 los servicios de los comisionistas y militantes del PSOE José Ramón de la Torre y Joaquín Mundo para obtener contratos de Renfe con motivo del nuevo acceso ferroviario a Sevilla.

Una de las empresas de Mundo y De la Torre, Clotime, firmó un contrato con la constructora Agromán por el que cobrarían un 4 por ciento del total de la obra contratada[19]. El acuerdo al que se llegó decía así:

---

[19] *El País*, 27 de mayo de 1994.

«Gestionar ante la Red Nacional de Ferrocarriles Españoles (Renfe) la adjudicación y posterior contratación de obra civil que el mandante considere conveniente o necesario, por el periodo de duración del presente contrato [cinco años], entre las que se someta a licitación o adjudicación directa por parte de Renfe.»

Los principales contratos del AVE que consiguió Agromán en estos años fueron:

«Obras CTT de Santa Justa. 4ª fase
Electrificación Sevilla
(*BOE* 20/1/88) .... 785.711.341 pts.

Vía Nuevo Acceso Ferroviario
a Andalucía.
Tramo: Mascaraque-Emperador
(*BOE* 23/1/88) .... 4.287.354.791 pts.

Acceso Estación de Cercanías
Atocha-Madrid AVE
(*BOE* 12/12/88) .... 239.324.501 pts.

Supresión de los pasos a nivel
Mascaraque-Emperador. AVE
(*BOE* 16/12/89) .... 1.099.521.409 pts.»

La constructora Agromán suscribió en 1988 obras con la Administración del Estado por valor de 18.092 millones de pesetas, en 1989 por 25.016 millones, en 1990 por 58.714 millones y en 1991 por 91.390 millones. Cantidades que fueron *in crescendo* cada año, y que se ampliaron con motivo de las obras de la Exposición Universal de Sevilla y de los Juegos Olímpicos de Barcelona.

No era ésta la primera vez que De la Torre se vio envuelto en el cobro de comisiones por sus gestiones para las adjudicaciones de obras públicas invocando el nombre del PSOE y de José María Benegas, entonces secretario de Organización del partido. La empresa Construcciones Madrid-Sevilla (Ma-

411

sesa), de la que De la Torre era vicepresidente, había conseguido un proyecto de un centro comercial y aparcamientos en Orense utilizando el nombre del PSOE. De la Torre cobraba, normalmente, un 3 por ciento de comisión sobre cada obra que contratara. La empresa orensana Oteca interpuso una querella contra Escandón por una supuesta estafa de 105 millones de pesetas, como cobro de comisiones por obras que nunca consiguió. Por su parte, José María Benegas denunció ante la Fiscalía General del Estado las actividades ilegales de este ex militante de la agrupación socialista de Leganés (Madrid). De la Torre está casado con Juana Torresano Quirós, propietaria de Batres, otra empresa del entramado.

De la Torre, que se uniría a los negocios de Carlos Mangana y Joaquín Mundo en 1986, también apareció inmerso en el caso Juan Guerra como uno de los intermediarios utilizados en la venta de los cuarteles militares de Madrid. El dinero de las comisiones era ingresado en una sucursal del Banco Indosuez, antes Banco Industrial del Tajo, situada en la calle General Moscardó, de Madrid[20]. Allí se encontraban abiertas las cuentas corrientes de los más conocidos comisionistas del PSOE y de sus empresas: Alcalá 121, Albarique, Parmatan, Clotime, GTP Consultores, Gytesa, RYC 67 y Batres, entre otras. La bolsa de dinero negro, según fuentes policiales, ascendía a unos 800 millones de pesetas. En estas cuentas aparecen como apoderados Joaquín Mundo y José Ramón de la Torre. A su vez, Félix Llopis, militante socialista, abogado y amigo de Joaquín Mundo, también intervino en este entramado de empresas. Uno más.

* * *

La principal motivación del ingeniero de caminos vallisoletano José Luis García Gordillo, presidente de Austral Ingeniería S. A., cuando dejó su cargo en el Ministerio de Transportes, Turismo y Comunicaciones en 1984, era, como

---

[20] La sucursal estaba dirigida por José María Villarán, quien después se fugaría con más de 1.000 millones de pesetas sacados de las cuentas de sus clientes.

la de todos, hacer fortuna en el sector privado[21]. Sus buenos contactos con la Administración le servirían para abrirse camino. Máxime cuando Renfe estaba dispuesta a promover a toda costa el nuevo Plan de Transporte Ferroviario, que incluía un nuevo corredor a Sevilla.

Por eso, nada más salir del ministerio creó junto a un antiguo compañero de trabajo, Víctor Sánchez Blanco, y el auditor de cuentas, Avelino Ramos González, la consultora Sánchez Blanco y Asociados S. A. Esta empresa se dedicaría a la realización de estudios, trabajos y proyectos de ingeniería y de economía de transportes para organismos oficiales, como Renfe y Feve[22].

Sin embargo, los beneficios no fueron los esperados. García Gordillo tenía que dar un paso más hacia adelante. A comienzos de 1987 reunió a sus socios y les dijo: «Vamos a introducirnos de una vez por todas en el mundo de la ejecución de proyectos. Es el momento oportuno. Van a salir muchos concursos públicos y hay que intentar meterse en ellos.»

García Gordillo tenía una información privilegiada de la Administración y sus contactos con Renfe eran excelentes. No en vano el último trabajo que realizó desde su puesto de subdirector general del organismo autónomo Instituto de Estudios de Transportes y Comunicaciones fue un plan de viabilidad para Renfe con el fin de cerrar al tráfico unos dos mil kilómetros de la Red Nacional. Además, conocía que el Gobierno iba a aprobar en breve el nuevo Plan de Transportes

---

[21] García Gordillo entró en el Ministerio de Transportes, Turismo y Comunicaciones en 1970. A finales de 1984 pidió su excedencia.

[22] A) Proyectos ferroviarios: estudio de trazado en el corredor Mediterráneo; tramos de doble vía Torreblanca-Benicarló y Castellón-Oropesa; estudio de renovación La Encina-Alicante; proyecto de refuerzo de puentes y reparación de túneles en la línea Ferrol-Gijón. B) Actividades con el Ministerio de Transportes: elaboración del proyecto de construcción de la Autovía Madrid-Extremadura; plano parcelario y relación individualizada de bienes afectados por la Autovía Madrid-Toledo; estudio de ampliación y mejora del área de pasajeros del aeropuerto de Barcelona; colegios nacionales en Cuenca; y proyecto de definición de usos circulatorios en los viales del área central de Bilbao.

Ferroviarios, que llevaba aparejado un contrato programa entre la Administración y Renfe, del que podía salir beneficiado. Así, en febrero de 1987 constituyó, junto a sus antiguos socios, la empresa Austral Ingeniería S. A. con un capital de 150.000 pesetas. A pesar de su bajo capital social y su escasa infraestructura técnica, gracias a sus influencias García Gordillo consiguió abrir las puertas de Renfe y que rápidamente la empresa pública le concediera varios concursos. Renfe sólo tenía obligación de publicar en el *BOE* las obras de más de 100 millones de pesetas de presupuesto; las inferiores a esta cantidad las hacía por invitación en función de sus archivos, donde las empresas presentaban unos impresos con sus medios humanos y materiales.

García Gordillo lo tenía todo estudiado al detalle. Ya había escrito un carta de presentación al jefe de contratación de obras de Renfe, Manuel de la Torre Sánchez, en la que le indicaba, además de su escasa infraestructura, que junto a él se encontraba como, consejero de Austral, Manuel Marín Sánchez, cuñado de Carmen Romero, esposa del Presidente del Gobierno español. Marín Sánchez no figuraba en la anotación registral de la sociedad, pero era un salvoconducto que abría las puertas de la Administración socialista. La carta decía así:

«Muy Sr. mío:
En contestación a su escrito de 24 de marzo pasado [1987], me complace adjuntarle cumplimentado el cuestionario para nuevas empresas colaboradoras de Renfe.

A) INFORMACION GENERAL

1. Razón Social: AUSTRAL INGENIERIA S. A.
2. Domicilio: C/San Telmo 23, Madrid
3. Objeto social: Realización, promoción, dirección y control de obras de ingeniería y edificación; pudiendo actuar por sí o en nombre y por cuenta ajena, mediante comisión o precio.
4. La empresa es de reciente fundación, pero incorpora la experiencia de sus socios, en algu-

414

nos casos con más de veinte años de actividad profesional.
5. Fecha de constitución: 16 de febrero de 1987.
6. Empresa asociada: SANCHEZ BLANCO Y ASOCIADOS, S. A.

B) AMBITO DE ACTUACION

1. Todo el territorio nacional.

C) MEDIOS

1. Dispone de los medios auxiliares de mecanografía, reproducción, etc., propios de una empresa consultora. Además, dispone de cinco ordenadores [...].
2. Efectivos humanos desglosados en:
   — 2 directivos
   — 3 ingenieros superiores
   — 2 arquitecto proyectista
   — 2 administrativos
3. Administrador único: José Luis García Gordillo. Consejero: Manuel Marín Sánchez [cuñado de Carmen Romero, mujer de Felipe González].
4. Persona que se ocupa habitualmente del contacto con la Red: José Luis García Gordillo.»

Días después de llegar la carta a la sede de Renfe en la estación de Chamartín, en Madrid, la empresa Austral Ingeniería recibía los dos primeros contratos de Renfe en relación con el tren de alta velocidad: los proyectos de trazado de los tramos Lora-Guadajoz y Guadajoz-Majaravique [23]. Austral conseguía algo insólito. Con tan sólo tres meses de existencia ya había sido agraciada con lo que después se definiría como «el contrato del siglo». El nombre del cuñado de Carmen Romero había sido vital. Austral Ingeniería trabajaría en exclusiva para Renfe durante los ejercicios de 1987 a 1990, inclusive.

---

[23] Dos estudios por valor de unos 11 millones de pesetas cada uno.

La información privilegiada de Austral sobre los terrenos donde se asentaría la futura línea del tren de alta velocidad dio lugar a que las grandes empresas del sector, como Construcciones y Contratas (propiedad de las hermanas Esther y Alicia Koplowitz; Conycon era matriz de Focsa, a la que luego absorbió dando lugar a Fomento de Construcciones y Contratas), o Vías y Obras (propiedad de Ginés y Navarro), llamaran a su puerta para licitar juntos a los diferentes tramos del AVE. Austral conseguiría hacerse con dos de los diez tramos sacados a concurso, uno en unión de Conycon y otro con Vías y Obras. Eran los referidos a la línea Córdoba-Sevilla, que significaron para Austral 5.552 millones de pesetas en 1989 y 4.571 millones en 1990.

Otro concurso relacionado con la línea Madrid-Sevilla lo conseguiría Austral en solitario el 19 de julio de 1988 y consistía en la sustitución de tableros, pilas y refuerzos de los estribos de los puentes de la vía férrea, con un presupuesto de adjudicación de 83.354.968 pesetas. Por aquellas fechas Filesa había comenzado ya a actuar.

Se daba la coincidencia de que el secretario del consejo de administración de Austral, el abogado Julio García-Saavedra Orejón, tenía su despacho profesional en el mismo edificio que Filesa en la capital de España, en la calle Barquillo, 9.

A partir de entonces García Gordillo constituyó todo un entramado de empresas, en un número de dieciséis, que resultaron beneficiadas indistintamente con contratos del Estado. Hasta Austral Ingeniería llegaron como directivos antiguos dirigentes de Renfe y de organismos oficiales. Ese fue el caso del anterior presidente de Renfe, Ramón Boixadós Malé [24], del ex jefe de ingeniería civil de Renfe y ex jefe de infraestructura del AVE, Alfonso García-Pozuelo Asíns [25],

---

[24] Presidente de Renfe entre diciembre de 1982 y septiembre de 1985. Fue consejero de Austral desde septiembre de 1992 a octubre de 1994.

[25] Ocupó este cargo hasta marzo de 1990. Es socio de García Gordillo en Alma Inversiones S. L. y en la constructora Hispánica, vinculada a Aldesa Construcciones.

o de Guillermo Vázquez Cabezas, asesor del ex ministro de Obras Públicas Abel Caballero[26]. Austral Ingeniería consiguió de Renfe, desde 1987, contratos por valor de 17.700 millones de pesetas y de otros organismos centrales por 4.621 millones. En 1987, su primer ejercicio, consiguió obras de Renfe por valor de 946 millones de pesetas; en 1988, por 777 millones; en 1989 por 6.072 millones; en 1990, por 5.803 millones; en 1991, por 1.499 millones; en 1992, por 1.482 millones; en 1993 por 963 millones, y en 1994 por 1.093 millones. De Feve consiguió diez obras entre 1991 y 1994, de las cuales siete fueron por adjudicación directa. Estas obras luego las subcontrató con filiales suyas, y éstas a su vez con pequeñas y medianas empresas que eran las que de verdad ejecutaban los proyectos, al no poseer Austral los medios humanos ni la maquinaria necesaria. En el momento del despegue empresarial de Austral se encontraba como director general de Ingeniería de Renfe el socialista Gonzalo Martín Baranda, luego nombrado presidente de Feve, organismo del cual salió en 1994 acusado de tráfico de influencia y malversación de fondos públicos.

Al finalizar 1992, el año de las grandes obras estatales, Austral Ingeniería aumentaría su capital social a 285 millones de pesetas[27], pasando sus recursos propios de 150.000 pesetas a 980 millones. En sólo seis años había alcanzado unas plusvalías de casi 1.000 millones de pesetas. Todo un récord de eficacia. Su presidente, García Gordillo, fue inculpado por Barbero de un delito de falsedad en documento mercantil.

---

[26] Luego nombrado presidente de Metro-Madrid. Simultaneó su cargo de director general adjunto de Austral con la presidencia de la comisión que dictaminó el futuro de los ferrocarriles españoles para el año 2000. Es socio de García Gordillo en Ingeniería 2005 S. A.

[27] Suscrito por GCN S. L. y Traurban S. A., empresas patrimoniales de García Gordillo, que son avaladas por el Banco 21, del que Gordillo posee un 4 por ciento. Este banco está vinculado a los hermanos Fernández Espina, al grupo Zara y al grupo de transportes Togeiro.

LA TRAMA AUSTRAL EN FILESA

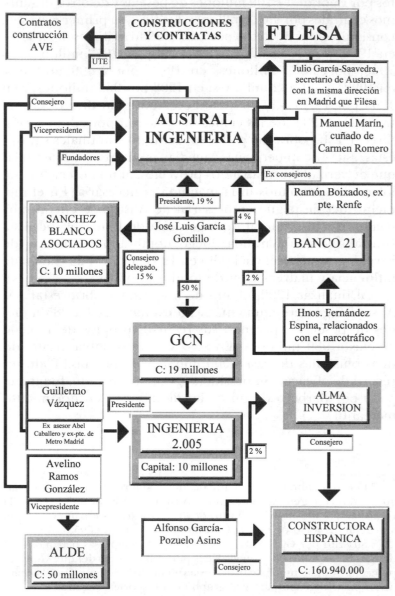

Contratos construcción AVE

CONSTRUCCIONES Y CONTRATAS

FILESA

UTE

Consejero

Vicepresidente

Fundadores

AUSTRAL INGENIERIA

Julio García-Saavedra, secretario de Austral, con la misma dirección en Madrid que Filesa

Manuel Marín, cuñado de Carmen Romero

Ex consejeros

Ramón Boixados, ex pte. Renfe

SANCHEZ BLANCO ASOCIADOS

C: 10 millones

Presidente, 19 %

José Luis García Gordillo

Consejero delegado, 15 %

4 %

BANCO 21

2 %

50 %

GCN

C: 19 millones

Hnos. Fernández Espina, relacionados con el narcotráfico

Guillermo Vázquez

Ex asesor Abel Caballero y ex-pte. de Metro Madrid

Avelino Ramos González

Presidente

INGENIERIA 2.005

Capital: 10 millones

2 %

ALMA INVERSION

Consejero

Vicepresidente

Alfonso García-Pozuelo Asins

CONSTRUCTORA HISPANICA

ALDE

C: 50 millones

Consejero

C: 160.940.000

CAPITULO ONCE

LOS ENREDOS DE FILESA

Juan Lorenzo López Mora y Manuel Díaz Naranjo, presidente y vicepresidente, respectivamente, de la Sociedad Agrícola Campo Baldío, con sede en Puebla de Guzmán, Huelva, no salían de su asombro. Abrieron todo lo que pudieron los ojos y se miraron durante unas décimas de segundo para contestar afirmativamente. Todavía no habían asumido lo que aquel espigado catalán, Fernando Oliveró Domenech, sobrino del administrador de Filesa, Luis Oliveró Capellades, les había propuesto.

Fernando Oliveró, impecablemente vestido con un traje azul cruzado y mostrando la profunda cicatriz que le cruzaba desde el ojo derecho hasta el mentón, producto de un accidente de coche, había expuesto un curioso proyecto a los directivos de Campo Baldío. Le acompañaba un refinado caballero de barba recortada y aire *progre*, Jaime de Vicente, jefe de los Servicios Agrícolas de la Caja Rural de Huelva:

—No, no queremos que nos den ninguna respuesta ahora. Sólo necesitamos estar seguros de que les interesa el proyecto de instalar una central termoeléctrica en sus tierras —propusieron a los aturdidos empresarios onubenses.

Todo había ocurrido muy deprisa. Demasiado rápido, pensaron después Juan Lorenzo López y Manuel Díaz al recordar esa mañana del 12 de diciembre de 1990. Puebla de Guzmán, un pueblecito a sesenta y siete kilómetros de Huelva, pegado a la frontera con Portugal, había sufrido en 1989 el cierre de la sociedad Minas Herrerías S. A., que daba trabajo a la mayor parte de los tres mil doscientos habitantes de la localidad.

Esta zona de Huelva alberga los mayores yacimientos a cielo abierto de pirita de todo el mundo, junto con los existentes en Chile. El encarecimiento de los costes convirtió en inviable la explotación y envió al desempleo a la mayor parte de los habitantes de Puebla de Guzmán. Cuando llegaron «los catalanes» de Filesa, la mitad de los paisanos eran jubilados y pensionistas; la tasa de desempleo era muy alta y las esperanzas simplemente no existían. La única actividad que quedaba era la que desarrollaban dos importantes empresas: Chanel, de perfumería, que obtiene de la jara la base para sus perfumes; y una cooperativa ganadera de Aquitania. Entre las dos daban trabajo a unas cuarenta personas. Y poco más que para el ganado pastueño y para la caza servían las 7.500 hectáreas que la sociedad Campo Baldío poseía en aquellos lares. Los habitantes de La Puebla de Guzmán habían comprado en 1917 una gran finca en común, «El Baldío», para aprovecharla y disfrutarla colectivamente. Para ello, con arreglo a la legislación de entonces, constituyeron la Sociedad Agrícola Campo Baldío, otorgándose a cada cabeza de familia una acción, que hoy siguen poseyendo sus herederos. Campo Baldío se rige por una Junta de Socios (son novecientos en total) y un Consejo de Administración en el que tienen voz y voto el alcalde, el cura, el notario y el médico.

La propiedad, además, contaba con un pequeño problema: estaba dividida en su mitad por otra gran finca, «Las Casitas», de 10.000 hectáreas. Los hombres de Filesa se interesaron por las tierras de Campo Baldío que lindaban con la carretera, pero después se decantaron por las que hacían frontera con Portugal, denominadas «El Andévalo», sobre las que el Ministerio de Obras Públicas tenía planes futuros.

Por eso, la solución a todos sus males se posó de pronto ante ellos, en la propia mesa del despacho del presidente de Campo Baldío. «¿Podía ser verdad?», pensaron.

La noticia se extendió por el pueblo con suma rapidez y

se convirtió en la comidilla de la tertulia parroquiana. En cuestión de horas, una buena parte de los habitantes del pueblo se imaginaba disfrutando de electricidad gratis de por vida y con el paro borrado para siempre del mapa, como si fuera una moderna versión de la película *Bienvenido Mr. Marshall*.

Y no era para menos. Los «catalanes» de Filesa habían ofrecido instalar en las tierras de Campo Baldío una central termoeléctrica alimentada con cardos gigantes; un proyecto piloto de tecnología punta española que, decían, revolucionaría la producción energética en el Tercer Mundo.

Fue tanto el interés que despertó en el pueblo onubense el proyecto de la central termoeléctrica que el presidente, el secretario y varios vocales de Campo Baldío no dudaron en coger un avión —por primera vez en su vida— y volar hasta Barcelona. En la Ciudad Condal conocerían a los socios «capitalistas»: Luis Oliveró Capellades y Ramón Ticó Vilarrasa[1], quienes, de forma genérica, con más detalles que Fernando Oliveró pero sin revelar las cifras de inversión y los puestos de trabajo previstos, explicaron el futuro proyecto.

En las oficinas de Ticó Vilarrasa les mostraron un vídeo —sonorizado en francés— de una pequeña plantación experimental en el sur de Francia y les regalaron unas muestras secas de cardos cultivados. Luego fueron acompañados en una visita turística relámpago por la ciudad. Sin embargo, la documentación que llevaban bajo el brazo era escasa y sin valía alguna.

La sensación general de los viajeros al regresar a su pueblo era una mezcla de decepción y esperanza. Y, sobre todo, mucha ansiedad. Hasta varios días más tarde no pudieron salir de su mar de dudas. Oliveró Domenech y De Vicente regresaron para contar ante el Consejo de Administración de Campo Baldío cómo iba a ejecutarse el negocio «del siglo». Allí, ante los presentes, entre los que se encontraban

---

[1] Ramón Ticó Vilarrasa era amigo de Luis Oliveró. Participó como accionista y consejero de varios proyectos de Filesa, incluyendo Enlaser.

los mencionados Lorenzo López y Manuel Díaz; la médico del pueblo, Rosario Vélez; el boticario, Simón González Pérez; el secretario del Ayuntamiento (representando al alcalde), Manuel Gómez Muñoz, y diversos invitados especiales a la reunión, como José Suárez, director de la compañía local Biolandes Andalucía S. A., y José Rosa Martín Domínguez, director de la oficina de la Caja Rural de Huelva en Puebla de Guzmán, expusieron las características de la operación. Oliveró comenzó su disertación con tono serio y altivo:

—En primer lugar, para los que no lo sepan, soy el gerente de la empresa SACIM (Cynara Industrial Mancha S. A.), una sociedad que forma parte de un grupo de empresas y negocios dedicados a la tecnología agrícola avanzada. El presidente del Consejo de Administración es don Luis Oliveró y cuenta entre sus socios a don Ramón Ticó Vilarrasa y a don Nicholas Lawrie, ya conocidos de algunos de ustedes. Ellos están presentes en Huelva mediante una empresa, Tecno-Ieda, con una finca en el término municipal de Cartaya, dedicada al cultivo de caquis y en la que participa como financiadora la Caja Rural de Huelva. Son, pues, personas solventes y con referencias contrastables en la provincia.

Oliveró Domenech desgranaba las palabras con seguridad y aplomo. En la sala el silencio era palpable. Nadie se movía de sus asientos.

—El presupuesto de la inversión total asciende a unos 1.500 millones de pesetas. De esta cantidad, unos 980 millones serán aportados mediante subvenciones a fondo perdido por la Comunidad Económica Europea, y otros 500 millones provendrán de la inversión privada, mediante aportaciones de los socios, banca privada y participación del sector público.

Los hombres de Filesa habían conseguido que el Instituto de Fomento Andaluz (IFA), dependiente de la Junta de Andalucía, participara con el 5 por ciento del capital social, como un socio más. Lo mismo sucedía con el Instituto para la Diversificación y Ahorro Energético (IDAE), organismo dependiente del Ministerio de Industria y Energía, dirigido entonces por Claudio Aranzadi, que estaba previsto que tomara entre un 10 y un 25 por ciento del accionariado.

—Ya lo saben, queremos construir aquí una central termoeléctrica alimentada con cardos gigantes. Y necesitamos 4.500 hectáreas para su cultivo. La central termoeléctrica producirá diez megawatios, suficiente para abastecer a todo el pueblo. Su poder calorífico es mucho mayor que el de la madera y el de la gasolina —seguía narrando el sobrino del administrador de Filesa.

El negocio tenía garantizada su viabilidad, toda vez que, de acuerdo con la normativa vigente sobre energía eléctrica, las compañías distribuidoras y comercializadoras, en este caso Sevillana de Electricidad S. A., están obligadas legalmente a adquirir todos los kilowatios producidos en su demarcación territorial al precio administrativamente tasado. Sin embargo, las contrapartidas que Oliveró Domenech puso sobre la mesa no contentaron a los presentes: cuarenta puestos de trabajo fijos en la central termoeléctrica, cuarenta contratos temporales, un 10 por ciento del capital social de la empresa o una renta fija de 10 millones de pesetas al año, además del forraje derivado del cardo. Todos esperaban algo más para Puebla de Guzmán.

Sus palabras no convencían. En Barcelona le habían dicho que no habría problema alguno, que el tema estaba cerrado: «No te preocupes por nada. Les vas a ofrecer la prosperidad en bandeja a cambio de una cesión temporal de sus tierras. Son tierras baldías, como su nombre, que no tienen utilidad», fue lo que se trajo de su tío Luis.

Oliveró Domenech puso de nuevo toda la carne en el asador:

—Se trata de un gran proyecto que tiene, además, el apoyo político de la gobernadora civil de Huelva, doña Violeta Alejandre, con quien ya hemos mantenido una reunión. También están detrás el diputado nacional por Huelva [y secretario general del PSOE de la provincia], Carlos Navarrete, y el senador socialista y presidente de la Comisión de Industria del Senado, don Antonio García Correa —sentenció Oliveró.

Estos nombres llevaron el murmullo a la sala, que comenzó subir de volumen por segundos. Pero todavía faltaba el final. La empresa SACIM necesitaba que, cuanto antes, los responsables de Campo Baldío firmaran un documento por el que le cedieran las 4.500 hectáreas de tierras a fin de poderlo adjuntar cuanto antes a la solicitud presentada el 12 de noviembre de 1990 ante la Comisión de las Comunidades Europeas para el fomento de las nuevas tecnologías energéticas, programa «Thermie». En la solicitud habían situado el emplazamiento del proyecto en tierras de Zaragoza y Huelva, aunque por aquel entonces ni siquiera habían sido contactados los administradores de Campo Baldío. Sin embargo, las tierras elegidas en un primer momento se habían ubicado en la comunidad autónoma de Castilla-La Mancha.

—Con José Bono, presidente de esa comunidad autónoma, hubo una falta de entendimiento de última hora, lo que ocasionó la urgencia de situar la central termoeléctrica en un lugar más favorable. Los socios del proyecto somos personas que realizamos nuestras inversiones allí donde somos acogidos sin reticencias, en un clima de franca confianza e ilusión mutua por el proyecto —afirmó aquella misma tarde ante los onubenses Oliveró Domenech.

Sin embargo, a pesar de sus promesas e ilusiones, el sobrino de Luis Oliveró no pudo ganar el combate final y terminó arrojando la toalla:

—Creo que lo mejor es que tengáis una conversación con los inversores del grupo para encontrar una solución satisfactoria para todos. Puede que os visite un diputado socialista por Barcelona, que facilitaría el que la desconfianza se disipase —concluyó con voz de cansancio.

Un interrogante surgió de inmediato: ¿Por qué se eligió Campo Baldío? La respuesta estaba estudiada: por la proximidad geográfica con el otro proyecto de frutos exóticos, principalmente de caqui sharon y lichi, que la empresa Tecno-Ieda S. L. poseía en la localidad de Cartaya, muy cerca de la costa onubense y de Puebla de Guzmán. Este vivero, que se bautizó con el nombre de La Palmera, se levantó sobre un solar de 25 hectáreas situado en el kilómetro 105 de la carretera Huelva-Ayamonte, con tecnología de cultivo netamente israelí. El solar estaba valorado en 23 millones de pesetas y se compró con una hipoteca de La Caixa. La empresa estaba participada por Filesa en un 46 por ciento, con 12 millones de pesetas; Tecnoholding tenía otro 46 por ciento, y Detesa, la empresa de Lawrie, un 8 por ciento.

En el organigrama de Tecno-Ieda había dos especialistas israelíes: E. Gutmann, director técnico del vivero, y Roberto Kon, un comercial que recogió en nombre de esta empresa el primer premio que la Caja Rural dio en la feria de productos hortofrutícolas «Agrocosta 90».

Los técnicos israelíes fueron contratados por la sociedad Detesa[2], de Nicholas Lawrie, el tercer socio de Filesa en este proyecto. Esta empresa se encargaba también de firmar los contratos para el suministro de plantas, semillas, abonos y materiales con varias sociedades de Israel: Ar-Azil Advances Agriculture Ltd., para lichi; Shaham Givat Ada Ltd., para fertilizantes; Avishay Haskelberg, para caqui sharon, y Ginosar, para plátanos. La presencia de los técnicos judíos provocó ciertos rumores en Huelva sobre la posibilidad de que fueran miembros del servicio secreto israelí, El Mossad. Pero los rumores no pasaron de eso.

Lawrie era un británico de origen rumano y acento uruguayo. Tras acabar la Segunda Guerra Mundial, en la que alcanzó el grado de capitán, se fue a vivir a Uruguay y después a Barcelona, donde es una especie de *broker*. Representaba las ideas y la nueva tecnología agrícola de los inversores catalanes. Los lugareños le recuerdan todavía con su ordenador portátil encima, apuntando siempre nombres, teléfonos y direcciones de gente del pueblo que quería trabajar en la futura central termoeléctrica.

Como gerente figuraba el ingeniero de la Caja Rural de Huelva, Jesús de Vicente. La citada caja y el IFA tenían previsto concurrir a una ampliación de capital de 40 millones de pesetas, pero el escándalo Filesa dio al traste con ello y Tecno-Ieda terminó por desaparecer en 1994.

---

[2] Especializada en servicios para la inversión extranjera y transferencia de tecnología.

La central termoeléctrica a base de cardos gigantes que promocionaba Fernando Oliveró fue el tercer negocio legal y viable en el que Filesa se internaba desde su nacimiento, junto con el del comercio de contenedores, que había elaborado el contable chileno, Carlos van Schouwen, y el vivero frutícola que venía explotando Tecno-Ieda.

* * *

Los dirigentes de Filesa habían aterrizado en este curioso proyecto de la mano de Ramón Ticó Vilarrasa, íntimo amigo de Luis Oliveró, ingeniero, como él, y socio en varias empresas del *holding* fantasma socialista.

Ticó Vilarrasa era accionista, también, de dos empresas catalanas de renombre internacional: Codorniú y Reimat. Tanto él como su esposa, Mercedes Farré Raventós, presidenta de Tecnoholding, forman parte de la más rancia burguesía catalana. Ticó Vilarrasa conocía desde 1986 a Nicholas Lawrie, que representaba los intereses de una empresa de origen uruguayo con delegación en Suiza, Cardeleo Celulosa Inter S. A. (CCI), la cual intentaba abrir caminos en España para la explotación de un original producto, el cardo gigante. Cardeleo Celulosa Inter S. A. es la sociedad *holding* de una organización empresarial con representación, al menos, en cinco países: Francia (Cynara France S. A.), España (Cynara Aragón S. A. y Detesa S. L.), Uruguay (Cardeleo Celulosa S. A.), Bolivia (C.I. P.C.A.) y Honduras (Rancho Jamastrán).

El derivado principal del cardo, el aceite vegetal, fue descubierto como resultado de las investigaciones realizadas durante la contienda mundial por un ingeniero agrónomo uruguayo, Raúl Viñoly Barreto, en su busca por encontrar un sucedáneo a las semillas oleaginosas que no se podían importar entonces desde Europa. Viñoly descubrió que el aceite del cardo gigante era, incluso, superior en calidad al de la semilla de girasol, aunque nunca llegaría a ser tan popular. Esta planta produce otros derivados, como verdura para consumo humano durante los meses de diciembre y enero, forraje, pasta de papel y energía eléctrica.

La explotación industrial de este cardo gigante, cuya

variedad comercial se denomina cynara 507, se había realizado en los últimos cuarenta años en Uruguay, Bolivia, Honduras y Francia. Lawrie, afincado en Barcelona desde 1977, había intentado, entre 1980 y 1982 que el Gobierno español autorizara el consumo humano de aceite de cynara, del cual se dice que contiene un ingrediente que protege el hígado y facilita la digestión. El británico creó en España en 1982, junto con varias personas más (entre las que figuraba Francisco García Milá, fundador de Cruz Verde S. A.), una sociedad *holding* que fue bautizada con el nombre de Cardedeu S. A. Entre 1982 y 1987 se abrieron veinte campos experimentales por toda la geografía española. Cada uno estaba regido por una empresa que tenía participación mayoritaria de Cardedeu y de personalidades locales. Siempre llevaba el nombre del producto (Cynara) y el de la región correspondiente. Las empresas eran: Cynara Centro, S. A., que cubría las provincias de Madrid, Cuenca, Toledo, Guadalajara y Albacete; Bética Cynara S. A., provincias de Sevilla, Huelva, Córdoba y Cádiz; Andcynara S. A., provincias de Almería, Granada, Jaén y Málaga; Barcynara S. A., provincia de Barcelona; Cynara Catalunya S. A., provincias de Lérida, Tarragona y Gerona; Cynara Aragón S. A., provincias de Zaragoza, Huesca y Teruel; Cynara Ciudad Real S. A., provincia de Ciudad Real; Cynara Soria S. A., provincia de Soria con opción a Burgos y Palencia; y Cynara Extremeña S. A., provincias de Cáceres y Badajoz.

El ingeniero Ticó Vilarrasa, administrador único de Tecnoholding, convencido de las posibilidades del producto, entró como socio de Cynara Cataluña S. A. a finales de 1986. Sin embargo, el escándalo del aceite de colza desnaturalizado, que se cobró —y sigue cobrándose— cientos de vidas humanas, impidió finalmente que la Administración concediera luz verde a su comercialización. Lawrie se vio obligado a cerrar uno por uno todos los campos experimentales de Cynara en España, menos los de Aragón, Cataluña y Ciudad Real.

«Fue a Ticó Vilarrasa a quien se le ocurrió la idea de utilizar la parte de la celulosa de esta planta para la producción de energía en combustión. A mí me pareció magnífica», explica

Lawrie. El ingeniero catalán convenció, además, a CCI, la empresa que detentaba la tecnología del tratamiento del cardo, para que diera un paso en la dirección que él indicaba. Así podían optar, como proyecto novedoso, a una jugosa subvención a fondo perdido en el programa europeo «Thermie», cuyo fin es el de fomentar las tecnologías innovadoras en el campo de la producción energética.

En septiembre de 1988 se constituyó la compañía Cynara Investigación y Desarrollo S. A. (CIDSA), en la cual CCI, a través de Detesa S. A. (empresa propiedad de Lawrie), suscribió el 10 por ciento del capital; Tecnoholding (Ticó Vilarrasa) el 35 por ciento, y el resto de las acciones fueron adquiridas por varias personas, todas antiguas accionistas de Cardedeu. Lawrie y Ticó Vilarrasa fueron nombrados consejeros delegados. Representaban las dos tecnologías básicas para los proyectos agroenergéticos de Cynara: la del cultivo del cardo y la de la producción de energía eléctrica.

Para realizar el programa piloto que demostraría la viabilidad de una central termoeléctrica fundaron, el 4 de abril de 1989, una nueva sociedad: Cynara Industrial Mancha S. A. (SACIM), con una composición accionarial muy parecida a la anterior.

Las pruebas se realizaron en las 400 hectáreas de la finca «Lagunillas», en la localidad de Luciana (Ciudad Real), la misma en la que se habían estado cultivando cardos gigantes desde mediados de 1980 con la esperanza de que el Gobierno diera el visto bueno para la comercialización de su aceite.

Las cosechas que se recogieron fueron trasladadas a una fábrica de papel barcelonesa, Papelera de Capellades, propiedad de la Unión Industrial Papelera. En sus calderas, los técnicos de Tecnoholding realizaron las pruebas que demostraron la viabilidad del proyecto.

«Técnicamente el proyecto era perfecto. Nuestros estudios demostraban que con 4.500 hectáreas cultivadas con cardos gigantes se podía alimentar una central termoeléctrica de 10 megavatios, que cubriría las necesidades de una población de siete mil habitantes. Sin contar con los otros dos productos derivados: el forraje para animales y el aceite vegetal, que también se explotarían», apostilla el británico. «Una central termoeléctrica de estas características habría sido la solución para muchos países en desarrollo. Si hubiera salido adelante, el éxito estaba asegurado.»

Así parece que lo entendieron, a principios de 1989, en el Instituto para la Diversificación y Ahorro de Energía (IDAE), cuando la empresa SACIM presentó su proyecto piloto. En marzo de 1989 el IDAE le dio su apoyo tácito. A partir de ese momento los acontecimientos comenzaron a acelerarse porque, paralelamente, nacía la idea del vivero de Tecno-Ieda.

Ticó Vilarrasa tenía la seguridad de que su idea de una central termoeléctrica era viable, pero sabía que tenía que contar con unos buenos «padrinos» si quería que el proyecto tuviera éxito. A comienzos del verano de 1989 contactó con su buen amigo Luis Oliveró, conocedor de su parentesco con el entonces diputado socialista Carlos Navarro:

—Mira, Luis. Es un negocio que no puede fallar. Con tus contactos en Madrid es imposible que salga mal. Si montamos esta central termoeléctrica en España y funciona, podremos exportar energía a todo el mundo.

A Oliveró aquello le gustó. La idea de vender un negocio de tecnología punta a su sobrino, Carlos Navarro, le seducía. Y más viniendo de un viejo amigo como Ramón Ticó Vilarrasa.

—Se lo voy a comentar a mi gente. Creo que les va a parecer muy bien tu idea —le contestó Oliveró, que en aquellas fechas estaba ya montando todo un importante *holding* empresarial para el PSOE.

—Espero tu respuesta. Mientras tanto hablaré con mi socio inglés, Nicholas Lawrie, para contarle a quién representas y lo que supone dar entrada a Filesa en el negocio —comentó Ticó.

Días después Ticó y Lawrie se reunían. Como era de suponer, el inglés comprendió rápidamente las explicaciones de su socio:

—Asociándonos con Filesa no hay posibilidad de fracaso. Nos abrirán todas las puertas, pero hay que ofrecerles una participación que les pueda interesar. Esta gente tiene mucha influencia en Madrid y pueden obtener subvenciones de la Comunidad Económica Europea y financiaciones blandas de la Administración del Estado y de las comunidades autónomas. Además, acelerarán todos los trámites —le dijo exultante Ticó a Lawrie.

Después de nueve años batallando con la Administración española, después de encontrarse continuamente con un «no» como respuesta, a Lawrie le pareció perfecta la idea. Dejaría entrar a Filesa como accionista mayoritario en el negocio español, pero con la condición de que su empresa, CIDSA, tuviera el control de la exportación a terceros países.

Oliveró aceptó, y un mes más tarde, el 21 de julio de 1989, constituyeron una nueva empresa: Pecte S. A., que en realidad era una simple sociedad tenedora de acciones. Pecte S. A. estaba participada en un 59 por ciento por Filesa, un 1 por ciento por Time Export y un 40 por ciento por CIDSA, siendo sus administradores Ramón Ticó Vilarrasa, Nicholas Lawrie y Fernando Oliveró. Dos meses después, Pecte adquirió el 100 por ciento de las acciones de SACIM, la sociedad que, en teoría, construiría la primera central termoeléctrica alimentada por cardos gigantes de la historia. El *holding* socialista controlaba ya por completo el negocio:

«Filesa S. A., por sus contactos y apoyo de los altos cargos del PSOE, ayudó sustancialmente a abrir puertas y a obtener entrevistas con altos funcionarios de los gobiernos autónomos, lo que facilitó a Cynara Industrial Mancha la búsqueda de tierras y apoyo local frente a los agricultores», se lee en un memorándum sobre el proyecto elaborado por Detesa, la compañía de Nicholas Lawrie.

Pero no todo fueron facilidades. El socialista José Bono, presidente de Castilla-La Mancha, no allanó el camino a la central termoeléctrica de Filesa en su jurisdicción. La química de este político, por entonces «guerrista», no armonizó con la de los empresarios catalanes al servicio del partido. Lawrie declaró a los autores de este libro que en Ciudad Real el problema consistió en que no había suficiente superficie de tierra disponible para construir la planta.

Sin embargo, los recursos de Filesa quedaron demostrados no sólo con la rápida detección de las tierras de Campo

Baldío, sino también con la elección de las empresas que construirían la central. Tres de ellas eran «clientes» de Filesa, sociedades que habían pagado comisiones por informes inexistentes o carentes de valor y que luego se vieron involucradas en el caso Filesa, como la multinacional alemana Siemens o ABB Energía, la filial española de la multinacional suecosuiza ABB.

Siemens, según el informe que SACIM presentó ante la CEE, construiría el turboalternador. Esta compañía había pagado comisiones a Aida Alvarez y a la sociedad GMP, propiedad de los socialistas Juan Carlos Mangana Morillo y Sotero Jiménez, como también a la empresa Atacir, propiedad del ex alto cargo de La Moncloa Florencio Ornia, por la consecución de contratas del tren de alta velocidad por valor de 924 millones de pesetas.

Por su parte, ABB Energía iba a aportar al proyecto el equipo de transformación. Esta empresa pagó a Filesa por informes inexistentes durante 1989 unos 112 millones de pesetas. Babcok & Wilcox, compañía propiedad del Instituto Nacional de Industria, también formaba parte del proyecto; se encargaría de la instalación del calentador de la central. El resto de las obras las iban a efectuar las compañías Geasa (el condensador), Decremont (el tratamiento de aguas) y Sogesa (las líneas de interconexión).

El desembolso total de SACIM iba a ser al final de tan sólo 21.200.000 pesetas, de los 1.539 millones presupuestados inicialmente. Las relaciones de los hombres de Filesa con las administraciones socialistas harían el resto para completar, mediante créditos blandos, la diferencia existente entre los 900 millones de la CEE y lo que restaba por cubrir.

Los hombres de Filesa pusieron en este proyecto toda su artillería pesada, como lo demuestra un párrafo de la solicitud entregada a la CEE, redactado en inglés, que indica literalmente:

«Nos gustaría acentuar el interés no sólo de las autoridades municipales de Puebla de Guzmán sino también el especial interés que ha puesto en el proyecto el Instituto de Fomento de Andalucía, que está interesado en participar en el proyecto como socio. El Gobierno español está también muy interesado en este proyecto, que será el más grande que se emprenda hasta la fecha en Europa en el campo de las energías renovables.» [3]

El tiempo para conseguir la subvención de la CE se echaba encima. El 7 de enero de 1991 se cerraba el plazo de presentación de proyectos ante los organismos europeos. Tenían poco más de un mes para completar la documentación con el papel oficial de cesión de tierras de Campo Baldío que aún les faltaba. Por eso, los hombres de Filesa decidieron bajar hasta la localidad de Puebla de Guzmán con una maleta repleta de promesas y el apoyo del diputado Carlos Navarro, «el gran jefe».

El encuentro con las fuerzas vivas, entre los que se encontraban el alcalde socialista del pueblo, Antonio Rubio Domínguez, el secretario municipal, Manuel Gómez, el nuevo presidente de la sociedad Campo Baldío, Benito Gómez, el secretario de ésta, Manuel Díaz, y varios vocales de la sociedad, tuvo lugar en el mesón La Comarcal de esta localidad.

Por parte de Filesa y de su filial SACIM asistieron, aparte del diputado, su tío político, Luis Oliveró, y los empresarios Ramón Ticó Vilarrasa, Nicholas Lawrie, Fernando Oliveró Domenech, Jaime de Vicente y tres personas más. Cada uno de los presentes llevaba ensayado un papel, como si de una representación de teatro se tratara.

Luis Oliveró ejercía de empresario innovador:

—A mí, si me ofrecieran quedarme con la representación de la Ford en España la rechazaría, porque no lleva consigo ningún reto industrial o empresarial. Y aunque ya soy una persona mayor, una empresa o un proyecto sólo es atractivo si es de vanguardia, si tiene originalidad —declaró ante el asombro de las fuerzas vivas de la localidad.

---

[3] Proyecto Agro Industrial Cynara/Biomasa/Energía, presentado ante la Dirección General de Energía de la CEE.

432

Ramón Ticó Vilarrasa interpretaba el rol del catalán enamorado de lo andaluz. Lamentaba los estereotipos que se tenían de los catalanes e, incluso, contó varios chistes sobre catalanes que hicieron reír a la concurrencia. A los ojos de los comensales era el millonario extravagante y divertido (en esta ocasión no llevaba traje ni corbata), que se interesaba por los proyectos energéticos punteros para ayudar al Tercer Mundo a salir del subdesarrollo.

La visión del futuro de Puebla de Guzmán, convertido en polo agroindustrial de vanguardia y centro de peregrinación de comitivas de empresarios y políticos de todos los lugares del mundo, captó especialmente la atención de los líderes locales asistentes.

Navarro se mostró silencioso y distante durante toda la comida. Observaba y escuchaba. Habló sólo cuando las fuerzas vivas de la localidad le solicitaron algún compromiso de compensación adicional por la cesión de las tierras.

—El acuerdo lo tenéis que firmar vosotros. Pero si para que este proyecto salga adelante hay que ayudar en algo... yo me comprometo a que se hagan cosas aquí. Todo por ese sacrificio que decís —afirmó.

La comida terminó en aparente armonía. Los «catalanes» marcharon felices hacia la localidad de Cartaya para mostrar al diputado Navarro el vivero de Tecno-Ieda, convencidos de que la cesión estaba hecha. Sin embargo, los habitantes de Puebla de Guzmán pensaban que había gato encerrado. Las gestiones que estos hicieron inmediatamente después acentuaron sus sospechas, en especial cuando Vicente Llamas, ingeniero agrónomo de Huelva, contratado por el Ayuntamiento para que realizara un informe sobre el proyecto hizo un comentario que provocó cierta desazón: «Tened cuidado con las innovaciones que ya se conocen desde hace tiempo, porque luego se reciben las subvenciones, el proyecto se va a hacer puñetas y os quedáis tirados con la plantación de los cardos. ¡A ver si va a ser un timo!»

Los recelos aumentaron cuando el asesor tecnológico de la Dirección Provincial de Huelva del IFA, Carlos Pecle, reconoció no saber nada del proyecto, aunque le restó importancia afirmando que seguramente lo llevarían desde Sevilla.

El tiempo pasaba y las dudas se acrecentaban entre los responsables de Campo Baldío. Hasta el punto de que, para aclarar el asunto, fue necesario celebrar una reunión en la sede del PSOE de Huelva con el secretario provincial, Carlos Navarrete, significado guerrista, y el delegado de Agricultura de la Junta de Andalucía, Antonio Rodríguez. En representación de Campo Baldío acudieron su presidente, Benito Gómez, el secretario, Manuel Díaz, un vocal del Consejo de Administración y un invitado de excepción, Antonio Macías, el alcalde socialista de Paymogo, una localidad cercana a Puebla de Guzmán.

Tampoco en aquel encuentro se solucionó nada. Las fuerzas locales no terminaban de ver claro el asunto y optaron por la estrategia de dar largas. Hasta que, presionados por los hombres de Filesa, se vieron obligados a dar definitivamente una solución.

La tarde del 15 de enero de 1991, en el salón principal del mesón La Pisada del Potro, se reunían todos los miembros del Consejo de Administración de Campo Baldío con Fernando Oliveró Domenech. Había que tomar una decisión. Oliveró Domenech dudaba de las intenciones de sus interlocutores. Su aspecto de hombre frágil, a pesar de su altura, y su delgadez parecían más acentuados que nunca. Entre los presentes las diferencias eran claras. Unos apoyaban que se le diese a Oliveró Domenech el visto bueno que requería, a la espera de ultimar el acuerdo en una junta de accionistas; por el contrario, otros creían que era muy arriesgado firmar un documento sin estar el negocio completamente claro.

Oliveró Domenech, sentado junto a su sempiterno compañero pluriempleado en la Caja Rural de Huelva y en Tecno-Ieda, Jaime de Vicente, miraba apresurado y de forma continuada su reloj. El tiempo se le acababa porque, según había explicado al comienzo de la reunión, tenía que coger el último avión hacia Barcelona.

La discusión iba camino de entrar en vía muerta. Los

434

presentes, Benito Gómez, el presidente de Campo Baldío, Manuel Díaz Naranjo, el secretario, José María Manzano, la médico del pueblo, Rosario Vélez, los vocales Simón González Pérez, Mario Gómez Muñoz (representando al alcalde) y diversos invitados especiales a la reunión, como José Suárez Suárez y José Rosa Martín Domínguez, no parecían ponerse de acuerdo. Oliveró Domenech también lo percibía, así que se levantó en un momento de la reunión y afirmó en tono tajante:

—Llegados a este punto, sólo os digo una cosa: no puedo seguir haciendo viajes continuos desde Barcelona hasta Puebla de Guzmán para no concretar nada. Y, por otra parte, no me quiero ir de aquí sin un papel de la sociedad Campo Baldío en el que se me asegure que dispongo de la cesión de las tierras. Hay una persona en Bruselas que está esperando este documento, único que falta para poder tramitar la concesión de las ayudas. Así que, o firmamos en este sentido o es mejor que dejemos este asunto. Le he prometido al señor Oliveró, y si queréis hablamos ahora mismo con él por teléfono, que me volvería a Barcelona con el acuerdo firmado y sellado por Campo Baldío.

El eficaz y siempre entregado Fernando Oliveró se hallaba al borde del infarto. La estrategia de provocar cierta tensión la repitió varias veces más, hasta que por fin los lugareños le dieron el preciado documento. En él se condicionaba la decisión de ceder las tierras a una ratificación posterior de la Junta General. Dejaban abierta una posible vía de escape. La carta decía:

«Muy señores nuestros:
En relación con las conversaciones mantenidas con ustedes para la instalación en los terrenos propiedad de esta Sociedad de una planta de producción de energía eléctrica, quiero por la presente significarles que el Consejo de Administración de mi Presidencia, en sesión del día 15 de enero actual, acordó aceptar la oferta de su empresa referente a la cesión de cuatro mil quinientas hectáreas, recibiendo en contraprestación el diez por

ciento de las acciones de la Sociedad titular de las instalaciones, así como el forraje resultante de la explotación de los cardos para el consumo del ganado de la zona.

Por otra parte, les comunico que he convocado la Junta General para ratificar este acuerdo y facultar al Consejo de Administración para formalizar el correspondiente contrato.

Atentamente,
EL PRESIDENTE
Juan Lorenzo López Mora»

Aquel día fue el último que supieron de Fernando Oliveró, de SACIM y de Filesa, del diputado Carlos Navarro y de su tío Luis Oliveró. Hasta que el 29 de mayo, cuatro meses más tarde de esta reunión, la prensa destapó la trama secreta de Filesa, el *holding* de empresas del PSOE. Fue entonces cuando descubrieron la verdad del asunto. Una verdad que, en parte, influyó para que la CEE rechazara la solicitud de la central termoeléctrica. También descubrieron que el Ministerio de Obras Públicas tenía proyectado hacer una presa en las tierras que iban a ser cedidas para el proyecto de los cardos. SACIM-Filesa, en ese caso, habría recibido una jugosa compensación que, unida a la subvención de Bruselas, supondría unos beneficios millonarios al *holding*.

* * *

Pero mientras diseñaban la solicitud de subvención ante la CEE para la construcción de la central termoeléctrica, los hombres de Filesa no se permitían descuidar otros negocios que tenían en marcha, como el de Enlaser, una compañía del sector de la formación de personal especializada en nuevas tecnologías, con sede en Madrid. El futuro parecía prometedor, y así se lo habían hecho también saber al «gran jefe» Carlos Navarro.

En el *holding* secreto de empresas del PSOE la jerarquía era prusiana y vertical. Navarro tenía que estar informado de todo para que diera el visto bueno a su gestión. Por eso, a los pocos días de preparar la estrategia para Enlaser, en noviembre de 1990, se produjo una reunión con el diputado socialista en la sede de Filesa en Madrid, en la calle Barquillo 9, 1º D. El lujo de la sala de juntas, con capacidad para doce personas, servía como aditamento para la escena que estaba a punto de comenzar.

Todos los presentes —Luis Oliveró, Alberto Flores, David Granados y Vicente Giménez[4]— charlaban en un pequeño corro sobre asuntos intrascendentes, aunque se entretenían viendo cómo Gregorio Aguado, director de la División de Informática de Enlaser, terminaba de instalar el ordenador, su pantalla gigante Sony Triniton y el vídeo-disco para comenzar la *demo* (así se denomina a las demostraciones en el argot especializado de la informática).

Esta vez, a diferencia de muchas otras, la demostración no era sobre ningún programa en concreto, sino sobre la misma empresa Enlaser, en la que Filesa tenía un paquete de acciones del 37 por ciento. Oliveró había preparado la reunión para que su sobrino político, el diputado Carlos Navarro, viera cómo era la sociedad y las cosas que se estaban preparando para un futuro cercano.

Filesa había entrado en Enlaser el 17 de enero de 1990, a través de una ampliación de 10 millones de pesetas en su capital social. La empresa, pequeña y desconocida, estaba muy bien situada para optar a los multimillonarios fondos oficiales que mueve la formación de personal. De hecho, las empresas de formación de personal eran otra de las patas de la financiación tanto del PSOE como de la UGT. De acuerdo con estimaciones profesionales del sector, la cantidad final que se invierte anualmente en este capítulo, vital para hacer frente al reto de la competitividad europea, supera los 250.000 millones de pesetas. Todo un reto.

Enlaser, por sus contactos, podría conseguir no sólo contratos para impartir cursos multimedias, sino también subcontratarlos por una jugosa comisión, como viene siendo

---

[4] David Granados era director general de Enlaser y Vicente Giménez era comercial.

habitual dentro del sector. El «conseguidor» que cumplía esta función en Enlaser era Vicente Giménez Marín, un tipo enjuto de cuarenta y seis años, de mirada penetrante y una enorme ceja que iba de lado a lado de su cara. Vicente Giménez Marín había sido entre 1976 y 1977 secretario de la UGT de Córdoba, luego presidente de la Fundación Largo Caballero y más tarde consejero regional para América Latina de la Organización Internacional del Trabajo (OIT), entre 1986 y 1989, donde se dedicó a la formación de los trabajadores. Ubicado en el «guerrismo», es amigo personal de José Luis Corcuera, ex ministro del Interior y ex diputado. Giménez Marín mantenía conexiones con las diferentes administraciones del Estado y empresas estatales.

«La agenda de Giménez era impresionante. Descolgaba un teléfono y se le ponía cualquier persona por importante que fuera. Conocía a todo el mundo», explica uno de sus socios de entonces. Giménez, quien formaba parte de la dirección de la empresa con un sueldo de 350.000 pesetas mensuales, acordaba la cita. La gestión comercial la realizaban, en cambio, dos personas: David Granados, director general de Enlaser, y Ramón López, el asesor de imagen, aunque finalmente cerraba el trato Vicente Giménez. Sin embargo, Luis Oliveró era el jefe de todo el grupo, sobre el que pesaban todas las decisiones.

Alberto Flores, hermano de la senadora y secretaria de Relaciones Internacionales del PSOE Elena Flores, había acudido a esta reunión como delegado de Filesa en Madrid: «Todo va muy bien, esto marcha», no dejaba de repetir. Su actitud era de completa subordinación al empresario catalán.

En la sala de juntas se encontraba asimismo David Granados, de treinta y dos años, un metro ochenta centímetros de estatura y ciento treinta kilos de peso; era el perenne compañero de Vicente Giménez, un ser deslumbrado por la personalidad del ex sindicalista. David Granados tenía enmarcado en su despacho un telegrama que en las Navidades de 1990 había enviado Alfonso Guerra a Vicente Giménez Marín como felicitación. También estaba presente Gregorio Aguado, uno de los fundadores de Enlaser, un técnico sin conexiones políticas.

Cuando Carlos Navarro entró en la sala la tensión subió enteros. El «gran jefe», aunque de pequeña estatura, parecía mucho más alto que los demás. Oliveró se transformó en décimas de segundo de ser un comandante con mando absoluto a actuar como un sumiso subordinado ante su sobrino político.

La *demo* no duró mucho. A su término todos los asistentes miraron a Carlos Navarro esperando su visto bueno. «Muy bien, está muy bien», dijo el diputado. Se despidió de los presentes y se marchó como había llegado. No dijo más, pero fue suficiente para que el alivio se reflejara en la cara de casi todos.

No había sido la primera vez que el «gran jefe» iba a las oficinas de Filesa en Madrid, ni tampoco fue la última. Carlos Navarro declaró ante el juez Marino Barbero que recordaba vagamente cómo su tío, Luis Oliveró, le había enseñado unas oficinas que estaban utilizando sus empresas en Madrid. De hecho, los locales de Barquillo, 9, eran el centro de operaciones de todas las decisiones que se tomaban en relación con Enlaser e Innovación y Formación S. A., a pesar de que sus sedes sociales estuvieran en otro lugar.

Para los dirigentes socialistas, Enlaser era una empresa con unas previsiones de «crecimiento geométrico». Si cuajaban las gestiones de Giménez, los ingresos para 1991 podrían ser de más de 2.000 millones de pesetas; y para 1992, año de los grandes faustos socialistas (Olimpiadas y Expo), podrían doblar esa cifra, lo que no estaba nada mal para una empresa de catorce personas.

Enlaser había nacido en 1988, producto de la relación natural comercial de dos empresas: Comercial de Vídeo Interactivo S. A. (CVI) y Cenec S. A. La primera era una productora de vídeo dirigida por el director de cine Gerardo Herrero, quien a su vez era accionista de Tornasol Films S. A. [5], productora ligada a otra sociedad de la trama Filesa, Viajes Ceres [6].

---

[5] CVI y Tornasol Films tenían la misma dirección y la misma sede, en Clara del Rey, 36.

[6] Véase capítulo doce.

Por su parte, Cenec S. A., creada en 1977, era propiedad de Leopoldo Mora y Conrado Cienfuegos, dos pioneros en el campo de la formación a través de la informática.

La razón que movió a ambas partes a iniciar esta aventura se debió al interés del emergente mercado multimedia y de los vídeos interactivos, que terminarían imponiéndose. Cenec aportó todo su departamento técnico de programadores (siete personas en total, con su jefe, Gregorio Aguado, al frente), y CVI sus equipos y su personal especializado en el campo de la imagen. El accionariado se dividió en partes iguales por ambos lados, pero se modificó poco tiempo después con la salida de Mora y Cienfuegos de Enlaser y la entrada de David Granados, un comercial de la multinacional de informática NCR que había sido fichado como director general por el propio Mora.

Por CVI fue Rafael Novoa, accionista de Tornasol Films y director financiero de Viajes Ceres, quien suscribió el 50 por ciento de las acciones. Esta conexión con Viajes Ceres fue la que posibilitó que Filesa, gestionada por Luis Oliveró, tomara el relevo de Novoa en Enlaser[7].

Desde su creación, Enlaser había pasado por momentos difíciles, aunque realizó trabajos de importancia, como un vídeo-disco para la Dirección General de Museos sobre los veinticuatro museos que administra; otro vídeo-disco para el Instituto de la Juventud, titulado *Aprender, aprender*; un curso de inglés empresarial, para Telefónica, que recibió el primer premio de la CEOE; varios contratos con la Universidad Nacional de Educación a Distancia (UNED) y el Instituto Nacional de Empleo (Inem); y un tercer vídeo-disco promocional, bautizado con el título de *Iberiaventura*, realizado para Iberia y presentado en la Feria Internacional de Turismo de Madrid (Fitur). Este último trabajo, dirigido por Gerardo

---

[7] Rafael Novoa vendió sus acciones al resto de los accionistas, y a otros nuevos, como Juan Isasa (10 por ciento) y José A. Escartín (2 por ciento), que a su vez, vendieron a Filesa, primero un 18 por ciento (el 17 de enero de 1990) y luego, tras una ampliación de capital (el 30 de mayo de 1990), esta sociedad se hizo con el 37 por ciento.

Herrero, fue protagonizado por la conocida actriz Alejandra Greppi. Para su realización un equipo de diez personas viajó por Venezuela y Brasil durante un mes.

A pesar de todos estos logros, la empresa no terminaba de despegar. Por eso, la llegada de los hombres de Filesa fue contemplada con cierto alivio, sobre todo porque venían recomendados por Novoa: «Son empresarios catalanes con muy buenas conexiones políticas y recursos para invertir en temas de nuevas tecnologías.»

El primer contacto de los accionistas de Enlaser con los dirigentes de Filesa tuvo lugar en la Navidad de 1989, siendo los interlocutores Luis Oliveró y Ramón Ticó Vilarrasa. El lugar fue el hotel Palace, de Madrid, donde siempre se hospedaba Oliveró cuando acudía a la capital de España. Pronto se cerró el negocio. A las pocas semanas aterrizaba Vicente Giménez, recomendado por Oliveró como un fichaje de primera división.

* * *

Pero Enlaser no fue la primera iniciativa de Filesa en este campo. Casi tres meses antes, en octubre de 1989, Oliveró y Ticó Vilarrasa habían puesto la primera piedra en París para internarse en este sector. Allí, en el curso de la celebración de la Semana de Formación Profesional, conocieron a Antonio Villa, un perito industrial sevillano que en aquel entonces era consejero delegado de Gabinete de Formación S. A., una sociedad con sede en Sevilla que operaba en el mismo sector que Enlaser.

Oliveró y Ticó le contaron a Villa «quiénes eran», su nivel de relaciones, su capacidad para conseguir contratos con las administraciones socialistas (Inem, INI, cajas de ahorros, Telefónica) y cualquier ente público que se preciara por su importancia. Por no mencionar la futura Expo. A Villa la proposición le pareció perfecta:

—Tenemos pensado montar una empresa como la tuya. ¿Te interesaría ser socio y dirigirla? —le dijeron

Casi un mes y medio después, y tras dos viajes a Barcelona y uno de éstos a Sevilla, el perito industrial abandonó su trabajo para constituir con los hombres de Filesa una nueva sociedad llamada Innovación y Formación S. A. [8] Vicente Giménez aparecía como vocal del nuevo Consejo de Administración.

Villa y su esposa pidieron un aval de 8 millones de pesetas al Banco Pastor y al Banco Central para hacer despegar la empresa, pero las promesas jamás se cumplieron. Los «catalanes» nunca hicieron nada por conseguir contratos para Innovación y Formación. Tenían ya a Enlaser en Madrid. Por eso, el 6 de noviembre de 1990 Antonio Villa compraría a Filesa la mayor parte de sus acciones, pasando a controlar mayoritariamente una empresa que nunca valió nada y que se disolvió poco tiempo después.

* * *

El mayor fracaso de Enlaser fue el fichaje de Vicente Giménez y la propia entrada de Filesa. Enlaser sufrió las pérdidas consecutivas de sus profesionales en el campo de la imagen y el *software*. La primera, con la salida de Rafael Novoa y Gerardo Herrero, tras la entrada de Filesa a comienzos de 1990. La segunda, en junio de 1991, con el despido de Gregorio Aguado y su gente. Se convirtió entonces en una empresa comisionista. Así lo dice un informe confidencial sobre Enlaser elaborado el 8 de julio de 1992 por David Granados, director general de la compañía, e incautado por el magistrado Marino Barbero durante el registro que realizó en su domicilio social:

«—Filesa trae a Enlaser un proyecto de 2.000 millones de pesetas en temas de formación, relacionado con el Inem, para que buscáramos empresas que pudieran impartir esta formación. El negocio propuesto a Enlaser era solicitar a estas empresas un 50 por ciento de comi-

---

[8] El capital social era de 37.500.000 pesetas. Filesa suscribió el 48 por ciento del capital; Tecnoholding, el 12 por ciento, y el resto, el 40 por ciento, fue registrado a partes iguales a nombre de Antonio Villa y de su esposa Begoña Ramos. La sede social se ubicó en el domicilio de la pareja mencionada, en la avenida de San Francisco Javier, 8-B.

sión por llevar la gestión. El reparto de este 50 era 45 a Filesa y 5 a Enlaser. La operación resultó fallida tras tres meses de trabajo.

—Filesa nos presenta a la empresa Infor21 para iniciar una colaboración con ella. Nuestro equipo viaja a Barcelona y Sevilla. Se producen reuniones y se hacen presentaciones a clientes como Inem y Telefónica. El proyecto falla tras dos meses de dedicación.

—Viaje con Filesa a París y propuesta de Luis Oliveró para crear un consorcio europeo liderado por España para aunar esfuerzos y dar una imagen poderosa ante los clientes potenciales. Nuevamente se pierde trabajo y tiempo además de sentir cierto ridículo.

—Filesa nos presenta a una empresa de San Sebastián para un proyecto de telefonía. Fallido.

—Filesa nos trae la relación con TVE para un tema de transmisión de datos a través de sus canales en emisión. El contacto se establece a través de Alberto Flores. Dedicamos cuatro meses de recursos elaborando planes de viabilidad, pruebas técnicas de los equipos, elaboración de los contratos, etc. El proyecto no llega a buen término.

—Filesa se ofrece a influir en el Inem y en el Quinto Centenario para conseguir operaciones para Enlaser. La mediación fue inútil y nos condujo a otra serie interminable de reuniones, análisis y pruebas.

—Filesa, a través de V. Giménez, nos presenta el proyecto para la Policía.»

El gran *handicap* de Vicente Giménez, según algunos de sus ex socios, era que «no sabía cerrar un negocio. Como sindicalista podía ser un negociador duro, pero era un mal comerciante. De eso no hay duda». Giménez pudo haberse apuntado un éxito en su carrera con el llamado Proyecto 1403 de la Policía, apalabrado con su amigo el también «guerrista» José María Rodríguez Colorado, director general de la Policía hasta el 26 de julio de 1991.

El Proyecto 1403 era un curso de formación multimedia,

dividido en módulos, para los agentes que acudirían destinados a Barcelona durante la celebración de los Juegos Olímpicos. Entre septiembre y diciembre de 1991 se grabó en vídeo el 90 por ciento de las secuencias que lo componían. Los contenidos iban desde cómo atender una urgencia durante una rueda de prensa o cómo se asistía a una señora presa de un ataque de histeria tras un robo en un estadio, hasta cómo evitar una pelea en una grada entre un señor mayor que discutía con un joven extranjero. Esta última escena, grabada en un polideportivo madrileño con más de doscientos extras, estaba protagonizada por Alberto Comesaña, el cantante del dúo Amistades Peligrosas. Se hicieron treinta horas de grabación en vídeo, en total.

Durante el rodaje de las imágenes, el equipo de Enlaser se movió por las instalaciones policiales con un salvoconducto firmado por Manuel Alvarez Sobredo, director del Instituto de Estudios de Policía. Este decía así:

«Como responsable del proyecto 1403 (Formación del Personal de Seguridad) del Plan Director de Seguridad Olímpica, le ruego se faciliten a la empresa ENLASER, S. A., los materiales de su fondo documental que se precisen para la elaboración de los distintos módulos formativos.

Dichos módulos tienen una finalidad exclusivamente didáctica, dirigida al personal que realizará tareas de seguridad durante la celebración de los Juegos Olímpicos de 1992 (Cuerpos de Seguridad del Estado, de la Generalidad de Cataluña y de los ayuntamientos de Barcelona y demás subsedes, así como de los voluntarios olímpicos en seguridad). La formación será impartida por monitores, miembros de los Cuerpos de Seguridad y en locales policiales.»

Pero todo se paralizó en las Navidades de 1991 tras saltar a la opinión pública el escándalo Filesa. Del guión previsto quedaban por grabar sólo cuatro escenas en Barcelona y una secuencia general con mil doscientos extras.

El presupuesto del Proyecto 1403 se aproximaba a los 160 millones de pesetas, según fuentes relacionadas con él. Sin embargo, la Ley de Contratos del Estado obliga a la Administración Pública a sacar a concurso todo aquello que no cumpla una serie de condiciones especiales y supere los 50 millones de pesetas. «Del Proyecto 1403 nunca se firmó contrato alguno, sólo una declaración de intenciones», afirman las mismas fuentes.

La estrategia que se iba presumiblemente a aplicar era la de sacar a concurso público el proyecto, treinta días antes de la entrega final, estableciendo una serie de condiciones que sólo pudieran ser cumplidas por Enlaser. Sin embargo, el estallido del caso Filesa obligó a Carlos Conde Duque, entonces director general de la Policía, a cancelar el citado proyecto, a pesar de que estaba muy avanzado.

En marzo de 1992 se produjo una reunión entre las partes afectadas. Se trataba de negociar una compensación monetaria por la cancelación del proyecto. A la reunión asistían, por Enlaser, Vicente Giménez y David Granados, y por la Policía un comité de valoración del que formaba parte —entre otros— Manuel Jiménez, jefe del Servicio de Prensa. No se llegó a ningún acuerdo.

Las actividades de Enlaser se colapsaron definitivamente a comienzos de 1992, año en el que centraban sus esperanzas. El informe de Granados era demoledor:

«—INEM cancela 20 millones de pesetas en proyectos.
—Telefónica, a la que se vendían 30 millones al año, nos pide también explicaciones oficialmente.
—Dragados, 10 millones año, nos recomienda en reunión que no aparezcamos por allí en un tiempo.
—Otra consecuencia directa de la aparición de noticias en prensa fue la cancelación de relaciones con organismos de la Administración, incluyendo a Quinto Centenario, donde ya habíamos logrado orientar uno de nuestros productos.
—TVE nos pide explicaciones oficialmente y cancela toda relación con nosotros.»

Enlaser había intentado introducir dos proyectos en Televisión Española: el ya citado, promovido por Alberto Flores y destinado a desarrollar un sistema de transmisión de datos para empresas a través de la televisión; y un segundo que consistía en la primera enciclopedia audiovisual sobre España, que se iba a hacer en soporte *compact disc* para ordenador y que necesitaba las imágenes de TVE. Las negociaciones se llevaron entre David Granados y José María Otero, subdirector comercial de TVE, y tuvieron lugar en la sede que el ente televisivo tenía en la calle Gobelas, 35-37, de Madrid, junto a la sede electoral del PSOE.

Guillermo Galeote, secretario de Finanzas del PSOE, fue el último salvavidas al que quiso agarrarse David Granados. Le había visto al menos en tres ocasiones, y de sus relaciones dedujo que era «el jefe del gran jefe». Además, sabía que era el compañero sentimental de la senadora socialista Elena Flores, hermana de Alberto Flores, a quien conocía muy bien. Por eso, se dirigió a él en busca de ayuda. Pero sólo encontró silencio: «Llevamos dos meses intentando hablar con el Sr. Galeote, sin obtener resultado alguno y ha de darse por seguro que con nuestros propios medios, sin más recursos que los ingresos por la normal actividad, no podremos cambiar el curso de las cosas sea cual fuere», se despedía Granados en su informe.

El negocio llamado a ser uno de los pilares más solidos de la trama Filesa se hundió como una piedra en el mar. Tras de sí dejó un reguero de empresas en bancarrota e ilusiones destrozadas para siempre.

OPERACION CAMPO BALDIO

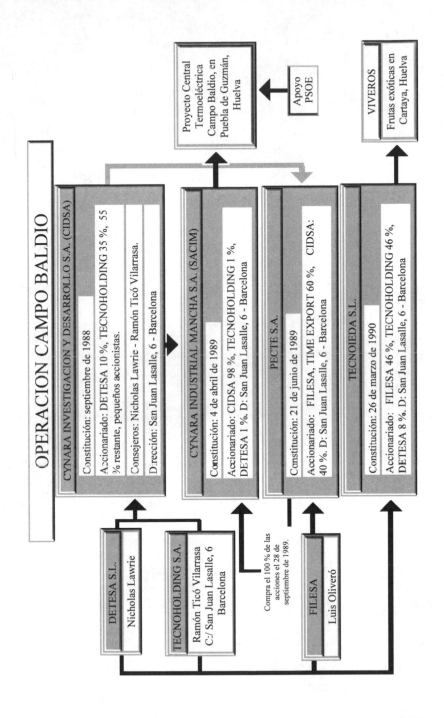

CYNARA INVESTIGACION Y DESARROLLO S.A. (CIDSA)

Constitución: septiembre de 1988

Accionariado: DETESA 10 %, TECNOHOLDING 35 %, 55 % restante, pequeños accionistas.

Consejeros: Nicholas Lawrie - Ramón Ticó Vilarrasa.

Dirección: San Juan Lasalle, 6 - Barcelona

CYNARA INDUSTRIAL MANCHA S.A. (SACIM)

Constitución: 4 de abril de 1989

Accionariado: CIDSA 98 %, TECNOHOLDING 1 %, DETESA 1 %. D: San Juan Lasalle, 6 - Barcelona

PECTE S.A.

Constitución: 21 de junio de 1989

Accionariado: FILESA, TIME EXPORT 60 %, CIDSA: 40 %. D: San Juan Lasalle, 6 - Barcelona

TECNOIEDA S.L.

Constitución: 26 de marzo de 1990

Accionariado: FILESA 46 %, TECNOHOLDING 46 %, DETESA 8 %. D: San Juan Lasalle, 6 - Barcelona

DETESA S.L.

Nicholas Lawrie

TECNOHOLDING S.A.

Ramón Ticó Vilarrasa C:/ San Juan Lasalle, 6 Barcelona

Compra el 100 % de las acciones el 28 de septiembre de 1989.

FILESA

Luis Oliveró

Proyecto Central Termoeléctrica Campo Baldío, en Puebla de Guzmán, Huelva

Apoyo PSOE

VIVEROS

Frutas exóticas en Cartaya, Huelva

CAPITULO DOCE

VIAJES, CASINOS, PRESERVATIVOS Y BELENES: LOS GRANDES NEGOCIOS

Navidades de 1984. Gandía (Valencia). Elvira Cortajanera Iturrioz, subdirectora general de Gestión del Inserso, no salía de su asombro. Sus ojos permanecían fijos sobre el documento que tenía ante ella. Manuel Solans y Santiago Martín, los dueños de Viajes Cemo, una mayorista del sector de las agencias de viajes, acababan de explicarle su nuevo proyecto.

—Es muy fácil y simple. Y ya fue inventado en tiempos de Franco, no te vamos a engañar. Pero si lo ponéis en marcha el éxito está asegurado. Es lo que habéis comenzado a hacer, pero no sólo circunscrito a viejecitos sin recursos, sino a toda la tercera edad, y a lo grande. ¿La rentabilidad política para el PSOE?... no hace falta que te lo cuente —intervino Manuel Solans, un oscense de lenguaje tan claro como sus ojos.

Su socio Santiago Martín escuchaba impertérrito el discurso.

—El asunto consiste en utilizar parte del dinero del paro para subvencionar viajes de pensionistas a centros turísticos en temporada baja. ¿Qué consigues con esto? Primero, evitas que se pierdan puestos de trabajo y que, incluso, se contrate a más gente. Segundo, estás generando para la Hacienda Pública ingresos por IRPF, Seguridad Social e IVA. Tercero, votos. ¿Qué viejecito te va a negar su apoyo electoral si le llevas de vacaciones al mar, a hoteles buenos, y a un precio asequible?... Tú haz cálculos y verás —concluyó Solans.

449

La conversación con la subdirectora de Gestión del Inserso se repitió, al menos, un par de veces más en aquellas fechas. En cada nuevo encuentro los dos empresarios percibían que la idea tomaba forma. Lo único que molestaba a su interlocutora era su origen, pues el padre indiscutible de esa idea había sido Licinio de la Fuente, ministro de Trabajo bajo el régimen del general Francisco Franco.

De la Fuente inició el sistema de vacaciones subvencionadas para la tercera edad en 1972, que duró hasta la temporada 1977-1978, recién estrenada la democracia bajo el Gobierno de Adolfo Suárez y la Unión de Centro Democrático. Era un programa destinado principalmente a ancianos de áreas rurales y sin muchos recursos económicos. A los candidatos se les practicaba un baremo de puntuación que, si lo cumplían, les daba acceso a unas vacaciones a la orilla del mar. Por regla general, el pensionista pagaba 5.600 pesetas por viaje, la mitad de lo que costaba, y el resto era financiado por el Estado.

Adolfo Suárez, enfrentado a una difícil situación política, no apreció la explotación electoral que podían tener estos programas. En cambio, los dirigentes socialistas, al año siguiente de su aplastante victoria en las urnas, rescataron la esencia del programa de Licinio de la Fuente. Organizaron lo que dieron en llamar «Jornadas Navideñas», un sistema de vacaciones de invierno dirigido a pensionistas sin familia.

Dos eran los puntos de destino: Roquetas de Mar, en Almería, y Gandía, en la costa levantina. El número de viajeros se situaba entre cuatro mil y cinco mil ancianos, que procedían de las cincuenta y dos capitales de provincia y para cuyo traslado y acomodo había sido contratada, entre otras, Viajes Cemo.

A las pocas semanas de aquella conversación, Elvira Cortajanera inició un estudio muy detallado del proyecto, con cálculos de inversiones que venían a corroborar la propuesta de los dos empresarios.

Cortajanera era muy amiga del militante de UGT y socialista Javier López Blanco, director provincial de Trabajo y Seguridad Social de Baleares y hombre de confianza de Paulino Barrabés, entonces secretario de Finanzas de la Unión General de Trabajadores (UGT). La aportación de Elvira Cortajanera resultó decisiva en la puesta en marcha del proyecto. Pero no sería hasta la primavera de 1985 cuando se tomó la primera decisión de apoyar el programa de vacaciones para la tercera edad.

Barrabés y el secretario de Finanzas del PSOE, el mallorquín Emilio Alonso Sarmiento, se reunieron con López Blanco en su despacho de Palma de Mallorca para que éste les explicara en profundidad el asunto. Como estaba previsto, dieron el visto bueno para que se organizara un proyecto piloto de vacaciones de invierno para la tercera edad subvencionadas por el Estado[1], y aceptaron que una empresa controlada por el partido dirigiera el negocio. PSOE y UGT tenían en aquel entonces la misma identidad.

—No te preocupes por nada, Javier. Tanto Paulino como yo hablaremos con Joaquín Almunia [Ministro de Trabajo] para que dé el *OK* al proyecto —le dijo Emilio Alonso a López Blanco.

Ninguno de los presentes abrigaba duda alguna de que aquello, con el tiempo, podría ser una de las fuentes de financiación más importantes para el partido y el sindicato.

—Pero hay que gestionarlo bien —concluyó López Blanco.

Para dirigir el proyecto se situó a Juan Bautista Calatayud, un abogado mallorquín con experiencia en el sector, amigo personal de Javier López Blanco y de Emilio Alonso Sarmiento, a cuya hermana, Isabel, daría un año después trabajo en la empresa como telefonista. El primer programa piloto se realizó entre noviembre de 1985 y marzo de 1986 con unos recursos muy discretos. Tan sólo dieciséis mil personas, un presupuesto de 221.500.000 pesetas y dos destinos: Baleares y Alicante.

Al frente del área de Baleares, Juan Bautista Calatayud colocó a una de sus empresas, en la que ejercía de apodera-

---

[1] Gonzalo San Segundo, *Cambio 16*, 30 de julio de 1990.

do, Invierno Balear S. A.[2]; en la zona de Alicante sería Hoteles Costa Blanca la sociedad elegida. El resultado fue un éxito rotundo.

La temporada siguiente, 1986-1987, se llevó a cabo también utilizando dinero procedente del Fondo de Solidaridad para el Empleo, dependiente del Ministerio de Trabajo, y el contingente de plazas para ancianos se multiplicó por diez. Se pasó a 152.500 plazas, con un presupuesto fijado de 1.336 millones de pesetas. La justificación que se dio al dinero presupuestado fue una supuesta modernización de las setenta y seis instalaciones hoteleras participantes.

En el expediente de concesión de la subvención se explicaban, por si alguien recurría, las supuestas contrapartidas que obtendría el erario público:

«La Administración ahorra, indirectamente, por prestaciones de desempleo (que debería abonar si no se llevara a cabo el Plan) unos 692 millones de pesetas, y se ingresarán por cotizaciones positivas de Seguridad Social 488,1 millones. También podría añadirse lo que se percibiría por I.V.A. en dicho período de explotación (unos 249 millones).»

Los puestos de trabajo calculados eran unos 12.778, de los cuales 4.055 eran directos y 8.723 indirectos. El coste por puesto de trabajo era relativamente bajo, 455.000 pesetas anuales. Además, los dirigentes socialistas tenían muy presente que los seis millones de pensionistas y jubilados españoles representaban un 20 por ciento del electorado.

---

[2] Invierno Balear fue creada el 18 de octubre de 1985 con un capital social de 192.000 pesetas dividido en partes iguales entre varias personas vinculadas al sector turístico: Antonio Buades Feliú, de Hotelera Alfa S. A., Juan Palou Cañellas, de Royaltur S. A., Antonio Coll Domingo, de Hotel Hawai S. A., Miguel Capó Oliver, de Sur Hoteles S. A., Cristóbal Oliver Castañer, Juan Vives Cerdá, de Cadena Hotelera So S. A., María Antonia Barceló Vadell, de Hotel Bahamas S. A., y Juan Colom Quintana, de Explotaciones Hoteleras Lluchmayor S. A.

La temporada de 1986-1987 suponía el despegue definitivo del proyecto. Los destinos turísticos se ampliaron a las comunidades autónomas de Andalucía y Valencia. En la mesa de contratación del Ministerio de Trabajo y Seguridad Social, que entonces ya dirigía Manuel Chaves, figuraban dos personajes que conocían perfectamente todo el entramado: Javier López Blanco y Elvira Cortajanera. Como presidente de la mesa figuraba Angel Rodríguez Castedo, director general del Inserso y militante socialista. Las decisiones estaban tomadas de antemano.

La agencia Invierno Balear recibió la organización y coordinación de ventas y viajes del programa, así como el 48 por ciento del mismo; Viajes Barceló y Viajes Halcón se quedaban con el 15 por ciento cada uno; Viajes Cemo, con el 10 por ciento; el Grupo de Hoteles Costa Blanca, con el 6,6 por ciento; y Viajes CET, con el 4,5 por ciento.

A lo largo del verano de 1986 se conformaría el núcleo de hombres de confianza del partido que luego constituirían Viajes Ceres. Entraban en escena Eligio Salgueiro Ayala, militante del PSOE con experiencia en el sector; Juan Piña Oliver, hombre de confianza de Emilio Alonso desde los tiempos de Management S. A., y Carlos Rodríguez Bono, primo del presidente socialista de la Comunidad de Castilla-La Mancha, José Bono.

Meses más tarde, en febrero de 1987, Calatayud, Piña y Rodríguez Bono fundaban Trade Managers, una empresa de asesoramiento jurídico y financiero que después formaría parte del engranaje de Viajes Ceres. La trama iba poco a poco organizándose.

* * *

Tras el éxito de la temporada 1986-1987, Juan Bautista Calatayud atisbó que la infraestructura para todo el proyecto se quedaba pequeña. Invierno Balear, la empresa de la que era apoderado, no daba abasto. Además no era propiedad del partido. Por lo que tenía que tomar medidas con urgencia.

—No hay más remedio que ampliar el negocio. Pero lo que no veo claro es por qué tenemos que repartirlo. Hay que crear empresas que sean sólo nuestras —dijo en tono tajante Calatayud a sus socios.

La solución llegó por una doble vía. La primera fue la compra, en octubre de 1987, de una pequeña agencia de viajes, Viajes Ceres, con domicilio social en Cáceres y propiedad de Juan Antonio Hidalgo Acera. Este industrial es hermano de Juan José Hidalgo, presidente de la Unión Deportiva Salamanca y dueño de Viajes Halcón.

La segunda medida fue la entrada en escena de Viajes Marsans S. A., una antigua sociedad del INI que había sido privatizada un año antes y en la que había figurado hasta enero de 1987 como presidente Javier Gómez-Navarro[3]. Viajes Marsans, controlada por el empresario Gonzalo Pascual Arias y por Gerardo Díaz Ferrán, había firmado el 11 de marzo de 1987 un acuerdo con Libertur, la agencia de viajes de UGT, que estaba a punto de desaparecer, para hacerse cargo de ésta durante un periodo prorrogable de tres años.

Marsans garantizaba a UGT, representada en la firma por Paulino Barrabés, que su gestión no ocasionaría pérdidas al sindicato, y se acordaba que por su gestión percibiría «el 50 por ciento de los beneficios obtenidos en la explotación normal». En dicho contrato podía leerse:

«Por parte de Viajes Marsans se desarrollarán vías de expansión del negocio, con carácter institucional, sobre posibles grandes clientes, en colaboración con el accionariado de Libertur. Asimismo se llevará a cabo por ambas partes un plan de desarrollo con objeto de promocionar al máximo la captación de turismo social, tanto nacional como extranjero.»

Como director general de Viajes Marsans figuraba Antonio Mata Ramallo, quien más tarde formaría parte del emporio empresarial que estaba levantando Calatayud para beneficio propio, del PSOE y de la UGT.

---

[3] Javier Gómez-Navarro es ministro de Comercio y Turismo y fue secretario de Estado para el Deporte.

Como estaba previsto, Viajes Marsans recibió la concesión de los viajes para la tercera edad en la temporada 1987-1988. El presupuesto se doblaba, pasando de 1.336 millones de pesetas a 2.700 millones. Las plazas también se elevaron a 225.000.

Pero Viajes Marsans subrogaría todo el programa en las sociedades Invierno Balear y Viajes Ceres, que aparecían como una misma entidad jurídica sin serlo. De esta manera, estas empresas obtenían la totalidad de la subvención por dicho programa sin que oficialmente constara su nombre. Viajes Ceres carecía, además, de la clasificación que exigía la Administración en el pliego del concurso.

Las condiciones del contrato eran muy suculentas. La concesionaria recibía de salida 110 millones de pesetas por publicidad, 93 millones por la póliza de aseguramiento, 70 millones para garantizar la asistencia sanitaria y hasta un 10 por ciento del importe de la adjudicación, 270 millones de pesetas. A eso se unía que la Administración pagaba todas y cada una de las plazas previstas, se ocuparan o no [4].

La procedencia balear del secretario de Finanzas del PSOE, Emilio Alonso Sarmiento, y de los directivos de Viajes Ceres se notó en este primer programa de viajes para la tercera edad. El 57,74 por ciento de los destinos fueron las Islas Baleares, mientras que el 25,56 por ciento fue Andalucía, el 10,5 Valencia y el 6,18 la comunidad murciana. Una proporción que se mantendría similar en posteriores concursos.

* * *

Tras su adquisición por los emisarios del PSOE, Viajes Ceres cambió su domicilio social de Cáceres a la capital de España, en la calle Alberto Alcocer, número 46, y el 90 por ciento de su accionariado pasó a estar bajo control de Central Managers S. A., una pequeña sociedad radicada en Palma de Mallorca, fundada por Juan Bautista Calatayud.

---

[4] De acuerdo con fuentes del sector, los beneficios mínimos que podía obtener una agencia en una posición de monopolio como éste eran del orden del 16 por ciento.

El 11 de diciembre de 1987, Central Managers amplió su capital social en 9.800.000 pesetas —hasta 10 millones—, dando entrada a diferentes socios, todos ellos afines a la causa socialista. El 21,3 por ciento de las acciones fueron suscritas por Hispaport S. A., controlada por Intermun S.A., propiedad de Antonio Blázquez Marín, de su esposa María Teresa Abascal Alvarez (prima de la duquesa de Feria, Natividad Abascal) y de Enrique Sarasola Lerchundi, aunque éste no aparece como accionista. Blázquez y Sarasola mantenían en aquel tiempo unas excelentes relaciones con Paulino Barrabés y la UGT.

El 22 por ciento pasó a estar controlado por Tornasol Films S. A., una productora de cine propiedad de Gerardo Herrero [5]; el resto del accionariado figuraba repartido entre Juan Bautista Calatayud (10,14 por ciento), Eligio Salgueiro (10 por ciento), que asumió la presidencia del Consejo de Administración, y el resto Antonio Mata, ex consejero delegado y miembro del Consejo de Administración de Viajes Marsans, quien asumió los poderes en la nueva agencia.

Las perspectivas para Viajes Ceres eran prometedoras. Sin embargo, la celebración del XXX Congreso Federal del PSOE entre el 22 y el 24 de enero de 1988 sería determinante en su futuro. Curiosamente, el PSOE recibió para la organización del XXX Congreso una aportación anónima de 30 millones de pesetas procedente de una cuenta del Banco de Crédito Balear, la entidad crediticia con la que trabajaba Viajes Ceres. En este congreso el mallorquín Emilio Alonso Sarmiento dejaba de ser secretario de Finanzas del PSOE, un puesto que ocuparía Guillermo Galeote. Con la nueva dirección de las finanzas empezó a funcionar Filesa.

---

[5] Fundada el 30 de abril de 1987 con un capital social de 5 millones de pesetas; el director de cine Gerardo Herrero tenía en su poder el 70 por ciento de las acciones. El 1 de junio de 1989 Javier López Blanco entra a figurar como administrador único, y el 2 de octubre de 1990, en una ampliación de capital, López Blanco pasa a tener el 40 por ciento, Gerardo Herrero el 33,6 por ciento y Rafael Novoa Mombiedro, director financiero de Viajes Ceres, el 19,5 por ciento.

Los interlocutores del partido en la capital de España habían cambiado. Y al igual que Alberto Flores aterrizaba en Filesa como representante del «aparato» de Ferraz, lo mismo harían meses después los hombres de Filesa en Viajes Ceres. Pero hasta ese momento, la dirección de Viajes Ceres continuó tomando decisiones muy particulares, que a la postre complicarían su futuro, como la compra del Aparthotel Aquamar por la sociedad filial JJ.CC. S. A. Esta sociedad fue constituida el 14 de abril de 1987 con un capital social de 2 millones de pesetas, y estaba controlada por los hombres de Viajes Ceres; en ella aparecía como principal accionista Carlos Rodríguez Bono, con el 80 por ciento de acciones. Se trataba de un complejo de apartamentos turísticos de mil trescientas camas situado en Calas de Mallorca, y que estaba abocado a la quiebra.

La operación fue realizada en la primavera de 1988 por Antonio Mata y por Eligio Salgueiro, presidente de Viajes Ceres y administrador único de JJ.CC, respectivamente. JJ.CC. después cambió su denominación por Aparthotel Aquamar S. A. Las negociaciones se llevaron a cabo con Miguel Manresa, representante de la empresa Vertur, propietaria del aparthotel. Allí, en el restaurante del complejo, sobre una servilleta de papel, se cerró el acuerdo. El precio estipulado fue de 1.953.972.000 pesetas. Se acordó la siguiente forma de pago:

«A) 502.857.664 pesetas entregadas en el momento de la compra-venta oficial (el 20 de mayo de 1988).
B) Subrogación de una hipoteca del Banco Bilbao Vizcaya por 1.000 millones.
C) 200 millones en letras aceptadas.
D) 200 millones a COFEBASA[6].
E) 25 millones al Colegio de Arquitectos.
F) 26 millones en diversos pagos.»

---

[6] Sociedad constructora, con un capital escriturado de 25 millones y sede en Santander. Su administrador único es Bautista Corral Casanueva.

Para hacer frente al pago inicial, 503 millones de pesetas, Antonio Mata dio el visto bueno para que Viajes Ceres abonara este importe en representación de JJ.CC. Mata justificaría después la operación de la compra del aparthotel a través de JJ.CC. «porque el objeto social de Viajes Ceres no se lo permitía hacer». El dinero que tuvo que poner Ceres, fue un lastre que le ocasionaría graves perjuicios económicos en su futuro más inmediato.

No obstante, el empresario contemplaba la adquisición del aparthotel como una forma de completar un gran negocio formado por una agencia, un hotel y una compañía de transportes. Todo un círculo cerrado cuyo control aumentaría considerablemente los beneficios para el *holding*.

Antonio Mata había adquirido con anterioridad a esta operación, el 19 de enero, un paquete de acciones del 9 por ciento de la compañía aérea *charter* Andalucía International Airways S. A. La compra la había realizado a través de una ampliación de capital de esta compañía aérea, propiedad del presidente de la Unión Deportiva Salamanca, de la cadena de hoteles Don Ventura S. A. y de Viajes Halcón, Juan José Hidalgo Aceras.

A esa misma ampliación de capital acudió también Pedro Salvador Pueyo Toldra, quien se hizo con el 70 por ciento de las acciones de la compañía a través de Don Hotel S. A. En junio de ese año la *charter* cambiaba su nombre por el de Oasis International Airlines, pasando a formar parte del Grupo Oasis, compuesto por más de cuarenta sociedades repartidas entre España, Holanda, Gran Bretaña, Alemania, Estados Unidos y México.

Tras la entrada de Pueyo y su paso al grupo Oasis, el Consejo de Administración de la sociedad se modificó considerablemente. En él aparecieron tres personas en representación de Viajes Ceres: Juan Bautista Calatayud, Rafael Novoa Mombiedro, director financiero, y Fernando Guzmán Lebón, secretario. Pedro Pueyo nombró después como consejero delegado de Oasis International Group, con sede en Atlanta (Estados Unidos), a José Manuel Salgueiro, hermano de Eligio Salgueiro, presidente de Viajes Ceres.

Oasis apareció más tarde vinculado al Grupo Banesto y a Mario Conde, quien financió todas las operaciones especulativas de Pedro Pueyo. De hecho, compró la compañía *charter* un mes después de que Mario Conde asumiera la presidencia de Banesto. A finales de 1989, el banco compraba el 15 por ciento del Grupo Oasis y éste, a su vez, adquiría el 1 por ciento de Banesto. Las participaciones se elevarían después a un 50 por ciento por parte de Banesto y a un 3 por ciento por parte de Oasis.

La idea primaria de los hombres de Ceres era convertir a la *charter* Oasis International Airlines en la compañía aérea de Ceres. Pero para que esto se hiciera realidad era necesario obtener el concurso de viajes de la tercera edad para la temporada 1988-1989, algo de lo que nadie dudaba cuando fue convocado[7]. En el sector se había corrido la voz de que estaba ya concedido de antemano a Viajes Ceres.

Pero un inesperado rival salió a concursar. Se trataba de la agencia Viajes Cemo, propiedad de Manuel Solans y Santiago Martín, los hombres que en 1984 habían sugerido el inicio de estos programas. Solans y Martín querían plantar batalla al incipiente monopolio de Ceres antes de que fuera demasiado tarde. Desoyendo los rumores, optaron por presentarse. Su oferta superaba a la de Viajes Ceres, pero de poco les sirvió, a pesar de que así lo ratificaron los dieciséis técnicos del Inserso que habían redactado el informe que servía de base para la adjudicación. La decisión política estaba tomada. El Ministerio de Asuntos Sociales, dirigido por Matilde Fernández, decidió conceder el programa del Inserso a Viajes Ceres. Sin embargo, la decisión estuvo minada por serias discrepancias entre los técnicos y los responsables políticos del Ministerio.

El 23 de agosto de 1988, fecha en la que se reunía la mesa de contratación, los enfrentamientos alcanzaron su cenit. Florián Ramírez, subdirector general del Inserso y presiden-

---

[7] Fue convocado en mayo de 1988. El programa suponía unos ingresos de 3.377.700.000 pesetas y un movimiento previsto de 250.000 personas.

te de la mesa, cuestionó abiertamente el informe de sus propios técnicos favorable a Viajes Cemo. El acta de la sesión reflejó el enfrentamiento interno vivido:

> «Surgen discrepancias entre los componentes de la Mesa sobre la evaluación del informe y el presidente decide interrumpir la sesión para reanudarla al día siguiente, al objeto de que los componentes de la Mesa puedan reflexionar sobre los puntos debatidos. [...]
> El 31 de agosto se reanuda la sesión y se continúan debatiendo aspectos del informe técnico presentado. A la vista de las diferentes posturas mantenidas por los componentes de la Mesa, el presidente estima necesario elaborar otro informe. La sesión se interrumpe. [...]
> Se vuelve a reanudar la sesión el 5 de septiembre. El presidente aporta el informe por él mismo elaborado sobre la base del informe técnico inicialmente visto y la documentación presentada.»

El informe de Florián Ramírez, contrario al de los técnicos del Ministerio, se elevó al director general del Inserso, Angel Rodríguez Castedo. En él se indicaba que la oferta de Viajes Ceres era más idónea en cuanto a hoteles, calidad y ubicación. Rodríguez Castedo, ugetista y militante del PSOE, no dudó en otorgar el programa a Viajes Ceres, según resolución del 12 de septiembre de 1988. Las presiones políticas habían dado sus frutos.

A partir de ese momento, Manuel Solans y su socio iniciaron una serie de querellas contra los dirigentes del Ministerio de Asuntos Sociales, a los que acusaron de presuntos delitos de prevaricación y coacciones.

Para capear el temporal, Calatayud contrató a la sociedad Consultores de Comunicación y Dirección S. A., la empresa de Julio Feo, ex secretario del presidente del Gobierno y militante socialista, especializada en cuestiones de imagen y comunicación. Todo quedaba en casa. Y Viajes Ceres seguía su curso.

* * *

La aparición oficial de Filesa en Viajes Ceres se produjo el 14 de octubre de 1988, como consecuencia de una ampliación de capital (de 2 a 50 millones de pesetas) en la sociedad Aparthotel Aquamar. Ese día Filesa se hacía con el 16,2 por ciento del capital social; Kartel de Inversiones, otra de las empresas de la trama Ceres, adquiría el 60,8 por ciento, y Mallorca Service S. A., propiedad de Manuel Entrena, un hombre de Alfonso Guerra, el 10 por ciento.

Sólo cuatro días después del desembarco de Filesa, Antonio Mata vio revocados todos sus poderes en Viajes Ceres. Los hombres del PSOE, Juan Bautista Calatayud, Rafael Novoa, Juan Piña y Javier López Blanco, que ya se habían integrado en el engranaje, se vengaban de esta manera de su decisión particular de comprar el Aparthotel Aquamar. Calatayud se convertía desde ese momento en el hombre fuerte de Viajes Ceres, sólo controlado por el diputado Carlos Navarro y su tío, Luis Oliveró, con los que mantenía otros vínculos profesionales. Calatayud era uno de los hombres de Filesa en la frustrada red de comunicación del PSOE, como accionista de la sociedad de radio Dial Europa S. A. [8]

Por su parte, López Blanco estrecharía aún más los vínculos con el *holding* catalán. Su carné de socialista y militante de la UGT constituía un aval suficiente como para que le consideraran un hombre de toda confianza. Su relación desembocaría a finales de 1988 con el nombramiento como vocal de otra empresa del *holding*, Desarrollos Deportivos Internacionales y Comerciales, con sede en San Cugat del Vallés (Barcelona). Una sociedad dedicada a la mediación, prestación y explotación de servicios relacionados con actividades deportivas, recreativas y de hostelería, en la que el *holding* socialista participaba al 50 por ciento.

El desembarco de Filesa en Viajes Ceres se convirtió en definitivo en enero de 1989. En esa fecha Time Export tomaba el 20 por ciento del accionariado y Luis Oliveró, por recomendación del diputado Carlos Navarro, se convertía en

---

[8] Véase capítulo ocho.

miembro del Consejo de Administración. Carlos van Schouwen, el contable de Filesa, explicó al juez Marino Barbero la razón de tal operación:

«Viajes Ceres no hacía llegar las comisiones al partido. Y sin embargo, seguían recibiendo las subvenciones. Carlos Navarro fue el encargado de coger las riendas de Ceres y que se pagasen las comisiones.»

Tres meses más tarde se producía otro hecho significativo. Se abrió una nueva sede central del grupo en Madrid, en el número 9 de la céntrica calle de Jorge Juan. En el segundo piso de este edificio se instaló toda una serie de empresas tapadera que los hombres de Viajes Ceres habían creado para derivar los fondos procedentes de los programas de la tercera edad.

El local se alquiló a José Milans del Bosch y Ussía, familiar del general golpista Jaime Milans del Bosch, por un millón y medio de pesetas mensuales y por un periodo de diez años. Allí se domiciliaron las sociedades: Trade Managers S. A., Tornasol Films S. A., Omni Video S. A., Blue Eagle S. A., Mayo Floresta S. A., Aparthotel Aquamar S. A., Proyectos e Inversiones Inmobiliarias S. A., Kartel de Inversiones S. A., Anterea S. A. y Senior Europe S. A.

Algunas de estas empresas también tenían otra sede, situada en el paseo de la Castellana, 141. Allí se encontraban Kartel de Inversiones, Omni Video y Proyectos e Inversiones Inmobiliarias, todas ellas participadas por el primo del presidente castellano-manchego José Bono, Carlos Rodríguez Bono.

Entre los accionistas de estas empresas figuraban mujeres, cuñadas, sobrinas, amigos o compañeros de partido de los principales implicados en la trama. Así, en la sociedad Blue Eagle figuraba como administradora única Eva Subías, cuñada de Juan Bautista Calatayud. El accionista mayoritario de Blue Eagle era la sociedad Winchmore Properties, registrada en el paraíso fiscal de la isla de Jersey (Gran Bretaña). Esta sociedad estaba a su vez participada por tres sociedades radicadas también en Jersey: BIBJ Nominees Ltd., Canal Trust Company y Bibk Management Ltd. Cada una de las tres tenía en común un accionista mayoritario: Bilbao Vizcaya Bank, una financiera dependiente de la entidad crediticia española[9].

Otras sociedades del grupo, como la luxemburguesa Lubeh Holding, eran simples fiduciarias. Lubeh Holding pertenecía a la Banque Crédit Industriel Alsace Lorraine. Según la documentación incautada por el juez Barbero en el domicilio de Filesa: «El accionista mayoritario de Lubeh Holding es D. Juan Calatayud. Lubeh Holding compró el 10 de marzo de 1990 el 98,5 por ciento de las acciones de Kartel de Inversiones.» Esta empresa poseía el 60,8 por ciento de Aparthotel Aquamar S. A., la propietaria del complejo de apartamentos en Mallorca.

Los hombres de Filesa y de Viajes Ceres estaban tranquilos. Todo marchaba conforme a lo establecido. El programa de viajes de la tercera edad para la temporada 89-90 fue de nuevo otorgado a Viajes Ceres, esta vez sin la oposición de Viajes Cemo. El presupuesto de la subvención, 4.055 millones de pesetas, era sensiblemente superior al de la temporada anterior, que fue 3.378 millones. También el número de plazas: de 250.000 a 310.000.

Esta adjudicación fue objeto otra vez de fuertes críticas, aunque en esta ocasión desde la administración autonómica valenciana, en manos del PSOE. El Institut Turístic Valencià publicó un estudio en el que se quejaba del trato de favor que recibía Baleares en los viajes de la tercera edad, a pesar de que las preferencias de destino de los ancianos eran Benidorm y Alicante. El informe indicaba:

> «La aplicación del Programa en su edición 1988/1989 supone la generación de un gasto aproximado a los 8.000 millones de pesetas, de los cuales más de la mitad tienen lugar en Baleares y algo más de la cuarta parte en Andalucía. En la Comunidad Valenciana el gasto generado se sitúa en torno a los 863 millones de pesetas.
>
> El concurso, tal como está ideado, conduce a una monopolización del mercado que queda dominado por

---

[9] Canal Trust Company pertenece al grupo BBV (Joana Uribe, *Tribuna*, 1 de julio de 1991).

un único adjudicatario. Al darse esta circunstancia, a la que hay que añadir que la adjudicación del Programa ha recaído en sus sucesivas ediciones directa o indirectamente en una única empresa (INVIERNO BALEAR/ VIAJES CERES), la consecuencia es una completa desvirtuación del mercado.»

Los ingresos iban poco a poco llegando a las arcas del *holding*. Pero la ambición de los dirigentes socialistas les llevó, incluso, al asalto de nuevas metas con las que aumentar aún más sus plusvalías.

* * *

A comienzos de 1989, una idea rondaba insistentemente por la mente de Luis Oliveró. Quería crear otra maraña de agencias de viaje con las que complementar a Viajes Ceres. Una red propiedad del *holding*, al igual que había intentado hacer el empresario Antonio Mata con la compra del Aparthotel Aquamar y de la compañía aérea en Mallorca.

Para ello, Oliveró se reunió con dos conocidos militantes socialistas, Benjamín Castro Yuste, ex diputado en la Comunidad de Madrid, y el empresario Antonio Calleja Relaño, viejo colaborador en las finanzas del partido. Los dos eran propietarios de la empresa Internacional de Representación y Gestión S. A. (IRG), dedicada a la intermediación.

Varias fueron las conversaciones que Oliveró mantuvo con ellos. Finalmente se llegó a un acuerdo de colaboración en la creación de una nueva red de agencias de viajes distribuida por toda la geografía española y cuyos beneficios irían destinados en parte al partido.

El 19 de mayo de 1989 se firmaba definitivamente el acuerdo, por el que Calleja y Castro percibirían inicialmente dos millones de pesetas. El contrato decía así:

«1º Que FILESA quiere llevar a cabo la creación de una agencia de viajes, con delegaciones en varias capitales de provincia, pero en principio iniciarían su actividad con delegaciones en Madrid y Bilbao.

2º Que IRG tiene experiencia suficiente en esta actividad porque recientemente ha puesto en marcha y desarrollado una iniciativa semejante con resultados satisfactorios.

Por todo ello

ACUERDAN

a) FILESA encarga a IRG la realización de un estudio sobre la creación de una agencia de viajes, donde IRG se ocuparía de todos los trámites administrativos necesarios para su puesta en funcionamiento.

b) Localización y proyecto de adecuación de un local en Madrid y otro en Bilbao, preferentemente en una zona comercial.

c) Seleccionar el personal necesario para desarrollar la actividad comercial.

d) Información sobre programas y medios de contabilidad a emplear, incluido soporte informático desarrollado.

e) Asesoramiento técnico, funcional y administrativo durante un periodo de un año a partir de la puesta en marcha de la actividad.

f) Realización del estudio y planificación de la actividad en un periodo de seis meses a partir de la firma del presente contrato.

g) FILESA se compromete por su parte a colaborar activamente en todas las gestiones, consultas e información que le sean requeridas por IRG para el buen fin del contrato.

h) Abonar a IRG la cantidad de dos millones de pesetas, por todos los conceptos ya definidos, incluido el asesoramiento posterior de un año [10].»

---

[10] IRG cursó una factura a Filesa, con fecha 13 de diciembre de 1989, por 2.464.000 pesetas por los conceptos de «Asesoramiento y servicios», según contrato de fecha 19 de mayo de 1989.

Sin embargo, la iniciativa no cuajó. Los acontecimientos posteriores explicarían el porqué.

Entre tanto, el hombre fuerte de Viajes Ceres, Juan Bautista Calatayud, había extendido sus tentáculos a una de las empresas con más futuro por entonces: Telemundi International NV, que acababa de conseguir un contrato multimillonario en la Exposición Universal de Sevilla como agente exclusivo de todos los derechos de comercialización de la Expo. Este negocio le reportaría unos ingresos superiores a los 7.000 millones de pesetas, con unas comisiones en torno al 10 por ciento sobre todas las actividades de la Expo que se fueran a retransmitir por televisión. Así, por la participación de los atletas norteamericanos Carl Lewis y Ben Johnson en el *meeting* de atletismo que se celebró en Sevilla con motivo de la Expo, Telemundi percibió al cambio cerca de un millón de pesetas, según contrato del 21 de noviembre de 1990.

Calatayud había entrado como consejero de Telemundi el 29 de julio de 1987, un día después de que el presidente de esta empresa en España, Carlos Garcés Veré, firmara un contrato con el socialista Jacinto Pellón, consejero delegado de la Sociedad Estatal Expo-92.

Sin embargo, el ambiente de colaboración entre los hombres de Viajes Ceres y de Filesa se fue deteriorando paulatinamente. Luis Oliveró comenzó a dudar de la integridad de Calatayud. Pensaba que le engañaba con las cuentas de Viajes Ceres y perdió la confianza en él. Problemas como el de Bernardo Quetglas, propietario de la empresa Sidetours, subcontratista de Viajes Ceres, agravaron el asunto.

De nada sirvieron las explicaciones por carta de Calatayud a Oliveró. Una de ellas, fechada el 13 de octubre de 1989, intentaba explicar el porqué de la incorporación de Quetglas a la trama [11]:

«Bernardo Quetglas era un hombre de confianza de Juan March [secretario general del PSOE de Baleares] y

[11] Ana Aguirre, Jesús Cacho y Casimiro García-Abadillo, *El Mundo*, 25 de junio de 1991.

éste exigió que le diésemos entrada a pesar de que el programa ya estaba en marcha y Bernardo Quetglas no aportaba nada. El Sr. Quetglas, a través de la compañía Sidetours era la única Agencia del Programa que sin correr ningún riesgo económico, ya que no vendía plazas, podía realizar el receptivo de Baleares en un elevadísimo porcentaje.

(Recordemos que el receptivo, o sea las excursiones, son una de las tres fuentes financieras de la Operación junto con el precio que también paga el cliente y la subvención que paga el INSERSO; este receptivo tradicionalmente se reparte entre las Agencias Vendedoras del Programa para compensarles económicamente ya que éstas sólo cobran un mínimo porcentaje sobre el precio venta público: normalmente se cobra de un 10 a un 14 por ciento de comisión, pero nuestras Agencias sólo de un 2 a un 5 por ciento sobre el precio que, en realidad, es el 65 por ciento del coste, por la subvención.)

Lo verdaderamente bochornoso es que el Sr. Quetglas, con 300 millones de ingresos, nos presente una liquidación de gastos que es prácticamente la mitad de lo que nos ha costado a nosotros ingresar en Ceres, más de NUEVE MIL MILLONES DE PESETAS [12].»

Calatayud acusaba a Quetglas de haberse embolsado 130 millones de pesetas, «de los que 65 nos corresponden a nosotros», y de cobrar altísimas comisiones a cambio de que los clientes de Ceres visitasen determinadas tiendas y restaurantes. El hombre fuerte de Viajes Ceres intentó, por todos los medios, convencer de la eficacia de su gestión a Luis Oliveró y a Carlos Navarro:

---

[12] Los cálculos de Calatayud parecen partir de la suma de la subvención recibida por Viajes Ceres de los programas del Inserso: 1987-1988, 2.700 millones; 1988-1989, 3.377,7 millones; y 1989-1990, 4.055 millones. Total: 10.132,7 millones.

«Quetglas empezó a vender en Baleares que él era el "representante de nuestra empresa" y a gestionar el cobro de determinados favores que prestaba indirectamente a determinados hoteleros y otros empresarios con gran perjuicio para el programa, aparte de que a nosotros nos empezaba a crear una fama horrorosa. Y todo esto sin enterarnos nosotros, ya que pensábamos que por su relación con la ORGANIZACION [el PSOE] y ya que era ella quien nos la había impuesto, era un hombre de confianza.

Así llegamos hasta el día de hoy en que el Sr. Quetglas nos reclama que le demos el receptivo de la campaña 89-90, a lo que nosotros nos negamos rotundamente hasta que presente la liquidación del programa anterior, y aquí empiezan los problemas. [...] Intenta chantajearnos con montar un escándalo en la prensa contando no sé qué, amenaza a nuestros empleados en nuestras propias oficinas, y así y todo a través de Juan Nadal [miembro de la Ejecutiva del PSOE balear], otro de la organización de Palma, amiguete del Sr. Quetglas y socio suyo de negocios diversos, empieza a moverse por Ferraz para calentar el terreno.»

En una de sus cartas Calatayud indicaba a Oliveró que Quetglas tenía comprado a un concejal del CDS en Palma, Esteban Siquier, que se había pasado a las filas del PSOE:

«El Sr. Quetglas estaba obsesionado por hacer negocios inmobiliarios en Baleares consiguiendo información privilegiada e influencias en la concejalía de Urbanismo; el alcalde de Palma, [Ramón Aguiló Munar], como es sabido, es poco partidario de este tipo de asuntos y menos si interviene el compañero March, razón por la cual el Sr. Quetglas vio cómo se le aparecía la Virgen cuando la minoría decisoria del Ayuntamiento, en manos del CDS, se quebró pasando de bando dos concejales del CDS, quienes se integraron en el equipo del alcalde del PSOE; con lo que parece ser le garantizaban la mayoría absoluta; uno de ellos, el Sr. Siquier, pasó a ocupar la concejalía de Urbanismo que tantos trastornos y disgustos ha causado al alcalde pero que tantas satisfacciones ha dado a algunos especuladores. [...] Muy poca gente sabe que el Sr. Quetglas lo puso en nómina en una empresa que él controla, con 500.000 pesetas al mes.»

Viajes Ceres derogó el contrato con la empresa de Quetglas, Sidetours, sobre las excursiones del Inserso en Baleares, y se lo dio a Viajes Iberia, propiedad del empresario mallorquín Miguel Fluxa, quien también controlaba la sociedad Iberojet, uno de los principales tour-operadores del mercado.

Las cartas de Calatayud a Oliveró aplacaron temporalmente las tensiones entre Filesa y Viajes Ceres. Quince días después de la última carta, el 30 de octubre, Filesa giraba una factura a Eusis, una de las empresas de la trama de Viajes Ceres, por «Prestación de servicio por asesoramiento financiero». Filesa recibía 11.200.000 pesetas. Los responsables de este abono no fueron inculpados por Marino Barbero, pues la pieza de Viajes Ceres se desgajó del sumario de Filesa y fue enviada al Juzgado número 29 de Madrid, en el que se encuentra interpuesta una querella contra esta agencia.

Eusis [13] había sido subcontratada por Viajes Ceres para la atención médica de los viajeros de la tercera edad en todos los hoteles de España contratados para las temporadas 1988-1989 y 1989-1990. En la empresa figuraba como apoderado Eligio Salgueiro, director general de Viajes Ceres en Baleares. Eusis contrataba médicos que no eran del Insalud para que acudieran a los hoteles y procedieran a realizar revisiones sanitarias y atenciones puntuales a los beneficiarios del Inserso, tales como libranza de recetas o poner inyecciones.

Esta empresa fue denunciada por dos empleados del Insalud, José Ramón Rivas Recio y Cecilia Sesé Marazo, que

---

[13] Fundada el 19 de octubre de 1988, con un capital social de 300.000 pesetas. Los accionistas fueron los médicos Juan Miguel López Dominguis, con un 66,6 por ciento, Juan María Corro Truyol y Alberto Morano Ventayol, con un 16,7 por ciento cada uno.

detectaron «reiteradas utilizaciones indebidas de documentos oficiales de la Seguridad Social (recetas médicas) que se expendían por facultativos no vinculados al Insalud». Los dos profesionales denunciaron los hechos en la Inspección de Farmacia y la Dirección Provincial del Insalud. La Administración socialista zanjó el contencioso abriendo una serie de expedientes disciplinarios contra estos funcionarios del Insalud. Se les retiraron los complementos económicos de productividad y se les denegaron las adjudicaciones de las plazas solicitadas. Los dos funcionarios del Insalud presentaron una querella contra Matilde Fernández, Manuel Chaves, Joaquín Almunia y altos cargos del Insalud en Baleares.

Pero Eusis no sería la única sociedad que emitió facturas por supuestos servicios o informes. La empresa Proyectos e Inversiones Inmobiliarias S. A. emitió seis facturas por un importe total de 134.400.000 pesetas, que pagó Viajes Ceres. Las facturas, emitidas entre el 15 de diciembre de 1989 y el 30 de enero de 1990, correspondían a informes sobre aperturas de delegaciones de Viajes Ceres en diferentes comunidades, o sobre la viabilidad de la explotación invernal de la planta hotelera situada en la costa mediterránea, incluyendo los hoteles de Cádiz y Huelva, entre otros. Como administrador único de esta sociedad figuraba Carlos Rodríguez Bono.

* * *

Las relaciones entre los hombres fuertes de Filesa, Luis Oliveró, y de Viajes Ceres, Juan Bautista Calatayud, no perdurarían mucho tiempo más.

El 5 de febrero de 1990 Oliveró recibía en su despacho de Filesa, en Barcelona, una copia del anuncio que los dirigentes de Viajes Ceres habían publicado en el *Diario de Baleares* convocando una Junta General de Accionistas de la sociedad Apartamentos Aquamar S. A. para el 19 de ese mismo mes.

Oliveró estaba furioso. Se sentía engañado. Filesa dominaba el 16 por ciento de esa sociedad y nadie le había informado de una inmediata Junta de Accionistas. Estaba claro, Calatayud y su gente intentaban zafarse del control del «aparato» socialista. Oliveró no perdió tiempo y ordenó a su secretaria, Lourdes Correas, emitir un fax urgente a su sobrino, que volaba en esos momentos hacia la capital de España:

«FAX A LA ATENCION DE DON CARLOS NAVARRO
DE: DON LUIS OLIVERO
BARCELONA, a 5 DE FEBRERO DE 1990
Adjunto, remitimos hoja de periódico donde se publica la convocatoria para el próximo día 19-02-90 de Junta General Extraordinaria de Accionistas de Aparthotel Aquamar S. A. y a la que no nos ha sido cursada ninguna invitación.
Orden del día:
1) Aprobación de la gestión social y ratificación de acuerdos del Organo de Administración.
2) Enajenaciones de la compañía.
3) Ruegos y preguntas.
URGE ENTRAR EN CONTACTO CONTIGO.
Llamaré a FILESA esta tarde.»

Navarro y Oliveró decidieron cortar por lo sano. Ofrecieron a Calatayud una solución: dividir el negocio.

—Tú te quedas con Viajes Ceres y nosotros con el aparthotel —le dijeron.

Las condiciones del acuerdo establecían que Filesa pasaba a controlar el 81 por ciento de Aparthotel Aquamar S. A., y a cambio se comprometía a cubrir el agujero contable de Viajes Ceres, que entonces ascendía ya a 400 millones de pesetas[14], y a entregarle el 20 por ciento de las acciones de la agencia en poder de Time Export. Zeuxis, una empresa inactiva cuya principal accionista era Magdalena Bonet Piña, sobrina de Juan Piña, y con el mismo domicilio de Viajes Ceres en Madrid, «compró» las acciones de Time Export.

Calatayud cumplió el acuerdo y entregó a Filesa la sociedad Kartel de Inversiones, que tenía en propiedad el 60,8

---

[14] Ana Aguirre, Jesús Cacho, Casimiro García-Abadillo, *El Mundo*, 13 de junio de 1991.

por ciento de Aparthotel Aquamar, y algunos paquetes menores. El *holding* catalán del PSOE pasó a poseer el 81 por ciento del complejo hotelero, como se había acordado. El resto del accionariado quedaba en poder de Mallorca Service (11 por ciento), sociedad del «guerrista» Manuel Entrena, y de Proturin S. A. (8 por ciento), de Antonio Mata.

Sin embargo, Oliveró no cumplió con lo pactado. No estaba dispuesto a tapar los números rojos de Viajes Ceres, ocasionados por la compra de Aquamar y su mala gestión. Consideraba que Calatayud y su gente no habían abonado al partido lo que les correspondía. Al fin y al cabo, había sido el PSOE el que les había otorgado la concesión de los viajes de la tercera edad.

Hasta esa fecha Viajes Ceres había recibido de los ministerios de Trabajo y de Asuntos Sociales 10.133 millones de pesetas, correspondientes a los programas de 1987-1988, 1988-1989 y 1989-1990. Eso sin contar los ingresos procedentes de los acuerdos internos con los transportistas, hoteleros y agencias.

Oliveró conocía con detalle estos datos. Los gestores de Viajes Ceres no eran gente digna de confianza ni de recibir ayuda. La retirada del respaldo de Filesa obligó a Calatayud a reunirse inmediatamente con los acreedores. Comenzaron a entablarse conversaciones con hoteleros y transportistas, sin que se encontrara una solución. Los acreedores sabían que Viajes Ceres no tenía otra contraprestación que ofrecer que el Aparthotel Aquamar, un activo plagado de deudas. La situación estaba a punto de estallar. Un nuevo caso de financiación irregular vinculado al PSOE podía saltar a la luz pública.

Siguiendo las indicaciones de Calatayud, el presidente de la patronal hostelera mallorquina, José Forteza Rey, y el abogado José María Lafuente Batllé, representantes de los doscientos hoteleros acreedores, se pusieron en contacto con el diputado Carlos Navarro. Un reservado del hotel Los Galgos de Madrid, propiedad de la cadena Sol del empresario mallorquín Gabriel Escarrer, sirvió de lugar de encuentro. A la cita, fijada sobre las diez de la noche, acudió también Luis Oliveró.

La reunión fue breve. Carlos Navarro no dio una respuesta concreta a las propuestas de los acreedores. El diputado del PSOE volvió a reunirse con los hoteleros, esta vez en Barcelona. La situación no se desbloquearía y continuó empeorando. La tragedia comenzaba a mascarse en la primavera de 1990.

En este contexto, Calatayud había asumido la idea de que Viajes Ceres no podía presentarse de nuevo al concurso del Inserso. Pero tampoco podía dejar escapar un negocio rentable. Para ello se asoció con Viajes Iberia. Esta sociedad, propiedad de la familia mallorquina Fluxa, había sustituido a la empresa Sidetours, propiedad de Quetglas, en la realización de las excursiones del programa 1989-1990 del Inserso en Baleares.

En el mes de mayo, Calatayud distribuía un fax en el que informaba de que Viajes Ceres se presentaría al mencionado concurso a través de su filial Anterea S. A., en asociación con Viajes Iberia S. A. Esta empresa firmó después un acuerdo con Viajes Ceres por el que se comprometía a pagar a esta última 300 millones de pesetas si era designada adjudicataria única del programa del Inserso 1990-1991 [15], como así ocurrió.

Mientras tanto, Juan Bautista Calatayud intentaba por todos los medios forzar a Luis Oliveró para que devolviera a Ceres el control sobre Aparthotel Aquamar para entregárselo a los acreedores. Quería poner fin a una situación muy delicada.

Sobre la mesa de Oliveró hacía tiempo que reposaba un documento que le había hecho llegar el propio Calatayud. En el documento se explicaba la situación dramática en la que se encontraba Viajes Ceres:

«SITUACION "CERES ACREEDORES"   Agosto/90

Conceptos	Versión acreedores	Versión Ceres
Hoteles Esp.	1.213.000.000	1.213.000.000
Grupo Visa	80.000.000	80.000.000

---

[15] El 25 de septiembre de 1990.

473

Grupo Sol	233.000.000	233.000.000	
TOTAL HOTELES	1.553.500.000	1.553.000.000	
ENATCAR	318.000.000	268.000.000	dif.
"A.B.S."	230.000.000	110.000.000	dif.
TOTALES DEUDA	2.101.500.000	1.931.500.000	

POSIBILIDADES PARA UNA LIQUIDACION

Saldos Agencias Seguros	150.000.000	
Inserso (por concretar)	550.000.000	
Caja, Bancos, Vales, etc.	80.000.000	
LIQUIDEZ POSIBLE	780.000.000	780.000.000
Préstamo/Acciones Aquamar S. A.	850.000.000	850.000.000

TOTAL ACTIVO
«POSIBLE» 1.630.000.000
SALDO «CERES» 1.931.500.000
DEFICIT SEGUN
CRITERIOS CERES 301.800.000

¡ATENCION! Del total activo hay casi el 50 por ciento en acciones de Aquamar S. A., cuya valoración o venta en mercado es actualmente imposible. Situación del mercado y pasivo de Aquamar S. A. de 1.000.000.000 ptas. con Banco Bilbao Vizcaya.»

La difícil situación en la que se situaría el PSOE ante un nuevo escándalo político hizo que Luis Oliveró cediera ante las pretensiones de Calatayud. El 6 de septiembre de 1990 mantuvieron una reunión en la que se firmó un documento por el que Filesa se comprometía a entregar las acciones de Aquamar a Viajes Ceres, condicionándolo a que esta última alcanzara un convenio extrajudicial con los acreedores en el plazo de diez días.

Aquella tarde Juan Bautista Calatayud regresaba radiante

a Palma de Mallorca. Tenía la seguridad de que había evitado el desastre y de que el acuerdo con los acreedores estaba cerrado. Pero no era más que un espejismo. Oliveró se la jugó. De nuevo, no cumpliría con su palabra. Días más tarde vendía el 81 por ciento de las acciones de Aquamar al guerrista Manuel Entrena, propietario de Mallorca Service, por su valor nominal de 40.500.000 pesetas.

Viajes Ceres presentaba el 29 de septiembre de 1990 suspensión de pagos en el Juzgado de Primera Instancia número 2 de Madrid. El escándalo saltaba a la opinión pública. Uno de los miembros de la Ejecutiva socialista, Ludolfo Paramio, salió a la palestra informativa en defensa del partido: «Yo lo que sí puedo asegurar es que este dinero [de Viajes Ceres] no está en las arcas del PSOE. Todas estas cosas irritan de forma especial a Felipe González.»

Viajes Ceres había obtenido unos beneficios mínimos, durante los tres años que controló los viajes del Inserso, de 1.621 millones de pesetas. La cifra máxima podría estar en torno a los 3.000 millones, según fuentes del sector turístico. La agencia del PSOE dejaba tras de sí unas deudas de 2.200 millones de pesetas y cuatro procedimientos judiciales abiertos (por alzamiento de bienes, estafa, apropiación indebida y malversación de fondos públicos). Y, sobre todo, la sensación de fracaso de una idea que había motivado especialmente a los dirigentes del PSOE.

El magistrado Marino Barbero desgajó la pieza de Viajes Ceres del sumario del caso Filesa para que fuera instruida por la jurisdicción ordinaria. Pero nadie dudaba de que Viajes Ceres era una nueva versión de financiación irregular del Partido Socialista.

* * *

En el mismo periodo en que Filesa preparaba su entrada en Viajes Ceres, Alberto Flores, hermano de la secretaria de Relaciones Internacionales del PSOE, Elena Flores, y accionista mayoritario del *holding*, se dedicaba a materializar otros negocios que pudieran dar pingües beneficios al partido. Los frentes de actuación tenían que ser los más diversos posibles.

Flores, Oliveró y su gente habían establecido un orden sobre la posible incorporación de Filesa a nuevos negocios productivos. Un informe confidencial del *holding*, fechado a 30 de noviembre de 1990, indicaba los objetivos a seguir:

«NUEVOS NEGOCIOS:

— OREXIS/HUSA
— Turismo 3ª Edad.
— Moda 3ª Edad.
— Residencias 3ª Edad. INURSA: 2 autonomías.
— Hospitales Catering.
— Depots Puertos.
— Casino Sevilla.»

El negocio que Alberto Flores llevaba con más parsimonia era el de la obtención de una licencia para abrir un casino en Sevilla con motivo de la Exposición Universal de 1992. La Junta de Andalucía, en manos socialistas, apoyaba la idea.

Flores tenía una experiencia dilatada en este terreno. En 1982 fue contratado por Nicolás Franco Pascual del Pobil, sobrino del fallecido general, para presidir el Consejo de Administración del casino que tenía en propiedad en Villajoyosa (Alicante). El casino atravesaba entonces gravísimas dificultades financieras y era necesario renegociar las fuertes deudas que arrastraba con una filial del Banco Exterior, el Banco de Alicante. También sus dueños estaban interesados en realizar una operación inmobiliaria de gran alcance.

Por sus vínculos con el PSOE, que venía de ganar abrumadoramente las elecciones generales, Flores era el mejor fichaje. Su presidencia en el Casino de Villajoyosa duró casi un año. Durante ese tiempo, Flores disfrutó haciendo de anfitrión del casino ante familiares y amigos, como Elena Flores y Guillermo Galeote, a los que agasajaba a lo grande con afán de impresionar.

Su estancia en la Costa Blanca duró hasta que un compañero de partido analizó los balances contables de la sociedad durante una visita y le aconsejó que saliera de allí cuanto antes. Alberto Flores, persona de trato abierto, hizo caso al consejo de su amigo y abandonó la empresa de Nicolás Franco, Casino Costa Blanca S. A. El negocio del casino de Sevilla era su nuevo sueño. Había mucho en juego y tenía que tener todo controlado. En la operación participaba el empresario socialista Manuel Domínguez, un economista nacido en Bollullos del Condado (Huelva) y considerado como uno de los principales financiadores del PSOE en Sevilla. Domínguez había comenzado su carrera profesional en una empresa relacionada con el caucho, Caucho Sur S. A., ubicada en la localidad sevillana de Guillena, aunque su fortuna la había amasado con el comercio exterior, principalmente con la venta de material quirúrgico a Argel. Alcanzó su mayor relevancia social al ocupar la vicepresidencia del Real Betis Balompié, y en esos momentos se dedicaba a «asesorar» a empresas extranjeras que querían instalarse en la Exposición Universal de Sevilla.

Domínguez y Flores colaboraban en negocios y en ocasiones se divertían juntos. Una de esas veces fue la noche del 16 de septiembre de 1988, en la que acudieron a la Feria del Vino de Bollullos del Condado. Flores iba acompañado por su mujer, Isabel González Campoamor. Allí, en la caseta de Comisiones Obreras, se encontraron con el presidente de Izquierda Unida-Convocatoria por Andalucía (IU-CA), Luis Carlos Rejón.

—Mira, Alberto, éste es Luis Carlos Rejón, el líder de Izquierda Unida en Andalucía.

Alberto Flores ni se inmutó. Tras un saludo cordial, no volvió a dirigir palabra alguna. No quería que la oposición pudiera conocer alguno de sus planes futuros de inversión.

Rejón, acompañado de su mujer, Ascensión Ruiz de Prado, se encontraba tomando un vino con el alcalde de la localidad, Diego de Valderas, de IU-CA, y varios compañeros de Comisiones Obreras. Se daba la circunstancia de que Ascensión Ruiz, diplomada en Ciencias Empresariales, trabajaba para Manuel Domínguez como asesora en la empresa Deuno, un *consulting* especializado en inversiones que tenía su cuartel general en el número 6 de la calle de Harinas, en pleno centro de la ciudad hispalense.

Las miradas de Ascensión Ruiz y de Alberto Flores se cruzaron durante unas décimas de segundo, como reconociéndose. No habían sido presentados, pero la asesora conocía a Flores de verle en el edificio de Deuno, donde tenía un despacho en la primera planta. Nadie de la empresa sabía qué hacía allí ni cuál era su función.

La caseta de Comisiones Obreras servía de marco surrealista de aquel encuentro, sobre todo cuando Domínguez, un tipo abierto y de gran verborrea, abordó un reciente caso de corrupción socialista en un pueblo limítrofe.

—Si es que no saben hacerlo. Les han pillado por gilipollas. En el PSOE no hay más que aficionados. A-fi-ci-o-na-dos... y si no, que te lo diga mi socio —le decía al líder de IU-CA mientras señalaba con su dedo índice a Alberto Flores.

El dirigente de Filesa, parapetado tras su esposa, prefería guardar silencio. Su rostro no podía disimular su desesperación. La pesadilla de Flores duró poco más de cuarenta y cinco minutos. Y cuando los «comunistas» se marcharon, lo que más deseaba era regresar a Sevilla. No era para menos. El tiempo demostraría que había estado ante una de las «bestias negras» del PSOE en Andalucía. Luis Carlos Rejón fue uno de los impulsores de la investigación del «caso Juan Guerra». En las elecciones autonómicas del 12 de junio de 1994 IU-CA obtuvo nueve diputados más que en 1990, pasando de once a veinte.

Rejón no olvidó aquel encuentro. Pronto comenzó a atar cabos y dedujo que la presencia de Flores podía estar relacionada con la futura construcción de un casino que debía estar funcionando para 1992, antes de que viera la luz en Sevilla la Exposición Universal.

La Junta de Andalucía, presidida por José Rodríguez de la Borbolla, debía decidir a cuál de las cinco empresas que habían presentado sus candidaturas le otorgaba la concesión. Domínguez y Flores (Deuno y Filesa) defendían los intereses de la sociedad Gran Casino Los Naranjos de Sevilla S. A. Esta empresa contaba entre su accionariado con las dos grandes familias del sector del juego: los Lao (Cirsa, Compañía de Inversiones S. A.) y los Franco (Recreativos Franco S. A.), dueños de la mayoría de las máquinas tragaperras de España. Cada uno participaba con un 14 por ciento; los Lao a través de Crendal S. A., una filial de Cirsa, y los Franco por medio de Casino Bahía de Cádiz S. A., bajo su control.

El gran artífice de la operación fue el también empresario socialista Rafael Alvarez Colunga, que participaba en el proyecto, junto con su amigo Luis Merino Bayona, asesor jurídico del Casino de Marbella, con un 50 por ciento de las acciones.

«Lele Colunga», como es conocido entre sus amigos, ex presidente de la Cruz Roja andaluza, tenía negocios en campos tan dispares como la banca, la distribución de productos químicos, la ganadería, la agricultura, los caballos, la farmacia y, por supuesto, en el sector del juego[16]. En éste había entrado por mediación de los hermanos Juan y Manuel Lao Hernández, con los que montó un salón recreativo en Sevilla. Su comunión de intereses, por otra parte, con los hermanos Joaquín y Jesús Franco Muñoz en el casino de Cádiz hizo realidad lo imposible: asociar a los dos máximos rivales en una sola empresa que licitara al casino de Sevilla.

Completaban el accionariado dos hombres cercanos a La Zarzuela, Rafael Satrústegui y Carlos Montoliú. El 27 de julio de 1988 se constituía la sociedad Gran Casino de Los Naranjos y Alvarez Colunga asumía la presidencia.

Los contactos que mantenía «Lele Colunga» con los altos cargos socialistas constituían un aval. Era amigo personal de la mayoría de los secretarios ejecutivos del PSOE en Sevilla y de los consejeros de la Junta de Andalucía. Pero el proyecto era tan importante que no se podía dejar al margen a ninguna facción del partido. Ese papel estaba destinado a Manuel Domínguez y Alberto Flores. El primero cubriría el ala «borbollista», ya entonces enfrentada al «guerrismo», y el segundo las conexiones con el «aparato» de Ferraz.

---

[16] Preside o ha presidido los consejos de administración de Unidefa, Uniopsa, Cinsur, Hufasa, Cedifa, Otc y Farmasur.

El empresario onubense gozaba de excelentes relaciones con los hombres de Rodríguez de la Borbolla. Domínguez era, además, amigo personal de Gaspar Zarrias, entonces secretario de Organización del PSOE en Andalucía. Zarrias, convertido en senador, se hizo después famoso cuando fue cogido *in fraganti* votando con la mano y con el pie en dos escaños diferentes del Senado durante un pleno. Este senador fue, además, quien introdujo a Domínguez en el Servicio Andaluz de Salud (SAS), donde el empresario hizo grandes «amistades» con Agustín Ortega Simón, director general del SAS, con Francisco Blanco, director general de Equipamentos, y con Eduardo Vigil, secretario general técnico. Domínguez tenía en su empresa Deuno un armario lleno de recetas oficiales, de tampones del SAS e, incluso, un libro de registros, según denunció Luis Carlos Rejón en el Parlamento andaluz.

De acuerdo con un informe elaborado por la Policía Judicial de Sevilla, incluido dentro del sumario del «caso Ollero», el empresario fue perceptor de comisiones por el contrato de suministro de albúmina suscrito por la Junta y el SAS con la empresa farmacéutica Landerland [17]:

> «Por medios confidenciales de solvencia, se llegó a conocer su implicación y posterior cobro del porcentaje antes señalado (entre un 8 y un 10 por ciento) en el concurso convocado por la Consejería de la Junta de Andalucía para el suministro de albúmina a los hospitales andaluces y que fue adjudicado a la empresa del ramo farmacéutico Landerland, previo pago al reseñado de la cantidad convenida.»

Su nombre sale también relacionado con la persona clave del caso Ollero, Pedro Llach. Domínguez compró al empresario socialista Enrique Sarasola varios caballos para

---

[17] Juan Carlos Escudier y Pedro Tena, *El Mundo,* 12 de noviembre de 1992.

Llach. En una de las conversaciones contenidas en el citado sumario entre Pedro Llach y Jorge Ollero —quien fuera detenido con un maletín lleno de dinero procedente de una comisión entregada por la empresa Ocisa—, el primero menciona las buenas relaciones de Domínguez «con los del whisky», nombre en clave de la sociedad constructora Dragados y Construcciones S. A.

La faceta de buen relaciones públicas de Manuel Domínguez le sirvió para estrechar sus vínculos de amistad con Alberto Flores. La incorporación del *holding* Filesa al proyecto del casino de Sevilla supuso la creación de un poderoso *lobby* enfrentado a otras sociedades rivales que también habían contratado los servicios de «conseguidores» del partido. Ese era el caso de la sociedad Gran Casino Sevilla-Oromana, que se hizo con los servicios de Juan Guerra, hermano del entonces vicepresidente del Gobierno, Alfonso Guerra.

La tercera aspirante a la concesión era la sociedad Casino Hispalis S. A. Esta empresa, promovida por el ex rejoneador José Anastasio Moreno Martín, contaba entre su accionariado con la sociedad del Casino de Villajoyosa, vieja conocida de Alberto Flores. La cuarta candidatura era la de la sociedad Buenavista Gran Casino de Juego de Sevilla S. A., cuyo principal valedor era el constructor sevillano Rafael Merino.

Sin embargo, el principal rival del Gran Casino Los Naranjos de Sevilla era la sociedad Gran Casino La Cartuja S. A., encabezada por Carlos de Coca Ruizfernández, presidente de la Sociedad de Turismo y Hoteles Andaluces y vicepresidente de Morromar, empresa madrileña dedicada a construir hoteles de lujo. La ventaja de esta oferta sobre las otras radicaba en que sólo solicitaba la licencia de apertura, ya que el casino iba a construirse dentro del lujoso complejo que el empresario sevillano Francisco Venegas Sauer estaba levantando en la isla de la Cartuja. El gran problema de esta oferta era la falta de «padrinos socialistas». Los estudios comparativos iniciales consideraban más apropiada la del Gran Casino La Cartuja. Sin embargo, los baremos finales que se aplicaron dieron la concesión a la candidatura defendida por Manuel Domínguez, Rafael Alvarez Colunga y Alberto

Flores, en representación de Filesa, el 11 de septiembre de 1989.

Los terrenos sobre los que se iba a levantar el casino se encontraban situados en San Juan de Aznalfarache, cerca de la isla de la Cartuja, recinto de la Expo. El proyecto, apoyado por el Casino de Madrid, fue enviado a Felipe González y a Alfonso Guerra. El alcalde socialista de la localidad, Manuel Hermosín, amigo personal de Guerra, viajó a Madrid para presionar a favor del casino de su pueblo. Se contemplaba una inversión de 8.610.996.400 pesetas y la construcción, junto al casino, de un hotel de cinco estrellas, un centro comercial, un campo de golf —planificado por Severiano Ballesteros— y una escuela de hostelería y de *croupiers.*

El proyecto, sin embargo, no vio la luz nunca. Un año más tarde Cirsa anunciaba su retirada. La empresa de juego había recibido en junio un fuerte varapalo: la Ley de Presupuestos Generales del Estado para 1990 había aumentado de un solo golpe las tasas que, por año y máquina tragaperras, pagaban las empresas, pasando de 141.750 a 375.000 pesetas. Con esta nueva tasa, Cirsa tenía que afrontar el pago inmediato al Fisco de unos 4.000 millones de pesetas, según estimaciones del sector, además de los impuestos ordinarios del ejercicio.

Los socios intentaron por todos los medios impedir que se paralizara la construcción del casino mientras buscaban un nuevo empresario que sustituyera a los hermanos Lao. La Junta de Accionistas nombró una comisión para tal fin, integrada por Manuel Domínguez, Jaime Vaca (director general del Casino Bahía de Cádiz) y Luis Merino.

El nuevo presidente andaluz, Manuel Chaves, aunque contemplaba el proyecto como una rémora de la etapa «borbollista», accedió a retrasar un año la apertura. Pero no serviría de nada. Los incumplimientos constantes de Domínguez, Colunga y sus socios de Filesa dieron el argumento que buscaba el nuevo consejero de Gobernación de la Junta de Andalucía, Angel Martín-Lagos Contreras, para suprimir la concesión del casino.

El 17 de junio de 1991 se anunciaba la paralización

definitiva del proyecto. El caso Filesa acababa de saltar a la luz pública. Era la noticia de todos los corrillos y cenáculos de la vida política y social española. Los socialistas andaluces no querían más escándalos. Ya habían tenido bastante con el caso Juan Guerra. Ahora le tocaba el turno a sus compañeros catalanes.

* * *

Luis Oliveró, el hombre que manejaba el día a día del grupo de empresas del *holding* Filesa, se rodeaba en todos los negocios de gente de mucha confianza, amigos íntimos o familiares. En la primera categoría encajaba el empresario e ingeniero industrial Ramón Ticó Vilarrasa, viejo amigo y socio durante su época mexicana en un negocio de calentadores de agua [18].

Ramón Ticó, diez años menor que Oliveró, pertenecía a la alta burguesía catalana. Estaba casado con Mercedes Farré Raventós, prima de los Raventós, dueños de las marcas de cava Codorniú y Reimat. Este parentesco servía a Ticó de tarjeta de presentación a la hora de hacer negocios. El empresario controlaba accionarialmente cuatro empresas con sede en Barcelona: Tema S. A., Noxman S. A., Internacional de Montajes Metálicos S. A. y Tecnoholding S. A., todas ellas ubicadas en el número 6 de la calle San Juan Lasalle y con una plantilla de cuatro trabajadores. Las actividades del grupo se asemejaban a las que aparentaba realizar Filesa: la elaboración de informes sobre sectores dispares, como el de «Investigación petrogenética y petrológica», encargado por la Junta de Andalucía a Territorio y Medio Ambiente (Tema) el 12 de febrero de 1991 por un precio de 9.900.000 pesetas. Ticó Vilarrasa era también consejero de Eléctrica del Ripoll S. A., compañía eléctrica ubicada en la provincia de Gerona, y tenía como abogado al mismo que Filesa, Isidoro Gerardo García Sánchez, dirigente de la Unión de Consumidores de Cataluña, una organización satélite del PSOE. A través de

---

[18] Véase capítulo uno.

Tecnoholding, la sociedad de cartera del *holding*, en la que su mujer figuraba como presidenta y Fernando Oliveró Domenech, sobrino de Luis Oliveró, como gerente, Ticó participó junto a Filesa y Time Export en la constitución de cinco sociedades en negocios muy variados. Así, Enlaser S. A. e Innovación y Formación S. A. se dedicaban a la formación de personal; Pecte S. A. y Cynara Industrial Mancha S. A. se crearon con el fin de levantar una central termoeléctrica movida por cardos gigantes, y Tecno-Ieda S. L. para llevar un vivero de frutas exóticas. El escándalo Filesa dio al traste con los cinco negocios.

El empresario catalán también ayudaría a Filesa en 1989 a reducir sus beneficios ante el Fisco en 67.474.803 pesetas. Para ello utilizó a cuatro de sus empresas, con las que realizó una pelota de facturas falsas. La mayor parte del dinero que Filesa defraudó ese año lo recobró al año siguiente girando a las empresas de Ticó una serie de facturas por supuestos servicios de asesoramiento. Estos informes eran: «Prestación de servicios en la gestión de seguimiento del proyecto de FCC y análisis de riesgos de la refinería de Ertoil (Huelva)», «Prestación de servicios en el desarrollo de propuestas para redes de control medioambiental en varios concursos convocados por el MOPU y la Generalitat de Cataluña», «Asesoramiento en la verificación de las características del parque de almacenamiento de G.L.P. de la oficina de CEPSA Gibraltar» y «Asesoramiento en la revisión de puntos de inundación posible en la comunidad autónoma del País Vasco incluyendo dietas y desplazamientos».

Sin embargo, meses antes de que el *holding* Filesa comenzara a funcionar a pleno rendimiento Luis Oliveró había intentado introducirse en negocios «menores» y un tanto peregrinos. El primero de ellos estuvo relacionado con la importación de preservativos de Japón. La idea había nacido de un antiguo colaborador de Time Export, Javier Ploux, quien había leído en una revista francesa un anuncio de preservativos de una firma nipona en el que se aseguraba «que eran los más finos, seguros y sensibles del mundo».

Javier Ploux habló en mayo de 1987 con el dueño de Time Export, Carlos Ponsa Ballart, para proponerle el negocio:

—¿Por qué no importamos esos preservativos y Time Export los comercializa en España? —le preguntó.

Ponsa Ballart, que estaba en trámites de vender la empresa al PSC-PSOE, rechazó la posibilidad de que fuera Time Export la que hiciera tal operación, pero propuso a Ploux montar una sociedad para el fin que él proponía. Ballart se ocupó se buscar a los accionistas.

—Creo que los preservativos son rentables. Me interesa el negocio, se lo diré a unos amigos míos —le comunicó a Ploux.

La nueva sociedad, Industrias Farmacéuticas del Caucho S. A. (Ifacsa), se formó con su presencia y la de Manuel Pan, Fabriciano Gaja y el armenio Karkour-Zourab Maghakian Amirzian. Los cuatro amigos asumieron un 20 por ciento del accionariado cada uno. Del 20 por ciento restante, un 10 por ciento fue otorgado a Javier Ploux y el otro 10 por ciento a Time Export, que prestaba toda la infraestructura operativa. En el Consejo de Administración de Ifacsa se sentó, como representante de Time Export, Luis Oliveró Capellades.

Sería Maghakian, un hombre con buenas relaciones en los países asiáticos y árabes, quien viajaría hasta Japón para realizar todas las gestiones y cerrar el negocio de la importación de preservativos ultrasensibles de última generación. A raíz de este negocio, el armenio y Oliveró estrecharon sus vínculos, hasta el punto de que el armenio fue utilizado por Oliveró como testaferro para la constitución registral de Filesa y Malesa.

Pero, al mismo tiempo que ultimaba la importación de profilácticos, Time Export se internaba en el negocio de la distribución y venta de imágenes religiosas. El 25 de septiembre de 1987 Time Export abonaba a la empresa Distribuidora de Imaginería de Olot S. A. una factura por 1.441.950 pesetas en concepto de 2.570 figuras religiosas. De este modo, los dirigentes de Filesa se hacían con imágenes de todo el santoral. La mayor variedad correspondía a vírgenes. Había vírgenes de Fátima, de Lourdes, del Carmen, de Coromoto,

La Milagrosa, María Auxiliadora, La Purísima Concepción, Del Valle, De las Mercedes, De la Regla y De la Caridad del Cobre. Todas en diferentes tamaños y precios, si bien la más cara era la figura de la Virgen del Valle, que, con una altura de sesenta centímetros, costaba 8.399 pesetas (IVA no incluido); la más barata era una figura de la Virgen de las Mercedes, de treinta centímetros de altura, que costaba 961 pesetas.

Al margen de las vírgenes, los militantes socialistas parecían tener preferencia por las imágenes de santos, como San Judas Tadeo, patrón de los imposibles, de Santa Rita, patrona de los imposibles, de San Pancracio, patrono de la salud y el trabajo, de San Lázaro, patrón de los pobres, de San Martín de Porres, patrón de los enfermos incurables, y de San José, patrón de la buena muerte. En el pelotón perseguidor se encontraban San Rafael, San Antonio de Padua, San Miguel y Santa Rosa, todos ellos con precios asequibles que iban de las 572 a las 8.726 pesetas, según material y tamaño. En el paquete adquirido por Time Export también había figuras de Jesús Nazareno, la Santísima Trinidad, la Santa Cena y el niño Jesús, que se encontraban en la misma banda de precio que los anteriores.

Los sentimientos tradicionales y familiares seguían vigentes en Oliveró, un personaje más unido ideológicamente al conservadurismo catalán que a las tesis de Pablo Iglesias. Y el negocio religioso siguió su curso. Días más tarde la empresa del PSOE compraba doscientos cincuenta y tres belenes a la compañía J. Puig Llobera de Barcelona, a precios que oscilaban entre 3.250 y 5.150 pesetas por unidad. Las Navidades del año 1987 se aproximaban y los tradicionales mercadillos de Santa Lucía, junto a la catedral de Barcelona, y de la Sagrada Familia eran cita obligada.

Pero las expectativas empresariales de Oliveró y de Carlos Navarro no sólo se limitaron a los preservativos y a las figuras religiosas; también se acercaron a otros negocios igualmente originales, como los de la importación y distribución de mantas de camas. Los dirigentes de Filesa adquirieron un paquete de mantas francesas marca Toisson d'Or para vendérselas a las cadenas barcelonesas de lencería de hogar Textura y La Perla Gris.

Asimismo, se lanzaron a la compra de cuchillas para afilar lápices, que fueron adquiridas a la empresa Metalplástica, situada en Valderrobres (Teruel), y a la importación de los productos dietéticos de la firma francesa Laboratorios Lefranq. Para este último negocio Oliveró contrató a la empresa catalana Farmaprojects S. A., que preparó toda la documentación requerida por la Consejería de Salud de la Generalidad de Cataluña. Esta firma presentó tres facturas a Time Export, aunque según instrucciones internas el trabajo se realizaba por cuenta de Laboratorios Lefranq. La primera factura hacía referencia a la penetración en España de seis productos dietéticos marca Du Tonus Naturel. La segunda se refería a la preparación de una documentación que contestaba a un escrito de la Dirección General de Salud Pública de la Generalidad. Y la tercera, y última, correspondía al cambio de nombre comercial de cinco productos dietéticos Yptons.

Para todos estos negocios menores Oliveró contaba con la ayuda inestimable de su entonces amigo el contable Carlos Alberto van Schouwen. La impronta del chileno se hizo notar, pues no sólo intervino en la operación de la importación de contenedores[19], sino que convenció al ingeniero catalán para que se internara en el original mercado de la venta de cintas de vídeo a través de máquinas expendedoras, como ya se hacía en Estados Unidos.

Un informe confidencial de Filesa, fechado el 10 de julio de 1990, cifraba las perspectivas abiertas con este negocio:

«Contamos con 8 máquinas automáticas, con capacidad para alquilar, cambiar y vender cintas de vídeo. Están informatizadas y robotizadas, con capacidad en almacén para 200 películas c/una. Las hemos importado de Norteamérica.

Con esta plantilla básica, realizaremos una explora-

---

[19] Véase capítulo uno.

ción del negocio, que estará finalizada hacia mediados del próximo octubre.

Esta plantilla básica cuenta con el soporte técnico de Siemens y una importante Distribuidora de Películas[20].

En caso de ser positivos los resultados, según unas pautas previamente establecidas, podríamos entrar en el negocio a gran escala o, en su defecto, traspasarlo a un tercero actualmente interesado en quedarse con la plantilla de máquinas.»

Time Export había adquirido en diciembre de 1989 un 20 por ciento del capital social de GORT S. A., una empresa que se había constituido en Barcelona para tal fin el 11 de octubre de 1988 con un capital social de 10 millones de pesetas. Sus accionistas principales eran Francisco Serra Llimona (30 por ciento), Francisco José Cornellá Martínez (15 por ciento), Fernando Rodríguez Beltrán (10 por ciento) y Lourdes Bonals López (10 por ciento). A partir de ese momento, Time Export asumió el relanzamiento de la sociedad, a cuyo fondo social aportó voluntariamente 2 millones de pesetas, varias máquinas automáticas expendedoras de vídeo-casettes, doscientas veintiocho películas de vídeo y todos los aditamentos técnicos necesarios para que el negocio tuviera éxito.

Pero no fue así. GORT S. A. nunca llegó a tener el resultado fulgurante e instantáneo que auguró el chileno y que deseaba Oliveró, más predispuesto a cobrar facturas millonarias a grandes empresas por supuestos informes. Un trabajo mucho más rentable para las arcas del PSOE.

---

[20] La principal compañía abastecedora de películas era CICRCA Columbia Pictures Video Sociedad Regular Colectiva, filial de la multinacional Columbia Pictures.

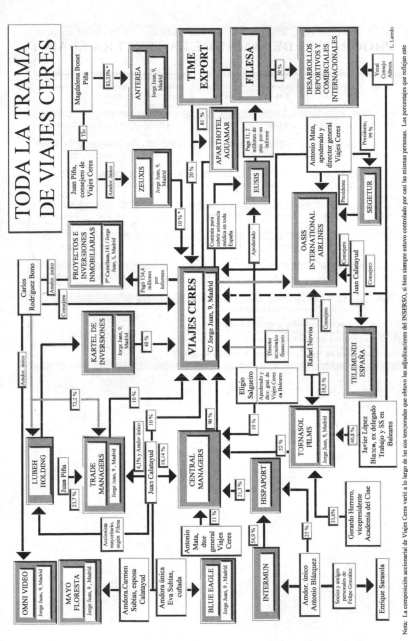

TODA LA TRAMA DE VIAJES CERES

Nota: La composición accionarial de Viajes Ceres varió a lo largo de los años temporadas que se obtuvo las adjudicaciones del INSERSO, si bien siempre estuvo controlado por casi las mismas personas. Los porcentajes que reflejan este gráfico recogen las mayorías y las minorías de cada momento. De acuerdo con la documentación de Filesa, Malesa y Time Export, entregada por el contable Carlos Van Schouwen al juez Marino Barbero, Time Export tuvo (durante más de un año, del 12 de enero de 1989 al 2 de abril de 1990, en que se vendió su participación a Zeuxis) el 20 % del accionariado en Viajes Ceres; Zeuxis, el 10 %; Juan Calatayud, el 10 %; Kartel de Inversiones, el 40 % y Enatcar, el 10 %. Esta empresa de transportes negó que hubiera tenido tal porcentaje en algún momento en el capital de Viajes Ceres.

L. Laredo

PROGRAMAS DE VIAJES DE LA TERCERA EDAD
1986-1991

Progama	Subvención	Nº Viajeros 3ª Edad	Subvención media	Empleo creado o mantenido	Beneficios mínimos *	Empresa
1985 / 86	221,5 mill.	16.000	—	426	7,2 mill	IB/HCB (1)
1986/87	1.366,5 mill.	152.000	7.652 Ptas.	12.778	218 mill.	IB / Varios
1987/88	2.700 mill.	225.000	12.000 Ptas.	14.630	432 mill.	IB/ Viajes Ceres
1988/89	3.777,7 mill.	250.000	13.511 Ptas.	16.174	540 mill.	Viajes Ceres
1989/90	4.055 mill.	310.000	13.083 Ptas.	18.190	648 mill.	Viajes Ceres
1990/91	5.004 mill.	356.930	14.021 Ptas	20.922	800 mill.	Viajes Iberia/ (2)

* Calculados sobre el 16% del volumen de negocio.

(1) Invierno Balear (I.B.) y Hoteles Costa Blanca (HCB).

(2) En asociación con Anterea, S.A., empresa de Viajes Ceres.

Fuente: Ministerio de Trabajo y Ministerio de Asuntos Sociales.

CAPITULO TRECE

EL ULTIMO COMBATE:
FELIPE *VERSUS* ALFONSO

Carlos Navarro nunca podrá olvidar el día del 3 de junio de 1991. Esa triste tarde se reunía con sus compañeros de la Ejecutiva del Partido de los Socialistas Catalanes-PSOE (PSC-PSOE) para darles una explicación sobre su vinculación con la trama Filesa. A la reunión asistía también el senador José María Sala, su socio en Time Export entre 1987 y 1988 y secretario de Organización del PSC-PSOE.

Las caras de todos los presentes denotaban preocupación e intranquilidad. La situación dentro del partido era muy problemática, y el diputado Navarro tenía que buscar una salida airosa para su causa. Había decidido presentarse en sociedad ante sus compañeros. Así lo había querido, sin que nadie le obligara a ello.

Desde hacía seis días su vida se había convertido en una auténtica pesadilla. El 29 de mayo de 1991 un diario de Madrid (*El Mundo*) y otro de Barcelona (*El Periódico*) habían reventado el secreto mejor guardado del PSOE hasta ese momento: la existencia de un *holding* de sociedades dirigidas por él y ubicadas en Cataluña que recaudaban dinero de grandes empresas para hacer frente a las crecientes necesidades de financiación del Partido Socialista.

En esos momentos, Navarro era el hombre más buscado por los medios de comunicación. Estaba «desaparecido» desde entonces, y así iba a permanecer hasta el 25 de junio, cuando volvería a dar la cara en el Congreso de los Diputados, aunque sin musitar palabra. El diputado socialista necesitaba esa tarde, en la sala de reuniones de la Ejecutiva, en la calle Nicaragua número 75-77, el apoyo de sus compañeros. Aquellos que en el pasado le habían dado palmadas en el hombro y frases de apoyo: «Carlos, qué bien lo haces», «Carlos, aquí el único imprescindible eres tú».

No en vano en 1986 le habían puesto como condición para convertirse en diputado nacional que siguiera siendo secretario de Finanzas del PSC-PSOE, aunque la gestión contable diaria la llevara Joaquim Llach. Un puesto en el que había sido revalidado en 1987 y 1988, consecutivamente, hasta que en el Congreso de 1990 cediera definitivamente los trastos a Llach, permaneciendo él como secretario nacional del partido. Navarro recordaba muy bien eso, pero sobre todo necesitaba que le creyeran. Era su única esperanza.

La reunión había sido convocada para analizar los resultados obtenidos por el PSC-PSOE en las elecciones municipales del 26 de mayo y estudiar la política de futuras alianzas en los diferentes municipios con fuerzas de la oposición, y para preparar el Consejo Nacional, el máximo órgano entre congresos, previsto para el 8 de junio y en el que se ratificarían las decisiones que se adoptaran esa tarde.

Terminada la discusión, y ya en el capítulo de «varios», la mesa de la Ejecutiva del PSC-PSOE cedió la palabra a Navarro, que había permanecido en silencio todo el tiempo. Para mitigar su nerviosismo, el secretario nacional del PSC-PSOE dio una calada profunda a su cigarrillo y comenzó la explicación:

—Supongo que la mayoría habréis leído en estos días lo que han publicado los periódicos sobre mi persona y mi falsa relación con Filesa. Quiero deciros, y para eso he pedido que se me dejara hablar en esta reunión, que todo es mentira, que se han tergiversado las cosas por completo. La verdad no tiene ninguna relación con lo que se ha escrito. Tengo el convencimiento de que forma parte de una campaña montada desde los medios de comunicación para desprestigiar al partido. Mi relación con Time Export terminó hace tres años, cuando José María Sala, aquí presente, y yo vendimos las acciones que teníamos en propiedad como miembros de la Ejecutiva a un empresario familiar mío, Luis Oliveró. Os preguntaréis que por qué se las vendimos a mi tío, o mejor dicho, el tío de mi mujer... Muy fácil, porque era una persona de confianza y la transmisión de la empresa no iba a presentar ningún problema ni ningún coste para la organización. Y os aseguro que después de aquella venta no he mantenido ninguna relación con Time Export ni con Filesa...

Carlos Navarro continuó una larga disertación exculpatoria ante sus compañeros del PSC-PSOE. Ese mismo día la prensa había publicado las conexiones de Filesa, Malesa, Time Export, Carlos Navarro y Luis Oliveró con unas supuestas cuentas secretas ubicadas en Suiza. Estas cuentas se habían abierto con dinero procedente de supuestas comisiones ilegales que empresas multinacionales habrían ingresado en pago por la concesión de contratas relacionadas con la construcción del tren de alta velocidad (AVE) Madrid-Sevilla.

Mientras Navarro avanzaba en su explicación, gotas frías de sudor avanzaban por su frente hasta llegar a sus labios. Su nerviosismo era palpable. La mayoría de los «compañeros» de la Ejecutiva ya tenían una opinión hecha. Sabían que una gran parte de lo que estaban publicando los periódicos era verdad. A esas alturas estaba medianamente claro que Carlos Navarro era el cerebro gris del entramado financiero descubierto, pero también estaba muy claro que había contado con el apoyo de la Ejecutiva Federal del PSOE. «Carlos es un mandado que hace lo que le dicen. Es un hombre gris que carece de imaginación. A su favor tiene que es una persona honrada y que no se ha llevado ni una peseta. Si la ha ganado, ha sido para el partido», explicó un importante dirigente del PSC-PSOE desde el anonimato condicionado.

—... Y quiero que no os quede ninguna duda de que soy inocente. Gracias por vuestra atención —concluyó Navarro.

Cuando pronunció estas últimas palabras el silencio, eterno y tenso, se podía cortar. El ex secretario de Finanzas del PSC, visiblemente nervioso, encendió de nuevo un cigarrillo y miró a hurtadillas a sus compañeros de mesa. ¿Se creía realmente Carlos Navarro la versión que había puesto en escena minutos antes? ¿Podía albergar alguna esperanza de que creyeran sus palabras ante el aluvión de pruebas que en su contra, día tras día, encontraba en las primeras páginas de periódicos, en los boletines de radio o en las televisiones?

—¿Alguien quiere decir algo? —preguntó Jaume Sobrequés, secretario de Medios de Comunicación, haciendo un lento recorrido visual sobre los presentes.

Nadie movió un músculo, ni Joan Raventós, el presidente del partido, ni Raimón Obiols, el primer secretario, ni, por supuesto, José María Sala. Las treinta personas presentes, miembros del Secretariado del PSC-PSOE, guardaron un expresivo silencio.

—Bien, pasemos al siguiente punto del orden del día... —dijo Sobrequés.

A partir de ese momento la Ejecutiva de los socialistas catalanes trató el caso Filesa como algo ajeno a su organización, como un engendro propio de Ferraz, la sede federal del PSOE. Al fin y al cabo, el PSOE y el PSC-PSOE eran dos sociedades jurídicamente distintas, dos organizaciones «hermanas» pero independientes, tal como había quedado establecido en el Congreso de fusión de las diferentes familias socialistas de Cataluña durante los primeros años de la transición democrática.

Carlos Navarro pasó a partir de entonces a tener la categoría de «apestado». ¿A quién se le había ocurrido poner al frente del asunto a un tipo tan poco fiable como Luis Oliveró? ¿Quién había dado el visto bueno para poner a un chileno incontrolado al frente de la contabilidad del *holding*? ¿Por qué no se había tapado la boca de Carlos van Schouwen, el contable traidor, pagándole los 25 millones que pedía? ¿Nadie había calculado el daño letal que se le haría al PSOE si el escándalo salía a la luz? No, no había ninguna duda de quién era el culpable del desaguisado.

Hasta ese día, la figura de Carlos Navarro en el entorno del PSC-PSOE había sido una de las más respetadas y elogiadas. Se lo había ganado a pulso desde su entrada en 1980 en la Ejecutiva socialista catalana sucediendo a Leandro Cerdán, de la mano de su amigo y protector Eduardo Martín

Toval, un inspector de trabajo malagueño afincado desde su juventud en Barcelona. Martín Toval procedía, como él, de Convergencia Socialista, uno de los cuatro grupos socialistas —los otros tres eran el PSC (Congrés), el PSC (Reagrupament) y la federación catalana del PSOE— que se fusionaron en 1977 para formar el PSC-PSOE.

Navarro demostró de inmediato que poseía las cualidades que debía tener un buen secretario de Finanzas: controlar los números, ser eficaz en la gestión, ser fiel a sus superiores y mantenerse en un segundo término, siendo poco menos que una tumba para todo lo referente al dinero del partido. Al fin y al cabo, lo que requerían de él (un experto en auditoría y gestión) era lo mismo que venía haciendo desde su puesto de trabajo en la Caja de Sabadell. Por eso, cuando su amigo malagueño —al que conocía desde 1973, fecha en que comenzó a militar en el socialismo— fue desplazado del centro de decisión del PSC-PSOE en 1982 por la candidatura más catalanista, compuesta por Joan Raventós, Raimón Obiols, Narcís Serra, Pasqual Maragall y José María Sala, a Carlos Navarro no le afectó. Permaneció en su puesto. El era un funcionario. Un fiel servidor.

Su callada gestión reorganizando las finanzas del PSC-PSOE primero fue seguida con gran atención por Eduardo Martín Toval, diputado desde la primera legislatura, que ya había hecho las Américas en Madrid. Tres años después de ser laminado internamente en Cataluña, el «guerrista» Martín Toval había progresado hasta convertirse en el presidente del Grupo Parlamentario Socialista en el Congreso de Diputados. Era el «*capo* máximo» de sus señorías. Sus propios compañeros de grupo le pusieron un mote: «el *controller*» (controlador); entre sus filas no se movía una pluma sin que él se enterara. Martín Toval manejaba el famoso «rodillo socialista», a las órdenes del todopoderoso vicepresidente del Gobierno y vicesecretario general del PSOE Alfonso Guerra, «un íntimo amigo mío».

El malagueño movió con astucia los hilos adecuados en el PSOE para conseguir que Carlos Navarro fuera incluido en el puesto número doce de las listas de candidatos al

Congreso de los Diputados, y contar así con él entre las filas de los diputados que él comandaba con mano de hierro [1].

Eduardo Martín Toval tenía grandes proyectos para Carlos Navarro, y hasta que estalló el escándalo Filesa éste había cumplido, con creces, la mayor parte de ellos. La confianza de Martín Toval en su amigo era tal que al poco tiempo de llegar Navarro a Madrid reunió a los empleados que el partido tenía en las Cortes y que podían tener relación con él para decirles:

—Carlos Navarro va a ser el nuevo coordinador de Finanzas del Grupo. Cuando veáis a Carlos me veis a mí. ¿Entendido?... Cualquier cosa que os pida, que os solicite, hacedla como si fuera yo.

La carrera de Navarro, a la sombra de Martín Toval, adquirió casi la velocidad de la luz. Martín Toval no sólo hizo de su amigo —un hombre gris, tímido, introvertido y nada dado a las relaciones sociales— el responsable de las finanzas parlamentarias socialistas, sino que lo convirtió en el máximo responsable —en la sombra— de las cuentas de la propia Ejecutiva Federal del PSOE, con el visto bueno de Alfonso Guerra, Txiki Benegas y Fernández Marugán.

Carlos Navarro, sin haber sido elegido por sufragio en un Congreso Federal, como mandan los estatutos del PSOE, tenía un despacho en la sede socialista de Ferraz contiguo al de Guillermo Galeote. También, al igual que el secretario de Finanzas, tenía asignado un coche oficial con chófer y compartía las mismas secretarias. Ninguno de los empleados socialistas dudaba de su papel estelar en el organigrama financiero del partido.

Navarro tenía tan asumido este papel que en la primera declaración ante el magistrado Marino Barbero, el 14 de diciembre de 1992, dijo que había sido nombrado «miembro sin cartera de la Comisión Ejecutiva del PSOE». Y aunque esto fue desmentido, primero por el secretario de Organiza-

---

[1] Eduardo Martín Toval renunció a su acta de diputado el 25 de abril para presentarse como candidato del PSOE a la alcaldía de Málaga en los comicios del 28 de mayo de 1995.

ción, Txiki Benegas, y después por él mismo en su segunda declaración ante Barbero, dos años y medio más tarde, Carlos Navarro no dijo aquel día nada más que la verdad. El era el verdadero cerebro económico del PSOE. Galeote era sólo la apariencia.

Los hombres y mujeres que Galeote tenía a sus órdenes en la Secretaría de Finanzas (Delfino Cañavate, Eduardo Gómez Basterra, María Jesús de Andrés, Javier Serrano, Manuel García, María del Mar Calleja, Toñi Sánchez y las cuatro secretarias del departamento, entre las que se encontraban Lali Baraque y Lourdes Correas, quien después se marchó a trabajar a la sede de Filesa en Madrid), sabían muy bien que su jefe desconocía el simple hecho de interpretar un balance. No tenía por qué. Su profesión era la de médico y, a lo largo de más de veinte años, político. Para entender de números estaba Carlos Navarro, quien se había distinguido como un duro negociador en su pulso con los bancos acreedores del PSOE.

Sólo desde esta posición de privilegio se podía montar un entramado de empresas recaudadoras como las que levantó, bajo su supervisión, el empresario Luis Oliveró. Un entramado empresarial que era desconocido por la mayor parte de los miembros de la Ejecutiva Federal del PSOE. «Yo fui durante casi tres años, entre el XXXI y el XXXII Congreso [2], secretaria de Participación de la Mujer en la Ejecutiva Federal y no me enteré de nada de Filesa —afirma la ex diputada catalana Dolores Renau—, pero no soy la única que no se enteró de aquello. Había muchos más compañeros en mi misma situación que conocieron Filesa por los periódicos.»

Sólo unos privilegiados sabían de su existencia: el propio Guillermo Galeote, su compañera sentimental, Elena Flores, secretaria de Relaciones Internacionales, senadora por Madrid y hermana del segundo accionista de Malesa, Alberto Flores, y Ramón Moreda Luna, gerente del partido y hombre de confianza de Galeote, inculpado como éste en el caso

---

[2] Entre el 24 de enero de 1988 y el 11 de noviembre de 1990.

Filesa. Todo era un complejo montaje creado por el «aparato», que controlaba Alfonso Guerra.

A los «guerristas» no les quedaba la menor duda de que el caso Filesa se iba a convertir en munición para el «enemigo interno», un grupo de notables autodefinidos como «renovadores» que habían sido derrotados en el XXXII Congreso, celebrado en Madrid entre el 9 y el 11 de noviembre de 1990. Su objetivo era acabar con la era de absolutismo en el PSOE que representaba el número dos.

Los últimos seis meses habían sido pródigos en acontecimientos: la dimisión de Alfonso Guerra, quien había perdido su reputación por negar la evidencia de los negocios de su hermano, Juan Guerra; la emisión, a través de la Cadena SER, de una conversación entre Txiki Benegas y el empresario Germán Alvarez Blanco en la que el número tres socialista dejaba muy claro que el principal problema del PSOE era Felipe González, y el enfrentamiento de varios dirigentes socialistas con Carlos Solchaga poco antes de las elecciones municipales del 26 de junio de 1991, cuando éste puso en tela de juicio la viabilidad de la principal promesa electoral del partido: la construcción de cuatrocientas mil viviendas a bajo precio. Eso sin olvidar las polémicas declaraciones del nuevo ministro de Transportes, José Borrell, conminando a los empresarios de la construcción a que dejaran de pagar comisiones ilegales a los partidos políticos a cambio de contratas de la Administración. Fue la primera vez que un miembro del Gobierno admitía abiertamente la existencia de «mordidas».

Desde la subida al poder del PSOE, el 28 de octubre de 1982, en el seno del Gobierno se habían sucedido fuertes tensiones, polarizadas, principalmente, por el vicepresidente, Alfonso Guerra, y los sucesivos ministros de Economía, Miguel Boyer, primero, y Carlos Solchaga, después, exponentes de lo que después se llamó la *beautiful people* (gente guapa), un grupo de tecnócratas liberales y aires progresistas, la mayoría de ellos sin carné del PSOE pero unidos por vínculos de amistad, que ocuparon las instituciones oficiales en representación del Partido Socialista.

La caída del muro de Berlín, y en consecuencia del «socialismo real», en los países del Este afectó, como si se tratase de una enfermedad contagiosa de remedio desconocido, a la socialdemocracia europea. El proceso de construcción de la Unión Europea, la supresión de las fronteras financieras, la liberalización de capitales y la asunción, cada vez más, por parte de Bruselas del poder sobre las economías de los estados miembros —entre otros factores— contribuyeron a poner en tela de juicio la concepción del Estado del Bienestar, piedra angular sobre la que descansaba el socialismo democrático. Como consecuencia, las dudas comenzaron a materializarse en lo más profundo de la izquierda en los términos más simples: ¿qué es ser socialista?

Carlos Solchaga, ministro de Economía, planteó el debate ideológico anteponiendo la economía de mercado al socialismo, mientras Alfonso Guerra abrazaba la concepción clásica. Una concepción que compartían los «renovadores», grupo compuesto principalmente por el presidente de la Comunidad Autónoma de Madrid, Joaquín Leguina, el entonces ministro de Administraciones Públicas, Joaquín Almunia, el actual ministro de Exteriores, Javier Solana, el entonces titular de Transportes, José Barrionuevo, y el ex ministro de Educación, José María Maravall, entre otros. La paradoja de los «renovadores» es que, aun estando ideológicamente cerca de los «guerristas», se sentían más próximos a Solchaga en su aspiración de reformar la estructura orgánica del PSOE para hacer de él una formación más democrática y «abierta a la sociedad».

En realidad, lo que los «renovadores» pretendían era acabar con el férreo control que Alfonso Guerra tenía sobre el «aparato» del partido, siguiendo el modelo impuesto por el tándem González-Guerra en el Congreso Federal de 1976. Entonces, de forma casi inadvertida, transformaron la mecánica de funcionamiento interno del PSOE, sustituyendo la democracia descentralizada por un sistema muy similar al del Partido Comunista, denominado centralismo democrático.

A lo largo de su historia, la estructura del PSOE ha estado fuertemente descentralizada. Hasta 1976, en los congresos federales imperaba la norma de «un delegado, un voto». La votación era secreta, siempre que se pedía, y las resoluciones no eran firmes hasta que no fueran ratificadas por las agrupaciones locales, los órganos de base del partido. De esta forma, agrupación por agrupación, Pablo Iglesias fue capaz de impedir que el PSOE se adhiriera a la III Internacional comunista tras perder el Congreso Federal en el que se había aprobado dicha resolución.

Las modificaciones de Guerra suponían que los delegados ya no votarían individualmente, sino que lo haría el cabeza de delegación y a mano alzada. Las decisiones que el Congreso Federal tomara serían ya inamovibles. Eso, unido al control de la elaboración de las listas electorales, hacía del PSOE una máquina homogénea en cuyo seno las diferentes «sensibilidades», o corrientes, tenían cercenado su ascenso y presencia en los órganos de representación y en los centros neurálgicos del poder del Partido Socialista.

La razón para este cambio interno, producido en 1976, tuvo su origen en la reflexión que Felipe González y Alfonso Guerra habían hecho sobre el papel del PSOE en la Guerra Civil Española. Los dos asumían que gran parte de la responsabilidad de la derrota del bando republicano se debía a las divisiones internas y a los enfrentamientos fratricidas que, en el curso de la contienda, habían protagonizado los militantes del PSOE. Máxime cuando los hombres del Partido Socialista ocupaban los principales puestos en el Gobierno de la II República. Los dos se prometieron que aquello nunca volvería a ocurrir. De ahí que Felipe González y Alfonso Guerra siempre hayan eludido el enfrentamiento frontal para evitar el resquebrajamiento del partido.

Esta clave explica por qué los «renovadores», a pesar de contar con el apoyo personal de Felipe González, fueron aplastados en el Congreso Federal de 1990 sin que el secretario general moviera un dedo. La táctica de éste siempre ha sido la misma: evitar por todos los medios las rupturas y ganar las batallas aliándose con el tiempo, mediante un proceso gradual de transformación del estado de opinión hasta conseguir que fuera favorable a sus tesis.

González era consciente de que las huestes de su gran enemigo interno, Alfonso Guerra, controlaban no sólo la mayoría del Grupo Parlamentario sino también la mayor parte de los ayuntamientos y las comunidades autónomas bajo gobierno del PSOE. Estaba atrapado, y la única manera de conseguir algún resultado era manejándose con sumo cuidado por el intrincado laberinto de los equilibrios sutiles, a la espera de que el futuro le permitiera ganar la partida.

El escándalo Filesa obligó a mover las fichas a Alfonso Guerra y a su hombre de confianza, Txiki Benegas. Para ellos, el dilema ante el que González se había visto abocado (asumir la responsabilidad o negar cualquier tipo de relación con el caso Filesa) no existía. Lo tenían muy claro: «El PSOE y Filesa no tienen nada que ver.» La vieja estrategia de negarlo todo, culpando a una conjura entre la derecha cavernícola y los medios de comunicación, fue aplicada de inmediato. Pero no funcionó, como tampoco fue operativa en el caso Juan Guerra.

Filesa no terminó en un solo día, el miércoles 29 de mayo de 1991, como hubieran deseado en Ferraz, sino que fue a más, espoleado por el interés público que mostraban los compañeros «renovadores», derrotados por Guerra en el último Congreso socialista. El caso Filesa se convirtió en un diluvio que amenazaba con ahogar a los socialistas.

Lo paradójico es que Felipe González no despachó con los miembros del «aparato» sobre este caso de corrupción hasta dos días después de que estallara el escándalo. Fue entonces cuando se le informó detenidamente de lo que era el *holding* de empresas Filesa, Malesa y Time Export. «Y todo fue muy rápido porque tenía que emprender viaje oficial a Japón», según manifestaron a los autores del presente libro altos cargos socialistas.

Alfonso Guerra y Txiki Benegas se desplazaron hasta el palacio de La Moncloa para explicar al Presidente, de forma esquemática, aséptica y telegráfica, lo que había sucedido. A los pocos minutos la reunión se suspendió. Felipe, Alfonso y Txiki quedaron emplazados para un encuentro posterior, al regreso del viaje oficial a Japón, siete días más tarde. En esa reunión ya se entraría en mayores profundidades. La intranquilidad, no obstante, se apoderó del Presidente.

Ese mismo fin de semana, González recibió por fax, en su cuartel general de Tokio, un voluminoso *dossier* sobre lo publicado en España del caso Filesa. El *dossier* contenía numerosos detalles, demasiadas pruebas para que fuera una mera invención de la derecha aliada con algún medio de comunicación.

El entonces fiscal general, Leopoldo Torres, había ordenado incluso la apertura de una investigación. La envergadura del caso sobrepasaba ya lo imaginable. Para la opinión pública estaba diáfanamente claro que el PSOE había montado un sistema de recaudación de fondos «a la francesa», pero en plan chapuza. El Partido Socialista Francés (PSF) montó una oficina de estudios, que se bautizó con el nombre de Urba, a través de la cual se amañaban contratos de empresas privadas con la Administración francesa. A cambio, las mencionadas empresas abonaban las comisiones pactadas de antemano con los representantes socialistas disfrazándolas de pagos por falsos informes, al igual que en el caso Filesa. El 31 de enero de 1992, Gérard Monate, presidente de Urba, fue condenado a quince meses de cárcel y una multa de medio millón de pesetas. A Urba, en concreto, se le acusó de haber justificado con facturas falsas el dinero recibido de la SORMAE, filial meridional de la gran empresa de obras públicas SAE; dinero que fue a parar al PSF.

La preocupación invadió definitivamente al Presidente del Gobierno, lo que le movió a tener una larga conversación telefónica con el que había sido su mano derecha pocos meses antes [3]. González y Guerra, que ya estaban alejados el uno del otro, coincidieron en la gravedad del problema y en la necesidad de hacer frente al asunto cuanto antes.

A su regreso del país asiático, el 6 de junio, el secretario general del PSOE se encontró con que el escándalo Filesa había tomado proporciones descomunales y amenazaba con

---

[3] *El País*, 30 de junio de 1991.

tragarse la reputación y credibilidad del Gobierno socialista. A pesar de todo, el primer encuentro cara a cara con Txiki Benegas no se produjo hasta doce días después, a falta de dos días de la reunión de la Ejecutiva Federal, convocada para el 20 de junio.

Durante ese periodo se sucedieron dos acontecimientos que influyeron decisivamente en el ánimo de Felipe González: la vinculación de Filesa con Viajes Ceres, una empresa que había tenido la concesión de los viajes de la tercera edad durante dos años y que había quebrado, y un encuentro en La Moncloa con el ministro de Economía y Hacienda, Carlos Solchaga, previsto para hablar del plan de competitividad. La conversación entre ambos no tardó en derivarse hacia las medidas a tomar en el caso Filesa:

—En este caso no son posibles las medias tintas porque está en juego el propio partido y nuestro futuro —le sugirió Solchaga—. Por eso, hay que actuar con dureza si queremos que la ciudadanía nos crea, y eso tiene que traducirse en la salida inmediata de algunos responsables del partido.

El entonces superministro se marchó optimista del palacio de La Moncloa, en la seguridad de que González compartía sus opiniones. Pero faltaba por ver si pondría en marcha la maquinaria para atajar el problema.

El 11 de junio, en Santiago de Compostela, Felipe González mostraba en público su preocupación por el caso Filesa durante el curso de la constitución del Real Patronato de la Ciudad de Santiago, aunque era muy cauto a la hora de proponer soluciones: «Hay que corregir defectos», se limitó a decir, sin que nadie consiguiera arrancarle una palabra más.

El Presidente había recibido horas antes una llamada de Txiki Benegas, con el que días más tarde se reuniría personalmente. El secretario de Organización del PSOE le acababa de informar de que el partido había iniciado una investigación interna para determinar las posibles responsabilidades de los miembros de la Ejecutiva, si las hubiere, y así contestar a las acusaciones que se habían vertido en la prensa.

—No te preocupes, Felipe —le dijo Benegas—. El informe resultante se presentará en la reunión de la Ejecutiva del próximo día 20, y se entregará a los medios.

El dirigente socialista sabía que el informe era una cortina de humo sin investigación alguna, destinado a lavar la cara del partido, en la medida de lo posible, y a confundir aún más a la opinión pública. Sobre todo teniendo en cuenta que quienes formaban la comisión de investigación eran Alfonso Guerra, el propio Txiki Benegas y dos de los principales implicados en el caso Filesa, Guillermo Galeote y Carlos Navarro[4].

El número tres se personó finalmente la mañana del día 18 junio en el palacio de La Moncloa. Esta vez sin Alfonso Guerra. Felipe quería abordar de una vez el problema en profundidad. En el curso de la conversación González expuso a Benegas la necesidad de que se tomaran medidas ejemplarizantes a todas luces: debían rodar cabezas. Las de los responsables del escándalo Filesa, Carlos Navarro y Guillermo Galeote, aunque tuvo cuidado en no mencionarlos por su nombre:

—No podemos correr el peligro de que exista un ápice de duda sobre nosotros, las instituciones o el sistema —le dijo—. Hay que tomar medidas drásticas.

Benegas intentó argumentar ante el Presidente que lo más apropiado era que no hubiera sanciones de ningún tipo contra nadie:

—Es ilógico que hagamos público un informe negando toda actividad irregular en las finanzas del partido y al mismo tiempo destituyamos a los dos responsables de finanzas.

González, que se había visto apoyado por unas declaraciones de Solchaga en televisión en las que aseguraba que las finanzas del PSOE no estaban claras y que por ese motivo se había abierto una investigación, no dio su brazo a torcer.

—Tenemos que tomar la iniciativa —le contestó—. Hay que presentar ante la opinión pública a los responsables. Lo que tú sugieres favorecería a nuestros enemigos.

—Podría existir una tercera vía —apostilló Benegas—.

---

[4] *La Vanguardia*, 19 de junio de 1991.

Apartar a Galeote de su cargo, temporalmente, hasta que el Tribunal de Cuentas termine sus investigaciones y aceptar la dimisión de Navarro como coordinador de las Finanzas del Grupo Parlamentario, aunque permitiendo que mantenga su puesto de diputado.

El encuentro finalizó sin acuerdo alguno. Benegas no tardó en informar diligentemente a Alfonso Guerra, que esperaba noticias en su despacho de Ferraz. Un habitáculo con el que estaba conectado Eduardo Martín Toval, quien, al conocer el contenido de la charla, no dudó en manifestar ante los medios de comunicación que «Felipe González conoce el sistema de financiación del PSOE».

El estado de nervios de Martín Toval era manifiesto. Al día siguiente, el 19 de junio, se reunía con su amigo Carlos Navarro en su despacho del edificio de los grupos parlamentarios, frente al Congreso de Diputados, en la carrera de San Jerónimo. ¿Qué le iba a decir? Por él, como por Alfonso Guerra, no habría sanción alguna. Pero la última decisión dependía del *one*, de «Dios», como le había llamado Txiki Benegas meses antes en la intimidad de la motorola.

—Que no se engañe Felipe —le dijo Martín Toval a su amigo—. Si deja a la gente tirada esto se rompe. Tú no te preocupes, tú has hecho lo que tenías que hacer. Ten la conciencia tranquila.

Felipe González no tardó en recapacitar. La reunión de la Ejecutiva tenía que estar atada y bien atada, y para ello no había más remedio que hacer concesiones. Aquella misma tarde telefoneó a Benegas para dar su visto bueno a la «tercera vía» de compromiso. Para el «aparato» no era la mejor solución, pero tampoco la peor. Los principales implicados salían salpicados, pero mantenían sus puestos de diputados.

La tarde del jueves 20 de junio la Ejecutiva Federal del PSOE iba a proceder como habían acordado ambas partes. Sin embargo, Guillermo Galeote alteró la puesta en escena acordada tras las cortinas interviniendo en primer lugar:

—Quiero deciros que presento mi dimisión —manifestó ante las miradas atónitas de todos los presentes.

Se sacrificaba en aras del partido. Asumía toda la responsabilidad, como también hiciera meses más tarde, el 26 de octubre de 1994, ante Barbero. Galeote, «el Cojo», sobrenombre con el que es conocido en el PSOE por su cojera, resultado de un accidente automovilístico, sólo entendía la militancia y la pertenencia al partido de una forma cercana a la religiosidad: el partido lo era todo y por el partido había que darlo todo; y si era necesario, había que autoinmolarse.

Como era de esperar, sus compañeros, que tenían de él un concepto de hombre honrado y estaban seguros de que no se había llevado una sola peseta a su bolsillo y de que todo lo había hecho por el partido, rechazaron su dimisión. Sin embargo, admitieron que quedara apartado hasta que el Tribunal de Cuentas finalizara la investigación que estaba realizando sobre las finanzas del partido.

El resto de la reunión transcurrió como estaba previsto. González transmitió convicción, entereza y optimismo y aconsejó a los presentes que no se arrugaran políticamente «cuando el arma arrojadiza de los enemigos fuera la financiación del PSOE» [5]. Había que dar la cara. Para eso se anunciaron las medidas que ya estaban acordadas: el «guerrista» Francisco Fernández Marugán, secretario de Asuntos Económicos, Sociales y Sindicales, sustituía «temporalmente» en el cargo a Guillermo Galeote. Y Carlos Navarro abandonaba definitivamente su despacho de coordinador de Finanzas del Grupo Socialista, poniendo fin a su carrera política en Madrid.

Las conclusiones del mencionado informe fueron las siguientes:

«PRIMERA. El PSOE no tiene relación alguna con las actividades mercantiles de las empresas de referencia [Filesa, Malesa y Time Export].

SEGUNDA. El PSOE, de acuerdo con lo establecido en el artículo 133 de la Ley Orgánica del Régimen Electoral General, presentó ante el Tribunal de Cuentas en el plazo legalmente establecido la contabilidad detallada y

---

[5] *Diario 16*, 22 de junio de 1991.

documentada de sus ingresos y gastos electorales correspondientes a los dos comicios celebrados durante el año 1989, siendo fiscalizada de conformidad por dicho tribunal.

TERCERA. Asimismo, todas las empresas que facturaron al partido gastos electorales por importe superior al millón de pesetas relativos a las campañas indicadas informaron a su vez detallada y documentalmente al Tribunal de Cuentas de los mismos, en cumplimiento de lo dispuesto en el apartado 5º del antes citado artículo 133 de la Ley Orgánica del Régimen Electoral General.

CUARTA. Todo ello significa que las facturas correspondientes a gastos de imprenta, publicidad, organización de actos públicos y otros, emitidas en el año de referencia, han sido puestas a disposición del Tribunal de Cuentas, para su examen y control, por partida doble, tanto a través de las cuentas del Partido como de las emitidas por las empresas que le prestaron estos servicios.

QUINTA. Según las cuentas del Partido ya fiscalizadas de conformidad, correspondientes a las campañas electorales, se infiere que fueron abonadas las siguientes cantidades a las empresas que a continuación se indican:

Hauser y Menet, S. A. - 485.693.900 ptas.

El Viso Publicidad, S. A. - 748.819.624 ptas.

Mabuse S. A. - 38.705.755 ptas.

SEXTA. De lo antedicho resulta ser absolutamente incierto que la factura de Mabuse S. A., por importe de 13.404.023 ptas. con referencia al vídeo *Momentos*, que ha sido dada a la publicidad, sea un gasto del PSOE, pero es que además el vídeo que esta misma empresa realizó para el Partido con el que se abría la campaña para las elecciones generales de 1989 se denominaba *España en Progreso*, que fue abonado directamente por el Partido según factura que incluía también la producción de espacios electorales gratuitos por importe de 25.749.752 ptas., que obra en poder del Tribunal de Cuentas.

Por otro lado, con cargo a las elecciones europeas celebradas ese mismo año, se abonó otra factura a Mabuse S. A. por importe de 12.956.023 ptas.

SEPTIMA. Por lo que respecta al abono de los alquileres de la Sede del Partido ubicada en la calle Gobelas de Madrid, estamos en condiciones de afirmar que los recibos que han aparecido en algún medio de comunicación a nombre de Filesa S. A. han sido manipulados.

En efecto, el Partido ha solicitado y obtenido del propietario del inmueble copia de la totalidad de los recibos abonados, estando los mismos a nombre de Distribuidora 2.020 S. A., empresa con la que el Partido contrató el alquiler de los citados locales, llave en mano, es decir como oficina completamente equipada, en función de lo cual le fueron abonados los alquileres de todos los meses.

Con posterioridad y en fecha 1 de noviembre de 1989, el Partido, por entender que el citado local debía ser mantenido con carácter permanente, y previas las conversaciones oportunas con las partes interesadas, suscribió directamente con la propiedad del mismo un contrato de arrendamiento, por lo que a partir de este momento los recibos de alquiler se extendieron con cargo al PSOE.

OCTAVA. Igualmente hemos de desmentir que don Guillermo Galeote haya formalizado ni personalmente ni por medio de Filesa S. A. reserva alguna en el hotel Princesa Sofía de Barcelona el día 23 de enero de 1990 o que se alojase en el mismo en dicha fecha, por lo que ignorando el origen y gestación del documento que se ha dado a la publicidad y que parece indicar lo contrario, habrá de entenderse que el mismo obedece a una malintencionada preconstitución de prueba.

NOVENA. De igual modo ha de afirmarse de manera categórica que el PSOE es totalmente ajeno a las actividades de Viajes Ceres S. A., empresa de la que nunca ha recibido ningún tipo de aportación.

DECIMA. Por último, ha de manifestarse que a lo largo de la investigación se ha constatado que don Carlos Navarro Gómez mantuvo relaciones totalmente lícitas con las empresas referidas anteriormente, siendo únicamente accionista de Time Export S. A., hasta el año 1988, si bien en razón de los lazos familiares que le unen con uno de los actuales titulares y gerente de estas empresas, en algunos supuestos ha realizado actividades de asesoramiento y consulta para el mismo.

No obstante, y con el fin de evitar cualquier confusión con los intereses del Partido, se ha decidido aceptar la dimisión presentada por don Carlos Navarro Gómez, respecto de su cargo de coordinador de Finanzas del Grupo Parlamentario Socialista.

Por otro lado, don Carlos Navarro ha manifestado su deseo de comparecer a petición propia ante la Comisión del Estatuto del Diputado, a fin de esclarecer estos hechos.

Estas son las conclusiones que se establecen como resultado de la investigación interna llevada a cabo.»

A la salida de la reunión de la Ejecutiva, el optimismo embargaba a muchos de los presentes, generado, sobre todo, por la actitud inflexible de Felipe González. Sin embargo, duraría poco. La decisión salomónica no convenció a nadie. Ni a los «guerristas», quienes acusaron en *petit comité* a González de poco menos que «traidor», ni a los «renovadores», que vieron en el resultado el poder que detentaba todavía Alfonso Guerra y la debilidad de Felipe González en los momentos decisivos.

Eduardo Martín Toval, en desacuerdo radical con las sanciones a sus dos amigos, afirmó que podía ser legal que una empresa pagara el alquiler de una sede el PSOE, pues la Ley de Financiación de Partidos Políticos admitía donaciones y «pagar una factura puede ser una donación» [6].

Javier Solana, ministro de Educación y Ciencia y declarado «renovador», afirmó, en sentido opuesto y midiendo mucho las palabras, que el PSOE adolecía, a veces, «de falta de reflejos» y que tenía «reacciones más lentas que las deseables». Todo un ejercicio de expresión entre líneas.

---

[6] *El País*, 21 de junio de 1991.

Carmen García Bloise, miembro de la Ejecutiva y ex secretaria de Finanzas y Organización, considerada por muchos como «la madre del partido», puso las cosas en su sitio: «No se puede negar que hay cierta contradicción entre la declaración de inocencia del partido y la aceptación temporal de la dimisión de Galeote y Navarro. Pero en la vida a veces se tienen que hacer cosas que no están muy en coherencia con la lógica, ni jurídica, ni humana.»

No obstante, Felipe González sí guardaba la coherencia. Una coherencia basada en el equilibrio de fuerzas, en un pulso a largo plazo con Alfonso Guerra. Las palabras que pronunció en el curso de la recepción que los Reyes de España dieron el 24 de junio de 1991 en los Reales Alcázares de Sevilla con motivo de la celebración de la onomástica de don Juan Carlos cayeron como una bomba entre las filas «guerristas».

El secretario general del PSOE habló claro, como nunca lo había hecho, sobre las consecuencias de Filesa: «La última Ejecutiva Federal ha marcado un punto de inflexión en la historia del PSOE. A partir de ahora habrá que trabajar duro, aclarar muchas cosas y asumirlas», dijo en referencia inequívoca a la red de financiación que el «guerrismo» había creado.

Habían pasado cuatro días desde la reunión de la Ejecutiva Federal y el calor de la noche sevillana, el aroma de los puros Cohiba y el sabor del whisky escocés le invitaban a hablar claro a un grupo de amigos entre los que se encontraban el presidente de la Junta de Andalucía, Manuel Chaves, el portavoz socialista en la alcaldía de Sevilla, Luis Yáñez, y algún que otro periodista afín.

Para Guillermo Galeote, con quien le unía una larga amistad de más de treinta años, González tuvo palabras de comprensión y solidaridad, pero admitió que consideraba acertada su exclusión temporal de la Secretaría de Finanzas: «Guillermo, que sigue y seguirá siendo un entrañable amigo, ha asumido su responsabilidad con el afán de no dañar al partido...» Para añadir a continuación, ante la perplejidad de los presentes: «Tenemos que abrirnos de una vez a la sociedad. Y en ese cambio habrá compañeros que se queden en el camino; uno de ellos puedo ser yo.» González pretendía dar un golpe de timón a la trayectoria del PSOE, regenerar el viejo partido, recuperar el contacto con la sociedad. Era evidente que admitía implícitamente que no había actuado con el caso Filesa como habría sido preciso. Por eso advertía que la limpieza estaba pendiente de hacer. Sin embargo, había dejado pasar la primera oportunidad.

La reacción del sector «guerrista» no se hizo esperar, otra vez por boca de Eduardo Martín Toval, que respondió a las palabras de su líder con la munición más pesada que pudo encontrar a mano: «Felipe González no es imprescindible para el proyecto socialista.» Aunque luego matizó: «Pero en el momento presente es el gran líder del PSOE y debe seguir siéndolo durante mucho tiempo.» [7]

Su opinión era la más dura que un alto cargo del PSOE había pronunciado sobre el líder que había ganado tres elecciones generales consecutivas por mayoría absoluta.

Otros, como Juan Carlos Rodríguez Ibarra, presidente de la comunidad autónoma extremeña, distinguido por su verbo incisivo y directo, pidió a González, a través de los medios de comunicación, que si tenía que decir algo que lo hiciera a través de los canales internos del partido. Felipe González había molestado al «aparato guerrista». Pero no sería la última vez en la guerra fratricida que «renovadores» y «guerristas» habían abierto unos meses antes, en noviembre de 1990, en el XXXII Congreso Federal. Lo peor estaba aún por llegar.

* * *

La mañana del lunes 22 de marzo de 1993 los ánimos estaban por los suelos en la sede federal del PSOE, en la calle Ferraz. El día anterior el diario madrileño *El País* había publicado una encuesta que daba un empate virtual entre el PSOE y el PP en la intención de voto (33,9 frente al 33,3 por ciento), y en Francia los socialistas habían sido casi barridos

---

[7] *El País*, 26 de junio de 1991.

por la oposición conservadora después de que su imagen quedara hecha trizas por escándalos de corrupción similares a los que padecía el PSOE.

Quedaba lo más duro de tragar: el informe pericial que los tres inspectores de Hacienda (Pilar Valiente Calvo, María del Carmen González Cayuela y José Luis Carrero García) asignados al juez Barbero habían elaborado sobre el caso Filesa a partir de los documentos incautados en los registros judiciales realizados.

Las conclusiones no podían ser más devastadoras:

1. Filesa había recibido 1.126.117.660 pesetas de grandes empresas por informes inexistentes;
2. Filesa pagó facturas de gastos electorales del PSOE;
3. Filesa, Malesa y Time Export forman parte de una trama financiera al servicio del PSOE para recaudar fondos;
4. El diputado Carlos Navarro y el senador José María Sala forman parte de la trama.

Justo lo que el informe de la «comisión investigadora» del PSOE (Guerra, Benegas, Galeote y Navarro) había negado públicamente casi dos años antes. En el PSOE el nerviosismo fue en aumento a medida que avanzaba la tarde y las agencias de prensa y las emisoras de radio martilleaban repetidamente con titulares como éstos: «Filesa pagó facturas del PSOE», o «Filesa, Malesa y Time Export, empresas del PSOE».

Francisco Virseda, máximo responsable del equipo jurídico del PSOE y abogado de los militantes socialistas imputados en el caso Filesa, y su colaboradora, Carmen Alvarez, esposa de Ramón Moreda Luna, gerente del PSOE (también inculpado), esperaban con gran ansiedad la llegada del informe con el fin de analizarlo y emitir un dictamen que sirviera para la defensa pública del partido, dictamen que no pudieron terminar hasta la noche del martes 23 de marzo.

A los «renovadores» del PSOE, y en especial a Carlos Solchaga, el informe de los peritos no les aportó nada nuevo desde que estalló el escándalo, el 29 de mayo de 1991. Si

Felipe González hubiera seguido los consejos que le dio entonces Solchaga, el informe de los peritos habría sido poco menos que pólvora mojada. También se habrían ahorrado casi dos años de continuo goteo de noticias sobre las comisiones recibidas y, sobre todo, los tres registros que por orden del magistrado del caso, Marino Barbero, se llevaron a cabo en la sede federal del partido en noviembre y diciembre de 1992, como si se tratara de la cueva de Alí Babá y los cuarenta ladrones. El eslogan electoral «100 años de honradez» se antojaba, a estas alturas, como un chiste.

El entonces ministro de Economía lo había vuelto a repetir en enero de 1993 en Pamplona, en el curso de una conferencia sobre los diez años de Gobierno del PSOE[8]: «El PSOE no ha sido ajeno a la corrupción y tenemos la obligación de eliminar estas prácticas y apartar del partido a quienes las realizan. No sé cuántos, pero han existido comportamientos corruptos y los socialistas debemos eliminar estas prácticas y a quienes las lleven a cabo», afirmó Solchaga.

A principios de ese mes de enero, ante la alarma que había causado en el PSOE la implicación en el caso Filesa de Aida Alvarez[9], ex coordinadora del área de Administración y Finanzas del PSOE, de Sotero Jiménez, colaborador de Galeote cuando éste era secretario de Imagen, de Carlos Mangana, socio de Sotero, y de Florencio Ornia, ex director del Gabinete de Infraestructura y Seguimiento de Situaciones de Crisis de Presidencia del Gobierno (todos ellos relacionados con las comisiones generadas por contratos del AVE), la Ejecutiva decidió pedirles explicaciones y después la baja. «Estas medidas llegan un poco tarde —afirmó José Bono, presidente de la Comunidad Autónoma de Castilla-La Mancha, resumiendo el sentir general que había entre los socialistas—. El partido debió haber reaccionado con más prontitud para dejar bien claro que el PSOE no es ni puede ser defensor de ningún golfo, sea quien sea.»

---

[8] *La Vanguardia*, 31 de enero de 1993.
[9] Véase capítulo siete.

El líder del PSOE había entendido que la situación era límite. El 23 de enero anunció ante el Comité Federal, el máximo órgano entre congreso y congreso, que a partir de ese momento asumía las riendas del partido por fallos cometidos en la coordinación con el Gobierno. Su posición de fuerza había cambiado dentro del PSOE. Durante los dos años transcurridos desde que estallara el escándalo Filesa las filas del «guerrismo» habían mermado significativamente en todas las federaciones y sus componentes habían pasado a engrosar las de los heterogéneos «renovadores», aunque el «aparato» de Ferraz seguía en manos del núcleo duro del «guerrismo».

Sin embargo, los hechos acontecidos durante la última semana del mes de marzo de 1993 tuvieron un efecto muy especial en el comportamiento de Felipe González. El 25 de marzo el Presidente acudió a la Facultad de Derecho de la Universidad Autónoma de Madrid para dar una conferencia sobre la transición española y fue recibido con el abucheo y los pitidos de los estudiantes. «Gran pitada al Presidente, pasa la bola», era la consigna que se leía en las octavillas repartidas previamente.

La conferencia resultó ser una auténtica trampa. «¡Esa, ésa, ésa, habla de Filesa!», «¡Guerra, Guerra, Guerra, habla de Juan Guerra!», «¡KIO, KIO, que yo no he sido!», «¡Barbero, aféitalo!», «¡Felipe, dimisión!», «¡Chorizo!», «¡Ladrón!», fueron las consignas que se le lanzaron a la cara, como si de munición de gran calibre se tratara. Entre los asistentes se situaron medio centenar de jóvenes que, según declararon después algunas asociaciones estudiantiles, pertenecían a un grupo ultraderechista denominado Dispar. Sea como fuere, durante una hora y media, ante las trescientas personas que abarrotaban el aforo, González aguantó el chaparrón. Filesa fue uno de los temas favoritos de los estudiantes en el coloquio posterior: «Quiero que el asunto se aclare hasta sus últimas consecuencias. El suplicatorio, que espero que tenga cierta fundamentación, se concederá como reclaman los propios parlamentarios [el senador José María Sala y el diputado Carlos Navarro]. Pero les diré aún más. Ahí no acaba la responsabilidad. Independientemente de las responsabilidades que existan, si es que existen, desde el punto de vista judicial, el PSOE asumirá la suya desde el punto de vista político, más allá de la simple calificación jurídica. Y como responsable del partido, estoy dispuesto a asumir la mía.» Felipe había dejado atónito al auditorio juvenil. Y añadió: «Estoy dispuesto a asumir toda la responsabilidad que me compete desde el punto de vista político. Si tengo que dimitir estaría dispuesto a asumirlo.»

Ese mismo día, por la noche, durante un mitin en León ante mil quinientos simpatizantes, Alfonso Guerra puso en escena un discurso radicalmente opuesto, apoyado por el dictamen del letrado Francisco Virseda en relación con el informe de los peritos: «El PSOE no tiene nada que ver con Filesa. El partido no conoce la actividad que los militantes tengan a título personal en ningún tipo de empresas. Si hay irregularidades, la ley debe ser igual para todos», dijo el vicesecretario general, colocando la patata caliente en manos de Sala y de Navarro. Al día siguiente, el senador José María Sala se desmarcaba de lo afirmado por Guerra y señalaba a Navarro como el verdadero responsable: «Desconozco lo que hizo Carlos Navarro en Filesa.» [10]

A González, la escena de los abucheos en la Universidad Autónoma le llegó hasta lo más profundo de su ego. Tan hondo que al día siguiente su asesora personal, Rosa Conde, preparó a petición suya una entrevista con el presidente de la Agencia EFE, Alfonso Sobrado Palomares, para que fuera distribuida a todos los medios de comunicación. En ella prometía que en cuanto se resolviera el procedimiento judicial del caso Filesa aplicaría la normativa interna y depuraría las responsabilidades que se derivasen de este escándalo.

El líder del PSOE jugaba fuerte. Reconocía públicamente que, en algunos casos, se había obtenido financiación ilegal. Sabía que Filesa y el PSOE eran la misma cosa. Con sus declaraciones pretendía forzar la dimisión colectiva de la

---

[10] *El Periódico*, 26 de marzo de 1993.

Ejecutiva Federal, incluyéndose él mismo, para separar de una vez al sector «guerrista». Sin embargo, la Comisión Ejecutiva quedaría en funciones hasta después de las elecciones generales.

González planteó esta solución al núcleo central de la Ejecutiva, encabezado por Alfonso Guerra, Txiki Benegas, Francisco Fernández Marugán y José Luis Corcuera (en su papel de mediador entre los dos líderes del partido). La reunión tuvo lugar en La Moncloa la mañana del miércoles 30 de marzo.

—En estos momentos son necesarias medidas firmes para no dañar aún más la credibilidad del partido —afirmó Felipe.

—¿Qué medidas?... Si todavía nadie ha probado que hubiera habido financiación ilegal. No son necesarias —intervino un categórico Guerra.

El secretario general del PSOE se sentía dolido, traicionado en su confianza. Durante todos los años que había sido Presidente del Gobierno su única presencia en Ferraz fue un humilde buzón de correos. No tenía ni un pequeño despacho. Ni una secretaria. También es verdad que él no hizo nada por mantener su presencia en el «aparato» de Ferraz. Se había dejado guiar por la confianza generada durante muchos años de colaboración y amistad con Alfonso Guerra.

No podía llamarse a engaño. Podía haber sabido cuánto costaban unas elecciones (del tipo que fueren); contaba con técnicos cualificados, hombres fieles hasta la muerte, como Luis Pérez, que le habrían dicho, sin consultar ningún papel, que el partido sobrepasaba siempre con creces el presupuesto oficial, que para que él siguiera viviendo en el palacio de La Moncloa eran necesarios mayores recursos que los que recibía el partido de las subvenciones oficiales, de las cuotas de afiliados y de donaciones.

El dinero había que sacarlo de algún sitio. Y Filesa fue la respuesta del «aparato» a una situación de permanente crisis financiera, agravada tras la campaña del referéndum de la OTAN, en la que se volcó el partido. El *holding* de Filesa, Malesa y Time Export, junto al grupo de empresas 2.020 de Aida Alvarez, era un proyecto «serio» para organizar la anárquica red de financiación que había imperado durante los últimos tres años del mandato del anterior secretario de Finanzas, el diputado mallorquín Emilio Alonso Sarmiento.

González no podía ser ajeno a esto, aunque reconociera abiertamente más tarde, el 20 de abril de 1993, en precampaña electoral y a través de los micrófonos de RNE, que se había enterado del caso Filesa por la prensa: «Me enteré, efectivamente, el día que apareció en los medios de comunicación. Y me enteré con sorpresa y con incredulidad. Todavía mantengo la posición de esperar y ver qué deciden los tribunales. El dedicar un enorme esfuerzo a las tareas de Gobierno me hizo estar más distanciado de las tareas específicas de partido.»

Ocho días después, González, esta vez en Tele 5, fue todavía más lejos: «No tengo empacho en pedir excusas por lo que se haya hecho mal en el caso Filesa.» El secretario general socialista era el verdadero responsable, aunque fuera por omisión.

* * *

Aquella mañana del 30 de marzo en el palacio de La Moncloa nadie quería asumir ninguna responsabilidad. Guerra, Benegas, Marugán y Corcuera (intermediario ante González) evitaban entrar en soluciones ejemplarizantes. La conversación, como era de prever, se fue calentando. El Presidente, ya cansado, planteó finalmente la dimisión a los presentes por el caso Filesa. Ninguno aceptó. González sabía que no les podía destituir porque, como miembros de una Ejecutiva, habían sido elegidos en un Congreso Federal y sólo éste o un voto de censura en un Comité Federal podría forzar su marcha. Pero eso significaba la ruptura, la escisión del Partido Socialista. Sólo cabía la dimisión voluntaria. El encuentro terminó mucho peor que como había comenzado: no era posible ningún acuerdo.

Felipe González, dolido, nervioso y alterado, emprendió camino hasta la localidad abulense de Las Navas del Marqués, donde se halla el castillo-palacio de Magalia, una residencia del siglo XVI. Allí le esperaba un grupo de compañeros con peso en el partido: Luis Yáñez, su viejo amigo, Manuel Chaves, el presidente de la Comunidad Andaluza, Javier Solana, ministro de Educación, Raimón Obiols, primer secretario del PSC-PSOE, Joan Lerma, presidente de la Comunidad Valenciana, Paulino Barrabés, «el ugetista», Carmen García Bloise, ex secretaria de Finanzas y de Organización, y los hermanos José Luis y Carlos Cobos, dos desconocidos para la opinión pública pero con una gran influencia entre los líderes socialistas.

Tras la llegada de González, los comensales pronto comenzaron a dar cuenta de las viandas. El menú fue típico de la zona: judías verdes o judías del Barco de primero, según los gustos, y después un entrecot de ternera; de bebida, un buen vino de la Ribera del Duero.

El Presidente ocupó la cabecera de la mesa, flanqueado por Paulino Barrabés (quien un año más tarde habitaría una celda en la cárcel de Carabanchel por su implicación en el escándalo de la cooperativa de viviendas PSV) y Carmen García Bloise. Pronto salió a relucir un tema estrella: el deterioro que estaba sufriendo el partido a causa del caso Filesa y las medidas a adoptar. Todos ellos tenían muy presentes las encuestas preelectorales, que igualaban las posibilidades del PP a las del PSOE. Se olía a derrota si no se hacía nada.

—El tiempo para reaccionar se acaba —puntualizó Obiols.

—Hay que borrar de la sociedad la imagen de que los socialistas amparamos la impunidad de quienes cometen actos de corrupción —intervino Javier Solana[11].

De forma similar se expresó el resto de los presentes. Todos conminaron a Felipe a que tomara medidas para desbloquear la situación creada por el caso Filesa. Pero seis horas después, cuando terminó la reunión, González regresaba a Madrid como llegó, sin una solución diferente a la que intentó aplicar esa misma mañana en La Moncloa.

A pesar de todo, no se rindió. Los días siguientes conti-

---

[11] *Cambio 16*, 12 de abril de 1993.

nuó con su táctica de presión sobre la Comisión Ejecutiva del partido. Para ello utilizó los medios de comunicación: «Hay que dar una respuesta a los ciudadanos [sobre el caso Filesa] desde el punto de vista de la responsabilidad política», declaró el 3 de abril a la agencia OTR, propiedad de Antonio Asensio, editor del grupo Zeta y uno de los propietarios de Antena 3 Televisión. Cuando pronunció estas palabras, el líder del PSOE tenía en su poder una carta de dimisión del secretario de Organización, Txiki Benegas, fechada el 1 de abril, dos días después del encuentro del palacio de La Moncloa. Y en la que decía:

> «Espero que comprendas que no puedo admitir que mi limpieza en la vida pública sea puesta en tela de juicio por algunos miembros del Gobierno que se amparan en el anonimato o por "renovadores" de la nada que, ocultos en la abstracción de un concepto, pretenden, desde hace tiempo, deteriorar y deslegitimar la autoridad de quienes fuimos elegidos en el último Congreso del partido con el máximo apoyo de la organización. Estoy convencido de que nada de lo que ocurre es casual y que los que emprenden aventuras de este tipo creen contar, sin razón alguna seguramente, con sus correspondientes patrocinadores o apoyos, que desde luego creo que no están entre los militantes de base del partido.»

La carta fue hecha pública el lunes 5 de abril, el mismo día que estaba previsto que se reuniera la Ejecutiva Federal. Aquello fue para González una auténtica puñalada y supuso el pistoletazo de salida de una de las semanas más tensas en la historia moderna del PSOE, que se resolvió el viernes 9 de abril con una nueva reunión en La Moncloa, en la que estuvieron presentes las mismas personas (Guerra, Benegas y Marugán) más Manuel Chaves, presidente de la comunidad autónoma andaluza y uno de los hombres más apreciados por el Presidente del Gobierno. Finalmente, Felipe González aceptó que no hubiera una dimisión colectiva de la Ejecutiva Federal.

—He pensado pedir a la dirección que hagamos una dimisión colectiva. Y he estimado que eso sería un flaco servicio a la propia estabilidad del funcionamiento del sistema democrático, desde luego a los intereses de nuestro partido y de nuestro país. Por tanto, la he excluido de mi consideración —explicó al día siguiente ante el Comité Federal del PSOE.

Ese día se acordó la dimisión definitiva, como secretario de Finanzas, de Guillermo Galeote y su renuncia a presentarse como diputado, al igual que la de Carlos Navarro.

—He propuesto aceptar la carta de dimisión del que era secretario de Administración y Finanzas del partido, Guillermo Galeote. El mismo pidió la suspensión en sus funciones hace ya casi dos años, cuando empezó el procedimiento judicial del caso Filesa. Lo mismo ocurre con la persona que administraba las finanzas del partido, mejor dicho, las finanzas del Grupo Parlamentario —explicó Felipe.

El Presidente cometía dos fallos: no nombraba a Navarro por su nombre y le reconocía como el hombre que gestionaba las cuentas del PSOE. Del senador José María Sala, defendido por la delegación del PSC, no se dijo nada, a pesar de estar encausado en el caso Filesa. También, como se había acordado en las negociaciones previas, Felipe González renunció a dos puntos cruciales: la creación de una comisión de investigación parlamentaria y a la dimisión de Benegas.

—Tenía la tentación de proponer que hubiera una comisión de investigación surgida del Parlamento, que podría ser una comisión de esas que se llaman comisión real o comisión parlamentaria, para que, de una vez, se hiciera un diagnóstico sobre la financiación de los partidos en la reciente democracia. Creo que sólo me ha frenado la responsabilidad de preservar la imagen de un país que ha ido ganando prestigio internacional y que lo puede perder por estas imputaciones. No me parece justo hacer pasar a políticos, financieros y empresarios por una comisión de investigación, cuando no creo que exista en nuestro país una situación de corrupción generalizada[12] —dijo aquel día ante el Comité Federal.

Marino Barbero, por razones totalmente opuestas, sí hizo desfilar ante él a los banqueros más importantes del país, a políticos otrora influyentes y a empresarios de gran calado. Sin embargo, la huida de Luis Roldán, ex director general de la Guardia Civil, facilitó la creación, dos meses más tarde, de esa comisión de investigación parlamentaria, que fue presidida por el diputado de Coalición Canaria Luis Mardones. Felipe González tuvo, otra vez, los instrumentos para dar un giro a la situación creada, pero no los empleó. Era su segunda oportunidad fallida.

¿Qué obtenía González a cambio de no forzar la maquinaria? Estaba muy claro para sus más íntimos. La creación de una comisión de estrategia electoral, presidida por él mismo, que suponía *de facto* controlar las campañas de los comicios. De dicha comisión formaron parte, en un principio, José Luis Corcuera, ex ministro del Interior, Manuel Chaves, Joan Lerma, presidente de la Comunidad Autónoma Valenciana, Ramón Jáuregui, secretario general de los socialistas vascos, y Francisco Fernández Marugán. Su composición, no obstante, cambió al poco tiempo de convocarse las elecciones generales. De ella salieron Corcuera, Chaves y Lerma y entraron Narcís Serra, Raimón Obiols, José María Maravall y Txiki Benegas.

El lunes siguiente, 12 de abril, Felipe González adelantó la convocatoria de elecciones generales para el 6 de junio, en vez de esperar hasta octubre, consciente de que arrastraba la imagen de un partido dividido y corrompido. Las últimas encuestas situaban al PSOE cuatro puntos por debajo del Partido Popular y su credibilidad estaba por los suelos. Si lograba la victoria, más que nunca sería «su» victoria, y de nadie más. González estaba dispuesto a apostar todo o nada.

El «fichaje» de los magistrados de la Audiencia Nacio-

---

[12] *El Mundo*, 11 de abril de 1993.

nal, Baltasar Garzón, la «bestia negra» de los responsables del Ministerio de Interior, y Ventura Pérez Mariño, un ex militante del desaparecido Partido Socialista Popular del profesor Enrique Tierno Galván y amigo de José Bono, fue el revulsivo sorpresa que utilizó para convencer a la opinión pública. Estaba, en teoría, dispuesto a hacer frente a la corrupción. Su incontinencia verbal le llevó, incluso, a exponer públicamente la idea de situar al juez Garzón al frente de una comisión de investigación de Filesa. Nunca se hizo.

González, bajo el asesoramiento de José María Maravall, y al margen de la campaña de imagen que dirigía desde el edificio electoral de Gobelas Alfonso Guerra, ganó por cuarta vez consecutiva las elecciones generales[13]. Ni siquiera el caso Ferraz, otra trama de financiación irregular del PSOE, que estalló a cuatro días del final de las elecciones, afectó a la recuperación de su credibilidad. El 6 de junio Felipe pronunciaba el mensaje que la opinión pública deseaba oír desde meses atrás: «Esta es una nueva etapa. Es el cambio sobre el cambio.» Sólo se trataba de meras palabras. El tiempo demostró que era un artificio lingüístico más.

* * *

Eran las 11.30 de la noche del sábado 19 de marzo de 1994. El ex ministro Carlos Solchaga estaba totalmente alterado. Paseaba de un lado a otro por los pasillos del palacio de Congresos y Exposiciones de Madrid. No paraba de murmurar, hasta que exclamó:

—¡Tiene cojones la cosa! ¡A éstos [a los «guerristas»] les ganamos el Congreso y no se largan de una puta vez!

Se celebraba el XXXIII Congreso Federal del PSOE y el ex ministro de Economía, reconvertido en presidente del Grupo Parlamentario Socialista por imposición de Felipe González, tras abandonar el Gobierno en julio de 1993, ha-

---

[13] PSOE, 159 escaños; PP, 141.

bía desempeñado a lo largo del día un papel crucial para el relativo éxito de la causa «renovadora».

Las cosas no habían sucedido tal y como se había establecido en el guión de la película, que se había elaborado durante dos meses en el propio palacio de La Moncloa. Las huestes de Alfonso Guerra, lejos de haber aceptado las condiciones para la rendición final, no sólo se negaron desde el primer momento a entregar las armas, sino que estaban ganando en la mesa de negociaciones.

Las mencionadas condiciones, que le fueron entregadas en persona por Felipe González a Alfonso Guerra el día anterior, en el primer almuerzo que celebraban en solitario durante el último año, se resumían en dos folios con treinta y ocho nombres idóneos (según el secretario general) para ocupar puestos en la Ejecutiva Federal. Todos estaban colocados en orden alfabético. Algunos de los nombres aparecían subrayados para destacar su importancia. El subrayado indicaba que podían ocupar alguna secretaría ejecutiva. Al final del segundo folio, González especificaba cuál. Era la primera vez, desde 1974, que el secretario general se metía en la cocina para configurar una Ejecutiva a su medida.

De la lista, Felipe González había eliminado a nueve «guerristas» que hasta ese día habían formado parte de la Ejecutiva Federal. Entre ellos figuraba Elena Flores, senadora por Ciudad Real y ex secretaria de Relaciones Internacionales. Flores, compañera sentimental de Guillermo Galeote, había situado a su hermano, Alberto, como accionista principal del *holding* de empresas fantasmas del PSOE, junto a Luis Oliveró.

También quedaba vetado para todo tipo de puesto posible en la Ejecutiva o en el Comité Federal Eduardo Martín Toval, como él mismo reconoció después: «Yo no formaba parte del Comité Federal. En el último Congreso fui vetado para ser de la Ejecutiva, del Comité Federal, y después, naturalmente, no fui presidente del Grupo [Parlamentario Socialista]. Me vetaron los que tenían la mayoría.» [14]

---

[14] *El Mundo*, 1 de mayo de 1995.

También se «caían» de la lista cuatro no «guerristas», como José María Sala, secretario de la Comisión Ejecutiva Federal del PSOE desde el 24 de enero de 1988[15], aunque para compensar a los socialistas catalanes se le dio a Raimón Obiols la Secretaría de Relaciones Internacionales y al vicepresidente Narcís Serra una secretaría ejecutiva. El senador Sala, secretario de Organización del PSC-PSOE, estaba procesado también en el caso Filesa.

Desde las filas renovadoras —repletas de «guerristas» conversos—, Filesa se veía como uno más de los montajes que el «aparato», controlado por Alfonso Guerra, había creado para obtener dinero al margen de las fuentes de financiación legales. En el debe del número dos del PSOE pesaban, además, los casos Juan Guerra, Viajes Ceres, las comisiones del AVE y Seat (con Aida Alvarez, su mujer de confianza, de por medio) y para terminar, el caso Ollero, que estalló en 1992 en pleno corazón del «guerrismo»: Sevilla. Y si al menos el dinero recaudado hubiera ido en su integridad para el partido, pero es que el «aparato» permitió que «algunos compañeros» se lucraran en nombre de las siglas centenarias del Partido Socialista Obrero Español sin que se tomaran medidas contra ello. Para muchos delegados «renovadores» había llegado el esperado momento del ajuste de cuentas, «la noche socialista de los cuchillos largos».

Guerra, igual que el secretario de Organización, Txiki Benegas, se había negado a dimitir un año antes cuando fue invitado por el secretario general como forma de asumir la responsabilidad del PSOE en el caso Filesa. También había rehusado admitir responsabilidades en el citado caso, a pesar de que las conclusiones del informe de los peritos certificaban de forma inequívoca que las empresas de Filesa eran hijas naturales del Partido Socialista.

Felipe González había optado por esperar hasta la celebración de este XXXIII Congreso Federal. Quería situar al «guerrismo» y a su líder en un lugar apartado dentro del

---

[15] En esa fecha Galeote tomó también posesión de su cargo.

524

partido. El número uno, «Dios», había descartado, sin embargo, convertir aquello en una corte marcial y que el vicesecretario general fuese degradado de forma humillante en la plaza pública del Congreso Federal. En el ánimo de González estaba evitar que Guerra se convirtiera en un cadáver político o en una víctima. Sobre todo cuando el número dos controlaba el 41,5 por ciento (sesenta y seis) de los ciento cincuenta y nueve diputados de los que estaba compuesto el Grupo Parlamentario Socialista. La maniobra, tal como la diseñó, era mucho más sutil. Consistía en dejarle los galones de vicesecretario, pero sin mando en plaza, rodeado de un estado mayor «renovador» que ejerciera el poder real y que respondiera directamente ante el secretario general. O sea, él mismo.

La esencia del «cambio sobre el cambio» de Felipe González en ese Congreso, que se prometía tan crucial como el de Suresnes (el que dio el poder en 1974 a González y a Guerra), se había materializado en descabalgar de su puesto al responsable del caso Filesa después de Guerra: el secretario de Organización y número tres, Txiki Benegas. También al secretario de Finanzas, Francisco Fernández Marugán, sustituto de Galeote tras su salida. Curiosamente, Benegas había sido promocionado a ese puesto por el propio secretario general en 1984, con la resistencia de Alfonso Guerra, que apoyaba la candidatura de Manuel Chaves.

González pretendía que Guerra bebiera voluntariamente el aceite de ricino que le proponía como alternativa a Benegas: Carmeli Hermosín, la secretaria general del PSOE de Sevilla y consejera de Asuntos Sociales de la Junta de Andalucía. Hermosín había sido, años antes, secretaria personal del propio Guerra y había vigilado estrechamente a Benegas por orden expresa de su jefe cuando desembarcó como número tres del PSOE. Junto a su marido, Luis Yáñez, ex presidente de la Comisión para el V Centenario y malogrado candidato a la alcaldía de Sevilla, había formado parte del famoso «clan de la tortilla», aquellos jóvenes sevillanos de la foto entre los que estaban Felipe González y

Alfonso Guerra. Y que después se hicieron con el poder en el PSOE [16].

Hermosín, como muchos otros «compañeros», había sufrido en sus carnes el proceso de transformación de lealtades: de acérrimos «guerristas» se convirtieron en «renovadores» conversos y, por lo tanto, en enemigos del número dos.

Guerra no podía dar crédito a sus ojos al leer el nombre de Carmeli Hermosín como sustituta de Benegas. En el cajón de su despacho guardaba el recorte de una entrevista en la que Hermosín acusaba a «toda la Ejecutiva del PSOE, menos González, de ser responsables de Filesa» [17]. Pero ahí no quedaba la cosa. Además, sugería que el discurso de Alfonso Guerra no tenía soluciones: «Cualquier socialista quiere ofrecer progreso, bienestar, empleo, crecimiento económico... pero hay modos distintos de intentarlo. Cuando se dice "no podemos abandonar nuestras señas de identidad y hay que volver a nuestras raíces socialistas"... ¿Cómo se compagina esto con salir de la crisis, crear empleo y atraer inversión extranjera? Pues ahí, Felipe tiene unas respuestas distintas a las de Alfonso.»

A Guerra tampoco le gustó el nombre de otro «traidor», Alejandro Cercas, reputado «guerrista» y converso a la «renovación». Cercas venía ocupando la Secretaría de Movimientos Sociales y González pensaba en él como responsable de Finanzas. Esta última secretaría es de vital importancia, pues determina el éxito o el fracaso de la gestión en el resto de las

---

[16] El nombre del «clan de la tortilla» procede de una foto que se hicieron en la localidad sevillana de Venta de Antequera en 1974, en el curso de una merienda campestre, los socialistas sevillanos que ese mismo año se hicieron con el control del PSOE en el municipio parisino de Suresnes, donde se celebró su XXVI Congreso Federal, y que en 1982 ganaron las elecciones generales. En la foto del «clan de la tortilla», tomada por Manuel del Valle con la cámara del fotógrafo sevillano Pablo Juliá, figuraban Felipe González y su esposa, Carmen Romero, Alfonso Guerra, Manuel Chaves, Carmeli Hermosín y su esposo, Luis Yáñez, Guillermo Galeote, Rafael Escuredo y Ana María Ruiz Tagle. Todos ellos ocuparían puestos de gran relevancia social o de poder político.

[17] El Mundo, 27 de febrero de 1994.

secretarías, que dependen de los recursos económicos que se les asignen para funcionar.

Alfonso Guerra utilizó en repetidas ocasiones el poder que daba el control del dinero para hacer la vida imposible a aquellos «compañeros» que, habiendo sido elegidos en un congreso para ocupar una secretaría ejecutiva, preferían seguir manteniendo su talante independiente en vez de adherirse a la causa del «guerrismo», que no consistía más que en la sumisión al «hermano mayor».

Desde las filas renovadoras se estableció como condición *sine qua non* que Benegas fuera sacrificado para que el mensaje de la renovación fuera creíble. Pero no iba a resultar una empresa fácil. Guerra y sus hombres no estaban dispuestos a entregarse, sino a plantar batalla. El día anterior a la apertura del Congreso tuvo lugar un cónclave del «estado mayor» en Ferraz 70, la sede federal del PSOE. Junto a Guerra, sus lugartenientes y hombres de confianza: Juan Carlos Rodríguez Ibarra, secretario general de los socialistas extremeños, Carlos Sanjuán, secretario general de los socialistas andaluces, Francisco Vázquez, secretario general de los socialistas gallegos, José Acosta, presidente de la Federación Socialista Madrileña, Jaime Blanco, secretario general del PSOE de Cantabria, y Juan Manuel Cañizares. De la reunión salió una máxima: la mejor defensa es el ataque. Una estrategia que intentaba dar al traste con el desfile triunfal que la corriente «renovadora» tenía previsto realizar al final del Congreso, con González a la cabeza, para celebrar la toma del «aparato».

El objetivo del vicesecretario general era mantener a Benegas como número tres y a Marugán en su cargo. De esta forma ocuparía tres de los cinco primeros cargos en la cúpula, hecho que se podría vender como si de una victoria se tratara. Pero para conseguirlo, tenían que batirse militante por militante, como si en ello les fuera la vida.

Felipe González jugaba con una baza en su contra. La ineficacia de sus embajadores desde el comienzo de las negociaciones, a primeras horas del sábado 19 de marzo, festividad de San José. El presidente de la comunidad autónoma valenciana, Joan Lerma, y el presidente andaluz, Manuel

Chaves, quienes representaban a las dos más grandes federaciones socialistas[18], se vieron sorprendidos y sobrepasados por la unidad de acción de la otra parte, encabezada por el presidente de Extremadura, Juan Carlos Rodríguez Ibarra, Txiki Benegas y José Luis Corcuera.

En la retaguardia «renovadora», el vicepresidente Narcís Serra, con el apoyo de la representación catalana, y José Bono, presidente de Castilla-La Mancha. Ambos, con un peso del 13,9 por ciento en el cómputo general de las delegaciones, se mostraron igual de perplejos ante la fuerza con que los «guerristas» habían salido al campo de la negociación.

En los planes de los hombres de Felipe González no cabía inicialmente otra posibilidad que ganar por mayoría. Máxime cuando habían negociado con los «guerristas» cómo iba a ser el Congreso, quién iba a componer la mesa, quién las presidencias de las comisiones de trabajo y, por último, la introducción del voto individual y secreto por delegado, en vez del voto por delegación que imperaba hasta entonces.

Lo único que supuso una reconversión con respecto al mecanismo de otros congresos fue la adopción de una lista única y cerrada, consensuada, en la que tendrían representación proporcional todas las tendencias del PSOE. Una lista que sería votada en bloque, igual que en las elecciones generales, en vez de hacerlo como era tradicional: cada delegado votaba libremente a quien quería.

José Luis Corcuera había sido el impulsor de este cambio. En la mente del ex ministro aún permanecía lo que había pasado en el último Congreso del PSC-PSOE, durante la primera semana de febrero. Los delegados, amparados en el sistema de listas abiertas, que permite votar a quien cada uno prefiera, añadido al voto individual y secreto, proporcionaron un fuerte varapalo a la Ejecutiva entrante. El primer

---

[18] Los delegados andaluces eran 230, de los cuales 149 eran «renovadores»; los valencianos eran 106, lo que equivalía al 37,8 por ciento de los 888 comisionados socialistas de toda España.

secretario, Raimón Obiols, sólo obtuvo el apoyo del 63,6 por ciento de los delegados; Narcís Serra, el 61,6.

Corcuera, el «hombre puente» entre Felipe González y Alfonso Guerra, quería evitar que se repitiera la historia del PSC-PSOE, por lo que luchó por que la votación fuera en bloque, con el fin de ocultar las fisuras. Lo que más le motivaba era que no hubiera ruptura sino «integración». Un eufemismo que escondía el ánimo de llevar a ambas facciones hacia un pacto interno de cohabitación, para preservar las posibilidades de un triunfo electoral en el futuro y, por lo tanto, de administrar el poder.

El número de delegados era un factor crucial en la batalla final. El peso de la corriente «guerrista» era del 30 por ciento, frente al 50 por ciento de los «renovadores» y el 20 por ciento de los «integradores», un sector que caminaba entre los otros dos, intentando aunar diferencias pero que, en caso de tomar partido, estaban con González, por lo que la cuota total de la «renovación» era de un 70 por ciento.

El «guerrista» Francisco Vázquez, diputado y alcalde de La Coruña, resumió muy bien, cinco días antes de la apertura del Congreso, cómo estaban las cosas: «El debate no será de ideas ni de personas, sino que será una lucha por el poder, con un intento de generar nuevos poderes en el seno del partido» [19]. La radiografía no podía ser más exacta.

Los negociadores «guerristas», Rodríguez Ibarra y Txiki Benegas, establecieron sus cuarteles generales en un despacho del segundo piso del palacio de Congresos y Exposiciones, apoyados por Abel Caballero, ex ministro de Transportes y hasta entonces secretario de Política Institucional, y Fernández Marugán, a cargo de los números. Benegas hacía de informador de Guerra, que permanecía en un despacho del tercer piso.

En otro despacho, no muy lejano, en la misma planta, establecieron su puesto de mando los «renovadores», con el vicepresidente Narcís Serra (la vía de comunicación con

---

[19] *ABC*, 13 de marzo de 1994.

Felipe González), Manuel Chaves, Joan Lerma y José Bono, otro ex «guerrista» reconvertido en «renovador».

José Luis Corcuera, quien rechazó entrar en la Ejecutiva para evitar que el partido se viera salpicado por el escándalo de los sobresueldos de los fondos reservados del Ministerio del Interior, hacía de mensajero entre las dos partes.

Los paseos de un despacho a otro se multiplicaron. A media mañana del sábado 19 los «guerristas» demostraron que, al menos, estaban ganando la batalla de la propaganda. Extendieron el rumor de que habían conseguido que los «renovadores» retiraran la candidatura de Carmeli Hermosín como secretaria de Organización y la concesión a Txiki Benegas de una «supersecretaría», de nuevo cuño, denominada de Política y Coordinación de Secretarías, con competencias en las relaciones con las fuerzas políticas de la oposición, ayuntamientos y comunidades autónomas.

El efecto deseado se logró. El nerviosismo cundió entre las filas renovadoras. Los secretarios generales del PSOE de Madrid, Teófilo Serrano, del PSOE de Castilla-La Mancha, Juan Pedro Hernández Moltó, y el secretario de Organización del PSC-PSOE, José María Sala, se reunieron, al filo de las 12.30 horas, con Carlos Solchaga, quien hasta ese momento se había mantenido al margen de las negociaciones. Los tres dirigentes rogaron a este último que hablara con Felipe González para reconducir la situación antes de que fuera demasiado tarde. En los pasillos del XXXIII Congreso se le atribuyó a Solchaga la frase de «Felipe está tragando demasiado».

A partir de ese instante Solchaga se convirtió en la piedra angular de las negociaciones por el lado «renovador». Sustituyó a Narcís Serra como vía de comunicación con Felipe González y coordinó todos los pasos contra los ataques guerrilleros de los hombres del vicesecretario general.

Una nueva reunión entre González y Guerra, avanzada ya la tarde, no sirvió para desbloquear las negociaciones. Carmeli Hermosín seguía siendo la favorita de Felipe. Y su candidatura era incuestionable. Al menos, hasta ese momento.

Pero la estrategia de tensión y desgaste aplicada por los

«guerristas» comenzó a dar sus frutos entrada la noche. Chaves y Lerma admitían por entonces la no presencia de Hermosín en la Ejecutiva. Comenzaba a desgranarse un rosario de nombres de dirigentes andaluces para ocupar dicho cargo, que inauguró el renovador gaditano Alfonso Perales, siguió con el vicepresidente de la Diputación de Sevilla, Alfredo Sánchez Monteseidín, y terminó con el diputado por Jaén, Gaspar Zarrías. La situación era muy tensa. A las doce de la noche Benegas aparentaba un gran enfado y decidía marcharse del palacio de Congresos. Con su actitud fingida provocaba la amenaza de Alfonso Guerra de romper la baraja.

Dos horas más tarde el problema se resolvía y Benegas regresaba al Congreso. Las negociaciones continuaron. El favorito era entonces Jesús Quijano, secretario general del PSOE de Castilla y León. Sin embargo, fueron sus propios militantes quienes se negaron a aceptar la propuesta; temían que su desaparición del escenario castellano-leonés dividiera irremisiblemente al partido dentro de la región.

Fue en esa tesitura cuando apareció sobre la mesa el nombre de Ciprià Ciscar, un abogado valenciano de cuarenta y ocho años, vicesecretario general del Partido Socialista del País Valenciano, un ex «guerrista» reconvertido en «integrador» que contaba con el beneplácito de las dos partes. La aceptación de Ciscar como secretario de Organización conllevaba el abandono, por parte de los «guerristas», de la «supersecretaría» para Benegas. Esto alentó a los «renovadores» a pensar que la victoria estaba cerca, lo cual era, indudablemente, un espejismo.

A Rodríguez Ibarra, Benegas y Corcuera todavía les quedaban fuerzas para arrancar de Lerma y Chaves la concesión, para el ya ex número dos, de la Secretaría de Relaciones Políticas e Institucionales, con competencias respecto a la poderosa Federación Española de Municipios (FEMP), que presidía Francisco Vázquez. Era lo que necesitaba Alfonso Guerra para aparecer ante la opinión pública como vencedor en el XXXIII Congreso. Había derrotado al síndrome de la corrupción y de Filesa.

En el camino de las negociaciones, a las que habían sido

ajenos la mayoría de los ochocientos ochenta y ocho delegados, quedaban «cadáveres», como el del presidente de la comunidad autónoma madrileña, Joaquín Leguina, significado renovador y enemigo público declarado de Alfonso Guerra. Leguina fue vetado por Guerra para formar parte de la Ejecutiva Federal, mientras se daba entrada a otros barones como Narcís Serra, Javier Solana, Jerónimo Saavedra, Luis Martínez Noval, Ramón Jáuregui, José Bono, Joan Lerma, Manuel Chaves, Jesús Quijano, Alejandro Cercas y Raimón Obiols. Es decir, el resto de los barones.

Guerra consiguió, además, que Fernández Marugán permaneciera como secretario de Finanzas, lo que supuso un triunfo en toda regla para su tendencia, a la que identificaba, por vez primera, con el socialismo clásico. El vicesecretario general estaba eufórico y visiblemente contento. «La Ejecutiva Federal está bien equilibrada en número, personas y calidad» [20], declaró.

El número dos del PSOE y sus hombres habían comenzado el Congreso Federal como víctimas y salían como auténticos triunfadores. Con pocas armas habían conseguido vencer a las fuerzas del «socialismo del futuro», representadas por los «renovadores».

Sin embargo, los debates que se produjeron demostraron que las discusiones ideológicas no eran más que una mera cortina de humo. A unos y a otros lo único que les interesaba era continuar en el poder, por encima de todo, incluso de sus propias ideas. Se evitaba lidiar el toro de la corrupción. Un toro que se había cobrado la dimisión, como vicepresidente del Gobierno, de Alfonso Guerra, del ministro de Sanidad Julián García Vargas, del secretario de Finanzas del PSOE, Guillermo Galeote, y del coordinador de Finanzas del Grupo Parlamentario Socialista, Carlos Navarro, y que dos meses después se llevaría por delante también al ministro de Agricultura, Vicente Albero, por haber ocultado dinero a Hacienda, a Carlos Solchaga, por el caso del ex

---

[20] *El País*, 21 de marzo de 1994.

gobernador del Banco de España Mariano Rubio, al propio José Luis Corcuera, por el caso Interior, y a Antoni Asunción, sucesor de Corcuera, por la huida del ex director general de la Guardia Civil, Luis Roldán.

La única respuesta que dio en el XXXIII Congreso del PSOE fue la creación de una Comisión de Registro de Bienes y Actividades de los Cargos Públicos socialistas, ante la que dichos cargos debían realizar una declaración de bienes. Se huyó de propuestas tajantes, como la de la delegación de Pontevedra:

«El partido suspenderá de militancia a todo afiliado contra el que se inicie cualquier causa penal en materia de corrupción, siempre que existan pruebas concluyentes o indicios racionales de delito, y mientras no se declare judicialmente su inocencia. En caso de dirigentes, altos cargos de la Administración pública o directivos de empresas públicas, afiliados al partido, contra los que se inicie auto de procesamiento por causa de la corrupción, serán sancionados con la pérdida automática de la militancia. Sólo se producirá el reingreso mediante sentencia favorable que decrete su inocencia.»

No hubo lugar ni para tales medidas ejemplarizantes ni para la autocrítica, máxime cuando los responsables no reconocían públicamente su vinculación con la trama de Filesa. El ambiente favorecía la tendencia a aparcar cualquier decisión «arriesgada» contra la corrupción y a pacificar el partido, dejando a un lado los supuestos contenciosos ideológicos. Prueba de ello fue el apoyo unánime que «guerristas» y «renovadores» dieron a la reforma laboral prevista por el Gobierno, que abarataba el despido en un 50 por ciento e introducía la movilidad geográfica obligatoria y la posibilidad de despedir a un 10 por ciento de la plantilla de una empresa sin necesidad de solicitar un expediente de crisis, como era preceptivo hasta entonces. Esta reforma provocó, el 27 de enero, la cuarta huelga general de la era González. Asimismo, se apoyó la regulación de las pensiones, que ampliaba el periodo base de cotización a la Seguridad Social de los cuatro a los diez últimos años como referencia obligada para calcular el salario final de jubilación.

La mañana del 20 de marzo Felipe González y Alfonso Guerra sellaban el acuerdo alcanzado por sus lugartenientes, tras una larga noche de cuchillos afilados. El número dos había comenzado el XXXIII Congreso como víctima y salía como auténtico triunfador. La guerra continuaba.

* * *

Las semanas siguientes al XXXIII Congreso Federal fueron de calma tensa. Los llamamientos a la «integración» de las dos tendencias mayoritarias del PSOE, la «guerrista» y la «renovadora», se producían con insistencia, pero cayeron en saco roto en la mayor parte de los congresos regionales que se celebraron por todo el territorio español.

En Cantabria, Murcia y Asturias se impusieron los «guerristas». En Andalucía, Castilla y León, Baleares, Ceuta y Melilla ganaron los «renovadores», sin que los perdedores se integraran en las direcciones resultantes. En Extremadura, Castilla-La Mancha, Valencia, Madrid y Euskadi la «integración» fue una realidad que tuvo mucho que ver con la coyuntura de unas inmediatas elecciones europeas y autonómicas, previstas para el 12 de junio. La cercanía de los comicios produjo en el PSOE una aparente tregua, con el reparto de puestos entre las dos corrientes. Todos se pusieron el traje de la unidad y la cohesión con el fin de dar esta imagen ante el electorado.

Sin embargo, quince días después de concluir el XXXIII Congreso el fantasma de la corrupción se materializó de nuevo. Estallaba definitivamente el caso Ibercorp. El ex gobernador del Banco de España, Mariano Rubio, era acusado de aprovecharse de su anterior cargo público para enriquecerse. Por otra parte, el caso Luis Roldán tomaba cuerpo a velocidad sideral. Los medios de comunicación martilleaban con informaciones sobre el supuesto enriquecimiento ilegal del ex director general de la Guardia Civil. Roldán había impuesto la «mordida» entre los constructores que trabajaban para la Guardia Civil y había complementado sus ingresos personales con dinero procedente de los fondos reservados del Ministerio del Interior. Para muchos españoles socialismo y corrupción se convirtieron en dos palabras inseparables, casi sinónimas.

La amenaza de levantarse cada mañana con la eclosión de un nuevo escándalo minaba, aún más, la moral de los dirigentes socialistas. La corrupción no sólo salpicaba a los «guerristas» sino también a los «renovadores». El ex ministro de Economía Carlos Solchaga aparecía involucrado en el caso Ibercorp. Era uno de los padres del clan de la «gente guapa».

En este tenso y caldeado ambiente tenía que celebrarse los días 19, 20 y 21 de abril el debate sobre el Estado de la Nación. Felipe no podía presentarse así en sociedad. Sus asesores de imagen buscaron una salida a la crisis. El Consejo de Ministros del viernes 15 de abril, víspera del debate, podía ser el escaparate adecuado para demostrar, de nuevo, «un cambio sobre el cambio». Felipe hacía público un mensaje: «No es momento para lamentarnos ni para buscar responsabilidades de ningún tipo. Teníamos que haber reaccionado con mayor rapidez y contundencia. Y no lo hicimos. Ahora estamos obligados a hacerlo de la forma más enérgica y ejemplar que podamos encontrar.»

Durante ese fin de semana el Presidente y sus lugartenientes estudiaron una batería de medidas anti-corrupción para presentar en el debate parlamentario. La oposición estaba dispuesta a ofrecer una dura batalla.

El martes 19 Felipe entró cariacontecido al hemiciclo del Congreso. Pocas veces se veía tan acosado como aquella calurosa tarde.

—Váyase, señor González —le espetó en su cara el líder del PP, José María Aznar—. Son demasiados casos y muy graves porque dañan a instituciones básicas del sistema. En todos los casos son personas vinculadas a usted y que gozan de su confianza. ¿A quién tenemos entonces que pedirle cuentas?... Pues a usted.

Cada frase era un bocado a la credibilidad de Felipe González. Sin embargo, gracias a su demagogia, sobrevivió al debate:

—Me comprometo ante ustedes, señorías, a erradicar la corrupción —llegó a manifestar.

Los diputados independientes del PSOE, los jueces Baltasar Garzón y Ventura Pérez Mariño, no creyeron el discurso. Habían escuchado esas mismas palabras hacía ya un año, cuando su amigo común, José Bono, preparó el 26 de febrero de 1993 un almuerzo conjunto con González en la finca toledana de «Quintos de la Mora». Un nuevo contratiempo surgía. Garzón y Mariño amenazaron con votar en su contra junto al PP si no aceptaba la formación de una comisión de investigación del caso Filesa. El líder del PSOE y el Grupo Parlamentario, con Carlos Solchaga a la cabeza, no tenían otra solución que ceder. Lo que no habían querido hacer un año antes, tras conocer el informe de los peritos de Filesa, se veían obligados a hacerlo después, «por el bien del país».

A Felipe González le quedaba todavía por pasar otro calvario aún peor. Luis Roldán decidió desaparecer del mapa geográfico español y, como si se tratase de un efecto dominó, las dimisiones se sucedieron en cadena. El 1 de mayo presentó su renuncia el ministro del Interior, Antoni Asunción, por no haber impedido la fuga de Roldán. El 5 de mayo hizo lo mismo el ministro de Agricultura, Luis Albero, por haber defraudado a Hacienda. El ex ministro del Interior, José Luis Corcuera, renunció a su escaño por su responsabilidad en el caso Roldán, y Carlos Solchaga abandonó la presidencia del Grupo Parlamentario Socialista por su relación con Mariano Rubio [21]. El 6 de mayo le tocó el turno a Baltasar Garzón, que dimitió como secretario de Estado del Plan Nacional contra la Droga; tres días después abandonó su escaño de diputado, no sin antes acusar a Felipe González de mentiroso y de no haber luchado contra la corrupción.

La tormenta parecía no tener fin. Sin embargo, en el seno del PSOE reinaba la paz, como establecían los cánones previos a unos comicios. No obstante, los resultados electorales conseguidos convirtieron la tregua en un nuevo combate de fondo. El PSOE caía derrotado en las europeas a manos

---

[21] Mariano Rubio fue detenido en esa fecha, junto con su amigo el financiero Manuel de la Concha.

del Partido Popular, que obtuvo 28 escaños frente a los 22 del PSOE. Era la primera vez que José María Aznar conseguía vencer en las urnas a Felipe González. En las andaluzas el PSOE volvió a ganar, pero perdiendo 17 diputados; pasó de 62 a 45, frente al PP, que subió de 26 a 41.

Las diferencias entre «renovadores» y «guerristas» surgieron de nuevo. En el seno de la Ejecutiva Federal quedaba pendiente todavía una cuestión crucial: la delimitación de responsabilidades de los secretarios ejecutivos, Ciprià Ciscar, Txiki Benegas y Francisco Fernández Marugán.

Nada hacía presagiar que el lunes 4 de julio iba a ser decisivo en el caminar socialista. Esa calurosa tarde, en el salón de plenos de la sede de Ferraz, Ciscar se quitó la etiqueta de hombre tímido y apocado. Durante las cinco horas que duró la reunión sacó del baúl de los recuerdos toda su artillería dialéctica. Consiguió que se aprobase, sin votación, un nuevo reglamento interno de funcionamiento de la Ejecutiva; se hizo con la coordinación de las campañas electorales, con la coordinación entre la dirección del partido y el Grupo Parlamentario Socialista y fue nombrado portavoz. Pero lo más importante: consiguió hacerse cargo de la elaboración de las listas electorales.

Benegas, secretario de Relaciones Institucionales, con el que había mantenido fuertes discrepancias durante la campaña electoral, se ocuparía sólo de las relaciones con los partidos políticos, los ayuntamientos y las comunidades autónomas. Para Fernández Marugán el ajuste fue aún mayor. El secretario de Administración y Finanzas había salido del Congreso Federal con las atribuciones de las dos secretarías que había tenido que ostentar tras la dimisión de Guillermo Galeote por el escándalo Filesa: la suya, de Asuntos Económicos, Sociales y Sindicales, y la de Finanzas. Pero el extremeño vio impávido cómo días más tarde le arrancaban las competencias de la elaboración de programas electorales y la redacción de la doctrina económica. Ambas pasaban a manos de Joaquín Almunia, secretario de Estudios y Programas y presidente del Grupo Parlamentario Socialista, el hombre de González en la dirección socialista.

A Alejandro Cercas, nuevo secretario de Relaciones con la Sociedad, le correspondió la responsabilidad del mantenimiento de los vínculos con los sindicatos y la patronal, que antes había correspondido a Fernández Marugán. Las únicas competencias que le quedaban al secretario de Finanzas se circunscribían exclusivamente a la administración del dinero del partido.

De poco sirvieron las objeciones que realizó Juan Carlos Rodríguez Ibarra sobre las competencias de Benegas y Marugán, que él mismo había cerrado en el XXXIII Congreso. Estaba claro quién tenía la mayoría (70 por ciento «renovadores», 30 por ciento «guerristas»).

Con el paso del tiempo, tal y como había previsto Felipe González, la conversión «renovadora» de muchos «guerristas» se producía en todas las organizaciones territoriales del PSOE. En algunos casos, como en el Congreso Regional de Sevilla, celebrado a mediados del mes de octubre, el cambio fue escandaloso. Manuel Copete, candidato «guerrista» a la Secretaría General sevillana del PSOE, se pasaba a las filas «renovadoras» dos horas antes de la votación y dejaba a sus correligionarios compuestos y sin líder. La candidatura renovadora de Carmeli Hermosín casi repitió los resultados globales del último Congreso Federal: 71 por ciento «renovadores» y 29 por ciento «guerristas».

El desastre para el «guerrismo» fue tan grande en los diferentes congresos regionales que los diputados de esta corriente, en una muestra de unidad y fuerza, se reunieron el 15 de septiembre en el hotel Suecia[22]. Este hotel se había convertido en el cuartel general «guerrista» desde que estallara el caso Filesa. Su cercanía al palacio de la carrera de San Jerónimo hacía de él un enclave estratégico. Querían dejar claro que formaban un bloque homogéneo dentro del Grupo Socialista y que se les tenía que tener en cuenta[23]. Entre

---

[22] El Hotel Casa de Suecia está en la calle Marqués Casa Riera, número 4, a la espalda del Congreso de Diputados.
[23] *El País*, 16 de septiembre de 1994.

los asistentes estaban el vapuleado Fernández Marugán, Matilde Fernández, ex ministra de Asuntos Sociales, Josefa Pardo, ex secretaria de Participación de la Mujer, y Javier Sáenz de Cosculluela, ex ministro de Obras Públicas.

La advertencia iba dirigida no sólo a Felipe González, sino también al secretario de Organización, Ciprià Ciscar, y al presidente del Grupo Parlamentario Socialista, Joaquín Almunia, quien había osado no incluir a ningún «guerrista» entre los cinco miembros de la nueva dirección del grupo.

González, soterradamente, estaba realizando su trabajo de desgaste. Poco a poco el control del partido acabaría siendo totalmente suyo. Pero un hilo de corrupción permanecería irremediablemente unido para siempre a su figura. El caso Filesa: la corrupción institucional.

COMITE ELECTORAL DEL PSOE EN LAS ELECCIONES GENERALES DE 1989

COORDINADOR GENERAL
ALFONSO GUERRA

COORDINADOR ADJUNTO
ROBERTO DORADO

AREA DE POLITICA OPERATIVA

ORGANIZACION-ACTOS PUBLICOS
JOSE M. MEMBRILLERA

PUBLICIDAD
IGNACIO LARRAZABAL
INCULPADO CASO FILESA

COMUNICACION Y ANALISIS
IGNACIO VARELA

OFICINA DE PRENSA
FERNANDO PAJARES

COORDINADOR ADJUNTO
GUILLERMO GALEOTE
INCULPADO CASO FILESA

AREA DE INFRAESTRUCTURA

ADMINISTRACION
RAMON MOREDA
INCULPADO CASO FILESA

ASESORIA JURIDICA
FRANCISCO VIRSEDA
ABG INCULPADOS FILESA

CONTROLES ELECTORALES
LUIS PEREZ

DESARROLLO PRAGMATICO
TEOFILO SERRANO

EL PARLAMENTO BAJO SECUESTRO

El aire acondicionado del salón de plenos del Tribunal de Cuentas, en el número 81 de la madrileña calle de Fuencarral, no era suficiente para aliviar la sensación de bochorno que cubría la atmósfera. Aquella tarde del 21 de junio de 1991 hacía un intenso calor en la capital de España. El presidente del Tribunal, Adolfo Carretero, se encontraba incómodo en el sillón que ocupaba a la cabecera de la mesa. No le gustaba el cariz que estaba tomando la reunión. Ese día, en plena vorágine del caso Filesa, encontrar un acuerdo entre los trece miembros del pleno era imposible.

Sobre el tapete se dirimía si el Tribunal de Cuentas, el órgano que por ley fiscaliza las cuentas de los partidos políticos y de las administraciones y empresas del Estado, podía aceptar el encargo realizado cuatro días antes por la Comisión Mixta Congreso-Senado para las relaciones con el citado tribunal: «Que se investigue la contabilidad y actividades del Partido Socialista Obrero Español (PSOE) en relación con diversas empresas (Filesa S. A., Malesa S. A., Time Export S. A. y Distribuidora Express 2.020 S. A., entre otras).»

Carretero dirigió varias miradas furtivas a su compañero, el socialista Ciriaco de Vicente[1], que se encontraba al otro

---

[1] Ciriaco de Vicente fue el portavoz del PSOE en el Parlamento entre 1977 y 1982 para temas de sanidad. Adquirió notoriedad por su lucha en

lado de la mesa en actitud impasible. «¿Qué hacemos?», pretendía indicarle.

En ese momento, Pedro Bujidos Garay, consejero por la Unión de Centro Democrático y próximo al Partido Popular, estaba disertando con un lenguaje directo, como era costumbre en él, contra la tesis de los siete consejeros del PSOE que mantenían que el Tribunal de Cuentas era competente para realizar la investigación del caso Filesa.

—¡Que no! —dijo Bujidos—, que no se puede hacer una investigación como ésta. El Tribunal no tiene competencias para realizar una fiscalización como la que se nos requiere. Todos sabemos que con la legislación en la mano no tenemos poder para entrar en las empresas presuntamente involucradas y verificar sus cuentas y su relación con el PSOE.

—Y entonces, ¿qué propones? —le preguntó el socialista Eliseo Fernández Centeno[2], presidente de la Sección de Fiscalización, una de las dos áreas, junto a la de Enjuiciamiento, en las que se divide el Tribunal de Cuentas.

—Muy fácil, decirle a la Comisión Mixta la verdad: que el Tribunal de Cuentas no puede hacer el trabajo que se le ha encomendado... Y que si quieren que lo hagamos con todas las garantías, que modifiquen la Ley de Financiación de los Partidos Políticos.

—Pero... ¿cómo?, ¿qué dices? —se escuchó como un único clamor.

La última frase de Bujidos había provocado la increduli-

---

el caso del aceite de colza. Fue secretario de Política Sectorial y luego de Acción Social del PSOE, entre el 29 de septiembre de 1979 y el 13 de diciembre de 1984. Ocupó la presidencia de la Comisión Mixta para el Tribunal de Cuentas en la cuarta legislatura. El 26 de noviembre de 1990 dejaba su escaño para ser consejero de esta institución.

[2] Fernández Centeno fue presidente de la Cruz Roja de Alicante y profesor de contabilidad en la Facultad de Económicas de esta ciudad. Estuvo implicado en el escándalo de las adjudicaciones de administraciones de lotería a cargos públicos del PSOE y a sus familiares en 1986. Su mujer, Lourdes Daza Muñoz, se vio agraciada con la administración de lotería número 22 de Alicante. Su único hijo, Eliseo Fernández Daza, perteneció a la ejecutiva local del PSOE.

dad entre los consejeros alineados con las tesis socialistas, como Adolfo Carretero, Ciriaco de Vicente, Eliseo Fernández Centeno, Andrés Sanz Ramírez, Andrés Suárez Suárez, Juan Mancebo Coloma y Carlos Ollero Gómez. No así en el otro lado, que formaba bloque con Bujidos, y en el que se encontraban Ubaldo Nieto de Alba, José María Fernández Pirla (ex presidente del Tribunal de Cuentas), Marcial Moreno Pérez y José Fernando Murillo Bernáldez, que respondían a la clave ideológica del PP. El pleno era completado por el fiscal del tribunal, Miguel Ibáñez, y el secretario general, Miguel Alvarez Bonald.

—Si se acepta finalmente lo que parece ser el sentir de la mayoría se cometerá un gran error. Las consecuencias de una decisión como ésta harán un daño irreparable a esta institución —intervino Ubaldo Nieto, ex senador por la UCD. Nieto era presidente de la Sección de Fiscalización del Tribunal de Cuentas desde 1993. Fue el principal contrapoder al PSOE durante el anterior mandato. Actuó como ponente en importantes fiscalizaciones, como las del Banco de España y RTVE. También fue uno de los cinco consejeros que emitieron un voto particular contra el informe de Rumasa.

Pero de nada sirvieron las llamadas al sentido común de los consejeros Nieto y Bujidos. Ciriaco de Vicente, que seguía inmóvil en su sillón, lo tenía todo atado. Había jugado ya sus cartas antes de la celebración del pleno.

La votación fue inamovible: ocho a favor —incluyendo al fiscal— y cinco en contra. La estrategia del PSOE de desviar hacia la vía muerta del Tribunal de Cuentas los llamamientos de la opinión pública para que se realizara una exhaustiva investigación de su *holding* secreto había tenido éxito.

Los dirigentes socialistas querían dar la impresión ante la ciudadanía de que se iba a llegar hasta «el fondo» del caso Filesa, pero en su fuero interno trataban de enterrarlo cuanto antes. Por eso, bajo ninguna circunstancia aceptarían la formación de una comisión parlamentaria de investigación en el Congreso, lo que hubiera permitido que los demás grupos políticos cayeran sobre ellos.

El Tribunal de Cuentas admitía ser partícipe de la trama

Filesa. Ese día se rompía definitivamente el pacto por el que PSOE y PP habían gobernado este alto organismo desde el 28 de mayo de 1990. Ya sólo faltaba por conocer el procedimiento que el bloque socialista pretendía imponer al Tribunal de Cuentas para obtener la colaboración de las empresas implicadas en el caso.

—Está muy claro. Se hará mediante el proceso habitual de circularización. O bien pedimos al cuentadante, mediante una circular, los documentos que necesitamos y éste, a su vez, lo pide a las empresas, o «circularizamos» directamente a la empresa o empresas en cuestión —afirmó Carretero.

—¿Pero qué ocurrirá si no colaboran?. ¿Se tomará alguna medida coercitiva? —preguntó un consejero próximo a las tesis populares.

—Sí, por supuesto, lo haremos constar en el informe.

Los consejeros Nieto y Bujidos quedaron perplejos ante la respuesta evasiva de Carretero. El sistema descrito era el que solía utilizarse en técnicas de auditoría, pero era claramente inoperante para investigar las relaciones económicas entre el PSOE y las empresas que lo financiaban. Las operaciones no figurarían en la contabilidad oficial del partido y habría que buscarlas por otros medios «especiales».

De nada sirvieron los reproches. Ubaldo Nieto abandonó la comisión que elaboraba los proyectos de informe de fiscalización de los partidos políticos. El co-ponente, el socialista Fernández Centeno, quedaba solo al frente de la investigación del caso Filesa, y no defraudaría las expectativas de sus oponentes. Centeno optó voluntariamente por hacer una mera fiscalización de las cuentas del PSOE de los años 1988 y 1989, en vez de seguir la propuesta parlamentaria.

Para su investigación, primero descartó la documentación del grupo de empresas del *holding* Filesa aportada al Tribunal de Cuentas por Izquierda Unida-Iniciativa per Catalunya (IU-IC), con la argumentación de que no estaba autentificada, cuando era la misma documentación sobre la que basó su trabajo el juez Barbero. Segundo, no llamó a declarar al contable de Filesa, Carlos van Schouwen. Tercero, desestimó las sugerencias de los consejeros de la oposición de que pidiera auxilio a la Inspección Tributaria, a la Dirección General de Transacciones Exteriores o a la misma Sala Segunda del Tribunal Supremo para obtener los datos que por sus propios medios no podía conseguir. Y, por último, puso a Domingo Fidalgo al frente de los diez funcionarios que durante los meses de julio y agosto de 1991 fiscalizaron la contabilidad del PSOE. Fidalgo fue el técnico responsable también de la fiscalización de las cuentas electorales de los demás partidos hasta su cese, en 1993.

Este letrado, mano derecha de Fernández Centeno, era amigo de Francisco Fernández Marugán, secretario de Finanzas en funciones del Partido Socialista, y de Joaquín Leguina, entonces presidente de la Comunidad Autónoma de Madrid.

Adolfo Carretero era plenamente consciente del modo en que se estaba llevando la investigación de Filesa cuando, el 8 de octubre de 1991, compareció ante la Comisión Mixta Congreso-Senado para el Tribunal de Cuentas a requerimiento de Izquierda Unida. Pero no dio muestras de saber algo, sino todo lo contrario:

—Tenemos competencia exclusiva y estamos aplicando la ley enteramente [...]. La Ley de Financiación de Partidos Políticos da suficiente bagaje y contenido para que al ciudadano no le queden dudas de cómo se financian.

Ante una pregunta del diputado de Izquierda Unida Jerónimo Andreu, que quería estar seguro de que se estaba abordando la relación PSOE-*holding* Filesa, afirmó con rotundidad:

—Yo no sé si me he expresado mal. Por supuesto, se está investigando la contabilidad del PSOE y la referente al grupo de empresas; las dos simultáneamente, señor representante de Izquierda Unida. No sé si ha quedado claro. Si no se lo digo ahora: se están investigando las dos. No le quepa a usted la menor duda.

El diputado Andreu se extrañó de la firmeza de Carretero

en sus palabras. ¿Qué había pasado para que Carretero abandonara su tibieza inicial hacia el caso Filesa por una postura comprometida y beligerante?, se preguntaba.

El responsable del Tribunal de Cuentas había sido hasta entonces un presidente interino, y aunque iba a ser nombrado consejero en la aplazada renovación del pleno, no estaba seguro de repetir su cargo al frente de la institución. Por eso quería tener contentos a todos.

Adolfo Carretero había llegado al Tribunal de Cuentas en 1988 de la mano de su amigo Pascual Sala, quien entonces ocupaba la presidencia de este organismo. Carretero venía de ocupar la presidencia de la Sala Quinta de lo Contencioso-Administrativo del Tribunal Supremo y la vicepresidencia del Consejo General del Poder Judicial. El magistrado fue nombrado el «número dos», como presidente de la Sección de Fiscalización. Tanto Sala como Carretero eran dos hombres de Fernando Ledesma, el ex ministro socialista de Justicia, en la actualidad presidente del Consejo de Estado. Por eso, nadie se extrañó cuando Carretero sustituyó a Pascual Sala al frente del Tribunal de Cuentas, al ser nombrado éste presidente del Supremo y del Consejo General del Poder Judicial el 7 de noviembre de 1990. Desde el 30 de noviembre hasta la siguiente renovación, fijada para el 21 de julio de 1991, Carretero ocupó el puesto interinamente.

Pascual Sala había prestado importantes servicios al PSOE. Como cuando impidió, en julio de 1988, un escándalo de proporciones mayúsculas al desestimar una nueva investigación del Tribunal de Cuentas sobre el proceso de privatización de Rumasa. El proceso judicial a que ello hubiera dado pie, por la mala gestión en la venta de los bienes del *holding* de la abeja, habría provocado sin duda una crisis de Gobierno de consecuencias imprevisibles. Esta resolución fue el primer gran golpe contra el prestigio y la credibilidad del moderno Tribunal de Cuentas, cuya concepción se inspiraba en el de la II República. El segundo golpe sería el caso Filesa.

* * *

En el momento del estallido del caso Filesa a Adolfo Carretero sólo le quedaban cincuenta y tres días para terminar su mandato como presidente. Y Ciriaco de Vicente esperaba, en capilla, conseguir su puesto, mientras ocupaba el área de Seguridad Social, desde el 24 de noviembre de 1990. «Ciriaco de Vicente era nuestra opción como presidente del Tribunal de Cuentas. Carretero no era del partido y no tenía el pedigrí necesario. Lo que pasa es que cuando estalló Filesa se tuvieron que alterar los planes. Ante la sociedad civil era más presentable un presidente "independiente" como Carretero que uno con el pasado de Ciriaco. No hubiéramos tenido la misma credibilidad en la investigación», afirmó a los autores una fuente socialista presente en todo el proceso.

A través de altos mandatarios, el PSOE le hizo llegar a Carretero su preocupación por el caso Filesa y la idea de que la presidencia no había sido otorgada a De Vicente, como se pensaba, precisamente por este caso. Carretero no falló a sus interlocutores y cumplió con el papel establecido. El 15 de octubre de 1991 remitía al PSOE el informe previo sobre el caso Filesa, elaborado por el consejero Fernández Centeno. El PSOE tenía un plazo de dos meses y medio para realizar las alegaciones que considerara oportunas. El documento fue recibido con gran alivio en Ferraz porque absolvía al PSOE de cualquier relación con Filesa y el resto de las empresas del *holding*. Los únicos documentos que el Tribunal había manejado eran los entregados por el propio PSOE.

Dos meses después, el 21 de diciembre de 1991, Adolfo Carretero era reelegido como presidente del Tribunal de Cuentas, después de las tensas negociaciones que mantuvieron el presidente del Grupo Parlamentario Socialista, Eduardo Martín Toval, el portavoz del PP, Rodrigo Rato, y su compañero de partido para temas de Justicia, Federico Trillo.

Junto con Carretero, fueron nombrados por el PSOE Ciriaco de Vicente, Eliseo Fernández Centeno, Paulino Martín (ex presidente de la Sala de lo Contencioso-Administrativo del Tribunal Supremo), Miguel Angel Arnedo (técnico comercial del Estado e íntimo amigo de Carlos Solchaga) y

Milagros García Crespo (ex presidenta del Tribunal Vasco de Cuentas Públicas).

Por el PP fueron elegidos Ubaldo Nieto, Antonio del Cacho (magistrado de carrera), Juan Velarde (catedrático de Economía y premio Príncipe de Asturias), Ramón Muñoz (censor del Tribunal de Cuentas por oposición) y Antonio de la Rosa (letrado del Tribunal de Cuentas por oposición). El decimosegundo escogido, por consenso entre ambas partes, fue Miguel Alvarez Bonald, un independiente, hasta entonces secretario general del Tribunal de Cuentas; era amigo personal de Gregorio Peces-Barba, el rector de la Universidad Carlos III de Madrid y ex presidente del Congreso de los Diputados por el PSOE, y tenía muy buenas relaciones con Eduardo Martín Toval, entonces presidente del Grupo Parlamentario Socialista, que fue uno de los que negociaron la renovación del Tribunal de Cuentas que se produjo el 21 de diciembre de 1991.

Nada más comenzar el año de 1992 el informe del caso Filesa era devuelto por el PSOE con las respectivas alegaciones. El contenido fue ampliamente «filtrado» a los medios de comunicación. Sus conclusiones aparecieron en el teletexto de TVE, de manera que ya era público cuando fue aprobado por el pleno del Tribunal y remitido al Parlamento. El informe decía así:

«CONCLUSIONES

1. FILESA, MALESA Y TIME EXPORT

En las verificaciones realizadas no se han apreciado relaciones económicas o de financiación, ni de ninguna otra naturaleza entre el Partido [PSOE] y estas empresas. Además, para completar la información, el Tribunal, en el ejercicio de las facultades establecidas en la legislación sobre financiación de partidos políticos y campañas electorales, se ha dirigido a estas empresas. En respuesta a este requerimiento, notifican no haber prestado servicios al Partido Socialista Obrero Español ni a otras empresas o entidades que, habiendo actuado como intermediarias en favor de aquel partido, han requerido la realización de servicios o entrega de bienes para ser utilizados en campañas electorales. [...]

2. DISTRIBUIDORA EXPRESS 2.020

Ha realizado diversos servicios al Partido, así como ha subarrendado el local de la calle Gobelas, 33, de La Florida (Madrid) durante los meses de abril a octubre (ambos inclusive) de 1989. En la acreditación documental sobre éstos y su forma de pago concurren las peculiaridades que se reflejan en el presente informe, si bien no se ha constatado que exista relación de financiación por el Partido Socialista Obrero Español.

3. MABUSE, S. A.; PRODUCCIONES DOBBS, S. A.; HAUSER Y MENET, S. A.; EL VISO, S. A.

Han facturado con el Partido no sólo por campañas electorales, sino también por operaciones de funcionamiento corriente. Todos los servicios figuran registrados en cuentas y acreditada regularmente su naturaleza y forma de pago o, alternativamente, reconocida la deuda en los registros contables del Partido.

Igualmente hay que indicar que no se ha observado particularidad alguna en las relaciones de estas empresas con el Partido Socialista Obrero Español.»

El efecto absolutorio que este documento tuvo para el PSOE se volatilizó el 27 de abril de 1992, fecha en la que el contable de Filesa, el chileno Carlos van Schouwen, declaró ante el magistrado Marino Barbero, encargado de la causa judicial. El Tribunal de Cuentas quedaba en evidencia ante la opinión pública.

El pleno de este alto organismo celebrado entre los días 25 y el 26 de junio de 1992 fue de nuevo una dura batalla política entre los representantes del PSOE y del PP. Allí se tenía que aprobar o rechazar el informe de Fernández Centeno. Una y otra vez la oposición conservadora cargó sin cortapisas contra el trabajo del consejero socialista. Fernández Centeno tuvo que escuchar las palabras más duras de sus dos mandatos:

—A usted se le pidió que hiciera un informe de fiscalización de la contabilidad anual del PSOE —dijo el consejero Antonio de la Rosa con tono hiriente—, en relación con las noticias aparecidas en los medios de comunicación sobre las vinculaciones económicas y de financiación existentes entre dicho partido político y las empresas Filesa, Malesa, Time Export y Distribuidora Express, entre otras. Este era su mandato. ¿Y qué nos trae?... Pues se lo voy a decir yo: un informe laudatorio sobre la contabilidad anual del PSOE, de los ejercicios 1988 y 1989, con una sucinta afirmación de que las citadas empresas no han mantenido relaciones económicas, financieras o de cualquier naturaleza con el PSOE. ¿Cómo puede afirmar esto si no ha hecho las verificaciones mínimas?

Los consejeros del PP no frenaron en sus críticas. Ahora le tocaba el turno al catedrático de Economía, Juan Velarde:

—Usted ha mezclado el informe de fiscalización de las cuentas anuales del PSOE de 1988 y 1989 y los de la fiscalización efectuada en cumplimiento del mandato de la Comisión Mixta Congreso-Senado para establecer si había relación entre el PSOE y las empresas citadas. Su informe, señor Fernández Centeno, es confuso y poco riguroso —le espetó a la cara.

Los miembros del bloque socialista, liderado por Ciriaco de Vicente, permanecían silenciosos aguantando impertérritos cada embestida. Pero aún faltaba lo más duro, la intervención del consejero Ubaldo Nieto, que esperaba ese momento con ansiedad. Tenía estudiado a fondo el informe del consejero socialista y había subrayado todos sus puntos débiles:

—Se puede establecer que es un informe realizado con un escaso rigor técnico. Adolece de una notoria falta de verificación al ceñirse de forma incompleta y deficiente al análisis de la contabilidad oficial. No se ha efectuado seguimiento puntual alguno de las operaciones singulares y detalladas aparecidas en diversos medios de comunicación, ni se ha alcanzado la certeza de que todos los servicios prestados al citado partido, en campañas electorales y con independencia de ellas, son únicamente los que el informe refleja pagados por el mismo. Es un informe técnicamente nulo, institucionalmente no creíble y me temo que no va a ser socialmente aceptable.

La contundencia de la exposición de Nieto consiguió alterar la voluntad del consejero independiente y ex secretario del Tribunal, Alvarez Bonald, que modificó su voto inicial, favorable a la aprobación que demandaba el PSOE, por la abstención. También el fiscal, Miguel Ibáñez, para sorpresa de los presentes, se pasó a las tesis del PP al comprobar que los consejeros socialistas se negaron a cambiar la conclusión que absolvía al PSOE por otra más matizada que reconocía que la investigación solicitada estaba fuera de las competencias del tribunal.

Estos cambios de última hora dieron un resultado inesperado: un empate técnico de seis votos a favor y seis en contra. Sólo una persona podía desbloquear la situación con su voto de calidad: era el presidente, Adolfo Carretero. Y no dudó en utilizarlo para salvar al PSOE. Este hecho provocó un vendaval de críticas que afectaron internamente a Carretero.

Aquello, sin embargo, era sólo un aperitivo de lo que todavía le quedaba por sufrir. La mañana del 6 de octubre de 1992, quince meses después de haber encargado el informe, Carretero acudía al Congreso de los Diputados para someterse a las preguntas de los miembros que componían la Comisión Mixta para el Tribunal de Cuentas. La diputada del PP, Luisa Fernanda Rudí, tomó la palabra:

—Yo insistí, cuando se aprobó el texto de mandato al Tribunal, en que ustedes no tenían armas suficientes para llegar a la contabilidad de las empresas. Sin embargo, señor presidente, hay que recordarle que usted, el 8 de octubre de 1991, dijo aquí: «Lo que se ha hecho, ha sido seguir las técnicas normales de auditoría, controlando los documentos y lo que no son documentos.» Y continuaba diciendo: «Por supuesto, se está investigando la contabilidad del partido y la referente al grupo de empresas, las dos simultáneamente. No sé si ha quedado claro; si no, se lo digo ahora, se están investigando las dos, no le quepa a usted la menor duda.» Y ahora, ¿qué dice?...

Después le tocó el turno al diputado de IU Jerónimo Andreu, que continuó con las críticas:

—Este no es el informe que le habíamos solicitado. Usted nos trae prácticamente la contabilidad del PSOE de los años 88 y 89 que tendría que venir ya, sin necesidad de esta fiscalización, con el resto de los demás partidos. Pero no trae una fiscalización de las actividades del PSOE con las empresas Filesa, Malesa y Time Export. No nos trae absolutamente nada de lo pedido por el Parlamento.

Carretero no sabía cómo justificarse. Alegó que el Tribunal de Cuentas no tenía competencias para investigar a las empresas presuntamente implicadas en la financiación irregular del PSOE.

—Sólo les puedo decir una cosa: ¿qué más podía hacer el Tribunal de Cuentas de lo que ha hecho? —afirmó.

Aquello colmó el vaso de la paciencia de los diputados de la oposición. Se sentían engañados y estafados por Carretero. Salvo la mayoría del PSOE, el resto pidió su dimisión. Pocas veces se le vio tan afectado a Adolfo Carretero como al finalizar el pleno de la Comisión Mixta. Carretero, que gustaba hasta entonces de acudir a todas las comisiones a las que era citado, nunca más disfrutó en esas comparecencias.

El 15 de octubre de 1992 el PSOE aprobaba en solitario el informe presentado por el presidente del Tribunal de Cuentas ante la Comisión Mixta. Entre los socialistas flotaba una cierta sensación de euforia porque entendían que con ello se enterraba definitivamente el caso Filesa en el Parlamento. No fue así; escasos días después el magistrado Marino Barbero solicitó a la dirección del PSOE la contabilidad de los años 1988, 1989, 1990 y 1991 para repetir las mismas comprobaciones que el Tribunal de Cuentas había llevado a cabo.

La Ejecutiva del Partido Socialista, lejos de colaborar, comunicó por dos veces al magistrado que no tenía la documentación que éste solicitaba porque estaba en posesión del

Tribunal de Cuentas[3]. La siguiente decisión del magistrado fue ordenar un primer registro, el 18 de noviembre, en la sede del PSOE para incautar la documentación. Al día siguiente el Tribunal de Cuentas se curaba en salud y hacía público un comunicado en el que negaba tener la contabilidad que el juez Barbero buscaba en Ferraz. Lo justificaba por el hecho de que la documentación obrante en su poder eran sólo copias de listados de ordenador y disquetes sin autentificar, ya que los originales estaban en Ferraz. Una declaración que dejaba en evidencia al PSOE.

Finalmente Carretero, de salud muy frágil, no aguantó la presión ejercida sobre él y ordenó al secretario general del Tribunal, Ramón García Mena, que expidiera un certificado al PSOE en el que se reconociera que tenían los registros contables de los ejercicios 1988 a 1991 y los documentos originales acreditativos de la contabilidad de ingresos y gastos electorales de los años 1989, 1990 y 1991.

La misiva, fechada el 26 de noviembre de 1992, indicaba:

«DON RAMON GARCIA MENA, SECRETARIO GENERAL DEL TRIBUNAL DE CUENTAS

CERTIFICO:

Que en relación con la contabilidad de ingresos y gastos electorales, conforme dispone el artículo 133 de la Ley Orgánica 5/1985 del Régimen Electoral General, el Partido Socialista Obrero Español ha presentado en este Tribunal dicha contabilidad de todas las campañas electorales celebradas en los años 1989, 1990 y 1991, así como todos los documentos originales acreditativos de las operaciones que figuran en dichas contabilidades.

Que los documentos originales acreditativos de los servicios de campañas electorales celebradas en 1989, 1990 y 1991, prestados por Distribuidora Express 2.020, S. A., Producciones Dobbs, S.A., El Viso, S. A., Hauser y Me-

---

[3] Véanse capítulos dos y tres.

net, S. A., y Mabuse, S. A., han sido remitidos por la presidencia de este Tribunal, el día 20 de noviembre de 1992, al Exmo. Sr. Magistrado Instructor en la Causa Especial 880/91, en cumplimiento de su solicitud de 19 de noviembre de 1992, permaneciendo en este Tribunal la restante documentación de las mencionadas campañas electorales [...].

Y para que así conste a petición del secretario de Asuntos Económicos, Sociales y Sindicales de la Comisión Ejecutiva Federal del Partido Socialista Obrero Español [Francisco Fernández Marugán], expido la presente certificación.»

Con esta carta en la mano, el secretario de Organización del PSOE, Txiki Benegas, convocó rápidamente, el mismo día en que fue expedida, una rueda de prensa en la que descalificó la orden de registro dada por el juez Barbero. Benegas aseguraba que el PSOE nunca había mentido ni había dejado de colaborar con la Justicia. Sus explicaciones no sirvieron para nada. Días después, Barbero ordenaba un segundo registro de la sede de Ferraz.

Pero el certificado del Tribunal de Cuentas sí sirvió para que este organismo celebrara otro pleno tumultuoso el 11 de diciembre. La oposición no admitía que el partido en el Gobierno instrumentalizara de una forma tan burda al Tribunal de Cuentas y que la presidencia se plegara sin la menor resistencia.

El fiscal, Miguel Ibáñez, no pudo ocultar su enfado: «Una alta personalidad del partido [Txiki Benegas] ha afirmado repetidamente que éste no poseía ejemplar alguno auténtico u original de su contabilidad y sólo existía la documentación entregada a este tribunal. [...] Ante semejantes manifestaciones, resulta obligado comprobar la clase de documentos que obran en poder de este tribunal y cuál es su fehaciencia. En este sentido, previa comprobación, resulta que la documentación entregada por el PSOE, tanto en las cuentas de partido como en lo relativo a las campañas electorales, está constituida por hojas de impresora de ordenador sin que se halle suscrita por persona que se responsabilice de su contenido ni de su autenticidad, careciendo también de certificación que acredite su exacta correlación con documentos fehacientes en poder del partido. Es decir, se trata de ejemplares que pueden reproducirse sin límite numérico y, además, su confección puede ser realizada por cualquier persona que posea un ordenador»[4].

De nuevo, a pesar de las aceradas críticas, la mayoría socialista validó la chapuza. Aquel día Filesa había destruido la credibilidad del Tribunal de Cuentas. Las tensiones internas se agudizaron, dando lugar a una serie de plenos extraordinarios que terminaron en 1993 con el cese como ponente de Eliseo Fernández Centeno y del técnico Domingo Fidalgo, así como con el nombramiento de una nueva ponencia integrada por Ubaldo Nieto y Milagros García Crespo.

La delicada salud de Adolfo Carretero, afectado por tantas tensiones, le obligó a dejar su cargo el 4 de noviembre de 1993, siendo sustituido en la presidencia por Milagros García Crespo y en su cargo de consejero por Andrés Fernández, catedrático de Universidad y ex director general con la UCD. Carretero falleció el 17 de diciembre de 1994, víctima de un cáncer de hígado.

El Tribunal de Cuentas siempre ha sido un órgano mediatizado políticamente. En su seno se pactan y se modifican informes, al igual que se hace en el Parlamento con los proyectos de ley. Esta politización del Tribunal de Cuentas también se traduce en un control estricto y de favoritismo sobre el funcionariado. Todos los puestos superiores son de libre designación y dependen de la discrecionalidad de los consejeros, quienes pueden nombrarlos y destituirlos cuando deseen.

Casos singulares son los de María del Carmen de Vicente, hermana de Ciriaco de Vicente, que entró como directora del Departamento de Seguridad Social que dirige éste; el de Guadalupe Muñoz Alvarez, hermana del consejero Ramón

---

[4] Francisco Mercado, *El País*, 12 de diciembre de 1992.

Muñoz Alvarez, que ocupa la Subdirección Técnica del Departamento Tercero de Enjuiciamiento; o el de Mercedes Martín Trincocortas, subdirectora jefe de la Asesoría Jurídica de la Presidencia del Tribunal e hija del consejero del PSOE Paulino Martín.

También la actual presidenta del Tribunal, Milagros García Crespo, aprovechó esta situación para romper una lanza en favor de su hijo, Manuel Grau Crespo, que, siendo secretario de ayuntamiento, ocupa ahora el puesto de contador. En esta situación privilegiada se encuentran a su vez María Encina García Nieto, sobrina del consejero Ubaldo Nieto, y Manuel García Ramallo, sobrino del diputado popular Luis Ramallo, que entraron primero como contadores contratados interinos y después por oposición.

Incluso la esposa del portavoz parlamentario del PP para temas de Justicia, Federico Trillo, María José Molinuevo Gil de Vergara, ocupa el cargo de subdirectora adjunta al director técnico en el Departamento de Comunidades Autónomas que dirige el consejero del PP Ramón Muñoz Alvarez. Son negocios de familia.

El caso Filesa fue una excepción en la balsa de aceite que hasta entonces había sido el Tribunal de Cuentas.

* * *

El 19 de abril de 1994 el caso Filesa regresaba al Parlamento. Se celebraba el monótono debate sobre el Estado de la Nación. Los diputados no tenían ningún interés en investigar un caso que les parecía ya «cadáver». Felipe González había vuelto a ganar los comicios electorales de 1993 a pesar de luchar contra el síndrome de la corrupción y del caso Filesa. Había convencido a sus incondicionales de su propósito de enmienda para acabar con la corrupción que él siempre había negado.

Felipe había fichado para sus filas a los magistrados independientes Baltasar Garzón y Ventura Pérez Mariño en un claro gesto electoralista que le había supuesto una gran rentabilidad de votos. Pero el juez Garzón no tardaría en dar un vuelco trascendental a su decisión. Ya no creía a Felipe González. Estaba harto y cansado de tantas falacias.

Por eso, cuando esa tarde primaveral el Presidente del Gobierno terminó su discurso en el debate sobre el Estado de la Nación, el juez permaneció impasible en su escaño del Congreso de los Diputados, con los brazos cruzados, mientras el resto de sus compañeros aplaudía con fervor a su jefe.

Lejos estaba González de sospechar que Garzón y Pérez Mariño se amotinarían contra él y el partido, amenazando con votar junto al PP si no se permitía la creación de una comisión de estudio sobre la financiación de los partidos políticos desde 1979, que sirviera para investigar el caso Filesa[5].

Esta determinación provocó momentos de tenso nerviosismo en el edificio de la Carrera de San Jerónimo. Se llevaron a cabo negociaciones en las que participaron el entonces portavoz socialista Carlos Solchaga, el portavoz del PP, Rodrigo Rato, su compañera Loyola de Palacio, la portavoz de IU, Rosa Aguilar, y el convergente Miguel Roca para conseguir un acuerdo pactado. Las reuniones desembocaron en una enmienda introducida por el PSOE por la que se ampliaba el campo de acción de la comisión a los casos Filesa y Naseiro.

El líder popular, José María Aznar, quería que la comisión se enfocara sólo sobre el caso Filesa, pero los socialistas querían abrirla a todos los partidos para diluirla. «Aquí todos hemos cometido irregularidades, y los del PP los que más», argumentaban los socialistas por los pasillos aquel día. Finalmente los populares aceptaron que a cambio de investigar Filesa se investigara el caso Naseiro, una presunta financiación irregular de las arcas de la calle Génova.

La comisión fue aprobada el 20 de abril de 1994. Días más tarde, el 9 de mayo, Baltasar Garzón abandonaba su

---

[5] El matiz de comisión «de estudio» fue una idea de Carlos Solchaga. La diferencia entre este tipo de comisión y la de investigación radica en que la persona convocada a comparecer en la primera puede negarse a acudir, sin que haya ningún tipo de sanción, mientras que en la segunda se le puede aplicar la pena de delito de desobediencia grave señalada por el Código Penal.

escaño de diputado socialista y regresaba a su puesto de magistrado en la Audiencia Nacional. Su compañero Ventura Pérez Mariño dimitiría al año siguiente, también durante la celebración del debate sobre el Estado de la Nación. «Me marcho con la conciencia de que he sido utilizado y engañado por Felipe González», afirmaba Garzón.

También como muestra de buena voluntad del Gobierno, se dio prioridad a la propuesta, nacida en ese mismo debate sobre el Estado de la Nación, de crear de una Fiscalía Anticorrupción, que perseguiría los delitos de cohecho, información privilegiada, tráfico de influencias y todos los procesos de gran trascendencia social relacionados con la corrupción. Su creación se aprobó en el Consejo de Ministros del 3 de junio de 1994. La idea nació con la oposición de la Asociación de Fiscales, quienes adujeron que esas competencias ya las tenían los fiscales en esos momentos, que veían con cierto recelo la figura de un Fiscal Anticorrupción nombrado por el Gobierno de una Administración a la que se supone que debería investigar.

Otra carta que el PSOE guardaba en la manga, y que se había quedado en el cajón legislativo la última legislatura, era la futura Ley de Contratos de Administraciones Públicas que sustituiría a la Ley de Contratos del Estado de 1973. Esta ley, aprobada el 18 de mayo de 1995, incluía la novedad de inhabilitar como candidatos a la concesión de contratos del Estado a aquellas empresas cuyos directivos hubieran sido condenados o procesados por delitos de cohecho, malversación de caudales públicos, tráfico de influencias, uso de información privilegiada o delitos contra la Hacienda Pública. Consagraba, sin embargo, el concurso como sistema estrella para la concesión de contratas, en detrimento de la subasta, método mucho más objetivo, que se había utilizado hasta 1982. La ley pasaba a ser una mera operación de maquillaje.

Luis Mardones, veterano diputado de Coalición Canaria, sí estaba muy seguro de que su trabajo y su esfuerzo no iban a tener un resultado tangible. Elegido para presidir la Comisión de Estudio e Investigación de la Financiación de los Partidos Políticos, Mardones sabía que era una quimera la pretensión de investigar los casos Filesa y Naseiro, o el de los Casinos de Cataluña (CiU) y el de las tragaperras del País Vasco (PNV). Como también así lo entendían el resto de los seis componentes de la comisión: Fernando Gimeno (PSOE), Jaime Ignacio del Burgo (PP), Felipe Alcaraz (IU), José López de Lerma (CiU), José Juan González de Txabarri (PNV) y Pilar Rahola (ERC).

Sólo bastaba con reparar en que la comisión se iba a regir por el voto ponderado, es decir, que cada uno de los siete comisionados representaría el número de parlamentarios que tenía su grupo en el pleno de la cámara. En lo referente a Filesa, todos sabían que la investigación estaba hecha por Barbero y que poco más se podría añadir.

Además, con la mayoría en manos de PSOE-CiU, y con el PP bloqueando en la medida de lo posible el caso Naseiro, era imposible hacer una investigación a fondo sobre ningún caso de financiación ilegal. La propia comisión definió, el 26 de mayo de 1994, su doble naturaleza de «estudio» en todo lo relativo al sistema de financiación de los partidos políticos, el análisis de su endeudamiento y la propuesta de reforma de la legislación vigente o de una nueva ley, y de «investigación» de los casos Naseiro, Filesa y los que se decidiera abordar después. La consigna de los grupos parlamentarios era clara: «Sólo se investigarían los casos Filesa y Naseiro, pero llamando únicamente a siete personas implicadas en cada asunto, y con la fecha tope para finalizar del 29 de diciembre de 1994.»

El portavoz popular en esta comisión, Jaime Ignacio del Burgo, hizo un llamamiento a la corrección de los errores ya marcados: «Es una comisión de investigación que en el caso Filesa no va a contar ni con el informe realizado por los peritos del Ministerio de Hacienda, ni con la presencia de don Carlos van Schouwen, ex contable de Filesa, ni con la comparecencia de doña Aida Alvarez, pieza clave en todo el entramado de financiación que se deriva del asunto Filesa; y sólo van a estar presentes dos o tres representantes de empresas que eran las que actuaban como proveedores; en fin, si no vamos a contar con todas estas personas y, además, se nos anuncia que esto tiene que terminar en el mes de diciembre, por mucho que después intentemos introducir nuevos nombres es una radical pérdida de tiempo.»

Los trabajos de la comisión de investigación fueron, por encima de todo, una concesión a la batalla dialéctica por conseguir titulares en los medios de comunicación. El PSOE cargó las tintas contra los implicados en el caso Naseiro. El PP hizo lo propio contra los del caso Filesa. CiU y PNV navegaron entre dos aguas y ERC e IU repartieron a diestro y siniestro. Todo un espectáculo.

La comisión también se convirtió en el escenario de una moderna versión de *Fuenteovejuna*, la obra de Lope de Vega. El protagonista principal fue Guillermo Galeote, ex secretario de Finanzas del PSOE, quien ya había asumido el papel de mártir del caso Filesa ante el juez Marino Barbero. El papel secundario lo desarrollaron los diputados y senadores socialistas, quienes le entregaron el mismo día de la comparecencia de Galeote ante la comisión —el 28 de noviembre— una carta de apoyo.

La misiva, que había sido promovida por el diputado guerrista Rafael Vallejo, aparecía encabezada por la firma del presidente del Gobierno, Felipe González, y reivindicaba como ejemplo puro de socialista a Guillermo Galeote [6], inculpado en el caso Filesa por falsedad en documento mercantil, delito contra la Hacienda Pública y delito electoral. La misiva suponía un desafío abierto a la Justicia. Decía así:

«Querido Guillermo:

Hace tiempo que asistimos a un juicio público, sin ninguna garantía hacia tu persona. Es evidente que todo lo que está ocurriendo en torno a ti es consecuencia de tu vinculación y entrega al PSOE a lo largo de toda tu vida, en la clandestinidad, en la dirección del partido y aún ahora, sometido a juicio político. Siempre con la

---

[6] Tras estallar el caso Filesa, Galeote estuvo un año sin aparecer por el Congreso de los Diputados, lo que le obligó a devolver los emolumentos recibidos durante ese periodo.

misma actitud, cualesquiera fueran las circunstancias: favorables o menos favorables al partido y al proyecto socialista.

Sin embargo, en los últimos días asistimos a un capítulo nuevo y especialmente doloroso e indignante: algunos ya te han condenado y juzgado. Frente a ellos, y con tu comportamiento, consideramos que estás dando ejemplo de dignidad, solidaridad, convicciones profundas y coherencia, propio de un socialista, reafirmando con tu actitud los principios éticos y políticos que han sido patrimonio siempre de nuestro partido.

Los abajo firmantes deseamos hacerte llegar nuestro agradecimiento y solidaridad en estos momentos desagradables para ti, para nosotros, para el Partido Socialista y para la vida pública española.

Es un orgullo para nosotros tenerte de compañero. Tus compañeros y amigos del Grupo Parlamentario Socialista.»

Para arropar aún más, si cabía, el apoyo incondicional del partido a Galeote, estuvieron presentes en su comparecencia Txiki Benegas, secretario de Organización, Francisco Fernández Marugán, sucesor suyo en la secretaría de Finanzas, Matilde Fernández, ex ministra de Asuntos Sociales, y Javier Sáenz de Cosculluela, ex ministro de Obras Públicas, todos del sector guerrista. Pero ese mismo apoyo le fue negado a Carlos Navarro cuando le tocó declarar el 1 de diciembre. El «aparato» le había condenado al ostracismo. Su nombre había quedado grabado en la historia del PSOE como la persona que trajo la ignominia al partido por no haber sabido detectar y desactivar el caso Filesa antes de que estallara. Sus antiguos compañeros se alejaron de él.

No ocurrió así con el senador y ex secretario de Organización del PSC-PSOE José María Sala. Su comparecencia ante la comisión el 2 de diciembre estaba apoyada por el partido. Sin embargo, Sala cometió un error mayúsculo en su declaración ante los diputados. Algo que meses después lamentaría haber pronunciado: «No hay ningún papel que me vincule a esta empresa [Time Export] más allá de la compra y venta de las acciones y de la asistencia a dos juntas generales. Jamás he tenido que ver con ninguna actividad irregular de financiación o de otro tipo con relación al PSOE o al PSC.»

El 15 de marzo de 1995 el magistrado del caso Filesa le mostró un cheque al portador, firmado por él como secretario de Organización del PSC-PSOE y por Carlos Navarro como responsable de Finanzas, con fecha 23 de noviembre de 1987 y por valor de tres millones de pesetas, que había sido ingresado en la cuenta de Time Export. Era el «eslabón perdido» que demostraba que el PSOE sí había financiado al *holding* Filesa.

La comisión cerró sus «trabajos de investigación» el 29 de diciembre de 1994 sin haber llegado a ninguna conclusión y sin haber mostrado interés alguno en hacerlo. El presidente de la comisión, Luis Mardones, había concentrado todo su esfuerzo en estudiar cómo solucionar el problema principal, la deuda histórica de los partidos políticos, así como en establecer las bases de una futura Ley de Financiación de Partidos Políticos que viniera a sustituir a la vigente de 1987.

La Ley Orgánica de Financiación de Partidos Políticos (LOFPP) había sido aprobada para justificar el 150 por ciento de aumento de la financiación pública de los partidos[7], con el fin de hacer frente a esa deuda histórica que en 1987 ya ascendía a 15.237 millones de pesetas (PSOE, 8.754 millones)[8]. «En la primera Ley de Financiación de Partidos Políticos los legisladores pensaron que no se iba a pagar nunca la deuda real», reconoció abiertamente el secretario de Finanzas del PSOE, Francisco Fernández Marugán.

En aquel tiempo, el PSOE y Alianza Popular (predecesora del PP) pasaban por una terrible crisis económica. El primero por el esfuerzo del referéndum OTAN, la segunda

---

[7] De los 3.012 millones presupuestados en 1986 se pasó a 7.500 millones en 1987. El PSOE, como era lógico, fue el más beneficiado, pues pasó de recibir 3.645 millones en 1986 a 6.743 millones en 1987.

[8] Véanse cuadros al final del capítulo.

por los malos resultados electorales obtenidos hasta entonces. Pero, lejos de disminuir, la deuda siguió aumentando. Y eso a pesar de la nueva subida de 1992, que significó un incremento de apoyo institucional del 40,5 por ciento, pasando la subvención a los partidos políticos de 8.710 millones a 12.253 millones de pesetas. El agujero se hizo cada vez mayor.

*   *   *

Hasta la fecha la financiación de los partidos políticos está regida por dos leyes: la Ley Orgánica de Régimen Electoral General (LOREG), de 1985, y la mencionada de Financiación de Partidos Políticos, de 1987. La LOREG es la que determina los límites de gasto en las elecciones generales, municipales y europeas y las subvenciones públicas para cada comicio electoral. El límite de los gastos electorales será el que resulte de multiplicar por 24 pesetas el número de habitantes correspondientes a la población de derecho de las circunscripciones donde se presenten candidaturas. Dicha cantidad podrá incrementarse en 20 millones por cada circunscripción. En el caso de elecciones generales, el Estado entrega 2.200.000 pesetas por cada escaño obtenido en cada cámara, así como 82 y 83 pesetas por cada voto conseguido en el Congreso y en el Senado, respectivamente, siempre y cuando se haya conseguido escaño. La Administración también subvenciona el envío de propaganda electoral (22 pesetas por elector), lo que representa 1.500 millones de pesetas al año, aproximadamente. Este tipo de financiación aparece en la Ley de Financiación de Partidos Políticos, que se remite a lo dispuesto en la mencionada Ley Electoral. La LOFPP sigue parámetros similares a los de la LOREG. Al margen de esto, cada grupo parlamentario recibe una cantidad fija mensual procedente de los presupuestos de las cámaras baja y alta; en 1994 la cifra fue de 1.452 millones de pesetas.

«Hoy las dotaciones para gastos electorales y para gastos ordinarios, si estuviera resuelto el problema del endeudamiento histórico, son suficientes. Teniendo que hacer frente al problema del saneamiento, la cuestión es más complicada», reconoció Fernández Marugán públicamente el 23 de noviembre en el Centro de Estudios Constitucionales, en Madrid.

El principal problema en que se hallan inmersos los partidos políticos consiste en encontrar una fórmula para poder pagar sus deudas sin dañar sus posibilidades electorales futuras. El diputado Mardones tenía muy claro que, para hacer algo en serio, lo primero de todo era conocer el estado de cuentas, los ingresos y las deudas, de todos los partidos políticos. Para llevar a cabo esta tarea, el diputado canario contaba con el apoyo expreso de las más altas instancias socialistas y populares. El ministro de la Presidencia, Alfredo Pérez Rubalcaba, el presidente del Grupo Parlamentario Socialista, Joaquín Almunia, y los populares Rodrigo Rato, portavoz del PP en el Congreso, y Francisco Alvarez Cascos, secretario general, habían dado el visto bueno. Todos querían encontrar un camino para saldar de una vez su importante endeudamiento.

La deuda total de los partidos políticos a 1 de enero de 1995 era de 21.139 millones de pesetas, de los que 11.404 millones correspondían al PSOE[9]. De éstos, 1.425 millones respondían a préstamos a un año y 9.979 millones a largo plazo. El PSOE respaldaba ese volumen de préstamos con unas garantías que sólo alcanzaban los 1.703 millones de pesetas. La ley de la irracionalidad imperaba hasta entonces.

Por eso, por primera vez en la historia los partidos pusieron las cartas sobre la mesa, dando su conformidad para que la Central de Información de Riesgos (CIR) del Banco de España entregara a la comisión, con nombres y apellidos de acreedores, todas las cifras de las deudas contraídas con la banca.

Sin embargo, la documentación del Banco de España que llegó al Parlamento estaba incompleta. Un crédito de 1.313 millones que desde 1990 el PSC-PSOE tenía con La

---

[9] El PSOE el 53,9 por ciento del total. El PP, el 18 por ciento.

Caixa de Pensiones de Barcelona no aparecía en los balances[10]. La «desaparición» de la deuda de los socialistas catalanes, que no había sido incluida en el asiento de fallidos, se produjo debido a la fusión de La Caixa y la Caja de Ahorros y Monte de Piedad de Barcelona, que hizo aflorar unas plusvalías de más de 112.000 millones de pesetas y que gozó de unas exenciones fiscales de más de 39.000 millones[11]. Con cargo a éstas se provisionó al cien por cien dicha deuda y «se olvidó». No era la primera vez que se favorecía de esa forma a un partido en el poder desde una caja de ahorros o un banco.

El tratamiento sistemático de los datos aportados por todas las instituciones requeridas (Banco de España, Presidencia del Gobierno —en los que no se incluyen las subvenciones a cada grupo parlamentario—, Tribunal de Cuentas y algunas comunidades autónomas) desembocaron en un informe, quizá el más completo que se ha hecho en toda la democracia sobre el estado de las finanzas de los partidos políticos. De dicho informe se desprendía que, exceptuando la operación reformista de la UCD y el CDS, la financiación pública a los partidos políticos entre 1979 y 1994 ha costado a las arcas del Estado 223.899 millones de pesetas[12]. Esta cantidad representaba más del doble del cálculo «optimista» que el catedrático de derecho constitucional y diputado de IU, Diego López Garrido, hiciera en 1993.

De esta cifra están excluidas la mayor parte de las subvenciones ordinarias de las comunidades autónomas a los partidos con representación, así como las subvenciones a los respectivos grupos parlamentarios.

De esos 223.899 millones, al PSOE le han correspondido 59.038 millones de pesetas, un 26,3 por ciento del total; al PP, su presencia política le ha deparado 37.509 millones de

---

[10] S. Arancibia y M. González, *El País*, 1 de diciembre de 1994.

[11] La deuda del PSC-PSOE con La Caixa era de 916 millones de pesetas, y de 423 millones con la Caja de Ahorros de Barcelona, lo que sumaba los 1.313 millones.

[12] Véanse cuadros al final del capítulo.

pesetas, un 16,7 por ciento. Esta financiación estatal cubre el 80 por ciento de los gastos que tienen los partidos.

* * *

El gran endeudamiento que atravesaba el PSOE, con más de 11.000 millones de pesetas en números rojos, no fue óbice para que su ostentación popular siguiera el camino emprendido en 1986 con el referéndum de la OTAN.

En 1990 adquiría un nuevo edificio en la capital de España con el fin de instalar su sede electoral y uno de los despachos de su vicesecretario general, Alfonso Guerra. Este habitáculo ocupaba toda un ala y estaba perfectamente equipado, con baño incluido. El edificio estaba ubicado frente al que alquiló Aida Alvarez en 1989 a la empresa Seinlosa, en la calle Gobelas, 31, en el norte de Madrid. El PSOE pagaba la cantidad de 1.415 millones de pesetas, gracias a un préstamo de Arabe Española de Crédito Hipotecario S. A. [13], una filial del Aresbank, el banco utilizado para la financiación paralela del PSOE.

Sin embargo, la deuda que tiene el PSOE con los bancos, en sus principales impagos, corresponden al Banco Central Hispano, con 1.831 millones, y al Banco Bilbao Vizcaya, con un préstamo moroso de 1.764 millones. El BBV y el BCH son los dos únicos bancos implicados en el caso Filesa, y sus entonces presidentes, Alfonso Escámez y Emilio Ybarra, han sido acusados por el juez Barbero de falsedad en documento mercantil, apropiación indebida y delito fiscal.

La Asociación de la Banca Privada (AEB) cifra el endeudamiento real de los partidos en una cantidad cercana a los 30.000 millones de pesetas, ya que no se han tenido en cuenta los intereses generados por dichos créditos. La AEB, precisamente, desempeñó un importante papel de asesoramiento en la mencionada comisión parlamentaria.

A los pocos días de comenzar a rodar, Luis Mardones recibía la llamada de una persona cercana al presidente del BBV, Emilio Ybarra:

---

[13] Isabel Durán y José Díaz Herrera, *Diario 16*, 3 de marzo de 1992.

—O sea, que convoca usted a los proveedores del PSOE y nos deja a nosotros fuera, que somos los acreedores —le dijo este interlocutor.

—Usted perdone, pensábamos que preferían mantenerse al margen, pero estaremos encantados de contar con su colaboración —le respondió Mardones.

La colaboración se tradujo en una serie de encuentros con representantes de los principales bancos, entre los que se encontraba Epifanio Ridruejo, director general del BCH y vinculado al caso Filesa. Estas conversaciones se materializaron en la formación de una comisión de expertos de la AEB, bajo la dirección de su presidente, José Luis Leal, con el fin de buscar fórmulas alternativas para que los partidos políticos hicieran frente «cómodamente» a su deuda histórica.

El presidente de la AEB se reunió con Mardones para exponerle su visión:

—Mira Luis, nosotros tenemos que evitar los extremos. No podemos permitir que se condone de un golpe la deuda histórica, porque daríamos la imagen de que nos hemos rendido a los partidos políticos. Y tampoco podemos tratar de cobrar en dos años, porque eso generaría titulares como «La banca ahoga a los partidos políticos». Estos, para hacer frente a la posible reclamación, subirían de nuevo la dotación presupuestaria y las consecuencias serían letales.

El diputado canario pidió a Leal que pusiera a trabajar a la comisión de expertos con el fin de encontrar una solución en la refinanciación de la deuda. Un paso vital para abordar la elaboración de una nueva Ley de Financiación.

—Tenéis que trabajar en ello, porque si no los maletines seguirán existiendo —le dijo Mardones a Leal.

Entre los supuestos que barajaron los técnicos de la AEB figuraba el aplicar plazos de seis a quince años y tipos de interés de entre el 2 y el 8 por ciento. «Al final fuimos a la mitad, a los diez años, que es el plazo que tienen las letras del tesoro, y a un 4 por ciento de interés blando», explicó el diputado a los autores. Según los cálculos de la AEB, el PSOE, dedicando el 40 por ciento de los ingresos que recibe del Estado a pagar su deuda, podría finiquitarla en el 2005.

Los bancos condonarían subrepticiamente alrededor de 11.000 millones de pesetas, que es la diferencia entre la amortización propuesta por Mardones, del 4 por ciento, y la normal, del 12 por ciento. El PSOE sería el partido más beneficiado, pues dejaría de pagar alrededor de 6.000 millones de pesetas.

Pero este supuesto, admitido ya por el presidente de la comisión, se truncó cuando el diputado del PP, Jaime Ignacio del Burgo, lanzó duras críticas contra su iniciativa:

—Nuestro grupo no apoyará fórmulas para cargar al erario público con la mala gestión de los partidos. Sería un escándalo que se pactara con los bancos créditos al 3 por ciento cuando los ciudadanos hacen frente a intereses cuatro veces superiores.

A partir de entonces el presidente de la AEB se retiró de la mesa de negociación a la espera de que pasara la tormenta y los políticos llegaran a un acuerdo. Hasta esa ocasión no volvería a correr riesgos. Las declaraciones del diputado conservador tuvieron un beneficiado indirecto, el PSOE, que prefería negociar sus deudas con los bancos en vez de dejar que sus adversarios le impusieran las condiciones, por muy beneficiosas que éstas fueran.

Los secretarios de Finanzas del PSOE y del PSC-PSOE, Francisco Fernández Marugán y Joaquim Llach, así lo ratificaron en la comparecencia que realizaron en el Congreso el 24 de febrero de 1995 junto al resto de los trece responsables de administración de los partidos del arco parlamentario. Una intervención que Llach plasmó en una carta enviada al presidente de la comisión, Luis Mardones, tres semanas después. Esta decía así:

«DEUDA HISTORICA DE LOS PARTIDOS POLITICOS

Se ha de tener el coraje político necesario para solucionar este viejo problema. Si no se resuelve continuarán los problemas de siempre. Resolverlo no supone otorgar una especie de amnistía financiera, que la sociedad no admitiría. Al contrario, los partidos deben hacer frente a sus compromisos. De lo que se trata es de establecer una serie de medidas que posibiliten la solución y que no le cuesten a las arcas del Estado ni una sola peseta. En este sentido se me ocurren tres fórmulas posibles:

a) Libertad de negociación de los partidos políticos con las entidades financieras acreedoras. Dichas entidades preferirán cobrar lo que pueda pagar el partido, a no cobrar nada, como acostumbra a pasar habitualmente.

b) Autorizar a los partidos a emitir deuda subordinada u obligaciones, que podrían ser suscritas por particulares, simpatizantes y las propias entidades acreedoras.

c) Existen determinadas acreedoras que desearían poder limpiar de sus balances los préstamos que tienen pendientes de cobro, aunque estén provisionados, de un sinnúmero de partidos políticos, algunos de ellos ya desaparecidos (UCD, Operación Reformista, etc.). Dichas entidades preferirían condonar total o parcialmente la deuda a todos los partidos políticos, sin excepción, como contribución a la transición democrática, y poder regularizar los balances de unas partidas que son enojosas, incobrables y que encima en la mayoría de las veces han de ir provisionando intereses anualmente, por exigencias de la inspección del Banco de España.

FINANCIACION PUBLICA

Ha de continuar siendo la base de la financiación de los partidos políticos. [...] Opino que es bastante adecuado y que convendría realizar pocas modificaciones. Personalmente creo que las ayudas deberían venir de diversos frentes:

a) En primer lugar, incrementando en un 50 por ciento los actuales 9.200 millones de pesetas en los Presupuestos Generales del Estado [14], lo que representaría pasar a 13.800 millones, cifra que, con mucho que se diga, no deja de ser modestísima. Piénsese que se trataría de pasar del 0,039 por ciento al 0,058 por ciento de los PGE. Piénsese, por ejemplo, que la crisis bancaria nos ha cos-

---

[14] Llach cita cifras de 1992.

tado 700.000 millones de pesetas; que el famoso 0,7 por ciento de ayuda al Tercer Mundo representa 200.000 millones de pesetas. [...] ¿Cómo no vamos a poder argumentar que los partidos políticos, auténtica columna vertebral de nuestra joven democracia, no valen 13.800 millones de pesetas al año?

b) En segundo lugar, los partidos políticos, que son entidades sin ánimo de lucro, deberían poder recuperar de Hacienda el IVA. Esto representaría, tanto en gastos corrientes como en gastos electorales, un enorme ahorro.

c) En tercer lugar, se deberían incrementar las partidas de ayuda a los grupos parlamentarios y el Congreso y Senado deberían correr, como mínimo, con los gastos de infraestructura correspondientes.

FINANCIACION PRIVADA

A)   Personas físicas

a.1) Desgravación directa de la cuota de 15.000 a 25.000.

a.2) Asignación finalista, a semejanza de las asignaciones para atenciones sociales y religiosas. Cada contribuyente debería poder escoger el partido político de su preferencia.

B)   Personas jurídicas

Prohibir las aportaciones de las empresas sería un error. Y seguramente se volvería a caer en los mismos problemas actuales en no mucho tiempo. La única fórmula de atajar la corrupción es precisamente liberalizar al máximo las aportaciones de las empresas, fijando unos límites claros y concretos para cada una de ellas, con el único requisito de que sus aportaciones deberían anotarse en un registro público de donantes. Las aportaciones empresariales deberían tener un tratamiento fiscal adecuado, parecido al de las donaciones a fundaciones.

REDUCCION DE GASTOS ELECTORALES

a) Se deberían prohibir determinados gastos electorales, tales como vallas, anuncios en prensa y radio, excepto el primer y último día de campaña, banderolas, pancartas, etc. Como compensación se deberían incrementar los espacios públicos gratuitos, así como los debates, programas y espacios gratuitos de las televisiones públicas.

b) El anticipo que se recibe actualmente del 30 por ciento se debería incrementar hasta el 70 por ciento, con lo que se produciría un gran ahorro de intereses. El 20 por ciento de la subvención se debería pagar a los 30 días de haber presentado la documentación al Tribunal de Cuentas. Y el 10 por ciento restante, cuando el Tribunal de Cuentas hubiera cerrado la fiscalización de aquella campaña.

c) Debería existir un régimen sancionador inmediato. La Junta Electoral Central debería poder estar en las sedes electorales de los partidos políticos y paralizar incluso la campaña si observara infracciones graves de la normativa electoral vigente.

d) Asimismo, la Junta Electoral Central o el Tribunal de Cuentas debería contar con la colaboración de empresas auditoras externas, expertas en control de medios, cuyo dictamen serviría para comprobar el cumplimiento de los respectivos límites electorales.»

EL PSOE admitía, a través de Llach, algo que había estado prohibido hasta entonces: permitir la financiación privada de personas físicas y jurídicas y que ese dinero fuera desgravable fiscalmente. Casi todas las formaciones políticas se unieron a esta propuesta, y en especial Ramón Camp i Batalla, responsable de Finanzas de Convergencia Democrática de Cataluña, y José María Zalbidagoitia, del Partido Nacionalista Vasco, quien aportó incluso un proyecto redactado de una nueva Ley de Financiación.

La actual Ley de Financiación de Partidos Políticos, promulgada con la mayoría absoluta socialista, prohíbe expresamente las aportaciones superiores a 10 millones de pesetas por persona y año; las aportaciones de empresas públicas o empresas que prestan servicios, realizan obras o suministros con las Administraciones Públicas, y las aportaciones anónimas por importe superior al 5 por ciento de la cantidad asignada en los Presupuestos Generales del Estado para atender las subvenciones públicas.

Además, el secretario de finanzas del PSC-PSOE proponía el aumento de un 50 por ciento de la subvención ordinaria y el visto bueno a las entidades financieras para que condonaran voluntariamente, de manera total o parcial, sus deudas con los partidos políticos «como contribución a la transición democrática».

El contencioso de la condonación parcial o total de la deuda histórica no hizo sino comenzar. Formaciones como Izquierda Unida habían tenido que hacer un gran esfuerzo para hacer frente a esa deuda años atrás (el PCE tuvo que vender su sede de Madrid para pagar sus deudas electorales). Por eso, rechazaban de plano cualquier sugerencia de condonación. El diputado de IU Felipe Alcaraz fue categórico: «Desde Izquierda Unida tenemos la angustia que tenía aquel equipo de fútbol que viste de rojo, que su nombre quiere decir salud, el Osasuna, que cuando se condonaron todas las deudas de los equipos de primera división era el único que no debía nada. Esta deuda histórica habrá que analizarla desde una determinada óptica, porque nosotros somos el Osasuna.»

A pesar de todo, Luis Mardones siguió adelante con su plan de elaborar un informe [15]. En él se estipularían las medidas más adecuadas para acabar con la deuda y elaborar una futura Ley de Financiación de Partidos Políticos. El 28

---

[15] Mardones contó también con el asesoramiento de diez expertos, que comparecieron ante la comisión para exponer su punto de vista. Se trataba de los catedráticos de Derecho Constitucional Enrique Alvarez Conde, Diego López Garrido (también diputado de IU), Miguel Satrústegui Gil-Delgado, Roberto Blanco Valdés, Pilar del Castillo Vera, Antonio Torres del Moral, Gumersindo Trujillo y Javier García Fernández, secretario general técnico de Presidencia del Gobierno y hombre de confianza de Alfredo Pérez Rubalcaba, y el catedrático de Ciencias Políticas Jordi Capo Giol.

de junio de 1995 el diputado canario redactaba el siguiente dictamen, basado en nueve puntos:

«1. Regularizar los créditos de bancos y cajas a los partidos políticos, lo que conlleva la amortización de la deuda histórica.

2. Tratamiento fiscal favorable a los créditos y a las operaciones económicas de los partidos, suprimiendo el IVA.

3. Creación de un registro especial de créditos a los partidos políticos, con obligación por parte de los bancos y cajas de ahorros de notificarlo al Banco de España y al Congreso.

4. Prohibición explícita a los bancos y cajas de condonar los créditos impagados a los partidos políticos.

5. Levantamiento del secreto bancario para las operaciones que conciernen a los partidos políticos.

6. Creación de líneas especiales de créditos a los partidos, al estilo de las de crédito agrícola o de pesca, con limitaciones controladas por el Tribunal de Cuentas.

7. Establecimiento de acuerdos sobre la base de un marco general para la concesión de créditos por parte de los bancos y cajas a los partidos políticos.

8. Concretar el tratamiento fiscal especial a las donaciones a los partidos, tanto de personas físicas como jurídicas y fundaciones, estableciendo sanciones para las transgresiones de esta norma.

9. Transparencia total en la comunicación de créditos y donaciones por parte de los partidos.»

El informe de Mardones fue entregado al resto de los integrantes de la comisión. El diputado canario era consciente de que ni en el PSOE ni en el PP encontraría apoyo incondicional a su proyecto; muy al contrario. No importaba que fuera la iniciativa más seria que nunca se hubiera elaborado para atajar de frente y a la luz del día el cáncer de la deuda histórica de los partidos políticos, que había devenido en la metástasis de Filesa.

El *holding* de empresas del PSOE se había creado para hacer frente a los gastos electorales que sobrepasaban los límites impuestos por ley y que no podían pagarse abiertamente sin incurrir en posibles delitos. El PSOE hizo «trampas» para perpetuarse en el poder. En el nombre del progreso y del socialismo cayó en el pecado capital que más había criticado su fundador, Pablo Iglesias: la corrupción.

En el momento de cerrar este libro, a mediados de septiembre de 1995, el PSOE se debatía por encontrar alguna luz en su futuro electoral. Su talismán, Felipe González, esperaba, junto a Narcís Serra, Txiki Benegas y José Barrionuevo, a que la Sala Segunda del Tribunal Supremo tomara una decisión en torno a su posible procesamiento por su supuesta implicación en el caso GAL.

El temor a una debacle en las urnas movió a muchos de los dirigentes socialistas a pedir públicamente que Felipe González siguiera siendo el próximo cartel electoral del PSOE, en vez de nombrar a un sucesor. Sabían que, por mucho examen de conciencia que hubieran hecho en los últimos meses, la penitencia que el electorado les estaba presumiblemente reservando era dejar el poder.

La frase que Alfonso Guerra pronunció al conseguir la victoria el PSOE en 1982, «vamos a dejar España que no la va a conocer ni la madre que la parió», se tornó profética. Lo que no sospechaba es que en ese proceso ellos se transformarían hasta convertirse en desconocidos de sí mismos; personas que abrazaron todo aquello que habían prometido combatir. Todo en nombre del socialismo; incluida Filesa. La corrupción institucional.

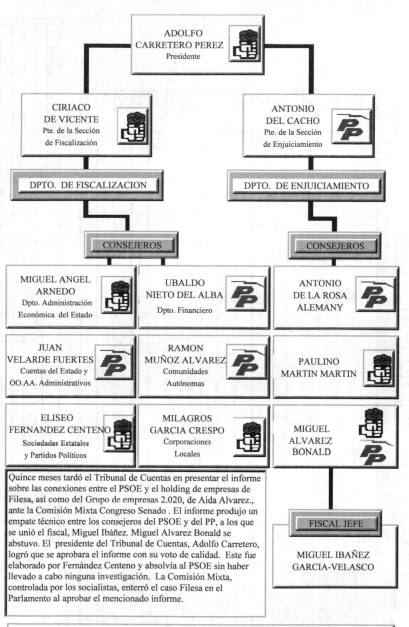

ADOLFO
CARRETERO PEREZ
Presidente

CIRIACO
DE VICENTE
Pte. de la Sección
de Fiscalización

ANTONIO
DEL CACHO
Pte. de la Sección
de Enjuiciamiento

DPTO. DE FISCALIZACION

DPTO. DE ENJUICIAMIENTO

CONSEJEROS

CONSEJEROS

MIGUEL ANGEL
ARNEDO
Dpto. Administración
Económica del Estado

UBALDO
NIETO DEL ALBA
Dpto. Financiero

ANTONIO
DE LA ROSA
ALEMANY

JUAN
VELARDE FUERTES
Cuentas del Estado y
OO.AA. Administrativos

RAMON
MUÑOZ ALVAREZ
Comunidades
Autónomas

PAULINO
MARTIN MARTIN

ELISEO
FERNANDEZ CENTENO
Sociedades Estatales
y Partidos Políticos

MILAGROS
GARCIA CRESPO
Corporaciones
Locales

MIGUEL
ALVAREZ
BONALD

FISCAL JEFE

MIGUEL IBAÑEZ
GARCIA-VELASCO

Quince meses tardó el Tribunal de Cuentas en presentar el informe sobre las conexiones entre el PSOE y el holding de empresas de Filesa, así como del Grupo de empresas 2.020, de Aida Alvarez., ante la Comisión Mixta Congreso Senado . El informe produjo un empate técnico entre los consejeros del PSOE y del PP, a los que se unió el fiscal, Miguel Ibáñez. Miguel Alvarez Bonald se abstuvo. El presidente del Tribunal de Cuentas, Adolfo Carretero, logró que se aprobara el informe con su voto de calidad. Este fue elaborado por Fernández Centeno y absolvía al PSOE sin haber llevado a cabo ninguna investigación. La Comisión Mixta, controlada por los socialistas, enterró el caso Filesa en el Parlamento al aprobar el mencionado informe.

EL TRIBUNAL DE CUENTAS DEL CASO FILESA

ENDEUDAMIENTO PARTIDOS POLITICOS 1984 - 1994

En mill. de Ptas.	1984	1985	1986	1987	1988	1989	1990	1991	1992	1993	1994	%
PSOE	2.780	3.528	6.559	7.891	7.647	8.850	9.018	10.613	11.098	9.468	9.417	**44,5**
PSC	844	1.172	1.110	863	1.279	1.504	401	414	179	295	1.987	**9,3**
PSOE + PSC	3.624	4.700	7.669	8.754	8.926	10.354	9.419	11.027	11.277	9.763	11.404	**53,9**
PP	1.574	1.985	3.273	3.894	2.449	4.803	4.903	4.072	4.325	4.623	3.819	**18**
UPN	0	12	8	33	0	0	0	0	0	1	0	**--**
PP + UPN	1.574	1.997	3.281	3.927	2.449	4.803	4.903	4.072	4.325	4.624	3.819	**18**
IU	0	0	213	274	143	277	232	636	478	984	771	**3,6**
IC	0	0	0	12	43	20	61	199	138	58	46	**0,2**
IU + IC	0	0	213	286	186	297	293	835	676	1.042	817	**3,8**
CiU	426	221	273	179	144	155	157	239	206	336	485	**2,2**
PNV	709	744	1.034	1.541	1.582	1.673	1.572	1.632	2.171	2.685	2.001	**9,4**
CC	0	0	0	0	0	0	0	0	0	90	127	**0,6**
ERC	39	43	42	44	59	57	60	85	108	430	412	**1,9**
PAR	0	0	36	87	87	151	142	195	211	219	207	**0,9**
EA	0	0	66	377	368	639	585	667	947	1.040	1.038	**4,9**
UV	0	0	0	42	20	101	48	110	79	25	68	**0,3**
HB	0	0	0	0	0	106	183	294	600	735	761	**3,5**
Total por años	6.372	7.705	12.614	15.237	13.821	18.336	17.362	19.256	20.600	20.989	**21.139**	

Fuente: Central de Información de Riesgos del Banco de España

PSOE: Partido Socialista Obrero Español
PSC: Partit dels Socialistes de Catalunya
PP: Partido Popular

UPN: Unión del Pueblo Navarro
IU: Izquierda Unida
IC: Iniciativa Per Catalunya

CiU: Convergencia i Unió
PNV: Partido Nacionalista Vasco
CC: Coalición Canaria

ERC: Esquerra Republicana de Catalunya
PAR: Partido Aragonés
EA: Eusko Alkartasuna
UV: Unión Valenciana
HB: Herri Batasuna

Endeudamiento de los partidos políticos españoles 1984-94

En millones de pesetas.
Fuente: Central de Información de Riesgos del Banco de España.

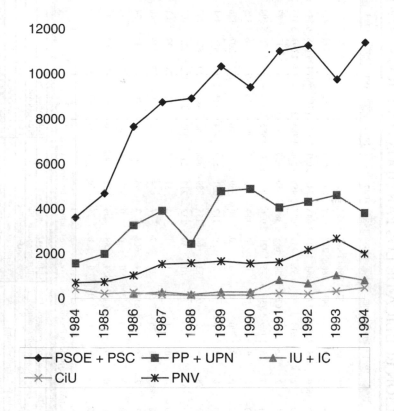

FINANCIACION PUBLICA DE LOS PARTIDOS POLITICOS 1979-1994

En mill. de Ptas.	1979	1980	1981	1982	1983	1984	1985	1986	1987	1988	1989	1990	1991	1992	1993	1994	TOTAL
PSOE	1.121	487	566	1.930	1.932	1.396	1.467	3.187	6.074	5.046	7.146	3.516	5.403	3.876	5.775	2.687	51.609
PSC	179	143	119	342	241	288	227	458	669	619	975	585	701	772	773	338	7.429
PSOE + PSC	1.300	630	685	2.272	2.173	1.684	1.694	3.645	6.743	6.021	8.121	4.101	6.104	4.648	6.548	3.025	59.038
PP	0	2	23	614	1.101	651	753	1.637	3.957	3.236	4.783	2.443	4.164	2.693	5.513	2.619	34.189
UPN	4	2	2	585	629	624	668	389	50	37	72	35	72	37	77	37	3.320
PP + UPN	4	4	25	1.199	1.730	1.275	1.421	2.026	4.007	3.273	4.855	2.478	4.236	2.730	5.590	2.656	37.509
IU	0	0	0	0	0	0	0	117	512	497	798	632	1.087	646	1.325	611	6.225
IC	0	0	0	0	0	0	0	0	39	7	116	92	178	207	126	204	969
IU + IC	0	0	0	0	0	0	0	117	551	504	914	724	1.265	853	1.451	815	7.194
CiU	82	78	34	92	100	183	64	255	789	808	952	447	719	821	787	356	6.567
PNV	92	63	44	105	79	61	66	133	212	219	273	114	173	125	199	81	2.039
CC	0	0	0	1	1	1	1	14	31	55	73	25	71	27	101	61	462
ERC	10	19	5	25	9	17	7	4	4	12	2	0	13	134	46	40	347
PAR	7	2	3	487	644	624	668	7	96	67	80	29	114	32	24	32	2.916
EA	0	0	0	0	0	0	0	0	17	0	84	56	112	62	33	29	393
UV	0	0	0	583	646	624	668	406	38	46	66	56	89	62	57	24	3.365
HB	0	0	0	0	0	0	0	25	50	0	54	0	35	0	0	164	328

TOTAL 1979-1994: 223.899

Fuente: Ministerio de la Presidencia, Tribunal de Cuentas y algunas CC.AA.

PSOE: Partido Socialista Obrero Español	CI: Iniciativa Per Catalunya	PAR: Partido Aragonés
PSC: Partit dels Socialistes de Catalunya	CiU: Convergència i Unió	EA: Eusko Alkartasuna
PP: Partido Popular	PNV: Partido Nacionalista Vasco	UV: Unión Valenciana
UPN: Unión del Pueblo Navarro	CC: Coalición Canaria	HB: Herri Batasuna
IU: Izquierda Unida	ERC: Esquerra Republicana de Catalunya	

1986

23 de enero: El Centro de Estudios y Asesoramiento Metalúrgico (CEAM) paga 280.000 pesetas a Time Export por los servicios de promoción en la República Federal de Alemania.

27 de enero: CEAM paga 280.000 pesetas a Time Export por el mismo concepto.

17 de febrero: CEAM paga a Time Export 784.000 pesetas por servicios de intermediación en Argelia.

5 de mayo: CEAM paga a Time Export 840.000 pesetas por un supuesto estudio de mercado sobre los diferentes subsectores del sector metalúrgico en Estados Unidos; también paga 280.000 pesetas por la labor de promoción de los productos catalanes en Sudáfrica.

26 de junio: CEAM paga a Time Export 1.120.000 pesetas por los servicios de promoción en Alemania.

24 de noviembre: CEAM paga a Time Export 537.600 pesetas por un supuesto estudio de prospección de mercado en Marruecos y Costa de Marfil.

1987

24 de febrero: CEAM paga a Time Export 336.000 pesetas por un estudio sobre el sector electrónico de componentes en Baviera.

3 de marzo: CEAM paga a Time Export 560.000 pesetas por el asesoramiento técnico en la Feria de Hannover (Alemania).

4 de marzo: Carlos van Schouwen y su esposa, Angélica, llegan a Barcelona procedentes de México para establecerse.

13 de marzo: La empresa Kidiqap paga a Filesa 1.612.800 pesetas por su intermediación en Argelia y Francia.

20 de mayo: Catalana de Gas paga a Time Export 8.400.000 pesetas por un estudio sobre «Operacionalidad de las exportaciones de tecnología gasista en los países del área mediterránea».

1 de junio: Van Schouwen solicita ante el consulado español en Perpignan (Francia) el visado de residencia. La persona que lo avala es Luis Oliveró, tío político del diputado Carlos Navarro.

19 de junio: Carlos Ponsa Ballart, como dueño de Time Export, decide que Time Export participe en la fundación de Industrias Farmacéuticas del Caucho.

26 de junio: CEAM paga a Time Export 112.000 pesetas por trabajos de intermediación en Marruecos.

1 de julio: Oliveró se incorpora como gerente a la plantilla de Time Export.

3 de julio: El diputado Carlos Navarro y el senador José María Sala adquieren, cada uno, el 50 por ciento de las acciones de la empresa Time Export S. A., propiedad hasta ese momento de los militantes socialistas Carlos Ponsa y Narciso Andreu.

30 de septiembre: Oliveró es nombrado administrador principal de Time Export. Van Schouwen se integra como contable. No tiene permiso de residencia ni contrato laboral.

14 de diciembre: CEAM paga a Time Export 560.000 pesetas por la promoción de sus productos en Marruecos.

1988

11 de febrero: Luis Oliveró, Manuel Alberich y el ciudadano sirio Karkour-Zourab Maghakian Armizian constituyen Malesa, con un capital social de 500.000 pesetas. Oliveró, Alberich y la recién creada Malesa fundan Filesa, con un capital de 300.000 pesctas. Van Schouwen se hace cargo de la contabilidad de las nuevas empresas.

3 de marzo: CEAM paga a Time Export 537.600 pesetas por un supuesto estudio sobre el impacto industrial de los Juegos Olímpicos.

10 de marzo: Van Schouwen recibe luz verde para desarrollar un estudio para un posible negocio de contenedores.

24 de marzo: CEAM paga a Time Export 112.000 pesetas por servicios de asesoramiento.

2 de mayo: La empresa Camunsa paga a Time Export 2.240.000 pesetas por un supuesto estudio de mercado para «Proyectos e instalaciones eléctricas en el Norte de Africa».

31 de mayo: CEAM paga a Time Export 112.000 pesetas por servicios de asesoramiento.

7 de junio: CEAM paga a Time Export 560.000 pesetas por servicios de asesoramiento en Túnez.

30 de junio: CEAM paga a Time Export 112.000 pesetas por servicios de asesoramiento.

19 de julio: La empresa constructora FOCSA, propiedad de «los Albertos y las Koplowitz», paga a Time Export 19 millones de pesetas por un estudio de mercado sobre «Las nuevas tecnologías aplicadas al saneamiento urbano en la CEE».

22 de julio: CEAM paga a Time Export 112.000 pesetas por estudios de asesoramiento.

18 de noviembre: Filesa se constituye como único accionista de Time Export. El diputado Carlos Navarro y el senador José María Sala venden su participación por 400 pesetas, a una peseta acción.

28 de diciembre: Malesa adquiere el 100 por cien de Filesa.

30 de diciembre: Alberto Flores, hermano de la senadora socialista Elena Flores, adquiere el 60 por ciento de las acciones de Malesa. Oliveró se queda con el 40 por ciento restante. La empresa Kidiqap paga 1.680.000 pesetas a Time Export por trabajos realizados de intermediación.

1989

1 de febrero: Alberto Flores es nombrado delegado de Filesa en Madrid.

23 de febrero: Malesa amplía su capital social hasta 15 millones de pesetas. Filesa hace lo mismo, pero hasta 10 millones de pesetas.

31 de marzo: El BBV paga 42 millones de pesetas a Filesa por la primera entrega de un estudio sobre la implantanción de un sistema de *leasing* para contenedores.

21 de abril: La constructora FOCSA paga a Time Export 3.300.000 pesetas como complemento al estudio realizado el año anterior.

28 de abril: El BBV paga 42 millones de pesetas a Filesa por la segunda y última entrega del anterior estudio.

31 de mayo: CEPSA, participada mayoritariamente por el Banco Central, paga a Filesa 67.400.000 pesetas por la primera entrega de un estudio sobre la evolución petroquímica en la CEE. Y también 22.500.000 pesetas por un estudio sobre la industria del refino. Ese mismo día, el Banco Central paga a Time Export 121 millones de pesetas por un estudio «Sobre el sistema financiero español ante la integración en la CEE».

30 de junio: Producciones Dobbs gira una factura a Time Export por 60.256.000 pesetas por un supuesto estudio de mercado publicitario para la presunta penetración de un nuevo producto en el sector de componentes de mercado.

1 de julio: Juan Corominas, amigo de la infancia de Carlos Navarro, es contratado como «jefe de oficina» de Filesa. El Banco Central paga a Filesa una factura de 83 millones de pesetas por un estudio sobre los procesos de la fusión bancaria.

4 de julio: Filesa adquiere al bailarín Víctor Ullate un piso en la calle Barquillo, 9, de Madrid. El precio de la venta es de 50 millones de pesetas. Oliveró consigue, para ello, un crédito hipotecario de 30 millones de pesetas.

15 de julio: El Viso Publicidad S. A., empresa ligada al PSOE, pasa a Filesa una factura por 100 millones de pesetas en concepto de planificación de medios publicitarios. Distribuidora Express 2.020, empresa propiedad de Aida Alvarez, pasa una factura a Filesa de 10 millones de pesetas por el alquiler del edificio de Gobelas, sede electoral del PSOE, situado en el barrio elitista de La Florida, en el noroeste de Madrid.

30 de julio: Filesa paga a Hauser y Menet, la imprenta del PSOE, 55.100.000 pesetas en concepto de «Análisis, estudio y creatividad. Fotomecánica, fotocomposición, impresión y plastificado de material publicitario para la campaña de 1989».

31 de julio: CEPSA paga 68.300.000 pesetas por la entrega final del estudio sobre la industria del refino. Y 85.600.000 pesetas por la resolución final del estudio sobre la evolución petroquímica en la CEE.

15 de agosto: Distribuidora Express 2.020 pasa otra factura a Filesa de 10 millones de pesetas por el alquiler del edificio de Gobelas, sede electoral del PSOE.

21 de agosto: Distribuidora Express 2.020 pasa una factura a Filesa por 70 millones de pesetas por el traspaso de los locales de la calle Gobelas.

12 de septiembre: El Viso Publicidad S. A. pasa una factura a Filesa por 100 millones de pesetas en concepto de realización de estrategia y táctica de comunicación.

27 de septiembre: ENASA paga a Filesa 35,8 millones de pesetas por un estudio relativo al sector industrial de la CEE.

28 de septiembre: Filesa paga a Mabuse, la productora audiovisual que realiza las campañas del PSOE, 14.500.000 pesetas por trabajos realizados, de marketing, imprenta, reproducción y copiado de vídeos.

29 de octubre: El PSOE gana, por mayoría absoluta y por tercera vez consecutiva, las elecciones generales.

30 de octubre: Eusis S. A., empresa del entorno de Viajes Ceres, la sociedad concesionaria de los viajes de la tercera edad, paga a Filesa 11.200.000 pesetas por un supuesto estudio.

1 de noviembre: Filesa paga a Hauser y Menet 40 millones de pesetas en concepto de «Creatividad, producción, composición e impresión de folletos de 48 páginas». Vicente Giménez Marín, uno de los hombres de confianza de José Luis Corcuera durante su paso por UGT, comienza a trabajar para Filesa en sus oficinas de Madrid.

13 de noviembre: Filesa paga a Hauser y Menet 35 millones de pesetas por «Gastos de estudio, maquetación e impresión, para confección de revistas de 64 páginas más cubierta».

24 de noviembre: FOCSA paga a Time Export 15.600.000 pesetas por la segunda fase del estudio sobre «Nuevas tecnologías aplicadas al saneamiento urbano en la CEE».

27 de noviembre: FOCSA paga a Filesa 19.400.000 pesetas por un informe de asesoramiento para establecer una empresa constructora en Gran Bretaña.

30 de noviembre: Filesa paga a Hauser y Menet 34.700.000 pesetas en concepto de «Fotomecánica, fotocomposición, producción e impresión de un catálogo, tipo memoria».

2 de diciembre: FOCSA paga a Time Export 20.100.000 pesetas como complemento a la segunda fase del estudio sobre «Nuevas tecnologías aplicadas al saneamiento urbano en la CEE».

11 de diciembre: ABB Energía paga a Filesa 16.700.000 pesetas por un estudio sobre normativas, procedimentos y marcos jurídicos vigentes para la obtención de subvenciones y otros incentivos económicos a la inversión. FOCSA paga a Filesa

29.100.000 pesetas por el «Asesoramiento relativo al establecimiento de una constructora en Francia».

13 de diciembre: Filesa paga a Mabuse 15.400.000 pesetas por los trabajos realizados para «Confeccionar un estudio de imagen, desarrollo en tres dimensiones de un logotipo y grabación y posproducción de un vídeo».

15 de diciembre: ABB Energía abona a Filesa 40.012.672 pesetas por «Informes sobre planes de viabilidad industrial de las instalaciones existentes en el País Vasco procedentes de CENEMESA y CONELEC».

18 de diciembre: ABB Energía paga a Filesa 33.742.688 pesetas por «Estudios de perspectivas a largo plazo del sector de disyuntores de alta y media tensión en relación con la posible adquisición del Grupo CENEMESA».

20 de diciembre: ABB Energía abona a Filesa 21.525.840 pesetas por un «Análisis comparativo de los convenios laborales de las empresas CONELEC y CADEMESA».

31 de diciembre: Filesa abona a El Viso Publicidad 67.731.779 pesetas en concepto de «Realización de estrategia de tácticas de comunicación».

1990

31 de enero: Hipermercados Pryca S. A. paga a Filesa 5.600.000 pesetas por «Asesoramiento de inversiones».

19 de febrero: La empresa Kidiqap paga a Time Export 1.497.686 pesetas por servicios realizados de intermediación.

30 de abril: Hipermercados Pryca S. A. abona a Filesa 5.600.000 pesetas por «Asesoramiento de inversiones».

586

21 de junio: El BBV paga a Filesa 44.800.000 pesetas por trabajos realizados relativos al sector industrial en la CEE.

1 de julio: Lourdes Correas, hasta entonces secretaria de Guillermo Galeote, máximo responsable de finanzas del PSOE, pasa a trabajar como secretaria de Carlos Navarro en la sede de Filesa, en Madrid.

31 de julio: Hipermercados Pryca S. A. paga a Filesa 5.600.000 pesetas por un concepto de asesoramiento igual a los anteriores.

22 de octubre: ABB Energía paga a Filesa 13.800.000 pesetas en concepto de «Continuación de los estudios y trabajos ya realizados sobre las instalaciones existentes en el País Vasco, en relación con la adquisición de activos de las empresas CENEMESA y CONELEC». También ABB Energía abona a Filesa 36 millones de pesetas por un proyecto sobre el cambio de *lay-out* en la fábrica de Galindo para la instalación de los equipos procedentes de la fábrica de Erandio de CENEMESA.

31 de octubre: Hipermercados Pryca S. A. paga a Filesa 5.600.000 pesetas por asesoramiento de inversiones.

4 de noviembre: Oliveró expulsa a Van Schouwen de una reunión que celebraba con los potenciales socios del negocio de contenedores.

19 de noviembre: Abengoa paga a Filesa 11.200.000 pesetas por un estudio sobre el sector eléctrico.

10 de diciembre: Van Schouwen se entrevista con Carlos Navarro para plantearle sus quejas de la empresa.

12 de diciembre: Oliveró, siguiendo instrucciones de Navarro, propone a Van Schouwen ser director gerente del proyecto de los contenedores.

1991

20 de enero: Carlos van Schouwen deja de llevar la contabilidad de las empresas de Filesa, que pasa a otro contable. El chileno se queda sólo con el negocio de los contenedores.

31 de enero: Hipermercados Pryca S. A. paga a Filesa 5.600.000 pesetas por asesoramiento de inversiones.

11 de febrero: El BBV paga a Filesa 57.200.000 pesetas por «La ampliación de trabajos realizados relativos al sector industrial en la CEE».

13 de febrero: Elsan paga a Filesa 39.200.000 pesetas por «Un estudio y seguimiento de la redacción del proyecto del tramo de autovía Milagros-Aranda de Duero».

7 de marzo: Oliveró aparta a Van Schouwen del negocio de los contenedores; introduce a un sobrino suyo, Juan María Alfonso Oliveró, como director general del proyecto.

8 de marzo: Van Schouwen abandona el *holding* de empresas del PSOE.

12 de marzo: Elsan paga a Filesa 12.300.000 pesetas por un estudio sobre «El proyecto de corrección del impacto ambiental del tramo de la Autovía del Norte Milagros-Aranda de Duero».

13 de marzo: La abogada de Van Schouwen, Guacolda Salas, envía una carta a Carlos Navarro a la sede central del PSOE, en Madrid, informándole de la problemática laboral de su cliente.

9 de abril: Oliveró ofrece a Van Schouwen a cambio de su silencio una importante cantidad de dinero en el extranjero y le impone la condición de marcharse de España; el chileno rechaza la oferta.

12 de abril: Van Schouwen recibe una citación de la Dirección General de la Policía en la que se le convoca para que se persone en la comisaría barcelonesa de Sants para un «asunto oficial de su interés». Elsan paga a Filesa 15.600.000 pesetas por un estudio de «Tratamiento de laderas y zonas yesíferas para la redacción del proyecto del tramo de Autovía de Levante: Arganda del Rey-Perales de Tajuña».

13 de abril: Van Schouwen se persona en la comisaría para presentar sus papeles. Sale sin problemas. Comienza a ser vigilado.

15 de abril: Van Schouwen se presenta en el consulado de Chile en Barcelona para pedir protección.

25 de abril: Se celebra, ante el CMAC, el acto de conciliación de la demanda laboral interpuesta por Van Schouwen contra Filesa, Malesa, Time Export y sus administradores, sin llegar a un acuerdo.

30 de abril: Van Schouwen presenta una demanda por reclamación de cantidad en el Juzgado de lo Social contra Filesa, Malesa y Time Export. Hipermercados Pryca S. A. paga a Filesa 5.600.000 pesetas por un estudio de asesoramiento financiero de inversiones.

13 de mayo: Elsan paga a Filesa 19 millones de pesetas por un estudio de «Drenaje adicional para el tratamiento de la explanada afectada por el nivel freático entre el río Duero y la carretera de Palenzuela de la Autovía del Norte, tramo: Milagros-Aranda del Duero».

28 de mayo: El abogado Isidoro García Sánchez, secretario del Consejo de Administración de Filesa, Malesa y Time Export, ofrece un cheque en blanco a Van Schouwen si guarda silencio.

29 de mayo: Estalla el caso Filesa. Los diarios *El Mundo* y *El Periódico de Catalunya* desvelan que las empresas Filesa, Malesa y Time Export recibieron cientos de millones de pesetas por estudios de asesoramiento falsos a importantes empresas y bancos que en ocasiones no llegaron a realizarse. Supuestamente, parte de ese dinero fue destinado a sufragar la campaña electoral socialista de 1989. El fiscal general del Estado, Leopoldo Torres, envía de oficio la información al Tribunal de Cuentas. El PSOE manifiesta su sorpresa y extrañeza por el asunto. Aparecen como presuntamente implicados el diputado Carlos Navarro, responsable de Finanzas del Grupo Parlamentario del PSOE, el senador José María Sala, secretario de Organización del PSC-PSOE, el administrador de las sociedades implicadas, Luis Oliveró, y Alberto Flores, hermano de la secretaria de Relaciones Internacionales de la Ejecutiva Federal del PSOE, Elena Flores.

30 de mayo: El Tribunal de Cuentas inicia la revisión de toda la contabilidad del PSOE en los cinco años anteriores. Se establece en los medios de comunicación la conexión de Filesa con Aida Alvarez, brazo derecho de Alfonso Guerra. La demanda laboral de Van Schouwen contra Luis Oliveró, administrador único de Filesa y Time Export, revela que las empresas fantasmas recaudaron al menos 1.500 millones de pesetas, dinero que había sido dedicado a financiar las campañas electorales del PSOE.

31 de mayo: Hoteleros mallorquines relacionan la trama de Viajes Ceres con Filesa.

3 de junio: Filesa, Malesa y Time Export, vinculadas con cuentas bancarias en Suiza.

4 de junio: Descubiertas las facturas del alquiler de dos meses de la sede electoral socialista de Gobelas, pagadas por Filesa. Carlos Navarro daba, presuntamente, instrucciones para defraudar a Hacienda. El constructor Christian Jiménez presenta una querella en el Juzgado de Guardia contra el PSOE, Filesa, Time Export, Carlos Navarro y otros.

5 de junio: El PSOE decide abrir una investigación interna para esclarecer lo sucedido. Forman parte de la comisión de investigación Alfonso Guerra, Txiki Benegas, Guillermo Galeote y Carlos Navarro. El PSOE niega tener relación con las mencionadas empresas.

6 de junio: Txiki Benegas, secretario de Organización del PSOE, dice tener pruebas en contra de las informaciones publicadas y que es falso que alguna empresa haya pagado rentas de alquiler por las sedes del PSOE.

7 de junio: La Asociación contra la Injusticia y la Corrupción (Ainco) presenta querella criminal ante la Sala Segunda del Tribunal Supremo contra Carlos Navarro, José María Sala, Luis Oliveró y Alberto Flores como presuntos autores de delitos de falsedad en documento mercantil, malversación de fondos públicos y apropiación indebida.

8 de junio: El constructor Christian Jiménez presenta otra querella criminal, esta vez ante la Sala Segunda del Tribunal Supremo, contra Carlos Navarro, José María Sala, Luis Oliveró y Alberto Flores por falsedad en documento privado, mercantil y público, apropiación indebida, malversación de caudales públicos y delito contra la Hacienda Pública.

9 de junio: Franz Schmitz, presidente de la sociedad Experta Treuhan, relacionada con la trama internacional de Filesa, es consejero del Banco Exterior de Suiza.

10 de junio: El Juzgado de Instrucción número 6 de Madrid admite a trámite la querella presentada por el constructor Christian Jiménez González, ex militante del PP, contra el diputado Carlos Navarro, Filesa y Time Export. Adolfo Carretero, presidente del Tribunal de Cuentas, declara que se investigarán hasta el final las presuntas irregularidades denunciadas sobre la financiación del PSOE.

591

13 de junio: En el Tribunal Supremo se formula ampliación de querella contra Aida Alvarez, Paulino Barrabés, Emilio Alonso Sarmiento y Juan Bautista Calatayud, administrador de Viajes Ceres. A éste se le relaciona con varias empresas radicadas en los paraísos fiscales de Luxemburgo y Jersey. El diputado Carlos Navarro actuó como portavoz de Viajes Ceres ante los hoteleros españoles.

16 de junio: IU-IC se prepara para ejercer la acción popular contra la financiación ilegal del PSOE.

18 de junio: La Comisión Mixta Congreso-Senado para el Tribunal de Cuentas, formada por diputados y senadores de todo el arco parlamentario, insta a dicho tribunal para que investigue la veracidad de las informaciones publicadas sobre la relación entre el *holding* Filesa y el PSOE. Los partidos políticos acuerdan que sea el Tribunal de Cuentas el que fiscalice las finanzas del PSOE. Se rechaza, asimismo la comparecencia del diputado Carlos Navarro bajo el criterio de que las supuestas irregularidades en que hubiera podido incurrir por el desempeño de sus responsabilidades en el área de Finanzas del PSOE eran ajenas a su condición de parlamentario. El fiscal general del Estado, Leopoldo Torres, ordena comprobar quién pagó el alquiler de la sede electoral socialista.

19 de junio: La lucha entre el PP y el PSOE por controlar el Tribunal de Cuentas retrasa la renovación de sus consejeros. El presidente del Grupo Parlamentario Socialista, Eduardo Martín Toval, afirma: «Felipe González conoce el sistema de financiación del PSOE.»

20 de junio: La Ejecutiva Federal del PSOE acepta la dimisión de Carlos Navarro como coordinador de Finanzas del Grupo Parlamentario Socialista. Se rechaza, a su vez, la de Guillermo Galeote, si bien se decide apartarlo de su cargo de secretario de Finanzas del PSOE mientras dure la investigación del Tribunal de Cuentas. El PSOE niega en un informe cualquier tipo de corrupción, como resultado de una investigación interna.

21 de junio: El presidente del PP, José María Aznar, pide que sea Felipe González quien explique la financiación de su partido y que no esconda la cabeza. Rafael Ribó, líder de IC-IU, aporta nuevas pruebas a la Fiscalía para que actúe en el caso Filesa.

25 de junio: El Tribunal Supremo inicia la investigación del caso. IU denuncia que Filesa y Malesa están relacionadas con el Servicio Andaluz de Salud, del que se financiaba el PSOE. Martín Toval: «González no es imprescindible para el proyecto político del PSOE.»

27 de junio: El constructor Christian Jiménez presenta ante el Tribunal Supremo una querella criminal contra el diputado Carlos Navarro por un presunto delito de falsedad en el Registro de Intereses del Congreso. Concluye la primera fase de la inspección de Hacienda a Filesa.

28 de junio: Carlos Navarro comparece ante la Comisión del Estatuto del Diputado. No aclara sus actividades en Filesa, Malesa y Time Export. Dice no tener datos relacionados con dichas empresas. Un subdirector del Inserso elaboró personalmente el informe que propició la contratación con Viajes Ceres. En el pleno del Tribunal de Cuentas se producen enfrentamientos internos entre los consejeros cercanos al PP y al PSOE. Los consejeros conservadores defienden que la investigación sobre Filesa no se puede llevar a cabo porque el Tribunal no tenía competencias para entrar en ninguna empresa privada. Los del PSOE, con el presidente Adolfo Carretero a la cabeza, argumentan que es posible y se imponen por la fuerza de los votos.

1 de julio: Benegas exculpa a Felipe González de cualquier responsabilidad ante una hipotética financiación irregular del partido. El Tribunal de Cuentas no puede llegar al fondo del asunto ya que la Ley de Financiación de Partidos Políticos limita la investigación a los ingresos y gastos del partido y no permite que se investigue a las empresas. El PSOE entrega las cuentas de 1990 al Tribunal de Cuentas. IU solicita que el Parlamento investigue la implicación de Carlos Navarro en el caso Filesa. Requiere que Van Schouwen declare en el Parlamento.

3 de julio: El abogado de Filesa, Pablo Jiménez de Parga, interpone en el Juzgado de Instrucción de Guardia una querella por «revelación de secretos» contra Carlos van Schouwen.

4 de julio: Luis Oliveró acude a declarar ante la jueza Carmen Quesada López, en el Juzgado número 1 de lo Social de Barcelona, por la demanda laboral presentada por Carlos van Schouwen. No comparecen ni Carlos Navarro ni Alberto Flores. Se suspende el juicio laboral por tales ausencias.

10 de julio: Izquierda Unida entrega a Hacienda documentación sobre irregularidades fiscales de Filesa, Malesa y Time Export.

11 de julio: El juicio laboral de Carlos van Schouwen aporta nuevas pruebas que vinculan a Carlos Navarro con Filesa.

12 de julio: En el Juzgado de Instrucción número 22 de Barcelona, el magistrado Joan Emili Vila, que también lleva la causa del fraude del IVA en Barcelona, no admite a trámite la querella interpuesta por Jiménez de Parga contra Van Schouwen.

16 de julio: La Sala Segunda del Tribunal Supremo remite al Congreso un suplicatorio para que expida la condición de diputado de Carlos Navarro.

17 de julio: Carlos van Schouwen denuncia a Luis Oliveró ante la Fiscalía del Tribunal Superior de Justicia de Cataluña por amenazas y coacciones.

18 de julio: El Congreso afirma que ya ha enviado al Tribunal Supremo el certificado de diputado de Carlos Navarro.

21 de julio: Fecha para la renovación de los consejeros del Tribunal de Cuentas. Se pospone ante la falta de acuerdo entre el PSOE y el PP.

29 de julio: El fiscal jefe de Cataluña, Carlos Jiménez Villarejo, afirma que Carlos Navarro es empresario y directivo de Time Export, Filesa y Malesa.

2 de agosto: La Fiscalía recurre el archivo de la querella de Filesa contra Van Schouwen por revelación de secretos.

13 de septiembre: La Fiscalía del Tribunal Superior de Justicia de Cataluña desestima la denuncia interpuesta por Van Schouwen contra Oliveró.

14 de septiembre: Un informe jurídico del Congreso sobre Carlos Navarro afirma que no existe sanción por no declarar bienes. Navarro estuvo ligado a la empresa editora de periódicos Prensa Sur, del PSOE.

20 de septiembre: En el Juzgado número 1 de lo Social de Barcelona se desestima la demanda laboral de Van Schouwen y se exculpa a Carlos Navarro y Luis Oliveró de toda responsabilidad empresarial en Filesa, Malesa y Time Export.

4 de octubre: El fiscal del Tribunal Supremo, Enrique Abad, aprecia delito en las actividades de Navarro y Sala.

8 de octubre: Carretero afirma ante la Comisión Mixta Congreso-Senado que el Tribunal de Cuentas tiene todas las competencias y poderes para investigar a fondo la relación PSOE-Filesa.

9 de octubre: El Tribunal Supremo pide al Congreso y al Senado el suplicatorio del diputado Carlos Navarro y del senador José María Sala para poder proceder contra ellos.

15 de octubre: La Comisión Mixta termina el informe sobre Filesa y el Tribunal de Cuentas, como es preceptivo, lo envía al PSOE para que haga sus alegaciones.

18 de octubre: El Ministerio Fiscal se opone, mediante un recurso de súplica, a la petición de los suplicatorios.

21 de octubre: La Comisión del Estatuto del Diputado decide por unanimidad que los cargos que ocupa Navarro en Prensa Sur son compatibles con su condición de diputado.

28 de octubre: Rechazada definitivamente la demanda de Filesa, Malesa y Time Export contra su ex contable por revelación de secretos. Van Schouwen pide la nulidad del juicio laboral que desestimó su demanda contra Filesa.

11 de noviembre: La Sala Segunda del Tribunal Supremo retira la petición de suplicatorio contra Sala y Navarro hasta que se demuestre si hay o no indicios de delito por su implicación en el caso Filesa.

16 de noviembre: La trama suiza de Filesa conduce a los negocios de la familia Mitterrand.

18 de noviembre: El Tribunal Supremo designa instructor de la causa al magistrado Marino Barbero Santos.

21 de noviembre: El Tribunal de Cuentas entrega al PSOE su informe.

12 de diciembre: El PSOE y el PP llegan a un acuerdo para repartirse los consejeros del Tribunal de Cuentas. Adolfo Carretero renueva como presidente.

18 de diciembre: Van Schouwen acusa al Tribunal de Cuentas de no haberle consultado.

19 de diciembre: El Parlamento aprueba la renovación de los miembros del Tribunal de Cuentas, con Adolfo Carretero como presidente. El informe preliminar del Tribunal de Cuentas exculpa totalmente al PSOE de financiación ilegal.

1992

22 de enero: Iniciativa per Catalunya-Izquierda Unida afirma que el libro de caja de 1989 de Filesa corrobora la relación de esta empresa con la financiación del PSOE.

5 de febrero: Van Schouwen solicita ante el Tribunal Supremo ser admitido como parte perjudicada en la causa.

26 de marzo: El Tribunal Supremo deniega la petición de Van Schouwen.

3 de abril: Dimite Leopoldo Torres y se nombra a Eligio Hernández como nuevo fiscal general.

18 de abril: El Tribunal de Cuentas envía al Congreso el informe que exculpa al PSOE en relación con Filesa.

27 de abril: Van Schouwen, tras seis meses de paralización del caso, declara ante el instructor Marino Barbero.

24 de mayo: La Asociación contra la Injusticia y la Corrupción (Ainco) presenta una querella contra Barbero por prevaricación y retraso malicioso en la administración de la justicia por tener paralizado el caso Filesa durante seis meses.

27 de mayo: Tres empleados de Filesa, Manuel Alberich Olive, Natalia Bachs Escriva y Monserrat Bachs Escriva, comparecen ante el juez Marino Barbero.

12 de junio: Dos empleados de Filesa, Juan Corominas Pons y Francisco Fajula Doltrá, declaran ante Barbero.

25 de junio: El Tribunal de Cuentas aprueba el informe elaborado sobre Filesa por siete votos a favor y seis en contra, gracias al voto de calidad del presidente de dicho organismo, Adolfo Carretero. A favor votaron los consejeros elegidos a propuesta del PSOE y en contra los del PP más el voto negativo del fiscal.

26 de junio: El Partido Popular interpone querella en el Tribunal Supremo contra Carlos Navarro, José María Sala, Luis Oliveró, Alberto Flores y Juan Bautista Calatayud por los delitos de malversación de fondos y otros. Esta querella se une a la interpuesta por el PP en el Juzgado de Instrucción número 16 de Madrid (diligencias previas 5671/92-B).

31 de junio: Cinco consejeros del Tribunal de Cuentas consideran *pésimas* las investigaciones sobre Filesa.

9 de julio: El secretario del Consejo de Administración de Filesa, el abogado Isidoro García Sánchez, comparece ante Barbero.

3 de septiembre: El juez instructor del Tribunal Supremo, Marino Barbero, solicita a varias empresas como el BBV, el Banco Central, FOCSA, CEPSA, Enasa o Pryca, los informes supuestamente realizados por Filesa.

7 de septiembre: El juez Barbero es destinado en exclusiva a la instrucción del sumario.

8 de septiembre: El sirio Karkour-Zourab Maghakian Amirzian, uno de los fundadores de Malesa, declara ante Barbero.

10 de septiembre: Luis Oliveró declara ante el juez Barbero. La acusación particular presenta una ampliación de querella contra Aida Alvarez.

11 de septiembre: Oliveró se niega a seguir declarando porque considera que es objeto de un linchamiento moral y de un juicio paralelo en la prensa.

18 de septiembre: Alberto Flores se niega a declarar ante el Tribunal Supremo.

21 de septiembre: Barbero decreta el secreto del sumario durante veinte días para no frustrar determinadas investigaciones.

25 de septiembre: El nuevo fiscal del caso, Antonio Salinas, pide que se archive la causa contra Navarro y Sala. La decisión de la Fiscalía resulta sorprendente porque su antecesor, Enrique Abad, se mostró a favor de esclarecer la presunta implicación de los dos aforados.

6 de octubre: El Congreso de los Diputados aprueba, con los votos del PSOE, el informe exculpatorio del Tribunal de Cuentas. La oposición pide la dimisión del presidente del mencionado organismo y descalifica su informe sobre Filesa.

9 de octubre: Marino Barbero amplía a diez días más el secreto de sumario.

10 de octubre: El BBV responde al juez Barbero que no encuentra el informe por el que pagó 84 millones de pesetas a Filesa.

12 de octubre: El fiscal del caso, Antonio Salinas, intenta impedir que el Supremo siga con la investigación de Filesa al oponerse a la práctica de todas las diligencias previstas por el juez por considerarlas *innecesarias.* Se opone a la investigación de las cuentas corrientes que la empresa tenía en Suiza.

13 de octubre: Sólo tres de las ocho empresas a las que el juez pidió los informes encargados a Filesa los han enviado. El Banco Central, que pagó por un informe 204 millones de pesetas, no lo encuentra. Lo mismo le ocurre al BBV.

14 de octubre: Alfonso Guerra afirma que quienes critican el informe elaborado por el Tribunal de Cuentas sobre Filesa «tal vez no sean demócratas».

15 de octubre: El juez Barbero amenaza a setenta empresas que no le remiten los documentos solicitados con acusarlas de desobediencia a la Justicia. *Diario 16* afirma que Filesa cobró 3.000 millones de pesetas en comisiones del AVE. El ministro de Justicia, Tomás de la Quadra, y la Junta de Fiscales atacan a Barbero por descalificar al Ministerio Público. La Comisión Mixta Congreso-Senado aprueba con los votos del PSOE el informe del Tribunal de Cuentas y rechaza reabrir la investigación sobre la presunta financiación irregular del mencionado partido.

17 de octubre: El abogado de Carlos Navarro advierte en tono amenazador a Barbero que «sus indagaciones afectan a la sede de un partido político al que pertenecen no sólo miembros del poder legislativo de este Estado sino, como le constará, el propio Poder Ejecutivo».

20 de octubre: La prensa informa que Carlos Navarro viajó a Suiza cuando se pagaron los 3.000 millones de pesetas de comisiones del AVE.

28 de octubre: Marino Barbero solicita a la Ejecutiva Federal del PSOE que envíe certificación de los cargos y responsabilidades de Carlos Navarro y José María Sala en el partido. También solicita copia de los libros oficiales de contabilidad y de los auxiliares, así como la declaración anual de ingresos y pagos efectuados por el PSOE desde 1988 a 1991.

2 de noviembre: El presidente del PSOE, Ramón Rubial, envía dos cartas a los presidentes del Congreso y del Senado pidiendo su amparo ante la investigación judicial. El juez Barbero afirma que empresas relacionadas con el caso Filesa dieron domicilios falsos para no ser investigadas. Barbero recibe una carta en tono amenazador de Ramón Rubial.

4 de noviembre: Barbero interviene una caja bancaria de seguridad del PSC-PSOE. El PSOE se niega a remitir sus libros de contabilidad al juez instructor.

6 de noviembre: Txiki Benegas recomienda que antes de investigar a Carlos Navarro y a José María Sala se debe conceder el suplicatorio.

10 de noviembre: Las mesas del Congreso y del Senado desestiman, por falta de competencia, la petición de amparo remitida por Rubial.

11 de noviembre: Barbero se persona en el Banco de España con una orden de entrada y registro para que le faciliten datos sobre las empresas del caso Filesa. Da un plazo de veinticuatro horas al PSOE para que le remita los libros de contabilidad. El Consejo General del Poder Judicial también archiva la petición de amparo del PSOE.

12 de noviembre: El secretario de Organización del PSOE, Txiki Benegas, responde al juez instructor —por segunda vez— que no le puede remitir la información que solicita porque en unos casos no la tienen y en otros está a disposición del Tribunal de Cuentas. El fiscal general, Eligio Hernández, ordena al fiscal del Supremo que recurra las últimas actuaciones del juez.

18 de noviembre: El juez instructor del Tribunal Supremo, Marino Barbero, ordena registrar la sede central de PSOE, en la calle Ferraz, y requisar todos los documentos solicitados. Los dirigentes socialistas esconden parte de la documentación en el despacho de Guillermo Galeote, persona aforada.

19 de noviembre: El Tribunal de Cuentas niega tener la contabilidad del PSOE solicitada por el juez Barbero.

20 de noviembre: El secretario judicial de la causa, Ricardo Rodríguez, se lleva del BBV datos sobre las cuentas de Filesa.

25 de noviembre: Se levanta el secreto del sumario: 3.476 folios con datos de los cuarenta y tres registros a bancos y empresas. Aida Alvarez facturó unos 7 millones de pesetas por el alquiler de la sede electoral del PSOE.

26 de noviembre: El Tribunal de Cuentas se desdice del comunicado del 19 de noviembre. Ramón García Mena, secretario general del citado tribunal, expide una certificación en la que se reconoce que obra en poder de ese organismo la contabilidad del PSOE. El secretario de Organización del PSOE, Txiki Benegas, convoca una conferencia de prensa para enseñarla y demostrar que la contabilidad estaba, como ellos habían dicho, en el Tribunal de Cuentas.

30 de noviembre: Lourdes Correas, secretaria de Guillermo Galeote y de Carlos Navarro, declara ante Barbero.

11 de diciembre: La Asociación de Defensa del Accionista presenta una querella contra Eduardo Santos, ex presidente de Macosa y ex subsecretario de Estado de Industria, por estafa, alteración y manipulación contable de la empresa y falsedad en documento mercantil. La citada asociación acusa a Santos de apropiarse de 1.000 millones de pesetas y de vaciar el patrimonio de la sociedad, dedicada a la construcción de material ferroviario. El fiscal del Tribunal de Cuentas, Miguel Ibáñez, niega la versión de Benegas y afirma que la documentación contable del PSOE en poder de dicho tribunal no es válida y carece de las garantías mínimas de autenticidad.

13 de diciembre: El Tribunal de Cuentas hace público un comunicado en el que se da por válida la documentación contable del PSOE y sus soportes.

14 de diciembre: El diputado Carlos Navarro declara ante Barbero que desconocía la actividad que desarrollaba Time Export, a pesar de ser el dueño del 50 por ciento de las acciones. Navarro afirmó que los informes de Filesa los hizo su tío político, Luis Oliveró.

16 de diciembre: El senador José María Sala declara ante el juez Barbero desconocer las actividades de Time Export y Filesa.

18 de diciembre: Barbero ordena un segundo registro a la sede del PSOE. Alfonso Guerra declara que en el caso Filesa no se respetan las normas del Estado de Derecho.

21 de diciembre: Se produce el tercer registro judicial de la sede del PSOE.

28 de diciembre: Barbero reclama al Tribunal de Cuentas la contabilidad electoral del PSOE.

31 de diciembre: Barbero acusa a los abogados de Filesa (en especial al catedrático Horacio Oliva, defensor de Carlos Navarro) de obstaculizarle.

1993

4 de enero: La prensa informa sobre la fortuna escondida de Aida Alvarez.

11 de enero: El Tribunal de Cuentas remite al juez 100.000 folios con datos de la contabilidad electoral socialista.

13 de enero: Técnicos de urbanismo de Madrid proponen demoler el chalé edificado ilegalmente por Aida Alvarez.

14 de enero: Barbero cita, a partir del día 26 de enero, a otras diecinueve personas que hicieron negocios con Filesa y Time Export.

16 de enero: La acusación particular del caso Filesa quiere que se proceda judicialmente contra Benegas por presuntos delitos de desobediencia, desacato y falta de auxilio a la Justicia.

20 de enero: El juez Barbero imputa al PSOE una «abierta obstrucción» a la Justicia. Asimismo, reconoce que dicho partido ha disfrutado de «un clarísimo trato de favor». Alfonso Guerra ordenó a las empresas de Aida Alvarez el pago de facturas.

24 de enero: El PSOE intenta desprestigiar a Barbero desenterrando un viejo crédito cancelado. Rodríguez Ibarra insinúa que el juez Barbero «no paga sus créditos». Sale a la luz pública la trama de las comisiones del AVE, en la que están presuntamente implicados Roberto Dorado, Florencio Ornia y Juan Carlos Mangana, ex altos cargos de La Moncloa y miembro del Comité Electoral socialista, respectivamente.

25 de enero: Salta a la luz pública que el director general del Servicio Jurídico del Estado, Emilio Jiménez Aparicio, dio instrucciones directas al abogado del Estado del caso Filesa, Luis Gayo de Arenzana, para que se abstuviera de intervenir en contra de los recursos interpuestos por el Ministerio Fiscal. Hasta esa fecha, Gayo se había opuesto de forma reiterada a los recursos de reforma y de queja. Los abogados de los inculpados y el Ministerio Fiscal pretendían que el Supremo anulara las investigaciones realizadas por el juez Barbero y enviara las diligencias a un Juzgado ordinario de Barcelona, en un intento de exculpar a los parlamentarios socialistas, Carlos Navarro y José María Sala.

26 de enero: Declara ante Barbero el director general del Banco Central, Julián Martínez Simancas. Declara ante Barbero el secretario general del BBV, José Luis Segimón Escobedo, que reconoce que se pagaron a Filesa 182 millones de pesetas después de morir Pedro Toledo, al existir un testamento verbal de éste autorizando dichos pagos; estas órdenes las conocía el director general adjunto, José Antonio Sáenz de Azcúnaga. Siemens pagó 825 millones a dos empresas vinculadas al PSOE por intermediar en la concesión de los contratos del AVE: 800 millones a GMP y 25 millones a Tecnología Informática 2.010. Felipe González dice que «el juez Barbero yerra al acusar al PSOE de no cooperar».

27 de enero: Txiki Benegas le pide a Aida Alvarez explicaciones sobre sus actividades. Esta responde con una carta en la que explica que todo lo ha ganado honradamente. González asegura que expulsará del PSOE a todos los que cobraron comisiones del AVE.

29 de enero: Aida Alvarez (propietaria de la empresa Tahis, la cual alquilaba los aviones al PSOE), Ornia y Mangana dejan el PSOE. Solchaga admite que existe corrupción dentro del PSOE y que hay que eliminarla.

30 de enero: La Ejecutiva del PSOE evita reunirse por temor a enfrentamientos sobre el cobro de comisiones. Florencio Ornia organizó la red de telecomunicaciones de La Moncloa, que costó 2.000 millones de pesetas, y en la que participó Siemens.

31 de enero: Siemens logró 100.000 millones de pesetas en contratos del AVE gracias a la mediación de empresarios socialistas. Fernández Marugán, sustituto de Galeote al frente de las finanzas del partido, pide que se vayan del PSOE los implicados en la corrupción.

2 de febrero: El vicepresidente ejecutivo de ABB, Javier de Irala, contratista del AVE con Siemens, reconoce a Barbero que pagó a Filesa 112 millones de pesetas. El PSOE no permite que García Valverde explique en el Congreso los contratos del AVE.

3 de febrero: El Supremo obliga al magistrado a paralizar la investigación de Filesa y a presentar un informe a la mayor brevedad. Barbero se fija el 20 de marzo como límite para remitir el dictamen pericial. Declara ante Barbero el director general de FOCSA, José Luis de la Torre Sánchez. Declara también ante Barbero el consejero delegado de Pryca, Françoise Georges Jean de Boyer.

4 de febrero: Declara ante Barbero el director general de la asesoría jurídica de FOCSA, Felipe Bernabé García Pérez.

También declara uno de los socios fundadores de Time Export, el militante socialista Narciso Andreu Muste, que fuera presidente de la compañía Iberia.

5 de febrero: Salta a la luz pública que Florencio Ornia era consejero de una empresa de Renfe mientras actuaba de comisionista con Siemens.

9 de febrero: El juez Barbero investiga el origen de 696 millones pagados a Aida Alvarez procedentes de Siemens. Filesa y una empresa del Partido Socialista Francés recalifican terrenos en España. La presidenta de Renfe, Mercé Sala, llama «insensato» a Aznar por sus críticas contra el AVE, tras descubrirse el pago de comisiones por parte de Siemens a personas vinculadas al PSOE. José María Passola Vila, gerente de la empresa Camunsa, y Felipe Cañellas Villalta, jefe de la asesoría jurídica de Catalana de Gas Electricidad S. A., declaran ante Barbero.

10 de febrero: La operación de Filesa en Pryca-Alcira reportó unos beneficios de 225 millones de pesetas. El ministro de Transportes, José Borrell, califica de «reprobable, inadecuado y negativo» el comportamiento del ex director general de la Presidencia del Gobierno, Florencio Ornia, por simultanear su cargo de consejero en una empresa del Grupo Renfe con un puesto de contratista de Siemens. Juan Francisco Ortega Galán, secretario general de CEAM, y Juan Rovira Vilaró, administrador único de Kidiqap, declaran ante Barbero.

11 de febrero: José María Anglés Carrera, director técnico de Coutal, y Emilio Vilas Ribot, administrador único de Lisol, declaran ante Barbero. Una empresa de Aida Alvarez declara unos ingresos inferiores a lo que cobró del PSOE.

12 de febrero: Los directivos de Volkswagen autorizaron el pago de 150 millones de pesetas a Aida Alvarez. ABB envía a Barbero documentos que contradicen la declaración de su vicepresidente ejecutivo, Javier de Irala.

606

13 de febrero: Siemens pactó los honorarios de Aida Alvarez tres meses antes de que Renfe concediera a la multinacional los contratos de electrificación, seguridad y señalización de la línea férrea del AVE, según el sumario.

15 de febrero: El fiscal del caso Filesa, Antonio Salinas, considera que no es necesario paralizar la investigación de la causa mientras el juez Barbero prepara el informe requerido por la Sala.

16 de febrero: Se hace público que Pryca pagó a Filesa 33,6 millones de pesetas por seis informes que valían 300 pesetas cada uno. Declaran ante Barbero el director de Relaciones Industriales de Abengoa, Miguel Angel Olalla Mercade, y uno de los fundadores de Time Export, el militante socialista Carlos Ponsa Ballart.

17 de febrero: Declara ante Barbero otro de los fundadores de Time Export, Esteban Borrell Marco. Declaran también dos directivos de CEPSA, Luis Sancho Martínez Pardo, jefe de la asesoría jurídica, y Eugenio Marín García Mansilla, consejero delegado. CEPSA se deshizo de informes por los que pagó a Filesa 244 millones de pesetas.

23 de febrero: Francisco Javier Iglesias Díaz, vicepresidente ejecutivo de Elsan, declara ante Barbero.

24 de febrero: Ramón Pico de la Fuente, jefe del departamento de Estudios y Proyectos de Elsan, e Ignacio Aranguez Moreno, director general de la zona norte de la misma empresa, declaran ante Barbero.

25 de febrero: César Jiménez Fernández, director administrativo de Elsan, y Juan Antonio Molina Rivas, presidente de Enasa, declaran ante Barbero.

1 de marzo: CEPSA niega haber recibido beneficios arancelarios a cambio de pagar a Filesa.

17 de marzo: El magistrado instructor del Supremo reclama a la Junta Electoral Central los nombres de los administradores de todas las campañas del PSOE.

20 de marzo: Javier Arenas, vicesecretario general del PP, atribuye el encarecimiento del AVE al pago de comisiones. El presupuesto del AVE tuvo una desviación de 213.000 millones de pesetas con respecto al original.

22 de marzo: Dictamen de los peritos de Hacienda: Filesa recibió más de 1.000 millones por informes inexistentes, pagó facturas del PSOE y estuvo relacionada con la financiación ilegal del partido. La empresa es acusada de fraude fiscal. El informe implica a Navarro y Sala como responsables de la financiación ilegal del PSOE. El PSOE, en nota pública, desmiente las declaraciones hechas por Navarro a Barbero el 14 de diciembre de 1992, en las que éste dijo que era miembro sin cartera de la Comisión Ejecutiva Federal del PSOE.

25 de marzo: Discurso de Felipe González en la Universidad Autónoma, donde grupos de estudiantes le gritan «¡Ladrón!» y «¡Corrupto!». González alude a la posibilidad de dimitir si le alcanza la responsabilidad política del caso Filesa. Guerra declara en León que el PSOE no tiene relación con Filesa.

26 de marzo: La jueza del caso Ollero investiga conexiones entre Filesa, una empresa de Jaén y la financiación del PSOE. Aznar acusa a González de liderar una trama institucionalizada de financiación irregular. Borrell afirma que «si Siemens ha pagado comisiones por contratos de Renfe, es inaceptable».

30 de marzo: El Grupo Parlamentario Socialista impide que se cree una comisión de investigación para aclarar el pago de comisiones de la multinacional Siemens a altos ejecutivos socialistas por la concesión de obras del AVE.

5 de abril: Txiki Benegas hace pública su carta de dimisión a Felipe González.

12 de abril: Pascual Sala, presidente del Consejo General del Poder Judicial, declara en Canarias que el caso Filesa pasará a los juzgados de Barcelona. El fiscal general, Eligio Hernández, coincide con Sala. Felipe González adelanta las elecciones generales al 6 de junio.

15 de abril: Batalla política y división entre juristas sobre si el caso Filesa debe seguir llevándolo el Tribunal Supremo ahora que el diputado Carlos Navarro y el senador José María Sala, han dejado de serlo por la disolución del Parlamento y la convocatoria de elecciones.

16 de abril: El Tribunal Supremo insta a Barbero para que informe si ha dictado alguna resolución inculpatoria con respecto al senador José María Sala.

19 de abril: Ainco es multada por temeridad al pedir que se apartara del caso a la Sala encargada, por entender que estaba interfiriendo en la labor del juez Barbero.

20 de abril: El magistrado instructor envía a la Sala Segunda del Supremo un auto en el que dice que el senador José María Sala no está inculpado porque la disolución de las cámaras y la convocatoria de elecciones le sustrajo la posibilidad de pedir el suplicatorio o acordar el sobreseimiento de la causa. Felipe González dice que se enteró de Filesa por la prensa y admite que este caso ha hecho mucho daño al PSOE. El fiscal general del Estado, Eligio Hernández, pide al Tribunal Constitucional que suspenda el caso Filesa.

21 de abril: Eligio Hernández aparta a los fiscales del caso Filesa e impone que el Constitucional valore la labor de Barbero. Siemens y ABB iban a participar junto a Filesa en la construcción de una central termoeléctrica alimentada por cardos gigantes, en Huelva, el proyecto Campo Baldío.

22 de abril: Juan José Laborda, presidente del Senado, declara: «Sin duda Filesa pasará factura y el PSOE deberá pedir perdón.»

Eligio Hernández califica de «inquisición» la instrucción de Barbero y acusa al Supremo de violar los derechos fundamentales. Jorge Verstrynge dice que todos los partidos políticos «practican Filesa».

23 de abril: El Alto Tribunal acuerda paralizar las diligencias del caso Filesa para no interferir en el proceso electoral. El promotor del proyecto Campo Baldío, el inglés Nicholas Lawrie, acudió a Filesa por «sus enchufes en Madrid, ya que lograban subvenciones de la CEE y del Estado». Durante la visita oficial que realiza a Polonia, González culpa a la prensa española de la mala imagen que tiene España en el exterior.

26 de abril: El ministro de Justicia, Tomás de la Quadra, arremete contra el PP por usar los procesos judiciales en su provecho.

29 de abril: Felipe González dice en Tele 5 que no tiene problemas en pedir excusas por el caso Filesa.

11 de mayo: Barbero convoca a los peritos de Filesa el 3 de junio, tres días antes de las elecciones generales, para que ratifiquen el informe emitido el 20 de marzo.

24 de mayo: El diario *El Mundo* publica que el PSOE recaudó 516 millones de pesetas en 1986, de forma ilegal, para la campaña del referéndum de la OTAN. Es el comienzo del llamado caso Ferraz. El PSOE dice oficialmente que no investigará su financiación durante 1986 porque carece de la documentación necesaria. Niega que el referéndum OTAN de 1986 se costeara de forma ilegal.

25 de mayo: Se publica que tres hombres de confianza del presidente del PSOE, Ramón Rubial, están relacionados con el cobro de comisiones irregulares. El PSOE y el PP recibieron cada uno más de 500 millones de pesetas de financiación empresarial en 1986. El abogado Marcos García Montes presenta un escrito ante Barbero para ampliar la querella a los implicados en el caso Ferraz.

26 de mayo: El diario *El Mundo* publica que el secretario de Alfonso Guerra, Rafael Delgado «Fali», llevó a la sede central del PSOE, en la calle Ferraz, varias bolsas de deporte repletas de millones durante 1986.

31 de mayo: El fiscal del llamado caso Macosa, Ignacio Gordillo, llama a declarar a la Audiencia Nacional a Emilio Alonso Sarmiento, secretario de Finanzas del PSOE hasta enero de 1988. Se intenta saber si la empresa Macosa había entregado al PSOE 8 millones de pesetas en 1986.

3 de junio: El PP solicita a Barbero que tome declaración a los italianos Luigi Nocella y Enzo Papi, quienes, a través de la empresa Copafi, tuvieron relaciones con empresas creadas por Aida Alvarez para el proyecto Madrid Sur 93.

6 de junio: Elecciones generales. El PSOE vuelve a ganar, pero pierde su mayoría absoluta, pasando de 175 escaños a 159.

8 de junio: El juez Barbero dice, en un informe de quince folios dirigido a la Sala Segunda del Tribunal Supremo, que el senador Sala creó un grupo de empresas para financiar al PSOE. Los tres peritos de Hacienda ratifican ante el juez Barbero, que había suspendido su comparecencia fijada para el día 3 de junio, que Filesa pagó facturas del PSOE.

13 de junio: El juez Miguel Moreiras, titular del Juzgado de Delitos Monetarios de la Audiencia Nacional, cita a declarar a Emilio Alonso Sarmiento, ex secretario de Finanzas del PSOE, por su relación con el caso Macosa, del cual dicho juez es competente.

15 de junio: Eligio Hernández, fiscal general del Estado, reclama al fiscal jefe de la Audiencia Nacional, José Aranda, que le tenga al corriente de todas las diligencias del caso Macosa, en el que han aparecido vías de financiación irregular del PSOE. La Junta de Fiscales de la Audiencia Nacional apoya al fiscal del caso, Ignacio Gordillo.

10 de julio: El fiscal del caso Filesa, Antonio Salinas, considera que los directivos de bancos y empresas que pagaron supuestos informes a Filesa deberían ser llamados como inculpados y no como testigos.

12 de julio: La Justicia abre una nueva causa a Viajes Ceres para aclarar si su insolvencia fue fraudulenta.

14 de julio: Barbero pide a los bancos información sobre las cuentas de Carlos Navarro, José María Sala, Alberto Flores y Luis Oliveró.

16 de julio: Eduardo Santos, ex presidente de Macosa, afirma ante Moreiras que él no presidía Macosa en 1986, por lo que desconoce si se realizaron dos pagos de 3 y 5 millones de pesetas al PSOE en aquella fecha.

19 de julio: Emilio Alonso Sarmiento declara ante Moreiras que sí hubo pagos de varias empresas con motivo del referéndum sobre la OTAN, pero que no recuerda haber recibido dinero de Macosa. El Supremo rechaza ampliar la querella de Filesa a Alfonso Guerra, José María Benegas, Francisco Fernández Marugán, Guillermo Galeote y Emilio Alonso Sarmiento, como había solicitado la acusación particular.

21 de julio: El Supremo instruye una querella por atentado contra la independencia de Barbero, después de que el presidente del PSOE, Ramón Rubial, remitiera al Congreso y al Senado dos cartas en las que reclamaba la protección de los derechos del PSOE ante la investigación de Filesa.

22 de julio: El Supremo rechaza ampliar la querella de Filesa contra Carlos Navarro y Rafael Delgado «Fali» por su implicación en el caso Ferraz.

23 de julio: El fiscal general se opone a que Barbero investigue la relación Filesa-Insalud-Inserso. El Tribunal Supremo deja libertad de criterio al magistrado instructor para decidir si investiga o no el asunto.

10 de agosto: Barbero ordena la investigación de setenta y siete cuentas corrientes en las que aparecía como apoderado Carlos Navarro. Sólo de ocho era titular, las restantes eran del PSOE.

14 de septiembre: Repetición del juicio laboral por la demanda de Carlos van Schouwen. Primera vista.

23 de septiembre. El Supremo acuerda suspender las diligencias del caso Filesa hasta que el Senado se pronuncie sobre el suplicatorio del senador José María Sala, solicitado para investigar su implicación en un delito fiscal y en dos de falsedad en documento público.

13 de octubre: El Supremo rechaza los recursos presentados contra la petición del suplicatorio del senador Sala. Se hace firme la decisión de solicitar a la Cámara Alta la autorización para seguir investigando al parlamentario socialista.

16 de octubre: El Supremo remite al Senado el suplicatorio contra el senador José María Sala.

23 de octubre: Afloran más reclamaciones vecinales por las obras inacabadas del constructor Christian Jiménez, quien afirma que está siendo objeto de una venganza por parte del PSOE por haber presentado cuarenta y cinco querellas contra ese partido.

18 de noviembre: José María Sala declara que no hay nada más sagrado que el dinero público y que la financiación de los partidos políticos tiene que ser conocida.

2 de diciembre: El Senado concede el suplicatorio para que el Supremo pueda proceder contra el senador José María Sala.

14 de diciembre: Segunda vista del juicio por la demanda laboral interpuesta por Van Schouwen contra Oliveró y Filesa. El juicio se suspende hasta enero. Un juez investiga a Hauser y Menet por presunto fraude fiscal. El Tribunal Constitucional avala la actuación del Tribunal Supremo en el caso Filesa. No admite, por prematura, la impugnación contra la instrucción de Barbero presentada por Carlos Navarro, Luis Oliveró y Alberto Flores.

23 de diciembre: PSOE y PP logran un principio de acuerdo para la reforma del Reglamento de la Cámara Baja, en el que destacan las comparecencias semanales de Felipe González —al estilo del Parlamento inglés— y la flexibilidad de requisitos para la creación de las comisiones de investigación.

29 de diciembre: El Supremo levanta la suspensión del caso Filesa y da luz verde a Barbero para seguir investigando.

30 de diciembre: Marino Barbero registra, acompañado de doce funcionarios, una oficina del BCH en Barcelona para reclamar el talón de Gas Natural por el que el juez instó el suplicatorio del senador Sala. Barbero también requisa las cuentas corrientes de Luis Oliveró en una oficina del Banco Exterior, de Barcelona.

1994

7 de enero: El Ayuntamiento de Madrid anuncia que derribará a final de mes el chalé construido ilegalmente por Aida Alvarez.

9 de enero: Barbero advierte que el senador José María Sala no decía la verdad sobre su situación accionarial en Time Export. Sala fue accionista de esta empresa durante más de un año, en vez de dos meses como mantenía.

614

19 de enero: Barbero cita a declarar a empresarios y banqueros relacionados con la trama de Filesa.

1 de febrero: José Aureliano Recio, que fuera militante del PSOE y hombre de confianza del fallecido presidente del BBV, Pedro Toledo, y su compañero en el banco, José Antonio Sáenz de Azcúnaga, declaran ante Barbero, al igual que Francisco Javier Iglesias Díaz, vicepresidente ejecutivo de Elsan, y Felipe Cañellas Villalta, jefe del servicio jurídico de Catalana de Gas.

2 de febrero: Declaran ante Barbero los directivos del Banco Central Julián Martínez Simancas y Juan Manuel Echevarría Hernández.

3 de febrero: Declaran ante Barbero los también directivos del Banco Central Eugenio Posada Puntero, interventor general, Juan Bule Hombre, secretario general, y Epifanio Ridruejo, consejero delegado.

8 de febrero: Declara ante Barbero el directivo de CEPSA, Luis Sancho Martínez Pardo. Barbero solicita a la Policía que localice a Beat Binder, ex director financiero de ABB, que no compareció como testigo el 7 de febrero. Binder debía justificar el pago de 161 millones a Filesa.

9 de febrero: Eugenio Marín García Mansilla, consejero delegado de CEPSA, y José María Marín Quemada, director de relaciones institucionales de CEPSA, declaran ante Barbero.

10 de febrero: Francisco Mas Sardá, presidente de la constructora FOCSA cuando se produjeron los pagos a Filesa, y Alicia Rubio Santamaría, secretaria del presidente de Enasa, Juan Antonio Molina, declaran ante Barbero.

15 de febrero: Declaran ante Barbero los directivos de Enasa, Ramón González Rodríguez y Acacio Rodríguez García. Declara también Javier Irala Estévez, vicepresidente ejecutivo de ABB.

16 de febrero: Pedro Grau Hoyos, presidente de Catalana de Gas en 1987, cuando se pagó dinero a Time Export por un informe inexistente, declara ante Barbero. También declaran ante el mismo juez François Georges Jean Boyer Des Roches, consejero delegado de Hipermercados Pryca, y Juan Romagosa Petit, vicepresidente de Catalana de Gas.

17 de febrero: Diego Ramos Ramos, gerente de Camunsa, y Miguel Angel Olalla Mercade, directivo de Abengoa, declaran ante Barbero.

20 de febrero: El Tribunal de Cuentas denuncia públicamente la falta de colaboración de la mayoría de los bancos y entidades financieras para fiscalizar las cuentas de los partidos políticos.

22 de febrero: Juan Rovira Vilaró, directivo de Kidiqap y José María Pasola Vila, gerente de Camunsa, declaran ante Barbero.

23 de febrero: Declaran ante Barbero los directivos de FOCSA, Felipe Bernabé García Pérez y José Luis de la Torre Sánchez. Desconocen dónde están los informes.

24 de febrero: Declaran ante Barbero los tres fundadores de Time Export: Esteban Borrell y los militantes socialistas Narciso Andreu y Carlos Ponsa. Declara también Juan Francisco Ortega Galán, directivo de CEAM.

25 de febrero: La familia March anuncia que contratará a Mariano Rubio, ex gobernador del Banco de España, como presidente de Hipermercados Pryca, sociedad en la que los March son accionistas.

1 de marzo: Luis Corredera Godino, director general de Elsan, y Emilio Vilas Ribot, administrador único de Lisol, declaran ante Barbero. Declaran también los directivos de Elsan, Ignacio Aránguez Moreno, César Jiménez Fernández y Ramón Pico Lafuente.

3 de marzo: El magistrado Marino Barbero declara, durante una conferencia sobre «Corrupción y democracia» celebrada en la Facultad de Derecho de la Universidad Autónoma de Barcelona, que el actual sistema de financiación de los partidos es «caldo de cultivo de la corrupción».

4 de marzo: La Asociación Profesional de la Magistratura y Jueces para la Democracia critican las declaraciones de Marino Barbero sobre la corrupción del poder político y de los partidos.

19 de marzo: El PSOE celebra su XXXIII Congreso Federal. Los renovadores, con Felipe González a la cabeza, desplazan del «aparato» socialista a los guerristas. Alfonso Guerra conserva la Vicesecretaría General, aunque queda en minoría. Por su parte, Txiki Benegas abandona la Secretaría de Organización y pasa a ocuparse de la de Relaciones Políticas e Institucionales.

25 de marzo: El magistrado Barbero investiga la relación de cuatro ministerios (Justicia, Economía, Industria y Obras Públicas) con las empresas que pagaron a Filesa, entre 1989 y 1991. Barbero acuerda remitir a la jurisdicción ordinaria documentos del caso Filesa relacionados con Siemens, Seat y el Grupo 2.020, de Aida Alvarez.

19 de abril: Se celebra el debate del Estado de la Nación. Aznar pide la dimisión de Felipe González y anuncia la propuesta para crear en el Congreso una comisión de investigación del caso Filesa.

20 de abril: El Congreso acuerda crear una comisión de estudio sobre la financiación de los partidos políticos. El senador socialista José María Sala propone que la comisión investigue el caso Casinos, que implica a la Generalitat catalana.

26 de abril: Julio Calleja y González Camino, presidente del Consejo de Administración de ABB Energía hasta 1993, y Felipe Benjumea Llorente, presidente de la constructora Abengoa, declaran ante Barbero.

27 de abril: José Angel Sánchez Asiaín, ex presidente del BBV, y Emilio Ybarra y Churruca, actual presidente del BBV, declaran ante Barbero.

28 de abril: Alfonso Escámez López, ex presidente del Banco Central y presidente de CEPSA, declara ante el juez Barbero.

4 de mayo: Izquierda Unida presenta ante Barbero un informe sobre la fiscalización de Renfe del año 1989 que contiene serias irregularidades en el funcionamiento de la empresa pública.

10 de mayo: Barbero exige a Renfe y al Ministerio de Obras Públicas toda la información disponible sobre las obras de algunos tramos de las autovías del Norte y de Levante, así como de las adjudicaciones del AVE.

18 de mayo: Se constituye la comisión de investigación sobre la financiación de los partidos políticos.

20 de mayo: El Partido Popular solicita a Barbero que investigue las cuentas corrientes de Filesa en Suiza.

24 de mayo: La Sala Segunda de lo Penal apoya la decisión de Barbero de no investigar otras vías de financiación irregular del PSOE y de diferirlas a los juzgados de instrucción pertinentes.

25 de mayo: Declaran ante Barbero los directivos de Seinlosa, Gregorio Bravo Sáez y Juan García de Marina Rico.

26 de mayo: Declaran ante Barbero los directivos de Hauser y Menet, José Ramón Lorenzo Elvira, Mariano Rodríguez Rodríguez y Antonio Hernando Rodríguez.

27 de mayo: Los diferentes grupos parlamentarios acuerdan que la comisión que trate la financiación de los partidos políticos sea de investigación y no de estudio. La preside el diputado de Coalición Canaria Luis Mardones. El fiscal general del Estado, Eligio Hernández, es destituido, a petición propia, por el Consejo de Ministros.

30 de mayo: La acusación particular solicita la suspensión momentánea de todas las diligencias del caso Filesa para evitar cualquier manipulación por parte de los partidos políticos de cara a las elecciones al Parlamento Europeo del 12 de junio. El abogado Marcos García Montes también solicita la declaración como imputados de Aida Alvarez y Guillermo Galeote.

31 de mayo: Declara ante Barbero Carlos Manuel García Pardo, accionista de Producciones Dobbs a través de Producciones Dorna. Declara, asimismo, Iñigo Larrazábal, máximo responsable de El Viso Publicidad.

1 de junio: Ramón Gómez Redondo, propietario de Mabuse, declara ante Barbero, quien se niega a paralizar las diligencias del caso Filesa durante la campaña de las elecciones para el Parlamento Europeo.

3 de junio: El Gobierno aprueba la creación de la figura del fiscal anti-corrupción, que perseguirá los delitos económicos de especial gravedad. Se nombra como fiscal general del Estado a Carlos Granados Pérez.

6 de junio: Toma posesión Carlos Granados como nuevo fiscal general del Estado, en sustitución de Eligio Hernández.

7 de junio: La Mesa del Congreso aprueba que la comisión sobre la financiación de los partidos políticos tenga un doble carácter de estudio e investigación.

12 de junio: El PSOE sufre un fuerte descalabro en las elecciones europeas, perdiendo frente al PP. De 27 diputados que tenía, pasa a tener 22; el PP salta de 15 escaños a 28. En Andalucía el PSOE pierde la mayoría absoluta y 17 escaños, pasando de los 62 de 1990 a 45. El PP pasa de 26 a 41 e IU de 11 a 20.

17 de junio: La Sala Tercera del Tribunal Supremo declara ilegal el nombramiento como fiscal general del Estado de Eligio Hernández.

21 de junio: Aida Alvarez, responsable del grupo de empresas 2.020, declara como inculpada ante Barbero. Reconoce que sus empresas habían cobrado un total de 96.720.000 pesetas de Filesa, por informes y alquiler de locales.

22 de junio: Miguel Molledo Martín, compañero de Aida Alvarez, declara como inculpado ante Barbero.

23 de junio: Declaran como inculpados Eugenio Javier Morales Jiménez, cuñado de Aida Alvarez, y Francisco Javier Molledo Martín, hermano de su compañero sentimental.

24 de junio: Declaran como inculpados en el Tribunal Supremo María Soledad Morales Jiménez, secretaria particular de Aida Alvarez, y María Angeles Alvarez Alvarez, hermana de Aida.

7 de julio: Alfonso Escámez, ex presidente del Banco Central, declara como inculpado ante Barbero.

8 de julio: Julio Calleja y González Camino, presidente de ABB, declara como inculpado ante Barbero.

13 de julio: Francisco Javier Iglesias Díaz, vicepresidente ejecutivo de Elsan y Juan Antonio Molina Vivas, presidente de Enasa, declaran como inculpados ante Barbero.

14 de julio: Declaran como inculpados Eugenio Marín García Mansilla, consejero delegado de CEPSA, y Diego Ramos Ramos, gerente de Camunsa.

15 de julio: Declara como inculpado, Miguel Angel Olalla Mercade, directivo de Abengoa.

31 de julio: El presidente del Congreso, Félix Pons, solicita al Banco de España que facilite las deudas bancarias de todos los partidos políticos.

26 de septiembre: El abogado de la acusación particular, Marcos García Montes, solicita a Barbero que declaren en la causa Felipe González, Alfonso Guerra y José María Benegas.

28 de septiembre: Se produce un cruce de oficios entre Barbero y el Gabinete Técnico del Tribunal Supremo, acerca de la sala de vistas.

29 de septiembre: Izquierda Unida y Esquerra Republicana de Catalunya solicitan que se amplíe la investigación sobre los escándalos políticos-financieros al caso Casinos.

30 de septiembre: Declara como inculpado Juan Romagosa Petit, vicepresidente de Catalana de Gas. En el Parlamento, el PSOE es partidario de investigar sólo los casos Naseiro y Filesa.

3 de octubre: Barbero decide aplazar la declaración como inculpado de Francesc Fajula, coadministrador de Time Export, debido a la falta de una sala de vistas apropiada, a causa de las obras de remodelación del Tribunal Supremo.

5 de octubre: Barbero notifica que las declaraciones serán por las tardes, una vez que así lo decidiera el Consejo General del Poder Judicial.

6 de octubre: El PSOE vota en el Parlamento en contra de que la comisión sobre la financiación de los partidos políticos investigue los casos Casinos (CiU) y Tragaperras (PNV). Se niega también a la comparecencia de Txiki Benegas ante la comisión en relación con el caso Filesa.

10 de octubre: El presidente del Tribunal Constitucional, Miguel Rodríguez Piñero, afirma que el caso Filesa debería tener un límite de duración.

13 de octubre: Declaran, esta vez como inculpados y no como testigos, los dirigentes del BBV José Angel Sánchez Asiaín, Emilio Ybarra y Churruca y José Antonio Sáenz de Azcúnaga. Los componentes del Consejo de Administración del BBV apoyaron con su presencia en los pasillos del Supremo las mencionadas comparecencias.

14 de octubre: Declaran como inculpados José Ramón Lorenzo Elvira, director general de Hauser y Menet, y Carlos García Pardo, propietario de Dorna.

18 de octubre: Declara ante Barbero como inculpado Iñigo Larrazábal, máximo responsable de El Viso Publicidad. Declara también como inculpado Ramón Gómez Redondo, propietario de la productora Mabuse.

21 de octubre: Declara ante Barbero como inculpado Ramón Moreda Luna, gerente del PSOE.

23 de octubre: Elecciones al Parlamento vasco. El PSE-EE-PSOE pierde cuatro escaños, pasando de 16 a 12 diputados autonómicos. El PP, que pasa de 6 a 11 escaños, se configura como la tercera fuerza política del País Vasco, con el mismo nivel de diputados que Herri Batasuna.

26 de octubre: Declara ante Barbero como inculpado Guillermo Galeote Jiménez, ex secretario de Finanzas del PSOE. Asume toda la responsabilidad de la trama Filesa, eximiendo a todos los cargos de la Ejecutiva Federal del PSOE.

3 de noviembre: Jesús Manzano Iglesias, representante artístico de Dorna, y Carlos Alberto Reyero Sánchez, contable de la misma empresa, declaran ante Barbero.

7 de noviembre: Adolfo Carretero Pérez presenta la dimisión como presidente del Tribunal de Cuentas. Aduce motivos personales.

10 de noviembre: Los consejeros del Tribunal de Cuentas, Milagros García Crespo y Ubaldo Nieto de Alba, ponen de manifiesto en el Congreso las dificultades de esta institución para llevar a cabo la fiscalización de las cuentas de los partidos políticos.

11 de noviembre: Francesc Fajula Doltrá, administrador de Time Export, declara como inculpado ante Barbero.

15 de noviembre: José Manuel Ardoy Fraile, secretario del Ayuntamiento de Albacete, declara ante Barbero.

24 de noviembre: Marino Barbero pide nuevos datos al Tribunal de Cuentas sobre la contabilidad del PSOE entre 1988 y 1991. Solicita también el nombre de la persona que en representación del PSOE firma las cuentas entregadas.

28 de noviembre: María Rosa García Lucero, administradora única de la productora Turn-Key, declara como inculpada ante Barbero. Guillermo Galeote, ex secretario de Finanzas del PSOE, asume ante la comisión de investigación del Congreso toda la responsabilidad en la posible financiación irregular del PSOE. Felipe González encabeza una carta de apoyo y solidaridad con Galeote, firmada por casi todos los diputados del PSOE.

29 de noviembre: El entonces diputado del PSOE, Ventura Pérez Mariño, critica que se «premie» a Galeote.

30 de noviembre: Salen a la luz pública los nombres de las personas que no firmaron la carta de apoyo a Galeote: el secretario de Organización del PSOE, Ciprià Ciscar, y los diputados Alejandro Cercas y Luis Pérez. Felipe González afirma que Barbero sostiene un «proceso inquisitorial por un delito que no sabemos qué es».

1 de diciembre: Ricardo Egoscozábal Cortés, asesor jurídico de Renfe, y Paloma Echevarría de Rada, jefa del área de Asuntos

Económicos en la Dirección General de Infraestructura del Transporte Ferroviario, del MOPU, declaran ante Barbero. El ex diputado Carlos Navarro se niega a responder a cualquier pregunta de los miembros de la comisión de investigación del Congreso. El diario *El País* publica que La Caixa ocultó al Banco de España 1.339 millones de pesetas en créditos impagados por el PSC-PSOE.

2 de diciembre: PSC-PSOE y CiU votan unidos por primera vez los Presupuestos de la Generalitat catalana. Un juez embarga las sedes centrales del PSOE en Madrid y Palma de Mallorca por un impago de 132 millones de pesetas. El dinero corresponde a gastos de publicidad en la campaña de las elecciones municipales y autonómicas de 1991.

3 de diciembre: El líder del PP Manuel Fraga sugiere poner un límite a la lucha anticorrupción para salvar las instituciones.

8 de diciembre: El PSOE pide a la Comisión de Financiación de Partidos Políticos que se investiguen las cuentas y deudas del PCE.

12 de diciembre: El representante de IU en la comisión de investigación, Felipe Alcaraz, abandona la reunión ante la negativa del directivo de El Viso Publicidad, Iñigo Larrazábal, a contestar a las preguntas formuladas. Se dan por finalizadas las comparecencias sobre Filesa.

13 de diciembre: Manuel Escudero Rodríguez, intermediario en la concesión de un hipermercado Pryca en Albacete, declara ante Barbero. Declara también José Luis Sureda Carrión, presidente de Pryca España.

15 de diciembre: Declaran como inculpados ante Barbero los directivos de Mabuse, José Antonio Bartolomé Zuloaga, consejero delegado, y Araceli del Grado Val, presidenta y esposa del propietario Ramón Gómez Redondo.

17 de diciembre: Fallece de un cáncer de hígado el ex presidente del Tribunal de Cuentas, Adolfo Carretero, bajo cuya presidencia el citado organismo investigó el caso Filesa.

19 de diciembre: El ministro de la Presidencia, Alfredo Pérez Rubalcaba, y el portavoz del Grupo Popular, Rodrigo Rato, pactan cerrar la investigación de escándalos por parte de la Comisión de Financiación de Partidos Políticos. Ponen de fecha límite el 31 de diciembre.

20 de diciembre: Los peritos judiciales del caso Filesa emiten un segundo informe sobre las cuentas corrientes de Carlos Navarro, José María Sala, Luis Oliveró y Alberto Flores. Las cuentas bancarias de los cuatro inculpados no coinciden con sus declaraciones fiscales, según los peritos judiciales.

29 de diciembre: Finalizan los trabajos de la Comisión de Investigación de Financiación de los Partidos Políticos en el Congreso, después de investigar sólo los casos Naseiro y Filesa. Se rechazan tres nuevas comparecencias del caso Filesa: Aida Alvarez, Luis Oliveró y Carlos van Schouwen.

1995

11 de enero: El abogado de la acusación particular, Marcos García Montes, solicita a Barbero la prisión provisional de José María Sala, Carlos Navarro, Luis Oliveró, Aida Alvarez, Guillermo Galeote y Ramón Moreda Luna.

12 de enero: El magistrado instructor del Tribunal Supremo llama a los peritos para que ratifiquen su nuevo informe. El diario *ABC* informa de que Barbero estudia la petición de un suplicatorio al Supremo para proceder contra Alfonso Guerra, vicesecretario general del PSOE, por un delito electoral, con independencia de otras imputaciones que resulten de la instrucción.

19 de enero: Barbero anuncia en una providencia su intención de solicitar el suplicatorio para actuar contra Alfonso Guerra en el caso Filesa por un supuesto delito electoral. El magistrado pide al Ministerio Público un dictamen para que informe sobre el caso.

30 de enero: Barbero cita como inculpado a Francisco Mas Sardá, presidente de FOCSA durante los años de actividad de Filesa.

31 de enero: Barbero cita como inculpado a José Luis de la Torre Sánchez, director general de FOCSA durante los años de actividad de Filesa.

2 de febrero: Barbero cita como inculpado a José Luis García Gordillo, presidente de Austral-Ingeniería.

8 de febrero: Se inicia el debate sobre el Estado de la Nación. El fiscal del caso, Antonio Salinas, considera en un escrito remitido a Barbero que todo el organigrama electoral del PSOE, coordinado por Alfonso Guerra, estuvo vinculado a Filesa y a su financiación irregular. El fiscal Salinas encuentra dificultades jurídicas para inculpar a Alfonso Guerra.

9 de febrero: Enrique Ruiz Vadillo, presidente de la Sala Segunda del Tribunal Supremo, que instruye el caso Filesa, es designado magistrado del Tribunal Constitucional.

17 de febrero: Barbero cita como inculpado a Jean François René Pontal, consejero delegado de Pryca durante los años de actividad de Filesa.

20 de febrero: El Partido Popular y la acusación particular respaldan por escrito la decisión del magistrado Barbero de pedir el suplicatorio contra Alfonso Guerra. El Ministerio Fiscal y el Servicio Jurídico del Estado le niegan, en cambio, su apoyo.

22 de febrero: El magistrado Marino Barbero pide a la Sala Segunda que solicite autorización al Congreso de los Diputados para actuar penalmente contra Alfonso Guerra por un presunto delito electoral. Asimismo propone a la Sala Segunda que eleve un suplicatorio al Senado para proceder contra el senador socialista José María Sala por el presunto delito de asociación ilícita. El diario *ABC* publica que Aida Alvarez logró detener el derribo de su chalé ilegal, en Madrid, con un aval de 6 millones de pesetas.

23 de febrero: Los tres magistrados del Supremo que componen la Sala en el caso Filesa deciden que sean los trece miembros titulares de la Sala Segunda quienes acuerden si solicitan o no al Congreso el suplicatorio contra Guerra.

24 de febrero: Marino Barbero deja en suspenso el caso Filesa hasta que el Supremo resuelva el suplicatorio contra Alfonso Guerra. El presidente de la Junta de Extremadura, el socialista Rodríguez Ibarra, arremete contra los «jueces estrella»: «Estamos en el juego de los jueces *supervedettes*, en el que alguno se estaba quedando detrás. Hay quien no puede presumir delante de la mujer y está intentando mear más lejos que el de al lado.»

25 de febrero: El PSOE recrudece sus ataques al magistrado Barbero tras la petición del suplicatorio contra su vicesecretario general, Alfonso Guerra.

1 de marzo: La Sala Segunda hace público un auto por el que deniega la petición del juez Barbero de remitir al Congreso el suplicatorio contra Alfonso Guerra por un presunto delito electoral. El Supremo también se opone a ampliar el suplicatorio contra el senador socialista José María Sala por considerar que el ya otorgado cubre cualquier presunto delito. Barbero le inculpaba de un delito de asociación ilícita. Es la primera vez en la historia que el Supremo deniega un suplicatorio instado por un juez.

3 de marzo: El magistrado Barbero tacha de «impresentable y sin fundamento» la resolución de la Sala Segunda de denegar el suplicatorio contra Alfonso Guerra.

4 de marzo: Varios magistrados del Tribunal Supremo muestran su estupor por las declaraciones de su colega Marino Barbero.

13 de marzo: Declara de nuevo ante Marino Barbero el ex diputado socialista Carlos Navarro por un presunto delito de asociación ilícita.

14 de marzo: El diario *El Mundo* publica que Seat entregó al embajador alemán, Guido Brunner, los 150 millones que ingresó a Aida Alvarez en su cuenta del Aresbank, más 25 millones en métalico metidos en un maletín.

15 de marzo: El magistrado Barbero cita a declarar al senador socialista José María Sala, ahora por un delito de asociación ilícita.

24 de marzo: En una conferencia pronunciada en Salamanca, el magistrado Barbero califica de «impresentable» la resolución del Supremo sobre la petición de suplicatorio contra Alfonso Guerra.

27 de marzo: EL diario *ABC* publica que el magistrado Barbero cree que el PSOE, gracias a Filesa, compitió con una ventaja ilícita en las campañas electorales. El Tribunal Supremo admite un recurso de la acusación particular contra la denegación del suplicatorio a Guerra pese a estar fuera de plazo.

4 de abril: El diario *El Mundo* afirma que el PSOE sacó documentos de su sede de Ferraz el día 17 de noviembre de 1992, víspera del registro ordenado por Barbero, según el testimonio de un ex empleado. La acusación particular solicita, a raíz de esta noticia, que Barbero tome declaración a Alfonso Guerra, José María Benegas y Francisco Fernández Marugán. *Diario 16* publica que una empresa ligada a Luis Roldán, la constructora Sierra Comendadora, desvió 150 millones al PSOE. Guido Brunner es citado como testigo por la jueza Teresa Chacón, titular del Juzgado de Instrucción número 39 de Madrid, que investiga supuestas vías de financiación irregular del PSOE relacionadas con las empresas Seat, Siemens y Grupo 2.020, de Aida Alvarez.

5 de abril: Diario 16 publica que Aida Alvarez cobró comisiones a la constructora Huarte S. A. y del Tren de Alta Velocidad (AVE) a través de las sociedades GTrade, Satafi, Inmobiliaria 1001, Madrid Sur 93 y GMP Consultores. El ex embajador alemán Guido Brunner se acoge al Convenio de Viena para no declarar ante la jueza para explicar los pagos de Seat a Aida Alvarez.

8 de abril: Diario 16 afirma que Aresbank financió con 2.000 millones de pesetas al grupo de empresas de Aida Alvarez para construir una urbanización de lujo en Getafe (Madrid).

16 de abril: Diario 16 publica que el ex secretario de Guillermo Galeote, Sotero Jiménez, cobró 390 millones de pesetas por conseguir una licencia de obras para la urbanización de lujo de Aida Alvarez en el polígono «El Gurullero», de Getafe (Madrid).

17 de abril: Diario 16 publica que comisiones del caso Ollero fueron desviadas a la sociedad Aresinter, que aparece en los procedimientos judiciales de los casos Roldán, Seat, AVE y Filesa. Volkswagen estudia presentar una acción civil de responsabilidad contra la anterior dirección de Seat.

20 de abril: Luis Oliveró y Alberto Flores, implicados en el caso Filesa, se acogen a su derecho constitucional de no declarar ante el juez Barbero. El magistrado les había citado para imputarles un delito de asociación ilícita.

23 de abril: El despacho del ex embajador alemán Guido Brunner es asaltado por unos desconocidos que roban numerosos documentos. Brunner está supuestamente vinculado a la financiación ilegal del PSOE.

4 de mayo: El magistrado Marino Barbero cierra la investigación del caso Filesa e imputa delitos a treinta y nueve personas. En un auto de veintisiete folios el magistrado expone todas las trabas acaecidas durante la instrucción. Da tres meses a las partes para las alegaciones oportunas antes del juicio oral.

5 de mayo: La acusación popular ejercida por el empresario Ruiz Mateos recurre el auto que cierra la investigación del caso Filesa. Considera insuficiente el trabajo de Barbero por dejar al margen de los treinta y nueve imputados a Felipe González y a Alfonso Guerra. Las defensas de los socialistas Galeote, Sala, Navarro, Oliveró, Flores y la representación de los banqueros Emilio Ybarra y Alfonso Escámez también impugnan la resolución de Barbero.

9 de mayo: El fiscal del Tribunal Supremo adscrito al caso Filesa, Antonio Salinas, anuncia que no presentará recurso de reforma contra el auto de Barbero. Salinas prepara directamente el escrito de acusación.

10 de mayo: IU denuncia en el Congreso la existencia de una trama de sociedades vinculadas al caso Filesa que han obtenido hasta 25.000 millones de pesetas en contratos relacionados con la Administración desde 1987.

16 de mayo: IU entrega la documentación sobre la supuesta trama de empresas favorecidas por contratos públicos al fiscal general del Estado, Carlos Granados.

17 de mayo: Marino Barbero denuncia ante la Sala Segunda del Supremo a Juan Carlos Rodríguez Ibarra por injurias y calumnias. El presidente de la Junta de Extremadura había acusado al magistrado de «querer intervenir en política sin presentarse a las elecciones, dictando sentencias, abriendo y cerrando sumarios, al igual que hace ETA, que quiere participar en la vida política poniendo bombas».

19 de junio: El diario *El Mundo* publica que una empresa, Guaden, que cobró de Intelhorce, formó también parte de la trama Filesa. Entre los propietarios de Guaden, además de Jesús Bores, íntimo amigo de Felipe González, aparece Eduardo Becerril, que hizo de puente entre Alfonso Guerra y Alfonso Escámez para los pagos del Banco Central y CEPSA a Filesa.

26 de junio: El Tribunal Supremo admite a trámite la querella del magistrado Marino Barbero contra el presidente de la Junta de Extremadura, el socialista Juan Carlos Rodríguez Ibarra.

29 de junio: El Tribunal Supremo rechaza el recurso presentado por el Partido Popular contra la negativa del Supremo a pedir el suplicatorio al Congreso de los Diputados para proceder contra el vicesecretario general del PSOE, Alfonso Guerra. El Tribunal Supremo reitera que no existen evidencias de que Alfonso Guerra haya inducido al administrador de las campañas electorales, Ramón Moreda Luna, a cometer un delito electoral.

7 de julio: Marino Barbero pide al CGPJ que le ampare frente a las críticas de Rodríguez Ibarra al considerar que las palabras del presidente de la Junta de Extremadura afectan de manera directa a su independencia como juez.

12 de julio. El pleno del CGPJ nombra a Fernando Cotta y Márquez de Prado nuevo presidente de la Sala Segunda del Tribunal Supremo con los votos de los magistrados más cercanos al Partido Popular y de dos independientes. El mismo pleno rechaza la petición de amparo de Barbero argumentando que las críticas de Rodríguez Ibarra no suponen un «ataque o perturbación» para el ejercicio de la función jurisdiccional del magistrado.

28 de julio: Marino Barbero prolonga el plazo de alegaciones de las partes del caso Filesa hasta el 3 de octubre.

31 de julio: Marino Barbero presenta su renuncia a la carrera judicial alegando indefensión ante los ataques del presidente de la Junta de Extremadura, Juan Carlos Rodríguez Ibarra.

3 de agosto: Finaliza el plazo inicial dado a las partes personadas en el caso Filesa para presentar sus alegaciones.

8 de agosto: La Comisión Permanente del Consejo General del Poder Judicial, integrada por Pascual Sala, José Luis Manzanares, Soledad Mestre y Wenceslao Díaz Argall, decide que el escrito de Marino Barbero presentando su renuncia es competencia del pleno y señala como día para su examen el 13 de septiembre.

13 de septiembre: El pleno del Consejo General del Poder Judicial acepta la renuncia de Marino Barbero a la carrera judicial. La Sala Segunda debe nombrar a un juez sustituto para el caso Filesa.

18 de septiembre: La Sala Segunda nombra como nuevo juez del caso Filesa al magistrado de origen argentino Enrique Bacigalupo Zapater.

4 de octubre: Antonio Salinas, fiscal encargado del caso Filesa, solicita penas para veintitrés de los treinta y nueve encausados en la instrucción de Marino Barbero.

EMPRESAS RELACIONADAS CON LA TRAMA FILESA QUE SE HAN FAVORECIDO CON LAS ADJUDICACIONES DEL BOE

ASUNTO	ORGANISMO	FECHA BOE	PRESUPUESTO ADJUDICACION
ABB			
1989			
REPUESTOS MEDIDORES TECHO NUBES (1)	TRANSPORTE, TURISMO Y COMUNICACIONES	28/06/89	9.950.100 Pts
		Total 1989 :	**9.950.100 Pts**
1990			
REPOSICION ALMACENES (2)	DEFENSA	27/11/90	6.275.008 Pts
		Total 1990 :	**6.275.008 Pts**
		TOTAL ADJ.:	**16.225.108 Pts**
ABENGOA S.A.			
1988			
MONTAJE EQUIPOS CONTROL CENTR. CANAL VILLORIA - SALAMANCA -	OBRAS PUBLICAS Y URBANISMO	14/01/88	41.307.510 Pts
SUM. Y MONT. ELEM. MET. PRESA DE CUEVAS DEL ALMANZORA - ALICANTE - (5)	OBRAS PUBLICAS Y URBANISMO	14/01/88	725.618.653 Pts
ILUMINACION APROXIMACION CABECERA PISTA AEROPUERTO - SEVILLA -	TRANSPORTE, TURISMO Y COMUNICACIONES	20/01/88	46.520.933 Pts
ACONDICIONAMIENTO COMPUERTAS ALIVIADERO PRESA GUAJARAZ - TOLEDO -	OBRAS PUBLICAS Y URBANISMO	27/01/88	31.662.091 Pts
PROYECTO RED ARTERIAL FERROVIARIA INTALAC. CTT - SEVILLA -	TRANSPORTE, TURISMO Y COMUNICACIONES	2/02/88	292.800.000 Pts
OBRAS AEROPUERTO - SANTANDER -	TRANSPORTE, TURISMO Y COMUNICACIONES	10/02/88	23.740.000 Pts
EJECUCION CENTRAL HIDROGRAFICA DEL CHANZA	OBRAS PUBLICAS Y URBANISMO	3/03/88	478.982.742 Pts

Descripción	Organismo	Fecha	Importe
INSTALACION CONDENSADORES ZONA REGABLE TORRE DE ABRAHAM -BADAJOZ-	OBRAS PUBLICAS Y URBANISMO	23/03/88	5.470.000 Pts
MEJORAS COLECTORES	OBRAS PUBLICAS Y URBANISMO	23/03/88	15.995.000 Pts
MEJORAS COLECTORES E INSTALACION DE VALVULAS SEGURIDAD - BADAJOZ-	OBRAS PUBLICAS Y URBANISMO	23/03/88	13.990.000 Pts
RENOVACION SUBCENTRALES ELECTRICAS AEROPUERTO DE MADRID-BARAJAS	OBRAS PUBLICAS Y URBANISMO	23/03/88	43.177.878 Pts
INSTALACIONES ELECTROMECANICAS CANAL MONTIJO - BADAJOZ -	OBRAS PUBLICAS Y URBANISMO	26/03/88	13.236.000 Pts
MEJORA INSTALACIONES ELECTROMECANICAS CANAL MONTIJO -	OBRAS PUBLICAS Y URBANISMO	26/03/88	13.236.000 Pts
REGULACION Y CONTROL ACCESOS - RED SEMAFORICA - OVIEDO - (6)	INTERIOR	7/07/88	149.865.379 Pts
ESTACION BOMBO REUTILIZACION AGUAS TRATADAS Y DEPURADORA TENERIFE	OBRAS PUBLICAS Y URBANISMO	26/07/88	207.915.789 Pts
REGULACION Y CENTRAL ELECTRONICA VELOCIDAD CN-340 - ALMERIA - (6)	INTERIOR	4/08/88	11.355.558 Pts
ACOMETIDA CORRIENTE A 25 KV SUBCENTRAL RECTIFICADORA SAN QUIRZA	COMUNIDAD AUTONOMA DE CATALUÑA	11/08/88	69.500.000 Pts
URBANIZACION FONTAJAN II	COMUNIDAD AUTONOMA DE CATALUÑA	25/08/88	7.601.960 Pts
SISTEMA TRATAMIENTO INFORMACION (6)	ECONOMIA Y HACIENDA	17/09/88	48.000.000 Pts
DOBLE ALIMENTACION ELECTRICA PRESA YEGUAS - CORDOBA-JAEN -	OBRAS PUBLICAS Y URBANISMO	26/09/88	24.553.669 Pts
REDAC. PROYECTO Y CENTRALIZACION SEMAFORICA AVD. PRINCIPAL CADIZ (6)	INTERIOR	3/10/88	119.729.522 Pts
REGULACION TRAFICO TRAVESIA AUSIRRIO - ALAVA - (6)	INTERIOR	3/10/88	10.338.738 Pts
REPARACION VALVULERIA Y REGULADORES EXCITACION - MURCIA -	OBRAS PUBLICAS Y URBANISMO	17/10/88	24.700.000 Pts
DISPOSITIVOS CONTROL AFORO PRESA MONTIJO - BADAJOZ -	OBRAS PUBLICAS Y URBANISMO	18/10/88	24.114.164 Pts
MEJORAS MECANISMOS DESAGUES PRESA GARCIA SOLA - BADAJOZ -	OBRAS PUBLICAS Y URBANISMO	18/10/88	8.430.770 Pts

ASUNTO	ORGANISMO	FECHA BOE	PRESUPUESTO ADJUDICACION
SUMINISTRO 3 ESTAC. DE TRABAJO CENTRO NAC. MICROELECTRONICA	ECONOMIA Y HACIENDA	20/10/88	20.396.320 Pts
AMPLIACION ESTACION ELEVADORA TORREVIEJA	OBRAS PUBLICAS Y URBANISMO	21/10/88	18.688.210 Pts
ESTACION ELEVADORA CANAL CABO DE PALOS - MURCIA -	OBRAS PUBLICAS Y URBANISMO	21/10/88	10.210.750 Pts
MEJORAS S. VIAL TRAVESIA CASTRO-URDIALES C-634 - CANTABRIA - (6)	INTERIOR	21/10/88	11.397.987 Pts
ACONDICIONAMIENTO ESTACIONES ELEVADORAS CANAL ZUJAR - BADAJOZ -	OBRAS PUBLICAS Y URBANISMO	8/11/88	12.600.000 Pts
MEJORA S. VIAL TRAVESIA CELANOYA - ORENSE - (6)	INTERIOR	11/11/88	9.860.894 Pts
REFORMA INST. ELECTROMECANICAS SEGURIDAD PRESA HURONES - CADIZ -	OBRAS PUBLICAS Y URBANISMO	14/11/88	23.930.000 Pts
REVISION MECANISMOS DESAGUES FONDO PRESA CIJARA - BADAJOZ -	OBRAS PUBLICAS Y URBANISMO	14/11/88	10.681.345 Pts
ADECUAC. LINEAS ELECTRICAS INF. HIDRAULICA CAMPO GIBRALTAR -CADIZ	OBRAS PUBLICAS Y URBANISMO	17/11/88	18.859.754 Pts
SISTEMA METEOROLOGICO SODAR CARTAGENA - MURCIA - (6)	OBRAS PUBLICAS Y URBANISMO	17/11/88	20.000.000 Pts
REGULACION TRAFICO CN-634 TRAVESIA EL SPIN CORTAVO Y JOSIO (COAÑA) (6)	INTERIOR	14/12/88	21.268.532 Pts
REGULACION TRAFICO CN-634 TRAVESIA NAVIA - ASTURIAS - (6)	INTERIOR	14/12/88	6.400.472 Pts
REGULACION TRAFICO TRAVESIA CN-120 EN BELORADO - BURGOS - (6)	INTERIOR	14/12/88	10.394.633 Pts
REGULACION TRAFICO TRAVESIA Y ACCESOS VALENCIA DE SAN JUAN - LEON (6)	INTERIOR	14/12/88	14.986.268 Pts
MEJORA S. VIAL ACCESOS A – CACERES - (6)	INTERIOR	19/12/88	7.555.894 Pts
REGULACION TRAFICO CN-232 TRAMO ZARAGOZA-CASETAS (6)	INTERIOR	19/12/88	18.073.702 Pts

Total 1988 :   **2.687.147.117 Pts**

1989

AMPLIACION 2 GRUPOS AUTOBOMBA ESTACION ELEVADORA EMBALSE TORES	OBRAS PUBLICAS Y URBANISMO	2/01/89	101.407.491 Pts

636

Descripción	Ministerio	Fecha	Importe
REGULACION Y ORDENACION TRAFICO CN-630 LUGONES - ASTURIAS - (6)	INTERIOR	4/01/89	9.893.764 Pts
CONSTR. ESTACION ELEVADORA RIEGOS LA SAGRA - TOLEDO - (3)	OBRAS PUBLICAS Y URBANISMO	6/01/89	615.132.357 Pts
MEJORA SISTEMAS SEÑAL. CONTROL TRAFICO FUENLABRADA - MADRID - (6)	INTERIOR	16/01/89	79.744.625 Pts
REFUERZO INSTALACIONES BOMBEO TORRE ABRAHAM - C. REAL -	OBRAS PUBLICAS Y URBANISMO	27/01/89	23.244.817 Pts
OBRAS ALIMENTACION SUBESTACIONES RENFE - ALMERIA -	TRANSPORTE, TURISMO Y COMUNICACIONES	9/02/89	22.950.000 Pts
SUMINISTRO SISTEMA INFORMATICO CENTRO NAC. MICROELECTRONICA	ECONOMIA Y HACIENDA	29/03/89	65.883.798 Pts
MANTENIMIENTO RED AFOROS MOVILES DIRECCION GENERAL (6)	INTERIOR	12/05/89	41.370.000 Pts
MEJORA GRUPO MOTOBOMBA Y VALVULERIA IMPULSION ALHAMA - MURCIA -	OBRAS PUBLICAS Y URBANISMO	21/06/89	18.203.574 Pts
MANTENIMIENTO OBSERVACION AEROPUERTOS 1988 (6)	TRANSPORTE, TURISMO Y COMUNICACIONES	28/06/89	78.525.000 Pts
ORDENACION TRAFICO E ILUMINACION C-501 - AVILA - (6)	INTERIOR	5/07/89	24.490.155 Pts
SEÑALIZACION VERTICAL CN-340, CN-330, CC-320, CN-332, CN-234	OBRAS PUBLICAS Y URBANISMO	10/07/89	43.799.756 Pts
INSTALACION INTERRUPTORES ESTAC. ELEVADORAS VALDECAÑAS - CACERES	OBRAS PUBLICAS Y URBANISMO	17/07/89	18.245.000 Pts
INSTALACIONES BOMBEO ZONA REGABLE VALDECAÑAS - CACERES -	OBRAS PUBLICAS Y URBANISMO	26/07/89	13.395.000 Pts
MEJORA SEGURIDAD VIAL TRAVESIA CABAÑAS - LA CORUÑA - (6)	INTERIOR	7/08/89	8.251.592 Pts
SUSTITUCION GUPOS ELECTROBOMBAS CANAL MONTIJO - BADAJOZ -	OBRAS PUBLICAS Y URBANISMO	11/08/89	17.990.000 Pts
ESTACION ELEVADORA ZONA REGABLE MONTIJO - BADAJOZ -	OBRAS PUBLICAS Y URBANISMO	19/08/89	21.400.000 Pts
INSTALACION ELECTRICA ESTACION BOMBEO TORRE ABRAHAM - C. REAL -	OBRAS PUBLICAS Y URBANISMO	19/08/89	24.650.000 Pts
REGULACION TRAFICO TRAVESIA REQUEJO - ZARAGOZA - (6)	INTERIOR	21/08/89	8.363.840 Pts

ASUNTO	ORGANISMO	FECHA_BOE	PRESUPUESTO ADJUDICACION
ESTACION ELEVADORA ARROYO CALAMONTE - BADAJOZ -	OBRAS PUBLICAS Y URBANISMO	29/08/89	10.840.000 Pts
TUBERIAS IMPULSION ALTAMIRA - GUADALAJARA -	OBRAS PUBLICAS Y URBANISMO	29/08/89	143.600.000 Pts
SEÑALIZACION VERTICAL N-420 - C. REAL -	OBRAS PUBLICAS Y URBANISMO	31/08/89	19.808.345 Pts
OBRAS SEÑALIZACION N-435 TRAVESIA TRIGUEROS - HUELVA - (6)	INTERIOR	1/09/89	9.730.115 Pts
INSTALACION RED SEMAFORICA ARTERIAL - GIJON - (6)	OBRAS PUBLICAS Y URBANISMO	12/09/89	16.674.935 Pts
MEJORA SEGURIDAD VIAL EL CAÑIZO - ORENSE - (6)	INTERIOR	5/10/89	6.738.477 Pts
MEJORAS SEGURIDAD VIAL ACCESOS PONFERRADA - LEON - (6)	INTERIOR	7/10/89	17.410.429 Pts
MEJORA SEGURIDAD VIAL CN-525 - ORENSE - (6)	INTERIOR	9/10/89	8.545.827 Pts
MEJORA SEGURIDAD VIAL VILLARRODIS - LA CORUÑA - (6)	INTERIOR	30/10/89	20.091.625 Pts
REGULACION Y CONTROL TRAFICO NAVALMORAL DE LA MATA - CACERES - (6)	INTERIOR	14/11/89	8.103.758 Pts
REGULACION TRAFICO BAENA - CORDOBA - (6)	INTERIOR	21/11/89	20.939.673 Pts
INST. MANTEN. RED VIGIL. CONTAM. ATMOSFERICA TORRELAVEGA -CANTAB (6)	OBRAS PUBLICAS Y URBANISMO	5/12/89	42.000.000 Pts
INST. MANTEN. RED VIGIL. CONTAM. ATMOSFERICA - S. CRUZ TENERIFE - (6)	OBRAS PUBLICAS Y URBANISMO	5/12/89	32.856.320 Pts
INST. MANTEN. RED VIGIL. CONTAMINACION ATMOSFERICA - VALLADOLID - (6)	OBRAS PUBLICAS Y URBANISMO	5/12/89	43.463.334 Pts
ELEMENTOS SEGURIDAD Y MANIOBRA PRESA YEGUAS - CORDOBA -	OBRAS PUBLICAS Y URBANISMO	6/12/89	23.317.241 Pts
INSTALACION SEMAFORICA INTERSECCIONES - CASTELLON - (6)	INTERIOR	12/12/89	7.236.325 Pts

Total 1989 :   1.668.297.173 Pts

1990

ASUNTO	ORGANISMO	FECHA_BOE	PRESUPUESTO ADJUDICACION
MEJORA POTENCIA ESTAC. ELEVADORA ARROYO CALAMONTE - BADAJOZ -	OBRAS PUBLICAS Y URBANISMO	9/01/90	13.411.633 Pts

638

Proyecto	Organismo	Fecha	Importe
ACCESOS Y CENTRALIZACION RED SEMAFORICA - ORENSE - (6)	INTERIOR	12/01/90	139.992.784 Pts
SEGURIDAD VIAL ACCESOS CN-I-II-II-IV, 401 Y 607 - MADRID - (6)	INTERIOR	19/02/50	4.998.000.000 Pts
SEGURIDAD VIAL AVD. MADRID ANTIGUA CN-VI - LUGO - (6)	INTERIOR	19/02/50	22.194.534 Pts
SEGURIDAD VIAL AVILES - ASTURIAS - (6)	INTERIOR	19/02/50	19.797.800 Pts
SEGURIDAD VIAL EN SEVILLA - GIRALDA 92 - (6)	INTERIOR	19/02/50	9.999.992.351 Pts
MANTENIMIENTO AFOROS MOVILES DIRECCION GENERAL TRAFICO (6)	INTERIOR	22/02/90	49.500.000 Pts
MEJORA SEGURIDAD VIAL CONCELLO OBRE-NOIA - CORUÑA - (6)	INTERIOR	22/03/90	23.977.330 Pts
INSTALACION GRUPO ELECTROGENO AEROPUERTO FUERTEVENTURA	TRANSPORTE, TURISMO Y COMUNICACIONES	9/04/90	7.755.500 Pts
ELECTRIFICACION MUELLES 3 Y 4 DE RAOS	OBRAS PUBLICAS Y URBANISMO	13/04/90	127.757.966 Pts
MEJORA S. VIAL TRAVESIA CUELLAR - SEGOVIA - (6)	INTERIOR	13/04/90	9.938.532 Pts
REGULACION TRAFICO BINEFAR - HUESCA - (6)	INTERIOR	13/04/90	8.561.081 Pts
S. VIAL REGULACION SEMAFORICA COMARCAL BA-5040 MONTIJO - BADAJOZ - (6)	INTERIOR	10/05/90	17.447.081 Pts
CALLES DE RODAJE Y BALIZAMIENTO AEROPUERTO PALMA DE MALLORCA - (4)	TRANSPORTE, TURISMO Y COMUNICACIONES	26/06/90	1.830.541.000 Pts
ADQUISICION SOFWARE EQUIPO CAD-CAM (6)	COMUNIDAD AUTONOMA VALENCIANA	16/08/90	18.212.045 Pts
ANTIARIETE Y TELEMANDO ESTACIONES ELEVADORAS ZONA REABLE ZUJAR	OBRAS PUBLICAS Y URBANISMO	22/08/90	170.137.929 Pts
REGULACION Y CONTROL TRAFICO EIBAR - GUIPUZCOA - (6)	INTERIOR	22/08/90	24.900.471 Pts
MEJORA S. VIAL TRAVESIA BENAVENTE - ZAMORA - (6)	INTERIOR	26/10/90	10.636.443 Pts
MEJORA S. VIAL ALUMBRADO PUBLICO CTRA. N-501 - SALAMANCA - (6)	INTERIOR	4/12/90	12.081.532 Pts

ASUNTO	ORGANISMO	FECHA BOE	PRESUPUESTO ADJUDICACION
S. VIAL TRAVESIA AGUILAR DE CAMPO - PALENCIA - (6)	INTERIOR	4/12/90	7.309.062 Pts
REGULACION SEMAFORICA CN-III MEDINACELI-PAMPLONA Y S. SEBASTIAN (6)	OBRAS PUBLICAS Y URBANISMO	17/12/90	13.850.000 Pts
MEJORA S. VIAL TRAVESIA NARON - LA CORUÑA - (6)	INTERIOR	24/12/90	11.028.989 Pts
REGULACION SEMAFORICA TRAVESIA BOLLULLOS PAS DEL CONDADO - HUELVA - (6)	INTERIOR	24/12/90	13.989.578 Pts
S. VIAL TRAVESIA ASTILLERO - CANTABRIA - (6)	INTERIOR	24/12/90	11.898.914 Pts
S. VIAL TRAVESIA TORENO-MATARROSA - LEON - (6)	INTERIOR	24/12/90	16.077.887 Pts
		Total 1990 :	**17.578.990.442 Pts**

1991

ASUNTO	ORGANISMO	FECHA BOE	PRESUPUESTO ADJUDICACION
SEGURIDAD VIAL REGULACION SEMAFORICA N-431 CARTAYA (6)	OBRAS PUBLICAS Y URBANISMO	3/01/91	8.763.587 Pts
INSTALACION SEMAFOROS INTERS. AUTOVIA VARIANTE LEON - VALLADOLID (6)	OBRAS PUBLICAS Y URBANISMO	11/01/91	8.553.790 Pts
REGULACION SEMAFORICA PUERTA DE MADRID CN-603 (6)	OBRAS PUBLICAS Y URBANISMO	15/01/91	4.631.132 Pts
SEGURIDAD VIAL TRAVESIA CARTAMA-ESTACION CTRA. MA-402 Y MA-421 (6)	INTERIOR	17/01/91	10.747.346 Pts
SEGURIDAD VIAL TRAVESIA M-215 COSLADA - MADRID - (6)	INTERIOR	17/01/91	14.086.554 Pts
PROYECTO REMODELACION APEADERO COSLADA - MADRID -	TRANSPORTE, TURISMO Y COMUNICACIONES	26/01/91	54.069.240 Pts
TERMINACION SECTORES IV/VII ZONA REGABLE GENIL-CABRA - CORDOBA -	OBRAS PUBLICAS Y URBANISMO	13/02/91	23.975.311 Pts
MEJORA FACTOR POTENCIA ESTAC. ELEVAD. VEGAS BAJAS - BADAJOZ -	OBRAS PUBLICAS Y URBANISMO	25/02/91	22.840.000 Pts
MANT. REPARACION RED POSTES SOS MIRANDA EBRO-BURGOS-SALAMANCA N-I (6)	INTERIOR	6/04/91	46.745.900 Pts
PROYECTO REPARACION ESTACION TRANSFORMADORA FASES 123&63 K	OBRAS PUBLICAS Y URBANISMO	27/05/91	6.724.525 Pts
CONSTR. ESTAC. BOMBEO PRINCIPAL CARDOBILLA GENIL-CABRA - CORDOBA - (4)	OBRAS PUBLICAS Y TRANSPORTE	3/07/91	998.750.000 Pts

Descripción	Organismo	Fecha	Importe
INSTAL. MANT. EQUIPOS RED VIGILANCIA ATMOSFERICA - VALLADOLID - (6)	OBRAS PUBLICAS Y TRANSPORTE	23/07/91	41.998.000 Pts
INSTAL. MANT. EQUIPOS RED VIGILANCIA ATMOSFERICA P. LLANO C. REAL (6)	OBRAS PUBLICAS Y TRANSPORTE	23/07/91	12.988.672 Pts
ALUMBRADO PUBLICO BARCENA DE PIE DE CONCHA (6)	COMUNIDAD AUTONOMA DE CANTABRIA	30/07/91	5.500.000 Pts
SEGURIDAD VIAL TRAVESIA N-120 Y LE-441 SAN ANDRES DERAVANEDO LEON (6)	INTERIOR	6/08/91	17.343.814 Pts
ELEMENTOS METALICOS PRESA CUEVAS DE ALMANZORA - ALMERIA - (5)	OBRAS PUBLICAS Y TRANSPORTE	13/08/91	13.221.118 Pts
SEGURIDAD VIAL C-501 TRAVESIA PIEDRALAVES - AVILA - (6)	INTERIOR	15/08/91	10.384.072 Pts
SEGURIDAD VIAL C-526 TRAVESIA MORALEJA - CACERES - (6)	INTERIOR	15/08/91	7.974.172 Pts
SEGURIDAD VIAL M-203 TRAVESIA MEJORADA DEL CAMPO - MADRID - (6)	INTERIOR	15/08/91	11.620.359 Pts
SEGURIDAD VIAL N-625 TRAVESIA ESPEJO - ALAVA - (6)	INTERIOR	15/08/91	5.230.038 Pts
SEGURIDAD VIAL N-634 TRAVESIA SAN VICENTE BARQUERA - CANTABRIA - (6)	INTERIOR	15/08/91	8.579.469 Pts
LAMPARAS LUZ ULTRAVIOLETA	ECONOMIA Y HACIENDA	16/08/91	16.366.800 Pts
MANTENIMIENTO RED AFOROS MOVILES (6)	INTERIOR	16/08/91	40.000.000 Pts
MEJORA S. VIAL C-639 TRAVESIA PORTUGALETE - VIZCAYA - (6)	INTERIOR	16/08/91	10.480.385 Pts
SUMINISTRO MANTENIMIENTO EQUIPOS CALIDAD AIRE (7)	OBRAS PUBLICAS Y TRANSPORTE	21/08/91	49.997.000 Pts
REPARACION ORGANOS DESAGUE PRESA FUENTE DEL AZUFRE - LEON -	OBRAS PUBLICAS Y TRANSPORTE	24/08/91	140.819.116 Pts
MEJORA S. VIAL C-420 TRAVESIA HINOJOSA DEL DUQUE - CORDOBA - (6)	INTERIOR	29/08/91	24.458.877 Pts
ALUMBRADO TRAVESIA NADELA CN-VI - LUGO - (6)	OBRAS PUBLICAS Y TRANSPORTE	30/08/91	18.842.838 Pts
INSTALACION MANTENIMIENTO CONTROL ACCESOS AEROPUERTO BARAJAS (7)	OBRAS PUBLICAS Y TRANSPORTE	30/08/91	285.237.471 Pts

ASUNTO	ORGANISMO	FECHA BOE	PRESUPUESTO ADJUDICACION
REPARACION MOTOR-BOMBA CENTRAL IMPULSION DE TORES	OBRAS PUBLICAS Y TRANSPORTE	9/09/91	10.658.142 Pts
CENTRALIZACION SEMAFORICA TUCC - MALAGA -VIGO - (6)	INTERIOR	19/09/91	223.500.000 Pts
LINEA ALTA TENSION Y ESTAC. SECCIONAMIENTO IZAÑA - TENERIFE -	EDUCACION Y CIENCIA	18/10/91	115.872.911 Pts
PUENTE NUEVO YEGUAS INSTALACIONES ELECTRICAS CORDOBA-JAEN	OBRAS PUBLICAS Y TRANSPORTE	19/10/91	15.685.660 Pts
CINEA ALTA TENSION Y ESTAC. SECCIONAMIENTO IZANO - TENERIFE -	EDUCACION Y CIENCIA	28/10/91	115.872.911 Pts
REPARACION INSTAL. IMPULSION RED AMPLIACION REAL ACEQUIA JARAMA	OBRAS PUBLICAS Y TRANSPORTE	28/10/91	22.580.000 Pts
MEJORA S. VIAL N-120 TRAVESIA ASTAGA - LEON - (6)	INTERIOR	19/11/91	12.702.845 Pts
MODIFICACION 1 ESTACION BOMBEO AGUAS RESIDUALES S. CRUZ TENERIFE	OBRAS PUBLICAS Y TRANSPORTE	3/12/91	39.817.891 Pts
		Total 1991 :	2.477.619.946 Pts

1992

ASUNTO	ORGANISMO	FECHA BOE	PRESUPUESTO ADJUDICACION
MEJORA S. VIAL CN-121-B PASO ELIZANDO - NAVARRA - (6)	INTERIOR	17/01/92	7.122.920 Pts
MEJORA S. VIAL CTRAS. LO-633 Y C-115 TRAVESIA AUTOL - LOGROÑO - (6)	INTERIOR	17/01/92	9.012.882 Pts
REGULACION ORDENACION TRAFICO N-435 PASO BEAS - HUELVA - (6)	INTERIOR	17/01/92	6.192.650 Pts
MANT. POSTES SOS VALLADOLID-TORDESILLAS Y SALAMANCA-FUENTES	INTERIOR	5/02/92	159.315.000 Pts
MANTENIMIENTO AFOROS MOVILES DIRECCION GENERAL TRAFICO (6)	INTERIOR	5/02/92	168.730.000 Pts
MANTENIMIENTO INSTALACIONES N-V Y N-VI (8)	INTERIOR	5/02/92	553.150.000 Pts
CONSTR. ESTACIONES METEOROLOGICAS EQUIPOS IMS-SAR HUELVA-C. REAL (7)	OBRAS PUBLICAS Y TRANSPORTE	7/02/92	12.945.000 Pts
REVISION CENTRAL HIDROELECTRICA CHANZA - HUELVA -	OBRAS PUBLICAS Y TRANSPORTE	7/02/92	5.413.017 Pts
		Total 1992 :	921.881.469 Pts

ASFALTOS Y CONSTRUCCIONES ELSAN S.A.

1988

CONSERVACION PAVIMENTO CTRA. NAC. 323	OBRAS PUBLICAS Y URBANISMO	5/01/88	17.290.000 Pts
RENOVACION DE PAVIMENTO BURGOS A SANTOÑA	OBRAS PUBLICAS Y URBANISMO	5/01/88	58.463.000 Pts
TRAT. SUP. CON LECHADA BITUMINOSA CTRA. NAC. 550 Y 547	OBRAS PUBLICAS Y URBANISMO	5/01/38	51.850.000 Pts
MEJORA FIRME ARREGLO DE BLANDONES Y RODERAS ACCESOS M-30	OBRAS PUBLICAS Y URBANISMO	13/01/88	43.950.000 Pts
RENOVACION SUP. ASFALTO CN-VI (KM 126-127) Y CN-501 (KM 91,7-93,7	OBRAS PUBLICAS Y URBANISMO	13/01/88	35.450.000 Pts
TRATAMIENTO SUPERFICIAL DEL PAVIMENTO CN-634 - LUGO -	OBRAS PUBLICAS Y URBANISMO	13/01/88	42.150.000 Pts
SELLADO CON MICROAGLOMERADO ANTID. CN-634 Y CN-629 - CANTABRIA -	OBRAS PUBLICAS Y URBANISMO	14/01/88	95.362.604 Pts
TRATAMIENTO ANTIDESLIZANTE, SEÑALIZACION Y BALIZAMIENTO N-III	OBRAS PUBLICAS Y URBANISMO	19/01/88	37.654.000 Pts
SELLADO CON MICROGLOMERADO ANTIDESLIZANTE CN-621 - CANTABRIA -	OBRAS PUBLICAS Y URBANISMO	20/01/88	42.329.900 Pts
ACONDICIONAMIENTO CN-401 MADRID A CIUDAD REAL	OBRAS PUBLICAS Y URBANISMO	22/01/88	288.755.000 Pts
RECREDIDO CALLE RODAJE J-1 Y MARGENES AEROPUERTO MADRID-BARAJAS	TRANSPORTE, TURISMO Y COMUNICACIONES	24/02/88	32.950.000 Pts
CONTRUCCION PASOS MEDIANA CN-VI LA ROZAS-VILLALVA - MADRID -	INTERIOR	26/04/88	24.750.000 Pts
VARIANTE ILLESCAS Y YUNCOS CN-401 TRAMO: ILLESCAS (N) - YUNCOS (S) -TOLEDO-	OBRAS PUBLICAS Y URBANISMO	11/05/83 *	2.217.000.000 Pts
ENSANCHE Y MEJORA C-604 DE LA N-I AL PUERTO DE COTOS -MADRID-	COMUNIDAD AUTONOMA DE MADRID	22/06/83 *	54.649.000 Pts
RENOVACION PAVIMENTO ZONAS ESPERA CABECERAS AERP. MADRID-BARAJAS	TRANSPORTE, TURISMO Y COMUNICACIONES	4/07/88	92.750.000 Pts

643

ASUNTO	ORGANISMO	FECHA_BOE	PRESUPUESTO ADJUDICACION
URBANIZ. ACCESOS BLOQUE TRAFICO AEROPUERTO - ALICANTE -	TRANSPORTE, TURISMO Y COMUNICACIONES	4/07/88	30.500.000 Pts
ACONDIC. REFUERZO SOLDADURA L-1 MARGENES ADYACENTES AERO. BARAJAS	TRANSPORTE, TURISMO Y COMUNICACIONES	6/07/88	52.700.000 Pts
DEMOLICION PUENTE POR VOLADURA CONTROLADA CN-V MADRID-PORTUGAL	OBRAS PUBLICAS Y URBANISMO	7/07/88	13.632.180 Pts
TRATAMIENTO LECHOSA BITUMINOSA Y REPINTADO MARCAS VIALES N-240	OBRAS PUBLICAS Y URBANISMO	9/08/88	7.573.293 Pts
APLICACION MEZCLAS BITUMINOSAS N-632 TRAMO: DUEÑAS-CANERO	OBRAS PUBLICAS Y URBANISMO	19/08/88 *	56.013.983 Pts
AUTOVIA PUERTO RAOS ACCESO ESTE A SANTANDER	OBRAS PUBLICAS Y URBANISMO	22/08/88	676.005.940 Pts
OBRAS COMPLEMENTARIAS CN-VI MADRID-LA CORUÑA - MADRID -	OBRAS PUBLICAS Y URBANISMO	23/08/88	24.373.908 Pts
REPARACION PAVIMENTOS RODADURAS Y ESTACIONAMIENTO BASE A. MATACAN	DEFENSA	25/08/88	453.041.943 Pts
TRATAMIENTO Y REPINTADO MARCAS VIALES N-230	OBRAS PUBLICAS Y URBANISMO	5/09/88	12.396.784 Pts
APLICACION MEZCLAS BITUMINOSAS	OBRAS PUBLICAS Y URBANISMO	9/09/88	7.573.293 Pts
	COMUNIDAD AUTONOMA DE CATALUÑA	31/10/88	150.000.000 Pts
CONSTRUCCION PISTA PRUEBAS ESCUELA POLICIA AZNALCAZAR (SEVILLA)	INTERIOR	31/10/88 *	61.276.552 Pts
MEJORA FIRME Y RENOVACION PAVIMENTO AUTOVIA N-I MADRID-IRUN	OBRAS PUBLICAS Y URBANISMO	1/11/88	24.043.433 Pts
ENSANCHE MEJORA FIRME CAMINO ACCESO C-537 - BADAJOZ -	OBRAS PUBLICAS Y URBANISMO	8/11/88	44.800.000 Pts
REFUERZO MEJORA CAMINOS SERVICIO ACEQUIAS ZONA REGABLE - BADAJOZ	OBRAS PUBLICAS Y URBANISMO	8/11/88	43.400.000 Pts
OBRAS MEJORA S. VIAL TRAVESIA LA GUDIÑA CN-525 - ORENSE -	INTERIOR	11/11/88	8.000.000 Pts
MEJORA CAMINO ZONA REGABLE CANAL MONTIJO - BADAJOZ -	OBRAS PUBLICAS Y URBANISMO	14/11/88	24.720.000 Pts
REPARACION MUROS CARRETERA N-II	OBRAS PUBLICAS Y URBANISMO	17/11/88	24.374.740 Pts

Descripción	Organismo	Fecha	Importe
REFUERZO FIRME M-601 COLLADO VILLALBA A PUERTO DE NAVACERRADA -MADRID-	COMUNIDAD AUTONOMA DE MADRID	28/11/88 *	203.591.421 Pts
REFUERZO FIRME M-607 COLMENAR VIEJO A NAVACERRADA	COMUNIDAD AUTONOMA DE MADRID	28/11/88 *	196.753.238 Pts
ITINERARIO ALTERNATIVO EN AVENIDA SEPULVEDA -MADRID-	INTERIOR	1/12/88 *	87.000.000 Pts
ASFALTADO CN-152	OBRAS PUBLICAS Y URBANISMO	17/12/88	25.420.000 Pts
MEJORAS S. VIAL ACCESOS ORENSE	INTERIOR	20/12/88	23.400.000 Pts
REF. FIRME Y ARCENES. CN-VI TRAMO: L.P. LEON-LOS NOGALES -LUGO-	OBRAS PUBLICAS Y URBANISMO	23/12/88 *	273.056.890 Pts
CONSTR. PISTA ATLETISMO FASE II SAN JUAN AZNALFARACHE - SEVILLA -	ADMINISTRACION LOCAL	24/12/88	22.715.336 Pts

Total 1988 : **5.681.716.438 Pts**

1989

Descripción	Organismo	Fecha	Importe
MEJORA S. VIAL TRAVESIAS RIBADAVIA - ORENSE -	INTERIOR	4/01/89	22.900.000 Pts
S. VIAL TRATAMIENTO ANTIDESLIZANTE N-VI, N-120, N-601, N-621	OBRAS PUBLICAS Y URBANISMO	4/01/89	32.770.000 Pts
ACONDICIONAMIENTO CAMINO ABELGAR A SENA DE LUNA - LEON -	OBRAS PUBLICAS Y URBANISMO	6/01/89	23.910.000 Pts
CONSERVACION PAVIMENTO BV-1604 REFUERZO DEL FIRME BV-5011	ADMINISTRACION LOCAL	15/02/89	32.500.000 Pts
REF. FIRME Y ARCENES. CN-VI TRAMO: LUGO-RABADE -LUGO-	OBRAS PUBLICAS Y URBANISMO	24/02/89 *	103.894.600 Pts
REFUERZO FIRME M-601, M-607	COMUNIDAD AUTONOMA DE MADRID	3/03/89	400.344.659 Pts
PAVIMENTOS ESTACIONAMIENTOS AEROPUERTO - MALAGA -	TRANSPORTE, TURISMO Y COMUNICACIONES	7/03/89	33.900.000 Pts
ACCESO AREA DESCANSO SANTA CRISTINA POLVOROSA - ZAMORA -	INTERIOR	11/03/89	24.800.000 Pts
MEJORA FIRME MURO ANTIVUELCO INTERSECCION N-V - MADRID-	OBRAS PUBLICAS Y URBANISMO	29/03/89	30.290.000 Pts
ACONDICIONAMIENTO M-206 TRAMO: ENLACE TORREJON DE ARDOZ M-225	COMUNIDAD AUTONOMA DE MADRID	19/04/89 *	182.975.000 Pts

645

ASUNTO	ORGANISMO	FECHA BOE	PRESUPUESTO ADJUDICACION
REPERFILADO Y PAVIMENTO EN FRIO N-430 BADAJOZ-VALENCIA	OBRAS PUBLICAS Y URBANISMO	25/04/89	51.700.000 Pts
DUPLICACION CALZADA CN-620 - PALENCIA -	OBRAS PUBLICAS Y URBANISMO	27/04/89	5.221.203.740 Pts
ASFALTADO PERIMETRAL Y CTRA. ACCESO EXTERIOR AEROP. - LAS PALMAS	TRANSPORTE, TURISMO Y COMUNICACIONES	1/05/89	43.800.000 Pts
MEJORA ACCESO Y SEGURIDAD SALA AUTORIDADES AEROP. BARAJAS	TRANSPORTE, TURISMO Y COMUNICACIONES	1/05/89	13.701.358 Pts
REPARACION PLATAFORMA Y ACCESOS ZONA INDUSTRIAL Nº 1 BARAJAS	TRANSPORTE, TURISMO Y COMUNICACIONES	1/05/89	113.488.677 Pts
MEJORA PAVIMENTOS CAMINOS SERVICIO N-VI - MADRID -	OBRAS PUBLICAS Y URBANISMO	8/05/89	16.066.828 Pts
MEJORA SEGURIDAD VIAL CONCELLO DE CEE - LA CORUÑA -	INTERIOR	12/05/89	10.000.000 Pts
REFUERZO FIRME EN VV-6121 PEDRALBA-GESTALGAR	ADMINISTRACION LOCAL	7/07/89	33.870.000 Pts
MURO MEDIANA REFUERZO Y PINTURA CN-II - MADRID -	OBRAS PUBLICAS Y URBANISMO	10/07/89	636.598.600 Pts
CONSTRUCCION PRESA TORREJONCILLO - CACERES -	OBRAS PUBLICAS Y URBANISMO	15/07/89	247.064.713 Pts
CONSTRUCCION PRESA DE MATA DE ALCANTARA - CACERES -	OBRAS PUBLICAS Y URBANISMO	17/07/89	128.450.772 Pts
CASETAS PROTECCION CENTROS MANDO ALUMBRADO - MELILLA -	INTERIOR	18/08/89	19.500.000 Pts
ENSANCHE CARRIL Y ACONDICIONAMIENTO C-II - MADRID -	OBRAS PUBLICAS Y URBANISMO	19/08/89	162.271.071 Pts
MEJORA INTERSECCION CN-VI MADRID-LA CORUÑA. TRAMO: OTERO DEL REY -LUGO-	OBRAS PUBLICAS Y URBANISMO	8/09/89 *	23.890.000 Pts
TRASLADO Y REPOS. SERV. Y CONST. PASO INF. LUGO-OTERO DEL REY -LUGO-	OBRAS PUBLICAS Y URBANISMO	8/09/89 *	24.701.315 Pts
MEJORA INTERSECCION CN-VI MADRID-CORUÑA - LUGO -	OBRAS PUBLICAS Y URBANISMO	30/09/89	23.890.000 Pts
CONSTRUCCION PASARELA PEATONAL N-VI TRAMO: LUGO-OTERO DEL REY -LUGO-	OBRAS PUBLICAS Y URBANISMO	4/10/89 *	24.716.302 Pts
AUTOVIA AMPLIACION ACCESO E A SANTANDER CN-635 S.-NUEVA MONTAÑA -	OBRAS PUBLICAS Y URBANISMO	5/10/89 *	347.495.000 Pts

646

Descripción	Organismo	Fecha	Importe
ITINERARIO ALTERNATIVO AVDA. SEPULVEDA - MADRID -	INTERIOR	7/10/89	87.000.000 Pts
RENOVACION JUNTAS Y REF. SUPERFIC. CN.-VI, TRAMO: RETUERTA-ALBARES -LEON-	OBRAS PUBLICAS Y URBANISMO	11/10/89 *	24.850.000 Pts
PAVIMENTACION CAMINO VECINAL BV-2432	ADMINISTRACION LOCAL	13/10/89	37.612.385 Pts
ENSANCHE REFUERZO Y MEJORA CTRA. M-206 AJALVIR-COVEÑA - MADRID -	COMUNIDAD AUTONOMA DE MADEID	16/10/39	79.234.484 Pts
AMPLIACION ACCESO ESTE A SANTANDER CN-635 - CANTABRIA -	OBRAS PUBLICAS Y URBANISMO	26/10/39	347.495.000 Pts
VARIANTE CN-634 SAN SEBASTIAN-LA CORUÑA - LUGO -	OBRAS PUBLICAS Y URBANISMO	26/10/89	884.618.504 Pts
CUNETAS Y ANDENES PISTA ENSAYOS VEHICULOS INTA - MADRID -	INTERIOR	30/10/89	24.900.000 Pts
VIAL ACCESO A PISTA DE ENSAYOS	DEFENSA	3/11/89 *	59.076.028 Pts
TRAMOS ENSAYO MEZCLAS ASFALTICAS. M-527, N-VI Y M-600 -MADRID-	COMUNIDAD AUTONOMA DE MADRID	13/11/89 *	21.490.000 Pts
DUPLICACION CALZADA ACCESO NORTE A SANTIAGO - LA CORUÑA -	OBRAS PUBLICAS Y URBANISMO	15/11/89	669.748.767 Pts
RENOVACION Y REGULARIZACION SUPERFICIAL CN-VI - LEON -	OBRAS PUBLICAS Y URBANISMO	15/11/89	24.850.000 Pts
VARIANTE ESTE DE TORRELAVEGA CN-611 - CANTABRIA -	OBRAS PUBLICAS Y URBANISMO	28/11/89	1.605.287.000 Pts
REPOSICION JUNTAS DILATACION CN-120 - LUGO -	OBRAS PUBLICAS Y URBANISMO	19/12/89	11.975.000 Pts
SEÑALIZACION PROVINCIAL CN-VI - MADRID -	OBRAS PUBLICAS Y URBANISMO	20/12/89	24.322.999 Pts
RECTIFICACION CURVA C-516 MAJADAHONDA-BOADILLA - MADRID -	COMUNIDAD AUTONOMA DE MADRID	28/12/89	15.746.569 Pts

Total 1989 : 11.948.899.371 Pts

1990

Descripción	Organismo	Fecha	Importe
ACONDICIONAMIENTO TRAVESIA VILLACONEJOS M-305 - MADRID -	COMUNIDAD AUTONOMA DE MADRID	4/01/90	58.850.000 Pts
CONSERVACION EDIF. AEROPUERTO GRAN CANARIA	TRANSPORTE, TURISMO Y COMUNICACIONES	4/01/90	70.896.500 Pts

ASUNTO	ORGANISMO	FECHA BOE	PRESUPUESTO ADJUDICACION
PAVIMENTACION VILLA DEL PRADO	COMUNIDAD AUTONOMA DE MADRID	4/01/90	11.395.998 Pts
ACOND. REFUERZO FIRNE CAMINO GENERAL MORALEJA-VEGAVIANA - CACERES	OBRAS PUBLICAS Y URBANISMO	9/01/90	50.776.000 Pts
ENSANCHE REFUERZO FIRME CARRETERA MORALEJA-CILLEROS - CACERES -	OBRAS PUBLICAS Y URBANISMO	9/01/90	81.300.000 Pts
TRATAMIENTO SUPERFICIAL LECHADA BITUMINOSA CN-II - ZARAGOZA -	OBRAS PUBLICAS Y URBANISMO	13/01/90	46.247.000 Pts
REFUERZO FIRME RAMAL ENLACE M-608 Y M-611, EN SOTO DEL REAL -MADRID-	COMUNIDAD AUTONOMA DE MADRID	17/01/90 *	16.899.150 Pts
RECTIFICACION DE CURVAS EN LA CTRA. M-619, PP.KK. 3,0 AL 6,0	COMUNIDAD AUTONOMA DE MADRID	18/01/90 *	22.413.000 Pts
DESDOBLAMIENTO M-602	COMUNIDAD AUTONOMA DE MADRID	29/01/90	663.288.928 Pts
REFUERZO FIRME CARRETERA C-533	COMUNIDAD AUTONOMA DE GALICIA	22/02/90	63.258.281 Pts
TRATAMIENTO SUPERFICIAL C-536	COMUNIDAD AUTONOMA DE GALICIA	22/02/90	49.373.134 Pts
REHABILITACION FIRMES ENSAYO PISTA - MADRID-	COMUNIDAD AUTONOMA DE MADRID	2/03/90 *	4.939.200 Pts
REPARACION Y SEÑALIZACION VIAS SERVICIO AEROPUERTO ALMERIA	TRANSPORTE, TURISMO Y COMUNICACIONES	26/03/90	13.650.000 Pts
COMPACTACION Y DISPOSICION DRENES AUTOVIA SANTANDER-TORRELAVEGA	OBRAS PUBLICAS Y URBANISMO	8/05/90	129.325.987 Pts
REPARACION VIALES BASE AEREA GETAFE - MADRID -	DEFENSA	9/05/90	20.850.000 Pts
CONSTRUCCION ESCUELA INFANTIL C/ ARQUITECTOS DE GETAFE Y MODIFICADO	COMUNIDAD AUTONOMA DE MADRID	15/06/90 *	96.402.979 Pts
CONSTRUCCION ESCUELA INFANTIL. C/ ARQUITECTOS DE GETAFE Y MODIFICADO-	OBRAS PUBLICAS Y URBANISMO	15/06/90 *	96.402.979 Pts
S. VIAL REVESTIMIENTO Y BALIZAMIENTO CARRETERA N-525 - ZAMORA -	OBRAS PUBLICAS Y URBANISMO	25/06/90	24.891.441 Pts
S. VIAL REVESTIMIENTO Y BALIZAMIENTO TUNEL ADORNELLO - ZAMORA -	OBRAS PUBLICAS Y URBANISMO	25/06/90	24.898.060 Pts
AUTOVIA PUERTO LUMBRERAS-ADRA CN-340 - ALMERIA - (11)	OBRAS PUBLICAS Y URBANISMO	12/07/90	9.249.310.977 Pts

INFRAESTRUCTURA VIARIA NUEVA AVDA. TORNEO	ADMINISTRACION LOCAL	19/07/90	765.822.113 Pts
ACOND. VIALES E INSTALACION POTABILIZADORAS AREAS DESCANSO	INTERIOR	8/08/90	9.969.760 Pts
AUTOVIA DEL NORTE MILAGROS - ARANDA DEL DUERO	OBRAS PUBLICAS Y URBANISMO	22/08/90	7.378.753.895 Pts
URBANIZACION DE LA BERZOSILLA	ADMINISTRACION LOCAL	27/08/90	196.417.958 Pts
VARIANTE CN-420 CORDOBA-TARRAGONA	OBRAS PUBLICAS Y URBANISMO	28/08/90	1.560.617.000 Pts
REPARACION PAVIMENTO EN LA RONDA CON MEZCLA BETUN POLIMERO -CIUDAD REAL-	OBRAS PUBLICAS Y URBANISMO	12/09/90 *	9.996.349 Pts
VIA LENTA CN-VI: TRAMO: CIRCUNVALACION DE LUGO -LUGO-	OBRAS PUBLICAS Y URBANISMO	17/09/90 *	24.865.924 Pts
REPARACION FIRME PUENTE ALBUFERA M-30 - MADRID -	OBRAS PUBLICAS Y URBANISMO	19/09/90	129.750.567 Pts
PAVIMENTACION FINGERS TERMINAL NACIONAL AEROPUERTO - BARAJAS -	TRANSPORTE, TURISMO Y COMUNICACIONES	20/09/90	35.995.000 Pts
RENOVACION PAVIMENTO ZONAS ESPERA AEROPUERTO MADRID/BARAJAS	TRANSPORTE, TURISMO Y COMUNICACIONES	28/09/90	398.483.099 Pts
MEJORA PLATAFORMA C-544 VILLALBA-SANTIAGO. TRAMO: CURTIS-LABACOLLA -LA	OBRAS PUBLICAS Y URBANISMO	4/10/90 *	2.872.405.672 Pts
VIA LENTA MADRID-LA CORUÑA CN-VI CIRCUNVALACION - LUGO -	OBRAS PUBLICAS Y URBANISMO	9/10/90	24.864.924 Pts
EXTENS. MICROAGLOM. ASFALTICO EN VTE. DE TORRALBA DE CALATRABA -CIUDAD	OBRAS PUBLICAS Y URBANISMO	16/10/90 *	12.000.000 Pts
REFUERZO DE LA TRAVESIA A MALAGON -CIUDAD REAL-	OBRAS PUBLICAS Y URBANISMO	16/10/90 *	5.000.000 Pts
REPARACION DE PAVIMENTO DETERIORADO EN VARIOS TRAMOS DE N-IV	OBRAS PUBLICAS Y URBANISMO	16/10/90 *	2.700.000 Pts
REPARACION PAVIMENTO EN RONDA DE CIUDAD REAL -CIUDAD REAL-	OBRAS PUBLICAS Y URBANISMO	16/10/90 *	7.992.009 Pts
MEJORA CARRETERAS M-404 Y M-318	COMUNIDAD AUTONOMA DE MADRID	19/10/90	196.405.045 Pts
ACERAS EN ARZUA CN-547 - LA CORUÑA -	OBRAS PUBLICAS Y URBANISMO	23/10/90	24.858.155 Pts

ASUNTO	ORGANISMO	FECHA BOE	PRESUPUESTO ADJUDICACION
PASARELA PEATONAL CN-VI MADRID-LA CORUÑA - LUGO -	OBRAS PUBLICAS Y URBANISMO	23/10/90	24.858.155 Pts
CONSTRUC. PASOS INFERIORES CN-547 LUGO-S.COMPOSTELA - LA CORUÑA -	OBRAS PUBLICAS Y URBANISMO	2/11/90	24.808.216 Pts
TRATAM. ANTIDESLIZANTE CN-I S.SEBASTIAN REYES-S.AGUSTIN - MADRID	OBRAS PUBLICAS Y URBANISMO	6/11/90	24.521.193 Pts
REFORMA CONSERVATORIO DE MUSICA "P. ANTONIO SOLER" DE SAN LORENZO DEL	COMUNIDAD AUTONOMA DE MADRID	16/11/90 *	79.259.433 Pts
INTERSECCION M-600 CON TRAVESIA DE VALDEMORILLO	COMUNIDAD AUTONOMA DE MADRID	21/11/90 *	17.960.118 Pts
EMBALSE REGULADOR EL FEDERAL - ALICANTE -	OBRAS PUBLICAS Y URBANISMO	27/11/90	528.830.000 Pts
REPARACION CAMINO ACCESO A PRESA DE BORBOLLON, C-526. -CACERES-	OBRAS PUBLICAS Y URBANISMO	3/12/90 *	2.603.168 Pts
SELLADO DE GRIETAS. CN-420 DE CORDOBA A TARRAGONA POR CUENCA -CUENCA-	OBRAS PUBLICAS Y URBANISMO	3/12/90 *	1.870.000 Pts
CN-IV AUTOVIA ANDALUCIA CALZADA IZDA. FRESADO Y REPOSICION PAVIMENTO -	OBRAS PUBLICAS Y URBANISMO	13/12/90 *	5.200.000 Pts
ACONDICIONAMIENTO TRAVESIA COLMENAR OREJA CTRA. M-318 - MADRID -	COMUNIDAD AUTONOMA DE MADRID	15/12/90	23.269.000 Pts
ACONDICIONAMIENTO TRAVESIA PELAYOS DE LA PRESA - MADRID -	COMUNIDAD AUTONOMA DE MADRID	15/12/90	44.638.194 Pts
DESVIO N-401 COLECTORES E ILUMINACION	OBRAS PUBLICAS Y URBANISMO	18/12/90	289.703.123 Pts
OPERACIONES CONSERVACION CN-401 MADRID-TOLEDO	OBRAS PUBLICAS Y URBANISMO	18/12/90	944.549.492 Pts
AUTOVIA DE CASTILLA CTRA. N-620 BURGOS-PORTUGAL. - PALENCIA -	OBRAS PUBLICAS Y URBANISMO	24/12/90	4.184.248.607 Pts
FRESADO Y REPOSICION PAVIMENTO C/MBC N-V, PP.KK. 116,876 A 117,676 -TOLEDO-	OBRAS PUBLICAS Y URBANISMO	26/12/90 *	4.700.000 Pts
FRESADO Y REPOSICION PAVIMENTO C/MBC N-V, PP.KK. 118,000 A 119,000 -TOLEDO-	OBRAS PUBLICAS Y URBANISMO	26/12/90 *	4.370.000 Pts
FRESADO Y REPOSICION PAVIMENTO C/MBC N-V, PP.KK. 119,500 A 121,000 -TOLEDO-	OBRAS PUBLICAS Y URBANISMO	26/12/90 *	3.920.000 Pts
FRESADO Y REPOSICION PAVIMENTO C/MBC N-V, PP.KK. 122,500 A 123,500 -TOLEDO-	OBRAS PUBLICAS Y URBANISMO	26/12/90 *	4.600.000 Pts

Descripción	Organismo	Fecha	Importe
FRESADO Y REPOSICION PAVIMENTO C/MBC N-V, PP.KK. 123,700 A 124,700 -TOLEDO-	OBRAS PUBLICAS Y URBANISMO	26/12/90 *	4.570.000 Pts
MICROAGLOMERADO EN FRIO CN-V, PP.KK. 116,876 AL 120,500 -TOLEDO-	OBRAS PUBLICAS Y URBANISMO	26/12/90 *	4.850.000 Pts
MICROAGLOMERADO EN FRIO CN-V, PP.KK. 121,000 AL 123,000 -TOLEDO-	OBRAS PUBLICAS Y URBANISMO	26/12/90 *	4.000.000 Pts
MICROAGLOMERADO EN FRIO CN-V, PP.KK. 123,300 AL 124,900 -TOLEDO-	OBRAS PUBLICAS Y URBANISMO	26/12/90 *	3.500.000 Pts
MEJORA PLATAFORMA CN-525 ZAMORA-SANTIAGO - ORENSE -	OBRAS PUBLICAS Y URBANISMO	31/12/90	562.265.160 Pts

Total 1990 :   **31.245.360.943 Pts**

1991

Descripción	Organismo	Fecha	Importe
OBRAS COMPLEMENTARIAS PRESA ARROYO LUZ. T.M. ARROYO DE LA LUZ -CACERES	OBRAS PUBLICAS Y URBANISMO	2/01/91 *	77.401.462 Pts
CAMINO ACCESO PISTA ENSAYOS VEHICULOS INTA - MADRID -	INTERIOR	11/01/91	19.950.000 Pts
OBRAS FABRICA Y ESTABILIZACION PLATAFORMA - CANTABRIA -	OBRAS PUBLICAS Y URBANISMO	15/01/91	153.256.408 Pts
REFUERZO FIRME CN-525 ZAMORA-SANTIAGO - ORENSE -	OBRAS PUBLICAS Y URBANISMO	15/01/91	43.901.481 Pts
REPARACION PAVIMENTO MEZCLA ASFALTICO RUGOSA CTRA. MU-300	COMUNIDAD AUTONOMA DE MURCIA	16/01/91	9.900.000 Pts
AUTOVIA MURCIA-PUERTO LUMBRERAS CN-340 - MURCIA - (12)	OBRAS PUBLICAS Y URBANISMO	17/01/91	19.810.357.000 Pts
REFUERZO FIRME CN-601 - VALLADOLID -	OBRAS PUBLICAS Y URBANISMO	17/01/91	97.446.000 Pts
CONSTRUCCION PRESA ARROYO DE LA LUZ - CACERES -	OBRAS PUBLICAS Y URBANISMO	2/02/91	384.576.000 Pts
OBRAS COMPLEMENTARIAS PRESA MATA DE ALCANTARA - CACERES -	OBRAS PUBLICAS Y URBANISMO	2/02/91	2.499.938 Pts
OBRAS MODULO M-4 POLIDEPORTIVO LA CUEVA - MADRID-	EDUCACION Y CIENCIA	6/02/91	134.869.341 Pts
OBRAS MODULO M-4G EL OLIVO - MADRID -	EDUCACION Y CIENCIA	6/02/91	159.866.919 Pts
REFUERZO FIRME CN-120 LOGROÑO-VIGO - LUGO -	OBRAS PUBLICAS Y URBANISMO	6/02/91	250.285.189 Pts

651

ASUNTO	ORGANISMO	FECHA BOE	PRESUPUESTO ADJUDICACION
REFUERZO FIRME Y ARCENES CN-120 LOGROÑO-VIGO - LUGO -	OBRAS PUBLICAS Y URBANISMO	6/02/91	248.045.746 Pts
DRENAJE REFUERZO FIRME C-536	COMUNIDAD AUTONOMA DE GALICIA	12/02/91	44.835.000 Pts
ENSANCHE Y MEJORA FIRME C-533 A GUDIÑA-LALIN	COMUNIDAD AUTONOMA DE GALICIA	12/02/91	1.545.616.644 Pts
CONSTRUCCION PISTA ATLETISMO POLIDEPORTIVO MUNICIPAL	ADMINISTRACION LOCAL	14/02/91	44.920.000 Pts
REPOSICION SERVIDUMBRES ABASTECIMIENTO AGUA TORREJONCILLO	OBRAS PUBLICAS Y URBANISMO	14/02/91	19.999.523 Pts
FABRICACION Y EXTENDIDO L.B. TRAMO: BENAVENTE-ORENSE	OBRAS PUBLICAS Y URBANISMO	3/03/91 *	9.948.802 Pts
MEJORA FIRME CARRETERA 30	ADMINISTRACION LOCAL	4/03/91	19.988.000 Pts
MEJORA FIRME CARRETERA 90	ADMINISTRACION LOCAL	4/03/91	24.895.000 Pts
REACONDICIONAMIENTO, REVESTIMIENTO DE DOS HANGARES / LANZAROTE	DEFENSA	21/03/91 *	75.914.803 Pts
EJECUCION APARCAMIENTO FRENTE A SEDE CENTRA D.G.T. -MADRID-	INTERIOR	1/04/91 *	29.400.000 Pts
ACERAS EN BOENTE Y PASOS SUPERIORES. CN-547. TRAMO: MELLID-ARZUA -LA CORUÑA-	OBRAS PUBLICAS Y URBANISMO	4/04/91 *	65.526.860 Pts
ACONDICIONAMIENTO VIALES Y COLECTOR AREA DESCANSO VALDEPEÑAS	INTERIOR	14/04/91 *	37.200.000 Pts
VARIANTE CTRA. SE-157 TRAMO AFECTADO EMBALSE JOSE TORAN - SEVILLA	OBRAS PUBLICAS Y URBANISMO	20/04/91	311.891.783 Pts
APLICACION LECHADA BITUMINOSA CTRA. N-V MADRID-PORTUGAL	OBRAS PUBLICAS Y URBANISMO	14/05/91	16.800.000 Pts
PAVIMENTACION VILLA DEL PRADO	COMUNIDAD AUTONOMA DE MADRID	27/05/91	14.320.722 Pts
REFUERZO FIRME Y ARCENES CN-122 TRAMO: L.P. VALLADOLID-FRESNO RIBERA	OBRAS PUBLICAS Y TRANSPORTE	25/06/91 *	275.990.550 Pts
PAVIMENTACION RONDA DE CIUDAD REAL ENTRE ENLACE C-415 Y PUERTA ALARCOS -C.	OBRAS PUBLICAS Y TRANSPORTE	26/06/91 *	9.996.375 Pts
REFUERZO M.B.C. CN-430, TRAVESIA DE LUCIANA -CIUDAD REAL-	OBRAS PUBLICAS Y TRANSPORTE	26/06/91 *	7.992.328 Pts

Proyecto	Organismo	Fecha	Importe
COMPLEMENTARIO RENOVACION PAVIMENTO. ZONA ESPERA II FASE. -MADRID-	TRANSPORTE, TURISMO Y COMUNICACIONES	1/07/91 *	73.963.070 Pts
EXTENSION L.B. N-I MADRID-IRUN, PP.KK. 254,0 AL 278,6 -BURGOS-	OBRAS PUBLICAS Y TRANSPORTE	12/07/91 *	24.456.768 Pts
COLECTOR EVACUACION AGUAS NEGRAS AREA DESCANSO VALDEPEÑAS C. REAL	INTERIOR	6/08/91	21.400.000 Pts
REPARACION LOSAS ESTACIONAMIENTO NORTE AEROP. GRAN CANARIA	OBRAS PUBLICAS Y TRANSPORTE	6/08/91	31.712.385 Pts
MEJORA S. VIAL N-550 TRAVESIA REDONDELLA - PONTEVEDRA-	INTERIOR	12/08/91	19.963.000 Pts
ILUMINACION Y CONSTRUCCION ACERAS TRAVESIAS LAGOAS CN-525 ZAMORA	OBRAS PUBLICAS Y TRANSPORTE	13/08/91	14.600.000 Pts
ACONDICIONAMIENTO VIALES AREA DESCANSO VALDEPEÑAS - C. REAL -	INTERIOR	15/08/91	15.800.000 Pts
TRATAMIENTO MARGENES CARRETERA COLMENAR	COMUNIDAD AUTONOMA DE MADRID	17/08/91	61.847.850 Pts
CONSTRUCCION ESCUELA INFANTIL SECTOR 7	COMUNIDAD AUTONOMA DE MADRID	20/08/91	91.742.372 Pts
CONSTRUCCION MURO MEDIANA REFUERZO FIRMA CN-II - MADRID -	OBRAS PUBLICAS Y TRANSPORTE	21/08/91	470.377.971 Pts
LAVADERO AVIONES MAESTRANZA AEREA MADRID	DEFENSA	21/08/91	31.444.934 Pts
REVITALIZACION PLAZA SAN ANTONIO ARANJUEZ - MADRID -	COMUNIDAD AUTONOMA DE MADRID	21/08/91	464.203.965 Pts
CONSTRUCCION ESCUELA INFANTIL C/ JUNA DE JUANES - MOSTOLES -	COMUNIDAD AUTONOMA DE MADRID	3/09/91	119.965.355 Pts
ACOND. AGLOMERADO ASFALTICO COMPLEJO DEPORT. SOMONTES - MADRID -	OBRAS PUBLICAS Y TRANSPORTE	4/09/91	18.513.930 Pts
MEJORA PAVIMENTACION CN-634 S.SEBASTIAN-S. COMPOSTELA - CANTABRIA	OBRAS PUBLICAS Y TRANSPORTE	4/09/91	605.380.000 Pts
SUMINISTRO AGLOMERADO ASFALTICO EN FRIO Y EMULSIONES BACHEOS	COMUNIDAD AUTONOMA DE MADRID	4/09/91	9.757.000 Pts
TRATAMIENTO JUNTA Y REFUERZO FIRME CN-120 LOGROÑO-VIGO - ORENSE -	OBRAS PUBLICAS Y TRANSPORTE	4/09/91	19.900.000 Pts
URBANIZACION ED Nº 10 LOS MOLINOS	ADMINISTRACION LOCAL	4/09/91	247.912.226 Pts

653

ASUNTO	ORGANISMO	FECHA BOE	PRESUPUESTO ADJUDICACION
SEGURIDAD VIAL C-550 TRAVESIA OBRE-NOIA 2ª FASE	INTERIOR	19/09/91	9.990.000 Pts
ACONDICIONAMIENTO INTERSECCION CN-632 TRAMO RODILES	OBRAS PUBLICAS Y TRANSPORTE	5/10/91	43.661.662 Pts
REFUERZO FIRME ARCENES CN-630 GIJON-SEVILLA TRAMO ZAMORA-CUBO VIN	OBRAS PUBLICAS Y TRANSPORTE	5/10/91	274.595.826 Pts
ENLACE CAMUS AUTOVIA ALICANTE-MURCIA RONDA SUR DE ELX	COMUNIDAD AUTONOMA VALENCIANA	14/10/91	1.004.097.661 Pts
REFUERZO FIRME CARRETERA OUR-101	COMUNIDAD AUTONOMA DE GALICIA	14/10/91	19.912.499 Pts
PAVIMENTACION CAMPO DE VUELO Y BALIZAMIENTO AEROPUERTO DE GRAN	TRANSPORTE, TURISMO Y COMUNICACIONES	29/10/91 *	666.578.144 Pts
VARIANTE FUENTECEN. CN-122 ZARAGOZA-PORTUGAL. TRAMO: FUENTECEN. -BURGOS-	OBRAS PUBLICAS Y URBANISMO	29/10/91 *	143.631.768 Pts
ADECUACION TERRENO AL UMBRAL PISTA 33 AERP. MADRID/BARAJAS	OBRAS PUBLICAS Y TRANSPORTE	31/10/91	80.877.359 Pts
EXTENDIDO L.B. CN-420. TRAMO: FUENTES-PAJARONCILLO -CUENCA-	OBRAS PUBLICAS Y TRANSPORTE	15/11/91 *	8.495.000 Pts
AGLOMERADO ASFALTICO FRIO Y EMULSION BACHEOS CTRAS. CAM 3 TRIMEST	COMUNIDAD AUTONOMA DE MADRID	19/11/91	9.620.000 Pts
MEJORA ACCESO SOLAS CN-634 - ASTURIAS -	INTERIOR	19/11/91	55.750.000 Pts
REFUERZO FIRME CARRETERA M-215 PUENTE VICALVARO A CTRA. N-II	COMUNIDAD AUTONOMA DE MADRID	19/11/91	31.945.000 Pts
REFUERZO FIRME CARRETERA M-411 - MADRID -	COMUNIDAD AUTONOMA DE MADRID	19/11/91	23.061.904 Pts
CONSTRUCCION 6 SECTORES FIRMES EN LA PISTA DE ENSAYOS	OBRAS PUBLICAS Y TRANSPORTE	22/11/91	38.666.202 Pts
VARIANTE DE FUENTECON CN-122 ZARAGOZA-PORTUGAL	OBRAS PUBLICAS Y TRANSPORTE	25/11/91	143.631.274 Pts
OBRAS COMPLEMENTARIAS REPOSICS. VARIAS N-401 ILLESCAS-YUNCOS (S) -	OBRAS PUBLICAS Y TRANSPORTE	28/11/91 *	306.306.449 Pts
CONSTRUCCION CENTRO SALUD GALAPAGAR	COMUNIDAD AUTONOMA DE MADRID	29/11/91	151.432.914 Pts
1ª MODIFICACION ALFAJARIN- INTERSECCION PINA DE EBRO -ZARAGOZA-	OBRAS PUBLICAS Y TRANSPORTE	2/12/91 *	4.541.318 Pts

Total 1991 : 29.307.327.680 Pts

1992

Proyecto	Organismo	Fecha	Importe
DRENAJE PROTECCION TERRAPLENES N-401 TRAMO ILLESCAS-YUNCOS TOLEDO	OBRAS PUBLICAS Y TRANSPORTE	18/01/92	306.306.449 Pts
REFUERZO FIRME CONEXION POLIG. INDUS. CN-120 - LUGO -	OBRAS PUBLICAS Y TRANSPORTE	21/01/92	342.850.425 Pts
RENOVACION FIRME CN-120 LOGROÑO-VIGO - ORENSE -	OBRAS PUBLICAS Y TRANSPORTE	21/01/92	12.850.000 Pts
REPOSICION VIA FERREA MEJORA INTERSECCION S.V. CN-432 - GRANADA -	OBRAS PUBLICAS Y TRANSPORTE	21/01/92	78.076.368 Pts
ABASTECIMIENTO A LA MESCA Y PROENTE	COMUNIDAD AUTONOMA DE GALICIA	13/02/92	20.696.130 Pts
MEJORA FIRME AGLOMERADO ASFALTICO CARRETERAS	ADMINISTRACION LOCAL	3/03/92	26.732.000 Pts
MEJORA FIRME AGLOMERADO ASFALTICO CTRA. 18 C-605	ADMINISTRACION LOCAL	3/03/92	39.386.000 Pts
MEJORA FIRME CTRA. 56 CRUCE BURGOMILLADO A CASTRILLO	ADMINISTRACION LOCAL	3/03/92	1.853.000 Pts
SISTEMA RIEGOS ALTO ARAGON. CANALES DE MONEGROS Y SASTAGO -	OBRAS PUBLICAS Y TRANSPORTE	30/03/92 *	2.289.240.056 Pts
PAVIMENTACION CAMINOS RURALES	ADMINISTRACION LOCAL	13/04/92	44.486.000 Pts
EXTENS. L.B. N-I, MADRID-IRUN. TRAMO: MONASTERIO DE RODILLA-BRIVISCA -	OBRAS PUBLICAS Y TRANSPORTE	3/05/92 *	21.694.716 Pts
REFUERZO FIRME CARRETERAS M-233 M-225 Y M-234	COMUNIDAD AUTONOMA DE MADRID	18/05/92	94.350.000 Pts
AUTOVIA CANTABRICO. CN-634 S.S.- SANTIAGO TRAMO: TRETO-HOZNAYO -	OBRAS PUBLICAS Y TRANSPORTE	3/06/92 *	11.676.187.745 Pts
VARIANTE CARRETERAS A-213 Y A-220 POR SAN VICENTE DEL RAS PEIG	COMUNIDAD AUTONOMA VALENCIANA	11/06/92	389.387.000 Pts
CN-IV AUTOVIA ANDALUCIA CALZADA DERECHA. FRESADO Y REPOSICION	OBRAS PUBLICAS Y TRANSPORTE	12/06/92 *	6.100.000 Pts

Total 1992 : 15.350.195.889 Pts

TOTAL ADJ.: 93.533.500.321 Pts

BANCO BILBAO VIZCAYA (BBV)

ASUNTO	ORGANISMO	FECHA BOE	PRESUPUESTO ADJUDICACION

1989

GESTION CUENTAS DEPOSITOS Y CONSIGNACIONES JUDICIALES (14)	JUSTICIA	30/07/89	
		Total 1989 :	
		TOTAL ADJ. :	

COMPAÑIA ESPAÑOLA DE PETROLEOS S.A. (CEPSA)

1989

| | DEFENSA | 25/04/89 | 24.353.585 Pts |
| | | **Total 1989 :** | **24.353.585 Pts** |

1990

SUMINISTRO ACEITES LUBRICANTES Y PRODUCTOS ESPECIALES	DEFENSA	22/08/90	65.737.880 Pts
ADQUISICION COMBUSTIBLES Y LUBRICANTES	DEFENSA	23/08/90	1.735.000.000 Pts
		Total 1990 :	**1.800.737.880 Pts**

1991

| ADQUISICION ACEITES LUBRICANTES Y PRODUCTOS ESPECIALES | DEFENSA | 23/07/91 | 71.367.000 Pts |
| | | **Total 1991 :** | **71.367.000 Pts** |

1992

COMBUSTIBLE JET-A1 O JEP-4 UNIDAD HELICOPTEROS CANARIAS	DEFENSA	11/02/92	9.500.000 Pts
		Total 1992 :	**9.500.000 Pts**
		TOTAL ADJ. :	**1.905.958.465 Pts**

DISTRIBUIDORA EXPRESS 2.020 S.A.

656

1988

DISTRIBUCION FOLLETO "PROTEJA SUS PROPIEDADES"	INTERIOR	14/05/88	6.297.480 Pts

Total 1988 : 6.297.480 Pts

TOTAL ADJ.: 6.297.480 Pts

EL VISO PUBLICIDAD S.A.

1990

CAMPAÑA PUBLICITARIA SORTEO NAVIDAD90	ECONOMIA Y HACIENDA	1/11/90	29.948.800 Pts

Total 1990 : 29.948.800 Pts

1991

PLAN MEDIOS INFORMACION USUARIO PUESTA SERVICIO TRAMOS CARRETERAS	OBRAS PUBLICAS Y TRANSPORTE	30/08/91	9.835.056 Pts

Total 1991 : 9.835.056 Pts

TOTAL ADJ.: 39.783.856 Pts

EMPRESA NACIONAL DE AUTOCAMIONES S.A. (ENASA)

1988

ADQUISICION CAMIONES PEGASO 10 Tm	DEFENSA	22/11/88	108.765.000 Pts

Total 1988 : 108.765.000 Pts

1989

ADQUISICION 4 VEHICULOS	DEFENSA	3/04/89	34.232.000 Pts
ADQUISICION 6 CAMIONES PEGASO	DEFENSA	25/05/89	53.166.000 Pts

657

ASUNTO	ORGANISMO	FECHA BOE	PRESUPUESTO ADJUDICACION
MATERIAL VEHICULOS BLINDADOS	DEFENSA	19/08/89	13.053.600 Pts
27 BASTIDORES CON Y SIN VIDEO PARA INFANTERIA DE MARINA	DEFENSA	23/10/89	293.283.046 Pts
		Total 1989 :	**393.734.646 Pts**
1990			
REPARACION VEHICULO BLINDADO BLR	INTERIOR	22/02/90	7.816.000 Pts
MANTENIMIENTO INDUSTRIAL VEHICULOS BLR INFANTERIA MARINA	DEFENSA	30/03/90	56.009.000 Pts
REPARACION Y REPUESTOS MOTORES PEGASO	DEFENSA	23/04/90	9.987.978 Pts
REPUESTOS VEHICULOS TT PEGASO	DEFENSA	21/08/90	74.746.402 Pts
MANTENIMIENTO MATERIAL VEHICULOS ACORAZADOS	DEFENSA	22/08/90	8.682.240 Pts
ADQUISICION 2 CAMIONES TT MARCA PEGASO MODELO 7323	DEFENSA	24/08/90	25.730.000 Pts
AUTOBASTIDOR 10 Tm.	DEFENSA	27/08/90	16.850.000 Pts
		Total 1990 :	**199.821.620 Pts**
1991			
ADQUISICION BIBLIOBUS COMARCAS DE LERIDA	COMUNIDAD AUTONOMA DE CATALUÑA	19/02/91	14.609.594 Pts
REPARACION VEHICULO BLINDADO B.L.R.	INTERIOR	27/02/91	6.720.000 Pts
ADQUISICION REPOSICION 2 VEHICULOS TT	DEFENSA	30/07/91	40.726.080 Pts
		Total 1991 :	**62.055.674 Pts**
		TOTAL ADJ. :	**764.376.940 Pts**

FOMENTO DE OBRAS Y CONSTRUCCIONES S.A. (FOCSA)

1988

Obra	Organismo	Fecha	Importe
REPARACION CAMINO DE SERVICIO LORA DEL RIO - SEVILLA -	OBRAS PUBLICAS Y URBANISMO	5/01/88	23.918.615 Pts
TERMINACION C/ PRINCIPE VERGARA, TRAMO LOPEZ HOYOS-PZA. CASTILLA (15)	TRANSPORTE TURISMO Y COMUNICACIONES	8/01/88	67.496.349 Pts
PLANT. MEDIANAS, ENLACES, N-IV DE MADRID A CADIZ - CIUDAD REAL -	OBRAS PUBLICAS Y URBANISMO	14/01/88	24.468.520 Pts
TERMINACION TUBERIA ABASTECIMIENTO AGUA AL ACTUR - ZARAGOZA - (15)	COMUNIDAD AUTONOMA DE ARAGON	19/01/88	100.565.222 Pts
OBRAS EMBALSE SOBRE EL ARROYO CULEBRA - BADAJOZ - (15)	OBRAS PUBLICAS Y URBANISMO	22/01/88	11.154.099 Pts
REPOBLACION FORESTAL TERRENOS CANAL DEL ZUJAR - BADAJOZ - (15)	OBRAS PUBLICAS Y URBANISMO	22/01/88	14.200.000 Pts
CIUDAD REAL-BRAZATORTAS; NUEVO ACCESO FERROVIARIO ANDALUCIA	OBRAS PUBLICAS Y URBANISMO	23/01/88	4.614.663.992 Pts
OBRAS ESTACION SANTA JUSTA. RED ARTERIAL FERROVIARIA - SEVILLA -	OBRAS PUBLICAS Y URBANISMO	23/01/88	5.520.925.857 Pts
CONSTRUCCION EDIFICIO SERVICIOS - BURGOS -	COMUNIDAD AUTONOMA DE CASTILLA Y LEON	8/02/38	81.948.576 Pts
OBRAS COMISERIA - CIUDAD REAL - (15)	INTERIOR	10/02/88	206.841.038 Pts
PRESA Y EMBALSES BARRANCO VIDRE-AGOST - ALICANTE - (15)	COMUNIDAD AUTONOMA VALENCIANA	10/02/88	321.750.664 Pts
ACONDICIONAMIENTO SEDE DIRECCION PROVINCIAL - BARCELONA -	TRABAJO Y SEGURIDAD SOCIAL	22/02/88	223.896.453 Pts
CONSTRUCCION CENTRO EDUCACION ESPECIAL MATARO - BARCELONA - (15)	COMUNIDAD AUTONOMA DE CATALUÑA	29/02/88	228.147.178 Pts
OBRAS COMISARIA - CIUDAD REAL - (15)	INTERIOR	4/03/88	206.841.038 Pts
OBRAS HOSPITAL CANTOBLANCO (15)	COMUNIDAD AUTONOMA DE MADRID	31/03/88	99.716.492 Pts
INSTALACION 2 ESTACIONES VIGILANCIA CONTAMINACION - HUELVA - (15)	OBRAS PUBLICAS Y URBANISMO	27/04/88	72.714.044 Pts
OBRAS SUBESTACION BAJA TENSION JEFATURA PROVINCIAL - VALENCIA - (15)	INTERIOR	7/05/88	6.300.000 Pts

659

ASUNTO	ORGANISMO	FECHA BOE	PRESUPUESTO ADJUDICACION
ACOND. SALA REUNIONES INTERVENCION GENERAL ADMON ESTADO M. MOLINA	ECONOMIA Y HACIENDA	9/05/88	130.400.477 Pts
ACONDIC. EDIF. SEDE ADMON. ESTADO - GUADALAJARA -	ECONOMIA Y HACIENDA	9/05/88	253.899.859 Pts
AMPLIACION PALACIO SENADO 1ª FASE (20)	ECONOMIA Y HACIENDA	9/05/88	188.871.963 Pts
ADAPTACION EDIFICIO A BIBLIOTECA PUBLICA GIJON - ASTURIAS -	CULTURA	13/06/88	259.760.552 Pts
MEJORA TRAMO PEÑAFLOR - SAN MATEO	COMUNIDAD AUTONOMA DE ARAGON	20/06/88	142.209.447 Pts
VARIANTE AUTOVIA DE TORDESILLAS CN-VI MADRID-LA CORUÑA (15)	OBRAS PUBLICAS Y URBANISMO	20/06/88	3.653.972.628 Pts
CONSTRUCCION COLEGIO MERIDA BARRIADA LA PAZ - BADAJOZ - (15)	EDUCACION Y CIENCIA	30/06/88	90.593.265 Pts
CONSTRUCCION COLEGIO UTEBO - ZARAGOZA - (15)	EDUCACION Y CIENCIA	30/06/88	46.000.322 Pts
CONSTRUCCION ESCUELA UNIV. ESTUDIOS EMPRESARIALES - LOGROÑO - (15)	EDUCACION Y CIENCIA	30/06/88	196.430.000 Pts
ADAPTACION PABELLON 1 "LOS LLANOS" UNV. CANTABRIA - SANTANDER -	EDUCACION Y CIENCIA	4/07/88	72.906.959 Pts
CONSTRUCCION CENTRO POLIVALENTE INST. BACH. Y F.P. FUENTE DE EBRO (15)	EDUCACION Y CIENCIA	7/07/88	135.146.000 Pts
DUPLICACION CALZADA N-VI Y CONEXION CN-V CON CN-VI	OBRAS PUBLICAS Y URBANISMO	7/07/88	1.377.545.869 Pts
CONSTRUCCION COLEGIO C'AN ALZAMORA PALMA MALLORCA - BALEARES -	EDUCACION Y CIENCIA	23/07/88	129.397.470 Pts
CONSTRUCCION INSTITUTO BACHILLERATO Y COU - ZARAGOZA - (15)	EDUCACION Y CIENCIA	3/08/88	198.738.763 Pts
OBRAS COMPLEMENTARIAS ACCESO UNIVERSIDAD TRATAMIENTO III NORESTE (15)	COMUNIDAD AUTONOMA DE MADRID	3/08/88	10.812.720 Pts
OBRAS EDIF. FACULTAD CIENC. POLITICAS Y SOC. SOMOSAGUAS - MADRID	EDUCACION Y CIENCIA	3/08/88	249.997.911 Pts
RECOGIDA BASURAS	ADMINISTRACION LOCAL	3/08/88	58.870.013 Pts
REHABILITACION CARPINTERIA EXTERIOR Y CUBIERTAS EDF. DEL RACA-13	COMUNIDAD AUTONOMA DE MADRID	3/08/88	183.695.061 Pts

Obra	Organismo	Fecha	Importe
CONSTRUCCION INTITUTO FORMACION PROFESIONAL ZUERA - ZARAGOZA - (15)	EDUCACION Y CIENCIA	9/08/88	137.935.628 Pts
CONSTRUCCION RESIDENCIA ESTUD. "EL BURGO I1" - SANTIAGO COMPOSTELA	EDUCACION Y CIENCIA	9/08/88	315.572.582 Pts
PROYECTO ACCESO SUR Y EDIF. COCHERAS DE SANT GENIS LINEA III FMB	COMUNIDAD AUTONOMA DE CATALUÑA	11/08/88	1.296.019.596 Pts
CONSTRUCCION COLEGIO - LOGROÑO - (15)	EDUCACION Y CIENCIA	22/08/88	114.838.821 Pts
CONSTRUCCION INDTITUTO BACHILLERATO RIVAS-VACIAMADRID - MADRID - (15)	EDUCACION Y CIENCIA	22/08/88	240.919.180 Pts
CONSTRUCCION INSTITUTO FORMACION PROFESIONAL ALMANSA - ALBACETE -	EDUCACION Y CIENCIA	22/03/88	255.280.651 Pts
CONTRUCCION EDIFICIO SAN PAX	ADMINISTRACION LOCAL	22/08/88	117.540.000 Pts
OBRAS 10 REFUGIOS ACCIONES DE COMBATE GANDO - LA PALMA G. CANARIA (15)	DEFENSA	22/08/88	194.037.676 Pts
OBRAS COMPLEMENTARIAS CN-301 MADRID-CARTAGENA - MURCIA -	OBRAS PUBLICAS Y URBANISMO	22/08/88	24.157.204 Pts
PAVIMENTACION Y DRENAJE ZONA SUR CAN PORTILLA	ADMINISTRACION LOCAL	22/08/88	171.615.341 Pts
AUTOVIA DEL NOROESTE CN-VI MADRID-LA CORUÑA - AVILA,SEGOVIA,VALL-	OBRAS PUBLICAS Y URBANISMO	23/08/88	5.228.365.287 Pts
AUTOVIA IGUALADA-MARTORELL DUPLIC. CALZADA CN-II - BARCELONA -	OBRAS PUBLICAS Y URBANISMO	23/08/88	1.370.330.447 Pts
DUPLIC. CALZADA AUT. LEVANTE CN-301 MADRID-CARTAGENA - MADRID -	OBRAS PUBLICAS Y URBANISMO	23/08/88	2.504.911.334 Pts
VARIANTE AUTOVIA IGUALADA-MARTORELL CN-II - BARCELONA -	OBRAS PUBLICAS Y URBANISMO	23/08/88	1.415.020.432 Pts
RECOGIDA BASURAS	ADMINISTRACION LOCAL	26/08/88	583.047.957 Pts
CONSTRUCCION COLEGIO BARRIADA SAN FERNANDO - BADAJOZ - (15)	EDUCACION Y CIENCIA	27/08/88	104.424.732 Pts
REFORMA OFICINAS PRINCIPALES JUNTA PUERTO (15)	OBRAS PUBLICAS Y URBANISMO	12/09/88	23.998.688 Pts
INSTALACION PIEZOMETROS CTRA. B-10 CINTURON LITORAL - BARCELONA -	OBRAS PUBLICAS Y URBANISMO	26/09/88	10.010.000 Pts

ASUNTO	ORGANISMO	FECHA BOE	PRESUPUESTO ADJUDICACION
ESTABILIZACION TALUDES 9.9 CARRETERA B-10 CINTURON LITORAL	OBRAS PUBLICAS Y URBANISMO	29/09/88	24.910.000 Pts
REPAR. CAMINO SERV. CANAL PRINC. GANDALMELLATO TRAMO III- CORDOBA TRAMO IV - CORDOBA -	OBRAS PUBLICAS Y URBANISMO	3/10/88	23.793.174 Pts
	OBRAS PUBLICAS Y URBANISMO	3/10/88	23.963.081 Pts
ILUMINACION ENLACE NORTE VARIANTE PUERTO LAPICE CN-IV - C. REAL -	OBRAS PUBLICAS Y URBANISMO	8/10/88	240.494.961 Pts
PASO INFERIOR DESVIO CONDUCCION AGUA POTABLE PUERTO LAPICE C.REAL	OBRAS PUBLICAS Y URBANISMO	8/10/88	16.200.520 Pts
MANT. Y CONDUCCION PASARELAS TELESCOPICAS AEROP. GRAN CANARIA (15)	TRANSPORTE TURISMO Y COMUNICACIONES	10/10/88	80.833.772 Pts
ACOND. CAMINO C-H-29 ZONA REGABLE DEL BEMBEZAR - CORDOBA -	OBRAS PUBLICAS Y URBANISMO	17/10/88	23.903.699 Pts
ADECUACION URBANISTICA ARROYOS CAÑADA HIDUM - MELILLA -	OBRAS PUBLICAS Y URBANISMO	17/10/88	23.845.799 Pts
ACOMETIDAS DOMICILIARIAS RED DISTRIB. AGUA BARRIADA HIDUM-MELILLA	OBRAS PUBLICAS Y URBANISMO	18/10/88	23.819.579 Pts
REVESTIMIENTO ARROYO SECUNDARIO HIDEUM - MELILLA -	OBRAS PUBLICAS Y URBANISMO	18/10/88	23.837.035 Pts
AUTOVIA HORTALEZA CN-I CON CN-II Y RECINTOS FERIALES - MADRID - (15)	OBRAS PUBLICAS Y URBANISMO	19/10/88	2.905.769.293 Pts
AUTOVIA MURCIA-CARTAGENA CTRA. MADRID-CARTAGENA - MURCIA -	OBRAS PUBLICAS Y URBANISMO	19/10/88	2.171.779.702 Pts
ESTACION ATOCHA LARGO RECORRIDO EDIFICIO, VIAS ETC.. - AVE - (17)	TRANSPORTE TURISMO Y COMUNICACIONES	20/10/88	4.975.910.364 Pts
SUPRESION PASOS A NIVEL TRAMO C. REAL-BRAZATORTAS - AVE -	TRANSPORTE, TURISMO Y COMUNICACIONES	20/10/88	968.080.645 Pts
SUPRESION PASOS A NIVEL TRAMO EMPERADOR-C. REAL - AVE - (15)	TRANSPORTE TURISMO Y COMUNICACIONES	20/10/88	596.091.769 Pts
SUPRESION PASOS A NIVEL TRAMO VILLASECA-MASCARAQUE - AVE - (15)	TRANSPORTE TURISMO Y COMUNICACIONES	20/10/88	821.130.280 Pts
PAVIMENTACION ARCENES C-547 LUGO-SANTIAGO C. - LUGO Y CORUÑA -	OBRAS PUBLICAS Y URBANISMO	21/10/88	24.163.114 Pts
SUPRESION PASOS A NIVEL TRAMO GETAFE-VILLASECA - AVE - (15)	TRANSPORTE TURISMO Y COMUNICACIONES	28/10/88	945.333.218 Pts

Descripción	Organismo	Fecha	Importe
RECOGIDA BASURAS MUNICIPIOS DEL GUADARRAMA	COMUNIDAD AUTONOMA DE MADRID	31/10/88	41.896.500 Pts
REFUERZO FIRME CTRA. N-IV - MADRID - (15)	OBRAS PUBLICAS Y URBANISMO	31/10/88	493.427.669 Pts
ACONDIC. TRASVASE PARETON DE TOTANA - MURCIA -	OBRAS PUBLICAS Y URBANISMO	8/11/88	1.429.988.429 Pts
DESAGUE FINAL CANAL CASTREJON LA PUEBLA NUEVA - TOLEDO - (15)	OBRAS PUBLICAS Y URBANISMO	8/11/88	16.285.657 Pts
CONSTR. PORCHES Y URBAN. EN DPTOS. PRECLINICOS FASE B	UNIVERSIDADES	21/11/88	22.685.000 Pts
CONSTR. VARIANTE C-3217 SOBRE EMBALSE LA FERNANDINA - JAEN - (15)	OBRAS PUBLICAS Y URBANISMO	22/11/88	349.183.635 Pts
ABASTECIMIENTO AGUA TORRELAVEGA - CANTABRIA -	OBRAS PUBLICAS Y URBANISMO	10/12/88	749.569.566 Pts
AMPLIACION PASO INF. CTRA. N-301 MADRID- CARTAGENA - MURCIA - (15)	OBRAS PUBLICAS Y URBANISMO	10/12/88	22.350.454 Pts
SUMI. MONTAJE EQUIPOS MECANICOS ALIVIADERO PRESA ALANGE - BADAJOZ - (15)	OBRAS PUBLICAS Y URBANISMO	14/12/88	269.342.472 Pts
TRASLADO AMPLIACION ELEVADORA GUADALCACIN JEREZ FRONTERA - CADIZ	OBRAS PUBLICAS Y URBANISMO	14/12/88	624.373.825 Pts
ACONDICIONAMIENTO DIPUTACION - BARCELONA -	COMUNIDAD AUTONOMA DE CATALUÑA	16/12/88	49.930.000 Pts
ADECUACION EDIF. DIRECCION GENERAL ARQUITEC. VIVIENDA - BARCELONA	COMUNIDAD AUTONOMA DE CATALUÑA	16/12/88	49.984.969 Pts
VARIANTE MOLLET N-152 - BARCELONA -	COMUNIDAD AUTONOMA DE CATALUÑA	16/12/88	1.392.831.206 Pts
(15)	COMUNIDAD AUTONOMA DE ARAGON	19/12/88	96.058.279 Pts

Total 1988 :   **52.834.590.638 Pts**

1989

Descripción	Organismo	Fecha	Importe
COLECTOR RED GENERAL SANEAMIENTO BARRIADAS - MELILLA -	OBRAS PUBLICAS Y URBANISMO	2/01/89	19.036.183 Pts
DRENAJE EXTERIOR CANAL CALANDA- ALCAÑIZ TRAMO I - TERUEL -	OBRAS PUBLICAS Y URBANISMO	6/01/89	24.730.328 Pts
ACONDICIONAMIENTO RED AGUA (15)	ADMINISTRACION LOCAL	9/01/89	234.746.875 Pts

663

ASUNTO	ORGANISMO	FECHA BOE	PRESUPUESTO ADJUDICACION
DRENAJE EXTERIOR CANAL COLANDO- ALCAÑIZ TRAMO I	OBRAS PUBLICAS Y URBANISMO	10/01/89	24.800.315 Pts
REPLANTEOS Y TOMAS DATOS OBRAS TRASVASES EMBALSE VIÑUELA - MALAGA -	OBRAS PUBLICAS Y URBANISMO	10/01/89	7.060.110 Pts
ADECUACION LUCERNARIOS EDIF INTERFACULTATIVO SOMOSAGUAS - MADRID	EDUCACION Y CIENCIA	25/01/89	24.938.490 Pts
OBRAS FABRICAS DAÑADAS RIADA MONTIJO - BADAJOZ - (15)	OBRAS PUBLICAS Y URBANISMO	27/01/89	20.497.000 Pts
TUBERIA INTERCONEXION DEPOSITO R. REGENTE RED DISTRB. AGUA POTAB.	OBRAS PUBLICAS Y URBANISMO	27/01/89	
RECOGIDA BASURAS DOMICILIARIAS Y LIMPIEZA ALCANTARILLADO Y VIARIA	ADMINISTRACION LOCAL	28/01/89	68.765.920 Pts
CONSTR. COLEGIO PALMA DE MALLORCA CAMP-REDO - BALEARES -	EDUCACION Y CIENCIA	31/01/89	124.165.536 Pts
INSTITUTO ENSEÑANZA SECUNDARIA CERDANYOLA DEL VALLES (15)	COMUNIDAD AUTONOMA DE CATALUÑA	10/02/89	173.823.408 Pts
INSTITUTO ENSEÑANZA SECUNDARIA PARETS DEL VALLES	COMUNIDAD AUTONOMA DE CATALUÑA	10/02/89	281.828.885 Pts
M-2 COLEGIOS LEPANTO, JOSE Mª PEREDA, JUAN RAMON JIMENEZ	EDUCACION Y CIENCIA	9/03/89	116.500.000 Pts
M-3 COLEGIOS PUBLICOS FRANCISCO DE QUEVEDO, GINES DE LOS RIOS...	EDUCACION Y CIENCIA	9/03/89	75.270.425 Pts
CONSTRUCCION CENTRO ENSEÑANZAS MEDIAS MOTRIL - GRANADA -	COMUNIDAD AUTONOMA DE ANDALUCIA	13/03/89	172.062.725 Pts
CONSTRUCCION INSTITUTO BACHILLERATO ZUBIA - GRANADA -	COMUNIDAD AUTONOMA DE ANDALUCIA	13/03/89	171.866.423 Pts
ENCAUZAMIENTO TORRENTA BARBORA	COMUNIDAD AUTONOMA DE LAS ISLAS BALEARES	13/03/89	98.657.530 Pts
CONSTRUCCION INSTITUTO BACHILLERATO SANTA PONSA-CALVIA - BALEARES	EDUCACION Y CIENCIA	14/03/89	258.527.751 Pts
OBRAS COMISARIA OLICIA - C. REAL - (15)	INTERIOR	24/03/89	41.354.442 Pts
AUTOVIA NOROESTE DUPLICACION CALZADA CN-VI - VALLADOLID - (15)	OBRAS PUBLICAS Y URBANISMO	29/03/89	7.384.224.090 Pts
CARRETERA NUEVO TRAZADO - MURCIA -	OBRAS PUBLICAS Y URBANISMO	3/04/89	24.473.659 Pts

664

Descripción	Organismo	Fecha	Importe
CERRAMIENTO PROTECCION ESTRIVOS PUENTES - MURCIA -	OBRAS PUBLICAS Y URBANISMO	3/04/89	264.340.556 Pts
MEJORA PLATAFORMA CN-403 - TOLEDO - VALLADOLID -	OBRAS PUBLICAS Y URBANISMO	3/04/89	581.908.158 Pts
REPOSICION TUBERIAS ABASTECIMIENTO - MURCIA -	OBRAS PUBLICAS Y URBANISMO	3/04/89	24.542.012 Pts
TERMINACION OBRAS RESIDENCIA SAN JUAN DE SAHAGUN	ASUNTOS SOCIALES	7/04/89	276.845.291 Pts
ESTUDIO SEGURIDAD E HIGIENE PROYECTO AMPLIACION SENADO	ECONOMIA Y HACIENDA	18/04/89	28.714.572 Pts
REHABILITACION EDIFICIO PLZA. S. JUAN DE LA CRUZ, 2	ECONOMIA Y HACIENDA	18/04/89	188.707.503 Pts
URBANIZACION EDIFICIO SEDE ADMON. ESTADO - GUADALAJARA -	ECONOMIA Y HACIENDA	18/04/89	20.964.557 Pts
CONSTR. PABELLON SERVICIOS COLEGIO POZO DEL TIO RAIMUNDO - MADRID - (15)	EDUCACION Y CIENCIA	22/04/89	65.185.510 Pts
ENCAUZAMIENTO RAMBLA DE MINATEDA - ALBACETE -	OBRAS PUBLICAS Y URBANISMO	9/05/89	19.742.450 Pts
ESCUELA UNIV. POLITECNICA CASTILLA-LA MANCHA - ALBACETE -	EDUCACION Y CIENCIA	9/05/89	450.595.632 Pts
INSTITUTO BACHILLERATO	EDUCACION Y CIENCIA	9/05/89	230.803.648 Pts
MANTENIMIENTO EQUIPOS VIGILANCIA (15)	INTERIOR	12/05/89	14.992.500 Pts
EDIFICIO DEPARTAMENTAL LETRAS (15)	UNIVERSIDADES	17/05/89	794.655.636 Pts
OBRAS BIBLIOTECA UNIVERSIDAD - BARCELONA - (15)	UNIVERSIDADES	17/05/89	524.955.507 Pts
CAPTACION AGUAS CONDUCCION Y CONSTRUCCION DEPOSITO CAN CALET	COMUNIDAD AUTONOMA DE CATALUÑA	23/05/89	24.930.200 Pts
ACONDICIONAMIENTO SEDE IGAE	ECONOMIA Y HACIENDA	10/06/89	23.133.861 Pts
AMPLIACION SENADO (20)	ECONOMIA Y HACIENDA	10/06/89	100.217.598 Pts
REHABILITACION EDIFICIO PLZA. SAN JUAN DE LA CRUZ, 2	ECONOMIA Y HACIENDA	10/06/89	37.363.166 Pts

665

ASUNTO	ORGANISMO	FECHA BOE	PRESUPUESTO ADJUDICACION
TERMINACION DECORACION EDIFICIO SENADO (20)	ECONOMIA Y HACIENDA	10/06/89	872.579.947 Pts
URBANIZACION ZONA PERI POLIGONO INDUSTRIAL EL PLA	ADMINISTRACION LOCAL	12/06/89	399.131.794 Pts
ENSANCHE DEBAJO N-II EN ABRERA	COMUNIDAD AUTONOMA DE CATALUÑA	19/06/89	24.850.120 Pts
URBANIZACION POLIGONO PEDROSA	COMUNIDAD AUTONOMA DE CATALUÑA	19/06/89	1.258.619.681 Pts
ACONDIC. 2ª PLANTA EDIF. NUÑEZ BALBOA 114 PARA CIIP DE - MADRID -	ECONOMIA Y HACIENDA	21/06/89	55.088.335 Pts
CONSTRUCCION COMISARIA DISTRITO ARENAL - PALMA DE MALLORCA -	INTERIOR	21/06/89	72.256.550 Pts
CONSTRUCCION SEDE CONSEJERIA POLITICA TERRITORIAL Y O. PUBLICAS	COMUNIDAD AUTONOMA DE MURCIA	21/06/89	649.422.300 Pts
CONSTRUCCION INSTITUTO BACHILLERATO COSLADA - MADRID - (15)	EDUCACION Y CIENCIA	30/06/89	282.511.640 Pts
ENCAUZAMIENTO RAMBLA MINATEDA TRAMO I - ALBACETE -	OBRAS PUBLICAS Y URBANISMO	30/06/89	21.819.300 Pts
REFUERZO SOSTENIMIENTO TUNEL II CANAL TRASVASUR - LAS PALMAS -	OBRAS PUBLICAS Y URBANISMO	30/06/89	24.450.500 Pts
REVESTIMIENTO CANAL IMPERIAL ARAGON - ZARAGOZA -	OBRAS PUBLICAS Y URBANISMO	30/06/89	98.660.756 Pts
REVESTIMIENTO CANAL IMPERIAL ARAGON - ZARAGOZA -	OBRAS PUBLICAS Y URBANISMO	30/06/89	216.863.066 Pts
SELECCION BROTES Y REPOSICION NARROS REPOBLACIONES FORESTALES (15)	OBRAS PUBLICAS Y URBANISMO	30/06/89	8.900.000 Pts
SOSTENIMIENTO TUNEL I CANAL TRASVASUR - LAS PALMAS -	OBRAS PUBLICAS Y URBANISMO	30/06/89	23.980.900 Pts
AEROPUERTO DE BARCELONA TERMINAL INTERNACIONAL FASES (A y B)	TRANSPORTE, TURISMO Y COMUNICACIONES	7/07/89	7.534.411.650 Pts
DISTRIBUCION Y ADAPTACION LOCALES PARA GERENCIA TERRITORIAL	ECONOMIA Y HACIENDA	7/07/89	16.974.483 Pts
REFORMA SOTANO ACUARTELAMIENTO MORATALAZ CENTRO EXTRANJEROS (15)	INTERIOR	10/07/89	353.475.703 Pts
RECOGIDA DE BASURAS	ADMINISTRACION LOCAL	11/07/89	72.278.355 Pts

Proyecto	Organismo	Fecha	Importe
CONSTRUCCION COMPLEJO POLIDEPORTIVO EN SALAS BAJAS	UNIVERSIDADES	24/07/89	47.843.971 Pts
DEFORESTACION VASO PRESA BOQUERON - BADAJOZ -	OBRAS PUBLICAS Y URBANISMO	25/07/89	24.734.506 Pts
DEFORESTACION VASO PRESA CANCHALES - BADAJOZ -	OBRAS PUBLICAS Y URBANISMO	25/07/89	24.903.316 Pts
URBANIZACION CALLES VILADORDIS Y MONTCAN (15)	ADMINISTRACION LOCAL	25/07/89	120.555.008 Pts
AUTOVIA ARAGON OBRAS COMPLEMENTARIAS - GUADALAJARA - (15)	OBRAS PUBLICAS Y URBANISMO	29/07/89	135.249.368 Pts
URBANIZACION AVDA. VILLAGARCIA, GARCIA PRIETO, SANCHEZ FREIRE	ADMINISTRACION LOCAL	11/08/89	102.099.770 Pts
AUTOVIA LEVANTE N-330 - ALICANTE - (15)	OBRAS PUBLICAS Y URBANISMO	19/08/89	320.205.756 Pts
AUTOVIA LEVANTE TRAMO 7 - ALICANTE -	OBRAS PUBLICAS Y URBANISMO	19/08/89	245.259.827 Pts
AUTOVIA VALENCIA-UTIEL CN-III - VALENCIA -	OBRAS PUBLICAS Y URBANISMO	19/08/89	7.089.047.688 Pts
DEFORESTACION VASO PRESA HORREOTEJERO - BADAJOZ -	OBRAS PUBLICAS Y URBANISMO	19/08/89	2.492.017 Pts
VARIANTE MEDINA DEL CAMPO CN-VI - VALLADOLID - (15)	OBRAS PUBLICAS Y URBANISMO	19/08/89	2.410.831.600 Pts
AMPLIACION RAMAL 1 CTRA. B-10 - BARCELONA -	OBRAS PUBLICAS Y URBANISMO	31/08/89	24.681.156 Pts
URBANIZACION CTRA. MIG - BARCELONA -	OBRAS PUBLICAS Y URBANISMO	2/09/89	24.769.093 Pts
CONSTRUCCION POLIDEPORTIVO SON GO TLEN	ADMINISTRACION LOCAL	5/09/89	761.952.781 Pts
URBANIZACION POLIGONO INDUSTRIAL EL PLA	ADMINISTRACION LOCAL	6/09/89	429.602.000 Pts
CONSERVACION CN-II MADRID- GUADALAJARA - (15)	OBRAS PUBLICAS Y URBANISMO	12/09/89	790.741.907 Pts
CREACION PLAYA BURMELA - LUGO -	OBRAS PUBLICAS Y URBANISMO	21/09/89	121.270.367 Pts
DESGLOSADO CUERPO PRESA ALANGE - BADAJOZ - (15)	OBRAS PUBLICAS Y URBANISMO	22/09/89	491.071.567 Pts

ASUNTO	ORGANISMO	FECHA_BOE	PRESUPUESTO ADJUDICACION
ENCAUZAMIENTO RIVERA FRESNEDOSA - CACERES -	OBRAS PUBLICAS Y URBANISMO	22/09/89	24.726.503 Pts
REGENERACION PLAYA EL SOLER - VALENCIA -	OBRAS PUBLICAS Y URBANISMO	22/09/89	292.540.630 Pts
ACONDICIONAMIENTO CENTRAL ELEVACION RIEGOS FRESNEDOSA - CACERES -	OBRAS PUBLICAS Y URBANISMO	30/09/89	24.219.506 Pts
ENCAUZAMIENTO RIVERA FRESNEDOSA - CACERES -	OBRAS PUBLICAS Y URBANISMO	30/09/89	24.807.321 Pts
RECOGIDA Y TRANSPORTE BASURAS SIERRA GUADARRAMA	COMUNIDAD AUTONOMA DE MADRID	2/10/89	48.653.278 Pts
EDIFICIO FACULTADES MATEMATICAS Y FISICA Y ESTABULARIO GENERAL (15)	UNIVERSIDADES	5/10/89	873.082.025 Pts
REFUERZO ESTRUCTURA COMISARIA - C. REAL - (15)	INTERIOR	9/10/89	24.871.356 Pts
COLEGIO PALMA MALLORCA EL ARENAL - BALEARES -	EDUCACION Y CIENCIA	10/10/89	175.075.900 Pts
COLEGIO PREESCOLAR LAS SABONERS-MAGALLUF-CALVIA - BALEARES -	EDUCACION Y CIENCIA	10/10/89	98.273.500 Pts
COLEGIO SAN FERRER-CALVIA - BALEARES -	EDUCACION Y CIENCIA	10/10/89	51.680.700 Pts
MANTEN. Y CONDUCCION PASARELAS TELESCOPICAS AEROP. - GRAN CANARIA - (15)	TRANSPORTE TURISMO Y COMUNICACIONES	10/10/89	53.582.004 Pts
PROTECCION TALUDES INESTABLES N-301 - MURCIA -	OBRAS PUBLICAS Y URBANISMO	16/10/89	24.470.000 Pts
RECOGIDA DE RESIDUOS S0LIDOS Y LIMPIEZA VIARIA ALHAMA - MURCIA - (15)	ADMINISTRACION LOCAL	19/10/89	31.337.944 Pts
RECOGIDA Y TRANSPORTE RESIDUOS SALIDAS ZONA ORIENTAL - CANTABRIA	ADMINISTRACION LOCAL	19/10/89	555.772.280 Pts
BOMBEO DEPOSITO Y CONDUCCIONES AGUA A CARVERA, LA MURTA - MURCIA	COMUNIDAD AUTONOMA DE MURCIA	25/10/89	18.031.000 Pts
ESTACION BOMBEO CUARTEL PUERTO MAZARRON - MURCIA -	COMUNIDAD AUTONOMA DE MURCIA	25/10/89	30.074.102 Pts
INSTALACION AIRE ACONDICIONADO D.G. INFORMATICA PRES. - MADRID -	ECONOMIA Y HACIENDA	28/10/89	10.386.641 Pts
REFORMA EDIFICIO ADMON. ADUANAS - SANTANDER -	ECONOMIA Y HACIENDA	28/10/89	247.447.237 Pts

Proyecto	Organismo	Fecha	Importe
EDIFICIO COMISARIA POLICIA - SEGOVIA -	INTERIOR	30/10/89	370.103.865 Pts
REPARACION VIVIENDAS ARRABAL-ZALFONADA	COMUNIDAD AUTONOMA DE ARAGON	30/10/89	11.702.286 Pts
ENLACE ACCESO PALACIO MONCLOA N-VI - MADRID -	OBRAS PUBLICAS Y URBANISMO	15/11/89	398.658.645 Pts
VARIANTE DE ARIONDAS CN-634 - ASTURIAS -	OBRAS PUBLICAS Y URBANISMO	16/11/89	1.535.895.170 Pts
CONSTRUCCION FACULTAD ODONTOLOGIA - MADRID - (15)	EDUCACION Y CIENCIA	17/11/89	430.430.900 Pts
AUTOVIA DEL NORTE CN-I - MADRID - (15)	OBRAS PUBLICAS Y URBANISMO	28/11/89	1.630.343.368 Pts
CENTRALIZACION CONTROL RIEGOS GENIL-CABRA - CORDOBA - (15)	OBRAS PUBLICAS Y URBANISMO	6/12/89	23.056.160 Pts
CORREC. FILTRACIONES MARGEN IZQ. CANAL IMPERIAL ARAGON - ZARAGOZA	OBRAS PUBLICAS Y URBANISMO	6/12/89	23.100.000 Pts
ESTACION DEPURADORA AGUAS RESIDUALES ARAZURI - NAVARRA -	OBRAS PUBLICAS Y URBANISMO	6/12/89	344.968.563 Pts
REGULACION CUENCA RIO LACARA - BADAJOZ -	OBRAS PUBLICAS Y URBANISMO	6/12/89	244.452.751 Pts
PLANTA DESALADORA AGUA MAR FUERTEVENTURA III	OBRAS PUBLICAS Y URBANISMO	13/12/89	999.432.000 Pts
RECONSTR. CAJERO, CAMINO SERVICIO CANAL IMPERIAL ARAGON ZARAGOZA	OBRAS PUBLICAS Y URBANISMO	13/12/89	23.075.000 Pts
CONEXION M-401 CON N-IV	COMUNIDAD AUTONOMA DE MADRID	14/12/89	426.274.986 Pts
CONDUCCION AUTOPORTANTE SOBRE SIFON CANAL PRINCIPAL GENIL- CABRA - (15)	OBRAS PUBLICAS Y URBANISMO	15/12/89	22.843.568 Pts
CAMINO ACCESO PRESA FERNANDINA RIO GUARRIZOS - JAEN - (15)	OBRAS PUBLICAS Y URBANISMO	18/12/89	44.364.042 Pts
AMPLIACION CONSULTAS EXTERNAS HOSPITAL - SORIA -	SANIDAD Y CONSUMO	19/12/89	163.407.356 Pts
CANAL CALANDRA-ALCAÑIZ (TRAMO ORIGEN PUNTO KILOMETRICO 4)	OBRAS PUBLICAS Y URBANISMO	19/12/89	830.241.486 Pts
DUPLICACION CALZADA CN-301 - MURCIA - (15)	OBRAS PUBLICAS Y URBANISMO	19/12/89	1.180.092.892 Pts

669

ASUNTO	ORGANISMO	FECHA BOE	PRESUPUESTO ADJUDICACION
REFORMA HOSPITAL GENERAL YAGUE - BURGOS -	SANIDAD Y CONSUMO	19/12/89	318.666.350 Pts
REMOD. ANT. TERMINAL, ACCESOS RAMBLA EMBARQUE AEROP. - BARCELONA	TRANSPORTE, TURISMO Y COMUNICACIONES	19/12/89	4.548.074.450 Pts
ACCESO PUENTE INTERNACIONAL RIO MIÑO - PONTEVEDRA -	OBRAS PUBLICAS Y URBANISMO	20/12/89	3.213.513.300 Pts
ACONDICIONAMIENTO REFUERZO FIRME CN-433 SEVILLA-LISBOA - HUELVA -	OBRAS PUBLICAS Y URBANISMO	20/12/89	1.413.536.729 Pts
		Total 1989 :	58.978.781.024 Pts

1990

ASUNTO	ORGANISMO	FECHA BOE	PRESUPUESTO ADJUDICACION
DECORACION DIRECCION GENERAL INFORMATICA - MADRID -	ECONOMIA Y HACIENDA	2/01/90	10.269.559 Pts
AMPLIACION CENTRO NATACION MUNDIAL 86 - MADRID - (15)	COMUNIDAD AUTONOMA DE MADRID	4/01/90	250.283.117 Pts
ASIST. TECNICA CARRILLOS PORTA EQUIPAJES AEROPUERTO - BARCELONA -	TRANSPORTE, TURISMO Y COMUNICACIONES	4/01/90	37.098.132 Pts
ABASTECIMIENTO AGUA ZONA REGABLE CHANZA LEPE - HUELVA - (15)	OBRAS PUBLICAS Y URBANISMO	9/01/90	1.498.881.869 Pts
CANAL ALTO PARPUELOS - LEON -	OBRAS PUBLICAS Y URBANISMO	9/01/90	10.835.964.747 Pts
CONSTRUCCION CANAL COLOMERA - GRANADA - (15)	OBRAS PUBLICAS Y URBANISMO	12/01/90	1.761.385.451 Pts
AMPLIACION SENADO ACABADOS Y DECORACION HEMICICLO CUERPO CENTRAL	ECONOMIA Y HACIENDA	16/01/90	730.599.933 Pts
REMODELACION SALA INFORMATICA CENTRO INFR. PRESUPUESTO Y DEL PLAN	ECONOMIA Y HACIENDA	16/01/90	351.484.376 Pts
SEÑALIZACION APARCAMIENTOS E ILUMINACION N-340 - MALAGA -	OBRAS PUBLICAS Y URBANISMO	22/01/90	113.270.236 Pts
FERROCARRIL MADRID-BADAJOZ TRAMO C. REAL-BRAZATORTAS 3ª VIA	TRANSPORTE, TURISMO Y COMUNICACIONES	26/01/90	1.741.756.163 Pts
AMUEBLAMIENTO INMUEBLES CAM (15)	COMUNIDAD AUTONOMA DE MADRID	29/01/90	1.990.000.000 Pts
RECUPERACION TRAVESIA CN-V ALCORCON-MOSTOLES (15)	ADMINISTRACION LOCAL	2/02/90	88.013.797 Pts
CONSTR. INSTITUTO BACHILLER SON GOTLEN - PALMA DE MALLORCA -	EDUCACION Y CIENCIA	5/02/90	329.742.833 Pts

Proyecto	Organismo	Fecha	Importe
MEJORA REGADIOS PUNTAL DESDES ACEQUIA OLRIOLS - HUESCA - (15)	OBRAS PUBLICAS Y URBANISMO	6/02/90	79.627.244 Pts
REHABIL. MARINA S. LLADO SEDE RECTORADO UNIV. - PALMA MALLORCA -	EDUCACION Y CIENCIA	7/02/90	331.141.908 Pts
INFRAESTRUCTURA BURELA	COMUNIDAD AUTONOMA DE GALICIA	8/02/90	316.665.493 Pts
DIRECCION GENERAL INFORMATICA PRESUPUESTARIA - MADRID -	ECONOMIA Y HACIENDA	16/02/90	10.472.463 Pts
CONSTRUCCION FACULTAD CIENCIAS - PALMA DE MALLORCA -	EDUCACION Y CIENCIA	19/02/90	927.619.654 Pts
MEDIDAS SEGURIDAD VIAL - BARCELONA - (15)	INTERIOR	19/02/90	4.999.991.796 Pts
ACONDICIONAMIENTO ENLACE ALMANSA-GRAO	COMUNIDAD AUTONOMA VALENCIANA	27/02/90	222.177.658 Pts
COLECTORES Y ESTACION DEPURADORA ALCOY	COMUNIDAD AUTONOMA VALENCIANA	27/02/90	27.600.000 Pts
CONEXIONES REDES ALCANTARILLADO ALCOY	COMUNIDAD AUTONOMA VALENCIANA	27/02/90	46.625.358 Pts
ENLACE Y MEJORA FIRME C-320	COMUNIDAD AUTONOMA VALENCIANA	27/02/90	347.011.455 Pts
REPARACION AÑOS BENEIXIDA TEMPORAL	COMUNIDAD AUTONOMA VALENCIANA	27/02/90	5.242.000 Pts
ARREGLOS COLEGIO PUBLICO SANTA PONSA CALVIA - PALMA MALLORCA-	EDUCACION Y CIENCIA	8/03/90	7.347.023 Pts
EJECUCION ACCESO CENTRO PENITENCIARIO QUATRO CAMINS	COMUNIDAD AUTONOMA DE CATALUÑA	8/03/90	115.500.000 Pts
VALLA PERIMETRAL CENTRO PENITENCIARIO PREVENTINAS QUATRE CAMINS	COMUNIDAD AUTONOMA DE CATALUÑA	8/03/90	112.170.000 Pts
DEPOSITOS REGULADORES AGUA 60000 M3 SALOU	COMUNIDAD AUTONOMA DE CATALUÑA	22/03/90	338.926.125 Pts
DESGLOSADO DEL REVESTIMIENTO CANAL SIFON RIO EBRO	COMUNIDAD AUTONOMA DE CATALUÑA	22/03/90	226.390.898 Pts
DESGLOSADO REVESTIMIENTO CANAL SIFON ACUCE RIO EBRO	COMUNIDAD AUTONOMA DE CATALUÑA	22/03/90	163.826.351 Pts
REPOSICION LOSAS ESTACIONAMIENTO AERONAVES AEROPUERTO MADRID (15)	TRANSFORTE TURISMO Y COMUNICACIONES	26/03/90	26.748.330 Pts

671

ASUNTO	ORGANISMO	FECHA BOE	PRESUPUESTO ADJUDICACION
REFORMA CENTRO SALUD CANTO BLANCO (15)	COMUNIDAD AUTONOMA DE MADRID	28/03/90	39.596.654 Pts
REFORMA CENTRO SALUD EL ESCORIAL	COMUNIDAD AUTONOMA DE MADRID	28/03/90	33.647.819 Pts
REFORMA CENTRO SALUD NAVALCARNERO (15)	COMUNIDAD AUTONOMA DE MADRID	28/03/90	22.440.714 Pts
AMPLIACION HOSPITAL DON BENITO - BADAJOZ -	SANIDAD Y CONSUMO	9/04/90	940.308.291 Pts
RECOGIDA DESPERDICIOS SOLIDOS	ADMINISTRACION LOCAL	10/04/90	3.152.015.497 Pts
REFORMA GRAN RESIDENCIA	COMUNIDAD AUTONOMA DE MADRID	18/04/90	7.500.000 Pts
MUSEO DE LA CIENCIA DE TENERIFE	ADMINISTRACION LOCAL	21/04/90	437.219.330 Pts
AUTOVIA OVIEDO A POLA SIERO N-630 (19)	OBRAS PUBLICAS Y URBANISMO	2/05/90	12.852.130.570 Pts
CONSTRUCCION ACERAS NL-105 Y ALUMBRADO PUBLICO - MELILLA - (15)	OBRAS PUBLICAS Y URBANISMO	3/05/90	22.497.922 Pts
AUTOVIA MURCIA-PUERTO LUMBRERAS CN-340 - MURCIA - (15)	OBRAS PUBLICAS Y URBANISMO	14/05/90	7.780.159.742 Pts
AVENIDA ILUSTRACION TRAMOS 2 Y 3 - MADRID - (15)	OBRAS PUBLICAS Y URBANISMO	21/05/90	6.062.729.223 Pts
RONDA ESTE DE MALAGA N-430 CADIZ-BARCELONA - MALAGA -	OBRAS PUBLICAS Y URBANISMO	21/05/90	17.251.381.509 Pts
LIMPIEZA PLATAFORMAS AREA MANIOBRA Y ACCESOS AEROPUERTO BARAJAS (15)	TRANSPORTE TURISMO Y COMUNICACIONES	24/05/90	141.472.308 Pts
AUTOPISTA DEL NOROESTE CN-II SAN FELIU LLOBREGAT-PUERTO BARCELONA	OBRAS PUBLICAS Y URBANISMO	28/05/90	767.027.978 Pts
AUTOVIA MURCIA-ALICANTE N-301 - MURCIA - (15)	OBRAS PUBLICAS Y URBANISMO	28/05/90	900.490.037 Pts
ALJIBE TANQUE DE PROPANO ESCUELA HOSTELERIA CAMBRILS	COMUNIDAD AUTONOMA DE CATALUÑA	29/05/90	15.900.000 Pts
CONSTRUCCION INSTITUTO F.P. HOSTELERIA Y TURISMO CAMBRILS	COMUNIDAD AUTONOMA DE CATALUÑA	29/05/90	143.185.010 Pts
MEJORAS COLEGIO PUBLICO RONDA CROS MATARO (15)	COMUNIDAD AUTONOMA DE CATALUÑA	29/05/90	13.276.730 Pts

Descripción	Organismo	Fecha	Importe
REFORMA ESCALERAS Y URBANIZACION INST. E. SECUNDARIA CERDANYOLA (15)	COMUNIDAD AUTONOMA DE CATALUÑA	29/05/90	23.918.739 Pts
1ª FASE CAMPUS UNIVERSITARIO	UNIVERSIDADES	7/06/90	404.828.853 Pts
PROYECTO Y EJECUCION CARRETERA PINAR-POZUELO - MADRID -	COMUNIDAD AUTONOMA DE MADRID	14/06/90	11.025.003.070 Pts
MEJORA LOCAL RAMAL ENLACE ALCOBENDAS CARRETERA N-I (15)	OBRAS PUBLICAS Y URBANISMO	25/05/90	31.591.649 Pts
PROLONGACION PASO INFERIOR CN-301 MADRID-CARTAGENA (15)	OBRAS PUBLICAS Y URBANISMO	25/06/90	18.470.000 Pts
SERVICIO LIMPIEZA VIARIA TERMINO MUNICIPAL (15)	ADMINISTRACION LOCAL	26/06/90	388.792.226 Pts
REFORMA AMPLIACION INSTITUTO NACIONAL S. SOCIAL - BADAJOZ -	TRABAJO Y SEGURIDAD SOCIAL	29/06/90	460.024.451 Pts
CONEXION CARRETERAS N-301 Y MU-533 POR LORQUI Y CEUTI (15)	COMUNIDAD AUTONOMA DE MURCIA	16/07/90	387.521.885 Pts
EXPROPIACIONES Y CONSTRUCCIONES DESDOBLAMIENTO CTRA. LORCA N-332 (15)	COMUNIDAD AUTONOMA DE MURCIA	16/07/90	1.702.139.948 Pts
ILUMINACION ZONA LIMITROFE POL. IND. Y ENLACE - SORIA -	OBRAS PUBLICAS Y URBANISMO	23/07/90	158.199.101 Pts
RAMALES ENLACE DEL ACCESO NORTE PUERTO - TARRAGONA - T-721 Y N-340	OBRAS PUBLICAS Y URBANISMO	23/07/90	212.287.700 Pts
LIMPIEZA EDIFICIOS ESCOLARES Y DEPENDENCIAS MUNICIPALES (15)	ADMINISTRACION LOCAL	25/07/90	19.898.034 Pts
ADECUACION INSTAL. EDIFICIO NO EXPERIMENTAL UNIV. COMPLUTENSE	EDUCACION Y CIENCIA	2/08/90	220.443.961 Pts
AMPLIACION Y REFORMA HOSPITAL COMARCAL DON BENITO - BADAJOZ -	SANIDAD Y CONSUMO	7/08/90	873.881.241 Pts
REFORMA CLIMATIZACION Y TENDIDO ELECTRICO HOSP. GENERAL - SEGOVIA	SANIDAD Y CONSUMO	7/08/90	375.939.178 Pts
OBRAS EDIFICIO RESIDENCIA 3ª EDAD Y DISPENSARIO CALVIA	ADMINISTRACION LOCAL	9/08/90	213.481.355 Pts
CONSTRUCCION ESCUELA INFANTIL C/ ZARAGOZA FUENLABRADA - MADRID - (15)	COMUNIDAD AUTONOMA DE MADRID	13/08/90	91.010.985 Pts
CANAL REGATAS COMPETICIONES PIRAGUISMO CASTELLDEFELS - BARCELONA	COMUNIDAD AUTONOMA DE CATALUÑA	16/08/90	860.448.946 Pts

673

ASUNTO	ORGANISMO	FECHA BOE	PRESUPUESTO ADJUDICACION
CONSTRUCCION INSTITUTO BACHILLERATO CAUDETE - ALBACETE -	EDUCACION Y CIENCIA	17/08/90	248.278.175 Pts
PABELLONES POLIDEPORTIVOS CUBIERTOS LAS CRUCITAS Y CRUCE ARINAGA (15)	ADMINISTRACION LOCAL	18/08/90	153.808.332 Pts
RECOGIDA BASURAS	ADMINISTRACION LOCAL	20/08/90	30.301.227 Pts
AUTOVIA DEL NOROESTE CN-VI VARIANTE VILLADEFRADES (18)	OBRAS PUBLICAS Y URBANISMO	22/08/90	890.484.268 Pts
LIMPIEZA VIARIA MUNICIPIO (15)	ADMINISTRACION LOCAL	22/08/90	19.954.376 Pts
TERMINACION DECORACION AMPLIACION PALACIO SENADO (20)	ECONOMIA Y HACIENDA	22/08/90	174.172.403 Pts
CARRETERA N-240 TARRAGONA - SAN SEBASTIAN	COMUNIDAD AUTONOMA DE ARAGON	23/08/90	442.520.824 Pts
CONSTRUCCION 4 AULAS PREESCOLAR COLEGIO BENITO PEREZ GALDOS (15)	EDUCACION Y CIENCIA	23/08/90	74.237.441 Pts
CONSTRUCCION 4 AULAS PREESCOLAR COLEGIO CARANCA - MADRID - (15)	EDUCACION Y CIENCIA	23/08/90	35.980.556 Pts
CONSTRUCCION 4 AULAS PREESCOLAR COLEGIO LUIS BUÑUEL - MADRID - (15)	EDUCACION Y CIENCIA	23/08/90	95.726.424 Pts
CONSTRUCCION 4 AULAS PREESCOLAR COLEGIO ROSALIA CASTRO - MADRID - (15)	EDUCACION Y CIENCIA	23/08/90	66.770.386 Pts
CONSTRUCCION COLEGIO EDUCACION GENERAL BASICA COSLADA - MADRID - (15)	EDUCACION Y CIENCIA	23/08/90	7.107.245 Pts
CRUCE RAMAL ALICANTE CON AUTOVIA MADRID-ALICANTE	OBRAS PUBLICAS Y URBANISMO	25/08/90	10.698.427 Pts
OBRAS MUELLE BARCELONA	OBRAS PUBLICAS Y URBANISMO	25/08/90	
RECOGIDA BASURAS AREAS OCIO-RECREATIVAS ZONA OESTE C.A. MADRID	COMUNIDAD AUTONOMA DE MADRID	25/08/90	24.752.542 Pts
RECOGIDA Y TRANSPORTE RESIDUOS URBANOS	COMUNIDAD AUTONOMA DE MADRID	25/08/90	54.427.705 Pts
URBANIZACION CAMPUS UNIVERSITARIO EXTREMADURA EN - CACERES -	EDUCACION Y CIENCIA	25/08/90	259.941.142 Pts
MANT. INTEGRAL INSTAL. D.G. POLICIA MADRID TOLEDO C. REAL. ETC... (15)	INTERIOR	28/08/90	319.424.000 Pts

Proyecto	Organismo	Fecha	Importe
CONEXION 2ª CINTURON A-19 CN-II TRINIDAD-MONTGAT - BARCELONA -	OBRAS PUBLICAS Y URBANISMO	19/09/90	11.533.557.000 Pts
NUEVA CONDUCCION PRINCIPAL RED DISTRIBUCION AGUA A TORRELAVEGA	ADMINISTRACION LOCAL	26/09/90	146.338.271 Pts
CARRETERA ML-300 CIRCUNVALACION EXTERIOR MELILLA (15)	OBRAS PUBLICAS Y URBANISMO	4/10/90	1.929.834.364 Pts
CONSTR. CENTRO PROCESO DATOS AEROPUERTO GRAN CANARIA (15)	TRANSPORTE TURISMO Y COMUNICACIONES	4/10/90	27.657.483 Pts
CONSTR. PABELLONES POLIDEP. CUBIERTOS CRUCITAS Y CRUCE ARRIAGA (15)	ADMINISTRACION LOCAL	9/1C/90	153.808.133 Pts
CUBRICION REGATO FUENSANTA - BADAJOZ - (15)	OBRAS PUBLICAS Y URBANISMO	9/10/90	13.312.380 Pts
RESTAURACION IGLESIA S. JERONIMO DEL REAL 1ª FASE (15)	COMUNIDAD AUTONOMA DE MADRID	11/10/90	19.042.279 Pts
SANEO Y REPARACION BLANDONES CN-322 CORDOBA-VALENCIA - ALBACETE -	OBRAS PUBLICAS Y URBANISMO	25/10/90	81.607.222 Pts
ESTRUCTURA NUEVO EDIFICIO (15)	ADMINISTRACION LOCAL	20/11/90	138.920.714 Pts
PABELLON DE GOBIERNO (15)	ADMINISTRACION LOCAL	20/11/90	157.622.189 Pts
ACONDICIONAMIENTO CAMPUS UNIVERSITARIO - ALBACETE -	EDUCACION Y CIENCIA	27/11/90	170.984.470 Pts
CONSTRUCCION MERCADO ABASTOS	ADMINISTRACION LOCAL	1/12/90	346.748.234 Pts
CONSTRUCCION AULARIO DPTO. BIOLOGIA ORGANISMOS - OVIEDO -	EDUCACION Y CIENCIA	4/12/90	849.104.735 Pts
CONSTRUCCION INSTITUTO BACHILLERATO CASTAÑEDA - CANTABRIA -	EDUCACION Y CIENCIA	4/12/90	274.976.593 Pts
1ª FASE CONSTRUCCION ESCUELA HOSTELERIA	COMUNIDAD AUTONOMA DE LAS ISLAS BALEARES	15/12/90	218.135.256 Pts
PLANTACIONES MARGENES CN-II TRAMO MADRID-NUDO EISENHAWER (15)	OBRAS PUBLICAS Y URBANISMO	17/12/90	69.459.150 Pts
AMPLIACION TERMINAL INTERNAC. ZONA COMP. AEROP. MADRID/BARAJAS	TRANSPORTE, TURISMC Y COMUNICACIONES	18/12/90	582.388.116 Pts
REPARACION DESVIOS Y SERVICIOS PROVISIONALES CN-401 - MADRID -	OBRAS PUBLICAS Y URBANISMO	18/12/90	444.912.870 Pts

ASUNTO	ORGANISMO	FECHA BOE	PRESUPUESTO ADJUDICACION
AMPLIACION 3 CARRILES PASEO MONISTROL M-30	OBRAS PUBLICAS Y URBANISMO	31/12/90	458.358.769 Pts
AUTOVIA DEL NOROESTE CN-VI MADRID-LA CORUÑA - ZAMORA - (15)	OBRAS PUBLICAS Y URBANISMO	31/12/90	8.206.291.219 Pts
AUTOVIA DEL NORTE VARIANTE ALCOBENDAS-S.S.REYES CN-I - MADRID - (15)	OBRAS PUBLICAS Y URBANISMO	31/12/90	3.248.402.521 Pts
AUTOVIA UTIEL-VALENCIA CN-III - VALENCIA -	OBRAS PUBLICAS Y URBANISMO	31/12/90	18.151.998.510 Pts
		Total 1990 :	**146.226.740.576 Pts**
1991			
CONEXION CN-V CON CN-VI TRAMO ENLACE PTE. FRANCESES-PUERTA HIERRO	OBRAS PUBLICAS Y URBANISMO	9/01/91	274.676.975 Pts
AMPLIACION EDIF. DELEGACION GOBIERNO - MELILLA - (15)	INTERIOR	11/01/91	42.633.167 Pts
(15)	COMUNIDAD AUTONOMA DE MURCIA	16/01/91	180.385.139 Pts
MURO CONTENCION COLEGIO LA'S SABONES-MAGALUF-CALVIA - BALEARES -	EDUCACION Y CIENCIA	16/01/91	5.825.000 Pts
PROYECTO REALIZACION OBRAS INSTALALACION PLANTA DESALINIZADORA	DEFENSA	17/01/91	299.227.635 Pts
VARIANTE CASETAS CN-232 - ZARAGOZA -	OBRAS PUBLICAS Y URBANISMO	24/01/91	1.396.187.823 Pts
APARCAMIENTO PUBLICO ESTACION FERROCARRIL MAJADAHONDA - MADRID -	TRANSPORTE, TURISMO Y COMUNICACIONES	26/01/91	689.509.968 Pts
NUEVO EDIFICIO TERMINAL Y ACCESOS AEROPUERTO JEREZ	TRANSPORTE, TURISMO Y COMUNICACIONES	26/01/91	1.208.040.000 Pts
PROYECTO ENLACES FERROVIARIOS MADRID ESTACION MADRID/ATOCHA	TRANSPORTE, TURISMO Y COMUNICACIONES	26/01/91	1.105.783.513 Pts
PROYECTO REMODELACION APEADERO COSLADA INFRAESTRUCTURA Y VIA	TRANSPORTE, TURISMO Y COMUNICACIONES	26/01/91	327.422.683 Pts
APARCAMIENTO DE PLAZA DE ARMAS (15)	ADMINISTRACION LOCAL	30/01/91	1.186.828.425 Pts
MANTENIMIENTO PASARELAS TELESCOPICAS AEROPUERTO GRAN CANARIA (15)	TRANSPORTE TURISMO Y COMUNICACIONES	30/01/91	57.697.896 Pts
URBANIZACION BARRIADA SANTA ROSALIA - MALAGA -	ADMINISTRACION LOCAL	31/01/91	348.975.452 Pts

Descripción	Organismo	Fecha	Importe
ACONDIC. CAFETERIA D. PROVINCIAL TRABAJO Y S.SOCIAL - BARCELONA -	TRABAJO Y SEGURIDAD SOCIAL	1/02/91	27.532.915 Pts
AMPLIACION EDIFICIO ESCUELA NACIONAL SANIDAD - MADRID - (15)	SANIDAD Y CONSUMO	2/02/91	261.624.113 Pts
AMPLIACION MUELLE CONTENEDORES PUERTO ARRECIFE	OBRAS PUBLICAS Y URBANISMO	6/02/91	664.223.008 Pts
ILUMINACION CERRAMIENTO AUTOVIA CN-II - GUADALAJARA - (15)	OBRAS PUBLICAS Y URBANISMO	6/02/91	279.504.394 Pts
ABRIGO PUERTO DE SADO - LA CORUÑA -	COMUNIDAD AUTONOMA DE GALICIA	12/02/91	431.143.674 Pts
ACOND. Y PROTECCION CANAL PEDROSA - ALICANTE -	OBRAS PUBLICAS Y URBANISMO	14/02/91	23.988.747 Pts
EXPROPIACIONES CONDUCCION RIEGOS RIO VELEZ - MALAGA -	OBRAS PUBLICAS Y URBANISMO	14/02/91	9.662.814 Pts
IMPULSION A LA DEPURADORA Y ALCANTARILLADO SAN TELENO (15)	ADMINISTRACION LOCAL	14/02/91	118.593.000 Pts
INSTAL. ELECTROMECANICAS CENTRAL ELEVACION RIEGOS FRESNEDOSA	OBRAS PUBLICAS Y URBANISMO	14/02/91	23.750.527 Pts
MODULO ATLETISMO CUBIERTO CONSEJO SUPERIOR DEPORTES - MADRID -	EDUCACION Y CIENCIA	14/02/91	491.222.796 Pts
NUEVA CONDUCCION DESAGUES FONDO RIEGOS FRESNEDOSA - CACERES -	OBRAS PUBLICAS Y URBANISMO	14/02/91	24.560.000 Pts
MATERIAL Y EQUIPOS ACOND. CENTRO COORDINACION AEROP. - BARCELONA	TRANSPORTE, TURISMO Y COMUNICACIONES	15/02/91	6.148.276 Pts
REMODELACION ENTRADA PRINCIPAL ACCESO PLATAFORMA AEROP. SABADELL (15)	TRANSPORTE TURISMO Y COMUNICACIONES	19/02/91	19.993.707 Pts
CONSTRUCCION COLEGIO 2 AULAS PREESCOLAR ALCANTARILLA - MURCIA - (15)	EDUCACION Y CIENCIA	20/02/91	86.677.461 Pts
CONSTRUCCION FACULTAD CIENCIAS EMPRESARIALES - LEON -	EDUCACION Y CIENCIA	20/02/91	934.599.665 Pts
CONSTRUCCION INSTITUTO BACHILLERATO 2 AULAS-TALLER BARGAS TOLEDO (15)	EDUCACION Y CIENCIA	20/02/51	327.194.936 Pts
REMODELACION FACULTAD CIENCIAS POLITICAS Y ESCUELA TRABAJO SOCIAL	EDUCACION Y CIENCIA	20/02/91	195.954.851 Pts
MODULO AMBIENTAL PARA IB MANUEL GODOY (15)	EDUCACION Y CIENCIA	25/02/91	8.310.193 Pts

ASUNTO	ORGANISMO	FECHA BOE	PRESUPUESTO ADJUDICACION
AMPLIACION CENTRO SALUD CARAVACA DE LA CRUZ (15)	SANIDAD Y CONSUMO	9/03/91	55.954.121 Pts
CONSTRUCCION CENTRO SALUD AZUAGA - BADAJOZ -	SANIDAD Y CONSUMO	9/03/91	171.630.604 Pts
REFORMA ACOND. HOSPITAL VIRGEN PERPETUO SOCORRO - BADAJOZ -	SANIDAD Y CONSUMO	9/03/91	932.967.978 Pts
RENOVACION FASE I PLAN DIRECTORIO HOSPITAL CLINICO - ZARAGOZA -	SANIDAD Y CONSUMO	9/03/91	2.335.836.764 Pts
RECOGIDA RESIDUOS SOLIDOS URBANOS (15)	ADMINISTRACION LOCAL	12/03/91	152.235.524 Pts
CONSTRUCCION RESIDENCIA 3ª EDAD ALCOBENDAS - MADRID -	ASUNTOS SOCIALES	10/04/91	909.837.255 Pts
ACONDIC. Y CONSTRUCCION COMPLEJO PISCINAS MONTE TOSSAL 1ª FASE (15)	ADMINISTRACION LOCAL	16/04/91	48.650.576 Pts
CONSTRUC. COMPLEJO PISCINAS MONTE TOSSAL 1ª FASE (15)	ADMINISTRACION LOCAL	16/04/91	47.200.250 Pts
MEJORA PLATAFORMA CN-110 SORIA-PLASENCIA - AVILA - (15)	OBRAS PUBLICAS Y URBANISMO	16/04/91	1.151.652.733 Pts
OBRAS ADICIONALES NAVES DEPENDENCIAS AREA SERVICIOS 2ª FASE (15)	ADMINISTRACION LOCAL	16/04/91	6.695.658 Pts
RECOGIDA TRATAMIENTO RESIDUOS SOLIDOS URBANOS Y LIMPIEZA PUBLICA (15)	ADMINISTRACION LOCAL	16/04/91	1.591.140.094 Pts
REVISION PRECIOS 89 RECOGIDA BASURAS Y LIMPIEZA PUBLICA (15)	ADMINISTRACION LOCAL	16/04/91	84.840.374 Pts
URBANIZACION PROLONGACION AVD. BARES DE MANRESA 2ª FASE (15)	ADMINISTRACION LOCAL	18/04/91	244.500.706 Pts
ACONDIC. REGULARIZACION MUELLE MIRASOL COSTADO SUR	COMUNIDAD AUTONOMA DE GALICIA	10/05/91	19.225.623 Pts
AMPLIACION MUELLE COMERCIAL LA PUEBLA DO CAROMIÑAL	COMUNIDAD AUTONOMA DE GALICIA	10/05/91	260.713.753 Pts
NUEVOS ACCESOS HOSPITAL UNIVERSITARIO CANARIAS 1ª FASE (15)	ADMINISTRACION LOCAL	24/05/91	76.507.336 Pts
ACOND. COCINA CLIMATIZACION INFORMATICA ETC.. PALACIO SENADO	ECONOMIA Y HACIENDA	11/06/91	253.804.067 Pts
REVEST. DECORACION ACABADO HEMICICLO PALACIO SENADO - MADRID -	ECONOMIA Y HACIENDA	11/06/91	145.892.608 Pts

Proyecto	Organismo	Fecha	Importe
RECOGIDA RESIDUOS Y LIMPIEZA VIARIA	ADMINISTRACION LOCAL	13/06/91	72.827.854 Pts
MANTENIMIENTO PASARELAS EMBARQUE EDIF. TERMINAL AERP. BARAJAS (15)	TRANSPORTE TURISMO Y COMUNICACIONES	22/06/91	77.037.588 Pts
ACONDICIONAMIENTO CARRETERA C-223 BURRIANA VILA-REAL	COMUNIDAD AUTONOMA VALENCIANA	27/06/91	116.367.634 Pts
ACONDICIONAMIENTO CARRETERA C-224 ENTRE ALTURA-SEGORBE	COMUNIDAD AUTONOMA VALENCIANA	27/06/91	73.968.625 Pts
DESVIO ABASTECIMIENTO AGUA AULARIO BIOLOGIA CAMPUS U. - OVIEDO -	EDUCACION Y CIENCIA	27/06/91	8.500.560 Pts
ESTUDIO S. E HIGIENE ENSANCHE MEJORA FIRME C-320 ALMANSA-GRAO	COMUNIDAD AUTONOMA VALENCIANA	27/06/91	7.442.551 Pts
MODIFICACION I COLECTORES GENERALES Y EDAR ALCOY	COMUNIDAD AUTONOMA VALENCIANA	27/06/91	156.254.260 Pts
OBRAS COMPLEMENTARIAS COLECTOR GENERAL Y EDAR DE ALCOY	COMUNIDAD AUTONOMA VALENCIANA	27/06/91	86.972.573 Pts
PROYECTO INSTAL. COLECTOR MANCOMUNIDAD QUART BENAGER CRUCE N-	COMUNIDAD AUTONOMA VALENCIANA	27/06/91	18.315.000 Pts
PARQUE BOMBEROS SABADELL (15)	COMUNIDAD AUTONOMA DE CATALUÑA	16/07/91	49.192.500 Pts
REFORMA CENTRO EDUCACION ESPECIAL RONDA CROS MATARO (15)	COMUNIDAD AUTONOMA DE CATALUÑA	16/07/91	13.000.000 Pts
OBRA DE FABRICA CN-630 GIJON - SEVILLA - (15)	OBRAS PUBLICAS Y TRANSPORTE	22/07/91	20.141.089 Pts
URBANIZACION CANAL REGATAS OLIMPICO CASTELDEFELS GOVA	COMUNIDAD AUTONOMA DE CATALUÑA	22/07/91	853.288.316 Pts
AMPLIACION INSPECCION HACIENDA - SEVILLA - (15)	ECONOMIA Y HACIENDA	23/07/91	209.219.496 Pts
PROYECTO CONSTR. ACTUACIONES INTEGRADAS TRAT. BAJO COSTE TENERIFE	OBRAS PUBLICAS Y TRANSPORTE	23/07/91	296.411.320 Pts
PROYECTO VERTEDERO CONTROLADO RESIDUOS SOLIDOS URBANOS GUADIEL (15)	OBRAS PUBLICAS Y TRANSPORTE	23/07/91	68.120.269 Pts
REFORMADO C/ AMADOR DE LOS RIOS 2 - MADRID - (15)	INTERIOR	23/07/91	145.619.074 Pts
CONSTRUCCION CENTRO ATENCION AMADEU TORNES	COMUNIDAD AUTONOMA DE CATALUÑA	24/07/91	257.526.495 Pts

ASUNTO	ORGANISMO	FECHA_BOE	PRESUPUESTO ADJUDICACION
REFORMA CENTRO ASISTENCIA PRIMARIA SANTA COLOMA GRAMANET	COMUNIDAD AUTONOMA DE CATALUÑA	24/07/91	228.092.524 Pts
REMODELACION CENTRO ATENCION PRIMARIA SANT COSME	COMUNIDAD AUTONOMA DE CATALUÑA	24/07/91	192.602.388 Pts
PRESA RAMBLA DE ALGECIRAS - MURCIA -	OBRAS PUBLICAS Y TRANSPORTE	6/08/91	4.916.830.142 Pts
MODIFICACION 1 ENSANCHE MEJORA FIRME C-320 GANDIA	COMUNIDAD AUTONOMA VALENCIANA	7/08/91	68.573.282 Pts
CONSTRUC. INSTITUTO F. PROFESIONAL Y 2 AULAS TALLER YECLA MURCIA	EDUCACION Y CIENCIA	12/08/91	246.491.547 Pts
AUTOVIA ARAGON CN-II MADRID-FRANCIA VARIANTE TORREMOCHA CAMPO	OBRAS PUBLICAS Y TRANSPORTE	13/08/91	968.689.881 Pts
CONSERVACION CARRILLOS PORTAEQUIPAJES AEROPUERTO BARCELONA	OBRAS PUBLICAS Y TRANSPORTE	13/08/91	76.480.904 Pts
CONSERVACION EXPLOTACION AUTOVIA SEVILLA-HUELVA (15)	OBRAS PUBLICAS Y TRANSPORTE	13/08/91	947.349.676 Pts
EDIFICIO DEPARTAMENTAL CIENCIAS INFORMACION	UNIVERSIDADES	13/08/91	856.640.696 Pts
NUEVA PLANTA SERVICIOS CENTRALES	ADMINISTRACIONES PUBLICAS	13/08/91	1.598.588.751 Pts
REPOSICION CAMINOS SUPRESION ACCESOS CN-330 - ALICANTE -	OBRAS PUBLICAS Y TRANSPORTE	13/08/91	25.917.653 Pts
VARIANTE TRAZADO CN-632 RIBADESELLA-LUARCA - ASTURIAS - (19)	OBRAS PUBLICAS Y TRANSPORTE	13/08/91	3.592.435.472 Pts
ACONDICIONAMIENTO CTRA. BV-4512 D'ARTES A PONT DE CABRIANES	ADMINISTRACION LOCAL	16/08/91	18.368.639 Pts
PASARELA PEATONES AUTOVIA ALICANTE - MURCIA -CRUCE EL RANERO	OBRAS PUBLICAS Y TRANSPORTE	19/08/91	71.989.644 Pts
REPARACION ESTRUCTURA HANGAR AEROPUERTO GRAN CANARIA (15)	OBRAS PUBLICAS Y TRANSPORTE	20/08/91	19.850.170 Pts
CONEXION N-V CON N-401 - MADRID - (15)	COMUNIDAD AUTONOMA DE MADRID	21/08/91	971.574.728 Pts
PAVIMENTACION ACERAS PARA PASO INFERIOR C-502 - AVILA -	OBRAS PUBLICAS Y TRANSPORTE	21/08/91	27.292.697 Pts
CONSTRUCCION 4 AULAS PREESCOLAR COLEGIO P. ROSA AGAZZI - MADRID - (15)	EDUCACION Y CIENCIA	22/08/91	56.900.904 Pts

Proyecto	Organismo	Fecha	Importe
CONSTRUCCION COLEGIO Y 2 AULAS PREESCOLAR ALMANSA - ALBACETE -	EDUCACION Y CIENCIA	22/08/91	102.490.488 Pts
AMPLIACION 400 PUESTOS INSTITUTO F. PROFESIONAL VILLARROBLEDO	EDUCACION Y CIENCIA	23/08/91	109.018.307 Pts
REFORMA NUEVA FACULTAD BIOLOGICAS	UNIVERSIDADES	23/08/91	499.733.253 Pts
MEJORA DRENAJES CAMPO CARTAGENA - MURCIA -	OBRAS PUBLICAS Y TRANSPORTE	24/08/91	167.560.884 Pts
PARQUE BOMBEROS REQUENA (15)	COMUNIDAD AUTONOMA VALENCIANA	26/08/91	85.586.575 Pts
PAVIMENTACION ACERAS CAMPUS	UNIVERSIDADES	28/08/91	33.901.236 Pts
ESTABLECIMIENTO ZONAS VERDES PLZ. MINGUEZ CERCEDILLA	COMUNIDAD AUTONOMA DE MADRID	5/09/91	31.283.596 Pts
DRAGADO EN FOZ	COMUNIDAD AUTONOMA DE GALICIA	6/09/91	23.697.032 Pts
CONSTRUCCION EDIFICIO EQUIPOS POLICIALES - BARCELONA -	INTERIOR	7/09/91	3.151.835.791 Pts
CONSTRUCCION PABELLON C. AUTONOMA MADRID EXPO'92 (15)	COMUNIDAD AUTONOMA DE MADRID	7/09/91	253.302.951 Pts
VARIANTE PUEBLO NUEVO CN-432 BADAJOZ-GRANADA	OBRAS PUBLICAS Y TRANSPORTE	7/09/91	383.025.347 Pts
REMODELACION HOSPITAL PSIQUIATRICO EL PALMAR - MURCIA - (15)	COMUNIDAD AUTONOMA DE MURCIA	10/09/91	235.687.987 Pts
REMODELACION COCINA HOSPITAL PSIQUIATRICO DE MADRID (15)	COMUNIDAD AUTONOMA DE MADRID	11/09/91	7.865.958 Pts
RECOGIDA Y TRANSPORTE BASURAS SIERRA GUADARRAMA	COMUNIDAD AUTONOMA DE MADRID	25/09/91	38.568.720 Pts
ESTRUCTURA NUEVO EDIFICIO XUXO (15)	ADMINISTRACION LOCAL	27/09/91	138.920.714 Pts
PABELLON GOBIERNO (15)	ADMINISTRACION LOCAL	27/09/91	157.622.183 Pts
ACONDICIONAMIENTO VIA BORDE DE TRIANA JUNTO MURO DEFENSA	ADMINISTRACION LOCAL	28/09/91	122.213.273 Pts
PLAZA ARMAS URBANIZACION DEL ENTORNO PLAZA CHAPINA (15)	ADMINISTRACION LOCAL	1/10/91	529.395.226 Pts

ASUNTO	ORGANISMO	FECHA BOE	PRESUPUESTO ADJUDICACION
MODIF. I ACOND. TRAZADO Y ENLACE C-320 LLOCNOU DE SANT JERONI	COMUNIDAD AUTONOMA VALENCIANA	14/10/91	44.219.427 Pts
CONSTR. CENTRO EDUCACION ESPECIAL - MURCIA -	EDUCACION Y CIENCIA	16/10/91	235.326.075 Pts
SERVICIO RECOGIDA BASURA DOMICILIARIA VILLA DE HERNANI (15)	ADMINISTRACION LOCAL	16/10/91	24.654.182 Pts
EJECUCION RECTORADO 2ª FASE	UNIVERSIDADES	17/10/91	198.972.000 Pts
TERMINACION URBANIZACION CAMPUS 2ª FASE	UNIVERSIDADES	17/10/91	199.502.085 Pts
CONSTRUCCION EDIF.CENTRO PARA UNIVERSIDAD CARLOS III - MADRID -	EDUCACION Y CIENCIA	22/10/91	2.783.826.907 Pts
REFORMA EDIFICIO FACULTAD VETERINARIA - ZARAGOZA -	EDUCACION Y CIENCIA	22/10/91	549.720.882 Pts
CONDUCCION Y DISTRIBUCION AGUAS RIEGO FINCA MAS BLANCH - HUESCA - (15)	OBRAS PUBLICAS Y TRANSPORTE	24/10/91	84.869.189 Pts
ABASTECIMIENTO AGUA CIUDAD TORRELAVEGA - CANTABRIA -	OBRAS PUBLICAS Y TRANSPORTE	31/10/91	23.601.800 Pts
ASIST. TEC. CONSERV. CARRILLOS PORTAEQUIPAJES AERP. GRAN CANARIA	OBRAS PUBLICAS Y TRANSPORTE	31/10/91	23.929.344 Pts
ASIST. TECNICA CONSERV. CARRILLOS PORTAEQUIPAJES AERP. MALAGA	OBRAS PUBLICAS Y TRANSPORTE	31/10/91	40.793.976 Pts
ASIST. TECNICA CONSERV. CARRILLOS PORTAEQUIPAJES AERP. TENERIFE	OBRAS PUBLICAS Y TRANSPORTE	31/10/91	35.594.793 Pts
CONSTRUCCION COMISARIA LOCAL POZUELO ALARCON - MADRID -	INTERIOR	7/11/91	462.716.052 Pts
SEGURIDAD VIAL A-49 SEVILLA-HUELVA TRAMO CASTILLEJO-TOMARES (15)	OBRAS PUBLICAS Y TRANSPORTE	7/11/91	119.841.227 Pts
AJARDINAMIENTO CANAL PIRAGUISMO CASTELDEFELS-GAVA	COMUNIDAD AUTONOMA DE CATALUÑA	21/11/91	44.988.384 Pts
NUEVA CARRETERA VARIANTE LA UNION Y EL ALGAR CN-332 - MURCIA - (15)	OBRAS PUBLICAS Y TRANSPORTE	21/11/91	1.248.043.884 Pts
EDIFICIO ANEXO OFICINAS Y VESTUARIOS COMISARIA POLICIA - C. REAL - (15)	INTERIOR	26/11/91	140.806.936 Pts
ACONDICIONAMIENTO PALACIO SENADO (20)	ECONOMIA Y HACIENDA	27/11/91	253.804.067 Pts

Proyecto	Organismo	Fecha	Importe
ADAP. LOCALES CENTRO OPERACIONES SEGURIDAD OLIMPICA - BARCELONA - (15)	INTERIOR	27/11/91	380.082.507 Pts
DEMOLICION Y CONSOLIDACION COMISARIA PROVINCIAL POLICIA - BURGOS	INTERIOR	27/11/91	5.460.431 Pts
ESTRUCTURA CUBIERTA Y SANEADO CASA INFANTES LA GRANJA - SEGOVIA -	ECONOMIA Y HACIENDA	27/11/91	305.426.326 Pts
ADAPTACION PALACIO LA ISLA COMISARIA PROV. POLICIA - BURGOS -	INTERIOR	28/11/91	11.024.147 Pts
BIBLIOTECA PUBLICA DEL ESTADO - CORUÑA -	CULTURA	28/11/91	508.028.160 Pts
DISTRIBUIDOR OESTE N-40 ENLACE EL BARRIAL A-6 CON A-5 Y DIST. SUR (16)	OBRAS PUBLICAS Y TRANSPORTE	28/11/91	11.200.121.000 Pts
ACOND. MEJORAS ACCESO BOCAS TUNEL TRANSVASUR- GRAN CANARIA -	OBRAS PUBLICAS Y TRANSPORTE	3/12/91	23.980.450 Pts
ACONDICIONAMIENTO CTRA. C-546 NODELA- SARRIA	COMUNIDAD AUTONOMA DE GALICIA	3/12/91	1.019.926.839 Pts
OBRAS COMPLEMENTARIAS MODULO ATLETISMO CUBIERTO DEL CSD	EDUCACION Y CIENCIA	5/12/91	133.490.144 Pts
MEJORA ABASTECIMIENTO AL SISTEMA CASRAMA (15)	COMUNIDAD AUTONOMA DE MADRID	14/12/91	699.869.202 Pts
VARIANTE CN-234 ENTRE GILET Y VARIANTE SANJA (15)	OBRAS PUBLICAS Y TRANSPORTE	27/12/91	3.425.398.172 Pts

Total 1991 :   **67.261.767.788 Pts**

1992

Proyecto	Organismo	Fecha	Importe
CONSTRUCCION CENTRO INFANTIL FUENLABRADA - MADRID - (15)	COMUNIDAD AUTONOMA DE MADRID	15/01/92	112.517.354 Pts
CONSTRUCCION ESCUELA INFANTIL LAS ROZAS - MADRID - (15)	COMUNIDAD AUTONOMA DE MADRID	15/01/92	112.582.978 Pts
CONSTRUCCION CENTRO SALUD YESTE	SANIDAD Y CONSUMO	16/01/92	120.403.022 Pts
REALIZACION PISTA POLIDEPORTIVA C. MAYOR ALFONSO X EL SABIO	EDUCACION Y CIENCIA	16/01/92	9.400.000 Pts
REPARACION CUBIERTAS CENTRO ATENCION ESPECIALIZADA ARTURO EYRES	SANIDAD Y CONSUMO	16/01/92	5.750.854 Pts
URBANIZACION RECTORADO UNIVERSIDAD COMPLUTENSE (15)	EDUCACION Y CIENCIA	16/01/92	107.832.514 Pts

683

ASUNTO	ORGANISMO	FECHA_BOE	PRESUPUESTO ADJUDICACION
ENLACE CANAPES M-30 CIRCUNVALACION A MADRID TRAMO II (15)	OBRAS PUBLICAS Y TRANSPORTE	17/01/92	696.483.813 Pts
INSTALACION RED POSTES AUXILIO AUTOVIA N-VI ADANERO-VILLALPANDO (15)	INTERIOR	17/01/92	121.312.482 Pts
CONSERVACION N-VI TRAMO PZA. CARDENAL CISNEROS VILLALBA (15)	OBRAS PUBLICAS Y TRANSPORTE	20/01/92	345.879.332 Pts
AMPLIACION ESTUDIOS AUTOVIA IGUALADA-MARTORELL	OBRAS PUBLICAS Y TRANSPORTE	21/01/92	263.467.595 Pts
CARRETERA N-40 DISTRIBUIDOR NORTE TRAMO 3° CTRA. C-607 (19)	OBRAS PUBLICAS Y TRANSPORTE	21/01/92	10.749.216.251 Pts
CONSTR. CALZADAS LAT. PASO SUPERIOR N-II AUTOV.IGUALADA-MARTORELL	OBRAS PUBLICAS Y TRANSPORTE	21/01/92	268.590.703 Pts
ENLACE CARRETERAS V-15 Y V-30 AUTOVIA DEL SALER	OBRAS PUBLICAS Y TRANSPORTE	21/01/92	24.472.000 Pts
MODIFICACION ABASTECIMIENTO AGUA Y TENDIDO LINEA ELECTRICA N-II	OBRAS PUBLICAS Y TRANSPORTE	21/01/92	22.275.200 Pts
PROYECTO RESTAURACION TERRAZA 3ª PLT. FACHADA GRAN PLAZA - MADRID (15)	OBRAS PUBLICAS Y TRANSPORTE	21/01/92	43.109.336 Pts
COLECTOR INTERCEPTOR GENERAL RIO NORA TRAMO LAS LLAMARGAS-E.SANTO (15)	OBRAS PUBLICAS Y TRANSPORTE	25/01/92	661.056.840 Pts
INFRAESTR. LINEA I METROPOLITANO MADRID PORTAZGO-C. SARDINERO (15)	COMUNIDAD AUTONOMA DE MADRID	28/01/92	846.144.636 Pts
ESCOLLERAS PASOS INFERIORES CERRAMIENTO ILUMINACION CN-340	OBRAS PUBLICAS Y TRANSPORTE	4/02/92	405.053.549 Pts
REPARACION ACCESOS PATIOS 1 Y 2 SEDE CENTRAL MOPT (15)	OBRAS PUBLICAS Y TRANSPORTE	4/02/92	24.424.669 Pts
CONSERVACION Y MANTENIMIENTO (15)	UNIVERSIDADES	5/02/92	176.230.000 Pts
CONSTRUCCION DESALADORA DE CANALEJO FUERTEVENTURA - LAS PALMAS -	OBRAS PUBLICAS Y TRANSPORTE	5/02/92	431.629.491 Pts
INSTALACION CALEFACCION Y REPARACIONES	COMUNIDAD AUTONOMA DE ARAGON	5/02/92	5.462.598 Pts
INSTALACION DESALADORA GRAN TARAJAL FUERTEVENTURA - LAS PALMAS -	OBRAS PUBLICAS Y TRANSPORTE	5/02/92	458.472.888 Pts
MODIFICADO 1 PRECIOS PRESA LA FERNANDINA - JAEN - (15)	OBRAS PUBLICAS Y TRANSPORTE	5/02/92	409.585.763 Pts

REPARACION 240 VIVIENDAS	COMUNIDAD AUTONOMA DE ARAGON	5/02/92	5.266.597 Pts
REPARACION CUBIERTAS Y LOCALES	COMUNIDAD AUTONOMA DE ARAGON	5/02/92	9.483.992 Pts
TRABAJOS COMPLEMENTARIOS 49 VIVIENDAS	COMUNIDAD AUTONOMA DE ARAGON	5/02/92	9.483.992 Pts
PROYECTO EJECUCION OBRAS Y REPARACION FEVE VILLABLINO-CUBILLOS	COMUNIDAD AUTONOMA DE CASTILLA Y LEON	6/02/92	639.797.549 Pts
REFORMA EDIFICIO COMISARIA - SEGOVA -	INTERIOR	6/02/92	73.302.439 Pts
REPARACION Y MODERNIZACION CANALES ARLANZAN - BURGOS - (15)	OBRAS PUBLICAS Y TRANSPORTE	7/02/92	226.463.745 Pts
CONSTRUCCION 30 VIVIENDAS LOCALES COMERCIALES Y APARCAMIENTOS	ADMINISTRACION LOCAL	8/02/92	151.435.285 Pts
CONSTRUCCION 44 VIVIENDAS (15)	ADMINISTRACION LOCAL	12/02/92	218.987.315 Pts
ACONDICIONAMIENTO RIC SEGURA ENTRE CAÑAVEROSA Y LA CONTRAPARADA	OBRAS PUBLICAS Y TRANSPORTE	15/02/92	11.645.850 Pts
ACONDICIONAMIENTO RIO SEGURA TRAMO ACEQUIA DE ALGUAZAS	OBRAS PUBLICAS Y TRANSPORTE	15/02/92	11.439.047 Pts
PROLONGACION ENSANCHE DIQUE MUELLE PUENTE DEL ROSARIO	OBRAS PUBLICAS Y TRANSPORTE	20/02/92	473.765.114 Pts
REFORMADO EJECUCION COMPLEJO PISCINAS 1ª FASE (15)	ADMINISTRACION LOCAL	13/04/92	5.183.960 Pts
REVISION PRECIOS 1990 RECOGIDA BASURA Y LIMPIEZA PUBLICA (15)	ADMINISTRACION LOCAL	13/04/92	70.449.644 Pts
REVISION PRECIOS PROYECTO NAVES AREA SERVICIOS (15)	ADMINISTRACION LOCAL	13/04/92	20.534.513 Pts
ABASTECIMIENTO ZONA VALLE SIO FASE A	COMUNIDAD AUTONOMA DE CATALUÑA	2/05/92	539.965.471 Pts
PABELLON POLIDEPORTIVO UNIVERSIDAD CARLOS III	UNIVERSIDADES	4/05/92	44.703.303 Pts
C. TRANSFORMACION MEDIA TENSION ACOM. ELECTRICA HOPT. CANTOBLANCO (15)	COMUNIDAD AUTONOMA DE MADRID	16/05/92	16.782.494 Pts
INSTITUTO SERVICIOS HEMODINAMICA INSTITUTO CARDIOLOGIA - MADRID - (15)	COMUNIDAD AUTONOMA DE MADRID	18/05/92	14.890.242 Pts

ASUNTO	ORGANISMO	FECHA BOE	PRESUPUESTO ADJUDICACION
REMODELACION HOSPITAL DE DIA INST. PSIQUIATRICO JOSE GERNAIN (15)	COMUNIDAD AUTONOMA DE MADRID	18/05/92	14.785.055 Pts
ACOND. EDIF. INSTAL. ELECTRICAS UBICACION GRUPOS ELECTROGENOS (15)	COMUNIDAD AUTONOMA DE MADRID	20/05/92	16.152.011 Pts
AUTOVIA DE PONENT	COMUNIDAD AUTONOMA VALENCIANA	11/06/92	1.773.866.611 Pts
ABRIGO DARSENA SAN FELIPE	OBRAS PUBLICAS Y TRANSPORTE	13/06/92	108.414.440 Pts
PLAZA ROTONDA B-10 - BARCELONA -	OBRAS PUBLICAS Y TRANSPORTE	19/06/92	27.534.165 Pts
		Total 1992 :	20.905.686.702 Pts
		TOTAL ADJ. :	346.207.566.728 Pts

GRUPO ALCATEL STANDARD ELECTRICA (ALCATEL ALSTHOM)

1988

ASUNTO	ORGANISMO	FECHA BOE	PRESUPUESTO ADJUDICACION
REPOSICION CENTRAL TELEFONICA BASE AEREA "LOS LLANOS" - ALBACETE - (23)	DEFENSA	28/04/88	18.841.240 Pts
SERVICIO MANT. CENTRALES TELEFONICAS TERMINAL AEROP. GRAN CANARIA (23)	TRANSPORTE, TURISMO Y COMUNICACIONES	6/07/88	11.916.096 Pts
REVISION Y REPARACION CONTROLES PENTOMAT. (23)	DEFENSA	25/07/88	20.000.000 Pts
REPOSICION CENTRAL TELEFONICA Y RED CABLES ESCUADRILLA SEGURIDAD (23)	DEFENSA	17/09/88	9.800.000 Pts
CENTRAL TELEFONICA Y REMODELACION RED HOSPITAL AIRE - MADRID - (23)	DEFENSA	1/12/88	58.548.400 Pts
CENTRAL TELEFONICA Y RED B. AEREA CUATRO VIENTOS - MADRID - (23)	DEFENSA	9/12/88	53.666.376 Pts
		Total 1988 :	172.772.112 Pts

1989

ASUNTO	ORGANISMO	FECHA BOE	PRESUPUESTO ADJUDICACION
REPARACION CENTRAL TELEFONICA B. AEREA TALAVERA ALA 23 - TOLEDO - (23)	DEFENSA	16/01/89	24.276.793 Pts
ADQUISICION CABLES TELEFONICOS (23)	TRANSPORTE, TURISMO Y COMUNICACIONES	13/03/89	9.458.000 Pts

Descripción		Fecha	Importe
MANTENIMIENTO CENTRALES TELEFONICAS TERMINALES AEROPUERTOS (23)	TRANSPORTE, TURISMO Y COMUNICACIONES	27/04/89	11.491.440 Pts
SUMINISTRO CABLES REPOSICION SERVICIOS COMUNICACION OFICIALES (23)	TRANSPORTE, TURISMO Y COMUNICACIONES	28/06/89	7.554.500 Pts
CENTRALITA TELEFONO (21)	UNIVERSIDADES	11/07/89	7.839.025 Pts
ADQU. APARATOS TELEFONICOS CENTRAL PALACIO COMUNICACIONES MADRID (21)	TRANSPORTE, TURISMO Y COMUNICACIONES	20/07/89	7.750.636 Pts
6 ENVIADORES AUTOMATICOS LLAMADAS TELEFONICAS Y ACCESORIOS (23)	TRANSPORTE, TURISMO Y COMUNICACIONES	28/11/89	10.775.000 Pts

Total 1989 : 79.145.394 Pts

1990

Descripción		Fecha	Importe
ADQUISICION CENTRALES TELEFONICAS DIVERSOS CENTROS UNIVERSIDAD (21)	UNIVERSIDADES	16/01/90	4.786.500 Pts
SUMINISTRO INSTALACIONES TERMINALES REGENERADORES EQUIPOS MIC (23)	TRANSPORTE, TURISMO Y COMUNICACIONES	27/02/90	78.870.951 Pts
REVISION Y REPARACION CENTRALES PENTOMAT Y UNIMAT (21)	DEFENSA	6/03/90	35.000.000 Pts
ASISTENCIA SERVICIOS CENTRALES (21)	TRABAJO Y SEGURIDAD SOCIAL	21/03/90	208.000 Pts
REPARACION MATERIALES CENTRAL TELEFONICA AERODROMO CUATRO VIENTOS	DEFENSA	21/03/90	9.375.000 Pts
SUMINISTRO 4 SERVIDORES AUTOMATICOS LLAMADAS TELEFONICAS (23)	TRANSPORTE, TURISMO Y COMUNICACIONES	21/03/90	6.780.000 Pts
CABLEADO, INSTALACION Y PRUEBA UNION RED ETHERNET UNIVERSIDAD (23)	UNIVERSIDADES	17/05/90	65.927.522 Pts
FABRICACION INSTALACION CABLE 11 PARES EQUIPOS MIC (23)	TRANSPORTE, TURISMO Y COMUNICACIONES	16/06/90	61.935.443 Pts
MANTENIMIENTO CENTRALES TELEFONICAS TERMINALES AEROPUERTOS (21)	TRANSPORTE, TURISMO Y COMUNICACIONES	2/07/90	9.076.140 Pts
MANT. EQUIPOS INFORMAT. CENTRAL TELEX ELECTRONICA - S.C. TENERIFE (23)	TRANSPORTE, TURISMO Y COMUNICACIONES	22/08/90	5.299.924 Pts
MANTENIMIENTO CENTRALES ELECTRICAS ELTEX-II LAS PALMAS G. CANARIA (23)	TRANSPORTE, TURISMO Y COMUNICACIONES	22/08/90	6.427.456 Pts
CENTRAL TELEFONICA AUTOMATICA (23)	DEFENSA	28/08/90	85.653.322 Pts

687

ASUNTO	ORGANISMO	FECHA BOE	PRESUPUESTO ADJUDICACION
MANTENIMIENTO CENTRALES PRIVADAS TELEFONICAS (21)	INTERIOR	26/10/90	9.605.552 Pts
		Total 1990 :	**378.945.810 Pts**
1991			
TENDIDO CABLE 11 PARES 0'9 DIAMETRO OFICINAS TECNICAS DE BERJA (23)	TRANSPORTE, TURISMO Y COMUNICACIONES	12/01/91	17.149.222 Pts
5 ENVIADORES AUTOMATICOS LLAMADAS TELEFONICAS Y ACCESORIOS (23)	TRANSPORTE, TURISMO Y COMUNICACIONES	16/01/91	6.800.000 Pts
COMUNICACION RADIO EMBALSE LEON Y SALAMANCA (23)	OBRAS PUBLICAS Y URBANISMO	2/02/91	289.998.202 Pts
REPARACION RED TELEFONICA INTERIOR BASE AEREA - SALAMANCA - (21)	DEFENSA	6/02/91	20.252.000 Pts
MANTENIMIENTO CENTRALES TELEX ELECTRONICAS ELTEX II - LAS PALMAS - (23)	TRANSPORTE, TURISMO Y COMUNICACIONES	11/03/91	6.855.000 Pts
MANTENIMIENTO CENTRALES TELEX ELTEX IV - S. CRUZ TENERIFE - (23)	TRANSPORTE, TURISMO Y COMUNICACIONES	11/03/91	5.565.000 Pts
MANTEN.'91 SISTEMAS RETRANSMISION AUTOM. ADX6.100 MADRID GRANADA (21)	TRANSPORTE, TURISMO Y COMUNICACIONES	4/04/91	5.600.000 Pts
MANTENIMIENTO EQUIPOS CONTROL CENTRALES TELEX Y TRANSMISION (23)	TRANSPORTE, TURISMO Y COMUNICACIONES	11/06/91	25.761.876 Pts
RADIOENLACES DIGITALES MADRID-SEVILLA Y EXTENSION JAEN CORDOBA (23)	TRANSPORTE, TURISMO Y COMUNICACIONES	12/08/91	568.854.952 Pts
RADIOENLACES DIGITALES MADRID-SEVILLA Y EXTENSION TOLEDO, C.REAL (23)	TRANSPORTE, TURISMO Y COMUNICACIONES	12/08/91	568.854.952 Pts
MANTENIMIENTO CENTRALES TELEFONICAS (21)	INTERIOR	14/08/91	10.432.389 Pts
		Total 1991 :	**1.526.123.593 Pts**
1992			
ASISTENCIA TECNICA (22)	ECONOMIA Y HACIENDA	17/04/92	49.857.000 Pts
MANTENIMIENTO CENTRALES TELEFONICAS (21)	DEFENSA	12/06/92	85.563.707 Pts
		Total 1992 :	**135.420.707 Pts**

		TOTAL ADJ.:	2.292.407.616 Pts

MATERIAL Y CONSTRUCCIONES S.A. (MACOSA)

1988

REVISION DESAGUES PRESA RIAÑO - LEON -	OBRAS PUBLICAS Y URBANISMO	14/01/88	18.430.000 Pts
MEJORA DESAGUES FONDO PRESA GUADALMELLATO - CORDOBA -	OBRAS PUBLICAS Y URBANISMO	22/01/88	19.166.556 Pts
TRASLADO 4 GRUAS 16 Tm AL MUELLE DEL CENTENARIO - SEVILLA -	OBRAS PUBLICAS Y URBANISMO	10/02/88	7.390.000 Pts
MODIFICACION VELOCIDAD PASILLOS MOVILES AEROPUERTO MADRID-BARAJAS	TRANSPORTE, TURISMO Y COMUNICACIONES	14/07/88	26.600.000 Pts
REPARACION COMPUERTAS ALIVIADERO PRESA RIAÑO - LEON -	OBRAS PUBLICAS Y URBANISMO	26/07/88	22.109.000 Pts
REPARACION MECANISMOS COMPONENTES DESAGUES FONDO EMBALSE PORMA	OBRAS PUBLICAS Y URBANISMO	21/09/88	6.720.000 Pts
TRATAMIENTO ELEMENTOS MECANICOS PRESA PUENTE DE LORCA - MURCIA -	OBRAS PUBLICAS Y URBANISMO	17/10/88	10.607.000 Pts
SUST. CADENAS GALLE COMPUERTAS ALIVIADERO EMBALSE BARRIOS DE LUNA	OBRAS PUBLICAS Y URBANISMO	18/10/88	6.455.000 Pts
SUSTITUCION VALVULAS DE TOMA PRESA BARRIOS DE CURA - LEON -	OBRAS PUBLICAS Y URBANISMO	18/10/88	24.780.000 Pts
TRATAMIENTO ELEMENTOS MECANICOS PRESA ARGOS - MURCIA -	OBRAS PUBLICAS Y URBANISMO	18/10/88	6.015.000 Pts
ACONDICIONAMIENTO MECANISMOS PRESA ARGOS - MURCIA -	OBRAS PUBLICAS Y URBANISMO	8/11/88	13.680.000 Pts
MEJORA DESAGUE INTERMEDIO PRESA PUENTE NUEVO - CORDOBA -	OBRAS PUBLICAS Y URBANISMO	8/11/88	19.789.000 Pts
MEJORA INST. MECANICAS COMPUERTAS DESAGUE FONDO BEMBEZAR -CORDOBA	OBRAS PUBLICAS Y URBANISMO	8/11/88	23.520.037 Pts
GRUPO ELECTROGENO ACOND. CASETA VENTILACION PRESA RIAÑO - CORDOBA	OBRAS PUBLICAS Y URBANISMO	14/11/88	22.546.000 Pts
REFORMA JUNTAS ESTANQUEIDAD ALIVIADERO PRESA BEMBAZAN - CORDOBA -	OBRAS PUBLICAS Y URBANISMO	14/11/88	18.164.534 Pts

089

ASUNTO	ORGANISMO	FECHA BOE	PRESUPUESTO ADJUDICACION
MEJORA DESAGUES FONDO PRESA PUENTE NUEVO - CORDOBA -	OBRAS PUBLICAS Y URBANISMO	17/11/88	22.541.000 Pts
MEJORA INST. MECANICAS COMPUERTAS ALIVIADERO PRESA BEMEBEZAR	OBRAS PUBLICAS Y URBANISMO	17/11/88	24.238.845 Pts
SUSTIT. JUNTAS CIERRE COMPUE. ALIV. PRESA BEMBEZOS - CORDOBA -	OBRAS PUBLICAS Y URBANISMO	17/11/88	24.072.298 Pts
TRAMOS VARIOS	OBRAS PUBLICAS Y URBANISMO	21/11/88	34.337.349 Pts
REPARAC. ESCAL. MECANICAS ESTAC. CATAL. FERROCARRIL - BARCELONA -	COMUNIDAD AUTONOMA DE CATALUÑA	16/12/88	29.950.000 Pts
		Total 1988 :	381.111.619 Pts
1989			
MEJORA DESAGUES FONDO PRESA SANTA ANA - HUESCA -	OBRAS PUBLICAS Y URBANISMO	6/01/89	46.870.702 Pts
REHABILITACION DESAGUES PRESA SANTA ANA	OBRAS PUBLICAS Y URBANISMO	6/01/89	352.500.000 Pts
SUMIN. MONTAJE ELEMENTOS METALICOS PRESA SAN CLEMENTE - GRANADA - (24)	OBRAS PUBLICAS Y URBANISMO	6/01/89	632.358.702 Pts
SUMIN. MONTAJE ELEMENTOS METALICOS PRESA SAN CLEMENTE - GRANADA - (24)	OBRAS PUBLICAS Y URBANISMO	6/01/89	632.358.702 Pts
PASILLOS MOVILES Y ESCALERAS AEROPUERTO MADRID/BARAJAS	TRANSPORTE, TURISMO Y COMUNICACIONES	10/07/89	21.536.436 Pts
ALIVIADERO, DESAGUE, AUSCULTACION PRESA AÑARBE - GUIPUZCOA -	OBRAS PUBLICAS Y URBANISMO	23/11/89	24.955.014 Pts
MODIFICACION GRUA DEL PORTICO 30 Tm.	OBRAS PUBLICAS Y URBANISMO	21/12/89	27.915.600 Pts
		Total 1989 :	1.738.495.156 Pts
1990			
VALVULAS TOMA AGUA EMBALSE LOSIGUILLA - VALENCIA -	OBRAS PUBLICAS Y URBANISMO	5/02/90	83.392.498 Pts
AIRE ACONDICIONADO C.C. MADRID/TORREJON	TRANSPORTE, TURISMO Y COMUNICACIONES	15/06/90	8.180.561 Pts
REFORMA MECANISMO ACCIO. COMPU. ALIVIADERO EMBALSE LORIQUILLA	OBRAS PUBLICAS Y URBANISMO	11/08/90	87.513.580 Pts

AUTOVIA LERIDA-CERVERA CN-II - LERIDA -	OBRAS PUBLICAS Y URBANISMO	18/12/90	137.461.660 Pts
MANTEN. ESCALERAS MECANICAS Y PASILLOS MOVILES AEROPUERTO BARAJAS	TRANSPORTE, TURISMO Y COMUNICACIONES	18/12/90	31.893.300 Pts
		Total 1990 :	**348.441.599 Pts**

1991

MODIFICACION COMPUERTAS ALIVIADERO PRESA BUENDIA - CUENCA -	OBRAS PUBLICAS Y URBANISMO	2/02/91	78.993.410 Pts
		Total 1991 :	**78.993.410 Pts**

TOTAL ADJ. :   **2.547.041.784 Pts**

PRODUCCIONES DORNA S.A.

1989

MONTAJE ESCENICO LARNA DEAM TEATRO ALBENIZ - MADRID -	COMUNIDAD AUTONOMA DE MADRID	13/03/89	5.648.160 Pts
MONTAJE ESCENICO MARTA CLASTRO TEATRO ALBENIZ - MADRID -	COMUNIDAD AUTONOMA DE MADRID	13/03/89	6.011.488 Pts
MONTAJES ESCENARIOS V FESTIVAL OTOÑO - MADRID -	COMUNIDAD AUTONOMA DE MADRID	2/11/89	9.447.984 Pts
		Total 1989 :	**21.107.632 Pts**

1991

SERVICIOS COMPLEMENTARIOS ACTUACIONES BALLET THEATRE VII F.	COMUNIDAD AUTONOMA DE MADRID	27/02/91	9.899.568 Pts
		Total 1991 :	**9.899.568 Pts**

TOTAL ADJ. :   **31.007.200 Pts**

SIEMENS S.A.

1988

691

ASUNTO	ORGANISMO	FECHA_BOE	PRESUPUESTO ADJUDICACION
ADQUISICION APARATOS RADIOLOGIA	SANIDAD Y CONSUMO	4/01/88	9.195.000 Pts
ADQUISICION DE INSTRUMENTAL Y MOBILIARIO.	SANIDAD Y CONSUMO	4/01/88	32.182.100 Pts
ADQUISICION DE MATERIAL	TRABAJO Y SEGURIDAD SOCIAL	5/01/88	69.331.080 Pts
ADQUISICION APARATOS Y DISPOSITIVOS	SANIDAD Y CONSUMO	11/01/88	19.200 Pts
ADQUISICION MATERIAL DESTINO CHAMARTIN Y MAJADAHONDA - MADRID -	SANIDAD Y CONSUMO	19/01/88	62.784.300 Pts
PLAN NECCESIDADES COMPLEMENTARIO DE INST. ABIERTAS - ALBACETE -	SANIDAD Y CONSUMO	29/01/88	1.418.000 Pts
ADQUISICION APARATOS HOSPITAL N. SRA. DE COVADONGA	SANIDAD Y CONSUMO	26/03/88	598.000 Pts
ADQUISICION EQUIPOS HOPITALES S. SOCIAL	SANIDAD Y CONSUMO	26/03/88	225.000.000 Pts
SUMINISTRO MATERIAL	COMUNIDAD AUTONOMA DE CATALUÑA	23/04/88	1.050.000 Pts
SUMINISTRO EQUIPOS INFORMATICA	ADMINISTRACION LOCAL	16/05/88	88.660.000 Pts
INSTAL. CENTRAL TELEFONICA PARADOR NACIONAL CALAHORRA - LA RIOJA	TRANSPORTE, TURISMO Y COMUNICACIONES	17/05/88	5.490.097 Pts
ADQUISICION APARATOS	SANIDAD Y CONSUMO	18/06/88	1.598.000 Pts
ADQUISICION MOBILIARIO	SANIDAD Y CONSUMO	18/06/88	2.749.000 Pts
MANTENIMIENTO SISTEMAS REGISTRO EQUIPAJES AEROPUERTOS NACIONALES	TRANSPORTE, TURISMO Y COMUNICACIONES	4/07/88	30.967.836 Pts
SERVICIO MANT. CENTRALES TELEFONICAS TERMINAL AEROP. GRAN CANARIA	TRANSPORTE, TURISMO Y COMUNICACIONES	6/07/88	3.300.000 Pts
ADQUISICION REPUESTOS EQUIPO HI-SCAN INSPECCION EQUIPAJES	TRANSPORTE, TURISMO Y COMUNICACIONES	9/08/88	16.612.522 Pts
ADQUISICION 5 SALAS ANGIOHEMODINAMICA	SANIDAD Y CONSUMO	25/08/88	325.675.160 Pts
SUMINISTRO 2 ANALIZADORES LINEAS TELEFONICAS DATOS Y ACCESOS	TRANSPORTE, TURISMO Y COMUNICACIONES	25/08/88	7.287.705 Pts

Concepto	Organismo	Fecha	Importe
ADQUISICION 13 TAC HOSPITALES S. SOCIAL	SANIDAD Y CONSUMO	21/09/88	287.380.000 Pts
ADQUISICION 3 SALAS RADIOLOGIA HOSPITAL JARRIO	SANIDAD Y CONSUMO	21/09/88	36.750.000 Pts
ADQUISICION 5 SALAS AGIOHEMODINAMICA	SANIDAD Y CONSUMO	21/09/88	325.675.160 Pts
ADQ.Y MANT. 20 DISPOSITIVOS DETECCION EQUIPAJES RAYOS X	TRANSPORTE, TURISMO Y COMUNICACIONES	10/10/88	159.430.000 Pts
INSTALACION RED INFORMATICA	INTERIOR	19/10/88	31.651.571 Pts
SUMINISTRO EQUIPOS TOMOGRAFIA AXIAL COMPUTERIZADA	DEFENSA	20/10/88	220.000.000 Pts
EQUIPAMIENTO CENTRALES DIGITALES AL METRO DE MADRID	COMUNIDAD AUTONOMA DE MADRID	4/11/88	20.900.000 Pts
ADQUISICION APARATAJE AMBULATORIO S.SOCIAL - AVILA -	SANIDAD Y CONSUMO	18/11/88	5.990.300 Pts
ADQUISICION APARATAJE DPTO. RADIOLOGIA - LAS PALMAS -	SANIDAD Y CONSUMO	18/11/88	48.279.200 Pts
ADQUISICION MOBILIARIO ENSERES Y DISPOSITIVOS EN GENERAL	SANIDAD Y CONSUMO	18/11/88	1.200.000 Pts
SUMINISTRO APARATOS MEDICOS	COMUNIDAD AUTONOMA DE CATALUÑA	19/11/88	2.146.500 Pts
ADQUISICION APARATOS - TERUEL -	SANIDAD Y CONSUMO	12/12/88	8.069.500 Pts
MESAS QUIROFANO EQU. MONITORIZACION ELECTROCARDIOGRAFIA - MADRID	COMUNIDAD AUTONOMA DE MADRID	15/12/88	93.928.000 Pts

Total 1988 : 2.125.318.231 Pts

1989

Concepto	Organismo	Fecha	Importe
SUMINISTRO MATERIAL	TRABAJO Y SEGURIDAD SOCIAL	9/01/89	630.000 Pts
EQUIPO MOVIL RADIOLOGIA QUIRURGICA	DEFENSA	22/01/89	22.105.800 Pts
RESPIRADOR PORTATIL 8 RESP. VOLUMETRICOS Y 1 ALTA FRECUENCIA	COMUNIDAD AUTONOMA DE MADRID	30/01/89	140.074.000 Pts
ADQUISICION APARATOS Y DISPOSITIVOS HOSP. N. SRA. DEL PRADO	SANIDAD Y CONSUMO	6/02/89	780.000 Pts

693

ASUNTO	ORGANISMO	FECHA BOE	PRESUPUESTO ADJUDICACION
ADQUISICION EQUIPOS RAYOS X HOSP. DE LA S. SOCIAL	SANIDAD Y CONSUMO	6/02/89	111.019.000 Pts
ADQUISICION EQUIPOS RAYOS X PORTATILES HOSP. S. SOCIAL	SANIDAD Y CONSUMO	6/02/89	143.168.000 Pts
ADQUISICION MATERIAL RADIOLOGICO AMBULATORIO MORATALAZ - MADRID -	SANIDAD Y CONSUMO	6/02/89	24.800.000 Pts
ADQUISICION MOBILIARIO CLINICO HOSP. VIRGEN BLANCA - LEON -	SANIDAD Y CONSUMO	6/02/89	28.315.410 Pts
ADQUISICION MOBILIARIO CLINICO Y GRAL.	SANIDAD Y CONSUMO	6/02/89	3.743.900 Pts
ADQUISICION APARATOS	SANIDAD Y CONSUMO	9/02/89	4.920.000 Pts
ADQUISICION APARATOS HOSPITAL SEVERO OCHOA	SANIDAD Y CONSUMO	9/02/89	945.000 Pts
ADQUISICION APARATOS HOSPT. GENERAL YAGUE - PLASENCIA -	SANIDAD Y CONSUMO	9/02/89	6.946.600 Pts
MOBILIARIO INSTRUMENTAL APARATOS	SANIDAD Y CONSUMO	9/02/89	2.720.000 Pts
MOBILIARIO INSTRUMENTAL APARATOS	SANIDAD Y CONSUMO	9/02/89	3.010.000 Pts
MATERIAL CIENTIFICO UNIVERSIDAD - VALLADOLID -	EDUCACION Y CIENCIA	13/04/89	1.120.000 Pts
ADQUISICION MATERIAL HOSPITAL	SANIDAD Y CONSUMO	14/04/89	12.498.000 Pts
MONTAJE HOSPITAL COMARCAL HELLIN	SANIDAD Y CONSUMO	14/04/89	31.202.800 Pts
ADQUISICION APARATOS USO MEDICO	SANIDAD Y CONSUMO	10/05/89	750.000 Pts
ADQUISICION APARATOS USO MEDICO	SANIDAD Y CONSUMO	10/05/89	1.350.000 Pts
ADQUISICION APARATOS USO MEDICO	SANIDAD Y CONSUMO	10/05/89	1.970.000 Pts
ADQUISICION APARATOS USO MEDICO	SANIDAD Y CONSUMO	10/05/89	2.795.000 Pts
MANTENIMIENTO SERVICIO REGISTRO EQUIPAJES HI-SCAN	TRANSPORTE, TURISMO Y COMUNICACIONES	10/05/89	144.869.988 Pts

Concepto	Organismo	Fecha	Importe
ADQUISICION APARATOS USO MEDICO	SANIDAD Y CONSUMO	19/05/89	887.000 Pts
SUMINISTRO APARATOS RADIOLOGIA	COMUNIDAD AUTONOMA DE CATALUÑA	3/06/89	6.690.000 Pts
SUMINISTRO APARATOS MEDICOS	COMUNIDAD AUTONOMA DE CATALUÑA	11/07/89	16.641.535 Pts
ADQUISICION APARATOS Y DISPOSITIVOS (UVI) - MELILLA -	SANIDAD Y CONSUMO	17/07/89	7.740.000 Pts
ADQUISICION APARATOS Y DISPOSITIVOS UVI	SANIDAD Y CONSUMO	17/07/89	7.740.000 Pts
MANTENIMIENTO EQUIPOS MEDICOS HOSPITALES MARINA	DEFENSA	25/08/89	39.383.658 Pts
14 TAC EXPLORACION CUERPO ENTERO	SANIDAD Y CONSUMO	4/09/89	274.900.000 Pts
9 GAMMACAMARAS	SANIDAD Y CONSUMO	4/09/89	210.939.000 Pts
SUMINISTRO MARCAPASOS Y ELECTRODOS	SANIDAD Y CONSUMO	4/09/89	569.770 Pts
SISTEMA INSTRUMENTAL DEPURADORA MUSKIZ	ADMINISTRACION LOCAL	7/09/89	25.224.640 Pts
SUMINISTRO SIREMOVIL 3E	DEFENSA	23/09/89	6.500.000 Pts
ADQUISICION APARATOS RAYOS X INSPECCION BULTOS	ADMINISTRACIONES PUBLICAS	5/10/89	7.975.000 Pts
ADQUISICION MOBILIARIO E INSTRUMENTAL	SANIDAD Y CONSUMO	28/11/89	117.290.800 Pts
DOTACION PROGRAMA BASICO	SANIDAD Y CONSUMO	28/11/89	66.029.000 Pts
CENTRALES TELEFONICAS D. G. POLICIA	INTERIOR	11/12/89	7.739.400 Pts
ADQUISICION APARATOS Y DISPOSITIVOS	SANIDAD Y CONSUMO	19/12/89	498.086.000 Pts
ADQUISICION MESAS LAMPARAS Y BISTURIES HOSP. GENERAL YAGUE	SANIDAD Y CONSUMO	19/12/89	22.300.000 Pts
SUMINISTRO APARATOS Y DISPOSITIVOS	SANIDAD Y CONSUMO	19/12/89	1.086.000 Pts

Total 1989 :　　**2.007.455.301 Pts**

ASUNTO	ORGANISMO	FECHA BOE	PRESUPUESTO ADJUDICACION
1990			
MANTENIMIENTO SISTEMA REGISTRO EQUIPAJES	TRANSPORTE, TURISMO Y COMUNICACIONES	29/01/90	6.912.300 Pts
APARATOS RADIOLOGICOS	SANIDAD Y CONSUMO	30/01/90	9.024.100 Pts
APARATOS Y DISPOSITIVOS	SANIDAD Y CONSUMO	30/01/90	722.000 Pts
MATERIAL QUIROFANO	SANIDAD Y CONSUMO	30/01/90	623.350 Pts
MOBILIARIO APARATOS INSTRUMENTAL	SANIDAD Y CONSUMO	30/01/90	13.998.000 Pts
MOBILIARIO CLINICO APARATOS Y DISPOSITIVOS	SANIDAD Y CONSUMO	30/01/90	15.055.000 Pts
PLAN NECESIDADES 89	SANIDAD Y CONSUMO	30/01/90	4.998.000 Pts
SALA EQUIPO AUTOMATICO DE TORAX	SANIDAD Y CONSUMO	30/01/90	20.370.000 Pts
SISTEMA EXPERTO VALORACION TRIBUTARIA	COMUNIDAD AUTONOMA DE ANDALUCIA	8/02/90	9.990.000 Pts
SISTEMA EXPERTO VALORACION TRIBUTARIA	COMUNIDAD AUTONOMA DE ANDALUCIA	21/02/90	9.990.000 Pts
MANTENIMIENTO EQUIPOS INFORMATICOS CENTRO PROCESO DATOS	TRANSPORTE, TURISMO Y COMUNICACIONES	27/02/90	13.323.808 Pts
ADQUISICION APARATOS RADIOLOGIA	SANIDAD Y CONSUMO	8/03/90	17.009.300 Pts
ADQUISICION MATERIAL LABORATORIO LA PAZ - MADRID -	SANIDAD Y CONSUMO	8/03/90	5.860.000 Pts
SUMINISTRO EQUIPO DIDACTICO	COMUNIDAD AUTONOMA DE ANDALUCIA	8/03/90	3.341.800 Pts
2 GAMMACAMARAS	COMUNIDAD AUTONOMA DE MADRID	9/03/90	38.500.000 Pts
6 ELECTROCARDIOGRAFOS	COMUNIDAD AUTONOMA DE MADRID	9/03/90	6.000.000 Pts
6 MODULOS 2 PRESIONES Y 30 ACCESORIOS PRECISION	COMUNIDAD AUTONOMA DE MADRID	9/03/90	59.985.000 Pts

Concepto	Comunidad/Organismo	Fecha	Importe
COLUMNAS Y TABLEROS UNIVERSALES QUIROFANO	COMUNIDAD AUTONOMA DE MADRID	9/03/90	15.700.000 Pts
ELECTROCARDIOGRAFO	COMUNIDAD AUTONOMA DE MADRID	9/03/90	2.164.000 Pts
ASISTENCIA TECNICA SISTEMA EXPERTO	COMUNIDAD AUTONOMA DE ANDALUCIA	19/03/90	9.990.000 Pts
SUMINISTRO EQUIPO ANGIOHEMODINAMICA HOSPITAL PRINCIPE ESPAÑA	INTERIOR	22/03/90	149.987.500 Pts
MOTORIZACION UNIDAD CUIDADOS INTENSIVOS EL ESCORIAL	COMUNIDAD AUTONOMA DE MADRID	28/03/90	42.750.000 Pts
SUMINISTRO EQUIPO MEDICO	COMUNIDAD AUTONOMA DE MADRID	28/03/90	43.114.000 Pts
APARATOS Y DISPOSITIVOS	SANIDAD Y CONSUMO	9/04/90	2.120.000 Pts
APARATOS Y DISPOSITIVOS	SANIDAD Y CONSUMO	9/04/90	37.698.200 Pts
AUTOANALIZADORES DE HEMATOLOGIA Y BIOQUIMICA	SANIDAD Y CONSUMO	9/04/90	59.657.250 Pts
2 GAMMACAMARAS SERVICIO MEDICINA NUCLEAR G. MARAÑON - MADRID -	COMUNIDAD AUTONOMA DE MADRID	17/04/90	10.654.800 Pts
SUMINISTRO MATERIAL HOSPITAL TORTOSA	COMUNIDAD AUTONOMA DE CATALUÑA	28/05/90	1.590.000 Pts
SUMINISTRO APARATOS MEDICOS	COMUNIDAD AUTONOMA DE CATALUÑA	16/07/90	1.045.000 Pts
APARATOS MEDICOS	COMUNIDAD AUTONOMA DE CATALUÑA	2/08/90	33.124.300 Pts
MOBILIARIO CLINICO	SANIDAD Y CONSUMO	7/08/90	2.610.000 Pts
SUMINISTRO APARATOS MEDICOS	COMUNIDAD AUTONOMA DE CATALUÑA	22/08/90	3.392.000 Pts
SUMINISTROS	DEFENSA	16/11/90	9.400.000 Pts
MANTENIMIENTO EQUIPOS MEDICOS SIEMENS GREGORIO MARAÑON - MADRID -	COMUNIDAD AUTONOMA DE MADRID	21/11/90	39.299.001 Pts
12 ECOCARDIOGRAFOS	SANIDAD Y CONSUMO	27/11/90	53.400.000 Pts

ASUNTO	ORGANISMO	FECHA_BOE	PRESUPUESTO ADJUDICACION
SUMINISTRO INSTALACIONES DIFRACTOMETRO RAYOS X INST. CERAMICA	EDUCACION Y CIENCIA	27/11/90	11.000.000 Pts
ARENDAMIENTO EQUIPOS INFORMATICOS	DEFENSA	10/12/90	15.807.600 Pts
ADQUISICION 25 TELETIPOS T-1000 SIN MEZCLADOR	DEFENSA	17/12/90	17.392.000 Pts
SUMINISTRO ECOGRAFO BIDIMENSIONAL HOSPITAL NAVAL	DEFENSA	31/12/90	13.150.000 Pts
		Total 1990 :	810.748.309 Pts

1991

ASUNTO	ORGANISMO	FECHA_BOE	PRESUPUESTO ADJUDICACION
ADQUISICION APARATOS Y DISPOSITIVOS - LOGROÑO-	SANIDAD Y CONSUMO	5/01/91	4.995.000 Pts
APARATOS Y DISPOSITIVOS	SANIDAD Y CONSUMO	5/01/91	7.820.000 Pts
AMPLIACION RED LOCAL BANDA ANCHA AEROPUERTO MADRID/BARAJAS (25)	TRANSPORTE, TURISMO Y COMUNICACIONES	8/01/91	9.925.000 Pts
INSTALACION CAMARAS GUINER Y WEISEMBERG INST. CIENCIAS MATERIALES	EDUCACION Y CIENCIA	24/01/91	7.705.000 Pts
3 DISPO. MULTIENERGETICO HI-SCAN AEROPT. BARCELONA BARAJAS PALMA	TRANSPORTE, TURISMO Y COMUNICACIONES	26/01/91	19.800.000 Pts
ADQUISICION EQUIPOS RED LOCAL AEROPUERTOS BARCELONA (25)	TRANSPORTE, TURISMO Y COMUNICACIONES	26/01/91	67.960.248 Pts
SUMINISTRO APARATOS MEDICOS - BARCELONA-	COMUNIDAD AUTONOMA DE CATALUÑA	30/01/91	13.146.000 Pts
SUMINISTRO Y MANTENIMIENTO EQUIPO INFORMATICO (25)	ADMINISTRACION LOCAL	30/01/91	10.697.532 Pts
MANTENIMIENTO SISTEMAS INFORMATICOS NIXDORF - AEROP. NACIONALES (25)	ECONOMIA Y HACIENDA	4/02/91	27.671.568 Pts
SUMINISTRO SISTEMA IMPRESION INSTITUTO NACIONAL EMPLEO - INEM - (25)	ECONOMIA Y HACIENDA	4/02/91	55.619.000 Pts
ADQUISICION 6 ANGIOGRAFOS	SANIDAD Y CONSUMO	10/02/91	82.000.000 Pts
ADQUISICION 8 TAC	SANIDAD Y CONSUMO	10/02/91	176.400.000 Pts
ADQUISICION 9 GAMMACAMARAS	SANIDAD Y CONSUMO	10/02/91	148.293.900 Pts

ADQUISICION MATERIAL RADIOLOGIA	SANIDAD Y CONSUMO	10/02/91	200.000.000 Pts
ADQUISICION GRUPO ELECTROGENO Y MONTACARGAS	SANIDAD Y CONSUMO	19/02/91	5.599.000 Pts
ADQUISICION MATERIAL FUNGIBLE	SANIDAD Y CONSUMO	19/02/91	16.918.000 Pts
APARATOS Y DISPOSITIVOS	SANIDAD Y CONSUMO	19/02/91	9.900.000 Pts
MANTENIMIENTO SISTEMAS REGISTRO EQUIPAJES BODEGA HEIMAN	TRANSPORTE, TURISMO Y COMUNICACIONES	19/02/91	12.534.840 Pts
SUMINISTRO 134 ELECTROCARDIOGRAFOS MODELO SICARD Y 13 MODELO ELITE -	INTERIOR	4/03/91	20.940.000 Pts
TUBO SCANER -BARCELONA-	COMUNIDAD AUTONOMA DE CATALUÑA	6/03/91	5.289.400 Pts
MANTENIMIENTO EQUIPOS CENTRO DATOS (25)	TRANSPORTE, TURISMO Y COMUNICACIONES	9/03/91	16.732.244 Pts
MOBILIARIO EN GENERAL -MADRID-	SANIDAD Y CONSUMO	9/03/91	8.587.000 Pts
INSTALACION DISPOSITIVOS COMUNICACION REDES LOCALES OAAN (25)	TRANSPORTE, TURISMO Y COMUNICACIONES	5/04/91	15.828.668 Pts
SISTEMA TRATAMIENTO INFORMATIZADO INFORMACION CARTOGRAFICA	ADMINISTRACION LOCAL	16/04/91	49.538.272 Pts
SUMINISTRO APARATOS RADIOLOGIA	COMUNIDAD AUTONOMA DE CATALUÑA	3/05/91	95.134.000 Pts
SUMINISTRO EQUIPOS RADIOTERAPIA	COMUNIDAD AUTONOMA DE CATALUÑA	20/05/91	150.000.000 Pts
SUMINISTRO EQUIPO CONTROL RAYOS X	COMUNIDAD AUTONOMA VALENCIANA	27/06/91	7.047.000 Pts
ADQUISICION GENERADORES MULTIPROGRAMABLES Y ACCESORIOS	SANIDAD Y CONSUMO	13/07/91	2.077.600 Pts
APARATOS Y DISPOSITIVOS	SANIDAD Y CONSUMO	13/07/91	352.000 Pts
SUMINISTRO APARATOS SANATORIO MOBILIARIO Y MATERIAL DIVERSO CAP	COMUNIDAD AUTONOMA DE CATALUÑA	24/07/91	680.000 Pts
SUMINISTRO HOSPITAL GERMAN TRIAS I PUJOL BADALONA	COMUNIDAD AUTONOMA DE CATALUÑA	24/07/91	60.000.000 Pts

700

ASUNTO	ORGANISMO	FECHA_BOE	PRESUPUESTO ADJUDICACION
RED LOCAL BANDA ANCHA Y ASISTEN. INFORMATIVAS AERP. G. CANARIA (25)	OBRAS PUBLICAS Y TRANSPORTE	6/08/91	380.491 Pts
INSTAL. GENE. RAYOS X IRRADIACION MATERIALES INST. C. MATERIALES	EDUCACION Y CIENCIA	13/08/91	7.470.000 Pts
SUMINISTRO APARATOS MEDICOS	COMUNIDAD AUTONOMA DE CATALUÑA	13/08/91	4.995.000 Pts
SUMINISTRO APARATOS MEDICOS	COMUNIDAD AUTONOMA DE CATALUÑA	13/08/91	13.085.200 Pts
MANTENIMIENTO CENTRALES TELEFONICAS TERRITORIO NACIONAL	INTERIOR	14/08/91	5.729.506 Pts
SUMINISTROS	DEFENSA	14/08/91	11.661.000 Pts
TENDIDO CABLEADO Y CANALIZACION RED TELEFONICA EDIF. CEA BERMUDEZ	INTERIOR	14/08/91	8.851.258 Pts
APARATOS ELECTROCARDIOGRAFIA	INTERIOR	15/08/91	5.221.800 Pts
MANTENIMIENTO EQUIPOS NAVALES MILITARES ARMADA -MADRID-	DEFENSA	20/08/91	80.772.033 Pts
ADQUISICION EQUIPOS ENTRADA DATOS (25)	TRANSPORTE, TURISMO Y COMUNICACIONES	3/09/91	23.803.100 Pts
MANTENIMIENTO TELEIMPRESORAS SIEMENS T-1000	OBRAS PUBLICAS Y TRANSPORTE	7/09/91	23.267.843 Pts
APARATOS INFORMATICA HOSPITAL PRINCIPE DE ESPAÑA (25)	COMUNIDAD AUTONOMA DE CATALUÑA	21/09/91	3.296.196 Pts
ADQUISICION EQUIPOS HOSPITALES	DEFENSA	2/10/91	6.700.000 Pts
ADQUISICION CENTRAL TELEFONICA DIGITAL AEROPUERTO MADRID/BARAJAS	OBRAS PUBLICAS Y TRANSPORTE	4/10/91	102.319.308 Pts
MANT. EQUIPOS INFORMATICOS S. CENTRALES Y PERIFERICOS INEM 91-92 (25)	ECONOMIA Y HACIENDA	7/10/91	22.709.178 Pts
ASISTENCIA TECNICA INFORMATICA INEM	ECONOMIA Y HACIENDA	6/11/91	28.080.000 Pts
ADQUISICION EQUIPOS HOSPITALES	DEFENSA	21/11/91	5.915.000 Pts
MANT. MAQUINAS SIEMENS/NIXDORF DPTO. AGRICULTURA GANADERIA (25)	COMUNIDAD AUTONOMA DE CATALUÑA	25/11/91	9.609.371 Pts

Total 1991 : 1.673.057.556 Pts

1992

MANTENIMIENTO EQUIPOS INFORMATICOS (25)	DEFENSA	15/01/92	11.732.162 Pts
ADQUISICION APARATOS MEDICOS	SANIDAD Y CONSUMO	16/01/92	2.328.760 Pts
REPARACION Y PUESTA A PUNTO EQUIPO RADIO DIAGNOSTICO	TRABAJO Y SEGURIDAD SOCIAL	17/01/92	6.511.801 Pts
ADQUISICION INSTALACION Y PUESTA EN FUNCIONAMIENTO SALA SCANER	ADMINISTRACION LOCAL	20/01/92	52.000.000 Pts
ADQUISICION EQUIPOS CIFRADOS ENLACES GRANDES DISTANCIAS	DEFENSA	6/02/92	23.025.466 Pts
MANTENIMIENTO RADIO ENLACE MADRID-TENERIFE	DEFENSA	11/02/92	83.926.864 Pts
MANTENIMIENTO SISTEMAS INFORMATICOS NIXDORF (25)	DEFENSA	11/02/92	17.589.195 Pts
MANTENIMIENTO CONSERVACION REDES TELEFONIA Y DATOS DEPARTAMENTO	INTERIOR	22/04/92	7.500.000 Pts
SUMINISTRO APARATOS MEDICOS	COMUNIDAD AUTONOMA DE CATALUÑA	16/05/92	8.088.700 Pts
SUMINISTRO APARATOS MEDICOS	COMUNIDAD AUTONOMA DE CATALUÑA	16/05/92	10.000.000 Pts

Total 1992 : 222.702.948 Pts

TOTAL ADJ. : 6.839.282.345 Pts

TERRITORIO Y MEDIO AMBIENTE S.A (TEMA)

1991

INVESTIGACION PETROGENETICA Y PETROLOGICA FASE II -SEVILLA-	COMUNIDAD AUTONOMA DE ANDALUCIA	12/02/91	9.900.000 Pts

Total 1991 : 9.900.000 Pts

TOTAL ADJ. : 9.900.000 Pts

Suma Total : 479.527.283.990 Pts

NOTAS

(1) Concedido a ABB Industrias S. A., filial de la multinacional sueca-suiza Asea Brown Bovery (ABB).

(2) ABB Energía S. A., filial de ABB.

(3) En unión temporal con Construcciones y Contratas S. A.

(4) En unión temporal con Ferrovial E.C. S. A.

(5) En unión temporal con Huarte y Cía. S. A.

(6) En unión temporal con Sainco Tráfico S. A. (filial de Abengoa).

(7) Sainco S. A., filial de Abengoa S. A.

(8) Sainco Tráfico S. A. en unión temporal con la Empresa Nacional de Electrónica y Sistemas.

(9) En unión temporal con Aldesa.

(10) En unión temporal con Sacyr.

(11) En unión temporal con Sacyr y Sato.

(12) En unión temporal con Sacyr, Sobrino y Obrascón.

(13) En unión temporal con Sobrino y Fernández.

(14) Se calcula que el monto total aproximado de los fondos judiciales que el BBV gestiona sobrepasa los 400.000 millones de pesetas.

(15) Construcciones y Contratas S. A., matriz de Fomento de Obras y Construcciones S. A. (FOCSA). En marzo de 1992 se produjo la fusión por absorción de FOCSA, dando lugar a Fomento de Construcciones y Contratas S. A. (FCC).

(16) Construcciones y Contratas, en unión temporal con Huarte y Cía. S. A.

(17) Construcciones y Contratas, en unión temporal con Laing Empresa Constructora S. A.

(18) Construcciones y Contratas, en unión temporal con Obras y Contratas Javier Guinovart S. A.

(19) FOCSA en unión temporal con Cubiertas y Mzov S. A.

(20) FOCSA en unión temporal con Agroman E.C. S. A.

(21) Alcatel Ibertel, filial del Grupo Alcatel Standard Eléctrica S. A., que, a su vez, forma parte de la corporación francesa Alcatel Alshtom. GEC-Alsthom, sociedad formada por General Electric Company y Alcatel Alsthom consiguió un multimillonario contrato del AVE.

(22) Alcatel Sistemas de Información, filial del Grupo Alcatel Standard Eléctrica S. A.

(23) Alcatel Standard Eléctrica S. A., compañía que da el nombre al grupo de empresas españolas de la multinacional Alcatel Alsthom.

(24) En unión temporal con Agroman E.C. S. A.

(25) Siemens Nixdorf Sistemas de Información S. A., filial de Siemens. Es el resultado de la absorción de Nixdorf en 1991.

* Fecha de adjudicación.

ORGANISMOS PUBLICOS QUE CONCEDIERON CONTRATAS, A TRAVES DEL BOE, A EMPRESAS DEL CASO FILESA*

* La relación que se presenta abarca desde el año 1988 hasta junio de 1992, cuando se cumplió un año desde que el «caso Filesa» saltara a la opinión pública.

COMUNIDAD AUTONOMA DE ANDALUCIA

Presidentes: José Rodríguez de la Borbolla y Camoyán (PSOE) (16-2-1984 - 26-5-1991)
Manuel Chaves González (PSOE) (26-5-1991)

EMPRESA	1988	1989	1990	1991	JUNIO 1992	TOTAL
FOCSA(1)		343.929.148				343.929.148
SIEMENS		33.311.800				33.311.800
TEMA					9.900.000	9.900.000
					TOTAL FINAL	387.140.948

(1) Bajo este epígrafe se hayan contempladas las contratas tanto de FOCSA como de Construcciones y Contratas, accionista mayoritario de la primera, la cual absorbió a FOCSA en marzo de 1992, dando lugar a Fomento de Construcciones y Contratas (FCC)

COMUNIDAD AUTONOMA DE ARAGON

Presidentes: Hipólito Gómez de las Roces (PAR) (10-6-1987 - 10-7-1991)
Emilio Eiroa García (PAR) (10-7-1991 - 15-9-1993)

EMPRESA	1988	1989	1990	1991	JUNIO 1992	TOTAL
FOCSA	338.832.948	11.702.286	442.520.024		29.697.179	822.752.437

COMUNIDAD AUTONOMA DE CANTABRIA

Presidentes: Juan Hormaechea Cazón (Independiente en las listas de AP. Después PP)
(24-6-1987 - 5-12-1990)
Jaime Blanco (PSOE) (10-12-1990 - 2-7-1991)
Juan Hormaechea Cazón (PP) (2-7-1991 -)

EMPRESA	1988	1989	1990	1991	JUNIO 1992	TOTAL
ABENGOA				5.500.000		5.500.000

COMUNIDAD AUTONOMA DE CASTILLA Y LEON

Presidentes: José María Aznar (AP/PP) (10-6-1987 - 26-5-1991)
Juan José Lucas Jiménez (PP) (26-5-1991)

EMPRESA	1988	1989	1990	1991	JUNIO 1992	TOTAL
FOCSA	81.948.576				639.797.549	721.746.125

COMUNIDAD AUTONOMA DE CATALUÑA

Presidente: Jordi Pujol (CiU) (28-4-1980)

EMPRESA	1988	1989	1990	1991	JUNIO 1992	TOTAL
ABENGOA	77.101.960					77.101.960
ELSAN	150.000.000		112.631.415	1.610.364.143	20.696.130	1.893.691.688
ENASA				14.609.594		14.609.594
FOCSA	3.016.912.949	1.764.052.294	2.013.542.799	1.638.690.607	539.965.471	8.973.164.120
MACOSA	29.950.000					29.950.000
SIEMENS	3.196.500	23.331.535	39.151.300	355.235.167	18.088.700	439.003.202
					TOTAL FINAL	11.427.520.564

706

COMUNIDAD AUTONOMA DE GALICIA

Presidentes: Fernando González Laxe (PSOE) (10-6-1987 - 26-5-1991)
Manuel Fraga Iribarne (PP) (26-5-1991)

EMPRESA	1988	1989	1990	1991	JUNIO 1992	TOTAL
FOCSA			316.665.493	1.754.706.921		2.071.372.414

COMUNIDAD AUTONOMA DE LAS ISLAS BALEARES

Presidente: Gabriel Cañellas Fons (AP/PP) (10-6-1987 - 19-7-1995)

EMPRESA	1988	1989	1990	1991	JUNIO 1992	TOTAL
FOCSA		98.657.530	218.135.256			316.792.786

707

COMUNIDAD AUTONOMA DE MADRID
Presidente: Joaquín Leguina Herrán (PSOE) (10-6-1987 - 27-6-1995)

EMPRESA	1988	1989	1990	1991	JUNIO 1992	TOTAL
ELSAN	454.993.659	699.790.712	1.235.721.045	977.897.082	94.350.000	3.462.752.498
FOCSA	336.120.773	474.928.264	13.557.704.885	2.002.465.155	1.133.854.770	17.505.073.847
P. DORNA		21.107.632		9.899.568		31.007.200
SIEMENS	114.828.000	140.074.000	258.166.801			513.068.801
					TOTAL FINAL	21.511.902.346

COMUNIDAD AUTONOMA DE MURCIA
Presidente: Carlos Collado Mena (PSOE) (31-3-1984 - 19-4-1993)

EMPRESA	1988	1989	1990	1991	JUNIO 1992	TOTAL
ELSAN				9.900.000		9.900.000
FOCSA		697.527.402	2.089.661.833	416.073.126		3.203.262.361
					TOTAL FINAL	3.213.162.361

COMUNIDAD AUTONOMA VALENCIANA

Presidente: Joan Lerma i Blasco (PSOE) (10-6-1987 - 3-7-1995)

EMPRESA	1988	1989	1990	1991	JUNIO 1992	TOTAL
ABENGOA			18.212.045			18.212.045
ELSAN				1.004.097.661	389.387.000	1.393.484.661
FOCSA	321.750.664		648.656.471	657.699.927	1.773.866.611	3.401.973.673
SIEMENS				7.047.000		7.047.000
					TOTAL FINAL	4.820.717.379

MINISTERIO DE ADMINISTRACIONES PUBLICAS

Ministros: Joaquín Almunia Amann (PSOE) (25-7-1986 - 13-3-1990)
Juan Manuel Eguiagaray Ucelay (PSOE) (13-3-1990 - 23-6-1992)

EMPRESA	1988	1989	1990	1991	JUNIO 1992	TOTAL
FOCSA				1.598.588.751		1.598.588.751
SIEMENS		7.975.000			7.795.000	7.795.000
					TOTAL FINAL	1.606.563.751

MINISTERIO DE ASUNTOS SOCIALES

Ministro: Matilde Fernández Sánz (PSOE) (8-7-1988 - 14-7-1993)

EMPRESA	1988	1989	1990	1991	JUNIO 1992	TOTAL
FOCSA		276.845.291		909.837.255		1.186.682.546

MINISTERIO DE CULTURA

Ministros: Javier Solana Madariaga (PSOE) (25-7-1986 - 12-7-1988)
Jorge Semprún Maura (PSOE) (12-7-1988 - 11-3-1991)
Jordi Solé Tura (PSOE) (11-3-1991 - 14-7-1993)

EMPRESA	1988	1989	1990	1991	JUNIO 1992	TOTAL
FOCSA	259.760.552			508.028.160		767.788.712

MINISTERIO DE DEFENSA

Ministros: Narcís Serra Serra (PSOE) (3-12-1982 - 11-3-1991)
Julián García Vargas (PSOE) (11-3-1991 - 2-7-1995)

EMPRESA	1988	1989	1990	1991	JUNIO 1992	TOTAL
ABB			6.275.008			6.275.008
CEPSA	24.353.585		1.800.737.880	71.367.000	9.500.000	1.905.958.465
ELSAN	453.041.943	59.076.028	20.850.000	107.359.737		640.327.708
ENASA	108.765.000	393.734.646	192.005.620	40.726.080		735.231.346
FOCSA	194.037.676			299.227.635		493.265.311
GRUPO ALCATEL ALSTHOM(2)	160.856.016	24.276.793	130.028.322	20.252.000	85.563.707	420.976.838
SIEMENS	220.000.000	67.989.458	55.749.600	105.048.033	136.273.687	585.060.778
					TOTAL FINAL	4.787.095.454

(2) A efectos de claridad, se ha introducido aquí el nombre de la multinacional francesa Alcatel Alsthom, aunque las cifras corresponden a su filial española, el Grupo Alcatel Standard Eléctrica.

MINISTERIO DE ECONOMIA

Ministro: Carlos Solchaga Catalán (PSOE) (5-7-1985 - 14-7-1993)

EMPRESA	1988	1989	1990	1991	JUNIO 1992	TOTAL
ABENGOA	68.396.320	65.883.798		16.366.800		150.646.918
EL VISO PUBLI-CIDAD			29.948.800			29.948.800
FOCSA	573.172.299	1.601.577.900	1.276.998.734	1.168.146.564		4.619.895.497
GRUPO ALCATEL ALSTHOM					49.857.000	49.857.000
SIEMENS				134.079.746		134.079.746
					TOTAL FINAL	4.984.427.961

MINISTERIO DE EDUCACION Y CIENCIA

Ministros: José María Maravall Herrero (PSOE) (3-12-1982 - 12-7-1988)
Javier Solana Madariaga (PSOE) (12-7-1988 - 23-6-1992)

EMPRESA	1988	1989	1990	1991	JUNIO 1992	TOTAL
ABENGOA				231.745.822		231.745.822
ELSAN				294.736.260		294.736.260
FOCSA (3)	2.310.867.284	4.624.496.771	4.304.231.399	8.064.299.986	338.165.817	19.642.061.257
GRUPO ALCATEL ALSTHOM		7.839.025	70.714.022			78.553.047
SIEMENS		1.120.000	11.000.000	15.175.000		27.295.000
					TOTAL FINAL	20.274.391.386

(3) En este epígrafe se han incluido también las contratas que tanto FOCSA como Construcciones y Contratas obtuvieron relacionadas con Universidades.

713

MINISTERIO DEL INTERIOR

Ministros: José Barrionuevo Peña (PSOE) (3-12-1982 - 11-7-1988)
José Luis Corcuera Cuesta (PSOE) (11-7-1988 - 25-11-1993)

EMPRESA	1988	1989	1990	1991	JUNIO 1992	TOTAL
ABENGOA	391.227.579	270.910.205	15.397.324.369	443.853.831	17.406.839.436	33.910.155.420
DISTRI-BUIDORA EXPRESS 2.020	6.297.480					6.297.480
ELSAN	204.426.552	189.100.000	9.969.760	209.453.000		612.949.312
ENASA			7.816.000	6.720.000		14.536.000
FOCSA	419.982.076	877.054.416	5.319.415.796	4.340.178.105	194.614.921	11.151.245.314
GRUPO ALCATEL ALSTHOM			9.605.552	10.432.389		20.037.941
SIEMENS	31.651.571	7.739.400	149.987.500	40.742.564	7.500.000	237.621.035
					TOTAL FINAL	45.952.842.502

MINISTERIO DE JUSTICIA

Ministro: Enrique Múgica Herzog (PSOE) (12-7-1988 - 11-3-1991)

EMPRESA	1988	1989	1990	1991	JUNIO 1992	TOTAL
BBV		GESTION FONDOS JUDICIALES				400.000.000 (Aprox.)

715

MINISTERIO DE OBRAS PUBLICAS, TRANSPORTE Y MEDIO AMBIENTE
(Creado en marzo de 1993)

Ministro: José Borrell Fontelles (PSOE)   (11-3-1991)

EMPRESA	1988	1989	1990	1991	JUNIO 1992	TOTAL
ABENGOA				1.650.595.908	18.358.017	1.668.953.925
EL VISO PUBLI-CIDAD				9.835.056		9.835.056
ELSAN				2.523.327.165	14.733.305.759	17.256.632.924
FOCSA				27.808.268.977	15.762.979.791	43.571.248.768
GRUPO ALCATEL ALSTHOM				289.998.202		289.998.202
SIEMENS				125.967.642		125.967.642
					TOTAL FINAL	19.351.387.749

MINISTERIO DE OBRAS PUBLICAS Y URBANISMO

Ministro: Javier Sáenz de Cosculluela (PSOE) (25-7-1985 - 11-3-1991)

EMPRESA	1988	1989	1990	1991	JUNIO 1992	TOTAL
ABENGOA	1.787.360.325	1.230.028.170	325.157.528	75.488.345		3.418.034.368
ELSAN	4.187.638.948	10.692.060.211	28.384.924.053	21.491.936.192		64.756.559.404
FOCSA	35.371.358.680	32.813.625.185	105.385.011.676	3.348.207.021		176.918.202.562
MACOSA	324.561.619	452.241.316	308.367.738	78.993.410		1.164.164.083
					TOTAL FINAL	246.256.960.417

MINISTERIO DE SANIDAD Y CONSUMO

Ministro: Julián García Vargas (PSOE) (25-7-1986 - 11-3-1991)

EMPRESA	1988	1989	1990	1991	JUNIO 1992	TOTAL
FOCSA		482.073.706	2.190.128.710	3.758.013.580	126.153.876	6.556.369.872
SIEMENS	1.374.562.920	1.588.501.280	243.145.200	662.942.500	2.328.760	3.871.480.660
					TOTAL FINAL	10.427.850.532

MINISTERIO DE TRABAJO Y SEGURIDAD SOCIAL

Ministros: Manuel Chaves González (PSOE) (25-7-1986 - 27-4-1990)
Luis Martínez Noval (PSOE) (27-4-1990 - 14-7-1993)

EMPRESA	1988	1989	1990	1991	JUNIO 1992	TOTAL
FOCSA	223.896.453		460.024.451	27.532.915		711.453.819
GRUPO ALCATEL ALSTHOM			208.000			208.000
SIEMENS	69.331.080	630.000			6.511.801	76.472.881
					TOTAL FINAL	788.134.700

MINISTERIO DE TRANSPORTE, TURISMO Y COMUNICACIONES

Ministros: Abel Caballero Alvarez (PSOE)   (5-7-1985 - 12-7-1988)
            José Barrionuevo Peña (PSOE)   (12-7-1988 - 11-3-1991)

EMPRESA	1988	1989	1990	1991	JUNIO 1992	TOTAL
ABB		9.950.100				9.950.100
ABENGOA	363.060.933	101.475.000	1.838.296.500	54.069.240		2.356.901.673
ELSAN	208.900.000	204.890.035	519.024.599	740.541.214		1.673.355.848
FOCSA	8.454.876.397	12.136.068.104	2.557.120.532	3.491.633.631		26.639.698.664
GRUPO ALCATEL ALSTHOM	11.916.096	47.029.576	168.389.914	1.205.441.002		1.432.776.588
MACOSA	26.600.000	21.536.436	88.210.297			136.346.733
SIEMENS	223.088.160	144.869.988	20.236.108	166.584.100		554.778.356
					TOTAL FINAL	32.803.807.962

719

Bachs Escrivá, Montserrat: 33, 204
Bachs Escrivá, Natalia: 33, 204, 230, 292, 321
Bacigalupo Zapater, Enrique: 66
Ballester, Enrique: 133-138, 141-143, 159, 161, 190, 236, 283
Ballester, José: 134
Ballesteros, Severiano: 482
Ballfegó, Montse: 343
Baraque, Lali: 497
Barba, Gloria: 394
Barbero, Marino: 59, 63-95, 97-132, 172, 193, 205-208, 213, 229, 230, 235, 244, 246, 257, 261, 264, 268, 269, 271, 290, 307, 321, 323, 336, 347, 372, 406-410, 439, 442, 462, 463, 469, 476, 496, 497, 506, 513, 514, 521, 545, 549, 552-554, 559, 560, 566
Barceló Vadell, María Antonia: 452
Barciela, Fernando: 139
Barnevik, Perci: 403
Barón, Enrique: 236
Barrabés, Paulino: 140, 276, 277, 342, 451, 454, 456, 518
Barranco, Juan: 72, 154
Barranco, María: 337
Barredo, Luis: 134, 236
Barrionuevo, José: 161, 191, 249, 300, 317, 345, 399, 574

Bartolomé, Juan Ignacio: 396
Bartolomé Zuloaga, José Antonio: 334
Barzel, Rainer: 146
Batalla Cata, José María: 269
Beatles, The: 31
Becarés, Eduardo: 27
Becerril Lenores, Eduardo: 245
Bejarano, Carlos: 40
Belloch, Juan Alberto: 87, 116
Belloso, Juan: 231, 236
Benavente, Carlos: 199
Benedetti, Carlo de: 400
Benedit Calonge, Leonor: 334
Benegas, José María: 21, 87, 93, 94, 102-112, 115, 128, 198, 200, 218, 273, 274, 276, 282, 312, 313, 337, 347, 361, 362, 373, 374, 378, 411, 412, 496-505, 512, 516-521, 524-531, 537, 554, 561
Beneroso Dávila, Isidoro: 171
Benjumea, Felipe: 409, 410
Benjumea, Javier: 407-410
Bercovitz, Alberto: 243
Bermejo, Jesús: 120
Bernar Castellanos, Alfonso: 245
Beteré Cabeza, Antonio: 240
Bethencourt, Juan Manuel: 86
Binner, Beat: 403
Blanco, Ana: 343
Blanco, Francisco: 480
Blanco, Jaime: 142, 164, 527
Blanco Valdés, Roberto: 572
Blasco, Francisco: 165

Costa, Louis da: 297
Costa Muste, Pedro: 339
Craxi, Bettino: 264, 265
Crespo, Leandro: 298, 367
Criado, Ramón: 328, 334
Croissier, Luis Carlos: 191, 204, 402
Cuevas, José María: 220
Cuevas Baldock, María de los Angeles: 75
Cusani, Sergio: 265

Daroca, Emilio: 198
Daza Muñoz, Emilio: 101, 541
Delgado: 49
Delgado, Joaquín: 91
Delgado, Pedro: 337
Delgado, Rafael: 191, 195-197, 200, 318
Delors, Jacques: 404
Desgeorges, Jean-Pierre: 381, 385
Díaz, Angel: 155
Díaz Alvarez, Juan Antonio: 307, 308
Díaz Ferrán, Gerardo: 454
Díaz González, Eusebio: 375
Díaz Herrera, José: 318, 566
Díaz Naranjo, Manuel: 419, 422, 432-435
Díez Argal, Wenceslao: 116
Dillana, Félix: 172
Dolores Torres, María del Carmen: 367
Domingo, Plácido: 337

Domínguez, Manuel: 304, 477-482
Dorado, Roberto: 191, 318, 332, 334, 338, 375
Dragon's Parade: 352
Ducasse, Luis: 410
Durán, Gustavo: 304
Durán, Isabel: 566
Durán, Miguel: 266, 325
Durán Farrell, Pedro: 267, 268

Ebrard, Jean Patrick: 255
Echanove, Juan: 337
Echeberría, Ignacio María: 201
Echevarría, Juan Manuel: 243
Echeverría, Luis: 147
Elorriaga, Julen: 191
Emmanuelli, Henri: 264
Encina García Nieto, María: 556
Enciso, Luis: 332
Entrena, Manuel: 461, 472, 475
Escámez, Alfonso: 123, 194, 206, 218, 221, 222, 236-245, 394, 395, 566
Escarrer, Gabriel: 472
Escartín, José A.: 440
Escobar, Francisco: 287
Escudero, Manuel: 262
Escudier, Juan Carlos: 480
Escuredo, Rafael: 526
Espelosín, Jesús: 153
Espina, Alvaro: 191
Espinosa de los Monteros, Carlos: 220

731

Montero López, Fernando: 365

Montes Heredia, José: 406

Montoliú, Carlos: 479

Montoto, Angel: 160, 161

Mora, Leopoldo: 440

Morales Jiménez, Eugenio Javier: 282, 283

Morales Jiménez, María Soledad: 282, 300

Morano Ventayol, Alberto: 469

Moreda Luna, Ramón: 124-127, 130, 180, 181, 193, 219, 289, 291, 318, 345, 348, 497, 512

Moreiras, Miguel: 119, 120

Moreno Martín, José Anastasio: 481

Moreno Pérez, Marcial: 543

Moscoso, Javier: 56

Múgica, Enrique: 167, 192, 229, 230

Müller, Eberhart: 308

Mundo Aragó, Joaquín: 303, 365-368, 410, 412

Munné Costa, José: 37

Muñiz, Juan Ignacio: 198, 244

Muñiz, Miguel: 192

Muñiz da Concha, José Carlos: 344

Muñoz Alvarez, Guadalupe: 555

Muñoz Alvarez, Ramón: 548, 556

Murillo Bernáldez, José Fernando: 543

Nadal, Fernando: 240

Nadal, Javier: 318, 324

Naseiro, Rosendo: 124, 557-560

Nash, Graham: 343

Nau, Alfred: 145

Navarrete, Carlos: 423, 434

Navarro, Ana: 171

Navarro, Pilar: 208

Navarro Gómez, Carlos: 18, 19, 24, 28-57, 69, 71, 72, 76, 81, 89-94, 106, 109, 118, 120, 123, 149, 153, 163, 175-182, 201-209, 212, 229, 230, 247, 266-269, 293, 312, 320, 349, 350, 386-389, 429, 432-439, 461, 462, 467, 471-473, 486, 491-496, 504-515, 520, 532, 561, 562

Navas, José Antonio: 240

Neruda, Pablo: 24

Nessi, Nerio: 148, 253, 296

Nieto de Alba, Ubaldo: 543, 544, 548, 550, 555, 556

Nocella, Pierluigi: 297

Novo Muñoz, Fernando: 172

Novoa Mombiedro, Rafael: 342, 343, 440-442, 456, 458

Núñez Pérez, Alberto: 212, 389

Obiols, Raimón: 31, 267, 268, 494, 495, 518, 521, 524, 529, 532

Obregón Roldán, Carlos: 149-152

Olalla Mercadé, Miguel: 408

Roa, Jesús: 209
Robledo, Rafael: 284
Robles Piquer, Carlos: 327
Roca, Miguel: 557
Rodríguez, Julio: 167
Rodríguez, Quintín: 328
Rodríguez Beltrán, Fernando: 488
Rodríguez Bono, Carlos: 453, 457, 462, 470
Rodríguez de la Borbolla, José: 210, 227, 304, 318, 478
Rodríguez Castedo, Angel: 453, 460
Rodríguez Cobos, Mario: 20
Rodríguez Colorado, José María: 192, 443
Rodríguez Cordón, José María: 26
Rodríguez de Diego, José: 297
Rodríguez Espina, Carmen: 366
Rodríguez Fernández, Ricardo: 82, 98, 103-112, 197, 372
Rodríguez de Frutos, Rosa María: 344
Rodríguez Ibarra, Juan Carlos: 57, 85, 115, 128, 129, 132, 173, 511, 527-531, 538
Rodríguez Lafora, Victoria: 343
Rodríguez López, Julio: 192
Rodríguez Mourullo, Gonzalo: 244
Rodríguez Valderrama, Francisco: 172

Rodríguez Zapatero, José Luis: 201
Rojo, Luis Angel: 97, 98, 167, 172, 173
Roldán, Luis: 142, 192, 254, 255, 294, 521, 533-536
Roldán Sancho, Santiago: 297
Romagosa Petit, Juan: 269
Romero, Carlos: 192, 266
Romero, Carmen: 414, 415, 526
Rosa, Antonio de la: 548, 550
Rosa, Javier de la: 56, 237-239, 283, 294
Rosa Martín Domínguez, José: 422, 435
Rosas, José: 192
Rosier, Pierre Nicolas: 387
Rosillo, Juan Manuel: 399
Rosón, Juan José: 277
Rossem, Jean-Pierre van: 265
Rubial, Ramón: 91, 93, 98, 99, 103, 105, 125, 128, 143, 144, 178, 195, 198, 226
Rubio, Mariano: 98, 224, 237, 241, 259, 290, 407, 533-536
Rubio Domínguez, Antonio: 432
Rubiralta, Francisco: 395
Rubiralta, José María: 395
Rudí, Luisa Fernanda: 551
Ruiz Bravo de Mansilla, Gumersindo: 170
Ruiz Castañares, Daniel: 310
Ruiz Castañares, Segundo: 310
Ruiz Gallardón, Alberto: 396

Ruiz Mateos, José María: 200, 251-253
Ruiz de Prado, Ascensión: 477, 478
Ruiz Tagle, Ana María: 526
Ruiz Vadillo, Enrique: 63, 117, 129, 130
Ruymbeke, Renaud van: 264

Saavedra, Jerónimo: 532
Sabatini, Paolo: 297
Sáenz, Alfredo: 226
Sáenz de Azcúnaga, José Antonio: 226, 230-235
Sáenz de Cosculluela, Javier: 192, 248, 249, 256, 539, 561
Sala, Pascual: 116, 121, 546
Sala Grisó, José María: 18, 32, 54, 72, 76, 91-94, 109, 121-126, 202-209, 267-270, 491-495, 512-515, 520, 523, 530, 561
Salabert, Ramón: 203
Salas, Guacolda: 17, 26-29, 35, 43-46, 51-55, 69, 73
Salgueiro, Eligio: 453, 456-458, 469
Salgueiro, José Manuel: 458
Salinas, Antonio: 85-87
Salinas de Gortari, Carlos: 24
San José, Antonio: 341
San Román, Jaime: 255
San Segundo, Gonzalo: 451
Sánchez, Toñi: 177, 196, 497
Sánchez-Marcos Sánchez, José: 256

Sánchez-Marcos Sánchez, Luis: 256
Sánchez Asiaín, José Angel: 123, 221-227, 235
Sánchez Blanco, Víctor: 413
Sánchez Monteseidín, Alfredo: 531
Sánchez Poto, José Luis: 84, 97, 103, 373
Sánchez Sampedro, Amalia: 343
Sánchez Soler, Mariano: 154
Sánchez Torres, José Luis: 231
Sánchez Vicario, Arantxa: 337
Sancho, Pedro: 192, 303
Sanjuán, Carlos: 163, 527
Santos Andrés, Eduardo: 194, 394-401
Sanz Ramírez, Andrés: 543
Sanz Salas, Soledad: 341
Sarasola, Enrique: 98, 138, 140, 190, 239, 240, 294, 350, 351, 456, 480
Satrústegui, Rafael: 479
Satrústegui Gil-Delgado, Miguel: 572
Saura, Joan: 55, 56
Schell, Walter: 306
Schmidt, Frank: 386
Schmidt, Helmut: 145
Schmidt, Werner P.: 308
Schouven, Angélica van: 20, 21, 25, 49
Schouven, Bautista van: 19, 20, 27
Schouven, Carlos Alberto van: 17-59, 68-74, 81, 88, 208, 212, 230, 292, 323, 385,